“十三五”国家重点出版物出版规划项目

20世纪中期云南少数民族社会历史调查实录

第一卷

中央民族访问团西南民族访问团第二分团（一）

主　编◎申　旭
副主编◎肖依群

雲南人民出版社

图书在版编目（CIP）数据

20世纪中期云南少数民族社会历史调查实录. 第一卷，中央民族访问团西南民族访问团第二分团. 一 / 申旭主编. -- 昆明：云南人民出版社，2023.4
ISBN 978-7-222-20010-4

Ⅰ. ①2… Ⅱ. ①申… Ⅲ. ①少数民族—民族历史—社会调查—云南—20世纪 Ⅳ. ①K280.74

中国版本图书馆CIP数据核字（2020）第267259号

责任编辑 郭木玉
特约编辑 周元晖
助理编辑 巫孟连
装帧设计 石　斌
责任校对 溥　思　文永清
明　珍　费　珺
李　红　崔同占
责任印制 代隆参

20世纪中期云南少数民族社会历史调查实录

第一卷
中央民族访问团西南民族访问团第二分团（一）

主　编◎申　旭
副主编◎肖依群

出　版　云南人民出版社
发　行　云南人民出版社
社　址　昆明市环城西路609号
邮　编　650034
网　址　www.ynpph.com.cn
E-mail　ynrms@sina.com
开　本　787mm × 1092mm　1/16
印　张　41.5
字　数　955千
版　次　2023年4月第1版第1次印刷
印　刷　昆明理煜印务有限公司
书　号　ISBN 978-7-222-20010-4
定　价　500.00元

云南人民出版社微信公众号

写在前面

一

2019年1月，我在5卷本《秘境——云南民族濒危影像记忆》的开篇“写在前面”中写道：

编成本套图书前后历经10个月，而搜集、梳理和研究云南民族影像资料，则自我来云南工作以后直到退休，花费了整整30年的时间。

在2016年出版的《云南民族调查史料钩沉（1950—1965）》开篇“前言”中，我曾写下这样一段话：出版本书最主要的目的，就是将我们20多年来搜集到的云南民族调查史料的相关内容和目录公之于世。这些史料绝大部分至今尚未公开出版，也很少为有关部门和专业研究人员所使用，很多人甚至不知道其存在。而这些珍贵的云南民族调查史料，正是中华人民共和国建立初期党的民族政策在西南边陲得以良好贯彻执行的确切依据，也是部分民族政策基于民族调查而制定的最好见证。如果要总结新中国民族工作的“云南现象”和“云南经验”，了解云南民族团结进步、边疆繁荣稳定的历史发展轨迹，这些史料则是其中最早和最重要的组成部分。

编纂《秘境——云南民族濒危影像记忆》丛书，我们有着同样的初衷。“为了明天而收集昨天”，则是我们的终极目的。

2020年1月，《20世纪中期云南少数民族社会历史调查实录》（后文简称《实录》）的选编工作正式启动。

我们对于20世纪中期云南少数民族文献史料和影像资料的搜集是同步进行的，因而编纂《实录》和编纂《秘境——云南民族濒危影像记忆》一样，有着同样的初衷和终极目的，两套图书同为“历史记忆”，一为文字，一为图片，相互观照，彼此成就。5卷本《秘境——云南民族濒危影像记忆》于两年前编定，即将面世，而《实录》的编辑和出版事宜肇始于2012年，至今已8年有余。其间不断大费周折与各方机构、多个部门商谈切磋，多次按照要求提交情况说明、申请报告、策划方案、出版计划、经费预算；曾接到过项目已获批准的通知，也见到了权威机构的立项文件，但结果都无从言说，令人身心俱疲、感喟不已。2015年，我在《云南民族调查史料钩沉（1950—1965）》（云南人民出版社2016年版）一书的“前言”中写道：

> 2004年，我们策划并出版了《见证历史的巨变——云南少数民族社会发展纪实》一书，全书分为4卷，即社会发展卷、生产劳作卷、生活习俗卷和文化艺术卷，书中提供了1480幅珍贵的历史照片，是我们搜集、整理云南民族调查资料的阶段性成果。之后在继续查找、搜集和购买各种云南民族调查资料的同时，我们在极为困难的条件下，阅读了全部能够找得到和看得到的云南民族调查资料，并开始着手辨识和系统分类整理工作，计划将其部分陆续公开出版。由于经费等多方面的原因，这项工作至今仍在进行之中，因而先将云南民族调查资料的主要情况和一万多份史料的目录编成《云南民族调查史料钩沉（1950—1965）》一书，抛砖引玉，希冀有更多的人来关注和研究新中国建立初期云南各民族的发展历程，也期望有更多的人去抢救和保护云南民族调查资料，少存遗憾，给后人留下一笔不可多得的精神财富。

来到“十三五”收官之年，《实录》史料的辨识、分类、整理、选编和出版进程步入快速前行的轨道。

二

20世纪中期云南少数民族社会历史调查资料，主要包括以下几个方面的内容：

1. 民国时期的调查资料；
2. 中共云南省委边疆工作委员会的调查资料；
3. 云南省民族事务委员会的调查资料；
4. 云南省民族工作队的调查资料；
5. 中央民族访问团西南民族访问团第二分团的访问调查资料；
6. 云南民族识别研究组的调查资料；
7. 云南民族语言调查组的调查资料；

8. 全国少数民族社会历史调查中的云南民族调查资料；

9. 为贯彻执行民族政策，配合中央、云南省有关方面的各项工作，云南省各专区、自治区（州）、县、市、区、乡以各种组织形式进行的调查资料。

《实录》中民国时期的调查资料收录较少，范围也不甚广，目的仅在于使阅读者和使用者对1950年前后阶段云南少数民族的基本情况和发展进程有一个连续性的概念，不致截然割裂开来，重点仍聚焦于1950年云南解放以后各方面所发生的重大变革，并以1956—1964年的调查资料最为集中。因1956年开始的全国少数民族社会历史调查，包括云南在内的大部分地区在1965年时已基本结束，《民族问题三种丛书》的编写工作又因“文化大革命”的来临而陷于停顿状态，《实录》内容的时间下限也就确定在1966年“文化大革命”开始以前。

提起“云南民族调查”，人们首先想到的就是始于1956年的全国少数民族社会历史调查，即人们通常所说的“全国民族大调查”。实际上，早在1941年8月，中国共产党就做出了《中共中央关于调查研究的决定》，对中国社会各阶层进行调查研究。在1956年全国少数民族社会历史调查开始之前，中央人民政府先后派出了中央民族访问团西南民族访问团第二分团、云南民族识别研究组和云南民族语言调查组前往云南进行各项访问调查，中共云南省委边疆工作委员会、云南省民族事务委员会、云南省民族工作队等也对云南省解放初期各方面的情况做了大量的调查研究工作，为云南省少数民族身份和种类的最终确认、云南边疆民族地区社会经济的发展和中央民族政策的制定、贯彻执行奠定了坚实的基础。

从1956年开始，中国历史上第一次有组织、有计划进行的全国少数民族社会历史状况科学调查，系由毛泽东倡议、彭真负责。当时明确了调查工作由全国人民代表大会民族委员会主持，成立了由全国人民代表大会民族委员会主任委员刘格平、中央民族事务委员会副主任刘春和中央民族学院副院长费孝通组成的调查领导小组，在全国人民代表大会民族委员会成立了调查办公室。1956年4月，全国人民代表大会民族委员会制订了民族调查规划，拟定筹建云南、贵州、广西、西藏等地区少数民族社会历史调查组，计划在4—7年内基本弄清楚各主要少数民族的社会经济结构和阶级情况。当年就组织了云南、四川等地8个调查组，抽调了民族学家、社会学家、历史学家、经济学家以及社会科学研究人员、民族工作干部、大专院校师生参加。对云南各民族的调查，至“文化大革命”以前基本结束。据不完全统计，20世纪50—60年代云南民族调查资料初步整理出万余种，总字数在1亿字以上；整理档案资料和文献摘录数百种，计2000多万字；录制少数民族社会历史科学纪录片7部，拍摄各民族照片数万幅，还搜集了一批少数民族历史文物。

中国少数民族社会历史调查及其资料的整理、出版时间前后长达数十年之久。这是新中国成立以来唯一的一次大范围、全方位的少数民族调查，丰富的材料比较详细、忠实地记录下了各民族历史和现状，是非常可贵的第一手材料，为我国少数民族身份、种类的识别和确认提供了科学依据，培养了新中国第一批民族学家和人类学家，为中国少数民族的社会发展和新中国民族学、人类学的奠基与成长发挥了举足轻重的作用。就最终确定少数民族种类最多的云南省而言，民族识别和调查做得最好，民族工作尤为仔细和认真，民族政策的贯彻和落实最到位，调查资料数量及保留较多，内容也极为丰富，因而显得尤为弥足珍贵。

《实录》所说的"云南少数民族调查资料"即指上述各项调查的文献、提纲、记录、报告、总结、信件、照片、纪录片文本、研究成果、纸质文物等各类历史资料，以及20世纪50—60年代铅印的云南民族调查资料。

20世纪50—60年代，全国人民代表大会民族委员会云南少数民族社会历史调查组、中国科学院民族研究所云南民族调查组和云南省少数民族社会历史研究所等部门和研究机构编辑铅印的调查资料，由于封面一律为白色，故又被称为"白皮书"。

云南民族调查资料白皮书总共印刷了多少种，目前尚不得而知。到目前为止，我们收藏到58种，涉及云南25个世居少数民族中的14个，即彝族、哈尼族、白族、傣族、傈僳族、拉祜族、佤族、纳西族、景颇族、布朗族、阿昌族、怒族、德昂族、独龙族等。其他11个少数民族没有涉及，原因和可能性有3点。

1. 当时进行的少数民族社会历史调查主要是为撰写各少数民族简史、简志提供资料，具体分工的方法是：一个民族若同时分布在若干省区，则由分布该民族人数最多的省区负责撰写，其他省区负责该民族的社会历史调查，并把调查资料提供给承担撰写任务的省区。云南配合贵州、广西等省区撰写任务而进行调查的少数民族共有8个，即蒙古族、回族、藏族、苗族、壮族、布依族、瑶族、水族等。

2. 普米族、基诺族和满族3个民族被识别和确定为单一民族的时间较晚。普米族于1961年被确定为单一民族，而基诺族直到1979年才被确定为单一民族。当时普米族和满族两个民族的调查资料已经初步整理，但未被列入白皮书，而基诺族尚被称为攸乐人，其调查资料则被列入彝族的内容范畴。

3. 某些民族的调查资料，也许已经收入白皮书，只是我们尚未见到。

通过阅读白皮书，并将其与云南民族调查资料手稿及后来公开出版的国家民委

《民族问题五种丛书》之《中国少数民族社会历史调查资料丛刊》中的云南部分进行对照，简而言之，白皮书的价值主要体现在以下4个方面。

第一，《中国少数民族社会历史调查资料丛刊》没有全部收录白皮书的内容。仅举一例如下。

中国科学院民族研究所云南省少数民族社会历史调查组、云南省少数民族社会历史研究所办公室在《四川及云南昭通地区彝族社会历史调查资料》（彝族调查资料之二，1963年5月10日）白皮书的“说明”中写道：

因为编写《彝族简史》的需要，中国科学院民族研究所云南省少数民族社会历史调查组与云南省少数民族社会历史研究所于1960年2月至5月，至四川凉山彝族自治州和西昌地区以及羌族地区进行了调查。此次调查中，以云南大学历史系方国瑜教授为首的20多位师生，也作为调查组的成员参加了工作。本资料就是以此次调查的一部分专题材料为主，包括云南昭通地区毗连四川凉山的有关部分调查而成的。

《四川及云南昭通地区彝族社会历史调查资料》白皮书共收录四川、云南有关彝族的调查16篇。20世纪80年代，在出版国家民委《民族问题五种丛书》之《中国少数民族社会历史调查资料丛刊》时，云南省编辑组编辑了一本《四川广西云南彝族社会历史调查》（云南人民出版社1987年版），但未收录任何一篇该白皮书中的调查资料。

第二，云南民族调查资料白皮书主要来自当年的调查手稿，但现今部分手稿已不存在或很难寻觅，白皮书就成为当时调查最真实的记录。

截至目前，我们已粗读过1万多份尚未系统整理和公开出版的云南民族调查资料，大多为复写本、刻印本、油印本和抄本，表明这些资料并非孤本，其中部分曾经内部印刷，部分已经编入白皮书或《中国少数民族社会历史调查资料丛刊》。例如，《思茅　玉溪　红河傣族社会历史调查》编者指出：

本集共收集孟连傣族历史文献译文、社会调查资料及景谷、元江、新平、金平、红河各县调查材料共十七篇，其中八篇曾由中国科学院民族研究所云南民族调查组、云南省民族研究所以内部资料形式铅印过。[①]

① 云南省编辑组编：《思茅　玉溪　红河傣族社会历史调查·后记》，国家民委民族问题五种丛书之一《中国少数民族社会历史调查资料丛刊》，云南人民出版社1985年版。

《傣族社会历史调查》（西双版纳之十）编者指出，该集收入的资料中，“《勐海县勐混区曼蚌乡傣族农村公社和家族组织调查》一文，曾见于云南省历史研究所的内刊”[①]。《傣族社会历史调查》（西双版纳之三）编者指出：

本集收入的译稿，都是1954年至1955年间收集的有关西双版纳宣慰使司和各勐的史料，大部分在五十年代作内部资料刊印过。《傣族宣慰使司地方志》，是傅懋勣教授和刀忠强同志在1953年翻译的，我们根据中共西双版纳州委档案科和省历史研究所的复写本和油印本，选用了其中几节。《防火的通告》《宣慰使侍卫轮流执勤牌》等五篇，均选自省历史研究所的手抄稿，没有译者署名，只在卷内目录“调查写作年月”栏中注明“1954年”。这些稿件均请当年西双版纳傣族社会联合调查组翻译小组主持工作的刀国栋同志过目，认定确系这个小组的翻译稿。[②]

《傣族社会历史调查》（西双版纳之六）编者指出：

本集共收入十二篇调查资料，其中《勐遮傣族社会经济情况调查》和《勐遮傣族农民内部的封建等级调查》两篇，在六十年代初期作为内部资料铅印过。其余各篇原件，除了《版纳勐遮景真傣族社会历史情况调查》存中共西双版纳傣族自治州州委档案室外，均存省历史研究所。[③]

《傣族社会历史调查》（西双版纳之七）编者指出：

本集收入了景糯、勐很、勐旺、景董以及象明的调查资料共十四篇。收入的这些资料原件，除《景糯傣族社会经济情况调查》《勐旺傣族社会经济调查补充材料》《勐旺曼练景寨调查》《勐旺曼扫寨调查》存中共西双版纳傣族自治州州委档案科外，其他各

① 云南省编辑组编：《傣族社会历史调查（西双版纳之十）·后记》，国家民委民族问题五种丛书之一《中国少数民族社会历史调查资料丛刊》，云南民族出版社1987年版。
②《民族问题五种丛书》云南省编辑委员会编：《傣族社会历史调查（西双版纳之三）·后记》，《中国少数民族社会历史调查资料丛刊》，云南民族出版社1983年版。
③《民族问题五种丛书》云南省编辑委员会编：《傣族社会历史调查（西双版纳之六）·后记》，《中国少数民族社会历史调查资料丛刊》，云南民族出版社1984年版。

件均存省历史研究所。[1]

《傣族社会历史调查》（西双版纳之八）编者指出：

本集收入勐罕、勐笼、勐养和勐景哈、勐宽等五个勐的调查资料十二篇。……除上述外，其余各篇五十年代的油印本，原件存省历史研究所。[2]

仅仅要弄清楚这些原件现今是否还存世，其中哪些作为内部资料刊印过、哪些曾收入云南民族调查资料白皮书、哪些已收入《中国少数民族社会历史调查资料丛刊》、都进行了哪些删节和修改等，都不是一件简单容易的事情。

第三，《中国少数民族社会历史调查资料丛刊》遗漏了太多白皮书原有的信息。

白皮书大多有“前言”或“编后记”，如1958年2月13日全国人民代表大会民族委员会云南民族调查组、云南民族研究所《1956年12月至1957年6月云南西盟卡瓦族社会经济调查总结报告·卡瓦族调查材料之一》（全国人民代表大会民族委员会办公室编，1958年3月）白皮书的“编辑前言”：

自 1956 年 12 月至 1957 年 6 月，我组、所 3 个田野调查组分别调查了德宏州南部景颇族 6 个点，西盟县卡瓦族 6 个点，碧江县傈僳族 2 个点，贡山县四区独龙族 3 个点，碧江、福贡、贡山三县怒族 3 个点。在过去调查的基础上，进一步调查研究了这五族地区的生产力、生产关系、阶级分化、政治及家族制度、意识形态及生活习惯和社会主义改造中的问题。但我组、所初创之际，全部干部都是生手，受过资产阶级社会学、民族学一定的影响，几次批判又软弱无力；尤其对马列主义学习不深，不善于正确地进行阶级分析，特别是对过渡时期两条道路斗争的认识不明确，因此五族调查材料在目前社会主义改造与生产大跃进两个高潮中不能够全部说明问题，就是阶级分化与社会主义改造中的矛盾问题，组、所内干部意见也不一致，尚不能得出准确结论。

上述五族调查，原始材料 164 万字，景颇族社会、经济、政治、意识形态及历史的专题材料 38 万字，五族各点的综合材料 50 万字，卡瓦与景颇两族的综合材料 51 万字，

---

① 云南省编辑组编：《傣族社会历史调查（西双版纳之七）·后记》，国家民委民族问题五种丛书之一《中国少数民族社会历史调查资料丛刊》，云南民族出版社 1985 年版。

② 云南省编辑组编：《傣族社会历史调查（西双版纳之八）·后记》，国家民委民族问题五种丛书之一《中国少数民族社会历史调查资料丛刊》，云南民族出版社 1985 年版。

五族5个总结材料共30万字。另收集文物193件，摄拍照片900张，可供研究参考。

办公室编印资料150万字，这是研究边疆各民族社会经济的基础。争取文史馆、参事室及云大教师多人协助，抄录明清两代云南及东南亚民族史料400余万字，翻译外文著作中的云南及东南亚民族资料120万字，对于明清以来各民族历史关系研究有参考价值。

五族田野调查材料及总结材料，尚须较长时间修改才能付印。就是五族5个总结材料，合计亦达30万字，不便领导同志看阅。为便于领导同志在百忙中以短时间看阅我组、所调查研究情况，特将五族调查材料各写成2000—4000字的总结提要。

该书的“编后记”除了告诉我们该书的编辑者是云南少数民族社会历史调查组、云南省少数民族社会历史研究所，校阅者是张凤岐以外，还讲述了此次调查的基本情况：

1956年12月至1957年6月，我组在西盟瓦族自治县对马散、永广、中课、翁戛科、岳宋等5个瓦族寨子进行了重点调查，并对该县其他少数民族（拉祜族、傈僳族、“罗缅”）进行了某些调查。我们的调查是在过去调查材料的基础上进行的，过去的材料给了我们帮助和启发。

在调查过程中，是在思茅地委会、澜沧边工委会、西盟工委会和西盟瓦族自治县筹委会以及西盟各区委会的具体领导和帮助下进行的，并得到当地驻军的大力协助。

由于我组同志多是初次参加调查工作，缺乏农村工作经验，理论水平不高，因而我们的调查是很肤浅的、不全面的，有些材料还须复查，有些论点还值得商榷。

云南民族调查组第一分组

1957年12月　昆明

《1956年12月至1957年6月云南西盟大马散卡瓦族社会经济调查报告·卡瓦族调查材料之三》（全国人民代表大会民族委员会办公室编，1958年3月）白皮书除了“前言”以外，还有“编者说明”和“编后记”。全国人民代表大会民族委员会云南少数民族社会历史调查组、云南省少数民族社会历史研究所撰写的“编者说明”主要讲述了此次调查的时间、地点和内容：

全国人民代表大会民族委员会云南少数民族社会历史调查组第一分组于1956年11月至1957年7月，到云南西盟卡瓦族自治县（筹备委员会）在卡瓦族的6个点（大马散、岳宋、永广、中课、翁戛科、龙坎）进行了社会经济和历史的调查工作。大马散是分组的调查重点，在这里调查历时 7 个多月之久，写成了这个调查报告。

本册包括大马散寨卡瓦族的概况、经济［包括农业（生产力：生产工具、生产技术、劳动力的使用、产量。生产关系：生产资料占有、劳动组织与分工、合种、土地买卖、雇工、债务、蓄奴），手工业及副业，商业］、社会历史（历史、政治、军事、物质生活、家庭、婚丧、宗教、科学文艺、文教卫生）和大马散农业生产合作社情况。第一分组试图在几年来地、县委调查的基础上，进一步调查研究了大马散卡瓦族的生产力、生产关系、阶级分化、政治及家族制度、意识形态及生活习惯和社会主义改造的问题。大马散是西盟卡瓦族的腹心地区，保留本民族的固有特点较多些，代表面较宽，所以，在这里进行实地调查就能了解西盟腹心地区卡瓦族的特点。

自从 1957 年冬至 1958 年春省委提出苦战三年改变我省的面貌以来，西盟大马散卡瓦族与全省各族人民一样，掀起了生产大跃进和合作化大跃进的高潮，两个高潮互相推动，使大马散卡瓦族起了亘古未有的大变化，如猎头之俗已在大跃进中停止；许多落后习惯已完全改变。本调查报告由于调查时间的限制性，有些卡瓦族在前进中所存在的矛盾和问题，在 1956—1957 年夏调查时还没有暴露出来，或尚未发现。因此当时调查研究的认识与今天卡瓦族大跃进中生动活泼的局面，容或有不全面不深透之处。但作为了解大马散卡瓦族生产和合作化大跃进以前的实际情况，仍然有参考价值，特刊印出来，以供各方研究之助。

“编后记”则提供了整理者的分工情况：

我组在马散调查中得到中共西盟工委会、西盟瓦族自治县筹委会及马散区委会的大力帮助，区上的同志们更提供了许多材料，特此致谢！本报告的整理者是：顾宗振同志负责“概况”“生产资料占有”“劳动组织与分工”“合种”，杨炳炎同志负责“生产力”“手工业及副业”“文教卫生”，沈琼英同志负责“土地买卖”“雇工”“大马散农业生产合作社情况”，李仰松同志负责“债务”“物质生活”，黄宝璠同志负责“蓄奴”“商业”，徐志远同志负责“历史”“军事”“姓氏与父子连名制度”“科学文艺”，傅愫斐同志负责“政治”“家庭”“婚丧”“宗教”。

云南民族调查组第一分组

1957 年 12 月　昆明

国家民委《民族问题五种丛书》云南省编辑委员会编的《佤族社会历史调查（一）》[①]将该册的标题改成了《西盟大马散佤族社会经济调查报告》，删去了《1956年12月至1957年6月云南西盟大马散卡瓦族社会经济调查报告》白皮书中的“前言”“编者说明”和“编后记”。

云南民族调查资料白皮书的“前言”“编辑前言”“说明”“编辑说明”“编后记”为我们提供了丰富和宝贵的云南民族调查组的信息，但在公开出版《中国少数民族社会历史调查资料丛刊》时大多被删去，留下了太多的缺憾，其中部分也许已经无法弥补。

第四，《中国少数民族社会历史调查资料丛刊》几乎对所有收录进白皮书的内容进行了修改或删节。

鉴于上述，《实录》将收录部分白皮书的内容，主要包括3个方面：一是《中国少数民族社会历史调查资料丛刊》没有收录的文稿，二是《中国少数民族社会历史调查资料丛刊》虽然收录但删改过多的文稿，三是《中国少数民族社会历史调查资料丛刊》仅做了部分收录的文稿。《实录》对于部分白皮书文稿的收录，如果能找到原稿，即以原稿为准；如果无法找到原稿，则以白皮书为准。

三

《中国少数民族社会历史调查资料丛刊》云南部分，收录的不仅是1956年开始的“全国民族大调查”中云南的民族调查资料，而且包括部分1950年至1955年中央和云南省有关部门所做的各项云南民族调查的资料。例如，1958年5月云南少数民族社会历史调查组在《西双版纳傣族社会经济史料译丛》“前言”中写道：

中央访问团第二分团，中共云南省委边疆工作委员会，云南省民族事务委员会，各地、县委，各民族工作队及其他部门和民族工作干部，几年来对云南各少数民族地区的社会经济情况曾进行了许多调查工作，搜集了大量资料，这些资料是此次调查研究的基础。现特委托中共云南省委边疆工作委员会研究室、云南省民族事务委员会、我组参加其工作，将上项资料分别整理编辑；全国人民代表大会民族委员会并指定我组负责刊印出来，

①《民族问题五种丛书》云南省编辑委员会编：《佤族社会历史调查（一）》，《中国少数民族社会历史调查资料丛刊》，云南人民出版社 1983 年版。

以供我组作为调查研究的基础材料及各有关部门和民族工作的参考。[①]

在该书的“编者说明”中，编者又写道：

在解放后几年民族工作基础上，1954年九十月间，中共云南省委边委、省委宣传部与省民委先后派去工作组，会同思茅地委联络组与西双版纳工委调查组，并选拔当地傣族干部20余人，共同组成近70人的调查工作队，展开了景洪、勐海、勐遮、勐腊、勐捧等版纳的傣族社会调查工作。在进行调查工作中，也广泛地搜集过去西双版纳宣慰使司和各勐公私所藏的傣文抄本进行翻译，编成本书。[②]

另外，如《中国少数民族社会历史调查资料丛刊》收录的云南民族识别等方面的资料，调查时间也都在1956年“全国民族大调查”开始以前。

云南民族调查资料最初计划用来编写《民族问题三种丛书》，即《中国少数民族简史》《中国少数民族简志》《中国少数民族自治地方概况》。1978年党的十一届三中全会以后，中央决定将《民族问题三种丛书》扩成《民族问题五种丛书》，增加了《中国少数民族语言简志丛书》和《中国少数民族社会历史调查资料丛刊》。《民族问题五种丛书》中的前4种已于20世纪80年代前后基本出版完毕，第五种即《中国少数民族社会历史调查资料丛刊》，作为国家民委《民族问题五种丛书》之一，于20世纪80年代前后全国共出版143册。其中，云南部分由云南人民出版社和云南民族出版社共出版73册，约计3000万字，册数和字数均约占全国出版总量的一半。国家民委《民族问题五种丛书》修订本于2009年由民族出版社出版，合计为86种147册，其中《中国少数民族社会历史调查资料丛刊》云南部分，虽然《崩龙族社会历史调查》不再单独出版，但是加上民族出版社1990年出版的《基诺族普米族社会历史综合调查》1册，仍为73册。

国家民委《民族问题五种丛书》之《中国少数民族社会历史调查资料丛刊》的编纂工作始于1979年。费孝通曾回忆说：“我是1950年到贵州的，从那年开始就搞民族调查。在这以前，什么叫少数民族，我们也不大清楚。通过中央访问团的几次调查，搜集到不少资料，了解了有些什么民族。……总之，过去30年的民族调查工

---

① 全国人民代表大会民族委员会办公室编：《西双版纳傣族社会经济史料译丛·傣族调查材料之一·前言》，1958年5月。

② 全国人民代表大会民族委员会办公室编：《西双版纳傣族社会经济史料译丛·傣族调查材料之一·编者说明》，1958年5月。

作，国家是花了钱花了力的，各个民族都出了力。我们搞了不少资料，数量很大。可是，这一大批资料很多都不在了，在‘四人帮’横行时损失了。据我所知，贵州烧得很厉害，一卡车一卡车的资料拉去烧掉了，别的地方也损失了不少。这样，现在剩下的材料就很宝贵了。正是因为这个教训，所以在三中全会之后，国家民族事务委员会就提出来，要抓紧时间把过去的材料整理出来，要编五种丛书，供大家使用。”① “1978年的中共十一届三中全会后，国家民委行政机构得以恢复，隔年即在北京召开了出版‘五丛’的规划会议，并成立了由众多著名专家学者组成的编委会，以民委党组的名义向党中央进行报告。此报告于1979年3月由中央宣传部和中央统战部转发至相关省和自治区，并将这一计划列为国家哲学社会科学研究‘六五’规划重点科研项目，作为国家任务下达执行。借此，因‘文革’而搁置的民族问题‘三套丛书’得以充实、提高、发展至‘五种丛书’。”“2003年9月1日，民族出版社将一份重修、再版《民族问题五种丛书》的设想和方案上报至国家民族事务委员会民族问题研究中心。经相关专家学者的反复研究论证，《关于修订、再版〈民族问题五种丛书〉的总体方案》于2005年2月制定出台。随后国家民委主任李德洙主持召开党组会议，审议并原则上通过了该方案。是年7月，经报请国务院批准，修订再版工作全面启动。”②

为了做好这项宏大巨制的修订工作，在北京成立了“国家民委《民族问题五种丛书》总修订委员会”，并在“基本保持原貌，统一体例、版本，增加新内容”的总体指导方针下，根据各种丛书的不同特点，制定了具体的修订思路。“‘中国少数民族社会历史调查资料丛刊’的修订，主要是尊重史实，修正错误，增加注释。”③修订原则即包括两个方面：一是“尊重史实”，即尊重当时的调查成果，原封不动地保留原文，连标点符号都不改，只在需要修订的地方用标注的方式加以说明；二是“拾遗补阙”。一方面由于原版“五种丛书”的调查重点集中于西南、西北地区，此次修订需要补上中东南等地区漏掉的内容；另一方面需要以页下注释的形式补充调查点几十年来人口、经济、社会、风俗、语言等方面的变化情况。④

① 费孝通：《费孝通民族研究文集》，民族出版社1988年版，第295—296页。

② 徐姗姗：《对“民族大调查”与“社会历史调查丛刊”的再解读》，《广西民族研究》2007年第2期。

③ 李德洙：《国家民委〈民族问题五种丛书〉修订再版总序》，2007年8月。

④《中国少数民族社会历史调查丛刊》修订领导小组：《〈中国少数民族社会历史调查丛刊〉修订要求与相关说明》（2006年2月），转引自徐姗姗《对“民族大调查”与“社会历史调查丛刊”的再解读》，《广西民族研究》2007年第2期。

在新中国成立初期历次的民族调查中，无论从规模来讲，还是从结果来看，开始于1956年的全国少数民族社会历史调查都是史无前例的，曾被国家民委等部门和国外学术机构评价为“前无古人，后无来者”。以此次民族调查为基础，出版了《民族问题五种丛书》。这套丛书是当今世界上多民族国家中唯一一部由政府组织、社会力量广泛参与、全面反映国内各民族情况的大型综合文献，内容涉及民族区域自治、民族学、民族史、民族语言文字以及民族经济、文学、宗教、医药、体育、音乐、舞蹈、美术等诸多领域；调查编写工作涉及全国19个省、自治区及中央有关单位400多个编写组，1700余人执笔，共编写出版《民族问题五种丛书》403本，总字数约8000万字；其编写出版工作自1958年开始，到1991年暂告一段落。

四

1950—1965年以各种形式进行的民族调查及其成果是新中国民族理论形成的第一成果，至今仍是民族学、人类学研究的一块稳固基石，在中国民族学发展史上具有里程碑意义。云南是中国共产党民族政策具体实践的一个成功典型案例，丰富而翔实的各少数民族社会历史调查资料则具有充分的代表性。云南是中国少数民族种类最多的省份，是中国少数民族社会历史调查的重点省份，也是中国少数民族社会历史调查文献资料保存最多的省份。当前，云南正在努力建设我国民族团结进步示范区，回顾民族工作历程、总结民族团结经验、促进民族理论创新，是创建示范区的基础性重点工作，因而编辑出版《实录》有着重要的理论价值和现实意义，也将产生深远的影响。

我们现在编辑的这套图书，曾被命名为《〈民族问题五种丛书〉续编——云南少数民族社会历史调查资料未刊稿汇编》，其原因就在于云南少数民族社会历史调查资料未刊稿的存世量远超于人们对它的掌握和认知，其主要目的之一则是为了弥补《中国少数民族社会历史调查资料丛刊》云南部分的某些缺憾与不足。

《中国少数民族社会历史调查资料丛刊》云南部分收录了当时诸多民族调查资料的精华，这一点毋庸置疑，此不赘述。但从现存云南民族调查资料的情况看，《中国少数民族社会历史调查资料丛刊》也存在一些缺憾，主要表现在两大方面。

1. 缺少9个民族的内容。云南有26个世居民族，《中国少数民族社会历史调查资料丛刊》云南部分仅收录了17个民族的调查资料，而汉族、蒙古族、藏族、壮族、布依族、满族、水族、普米族和基诺族等9个民族的内容没有收录。需要说明以下两点。第一，虽然新中国成立初期云南的各项调查主要集中在少数民族地区，调查对象主要是各少数民族，出版的图书名称为《中国少数民族社会历史调查资料丛刊》，但云南汉族的调查资料也应该以某种形式被收录其中。云南民族关系中有3个重要的“离不开”，即汉族离不开少数民族、少数民族离不开汉族、少数民族之间互相离不开，要想把一个地区的民族情况弄清楚，没有汉族的调查资料是很难做到的。就我们目前所见到的云南民族调查资料而言，其中约有数百份汉族调查资料，内容包括云南汉族的来源、汉族与云南社会经济的发展、汉族与少数民族的融合、新中国成立前汉族商业垄断和云南资本主义萌芽、新中国成立初期云南汉族状况、云南山区汉族社会经济调查等诸多方面。第二，在20世纪80年代云南民族出版社和云南人民出版社出版的《中国少数民族社会历史调查资料丛刊》中，没有基诺族和普米族的内容，1990年民族出版社出版了《基诺族普米族社会历史综合调查》一书，其中的上篇“《基诺族社会历史综合调查》，是根据全国民族问题五种丛书编委会云南分编委1980年的决定进行编写的。这一资料的完成是长时间调查的结果”[①]。虽然基诺族在1979年才被正式确认为中国的一个单一民族，但在20世纪50—60年代的民族调查资料中，有数十份有关“攸乐人”的调查报告，这些调查资料并没有收入《基诺族普米族社会历史综合调查》一书。而《基诺族普米族社会历史综合调查》的下篇《普米族社会历史综合调查》，虽然收录的是20世纪50—60年代的调查资料，但部分经过选编者的多次修订，已经无法看到其原始面貌。后人在对前人的历史调查资料进行选编时，删除不利于民族团结或不合时宜的内容非常必要，但选编者基于自己的知识背景对其他民族（当时云南民族识别工作尚未结束，部分民族及其支系的身份、名称尚未最终确认，但参订者将调查资料涉及的所有民族称谓全部改为后来确定的“规范化名称”[②]）的调查资料进行“选编”“参订”“修订”（修订者与调查者并非同一民族），必然面临语言、文化诸多方面的困难和不理解，其结果也就很难完全展示原始调查资料的真实性和准确性。

2. 内容涵盖面不够。首先，据目前所了解的情况，云南民族调查资料存世量居全国第一。在修订出版的147册《中国少数民族社会历史调查资料丛刊》（民族出版

①《民族问题五种丛书》云南省编辑委员会编：《基诺族普米族社会历史综合调查（上篇）·基诺族社会历史综合调查·说明》，《中国少数民族社会历史调查资料丛刊》，民族出版社1990年版。

②《民族问题五种丛书》云南省编辑委员会编：《基诺族普米族社会历史综合调查（下篇）·兰坪、宁蒗两县普米族社会调查·说明》，《中国少数民族社会历史调查资料丛刊》，民族出版社1990年版。

社2009年版）中，云南有73册，占了总册数的一半。没有整理和出版的内容，云南民族调查资料现存在1亿字左右，远远超过现已出版的《中国少数民族社会历史调查资料丛刊》字数的总和。

在云南民族调查资料中，最具价值者为原始档案，即云南少数民族社会历史调查资料，其重要原因之一就在于其他4种丛书的编写依据大多来自第五种即云南少数民族社会历史调查资料。据不完全统计，云南调查组收集、整理和编写的历史档案、少数民族文献和调查资料目前已公开出版约3000万字，大约占到调查资料总字数的1/4。没有系统整理和出版的调查资料，部分存藏于北京市、云南省及其各州市县档案馆、图书馆和相关机构，部分散落于民间或由私人收藏，部分由原参与民族调查的工作人员收藏，部分见诸网上书店，版本包括稿本、复写本、刻印本、油印本、铅印本以及少数民族文字文献，内容则包括调查资料、调查提纲、工作计划、工作报告、工作笔记、文件、公文、批示、审稿意见、会议记录、总结、简报、通信、纸质文物（地契、证照、奖状、土司谱牒、账本等）、纪录片文本（拍摄提纲、脚本、分镜头剧本、解说词）等。但这些珍贵的史料数十年来几乎无人问津，其中部分资料由于保存不当或经过多次搬迁损毁严重，部分已经丢失，有些已有虫蛀，有些则因时间太久（受当年的纸张和墨水质量所限）或受潮而变得字迹模糊、难以辨认，亟待抢救性整理和出版。

云南之所以现存有如此大量丰富的民族调查资料，与云南的地理环境、民族情况、历史发展等多方面的复杂因素是分不开的。由于云南民族具有复杂性、国际性、宗教性等多方面的特点，新中国成立初期在云南的各项民族调查工作都要比在其他省区的工作更难做，需要的时间也更长。例如，新中国成立初期中央决定派出民族访问团到全国民族地区进行访问，首先派出的就是西南民族访问团（1950年），而东北内蒙古民族访问团在两年之后才派出。中央民族访问团西南民族访问团又分为3个分团，第一分团去西康，第二分团到云南，第三分团去贵州。到1951年3月，第一、第三分团的工作已全部结束，而第二分团即云南分团第二阶段的访问工作才刚刚开始。中央民族访问团西南民族访问团第二分团走访了云南9个专区的42个县（含设治局），除了建立地方民族民主联合政府、开办民族干部培训班、召开地区民族代表会议等各项重要工作以外，还整理和编写了百余万字的访问调查资料，这在中央派到全国各地的民族访问团中实属唯一。

前面所说8个方面的云南民族调查资料（不包括民国时期的调查资料），至今大部分尚未整理和出版。已出版的《中国少数民族社会历史调查资料丛刊》中的云南资料只是这些民族调查资料中的极小部分，而且很多重要内容几乎没有涉及。即使读完《中国少数民族社会历史调查资料丛刊》云南部分的全部内容，人们对新中国成立之后一个时期内的云南民族情况依然缺乏了解。比如：云南民族调查是怎样开始和进行的，来龙去脉是什么；云南多种社会形态并存的状况如何；云南的民主改革是在什么条件下如何分类进行的；云南民族区域自治政策和民主建政工作是怎样贯彻和落实的；云南第一个民族自治区和民族自治县是如何成立的，有什么经验和不足，对以后其他民族自治区、自治州和自治县的建立有什么影响和借鉴；等等。

其次，某些少数民族的各类调查资料很多且内容极为丰富，而《中国少数民族社会历史调查资料丛刊》仅收录了其中的极少部分。

最后，我们所说《中国少数民族社会历史调查资料丛刊》收录资料的涵盖面不够还有另外一种情况，即某一方面的资料有所收录，但或掐头去尾，或只见其一不知其二，使人无法了解某一方面资料的全面情况。例如，关于云南民族识别共有3个综合调查报告，第一阶段的识别报告名称为《云南省民族识别研究第一阶段工作初步总结》①，仅其中的《云南民族识别研究组第一阶段民族识别总结》部分被收录在《云南少数民族社会历史调查资料汇编》中，标题被改为“云南省民族识别报告”②，而第二阶段云南民族识别（第一阶段云南民族识别工作总结上报不到1个月，第二阶段云南民族识别工作已经开始）总结和后来的云南民族识别综合调查报告均未被收录，无论是一般读者，还是专业研究人员，仅通过《中国少数民族社会历史调查资料丛刊》收录的资料，对新中国云南民族识别情况和过程都不可能有一个基本的了解。

对于缺少9个民族内容的情况，由于《实录》的内容是少数民族社会历史调查史料，因而汉族不再单独列项，读者可以从各少数民族调查资料和综合调查资料（如“经济生活”部分）中窥见一斑；没有列项的各少数民族资料，除当时尚未识别、“正名”、列为单一民族从而导致没有（或尚未发现和整理）调查资料者外，我们尽量予以弥补和增添。对于内容涵盖面过窄的情况，除了增加单独板块以外，我们在各卷少数民族调查资料中也会适当加以补充。

① 中共云南省委边疆工作委员会编印：《云南省民族识别研究第一阶段工作初步总结》，1954年8月25日。

② 云南省编辑组编：《云南少数民族社会历史调查资料汇编（三）》，《中国少数民族社会历史调查资料丛刊》，云南人民出版社1987年版。

五

《实录》名为“实录”，就表明了对原始文献史料进行实录即是《实录》最主要的特色之一，也是《实录》与过往同类图书最大的不同之处，保持调查资料的原貌和真实性便成为编辑《实录》的不二法门。

在选编《实录》资料的过程中，经过我们将云南民族调查资料的手稿、原件和白皮书等进行比对，可以发现，部分《中国少数民族社会历史调查资料丛刊》中云南的资料已经做了一定程度的修改，有些调查资料改动的幅度相当大，中央民族访问团西南民族访问团第二分团编辑出版的《云南民族情况汇集草稿》就是一个典型的例子。

中华人民共和国成立后不久，根据毛泽东主席的建议，中央决定向全国各民族地区派遣访问团。从1950年7月到1952年年底，中央共派出4个民族访问团，即中央民族访问团西南民族访问团、中央民族访问团西北民族访问团、中央民族访问团中南民族访问团和中央民族访问团东北内蒙古民族访问团。1950年6月，中央决定首先派出西南民族访问团，由刘格平任团长，费孝通、夏康农任副团长，团员共120余人，分别深入川、滇、黔、康民族地区进行访问。中央民族访问团西南民族访问团团员由中央民族事务委员会、文化教育委员会、内务部、卫生部、贸易部、青年团中央等20多个单位（政务院所属各部、会、院、署）抽调组成。中央民族访问团西南民族访问团下设3个分团，第一分团赴西康，刘格平兼任团长；第二分团赴云南，夏康农兼任团长，王连芳任副团长；第三分团赴贵州，费孝通兼任团长。中央民族访问团西南民族访问团第二分团即云南分团，简称中央访问团第二分团。

1950年7月2日，中央民族访问团西南民族访问团离开北京，经武汉到重庆，西南军政委员会主席刘伯承、副主席邓小平作欢迎报告。刘伯承在欢迎报告中指出：

> 关于西南少数民族问题，以我们来说还是一个新的问题，我们仅一知半解，许多情况我们还不大了解，比如西康藏族人口，云南、贵州少数民族的种类，到今天还没有精确的统计。……希望访问团每达少数民族地区要首先赔不是；另外是要多多调查研究，做一个毛主席的好学生。……要正确地执行民族政策，首先要调查研究。毛主席指示我们：“没有调查研究，就没有发言权。”①

①《刘伯承同志在欢迎中央访问团会上关于西南民族工作问题的报告》（1950年7月21日），云南省委办公厅印《民族工作文件汇编》，1951年8月。

邓小平在讲话中指出：

中央民族访问团这次到西南来，必定对我们帮助很大。你们在少数民族方面研究、了解的东西比我们多得多。特别是你们下去以后，亲身接触具体情况，会发现许多问题。我们很希望同志们研究各种问题，多提意见，哪怕是一个片面的意见，也比没有意见好。现在我们就是苦于没有意见。……依靠同志们的工作，我相信可以解决西南最复杂的又是最重大的问题——民族团结问题，至少可以打下一个很好的基础。①

中央访问团第二分团走访了云南9个专区的42个县，从中央访问团第二分团的行程来看，其在云南的访问可以分为两个阶段。第一阶段从1950年8月6日至1951年1月31日，主要访问滇西各地。1月31日滇西各组返回昆明做短暂休整，第二分团领导做半年来第一阶段工作初步总结。第二阶段从1951年2月22日至5月中下旬，主要访问滇南各地。5月中下旬滇南各组返回昆明，齐聚安宁温泉，做第二分团工作和个人总结。

此外，中央访问团第二分团还整理和编写了100余万字（《实录》编者按目前已收藏的78册书稿页数统计）的访问调查资料，这套资料有一个总的名称，即《云南民族情况汇集草稿》。

中央访问团第二分团编印的《云南民族情况汇集草稿》（后文简称《草稿》）也分为两个阶段，第一阶段的访问成果标明为“材料”，标明的出版（《草稿》为竖排铅印，小32开本，纸张粗糙，封面用红字印刷，虽然标有“出版”字样，但并无统一书号）时间是1951年2月；第二阶段的访问成果标明为“资料”，标明的出版时间是1951年7月。可以看出，中央访问团第二分团的工作不仅时间长（中央访问团第二分团第二阶段工作刚刚开始，第一分团和第三分团的工作已经结束）、成果多（目前尚未看到其他访问团有如此大量的实地访问调查报告面世），而且时间抓得很紧——1951年1月31日第一阶段工作结束，2月份就出版了第一阶段的访问材料；1951年6月10日中央访问团第二分团离昆返京，7月份人们就看到了墨香犹存的第二阶段访问资料。

中央民族访问团西南民族访问团第二分团第一阶段访问了6个专区，即宜良、丽江、保山、大理、楚雄、武定，在这6个专区的每册《草稿》前面都有一个“编

①《邓小平文选》第一卷，人民出版社1994年版，第170—171页。

者声明”：

这些材料是我们从1950年8月29日至1951年1月31日（其中大部时间是在行动中），先后在圭山、丽江、保山、大理、武定、楚雄等地区进行兄弟民族访问工作中，通过当地干部、民族代表及熟悉当地情况的人士所了解的一些情况。为应各有关机关之急需，仅将原材料加以整理，尽量避免主观分析与结论，在文字上仅要求念得通、看得懂。但由于是短期的访问与了解及仓促整理，情况难免不真实或不深入，观点难免错误，文字烦琐或不通顺。故仅能供各有关机关进行民族工作的参考或进一步考察的线索，并望于今后的调查研究，加以校正。

1951年2月　日

中央民族访问团西南民族访问团第二分团第二阶段访问了3个专区，即普洱、蒙自和文山。在普洱区和蒙自区的每册《草稿》中也都有一个“编者声明”，与前面6个专区每册《草稿》的“编者声明”内容基本相同，只是时间和地点有了更动：

这些材料是我们从1951年2月22日至1951年5月底（其中大部时间是在行动中），先后在蒙自、普洱、文山等地区进行兄弟民族访问工作中，通过当地干部、民族代表及熟悉当地情况的人士所了解的一些情况。为应各有关机关之急需，仅将原材料加以整理，尽量避免主观分析与结论，在文字上仅要求看得懂。但由于短期访问及仓促整理，情况难免不真实或不深入，观点难免错误。故仅能供各有关机关进行民族工作的参考或进一步考察的线索，并望于今后的调查研究，加以校正。

1951年6月　日

20世纪70年代末，国家民委将《民族问题三种丛书》扩展为《民族问题五种丛书》时，部分《草稿》被编入《民族问题五种丛书》之《中国少数民族社会历史调查资料丛刊》中，名称为《中央访问团第二分团云南民族情况汇集》，分上、下两册，由云南民族出版社1986年出版。

《草稿》共计有多少册？这是一个迄今尚未找到答案的问题。作为中央民族访问团西南民族访问团第二分团副团长并留任云南的王连芳在《云南民族工作回忆》一书中回忆道：

当时我们可能了解的民族情况，联络组基本上都了解到了。每次送到我那里的材料都很多，由孙敏贤同志帮我一道看，并进行分类处理。一是如控告、纠纷和违反禁忌等需当地干部引起注意的，留在当地处理，一般的交县里，重要的给地委；二是典型材料、综合材料、总结等直接报省委，少数给省民委；三是报送中央的材料，紧迫的直接电告中央，其他的则带回北京。这些材料虽然粗浅但却使我们初步掌握了云南少数民族的基本情况，为中央和省委以后的民族工作决策提供了重要依据。其中一部分在1985年被编成《云南民族情况汇集》（上、下集），留下了近90万字的珍贵资料，其他资料和总结均随团带回北京，保留在中央民委。[①]

王连芳所说的《云南民族情况汇集》即1986年出版的《中央访问团第二分团云南民族情况汇集》（后文简称《汇集》）。《汇集》编者在上册“后记”中说：

1981年底，为编辑西双版纳地区的傣族调查资料，马曜教授首先将珍存的中访团这批资料中有关西双版纳的调查资料十件，交付编入《傣族社会历史调查（西双版纳之一）》（云南民族出版社出版）。出书后引起各方关注，经编委丛刊组研究决定，命专人搜集这批资料，编入中国少数民族社会历史调查资料丛刊。由于历史原因，当年中访团达百余件、百余万字的《云南民族情况汇集草稿》，已很难见到完整成套的了。在搜集这些资料过程中，先后得到省档案馆、省民委资料室同志的鼎力协助，终于将文山以外各地区调查资料基本收齐。

《汇集》编者在下册“后记”中又说：

上、下两集的资料，从搜集原件到编辑付印，前后历时两年多；在搜集资料、编辑过程中，原中央访问团二分团副团长省人大常委会副主任王连芳同志，始终给予各种极大的支持和指导。马曜教授将珍藏数十年的资料近30件交付编辑。原中访团二分团的苏丹、宋伯胤、胡鸿章、宋文治、高文英、尹寿铭等同志，以极大的热情为编辑提供情况、照片等。

作为中央民族访问团西南民族访问团第二分团成员并留居云南工作的胡鸿章回忆说，中央访问团第二分团“接触了分别居住在60个县内的少数民族群众，做了20

① 王连芳：《云南民族工作回忆》，民族出版社2012年版，第12—13页。

个村和10余个专题的典型调查，整处了近百万字的调查材料”[①]，又说中央访问团第二分团“整理了70份近80万字的调查材料”[②]。关于《草稿》的册数，有“70份”和“百余件”之说，但不知道“百余件”的根据从何而来，更不晓得“百余件”的具体内容；关于《草稿》的篇幅，则有“近80万字”“近90万字”“近百万字”和“百余万字”等等不同的说法。

关于文山专区的访问资料，《汇集》编者在上册“后记”中说：

> 经我们在昆明、北京两地查找，又函请文山壮族苗族自治州民委查询，均未找到。

中央民族访问团西南民族访问团第二分团访问文山的资料有多少，当时是否已编入《草稿》？这也是无从知晓的问题。中央民族访问团西南民族访问团第二分团成员宋伯胤在1951年2月12日的日记中写道：

> 老聂告诉我，下一阶段工作我参加第一组，组长是老范，我是副组长，由老聂率领，去蒙自、文山工作三个月。团部去宁洱，还有一路去澜沧，这两组是远征军。我们的地区是近了点，团部给予的任务，他们是做“线”的访问，我们则做“面”的调查。[③]

从宋伯胤后来的日记来看，他这一组人马又分为两部分，一部分去蒙自，一部分去文山，宋伯胤只去了蒙自，在他的日记中有详细的记录。他在1951年5月27日的日记中写道：

> 到文山去的同志们回来了。二分团这一次是最后的会师。[④]

到文山去的“同志们”都有谁，是否编写了访问调查资料，依然不得而知。

为了寻找中央民族访问团西南民族访问团第二分团在文山的线索，我曾两次前

---

① 胡鸿章：《回忆中央访问团访问云南》，云南省编辑组《中央访问团第二分团云南民族情况汇集（下）·附录三》，《中国少数民族社会历史调查资料丛刊》，云南民族出版社1986年版。

② 胡鸿章：《回忆中央访问团云南分团》，《云南文史资料选辑第四十四辑·云南民族工作回忆录（一）》，云南人民出版社1993年版。

③ 南京博物院编：《宋伯胤文集·民族调查卷》，文物出版社2012年版，第216页。

④ 南京博物院编：《宋伯胤文集·民族调查卷》，文物出版社2012年版，第304页。

往文山壮族苗族自治州、市各档案馆、图书馆、民宗局、政协文史资料编辑审查委员会等相关机构查阅档案资料，仅在文山州档案馆查到了两份提及中央民族访问团的资料。两份资料皆有两个版本，一为手稿，一为刻印稿，内容基本一致。一份资料为中国共产党文山地方委员会1951年3月17日统族字第贰号文，名为《文山地委统战部关于民族工作的计划》，其第三部分“关于民族调查工作”写道：

> 各县要在五月下旬（即中央访问团未到前）完成下列各项民族调查工作：
>
> ①民族种类——名称。②各民族人口数——尽可能得到正确数字，即匪乱地区亦应估计人口的约数。③各民族分布地区——如能绘图说明更好。④风俗习惯——各民族婚姻、年节等礼俗制度。⑤各民族的历史——叙述民族来历、有过什么沿革或斗争。⑥社会概况——各少数民族与汉族的关系，各民族互相间的关系。土司、领袖、头目和经济、生活等情况，应各民族分别叙述。⑦干部情况——县、区、村各级干部各若干？党团员干部各若干？⑧文化情况——有无自己的语言文字？学校情形？⑨宗教——有何宗教信仰？迷信程度。⑩治安状况——报导各少数民族地区匪特活动情况及有无参加匪特的恶霸地富。

从这份民族调查工作计划中，我们从一个侧面可以大致了解中央民族访问团西南民族访问团第二分团在云南各地访问调查的具体内容，还可以知道中央民族访问团西南民族访问团第二分团在1951年5月下旬（或以后）要去文山访问，这与宋伯胤记录的时间稍有出入（宋伯胤1951年5月27日的日记说“到文山去的同志们回来了”）。我们所无法知道的是——文山地区制订的民族调查工作计划完成得如何，是否编写了调查报告？如果是，又是否会列为中央民族访问团西南民族访问团第二分团调查材料的一部分？如果答案是肯定的，那为什么到目前为止在《草稿》中没有找到任何有关文山调查资料的痕迹？如果答案是否定的，又是出于什么原因？（《草稿》普洱和蒙自两区资料的“编者声明”中都提到去过文山访问调查并进行了材料整理）

另一份资料为中国共产党文山地方委员会1951年7月18日发文第031号，名为《地委关于召开各族各界代表会议建立联合政府复麻栗坡市委》。其中，在“（三）如何产生政府委员问题”一节中提到了“见张冲、王连芳同志《关于普洱专署组织联合政府的总结报告》”[1]，在“（五）领导思想问题”一节中指出：

> 中访团来文山指示后，少数民族工作已引起各级党委注意，但把阶级斗争与民族团结对立起来的左倾情绪还未根绝，争取与稳定民族上层分子还不坚决。……必须明确在边远地区，特别民族关系混乱的地区，只有把社会改革暂退一步，把民族团结、民主建政、生产工作、抗美援朝运动、爱国主义教育推进一步，把少数民族团结发动起来，才能推动其他工作。我们要在思想上彻底解决此一问题，并将这一精神贯彻到具体工作中去！

这份资料对中央民族访问团西南民族访问团第二分团到过文山做了确切的记录，但除了做指示以外有没有像在其他地区一样编写调查报告并编入《草稿》？从到目前为止所掌握的资料来看，依然不得而知。

《草稿》是中央民族访问团西南民族访问团第二分团最为重要的成果之一。从《汇集》编者叙述的情况看，《草稿》非常珍贵，但散佚情况严重，在20世纪80年代编辑《汇集》时，曾“命专人搜集”，并动用组织手段，都未能将《草稿》收齐。我们曾查找和阅读了上万份的云南民族调查手稿资料，对老一代民族工作者吃苦耐劳的革命精神和一丝不苟的工作作风充满敬意，因而历来视其为可信的史料。先是一个偶然的机会，从一家旧书店淘到几册《草稿》，将《草稿》和《汇集》进行简单对照阅读之后，顿时让人心生狐疑：两种版本同一篇访问调查的内容居然有很多地方无法对应！是我见到的这几本情况如此，还是所有《汇集》收录的《草稿》内容已非原文？经过20多年的搜集和寻访，现已收藏除文山区以外的《草稿》原件共78册（其中一册为翻拍件），依照中央民族访问团西南民族访问团第二分团的访问路线顺序，计有路南圭山区材料5册、丽江区材料17册、保山区材料13册、大理区材料2册、楚雄区材料1册、武定区材料7册、普洱区资料20册和蒙自区资料13册。除《傣族社会历史调查》（西双版纳之一）收录10册以外，《汇集》共收录《草稿》63册。

将《草稿》与《汇集》进行比对，发现《汇集》编者对《草稿》动了较大的“手术”，主要有以下几个方面。

1. 未收录或部分收录。《汇集》没有收录的《草稿》有5册，对其他部分《草稿》的内容仅做部分收录或删节收录。

---

① 关于张冲、王连芳的报告及中央民族访问团西南民族访问团第二分团协助成立普洱专区联合政府，参见申旭、肖依群编著的《云南民族调查史料钩沉（1950—1965）》（云南人民出版社 2016 年版）一书之“I 中央访问团第二分团对云南的访问调查”。

2. 掐头。每册《草稿》都有封面和“编者声明”，封面上标有“云南民族情况汇集草稿”“××区材（资）料之×”“中央访问团第二分团”字样以及篇名、出版年月等各种信息，《汇集》将其和“编者声明”、目录等一并删除。

3. 去尾。王连芳在《云南民族工作回忆》一书中写道，中央民委受命筹建访问团时，访问过程中的调查研究工作就备受重视，民委领导指派他负责起草一个调查提纲，由杨静仁修改后报送中央。1950年6月访问团全体人员集中在北京国子监学习，当时的中央书记处书记、北京市委书记彭真派秘书到国子监找他，转达了3点意见：第一，访问有多种功能，但其中一个重大的政治任务就是多方面了解民族情况报告中央，为中央今后的民族工作决策作参考；第二，调查提纲所列的项目都可以，但最根本的东西是调查各族群众的愿望、要求和疾苦，不要以为群众意见零碎，从零碎意见中可以看到人民的真实要求和期待，从而懂得人民要我们干什么、不要我们干什么；第三，调查要尽可能深入，尽可能深入下面，从一户、一个人那里了解情况。[①]另外，《中央访问团的任务、工作方法和守则》规定中央访问团的任务有两条，其中之一是“对西南各兄弟民族之政治、经济、文化情况、民族关系、群众要求以及当前民族政策的执行情形，有重点地进行调查研究，并搜集有关资料”[②]。《汇集》将《草稿》中关于民族关系、群众要求和民族政策执行情形等方面的内容（放在各篇访问调查报告的后半部分）大多删去，对其他方面的内容也部分删除，对此，《汇集》编者的解释是：“编辑过程中，以不失历史资料为前提，对各篇作了必要的删节或摘要，均不一一注明。”[③]

4. 换名。大部分《草稿》的标题被重新命名。

5. 肢解。一册《草稿》被分成2个、3个甚至4个材料并分别加上标题后放入《汇集》之中。

6. 重组。颠倒《草稿》原文的内容次序重新组合。

7. 改写。全部《草稿》的内容均被做过改写或改编。

8. 添加。《汇集》编者人为添加了“内容”或自己的主观臆断。

1951年2月17日，中央民族访问团西南民族访问团第二分团副团长王连芳召集会议，布置整理访问材料的工作及具体要求。宋伯胤在当天的日记中写道：

---

① 参见王连芳：《云南民族工作回忆》，民族出版社 2012 年版，第 10—11 页。

②《中央访问团的任务、工作方法和守则》，《中央访问团团员手册》，1950 年。（参见《实录》第一卷）

③ 云南省编辑组：《中央访问团第二分团云南民族情况汇集（上）·后记》，《中国少数民族社会历史调查资料丛刊》，云南民族出版社 1986 年版。

晚上在王副团长屋里开会，参加者是留昆整理资料的同志。王副团长指出，在着手整理材料以前，必须首先解决两个思想问题：第一，以非常宝贵和高度重视的态度来对待这个任务；第二，不要随意处置同志们心血的成果。至于整理材料的具体要求，有四点。

（一）整理材料是一个材料汇集的过程，我们所要做的事情就是将材料汇集起来，不是系统地编成文件。

（二）有文必录。即使同一个问题，有两种说法，也要录进去。

（三）原则上无大问题。

（四）文字略通顺。①

“材料汇集”“有文必录”是《草稿》整理成册的重要基本准则。《宋伯胤文集·民族调查卷》一书收录了他自己11篇《草稿》中的文章，但颇具意味的是，每篇文章的末尾都注明有“原载云南省编辑组：《中央访问团第二分团云南民族情况汇集》，云南民族出版社，1986年”字样；也就是说，该书的编者并没有对照《草稿》原文，而是沿用了没有按照“材料汇集”“有文必录”原则进行编辑的文本，若以后有人引用该书，极有可能造成误解误用的不良后果。

国家民委《民族问题五种丛书》云南省编辑委员会在《中国少数民族社会历史调查资料丛刊》（修订本）云南部分的“出版说明”中说：“《丛刊》是研究民族历史、民族学等学科的综合性调查资料汇编。我们这次编选基本上以过去调查整理稿为基础，以便保证调查资料的客观性。在具体编选时，则以具有科学研究价值作为选编资料的标准。在时间上以反映各民族民主改革前社会面貌的资料为主。根据调查资料的价值大小，采取全录或节录。”可能是由于修订原则的约束，抑或是修订者没有找到“过去调查整理稿”，因而在2009年民族出版社出版的修订本中，虽然强调此次修订再版的主要工作是“订正错误”②，但将《草稿》原文与之对比来看，《汇集》中的错误显然没有得到“订正”，这种情况严重地影响了文献史料的真实性和准确性。我们非常赞同“尊重史实”的修订原则，但仅就《草稿》而言，现今人们尊重的并不是其原文的“史实”，而是经过《汇集》编者改编、改写后的“史实”。

① 南京博物院编：《宋伯胤文集·民族调查卷》，文物出版社2012年版，第219页。

②《中国少数民族社会历史调查资料丛刊》修订编辑委员会：《中国少数民族社会历史调查资料丛刊·修订再版说明》，2007年12月。

遭遇了《汇集》编者大刀阔斧的“手术”，《草稿》已经变得“面目全非”，可谓“旧貌换新颜”。但可以肯定的是，经过了彻头彻尾的改变以后，《汇集》中的诸多问题也许瑕不掩瑜，但它无论是对于云南民族调查资料真实性和完整性的保存和留传来说，还是对于后人参考和进行学术研究而言，都不失为一种“硬伤”。

六

《实录》的编辑出版是一个系统性工程，第一阶段计划出版30卷。具体内容是：

第一至二卷：中央民族访问团西南民族访问团第二分团；

第三至四卷：民族工作；

第五至六卷：民主改革；

第七至九卷：民族语言调查；

第十卷：民族人口·民族识别；

第十一卷：民族民主建政与区域自治；

第十二卷：经济生活；

第十三卷：全国少数民族社会历史调查工作文档；

第十四卷：民族问题三种丛书与云南少数民族社会历史科学纪录片工作文档；

第十五至二十八卷：云南各少数民族调查资料；

第二十九至三十卷：图录和三十卷总目。其中，图录包括有关公文、函件、工作书札、电报稿，各少数民族历史照片、民族调查和纪录片拍摄工作照，中央访问团和慰问团赠送云南少数民族礼物、云南少数民族敬献中央人民政府礼品的照片。

在30卷图书中，云南少数民族资料与其他分类资料各占一半。

各卷预计完稿时间：

2020年：10卷。

2022年：7卷。

2023年：6卷。

2025年：7卷。

《实录》各卷采用纵向和横向两种分类编排方式，在一卷之内必要时纵向与横向交错进行。

第一至十四卷内容的分类架构为纵向排列，即大体上是按各项调查的时间顺序，其主要目的有二：一是为了突出新中国成立伊始中央人民政府对云南边疆人民的关怀、党的民族政策在云南的施行及新中国民族工作的“云南现象”和“云南经验”；二是展示新中国成立初期云南各项民族调查（包括中央民族访问团西南民族访问团第二分团、民族语言、民族识别等中央人民政府派出的调查组和云南省委边疆工作委员会、云南省民族事务委员会、云南省民族工作队等云南本地的调查组）的主要（文字）成果。第一至十四卷的内容突出两个重点，一是1949年以后从中央到地方各级政府机构及下属民族事务机构对云南各地的调查，二是新中国成立初期云南经历的重大事件（如清匪反霸、镇反、减租退押、民主改革、区域自治、互助合作、经济发展等），以展示这一时期云南社会的发展历程。

第十五至三十卷的内容主要集中于全国少数民族社会历史调查中的云南各少数民族调查及相关图片，各民族资料按民族代码顺序依次列出，其分类架构大体为横向排列。

编辑《实录》的整体思路，既着重于全面，也考虑到具体；既有选择重点，也要照顾到各方面的平衡。例如，第五至六卷内容为“民主改革”，包括3个部分，即土地改革、和平协商土地改革和直接过渡。这两卷资料选择的要旨，既要考虑到纵向的主题思路（从中央文献到地方指示，弄清事件的来龙去脉和具体内容），又要顾及内容涵盖面（如清匪反霸、减租退押、土改、复查以及土地改革中的建党、建团、妇女工作等），还要照顾到横向3个方面的大体平衡（一是3个部分内容篇幅的平衡，二是各地区、市县覆盖面的平衡，三是各民族内容的平衡）。再如，在民族语言调查资料的选择上，既要考虑到面的平衡（只要是有调查资料的民族，尽可能有所展现），又要有侧重地照顾到各卷内容的平衡（比如藏族，除语言调查资料外，其他方面的调查资料较少，在以往出版的《中国少数民族社会历史调查资料丛刊》中也没有云南藏族的资料），还要有重点（比如彝族，不但是云南支系、人口最多和分布最广的少数民族，而且还涉及四川、贵州等省，同时还是与周边东南亚国家共有的跨境民族）。

如此架构的目的在于以下5点。一是尝试对1950—1965年的云南民族调查史料进行一次系统性的梳理，因尚属首次，难度甚大，但却非常必要，也具有重大的现实意义。二是通过系统梳理，为总结新中国成立初期民族工作的“云南现象”和“云南经验”提供扎实和充足的史料依据，并在此基础上使其能提升到民族学研究和民族工作的理论高度。三是展现以前所有同类图书中大多没有收录却又极为重要的内容。四是摒弃以前大多主要选择经济内容的编辑思路（经济内容的重要性不言而喻，我们将主要在第十五至二十八卷各民族板块中加以展现）。如果《实录》在内容上与以往同类图书大体雷同或相似，只是在数量上进行些许增添和补充，那就失去了其应有的价值。毛主席当年曾对中央其他领导讲，少数民族地区也要进行社会改革了，一改革很多东西以后就再也见不到了，所以要抢救，这才有了中国“前无古人、后无来者”的少数民族社会历史调查。但是要“抢救”而且已经“抢救”的东西，绝非仅有经济甚至只是农业生产一项内容。五是通过文字、图片系统和全方位的展现，试图勾勒出新中国成立初期云南民族调查的全幅景象和完整进程，并以一斑而窥全豹，从而对全国各少数民族地区的社会历史调查在广度和深度方面能有进一步的了解和认识。

执守严谨的重材料、重考证学风并提出“史学即是史料学”观点的历史学家傅斯年曾说过：“整理史料是件很不容易的事，历史学家本领之高低全在这一处上决定。后人想在前人工作上增高：第一，要能得到并且能利用前人不曾见或不曾用的材料；第二，要比前人有更细密更确切的分辨力。”[①]囿于心智、学识、能力与对云南民族调查史料的认知和掌握程度，及对民族史史料学及其目录学、分类学的一知半解，加之新中国成立初期各种访问团、慰问团、调查组、民族识别研究组、工作队、代表团、参观团等活动密集频繁，更有史无前例的“全国少数民族社会历史调查”，以及中国共产党各项民族政策和实施细则的深入持续贯彻执行，从而使云南民族调查史料的存量和内容变得更为丰厚，全面系统梳理可谓工程浩大，仅凭一己之力很难付诸实施并顺利面世，因而我们现阶段仅仅是在力学不倦的同时，尽力去做一些局部的抢救性整理工作。目前，30卷图书的资料已基本齐备，编选工作也在按照计划有条不紊地展开。当然，我们不会停下继续搜集和整理云南民族调查文献史料的脚步，在身心安好、精力财力尚可维系的情况下，依然会不回头地执着前行，并借此表达对那些在极端严酷环境下脚踏实地开展民族工作的工作者的诚挚敬意。他们历尽艰辛、勇于奉献甚至以生命的代价[②]获取的第一手调查资料，早已构成云南民族文化遗产宝库中不可或缺的重要组成部分。文化是民族的灵魂，是民族精神和民族素质的纽带，深深植根于民族的血脉之中。这些史料之所以如此珍贵，很大程度上就在于其丰厚的民族文化内涵，值得永久藏存。想要留住它们，就离不

---

① 傅斯年：《史学方法导论》，《傅斯年全集》第 1 册，湖南教育出版社 2003 年版，第 58 页。

②1958 年 9 月 29 日下午 7 时，云南民族调查组怒江分组贡山小组成员陈延长在调查途中坠落怒江，不幸遇难。时任贡山小组组长洪俊于 10月 1 日上报《关于陈延长同志牺牲的经过（报告）》，详细描述了事件的经过。我们藏有这份报告的原件（复写稿），其内容将编入《实录》第十三卷。——编者

开执着者的良苦用心；想要解读、弘扬和传播它们，就离不开研究者的孜孜矻矻和传播者的不懈努力，其中最重要的一个方面，就是具有历史眼光和远见卓识的出版者，云南人民出版社就担当了这一举足轻重、令人钦敬的角色。

这些无可复制的实地调查资料，已经成为云南民族文化遗产宝库中的经典。何谓经典？2003年诺贝尔文学奖得主、南非作家 J. M. 库切（John Maxwell Coetzee）的定义也许最为贴切。他在题为“何谓经典”的演讲中说道：

> 经典就是得以存活之物……历经过最糟糕的野蛮攻击而得以劫后余生的作品，因为一代一代的人们都无法舍弃它，因而不惜一切代价紧紧地拽住它，从而得以劫后余生的作品——那就是经典。

作为云南民族文化遗产宝库中的经典，它们不能被遗忘，也不应该被率意“修正”。作为云南珍贵民族记忆的收藏者和云南历史文化的研习者，我们也会时刻牢记——“为了明天而收集昨天”。这既是初衷，也是终极目的。

申　旭

2020年1月15日

编辑说明

1. 20世纪中期云南民族调查的内容广泛、丰富、繁芜，由于时间、精力、费用等诸多因素，仅靠个人努力显然无法完成全部云南民族调查史料的搜集工作，挂一漏万在所难免。就目前了解和掌握的情况看，有些调查史料或调查笔记没有标题，且内容相当零碎；有些史料仅有存目而内容已佚；有些史料仅见标题而尚未看到具体内容；有些史料抑或无必要收录，因此《实录》内容为精选而非大全。

2. 通过多年对云南民族调查史料的持续收藏和研读，《实录》暂将其分为13个大类，即中央民族访问团西南民族访问团第二分团、民族工作、民主改革、民族语言、民族人口、民族识别、民族民主建政与区域自治、经济生活、全国少数民族社会历史调查、三种丛书、少数民族社会历史科学纪录片、云南各少数民族调查史料和图片。

3. 本着拾遗补阙的原则，已公开出版的史料原则上不再收录，但为了展现一项调查工作的全过程并保持一套史料的系统性和完整性（收齐一套史料往往需要数年甚至更长的时间），同类图书仅做部分收录或删节、改动过多而又相当重要的史料，则全文收录。

4. 某些文稿有手写本、复写本、刻印本、油印本、铅印本等多种版本，其中部分为摘录或摘要本，《实录》选择相对完备、详细的版本。

5. 《实录》按具体内容和民族内容进行分类，前者按时间先后编排，后者按中国民族代码顺序排列。

6. 一卷或一个板块具体内容的编辑，按照省、专区、自治区（州）、县、市、区、乡等行政区划依次进行，各级行政区划排名不分先后。

7. 依照中国民族代码顺序排列的云南各民族调查史料，按照当时各调查分组或调查小组的调查对象和调查主题进行分类。例如彝族分组的调查史料，除了其中标明为其他民族的调查内容以外，皆归入彝族范畴。

8. 带有歧视和侮辱意味的民族称谓一律删除，必须保留者皆做修改，比如“猡”改作“倮”，“母鸡”改为“佾儀”，等等。

9. 部分史料中存在民族歧视和侮辱方面的叙述，凡影响民族和谐与团结部分予以删除，不加注明。

10. 1966年以前云南各项民族调查（参见《实录》之“写在前面”）期间，部分少数民族尚未进行民族识别或完全确认，部分少数民族的名称尚未最终确定，《实录》对这一时期云南民族调查史料中的原有民族或其支系称谓予以保留，不做改动。例如佤族在定名之前，曾被称为或更改为“瓦族”“卡瓦族”“佧佤族”“佧瓦族”“卡佤族”等，本书不做统一，以免完全抹去了民族名称的历史演变过程。

11. 1966年以前云南各项民族调查（参见《实录》之“写在前面”）期间，部分少数民族自治地方的名称尚未最终“正名”，《实录》原样保留，不做更动。

12. 由于调查、访问、翻译、记录、整理的人员、时间、地点等方面的不一致，人名、地名的写法并不一致，《实录》以脚注形式予以标明，不做统一或修改。

13. 同一专业术语在不同文献中的用法不同，如三种丛书，又写作“三套丛书”“三种民族问题丛书”“民族问题三种丛书”等，除明显错讹之处以外，不做统一。

14. 部分文稿封面、目录标题与正文标题并不一致，本书原样录入，不做改动，仅在页下注释说明。

15. 部分文稿中的数字明显存疑，除有直接证据或旁证据之修改外，不做更改，也不做说明。

16. 原文稿中数字表述多为汉字，除必须使用汉字者外，现统一使用阿拉伯数字。

17. 部分汉字的使用几十年来已有明显变化。如“哪里”原稿作“那里”，“做生意”原稿作“作生意”等；再如助词“的”“地”“得”的使用也较为随意。现根据当下汉语使用规范进行统一，不做说明。

18. 部分文稿标题没有域名，为方便阅读，根据内容将域名放在括号内置于标题前予以标明。

19. 部分文稿没有标明日期，如能在正文中查出日期，则将其摘出置于文稿的开端。

20. 文稿中个别明显笔误或错漏之处，直接补入和改正，不做注释。

21. 限于当时记录、翻译和编写等各方面的原因，部分文稿无法通读，《实录》

在不扰乱和改变其原有风格的前提下稍加理顺。

22. 为了方便阅读，对个别较长的段落稍加分段调整。

23.《实录》尽量保持原记录文稿的行文风格和断句构成，但为了保证史料的完整性和阅读顺畅，根据内容对部分文稿的序号进行了补入和调整；对标点符号按现在的使用规范做了修改，不做说明。

24. 由于纸张、墨水、年代久远、保存不当、记录编写人员笔误等诸多原因，部分史料的自造字、错别字偏多，个别专有名词处已有残破或漫漶不清，以致极难辨识和无法卒读。对此，《实录》尽力以其他同类史料予以校正补入，无法补入者，则标以虚缺号“□”。

25.《实录》第七、八、九卷内容为云南民族语言调查资料。由于各方面的原因，此3卷采用扫描和拍照方式将原手写稿内容呈现。原手写稿中的汉语存在有错别字、繁体字、异体字、不规范简体字、自造字等情况，还有词汇、语法序号编排混乱，表格随意断开、分页等现象，作为对珍贵原始资料的抢救性保护留传，《实录》不做任何改动，保持原稿模样。

26.《实录》收录的史料，部分为个人收藏，部分存藏于相关档案馆、图书馆、资料室，部分存藏于当年参加过民族调查的工作人员手中，为了方便阅读和使用，尽量列出日期、署名等相关信息，并置于每篇文稿的开端，但不标明收藏出处。

目　录

云南民族情况汇集草稿 …… 251

中央访问团第二分团

中央访问团的任务、工作方法和守则[①]

中央访问团团员手册

1950年

中央访问团的任务、工作方法和守则

一、任务

（一）代表中央向西南地区各兄弟民族进行宣传、慰问，以加强中央与各兄弟民族间之联系。

（二）对西南各兄弟民族之政治、经济、文化情况、民族关系、群众要求以及当前民族政策的执行情形，有重点地进行调查研究，并搜集有关资料。

二、工作方法

（一）本团在各地之一切工作活动应受西南军政委员会的统一领导，与各地政府的工作配合起来，取得协助，增加干部，扩大访问团组织。

（二）鉴于西南各民族情况复杂和觉悟水平之不同，我们的访问工作及其方法应采取慎重和缓进的方针。

1. 访问之初，应首先通过当地少数民族出身的干部和有威望之人士，作为工作桥梁，对其上层和群众进行联络和疏通工作，求得接近。

2. 然后，集体地或分头地对各民族及其各部落进行慰问，原则上掌握通过上层达到联系下层，有条件地召开一些民族联谊会、座谈会、慰问大会、人民代表会等。

3. 在调查研究中必须掌握点与面的工作结合。

（三）干部工作作风，力求民族化，学习民族简单通用语言，一切生活行动，力求适应各民族的风俗习惯，善于体贴其民族情感，并严格遵守工作守则。

① 本文的注释均为原注。——编者

三、守则

（一）云南麽些、栗粟、彝族地区工作守则：

1. 不触动神位，不在神位上放东西。

2. 敬神祭祀时不窥视，不嬉笑。

3. 不在神树上拴马，不攀爬神树。

4. 不在神树和神庙附近大小便。

5. 做客时不吃鸡头鸡脚。

6. 不随便进厨房，不在火炉上烤东西，不跨过火炉。

7. 不拒绝食物。

8. 不坐门槛。

9. 不随便进入少数民族的住室。

10. 走路时小心提防捕兽的陷阱和地弩。

（二）云南回族地区工作守则：

1. 禁止在回民地区吃猪、骡、马、狗、驴等肉，吃牛、羊、鸡、鸭时请阿訇宰，在回民附近汉民住区吃饭，不准到回民家里借用具。

2. 禁止在回民家里吃烟酒。

3. 禁止在清真寺墙上画宣传图，贴标语。

4. 不得允许时不可随便进入清真寺，在回民礼拜时不偷看，不喧哗。

5. 禁止到回民水房洗澡。

6. 在回民水井、水缸打水时，先洗手，剩水不准倒回去。

7. 称呼回民为“回民”或“贵教人”，不准叫“回子”。

8. 对回民妇女态度要严肃，不要随便接谈，不入回妇房子。

9. 不对回民说“猪”，不问回民为什么不吃猪肉，不问清真寺有什么用处。

10. 不准在清真寺内或附近演戏、放映电影及敲锣鼓。

（三）苗傜地区工作守则：

1. 不要称呼苗族为“苗子”，可称“苗家”“苗族”；不要称呼傜族为“傜子”，可称“傜族”“傜胞”。

2. 不要随意出入他们的庙宇、房屋，进入时应事先取得主人的同意。

3. 凡门口插青（挂树枝）的人家不要进去。

4. 打听各种忌日，在忌日“禁止通行”的地方不要行走。

5. 逢到他们的神道日子，不吃荤食，不说肉、鱼等语。

6. 不要随便移动路边的东西。

7. 走路要小心，提防捕兽的陷阱。

8. 对妇女态度要严肃，不要随意接谈。

9. 婚丧、祭祀的时候，非经主人的同意，不要随便闯入。

10. 过桥时如有“买桥钱”的习惯应该照纳（傜族风俗）。

11. 污湿的鞋袜不要在锅灶边上去烘。

（四）西康彝族地区工作守则：

1. 不要称呼彝民为“蛮子”或“倮㑩”，应称“洛苏”。

2. 敬酒必须喝（不喝就表示看不起他）。

3. 尽量不借用少数民族的衣服被褥。

4. 到彝区后，牲口（如马）不能拴在门前柱子上与核桃树上。

5. 不能当人放屁（尤其是有女子之处），不能骂人，凡大小便必须要找僻静的地方。

6. 吃饭时必须面向锅灶，并首先要喝汤。

7. 在越嶲城北至保安驿一带麻风病多，不能乱吃东西。

8. 与彝人相处或交谈，不能乱摸彝民头部。

9. 骑马走入村庄如遇见黑彝必须下马；当巫师端公跳神时，外来生人不许进入观看。

10. 彝人对客人常杀牛杀羊杀猪（俗称打牛打羊）来招待，同时还杀一只鸡，但客人不准吃，可将送彝人的礼物，装入鸡腹中送回，摆在客人面前的牛膀羊膀猪头亦不准吃，走时应由客人带走。

（五）西康藏族地区工作守则：

1. 未经喇嘛同意，不住寺庙。

2. 不住经堂。

3. 经喇嘛同意参观经堂时，不戴眼镜，不用电筒，不摸佛像。

4. 在人前不可随便吐痰和放屁。

5. 女同志不可进经堂，男同志不可进女庙。

6. 有转经筒[①]的地方，必须从右向左走。

7. 不要在庙附近捕鱼[②]、打猎[③]和打鹰雕[④]。

8. 藏人来送礼，可接受哈达[⑤]。

9. 和藏人见面要按藏历选择吉日。

---

① 转经筒是用人力、水力或风力推动的，内装经文的牛皮滚子，人扶着滚子一边走，一边念着经。转经筒的形状，好像北方的碾子。

② 喇嘛认为鱼是喇嘛死后转生的，同时藏人如患传染病死了，就将尸体丢在河内给鱼吃，因此他们不捕鱼，不吃鱼。

③ 他们认为打猎伤生害命，不慈善，捕鱼打猎如果离开喇嘛庙较远的地方是可以的。

④ 藏民死后举行一种天葬，尸体放在野外，念经以后，任由鹰雕啄食，因此他们认为鹰雕是神鸟，不准射击。

⑤ 哈达是一块绸子，接受哈达后，必须回赠一块哈达，即交换哈达。

10. 不要走人前和跨过东西。

11. 藏人请吃东西要少吃，碗里要剩下一点。[①]

12. 不要打家狗。

13. 不可问哪个是哪个人的老婆。

14. 西藏有一种点头吐舌的见面招呼欢迎的礼节，见了不要以为奇怪，最好是微笑或点头答礼。

① 藏人的风俗习惯，赴宴必须要客气，吃完时，碗里要剩下一点东西，否则他们认为是粗鲁。

中央访问团关于少数民族调查研究提纲
《云南民族工作参考资料》第二辑
云南省人民政府民族事务委员会编印
1952年

中央访问团关于少数民族调查研究提纲

说明：

1. 本提纲分为两部分，一部分是概况调查，一部分是重点调查（包括具体实例），我们的重点是在民族关系及民族政策的考察这方面，搞清当前政策工作有关的若干基本问题，希望同志们特别注意。

2. 本提纲匆匆拟成，内容不甚完善，本为访问团内部的参考材料，现发下仅供各地调研工作上的参考，各地负责同志可根据实际情况，予以更改和补充，特此叙明。

壹、调查研究的项目

（一）关于各民族一般情况的调查

1. 民族分布

甲、民族人口——人数及占当地人口的百分比。

乙、民族区划及地理条件：

（1）聚居区与杂居区情况及其形成原因。

（2）地理条件——气候交通等。

丙、历史情况：

（1）民族内部的组成及名称。

（2）民族来源及移居本地的简史。

（3）民族特点。

2. 经济

甲、经济形态：

（1）农业、畜牧业、半农半牧、游牧业、手工业、商业、现代工业。

（2）财产所有权（团体或个人所有）。

乙、生产力：

（1）生产工具（自制与外来）。

（2）生产技术。

（3）男女老幼在生产中的分工与地位。

丙、生产关系：

（1）阶级的划分。

（2）各阶级生产资料的占有情况（包括土地情况等）。

（3）剥削形式。

（4）各阶层生活状况。

3.政治

甲、该民族内部的统治情况：

（1）统治机构及其统治方法（附武装情况）。

（2）统治人物的产生和权力（附典型人物调查）。

（3）人民的负担。

乙、帝国主义与国民党的统治情况：

（1）统治机构（包括教会工作）。

（2）统治方式及其对少数民族的灾害。

（3）人民（对）反动统治的反抗斗争。

4.文化教育和宗教信仰

甲、文化教育——包括有关疾病卫生、学校教育、语言文字和美术等方面。

乙、宗教信仰——主要是宗教与政治的关系及其在人民中间的影响。

丙、风俗习惯——特殊习俗及其禁忌。

（二）关于民族关系、民族政策的调查

1.民族关系

（1）历史上的民族压迫（包括政治、经济、文化等方面）。

（2）解放前后民族内部的变化及敌人的政治活动。

（3）民族关系的情况。

（4）各少数民族对人民政府的希望和要求（包括经济、政治、文化、教育、宗教、信仰等方面）。

2.民族政策

甲、执行民族政策的实际情况：

（1）关于加强民族团结和建立各民族统一战线的情况。

A.民族民主联合政府的建设情况。

B.各族人民的代表会与协商委员会的情况。

（2）关于培养少数民族干部的情况。

（3）关于民族区工作干部的思想作风的情况。

（4）曾经发生过的民族问题及其处理的经验教训。

乙、各少数民族中目前亟待帮助和解决的问题（包括生产、贸易等方面）。

贰、调查研究的方法

可参考中共中央《关于调查研究的决定》（1941年8月1日），根据各地实际情况予以采用，其中特别强调三点：

典型调查以区域为单位。以一乡、一寨或以某一问题为中心调查社会各阶层各方面的生动情况，以马克思主义的基本观点——阶级分析的方法，做周密的调查，并于可能范围内录音、摄影及收集文物。

“开调查会是最简单易行又最忠实可靠的方法。……到会的人应是真正有经验的中级、下级干部或老百姓。……开调查会每次人不必多，三五个、七八个人即够。必须给予时间，必须有调查纲目，还必须自己口问手写，并同到会的人展开讨论。”

搜集当地各级政府关于民族方面的工作计划、报告及各种报纸、刊物、老书、书籍或稿本等。

中央访问团

周总理的四条指示
《云南民族工作回忆》
王连芳
民族出版社2012年版，第1—3页

周总理的四条指示

1950年，新生的人民共和国正面临着严重的经济困难和复杂的政治问题，毛主席和党中央在日理万机的同时，根据解放西藏和祖国统一的需要，高瞻远瞩地决定派中央访问团首先到西南民族地区开展慰问活动，宣传党的民族政策，这是中国民族关系史上的首创，树立了中央对地方少数民族主动关怀的新形象。当时从中央民族事务委员会、文化教育委员会、内务部、卫生部、贸易部、青年团中央20多个单位抽调120余人组成中央访问团。访问团团长是中央民委副主任刘格平，副团长是著名学者费孝通和夏康农。下设三个分团，第二分团赴云南，由夏康农教授兼团长，我任副团长。

1950年5月，毛主席接见了中央访问团全体同志，与大家合影留念，并亲笔题写了“中华人民共和国各民族团结起来”，其他国家领导人朱德、刘少奇、周恩来、宋庆龄、李济深、张澜等也都为访问团题了词。我们把这些题词制成条幅和锦旗作为礼物送给各兄弟民族。出发前，周总理又专门召集访问团总团和分团的六位领导人，到中南海勤政殿总理办公室开会。总理办公室很简朴，一条长桌，几把椅子，此外再没有其他多余的摆设。我们刚进门，总理便从内室走出来，一一和我们握手，并笑着让我们坐下，开始的严肃气氛顿时轻松起来。

然后，总理开门见山地说：这次访问，是毛主席亲自提议和决定的。由于历代统治阶级和国民党长期实行民族压迫政策，民族隔阂很深，加上各民族社会发展水平各不相同，在访问中少数民族对你们可能不理解，不欢迎。因此，在工作中应掌握四条原则：

一是要“准备受冷淡”。你们下去可能会受冷淡，但受冷淡也要热情地慰问。他们越冷淡，你们越要热情。

二是要“决心赔不是”。你们要代表中央向因我们的老祖宗过去欺压人家，造成人家无数痛苦的兄弟民族赔不是。（说到这里，我有点困惑，便插话说：“过去压迫少数民族的是历代反动统治阶级和国民党，我们中央怎么能替他们赔不是？”总理耐心而风趣地说：“我们既然接收了整个国家这个‘家业’，还能不接收他们欠下的‘历史债务’

吗？”总理这一说，大家都笑了。）

三是“一切听人家”。到了那里以后，人家叫你干啥就干啥，人家不愿办的事，你们绝不要去办。有的同志问道：“大奴隶主和大土司说的话，我们也要听吗？”总理严肃地说：“要听，民族上层不同意的事，我们绝不做；他们不喜欢听的话，我们绝不说。因为那里的群众现在还都听他们的，我们也就必须听。要团结各民族，必须首先团结民族上层和宗教人士。”（我们到重庆后，时任西南局第一书记的邓小平同志对总理的这一指示作了更明确的阐述：民族上层不点头，我们就不要干。）

四是工作中万一和兄弟民族发生矛盾和误解，你们要“先作自我检讨”。你们去了这么多的人，虽然都经过民族工作的方针政策教育，但工作中仍难免会出现失误，万一和少数民族有了误解，不管是非曲直，责任在何方，你们、包括当地军政人员都要先作自我批评，争取得到少数民族群众的谅解。

最后，总理还与我们一道研究了访问团的具体装备和行动问题，询问了我们团员工作守则的细节，叮嘱送礼品要注意实用，并提醒我们：西南兄弟民族群众特别缺乏盐巴。其认真细致的工作作风，使我深受感动。总理的这四条指示成了我们全团同志以后的行动纲领，也成了我们访问任务能取得完全胜利的重要保证。这四条指示体现了共产党人对少数民族的根本态度，至今仍有现实意义。

关于西南少数民族问题[①]

《邓小平文选》第一卷

人民出版社1994年10月第2版，第161—171页

关于西南少数民族问题

在少数民族问题上，我还是一个小学生。同志们对这个问题的研究比我要多，又是专门做这方面工作的。我今天主要是把西南的情况，同少数民族的问题联系起来讲一讲。

少数民族问题，在西南来说是很重要的。我们中国的少数民族最多的地区，一个是西北，一个是西南。恐怕西南比西北还多，而且情况也比较复杂。西南的国境线从西藏到云南、广西，有几千公里，在这么长的边境上，居住的绝大多数是少数民族。少数民族问题解决得不好，国防问题就不可能解决好。因此从西南的情况来说，单就国防问题考虑，也应该把少数民族工作摆在很高的位置。

西南的少数民族究竟有多少，现在还不清楚。据云南近来的报告，全省上报的民族名称有七十多种。贵州的苗族，据说有一百多种，实际上有些不是苗族。例如侗族，过去一般都认为是苗族，实际上语言、历史都不同，他们自己也反对这么说。从这一情况就可看出，我们对少数民族问题不仅没有入门，连皮毛还没有摸着。当然经过三两年工作之后，对各个民族有可能摸清楚。历史上弄不清楚的问题，我们可能弄清楚。

在中国的历史上，少数民族与汉族的隔阂是很深的。由于我们过去的以及这半年的工作，使这种情况逐渐地在改变。但不是说我们今天已经消除了隔阂。少数民族要经过一个长时间，通过事实，才能解除历史上大汉族主义造成的他们同汉族的隔阂。我们要做长期的工作，达到消除这种隔阂的目的。要使他们相信，在政治上，中国境内各民族是真正平等的；在经济上，他们的生活会得到改善；在文化上，也会得到提高。所谓文化，主要是指他们本民族的文化。如果我们不在这三方面取得成效，这种历史的隔阂、历史的裂痕就不可能消除。我们中华人民共和国是一个多民族的国家，只有在消除民族隔阂的基础上，经过各族人民的共同努力，才能真正形成中华民族美好的大家庭。我们是有条件消除民族隔阂的。历史上的反动统治实行的是大民族主义的政策，只能加深民族隔阂，而今天我们政协共同纲领所规定的民族政策，一定能够消除这种隔阂，实现各民族的大团结。

我想讲点西康藏族的情况。过去藏族与汉族的隔阂很深，但是我们进军西南，特别

① 这是邓小平同志在欢迎赴西南地区的中央民族访问团大会上的讲话。

是宣布了解放西藏的方针，提出十项条件以后，发生了很大的变化。过去他们的情况怎样呢？过去西康的反动统治把他们搞苦了。我们进去以后，首先宣布了共同纲领的民族政策，同时我们军队的优良作风也在一些具体问题上体现出来，例如执行三大纪律八项注意，尊重藏民的风俗习惯、宗教信仰，不住喇嘛寺等，这样就赢得了藏族同胞的信任。他们说，我们的军队太好了，老百姓的房子，就是下大雨，不让进就不进，不让住就不住，这是实行正确政策的结果。历史上的统治者，何尝没有宣布过好的政策，可是他们只说不做。我们的政策只要确定了，是真正要实行的。对于我们提出的十条，有的西藏的代表人士觉得太宽了点。就是要宽一点，这是真的，不是假的，不是骗他们的。所以这个政策的影响很大, 其力量不可低估。因为这个政策符合他们的要求，符合民族团结的要求。

在西南少数民族地区，历史上我们党曾经做过一些工作，产生过好的影响。长征时，红军经过的地方，如云南、贵州，散布了一些革命的种子，就是在西康，也有一些革命影响。红军北上时，为了自己的生存，做了一些犯纪律的事，那时饿慌了，没有办法。现在我们应该跟他们说，当时全国革命的负担放在你们的身上，你们对保存红军尽了最大的责任。对那时办得不对的事，应当向他们赔礼。这次我们到那里，一些藏族人士也很坦白地说，那时把粮食吃光了，心里不愿意，现在了解了。他们为自己的解放感到高兴。

经过这些历史上的工作，加上今天的工作，我们完全可以解决几千年遗留下来的民族隔阂，把各民族团结好。在世界上，马列主义是能够解决民族问题的。在中国，马列主义与中国革命实践相结合的毛泽东思想，也是能够解决这个问题的。只要我们真正按照共同纲领去做，只要我们从政治上、经济上、文化上诚心诚意地帮助他们，就会把事情办好。只要一抛弃大民族主义，就可以换得少数民族抛弃狭隘的民族主义。我们不能首先要求少数民族取消狭隘民族主义，而是应当首先老老实实取消大民族主义。两个主义一取消，团结就出现了。

我们进军西南以来，有这么一个概括的认识：西南的民族问题复杂，西南民族问题必须解决好。这牵涉各方面的工作，但我们对情况又了解得很少，因此强调要采取非常稳当的态度，从一开始就把民族关系搞好。强调解除各民族对人民解放军的顾虑，解除民族之间的隔阂。对少数民族的许多事宜，不盲动，不要轻率地跑去进行改革，不要轻率地提出主张，宣传民族政策也不要轻率。在实际行动中严格执行纪律，不侵犯他们一丝一毫的利益，包括征集公粮也要照顾他们的实际困难，首先保证决不能超过历史上的负担，只能少于历史上的负担。我们确定：在少数民族里面，正是由于过去与汉族的隔阂很深，情况复杂，所以不能由外面的力量去发动少数民族内部的所谓阶级斗争，不应由外部的力量去制造阶级斗争，不能由外力去搞什么改革。所有少数民族内部的改革，都要由少数民族内部的力量来进行。改革是需要的，不搞改革，少数民族的贫困就不能消灭，不消灭贫困，就不能消灭落后，但是这个改革必须等到少数民族内部的条件具备了以后才能进行。

现在我们民族工作的中心任务是搞好团结，消除隔阂。只要不出乱子，能够开始消除隔阂，搞好团结，就是工作做得好，就是成绩。如果我们患急性病，像在汉族区域一样，总想很快地拿到粮食，很快地把群众组织起来，使工作见效，那就非出乱子不可。过去其他地区出了些乱子，其中极重要的原因就是患急性病。这教育了我们的许多同志，不能患急性病，来一点“慢性病”没有关系。“慢性病”不会犯错误，急性病就要犯错误，别的事情既不能患急性病又不能患慢性病，这件事情不要怕患“慢性病”。当然我们还是要做工作，不能因为怕患急性病就睡起觉来，要稳步地做，摸准情况前进。团结的基础巩固一步，工作也就前进一步。我们有些同志主观愿望是好的，但是患急性病，因此领导上要经常防止急性病。当前在少数民族地区做工作，一个重要原则就是不准出乱子，不能把事情搞坏。一百个干部有九十九个做得好，有一个干部出乱子，也可以把事情搞坏。基于这样的想法，我们派往少数民族地区的干部要少而精，不在数量而在质量。他们要懂得民族政策，真正想把少数民族工作做好，不准一个人出乱子。必须保证这一点。这个时期西南在民族问题上还没有出什么乱子，原因就是工作稳当，这就叫成绩。

那末，到现在工作做得够不够呢？现在已经出现了一系列的新问题，需要我们进一步做工作，否则就要出乱子。举例来说，共同纲领规定，各少数民族聚居的地区，应实行民族的区域自治。纲领宣布了，少数民族很高兴，在高兴的同时，就要问什么时候实行，如何实行。他们要求兑现。如果半年不兑现，一年还不兑现，他们就会不相信我们的政策。这个政治上的问题，不解决不行。我们党在历史上曾经遇到过这个问题，比如在内蒙古，这方面是有经验的，在陕甘宁边区的北面，也有些经验。而在广大的新区，还没有经验，对许多干部来说还是个新问题。但是现在必须开步走，因为少数民族的要求是迫切的。在西康，有的代表人士甚至还想在实行区域自治时用“波巴政府”这个名字。现在这件事还没有谈好，不过一定要有一个他们满意的名字才行。西康有许多地名是汉人取的，我们叫惯了，不等于他们习惯。这还是一个名称问题，其他问题就更复杂了。比如康东过去划有县，有一二十年的历史了，现在实行民族区域自治，还保存不保存县呢？从发展前途看，保存县有好处，而且已经是习惯了的，但是他们赞成不赞成呢？有一个原则，他们不赞成就得取消，另外划。还有，在实行民族区域自治的时候，少数民族内部问题如何解决？有的过去打冤家，你打过来，我打过去。这主要是过去推行大汉族主义的反动统治阶级挑起来的，是大民族主义统治弱小民族的手段，但是他们内部也有很多利害关系。我们应该冷静地考虑这些问题，使他们团结起来，不要再打冤家。又比如实行民族区域自治，我们派不派干部？派是必要的，但一定要少而精，要派真正能帮助他们的干部，至于用什么名义，这要跟他们商量。我们的同志去工作，是一件苦差事，思想要搞通，要有一些愿意做这个工作的同志去那里工作。这一系列问题，牵涉到实行民族区域自治的政策。

今天我们在西南实行民族区域自治，首先开步走的应是康东，因为各种条件比较具备。第一，藏族同胞集中；第二，历史上有工作基础；第三，我们进军到那个地方后，同藏族同胞建立了良好关系；第四，那里还有个进步组织叫藏东民主青年同盟，有一百多人。有这些条件，就能马上去做工作。这是一个很大的问题，如果解决得好，可以直接影响西藏。其他地方也要积极创造条件去做，不能只停留在口号上。有些地方也可以先成立地方民族民主联合政府。比如大小凉山是彝族聚居区，应该实行民族区域自治，但现在条件不够，这样的地区暂时只适宜于成立地方民族民主联合政府，这对他们更有好处。云南、贵州也是适合于成立地方民族民主联合政府的。还可以在联合政府下面，实行小区域自治，比如一个民族聚居乡。少数民族的事应该由他们自己当家，这是他们的政治权利。

从经济上看，现在不开步走也不行了。比如西康，这方面也出现了一系列的问题。首先是粮食问题，现在我们只进去三四千人，一下就借了七十万斤粮。一些进步的上层人士帮忙很大，不但把粮食借给我们，而且价钱公道。但是老是这样不行，少数民族群众负担不起。再如市场问题，贸易问题，金融问题等，这些经济问题也遇到了，如果不解决，就会动摇政治的基础。实行民族区域自治，不把经济搞好，那个自治就是空的。少数民族是想在区域自治里面得到些好处，一系列的经济问题不解决，就会出乱子。毛主席对西藏问题就确定了两条，第一是实行民族区域自治，第二是进军西藏“不吃地方”。这两条搞好了，才能解决西藏问题，才能团结起来巩固国防。这两条对所有少数民族地区都是适用的。政治要以经济做基础，基础不紧固还行吗？如果我们只给人家一个民族区域自治的空头支票，而把人家的粮食吃光，是不行的。我们对少数民族地区确定了一个原则，就是在汉族地区实行的各方面的政策，包括经济政策，不能照搬到少数民族地区去，要区分哪些能用，哪些修改了才能用，哪些不能用。要在少数民族地区研究出另外一套政策，诚心诚意地为少数民族服务。比如贵州的少数民族，大多住在山上，如果我们能够给他们解决吃盐的问题，那就一定能够得到他们的拥护。又如西康现在还不通汽车，怎样在经济上同内地沟通，从内地进什么货，他们的东西怎么运出来，价格如何，怎样使他们有利可得，这些都要妥善处置。我们在贸易上实行等价交换，但是有时还要有意识地准备赔钱。我们帮助少数民族发展经济，很重要的一环是贸易，经济工作应当以贸易工作为中心。要帮助少数民族把自己的贸易活动组织起来，这不是我们能够包办的。贸易中要免除层层中间剥削，使他们少吃亏。这样经济就活了，他们的生活也就会好起来。目前的关键就是首先要使他们在贸易中获得利益，然后在这样的基础上，帮助他们逐步地从农、工、牧、商等方面发展。

在文化方面，也有许多工作要做。要尽快提高少数民族的文化水平。应在少数民族地区举办一些教育事业，动员一些人到那里去办学校。现在最好先办一些训练班，着重宣传民族政策。办学校最困难的是没有教员。我们不是没有经费，不是其他问题，就是没有人教课。西南人才缺乏，我们要解决这个问题，就必须迅速创办民族学院，吸收一些青年进民族学院深造。同文化教育相联系的还有卫生问题。少数民族地区卫生工作也很重要，那里迫切需要医药。在当前来说，文化工作首先要以卫生工作为中心，卫生工作作用很大。

所有这些事情，政治的也好，经济的也好，文化的也好，现在都要开始去做。所有这一切工作，都要掌握一个原则，就是要同少数民族商量。他们赞成就做，赞成一部分就做一部分，赞成大部分就做大部分，全部赞成就全部做。一定要他们赞成，要大多数人赞成，特别是上层分子赞成，上层分子不赞成就不做。上层分子赞成才算数。为什么？因为在少数民族地区，由于历史的、政治的、经济的特点，上层分子作用特别大。进步力量在那里面很少，影响很小。将来这个力量发展起来，会起很大的影响，现在不起决定影响。现在一切事情都要经过他们上层，要对上层分子多做工作，多商量问题，搞好团结，一步一步引导和帮助他们前进。如果上层这一关过不好，一切都要落空。我们有些同志往往采取激进的办法，以为不通过上层分子能搞得更好。事实上不是搞得更好，而是搞得更坏，不是搞得更快，而是搞得更慢，因为阻力大。对上层分子的工作做好了，推动他们进步了，同我们的合作搞好了，这样，在他们的帮助下来推进工作，就要顺当得多。有的同志思想有顾虑，以为这样做会丧失阶级立场，不懂得在那里阶级立场表现得不同。什么叫正确的阶级立场？就是现在不要发动阶级斗争，做到民族与民族之间的团结，这就叫正确的阶级立场。当然我们也不是完全依靠上层，而是通过他们慢慢影响各方面的工作。

附带说一说，有一些特殊问题，也要根据实际情况解决。比如我们在少数民族地区确定不搞减租，不搞土改，但是贵州苗族人要求减租，要求土改，而且比汉人还迫切。究其原因，这是很自然的，因为贵州苗族中地主很少，他们绝大部分种汉人的地，而且是山坡地。他们的要求很合理。如果不允许他们实行减租、土改，那就是大汉族主义，就是不直接照顾他们的利益。但是这样的要求，可能苗族上层少数地主分子不赞成。所以我们特别作了规定，凡是种的土地是汉人地主的，就实行减租、土改，而种的土地是苗族地主的，就不实行减租、土改，由他们本民族慢慢地采取协商的办法去解决。这就是说，减租、土改在少数民族地区不是完全不提，有些地区还应该进行，但必须有一个条件，就是他们有这个要求，而且不是少数人要求，而是大多数人要求，不是我们从外面给他们做决定，而是他们自己做决定。又如，在少数民族地区，怎样实行民族区域自治，怎样成立联合政府，要考虑方式方法问题。可以采用召开各类代表会议的形式，这种形式在内地收效很大。通过代表会议征求意见，商量研究，可以避免主观地决定问题。有时我们是一番好意，就是做出的决定不正确。但即使决定正确，如果没有通过他们，也会遭到反对。只要通过他们，即使有的决定还有缺点，他们也是会拥护的。

最后谈谈工作态度问题。我们的工作方法就是刚才谈的，一切事情和他们商量，用开代表会议的方式解决问题。我们的工作态度是实事求是，老老实实。最近我们有这样的体会，就是在尊重少数民族风俗习惯方面，也要老老实实。我们要主动向他们说清楚，正是因为风俗习惯不同，容易引起误会，容易犯忌讳，可能得罪了人还不知道。有些生活习惯我们很想学，但是一下学不会，也勉强不得，请他们原谅。这就叫老老实实。这样容易得到同情。我们做政治工作，经济工作，文化工作，都应该采取这种态度。

中央民族访问团这次到西南来，必定对我们帮助很大。你们在少数民族方面研究、了解的东西比我们多得多。特别是你们下去以后，亲身接触具体情况，会发现许多问题。我们很希望同志们研究各种问题，多提意见，哪怕是一个片面的意见，也比没有意见好。现在我们就是苦于没有意见。同志们在这方面不要客气，有什么感觉就跟当地同志说。下面有些同志可能主观性强些，你们可能碰一鼻子灰，或者对你们提出的问题不重视，或者对问题见解不同，而且很可能他们的见解是错误的。遇到这样的事，你们不要生气，可以给我们写信，或者给省里的同志写信，总会得到合理的解决。假如你们有些意见不对，我们也告诉你们。这样，依靠同志们的工作，我相信可以解决西南最复杂的又是最重大的问题——民族团结问题，至少可以打下一个很好的基础。

刘伯承同志在欢迎中央访问团会上关于西南民族工作问题的报告
《民族工作文件汇编》
云南省委办公厅印
1951年8月

刘伯承同志在欢迎中央访问团会上关于西南民族工作问题的报告

（1950年7月21日）

一、在中国人民革命运动中我对少数民族亲身的感觉

关于西南少数民族问题，以我们来说还是一个新的问题，我们仅一知半解，许多情况我们还不大了解，比如西康藏族人口，云南、贵州少数民族的种类，到今天还没有精确的统计。红军在长征期间因为国民党匪军追逐截击不能走直线，不得不走边缘，因此所经过的都是少数民族地区，我们所接触到的少数民族对我们都极亲热，给了我们许多帮助。因为他们最受压迫，地位很低，大汉族主义的统治者说他们人种就是低劣的，生下来就有尾巴，这简直是毫不近情理的。像苗族同胞正因为历受大汉族主义和国民党的压迫，非常害怕汉人，害怕我们。到了苗区不得不跑到山上去找人，找回来后经过耐心解释了我们的民族政策，他们的顾虑就慢慢消释，愿意给我们引路。而我们沿途见到的少数民族同胞，他们所受压迫和生活的痛苦是难以形容的，像贵州的侗族，许多都住在树上，衣不蔽体，但对待红军却亲热极了，尽力地帮助我们，苗族中就有许多参加了红军。红军到了云南，在曲靖、昆明某次开军事路线会议，找到一位彝族高中学生，但他不承认自己是彝族，经过谈话才说出他是彝族，可见他们受压迫之深。红军在长征中我任先遣司令通过彝区到达冕宁，我们开仓济贫，释放政治犯，一位披着毡的彝胞对我磕头，他说："我感谢你们，你们释放了这些人质。"他们从祖先起就充作人质，我们放了他们，他们十分感激，愿意替我们带路。红军到了大桥驿碰到一位石达开部下的后裔，他说："你们应该赶快渡过大渡河，迟了就很难渡过去。"石达开就是处理少数民族问题不妥当而遭受失败的一个，我们在二万五千里长征中，如果不获得群众的拥护和少数民族的拥护，其后果不可想象的。因

此红军到了海子附近，彝族武装布满山头，我们决定以政治方式解决。我们仅守小的阵地向彝族同胞宣传不要自相残杀，我们的主要敌人是蒋介石匪帮，并命令所有士兵和部队，除了他们已危害到我们的生命不得不防御外，不准向他们放射一枪。经过谈判，和小叶丹饮血为盟，并请联络彝族。他们有些还冲到我军阵地跟前来拖机关枪，我军才开始防御，结果俘获他们一些人，他们伤亡十八人，我们亦伤亡八人，经过医治创伤解释政策把他们放回，每人还发了五块钱的路费，这样就得到了他们的谅解和帮助，解决了民族问题，使得胜利地通过彝区。

红军到海子经过一喇嘛寺，对方摆起阵容，由我一个人亲自跑到对方说明，准备撤退五里，对方提出“凡烧白烟的表示友好，不烧的表示敌意，你们就可以打他们”，我们坚持不烧白烟的也不打，结果得到大的帮助，他们还布施了我们许多军鞋。红军到甘孜时迎接礼仪之隆重使人感到难受，因为他们过去就用这样的仪节迎接汉人的官，藏族同胞为了使我们不怀疑，喝酒时总是他们先喝一口，才叫我们喝。甘孜寺院第一排房屋都是汉人官员住，半山上的地方由汉人住，最坏的地方才给藏民住，我们开会时一个藏民哭着说：“官占坪，汉占坡，把我们蛮子赶到山窝窝。”少数民族深受大汉族主义压迫，特别是清朝年间的年羹尧、岳钟琪和赵尔丰的多次屠杀，他们的房屋多被夷平。

我们在少数民族地区总的感觉有以下三点：

（1）帝国主义者对中国的进攻，实在无所不用其极。我们亲眼见到英国所制造的“西藏王国”的旗帜、枪炮，甚至小的马掌也是英国产品，佛菩萨也注了英文。英帝国主义者曾挑拨藏族和果洛族，叫他们向东进攻。西南边疆地区，医药缺乏，帝国主义国家派出的传教士，就利用医药传教博得了一部分少数民族同胞对他们的好感。特别是西南边疆和缅甸、泰国[①]、越南接壤，帝国主义者一向采用分而治之、互相兼并、向东打出的策略。尽管帝国主义者阴谋百出，但少数民族仍深感自己是中国人，屡次发生反抗事件，如西藏的热振事件就是一个具体例子。因此我们要支持少数民族提高警惕性，不让他们上帝国主义的当。

（2）少数民族受汉人的压迫，如“改土归流”一名词是改土司为流动的官。所以我们见到土司或酋长问到他们是不是土司时，他们就惶恐万分，如我问小叶丹是不是土司，他说：“你们叫我做土司，我就有抄家灭门的大祸，你们难道不懂改土归流吗？”又如成立设治局其实是汉人兼并少数民族的办法，我在姚集碰到的老百姓都说：“我们永远忘不了五月二十八日汉人设治局把我们赶走四十里。”又如屯垦是强占少数民族的土地财物，使他们不能再活下去。我任先遣司令感触很深，少数民族只求不受压迫，就感恩不尽。所以大汉族主义对少数民族是老虎吃人的关系，历史上汉族统治者做了很多的坏事。长征时当地汉人反映：“他们要洗汉，我们要洗他们。”我说：“洗人家是不对的，我们必须先检查自己，是否有大汉族主义思想残余？今天解放了，我们应先洗一下，在我们人民中，

① 泰国，应为“老挝”。——编者

在共产党员中是否存在着资产阶级的民族主义思想？这才是对的。”

（3）对少数民族内部的关系。首先要强调团结，在帝国主义与民族压迫之下，在他们历史生活条件之下所形成的内部关系我们不了解，急躁处理必犯错误。如在长征期中，小叶丹对我说他的侄儿欺侮他，我告诉他要好好团结。在唐堡，藏族中有两族相争，要求我们去解决，我们不了解情况婉言谢绝了。因此凡碰到少数民族争端时不可盲目草率地去解决，更不可急躁，否则就会发生错误。如从北京回西康的藏族革命同志急欲社会改革，我告诉他们：“你们不要急躁，一定要等待社会条件成熟，才可有步骤地从事各种改革。”如果我们急躁草率地处理少数民族问题，后果不堪设想。昨晚我和过去博巴政府的夏克刀登相见特别亲热，他们那一小地区，对保存红军主力出了很大的力，没有他们就没有今天，不过当时因情不得已吃了他们很多粮食，因此希望访问团每达少数民族地区要首先赔不是；另外是要多多调查研究，做一个毛主席的好学生。我每次阅读过去有关少数民族的著作总是看一下就放下来，因为那些著作都是抄袭而来。我们对西南许多地区是不大了解的，我每每听到有人说巴颜喀拉山是怎样的大，我到达时亲眼所见，不过是些土包包，实际与传说往往相差太远，因此必须多做调查研究工作，才能明了真相。

二、中央对少数民族政策和指示在西南将如何执行

要正确地执行民族政策，首先要调查研究。毛主席指示我们：“没有调查研究，就没有发言权。”西南少数民族的情形，我们知道的不多，甚至还没有做到牛的反刍作用。所以，第一，要调查帝国主义的侵略情形。如我们对云南片马、江心坡、野人山的材料所获极少。我军到了思茅、普洱不觉得就跑到国外地面去买菜去了，不懂得国境是怎么一回事。所以我们要具体地运用政策，必须先做好调查研究工作，了解少数民族的社会组织、经济关系及土目的心情，工作不急躁是对的，同时还要有计划性，如果当做的不做，当了解的不了解，就可说明我们工作中的官僚主义。第二，关于西藏问题，我们根据中央的指示，对西藏提出了十条：

1. 西藏人民团结起来，驱逐英美帝国主义侵略势力出西藏。西藏人民回到中华人民共和国祖国的大家庭来。

2. 实行西藏民族区域自治。

3. 西藏现行各种政治制度维持原状，概不变更。达赖活佛地位及职权不予变更，各级官员照常供职。

4. 实行宗教自由，保护喇嘛寺庙，尊重西藏人民的宗教信仰和风俗习惯。

5. 维持西藏现行军事制度不予变更，西藏现有部队成为中华人民共和国国防武装之一部分。

6. 发展西藏民族的语言、文字和学校教育。

7. 发展西藏的农牧工商业，改善人民生活。

8. 有关西藏的各项改革事宜，完全根据西藏人民的意志，由西藏人民及西藏领导人员采取协商方式解决。

9. 对于过去亲英美和亲国民党的官员，只要他们脱离与英美帝国主义和国民党的关系，不进行破坏和反抗，一律继续任职，不究既往。

10. 中国人民解放军进入西藏，巩固国防。人民解放军遵守上列各项政策，同时买卖公平，不妄取人民一针一线，人民解放军的经费完全由中央人民政府供给。

西藏各界人民反映："这些政策是宽大的，是能够实现的。"同时，我们的部队是执行政策的模范。夏克刀登反映："你们的部队生活相当苦。"由于供给不便，我们严格规定，必须有借有还。因为物资问题可能引起生存问题，一定要做到自己供给。藏族人民已经感到我们所说的民族平等是真正的平等，过去他们见了汉人的官员，必须跪下，今天我军所到的地方，和他们生活在一起，和他们亲切地谈家务，这在藏汉关系还是第一次。此外，我们要注意生活上的小事情，往往因生活上的小事情而引起政治问题，如果发生了，必须进行检讨批评，我们必须说到做到。

拉萨当局在本年春已派出了代表，但为英美帝国主义所阻挠，如果我们不派出军队到西藏建立国防，要想帝国主义放手，也是徒然。要解放西藏，特别是内部关系还须下很大的苦功，如黄教和红教关系，如班禅问题。总之一方面要掌握原则，另一方面要照顾到人民大众的关系，必须提出团结问题，一切制度维持现状。西藏军事制度复杂，必须使之改变为国防军，必须使之和人民结合，藏族部队军官地位很高，怎样帮助他们进步，怎样发展西藏的语言文字，都是煞费苦心的问题。

西藏人民生活艰苦，如果仅同情疾苦，而不是有步骤地根据西藏人民意志及其领导人员的意见去协商来解决各种问题，是行不通的。

西南少数民族地区，除苗族外，均在数千公里漫长的国防线上，如果不能很好地执行民族政策，不能很好地团结少数民族，则谈不到国防，只要正确地执行民族政策，不断地改善民族关系，则西南国防是可以逐渐巩固的。

中央访问团第二分团记事
彭勋子辑
《中央访问团第二分团云南民族情况汇集》（下）附录二
国家民委民族问题五种丛书之一《中国少数民族社会历史调查资料丛刊》
云南民族出版社1986年11月第1版

中央访问团第二分团记事

从首都出发

1950年7月2日，中央西南访问团由首都乘火车出发。《人民日报》发表社论：《欢送西南访问团》，社论指出推翻了国民党的反动统治，“还只是为民族平等开辟道路；过去反动统治历史所造成的我们民族的政治、经济和文化的落后状态仍然存在。这就要求我国各族人民团结一致，共同努力，发展各民族人民大众的经济和文化教育事业。希望西南访问团的工作能帮助中央人民政府在这一方面作一个良好的开端”。

据《人民日报》7月2日报导：中央西南访问团的任务是加强民族团结，了解各族人民疾苦，把各族人民的意见直接带给中央。访问团包括民族事务委员会、文教委员会、内务部、卫生部、贸易部、青年团中央等20余单位。以刘格平为团长，费孝通、夏康农为副团长，团员共120余人，分为3个分团，将分别深入川、康、滇、黔各兄弟民族地区进行访问。

据报导：首都中央各机关对中央访问团即将访问西南各兄弟民族极为重视，全体团员于6月集中于国子监学习月余，先后听取了中央民族事务委员会主任李维汉、西南军政委员会民族事务委员会主任王维舟的民族政策及介绍西南诸省情况的报告。中华全国民主妇联副主席邓颖超到访问团驻地也作了指示，她希望访问团多多了解各族人民生活疾苦，多多带回各族人民特别是妇女同胞的意见。在政务院文教委员会、民族事务委员会联合举行欢送中访团的晚会上，文教委员会主任委员郭沫若指出：中国少数民族并不是自古就落后的，如禾稻类植物，最初生长在印度支那，然后由西南传入，饮水思源，我们应对西南各族人民表示感谢。他叮嘱访问团全体团员要抱谦虚和学习的态度，化除过去民族间历史的隔阂，学习他们丰富的艺术宝藏。在文化部举行的欢送晚会上，沈雁冰部长、周扬、丁燮林副部长及中央戏剧学院副院长曹禺等对访问团里的文化工作者一再给予勉励。周扬鼓励文化工作者通过艺术来促进民族间的团结，以无限的热情来搞好民族关系，同时要实事求是，弃绝猎取奇物的观点和态度。

在重庆

1950年8月，据新华社报道：中央访问团抵达重庆后，受到西南各界热烈欢迎。

在重庆期间，全体团员先后听取了西南军政委员会主席刘伯承、副主席邓小平、云南省人民政府副主席周保中、西康省人民政府主席廖志高、贵州省人民政府主席杨勇等有关执行民族政策和西南情况的报告。刘伯承主席、邓小平副主席在讲话中，均以红军长征北上抗日经过少数民族地区时的亲身体验，嘱勉全团要稳步慎重地做好工作。

西南民族事务委员会、重庆市文联、西南人民广播电台均先后与访问团举行座谈会，对访问工作提供了建议。

1950年8月6日，新华社重庆电讯：中央访问团分为3个分团，日内即将分赴康、滇、黔各兄弟民族地区进行访问工作。

抵达昆明

1950年8月7日，《云南日报》发布云南省人民政府新闻处消息：中央访问团第二分团由分团长夏康农及副团长王连芳率领下，于8月6日由重庆乘飞机抵昆，省军政委员吴少默秘书长及军管会交际处窦力新处长前往机场迎接。据报道：二分团全体团员共60人（乘机到昆46人，尚有14人未到），团内设文艺组、联络组及服务组。《云南日报》并在一版发表短评《欢迎中央访问团抵昆》。

1950年8月8日至28日，中央访问团第二分团在昆期间，受到云南省党政军领导机关和各民族代表人物的热烈欢迎和工作上的极大支持。中共云南省委决定：由云南省人民政府副主席张冲同志参加分团领导工作，并从省级机关抽调干部，扩大了组织。与此同时，听取了中共云南省委书记、云南军政委员会副主席宋任穷、中共云南省委统战部副部长陈方等同志作的有关工作报告。

访问团在昆期间，正值云南省首届农民代表大会在昆隆重举行。访问团领导和出席会议的140余名来自全省各地的少数民族代表见了面，召开了座谈会，进行了访问，极大地鼓舞了参加农代会的少数民族代表，“北京的亲人来了”“党中央派亲人来看望我们了”的喜讯，迅速传遍三迤，在红河、澜沧江两岸，在哀牢山、高黎贡山之间飞传开来。同时，中共云南省委和省人民政府决定：张冲副主席参加访问团领导工作。

访问圭山西山

1950年8月29日至9月9日，访问团首先访问了云南人民闹革命打出了第一枪的游击战争根据地——宜良专区的圭山和西山。

8月29日上午10时，访问团一行76人离昆，前往路南县圭山。当访问团进入路南县境时，只见沿途各村喜扎彩门，撒尼人和苗、回、汉各族群众、民兵、学生，敲锣打鼓、吹笙弹琴，喜气洋洋地热烈欢迎。行至路美邑村时，欢迎人群中拥出一队撒尼姑娘，欢舞着向夏康农团长、王连芳副团长和张冲副主席献鲜花致敬。在路南县城郊，3000多居民从早到晚在风雨中迎候首都来的亲人。暮色中，成群的人们向访问团前导的大红旗围来，欢悦相亲……夜11时，路南县城郊学地山等村居民3000人举行欢迎晚会。会上，宜良专区赵国徽专员代表全区各族人民向中访团致敬；路南县人民政府和鹿阜镇农会、姊妹会等向访问团献旗、献花，并演出“圭山谣”等歌舞。

8月30日的清晨，连日迎着风雨赶来齐集在圭山区尾则镇的路南、弥勒、陆良等县的撒尼、阿西、阿哲（以上均为彝族支系——编者）、苗、彝、回、汉等族群众，共4万多人，队列五里，迎出镇外。他（她）们多是从数十里以至二三百里外，挑着口粮、炊具，携儿带女、连日连夜顶风冒雨赶来欢迎北京亲人的。中午12时，中访团至尾则镇，欢迎队列里的数十支军号齐鸣，访问团过处，按村排列的各族同胞热情相迎，在鞭炮、鼓掌、欢歌声中，富有民族风趣的葫芦笙、横笛、三弦、皮鼓、月琴声相汇合奏。人们把家乡采来的鲜花，一大束一大束地献给访问团，夏康农、张冲、王连芳等领导同志被簇拥在五彩缤纷的花束中行进……下午4时，圭山、西山区兄弟民族举行欢迎中央访问团大会。这是圭、西山区以及附近数县各族人民有史以来的首次大团结盛会，到会近5万人。会场设在尾则镇旁的美丽长湖边，这是个盆形的山洼；主席台设在山坡上，依山面湖，彩旗招展，台下面平展展一块草场，台后青苍苍的一株笔直松树的顶端，飘扬着庄严、美丽的五星红旗。在大会上，夏康农团长、王连芳副团长向各族同胞传达了党中央和中央人民政府的深切关怀，并致以无限亲切的慰问。他们高度赞扬了圭、西山区各族人民在党的领导下，不怕牺牲，从反国民党的“三征”开始，进而创建游击革命根据地，坚持数年向敌人展开的艰苦英勇斗争。张冲副主席讲话时，首先向大会提议，请大家为解放战争而光荣牺牲的烈士们默哀。他着重阐述了各民族只有在党的领导下团结起来，才能求得进步，获得彻底解放的深刻意义。之后，代表团向各族同胞赠送了礼品，并接受了各族同胞的献礼。最后是演出文艺节目，联欢至夜。

8月31日，天阴雨不定，访问团同志迎着风雨，走上尾则街头展开工作。在尾则师范，以歌颂伟大祖国、人民解放战争、民族大团结为主题的图片展览室布置就绪后，当即接待各族同胞开展。在尾则街上又成立了临时诊疗所，为各族同胞中患病者进行免费诊治。午时，天稍放晴，文艺组同志在露天演出“民族大团结舞”“大鼓舞”等节目。演出中，风雨骤至，各族同胞舍不得离开，演出继续进行，台上台下的演员观众都被淋湿，人们却说："心一样，是热的。"

从8月31日至9月2日上午，在宜良专署专员赵国徽同志主持下，在尾则召开了圭山区、西山区的党团行政干部及各族群众代表参加的座谈会。会上，访问团领导倾听了各族群众代表的发言。西山区副主席钱满元谈："自1947年到1949年3年间，在和国民党反动派展开斗争中，西山区各族青年牺牲了205名，负伤43名，负伤致残的16名。这3年间损失粮食达3万公担、牲口上千头，国民党反动派烧毁村子16个，至今仍有20多户人家在山洞栖身。1949年秋收，反动派对西山区进行扫荡，庄稼盘不到家，雨水多，苞谷烂完在地头。今年雨水也多，西山区有七八千人剥树皮、挖草根拌谷吃，幸得专署发下10万斤救济粮，才得有救。"各族代表同时向访问团提出：希望政府辅助兴办学校，开办训练班培养少数民族干部，加强对生产工作的领导，努力建设新中国。

9月2日下午至6日，访问团分头出发至宜政村、蓑衣山等7个村进行访问，同时展开社会调查。

9月6日下午，分团夏康农团长、王连芳副团长、省人民政府副主席张冲，一起到弥勒县访问。7日上午，在弥勒县中举行大会，参加的有党政干部、十三军随营学校、弥勒县农会和县中等单位共2300余人，由夏团长传达中央对少数民族的慰问和关怀，并作报告。

9月7日下午，分头访问的各小组回至路南县城聚齐。

9月8日，部分同志返昆。分团领导率文艺组、展览组留宜良，向宜良县首届农代会表示祝贺，同时向宜良区党政军民表示慰问，并分别举行了图片展览和文艺演出。分团3位领导人出席欢迎大会作了报告。

9月9日，分团领导率文艺、展览两组同志返昆。

至此，访问圭山、西山两区工作结束。访问团向圭山、西山各族人民赠送礼品计14种，其中有中央领导题词、大量画报、大道生布200件、缝衣针3筒等。医疗组先后为904名病号做了免费治疗，并对传染病、公共卫生、人民健康情况做了专题调查。文艺组在没有灯光等困难条件下，因地制宜先后举行了4次大型晚会演出和10余次联欢会。8月31日晚，当文艺组冒雨在尾则广场演出结束后，夜11时又有雨胜村撒尼代表赶来联欢，同志们闻讯又从床上跃起，穿起未干的衣服，和雨胜村撒尼的代表纵情联欢，直至次日清晨又欢送他们愉快回村。文艺组在和各族代表接触中展开了采风活动，共采集了二三百首民歌和不少舞曲。展览组在尾则镇等处举办了"热爱伟大祖国，建设各民族友爱合作大家庭"为内容的展览，先后展出了7天，在尾则展出的3天中，观众即达万人以上。撒尼妇女施国兰从70里外的兴隆乡赶来，有的则是夜间10时还点着灯笼前来观看。在访问期间，圭山、西山区人向访问团献了大量礼品。访问团同志每到一地，各族同胞胜似亲人般的挽留和欢送，真是"金凤子那个开红花，一开开在穷人家""穷人呀，要翻身，世道才像话"！欢乐而充满激情的歌声响遍山山洼洼。访问团在圭山、西山的访问，对圭山、西山区各族人民是一个极大鼓舞，鼓舞起人们建设新中国的旺盛热情。

访问丽江、保山、大理、楚雄、武定专区

1950年10月1日，访问团二分团到达丽江专区进行访问。

访问团离昆赴丽江沿途均受到各族各界人民的热烈欢迎：

访问团抵祥云县时，正逢该县召开第二届农代会，出席会议的民家（白）、回、傈傈、汉等各族代表300余名，向访问团献旗致敬，并举行座谈会，访问团回赠了礼品。

10月3日，途经下关、大理。访问团受到滇西工委书记李成芳同志和当地党政领导及各族各界人民的热烈欢迎。在大理城外3公里处，人们夹道相候，公路两侧设置桌椅、备好茶水款待首都来的远客。在欢迎晚会上，中共滇西工委、大理各族代表分别向访问团献花致敬，演出游艺节目表示欢迎。访问团也回赠了礼品。

10月4日，途经邓川。邓川县第一届农代会的各族代表列队出城欢迎。之后，纷纷前往访问团住地看望，彼此像久别重逢的亲人，都说："盼你们来，盼急啰！"

10月6日，访问团经过离剑川县城15公里处的甸尾村时，本村村民均为民家（白）人，他们热情地挽留访问团留住了一夜。

10月7日，剑川县各族人民举行万人欢迎大会，向访问团献了"是一家人"的锦旗，访问团回赠了礼品。与此同时，丽江专区派出了10余名各民族代表，来到剑川迎接访问团。

10月9日，访问团途经丽江县极余村时，全村纳喜（纳西）族同胞列队奏乐、冒雨欢迎，并举行了村民欢迎大会，表演歌舞。此时，出席丽江区各民族代表会议有藏族代表、人民解放军边防区藏族骑兵同志，共80余骑，又从30里外的丽江县城赶来迎接，并献"哈达"致敬。是夜，访问团在丽江城郊拉市就宿。

10月10日，访问团在丽江城郊受到该区13县的各兄弟民族代表团，以及党政军学商各界、丽江县一、二区各族人民群众万余人的热烈欢迎。在茨满村欢迎大会上，有藏、纳喜、苗、民家、傈傈、彝、回、俅（独龙）共8个民族的代表分别向访问团献花致敬。中甸的喇嘛代表巴丹丹巴向分团领导献尊贵的哈达为礼。丽江专区专员欧根（民家族）、藏族代表汪曲批致欢迎词，夏康农团长致答词。之后各民族代表献歌献舞，欢乐的人们把张冲、夏康农、王连芳同志举过头顶绕场一周。当访问团进入丽江城时，沿途又受到各族人民的夹道欢迎，鲜花似雨，落满了访问团同志的帽上和双肩，丽江城沉浸在无比欢腾的海洋里一般。

访问团向丽江区13县的各族人民赠送了书籍、画报、布匹、针线、日用品等礼物，同时，接受了各族人民的献礼。在接受的锦旗中，有一面是13县各民族代表团敬献的，上面一共绣有7种文字。尤为珍贵的是，在一长条锦幅上，一共有丽江各民族25000人的签名，充分体现了丽江各族人民心向北京，在中央人民政府领导下团结一致的坚强意志。

10月14日至20日，访问团参加了象征着滇西北各族人民大团结的丽江区各民族代表会议。出席会议的有全区13县的藏、民家、傈傈、纳喜、苗、怒、俅和汉族代表299人，列席65人。会上，访问团向各族代表赠送了中央首长的题词和锦旗、纪念章。分团领导在

会上分别和各族代表座谈，倾听意见，并作了报告，使一些多年结下的冤家对头，在会上言归于好。中甸藏族民族上层阿坚，在会上感慨而又兴奋地说："以前不团结，现在团结了。以后：睡着、坐着、站着、走着，再也不像以前那样因仇杀而提心吊胆了。"整个会议进程认真讨论了共同纲领中的民族政策，检查了专区各级人民政府和人民解放军执行民族政策的情况，并进一步研究了如何更好地加强民族团结，共同建设友爱合作的民族大家庭，具体贯彻民族政策的措施。

10月22日至25日，参加丽江区干部会议，分团领导在会上作了报告。

访问团在丽江访问期间，随团医疗组除为各族人民免费治病外，并在丽江县城开办了助产训练班，培养了当地兄弟民族妇女20余人为助产士。

10月27日以后，访问团分为4个工作组至各地进行访问。由王连芳副团长率一组去中甸，由夏康农团长率一组去永胜，由聂运华率一组去碧江、福贡，省政府副主席张冲同志则率领5人去虎跳峡一带作水利考察。

访问中甸的同志们，和中甸各族人民一起又重温了当年红军长征过中甸时的情景。中甸城里88岁的民家族老人杨志，向访问团兴奋地叙述了他当年见到贺龙将军时的情景。杨志老人说："贺龙、肖克来，真和一家人一样，对我们说：不要慌，红军和老百姓是一样。真的，红军连一个娃娃都没有损着，买个粑粑都给钱，不要钱就不吃。红军请我们老人吃饭，贺龙将军让我们坐高首（上方席位），给我们倒茶，给我们添饭，对我们真正平和，为人扎实好。吃过饭，贺龙将军又和我们了解本地方事情；又给我们听机器戏（指留声机），听得我们哈哈笑。"归化寺的老喇嘛阿垒，虔诚地双手合十向访问团追忆了红军过中甸时的情景，他说："红军没来之前，坏人造谣说共产党不要喇嘛，不准拜佛念经，吓得我们喇嘛大都跑光了。等到真正红军贺龙来了，叫卫兵站在寺门口，不准队伍进大寺，只准在寺外小街子上歇宿；并且要人去喊吓跑的喇嘛。当时，大寺送了牦牛、青稞慰劳红军，贺龙将军抵死要给我们钱。贺龙将军临走时，告诉我们，红军准定要胜利，红军一定要回来的。"中甸城郊三村的藏族老人夏那姑娃给访问团同志看当年红军发给他便于带路的通行证。夏那姑娃老人将这个通行证珍藏了15年，他对访问团的同志们兴奋相告："红军像个红太阳。红军走后15年，如今解放军来了，中央访问团也来了，我们心里多温暖。"

访问团在中甸访问期间，反复向各族人民宣传了民族政策的精神，一再强调民族之间与民族内部的团结尤为重要，使人们深受教育。在欢迎访问团的一次宴会上，副县长汪学鼎（藏族）用民族团结的精神对照自己，深感过去对不起今天同坐一起的中甸归化寺老喇嘛阿垒，便自动地上前向阿垒敬酒、赔礼，长期互相仇杀的冤家，走拢一起握手言和，又请访问团同志一起和他们合照了团结像。

访问团在丽江区访问历时一个半月，于11月下旬先后转道前往保山专区访问。

1950年12月2日，访问团抵达保山专区专署所在地保山城，开始对保山地区各族人民进行访问。

12月2日，访问团行入保山县境。在离城10余里的板桥镇上，附近各村农民听见中央访问团的到来，早已结队而来，夹道欢迎，向访问团献花、献舞。

12月14日，保山专区各族各界代表万余人，在保山城举行盛会，欢迎访问团。大会上，王以中专员、人民解放军查玉昇师长以及摆夷（傣）族代表龚绶、刀保图、思鸿陞、孟有枝，方玉琴、山头（景颇）族代表胡多东、回族代表朱光以及段承经代表等先后讲话，一致表示要紧密团结在中国共产党周围，巩固国防，建设各民族友爱合作的大家庭。访问团分团领导在会上先后讲话，并向各民族代表颁发了礼品。之后，各民族代表向访问团献旗、献礼。锦旗中有一幅格外引人注目，是保山边防区基干团的各民族指战员献的，上面绣着"为建设新中国，保卫祖国的边疆，粉碎帝国主义的侵略而奋斗"。各族代表的献礼中有民族服饰、民族乐器、弩箭、熊掌等等。

12月15日，标志着保山区兄弟民族大团结的盛会——保山区各民族代表会议开幕，历时8天，于22日闭幕。到会的900多位代表，代表保山区14个县（设治局）的摆夷（傣）、山头（景颇）、傈僳、崩龙、回、民家（白）、阿昌、苗、彝、佧佤（佤）等民族。会前，不少代表对党的政策认识不足，心情不愉，顾虑重重。会后，这些代表感到眼亮心明，透身轻松，喜形于色。这次会议，听了地委书记郑刚同志关于保山区8个月的民族工作与加强民族团结任务的报告；听了夏团长、王副团长和张副主席有关民族政策和政治时事的报告；还听了从北京国庆观礼归来的方克光、龚平政作的报告。通过小组讨论，许多代表初步了解了民族政策精神，各民族代表和各司官员、山官发言时，纷纷倾诉帝国主义、国民党反动派统治下的种种压迫和痛苦，一致表示要坚决肃清特务土匪，巩固祖国边疆。在会上全体代表通过成立了保山区民族事务委员会。闭幕式上，访问团向各民族代表团和民族干训班学员颁发了礼品。

各民族代表会议闭幕后，访问团即分为若干小组，分别前往潞西、陇川、盈江，梁河、莲山、腾冲等县（设治局）进行访问。访问潞西的小组于12月23日到达，次日，潞西县举行盛会，各族人民热烈欢迎访问团。在会上县政府李县长、司署代表方化龙等都讲了话，表示拥护共同纲领的民族政策，决心加强团结，巩固国防。访问团小组向各族人民赠送了礼品，并接受了献礼、献旗。夜间，举行的联欢晚会，摆夷族同胞放"孔明灯"，欢迎访问团的到来。

前往腾冲访问的一个小组，12月13日抵达时，受到两万余各族人民的夹道热烈欢迎，队列长达10余里。24日，全县各族人民3万余人隆重集会，热烈欢迎访问团。

进入1951年1月上旬，访问团派出3个访问小组，分别在耿马、腾冲、镇康、大理、楚雄等地继续进行访问工作。

访问团秘书长聂运华率领的访问小组，于1月13日出席了镇康县在德党街南郊广场举行的欢迎大会。濮满（布朗）族妇女代表杨双秀充满激情地说："过去的政府是反动派欺压百姓的政府，如今的政府是各族人民当家做主的政府。"出席大会的各族代表向北京来的亲人献上熊掌、鹿筋等珍贵山味，还献了孔雀、猴子和熊。其他访问小组也在大理、楚雄和耿马等地参加了欢迎活动或民族代表会议，向各族人民传达了中央人民政府的关怀并赠送了礼品。与此同时，分团主力在夏康农团长、王连芳副团长和省人民政府张冲副主席率领下，转道前往武定专区进行访问。

1951年1月11日，访问团到达武定专区专员公署所在地的武定县城。

访问团将到来的消息早已在武定各族人民中传播。11日午后，武定专区党政军领导和各族同胞3000余人，以军分区骑兵队为前导，列队至城外小营村，热烈欢迎访问团到来。人们相告：筹备不久的武定电灯公司，原定要到春节才送电，但是为了欢迎中访团到来，各族工人加倍努力装机、架线，终于提前在访问团到来之际，让武定城在夜间大放光明了。

1月14日，武定区苗、彝、回、摆夷、傈僳和汉等各族人民万余人，在武定县飞机场举行欢迎访问团大会。武定专区专员宿士平、军分区司令员林杰等党政军负责同志和访问团领导先后讲话。在《没有共产党就没有新中国》的雄壮歌声中，访问团向武定区各族人民赠礼，45位各民族代表，喜气洋洋，端着布匹、针线、书报和中央领导同志题词绕场一周，全场欢乐达到高潮。在各族人民向访问团献礼时，又一次欢乐高潮迭起，前后达半个多小时。当苗族代表将自己民族花团锦簇的衣服，给访问团夏康农团长、王连芳副团长和张冲副主席穿上身时，人们喜笑颜开，全场欢呼不绝。接着是各族人民向访问团献礼的队伍。小伙子赶来了山羊，老大妈抱着武定壮鸡，来自山区的人们捉捕了麂子、锦雉。江南镇的彝胞马志祥，献了一张色彩斑斓的豹子皮，这是他听说访问团要来临，就进山守了几个昼夜，特意猎获了一只金钱大花豹得来的。他说：“我要表表心意才不枉解放半年来过的好日子。”武定县勒品乡的彝族妇女毕静修，把一顶祖传家珍的海贝银帽献给北京亲人。她告诉亲人：祖辈讲在很久以前，帽子上这些海贝是当钱用的，后来是银子替代了海贝，这顶海贝银帽已传了好几代人，家里生活再艰难也当传家宝舍不得卖。如今解放遇上好世道，她决心要献给北京亲人。枳旧的彝胞李茂盛，献给访问团一本记有天文、地理、医卜和动植物知识的彝文书，他希望将此书译成汉文，丰富祖国各民族的文化宝库。这些丰富多彩的礼品，充分体现了武定各族同胞热爱祖国、热爱新社会的心声。

1月15日至21日，举行了武定区元谋、武定、罗次、禄劝、富民5县的兄弟民族代表首次会议，出席会议代表377人。会上，宿士平专员报告了武定区10个月工作和今后的任务，夏康农团长就当前时事、张冲副主席就民族政策、王连芳副团长就民族工作的方针分别作了报告。会上，代表们表示坚决拥护人民政府的禁烟政策，并把查缴的2798两7钱鸦片烟当众焚毁。

1951年1月31日，访问团各工作组从滇西各地分别返昆汇齐。按计划分团将赴滇南继续进行访问，趁在昆作短暂停留期间，分团领导进行了半年来的访问工作初步总结。之后，夏康农团长先行返京。

访问普洱、蒙自、文山专区

1951年2月22日，访问团在王连芳副团长和张冲副主席率领下从昆明出发，前往普洱、蒙自、文山区进行访问。计划首先访问普洱专区，乘火车抵石屏后，开始徒步行军，迈向普洱专区。

当访问团3月2日途经普洱专区所属的墨江县城时，墨江城内外数千各族同胞载歌载舞，以狂热的欢呼来欢迎中央访问团。当王连芳副团长和张冲副主席传达了中央对墨江各兄弟民族同胞的热爱与关怀时，人们纵情欢呼、鼓掌经久不息。3月3日，包括有碧约、布都、补孔（均为哈尼族支系）、西莫洛、香堂（均为彝族支系）、回、瑶、汉等民族万余人举行了欢迎大会；在这次墨江从古以来未有的盛会上，各民族同胞接受了中访团的赠礼，并向访问团献花、献旗、献礼。

1951年3月24日，在访问团协助下，普洱专区民族民主联合政府宣告成立。联合政府是本着去年7月，访问团初到西南时，西南军政委员会主席刘伯承、副主席邓小平、王维舟同志关于少数民族应早日建立自治区和民族民主联合政府的指示，结合访问团来滇工作半年多的实践，特别是根据普洱区各族人民的意愿而建立的。

普洱专区各县的兄弟民族，当听到访问团将到普洱时，就纷纷派出代表，日夜兼程，奔向普洱城来聚齐。沧源县佤族头人用8天走了12天的路程赶到普洱；摆夷（傣）族知名人士、车里县长召存信一行，用了4天赶完8天的行程。

3月17日至24日，为成立民族民主联合政府，有各民族代表1486人参加的普洱区民族代表第二次会议在普洱城举行。会议期间，举办了图片展览，进行了文艺演出，放映了《红旗漫卷西风》和反映我国各族人民大团结的影片，医疗组为当地各族同胞治疗达1200人次。会议通过反复讨论，各族代表一致认为：成立民族民主联合政府，是共同纲领中制定的民族政策的具体体现，是我国各族人民真正平等、合作、团结更加巩固的具体表现。24日下午3时，普洱专区各民族代表、各机关团体代表和普洱城区各族群众5000余人，热烈地举行欢迎中央访问团暨普洱区民族民主联合政府成立大会。在省人民政府副主席张冲和副团长王连芳监督之下，联合政府专员方仲伯、副专员召存信、罗正明、谢芳草率到会全体委员庄严宣誓就职。主席台前，人们可见到一块大石碑，上面刻着"……团结到底，在中国共产党领导下，誓为建设平等自由幸福的大家庭而奋斗"的誓言。王连芳副团长、张冲副主席、中共普洱地委书记张钧以及各民族代表相继致贺词。访问团和各民族代表相互赠、献礼品。在献给普洱专区民族民主联合政府的44面锦旗上，镂刻着各族人民的心愿："联合起来，当家做主；团结起来，抗美援朝""各族人民进步堡垒！"各民族代表还将一幅有1800余名各民族代表签名的锦旗献给访问团，展示了各民族团结一致、抗美援朝、保家卫国的意志。访问团在普洱专区的民族代表会议结束以后，即分为两组进行访问，一组前往澜沧、沧源，一组往车佛南（即西双版纳）地区。4月上旬，前往车佛南的一路，从思茅前往车里（景洪）途经普藤坝（普文，即勐很）时，附近兄弟民族同胞闻讯，背起干粮纷纷从四面八方赶来，到普藤坝3里路外的地方来迎接访问团。妇女和孩子们争着献花，摆夷族佛爷也敲锣打鼓，十分热闹。在车里，召开了各族代表座谈会。摆夷族人民为了欢迎访问团的到来，在澜沧江上举行了划龙船竞赛。人们还牵出了车里宣慰使（召片领）的坐骑——大象，在象背上架起了精致的彩亭，请访问团的同志乘象漫游。在佛海（勐海），访问团到达时，受到了各族人民及当地驻军共万余人的热烈欢迎，队列竟长达5里。佛海是思茅区的沿边中心，地处车里与南峤（勐遮）的要道。访问团在佛海期间，参加了在这里举行的车佛南第一届民族代表会议。会上，各族代表倾听了访问团领导同志所作的关于民族区域自治和民族团结的报告，建立了实行区域自治的筹备机构。

1951年4月28日，在中央访问团第二分团、中共滇南工委、省人民政府副主席张冲的直接指导下，蒙自专区各族各界人民代表会议开幕。

蒙自专区的12个县、市中，包括窝尼（哈尼）、彝、回、瑶、苗、摆夷（傣）、壮等兄弟民族，占总人口的68%。3月，当中央访问团进入蒙自区后，红河两岸各族人民兴奋的心情，像红通通怒放的攀枝花一般。红河两岸的山寨、路口，一座座青松牌坊和彩门下，无数双渴望亲人到来的眼睛，充满了期待的激情，吐露着喜悦的波光。

3月27日，中央访问团蒙自区工作组渡过红河，进入新民（元阳）县境。从红河边到逢春岭，从纳更镇到新民街，在这近300里的山道上，访问团所过之处，窝尼、彝族同胞吹笙弹琴、敲锣击鼓、舞狮、“跳歌”，迎送亲人。人们多么渴望北京的亲人在村子里多坐片刻，多喝一口茶水。戛娘寨的彝家妇女，将采摘的红玫瑰花选了又选，将最鲜的红艳艳的玫瑰，一朵又一朵地佩戴给访问团的女同志。多依树寨的窝尼同胞，列队出村10里相迎相送。新民（元阳）县境分为东、西两片召开了两次空前的联欢会，欢迎中访团到来。在逢春岭召开的12000人的联欢会，人们分别来自新民的稿吾、纳更城镇，来自屏边的万全、金鼎两乡，来自金平县的猛拉和猛丁，他们有的是赶了3天路程来见北京亲人的，由于和逢春岭相近的邻县各族人民在会后还纷纷赶来，有的开会后又不肯离去，于是第二天又再次举行联欢大会。在新民的水卜龙召开的联欢团结大会，各族群众竟达3万人。

5月10日，蒙自专区各族各界人民代表会议圆满闭幕。会议根据中共蒙自地委第二书记岳世华、省人民政府副主席张冲、中央访问团二分团副团长王连芳在会上作的关于抗美援朝、民族团结及建立联合政府的报告，通过了全区各族人民以抗美援朝为中心的《团结爱国公约》，通过了成立民族民主联合政府的决议。经过充分讨论、协商，一致选出了专区联合政府的52名委员，并选出陈文祺（汉族）为主席，李和才（元江人、爱尼族）、李呈祥（红河人、窝尼族）为副主席。

4月22日，新民（元阳）县通过442名各族代表的讨论，也成立了各族人民的联合政府，选出了普照（彝族）等26人为政府委员。1950年6月，在新民县各族人民成功地组织联防、粉碎了土匪的袭击中，产生了不少动人的故事，于是访问团文艺组通过访问，及时地将新民各族人民联防自卫斗争的感人事迹搬上了舞台，藉以庆祝县联合政府成立，受到了红河两岸各族人民的热烈欢迎，台上台下同声欢唱解放歌，其情其景，感人泪下。

据有关同志回忆：中央访问团二分团访问蒙自专区之后，在5月15日前后，张冲副主席率部分同志先行返昆，整理调研资料，准备总结；一部分同志在王连芳副团长亲自率领下，由中共滇南工委办公室主任石亚夫同志陪同前往文山专区访问。当访问团路经平原街、海子边和砚山时，先后受到10多万壮、回、彝、苗各族同胞列队欢迎。访问团在平原街召开了群众大会。第二天到达文山专区专署所在地文山县城，数万各民族同胞热情欢迎访问团的到来。访问团在文山专区进行访问6天，先后召开了访问大会、各族代表座谈会等，杨江同志以及各民族代表，在这些会上作了热情洋溢的讲话。王连芳副团长传达了党中央和中央人民政府对边疆各族人民的关怀，向各民族代表赠送了礼品，并接受了献礼。在地专机关干部会上，王连芳副团长作了有关民族政策和争取外出的民族上层归国的政策报告。同时，访问团的文艺组和调研组，都分别进行了访问演出和调查研究工作。

5月24日，访问团由文山返回到中共滇南工委驻地，当即召开了党政干部大会，由滇南工委书记、十三军政委×××主持，王连芳副团长作了民族政策报告。

胜利完成任务离昆返京

1951年6月10日，胜利完成了党中央、中央人民政府给予的任务，中央访问团第二分团离昆返京。

5月中、下旬，访问团访问滇南各工作组先后回昆，聚齐在安宁温泉认真地、全面地进行了工作和个人总结，分团领导向中共云南省委、省人民政府作了汇报。

6月9日午后3时，云南省各族各界人民在昆明市人民胜利堂举行欢送中央访问团返京大会。云南省军政委员会主席卢汉、云南省人民政府副主席龚自知、云南省农民协会筹委会主席郑伯克、昆明市人民政府市长潘朔端及昆明县兄弟民族代表李长荣等相继致词，他们一致赞扬中央访问团第二分团全体同志为宣传、贯彻共同纲领民族政策，为祖国各族人民大团结，为建设繁荣富强的新中国，不畏一切艰苦、辛勤劳苦的精神。访问团第二分团于1950年8月6日抵昆后，先后在我省访问了宜良、楚雄、保山、丽江、蒙自等9个专区的42个县、局（设治局），行程近两万里。访问团所到之处，向各族人民传达了党中央和中央人民政府的深切关怀，讲解了共同纲领中的民族政策；同时认真倾听了各族人民的呼声和要求。在访问过程中，访问团协助普洱、蒙自两个专区成立了民族民主联合政府，协助车佛南三县以及宁江设治局成立了实行区域自治或民族民主联合政府的筹委会，协助新民（元阳）县成立了民族民主联合政府。访问团在各地区都向各级干部作了有关民族政策的报告，交流了民族工作的经验，还以演出歌舞、戏剧、放映电影、举办照片展览会等，在各族人民中宣传了民族团结、抗美援朝、保家卫国、发展生产、建设新中国、巩固祖国边疆的伟大意义。访问团还在边疆各地为8500人做了免费治疗。同时，向各族人民赠送了礼品。访问团走到哪里，哪里就有欢乐、就有歌声，各族人民向访问团敬献的、转送党中央、政务院的锦旗、土特产、民族工艺品、珍禽异兽等达万件以上，充分反映了云南边疆各族人民心向北京、团结友爱、保卫祖国边疆的共同意志。王连芳副团长在会上接受了云南各族各界代表的献旗献花。

6月10日，为感谢中访团二分团来滇辛勤工作10个月，胜利地完成了任务返回首都，昆明市各族各界人民二万余人，满怀依依惜别之情，沿五华（新华）山下的马市口、正义路、金碧路列队夹道欢送。上午10时，卢汉、龚自知、郑伯克及省民族事务委员会副主任赵钟奇等省级机关的党政军首长亲临欢送行列。沿途所至，两旁男女工人、解放军指战员、少先队员及大中学生、文教、工商、妇女等各行各业的代表们鼓掌、献花、高呼口号。王连芳副团长在沿途不时被欢送的人们高高举起，团员们遍身遍头被撒满了五色彩纸和鲜花瓣，他们人人满面含笑、频频挥手，向云南各族人民告别。

6月10日的《云南日报》，在一版刊登了题为《车佛南各族人民欢迎中央访问团》、《欢送中央访问团》的署名文章，同时发表社论：《欢送中央访问团》，社论在阐述访问团工作意义时，给予了高度评价：“其政治影响的广阔，是难以估量的。”

（辑录者注：本文主要依据1950年7月至1951年6月的《人民日报》《云南日报》发表的有关新闻报导、通讯及中访团二分团的工作简报等辑录。辑录的通讯、报导作者见到署名的有当年随访问团进行采访的记者古进同志、彭冯叶同志，还有各地的同志写了不少报导，他们是：杨毓骧、汤志明、周天榜、金鉴、舒虹、李永学、王善、高志越、贾膀、马合坤、王升、王润裳等。谨此致谢！）

云南派出参加中央访问团工作干部及勤杂人员名册

云南省民族事务委员会档案　1951年　目录号1　卷号18　第29号

云南派出参加中央访问团工作干部及勤杂人员名册

云南派出参加中央访问团工作干部及勤杂人员名册（供给制）

介绍	姓名	性别、灶别、级别	原在机关及职务	供给介绍证	本团供给	备注
云南省府	张冲	男、小、专（师、省）	云南省人民政府副主席	8月份已发	9月份起	
云南省府	丁朗	男、大、区（营）	张副主席秘书	8月份已发	9月份起	
文教部云大方国瑜介绍	马守先	男、中、县（团）	四兵团暂十二军三十七师三十团政治主任		9月份起供给大灶	灶级自报，供给介绍证待补
云南省府	刘杰	男、大、县（团）	省府秘书处资料科调查研究股长	8月份已发	9月份起	
文联	郑世文	男、大、县	文艺学术界联合会联络部主任	8月份已发	9月份起	
财经	杨秉葵	男、大、区	贸易总公司派中茶公司军事代表		9月份起	
广播台	姜季贤	女、大	昆明广播电台工业组记者			
云南日报社	古进	男、大	云南日报社记者	8月份已发	9月份起	
省府	惠国芳	女、大	中央民族事务委员会（省府资料室工作）		9月份起	
团校	李凯	女、大	云南团校学员	8月份已发	9月份起	
文工团	李光琦	女、大	西南文艺工作第一团	8月份已发	9月份起	
文工团	孙强	男、大	西南文艺工作第一团	8月份已发	9月份起	
文工团	李岱	男、大	西南文艺工作第一团	8月份已发	9月份起	
文工团	杨力	男、大	西南文艺工作第一团	8月份已发	9月份起	

续表

介绍	姓名	性别、灶别、级别	原在机关及职务	供给介绍证	本团供给	备注
文工团	（王玮）龙翔	男、大	西南文艺工作第一团	8月份已发	9月份起	
云大	陈宝珠	女、大	云大社会系学生		自带	
云大	尹寿铭	男、大	云大社会系学生		自带	
军区	谭森	男、大（连）	军区政治部民运科干事		自带	
军区	李俊明	男、大	军区机要处见习译电员		自带	
军区	叶永镇	男、大	云南军区		自带	
军区	杨发荣	男、大	军区作战处训练参谋		自带	
军区	赵省吾	男、大			自带	
军区	王树村	男、大			自带	
工会	李继邺	男、大				
军区	王黄孩	男、大（排）	军区招待一分所排长	12月21日止已发	自带	
省府	王永龄	男、大（排）	省府警卫员	8月份已发	9月份起	
省府	吴文斌	男、大（连）	省府驾驶员	8月份已发	9月份起	
工会	张子贞	男、大、勤				
军区摇	刘祥云	男、大、勤			自带	
军区摇	赵莲清	男、大、勤			自带	
军区摇	贾木旺	男、大、勤			自带	
军区摇	张民	男、大、勤			自带	
军区通	马春喜	男、大、勤			自带	
军区通	姚小虎	男、大、勤			自带	
军区通	杜怀林	男、大、勤			自带	
军区通	石小庚	男、大、勤			自带	
昆华医院	唐迪芳	女、大	昆华医院护士	由院发至11月份	12月份起	原系薪资制，12月份起改供给制

云南派出参加中央访问团工作干部及勤杂人员名册（薪资制）

介绍	姓名	原在机关及职务	分数		原支米	供给介绍信	本团供给
			暂定	原支			
	宋文治		32				9月份起
	王万春	民盟支部	32				9月份起
	吴静山	军政委员会	32				9月份起
	李乔	民族事务委员会	38				9月份起
	戴绍墀	卫生处医师		39.6		8月份已发	9月份起
文教部	和才	师院职员		202.86			
文教部	杨树谷	昆明农业学校教员（科协）		290		8月份已发	9月份起
财厅	何明诚	财厅财务科科员	32			8月份已发	9月份起
	于宝德	人民戏院		280		9月份已发	
	陈燕仕	人民戏院		230		9月份已发	
	裘志铨	大光明戏院					
省府	周明富	省府司机	28.8		9月份已发	10月份起	24分　加20%
省府	周志中	省府司机助手	28.8		9月份已发	10月份起	24分　加20%
	罗应仙	昆华医院护士		341		自带	
	包佶	昆华医院助产士		333		自带	
	唐迪芳	昆华医院护士			已发 11月份止	12月份起	12月份起改供给制
文教部	江应樑	云南大学教授		690		自带	
文教部	石堉壬	云大讲师		457		自带	
文教部	高文英	云大助教				自带	
雇佣炊事员	邓财发					9月份起	
同上	舒洪生					9月份起	
同上	孙德标					9月份起	
同上	陈玉清					9月份起	
同上	何永					9月份起	
五三厂	杨兴德					9月份起	

省委关于二月地委书记联席会议经过及内容向西南局的报告（摘录）

《民族工作文件汇编》

云南省委办公厅印

1951年8月

省委关于二月地委书记联席会议经过及内容向西南局的报告（摘录）

（1951年2月18日）

（二）大家听了西南局关于少数民族工作指示和刘格平同志关于少数民族工作一些原则问题及西康、西北等地经验的传达后，结合各地情况进行了讨论，省委亦作了检讨。一致认为：过去一年来，全省对少数民族地区的民族团结和社会改革，贯彻了中央和西南局指示的稳重谨慎的方针，因此澄清了一些急性的危险思想，统一了民族工作的方针、政策；但对区域自治和联合政府认识和执行不够，特别是对区域自治认识和执行更为不足。大家决在今年群众运动中，切实进行这一工作。首先从上而下有步骤地成立边缘各专区和内地楚雄、武定、宜良等专区的民族联合政府，有重点地逐步推广县、区的区域自治及联合政府。由于民族杂居区多，区域自治一般多在区以下。现已在昆明县通过各代会建立该县联合政府委员会，树立榜样；并委托中央民族访问团二分团分赴宁洱、蒙自地区，进行区域自治和联合政府的工作，以吸取经验推广各地。至于少数民族地区的社会改革，仍根据过去精神，即其民族内部绝大多数群众自己起来解放自己的原则，只要是真正本民族内部多数人民要求，就坚决进行。

普洱区第二次民族代表会议文集

目录

中国人民政治协商会议共同纲领　第六章　民族政策

第五十条　中华人民共和国境内各民族一律平等，实行团结互助，反对帝国主义和各民族内部的人民公敌，使中华人民共和国成为各民族友爱合作的大家庭。反对大民族主义和狭隘民族主义，禁止民族间的歧视、压迫和分裂各民族团结的行为。

第五十一条　各少数民族聚居的地区，应实行民族的区域自治，按照民族聚居的人口多少和区域大小，分别建立各种民族自治机关。凡各民族杂居的地方及民族自治区内，各民族在当地政权机关中均应有相当名额的代表。

第五十二条　中华人民共和国境内各少数民族，均有按照统一的国家军事制度，参加人民解放军及组织地方人民公安部队的权利。

第五十三条　各少数民族均有发展其语言文字、保持或改革其风俗习惯及宗教信仰的自由。人民政府应帮助各少数民族的人民大众发展其政治、经济、文化、教育的建设事业。

加强民族团结，巩固祖国国防
——中央访问团王连芳副团长1951年3月17日在普洱区第二次民族代表会议上的报告

主席、主席团、普洱专区各兄弟民族代表们：

普洱专区各民族代表会议今天开幕了，到会代表有1486人之多，代表着15个县和40多种兄弟民族。我们虽然相隔千万里，语言互相听不来，但大家的心却是一个，大家都非常喜欢，喜欢的是：在这个会议上，要产生普洱区各民族民主的联合政府，并讨论在各县区中实现联合政府和区域自治的问题，以便共同努力进一步地发展各民族人民的政治、经济、文化、教育等建设事业。这是普洱区历史上的一件大事情，也是普洱区各兄弟民族平生第一件大喜事。我在这里代表中央访问团向你们道喜，庆祝代表会议的成功。

大家回想一下，过去我们兄弟民族在蒋介石匪帮、大汉族主义的反动统治下是受尽了污辱和歧视，对我们拉兵派夫要款，残暴横行，弄得我们生活很苦，吃的没有，穿的没有，所谓“政府”里边，更是没有我们的份，那时我们有的只是受苦，只是痛恨。今天是完全不同了，各族人民翻身了，各民族谁也不能压迫谁了。在共同纲领的民族政策中，首先就明确规定了“各民族一律平等，实行团结互助”，并规定“在各少数民族聚居的地区，应实行民族的区域自治，按照民族聚居人口多少和区域大小，分别建立各种民族自治机关”。这不仅是个法律的规定，而且在事实上都正实现着。内蒙古与西康藏族都建立了民族自治区，在新疆省及西康省的西昌专署都实行了民族民主的联合政府，而在中央人民政府委员会中也有各民族代表，蒙古族是乌兰夫，回族是刘格平。同时为更好地处理民族事务，在中央人民政府以及西南军政委员会和云南省人民政府中，都专设了民族事务委员会，各民族都有自己的代表和干部。中央民族事务委员会中，彝族中张冲副主席、苗族中朱早观都是委员；僰族的召存信，阿里族李和才，卡瓦族田兴武，回族赵钟奇都是西南民族事务委员会的委员；云南民族事务委员会的正主任是民家族周保中副主席，副主任是张冲副主席和赵钟奇老先生。所有这些都表明了我们各民族在各级人民政府中，都有他平等的政治地位，各族都有一份。在我们普洱专区和各县，解放以来大量培养和任用的少数民族干部，担任着县长、科长和区长的重要职责。而今天我们又在这里喜喜欢欢地在这一起开会，讨论成立自己专区的联合政府，还要选举自己的正副专员和政府委员，来为我们各民族办事，我们有什么话都可以说，有什么困难都可以提，这是多么令人喜欢的事情啊！

代表们：这次会议得以召开，是很不容易的。这是我们普洱区和全国的人民一道，在毛主席领导下，在苏联和人民民主国家的帮助下，经过长期的斗争，打败了日本帝国主义，推翻了美帝国主义及其走狗蒋介石匪帮的统治势力，建立了人民自己的新国家——中华人民共和国，才有了今天的好光景。因此，在今天代表会议开幕的时候，我们要感谢毛主席，感谢人民解放军，和边区纵队，我谨代表中央访问团向普洱专区英勇奋斗的各族人民致敬，向领导你们坚持斗争，进行建设的方专员、罗、谢副专员、张政委、唐书记及全体干部，全体指战员致敬，并向我们为革命英勇牺牲的革命烈士致哀（大家起立静默）。

代表们：我们中国人民胜利了，但不要因此而麻痹，我们的革命事业没有结束，人民解放战争也没有结束，中国的也是世界的人民死敌——美帝国主义，正在进行疯狂的侵略，它打进我们的友邻朝鲜，侵占我们的台湾，派飞机轰炸我们和平的城市和居民，杀害中国人民，直接威胁我们祖国的安全，它还要侵占我们祖国的大陆，我们中国人民忍无可忍，便在全国开展了抗美援朝保家卫国的运动，几个月来，中国人民志愿军和朝鲜人民军，并肩作战，打得美帝国主义头破血流，东逃西窜。但美帝国主义却没有因此得到教训，它还在拼命挣扎，利用战争工具“联合国”诬毁我们中国这个抗美援朝、保家卫国的正义行动是“侵略”，拒绝中国“和平解决朝鲜问题”的建议，这充分证明美帝国主义是决心要战争不要和平了。因此，全国各族人民必须亲密团结起来进行更顽强的斗争，我们一定要解放全中国，一定要打败美帝国主义的侵略。

代表们：毛主席，朱总司令，周总理以及西南军政委员会刘主席、邓政委都是时时刻刻地关怀着我们各族人民的，就像你们时刻地关怀他们一样，他们派遣我们中央访问团来到这里，就是为了代表他们来慰问你们，叫我们了解你们的疾苦、希望和要求，带回中央人民政府，西南军政委员会，报告给他们。

毛主席在访问团刚从北京出发的时候，还特别嘱咐我们，要我们告诉云南和普洱区的各族人民，必须亲密地团结，也就是说，各兄弟民族之间团结起来，各民族内部团结起来，各民族和我们党政军民的全体同志团结起来，并要我们成立民族民主的联合政府，以便各族人民更好地团结起来，因为只有团结起来，才能打败美帝国主义，才能巩固我们祖国的国防，肃清特务土匪，才能使我们各族人民生产发家过好日子，在中国共产党的领导下，把祖国建立成一个富强的、幸福的、各民族友爱合作的大家庭。

如何才能团结好呢？

第一，民族之间要互相尊重——尊重各族的风俗习惯、语言文字和宗教信仰的自由，尊重各族大多数人民的意见。民族间有了误会要互相原谅，多多解释，民族间发生了纠纷，要互相让步和协商，在人民政府主持下合理解决，不打仗、不仇杀、不互相抢夺财物，禁止民族的歧视、压迫与报复行为，反对大民族主义与狭隘民族主义。

第二，民族间要互相帮助——各兄弟民族有了困难时，要大家想办法，大家出力气，互相解决，民族之间要互相帮助，军民之间也要互相帮助，人民解放军是各民族的军队，各级人民政府的干部是各民族人民自己的干部，他们都是全心全意为人民服务的，他们也已经为各民族人民做了许多好事情。因此，各族人民应该爱护他们，他们有了缺点和错误，要热心批评他们，帮助克服，以便更好地为人民办事情。

第三，各民族还必须善于分清敌人和朋友——大家都知道过去民族间不团结，是因有民族压迫，但过去压迫和剥削各族人民的不是汉族的人民而是美帝国主义、蒋介石匪帮和不法地主恶霸以及各族内部的人民公敌，汉族人民，同样遭受他们的压迫和剥削；大家也知道，汉族人民在推翻蒋介石匪帮的反动统治中出力最大，帮助少数民族解放最热心，是少数民族的最好朋友。因此，少数民族与汉族人民必须团结起来，反对各民族内部的人民公敌，肃清土匪特务，在已实行减租与反霸地区要打垮不法地主和恶霸。大家必须提高觉悟，凡是挑拨民族关系，分裂民族团结，勾结帝国主义，出卖民族利益的，不论他出身哪一个民族，都是我们各民族人民的公敌。代表们，只有分清敌我才能不上敌人的当，才能巩固民族团结，获得彻底解放。

最后，我再重复地说一遍，当前各族人民还必须展开更广泛深入的抗美援朝、保家卫国的运动。大家要注意一点，就是目前土匪特务在我们祖国边疆的破坏活动，对各族人民烧杀抢掠的罪行，是美帝国主义撑腰和驱使的，它想借此侵略中国大陆。我们要想永远过安全幸福的日子，就必须也把握在朝鲜打败美帝国主义的侵略，在祖国边疆要彻底肃清蒋美特务。因此，我们要广泛宣传，使每一个兄弟民族都警惕起来，动员起来，认清敌人，各族人民共同努力，以充分的信心和决心，克服我们当前的困难，发展各族的生产、贸易、卫生和教育事业，提高我们各族人民的生活，建设伟大的祖国，巩固祖国的国防。

最后高呼：

庆祝普洱区民族代表会议的成功！

中国各民族团结万岁！

中华人民共和国万岁！

毛主席万岁！

对于联合政府的报告
——1951年3月19日云南省人民政府张冲副主席在普洱区第二次民族代表会议上的报告

主席、主席团、各位代表：

我本人奉省人民政府的命令，派我追随访问团到普洱区来，得参加你们史无前例的讨论建立联合政府的盛会，我同各位代表是同样的高兴。我们省人民政府各位首长、各位同志听见了，也同我们一样的高兴。在会上听了张政委的开幕词，王副团长的报告，方专员和唐书记的报告，同各位代表的发言，他们每一字句中都正确地说出了过去的成绩，说明了会议召开的精神，指出了今后的发展前途和当前具体的任务。他们都是人民的好干部，是人民的好代表，并且是很好的民族工作者。尤为代表毛主席的王副团长的报告，每一字每一句都代表了毛主席的关怀，每一字每一句都符合中央人民政府共同纲领民族政策的意旨，希望各位代表把他们的每一字每一句都好好记在心中，开好会议，选出全心全意为人民服务的工作者——政府委员。在不违背上级政府法令规章的原则下，通过普洱区政府组织条例、团结爱国公约等，建立为我们各兄弟民族服务的联合政府。

联合政府是毛主席给我们搞好翻身大事的有利武器，是保证发展人民事业的进步堡垒。我们建立的联合政府必须是民族的、民主的，是有领导的，有组织的。

所谓民族的，就是我们普洱区数十种民族，各选出相当名额的代表，就是那最少的民族也应有其代表参加讨论，共同建立各民族的联合政府。

所谓民主的，就是我们各民族联合起来，当家做主，商量办事。我们普洱区是一个多民族杂居区，在开会商量办事的时候，除少数必须服从多数外，必须照顾最少数民族代表的发言，和尊重他们的意见，就是他们的发言和意见与众人的意见有抵触时，也必须对他们的意见给予耐心的说服，或者保留他们的意见，才符合少数服从多数、多数照顾少数的原则，这就是多民族杂居区民主的特点。

所谓我们的领导，今天我们新民主主义的政权，共同纲领明确的规定，是实行工人阶级的领导，具体地说，共产党就是工人阶级的先锋队。没有共产党和毛主席不可能有今天，没有共产党和毛主席的领导，更不可能有以后的发展，今天除了我们的敌人外，谁都认识中国共产党、毛主席的领导，这用不着我多说。

但是共同纲领中说明，我们是实行工人阶级领导的，以工农联盟为基础的，团结各民主阶级和国内各民族的人民民主专政。中央人民政府就是我们人民民主专政的最高组织形式。我们普洱区的联合政府，就是在中央人民政府、西南军政委员会、云南省人民政府的领导下工作的。所以，我们各级政府商量办事的时候，都应本着中央人民政府、毛主席和上一级政府的指示，根据具体情况，讨论决定方案，呈请上一级政府批准后，有计划地执行，在执行中要随时建立由下而上的请示报告制度，必须有上一级政府批准才能执行，否则就会犯最严重的错误。所谓民主的集中，统一的领导，就是这样，希望大家好好地学习，严格地执行。

所谓我们的组织，具体的是在你们的政府组织条例中，我们普洱区的联合政府，就是各民族各民主阶层统一联合的政府组织，服从上一级的领导和对下一级的行使职权是不变的，区划也暂时不变。我们在组织中，必须依靠统一的领导，具体的分工，所谓统一的领导并不是依靠上级包办代替，必须依靠组织具体分工，由上而下地成立各级政权的组织，就是按级分工，在每一级的政府中，按各部门的分工，具体地说：除党政军明确的分工外，我们政府各部门中，例如民、财、教、农、工、商、交通、公安、卫生、贸易等各部门，都是有条不紊的具体分工，他们都要注意联系，注意配合，并服从统一的领导。

总之，不论在民族杂居区或聚居区，一切工作在组织上，在工作中，都同我们各民族分不开的。所以民族工作不能孤立起来，希望大家必须尊重民族的特点，民主的精神，统一的领导，具体分工的组织，依据上级的指示和各民族的要求，把我们的工作做好，这样做，我们的前途是有发展的。

各民族的亲爱的兄弟姊妹们：我们过去受大民族主义统治阶级、暴君帝王、封建地主压迫剥削，他们一贯是与外敌和帝国主义的侵略分不开的，蒋介石匪帮就是他们的继承者，就是我们各族人民的公敌。在历史上受他们的压迫是数不尽的，我们被迫住在那崇山峻岭的高山上，被迫在那激流瀑布、蛮烟瘴疫的深谷中，同野兽和疾病作斗争，我们横断山脉中四季皆春的平原，大半为大民族统治阶级、封建地主们占有，所谓“官占坪，民占坡，蛮子倮罗赶在山窝窝”，但是我们汉族兄弟的广大劳动农民同我们一样受奴役、受灾害，一样吃不饱、穿不暖，同我们一样过着牛马奴隶的生活，同我们一样的可怜。

占全国85%以上的广大汉族兄弟的农民，在中国共产党、毛主席的号召下，他们都不愿做奴隶、牛马，基本上获得了解放翻了身，并且站了起来，组成了强大的劳动人民的子弟兵——解放大军，打垮了蒋匪的数百万匪军，并且赶走了美帝国主义，解放全中国，配合云南的边纵和卢汉将军的起义部队，歼灭了顽强的残余匪军，解放了我们的家乡，巩固国防，变成全心全意为兄弟民族服务的工作队。

兄弟姐妹们：我们依靠中国共产党、毛主席英明政策的领导，依靠解放大军正确地执行毛主席的政策，取得全国的胜利，消灭了我们共同的敌人蒋匪帮，解放了我们的家乡，结束了我们苦痛的奴隶牛马的历史。

现在我们应当依靠我们的领导组织好我们的联合政府，并且回到家乡继续慎重地有步骤地组织好我们民族聚居区的自治政府和杂居区的联合政府，更好地同各兄弟民族紧密团结起来去开发富源，我们横断山脉里的高山深谷、急流瀑布和平原，都是我们开发的对象。高山上是最好的造林场，和顶好的牧畜区，并有丰富开发不尽的矿产，急流瀑布是最好的人民的动力，平原上基本是地广人稀，只要团结开发，我们不会恐惧没有肥美土地居住。同时，横断山脉也阻碍不了我们的交通，不管天上地下现代化的交通都是没有不可克服的，尤为苏联老大哥现在利用原子能改变地形的伟大成绩，更增强了我们的信心，只怕我们不能团结。我们劳动创造世界，只要依靠毛主席的领导，一切的困难都能克服。

举例来说，我们普洱区就是云南横断山脉中最丰富最有开发价值的。我们普洱区有金、有银、有铜、有铁、有煤、有食盐等丰富的宝藏，有各种各样贵重的林木，有茶、有米、有棉花与温热带的水果，更有广大的沃野旷土，和急流瀑布等发电动力。我们有此民族民主的政权，它是进步的武器，它是进步的堡垒，组织起来领导大家，大力开发新的普洱区的远景，是美丽灿烂无比的，各族兄弟姐妹们，这样无限光明的前途，正等待我们前进。

但是我们的敌人，不许我们这样做，我们必须提高警惕。毛主席说，我们的胜利，只是万里长征走完第一步。我们的敌人企图死灰复燃，同美帝国主义站在一起，对内唆使土匪特务和不法地主恶霸和少数民族内部的人民公敌，他们到处造谣，挑拨我们的民族情感，破坏我们各民族团结，阻碍我们的进步，阻碍我们的发展，他们同帝国主义蒋介石匪帮是分不开的。他们没有民族界限，他们也没有民族情感，我们无论如何不上他们的当，坚决把他们消灭。我们必须以实际行动响应上级的号召，坚决地镇压反革命，肃清土匪特务，打垮少数民族内部的人民公敌和汉族的不法地主恶霸，响应抗美援朝、保家卫国的号召，支援我们的解放大军解放西藏，巩固我们的国防。这样做，才能巩固我们各民族祖国的边疆，才能巩固我们各民族平等团结、互助友爱、合作繁荣的大家庭。

敬祝你们紧密地团结起来，开好我们的大会，建立我们各民族巩固团结的联合政府，祝你们永远的团结，敬祝你们在联合政府领导下，发展我们人民革命的事业，并祝东方升起的红太阳毛主席同我们的人民事业蒸蒸日上，并祝毛主席这个红太阳的光辉永远照在我们新中国的大地上，永远照在我们的身上，我们永远跟着他的光明照耀前途迈进，敬祝你们永远的成功！永远的胜利！

普洱区第二次民族代表会议开幕词

张　钧

（1951年3月17日）

主席团、各位代表：

我们普洱专区各族各界人民代表1486位的盛大集会，经过20多天的筹备，今天隆重开幕了，我满怀着高兴愉快的心情，来宣布这个各族人民历史上空前盛会的开幕，各位代表从伟大祖国的边疆，澜、宁、源、车、佛、南、江、镇及内地各县齐集欢聚在普洱区的中心——普洱城，来共商我们各兄弟民族翻身解放、团结爱国的许多大事，并协商成立我们各族人民自己的联合政府，以便遵照中央人民政府、毛主席的英明政策，在西南军政委员会刘主席、邓副主席，云南省人民政府陈主席及周、张、龚副主席的领导下，各族人民亲密团结，平等互助，友爱合作，共同努力于发展各族人民政治、经济、文化、教育、建设事业，使我们各族劳动人民的生活状况，逐渐改善和幸福起来。因此，这次代表会所要做的事，真是我们各兄弟民族有史以来的一件大喜事，是各族人民在共产党、毛主席的领导和解放军的帮助下，打跑了外国帝国主义的侵凌、压迫，消灭了国民党蒋介石反动派的万恶统治，翻身解放，当家做主的一个大胜利。我们盛大的代表会议，标志着旧时代一切残害压迫人民的反动势力已最后死亡，各族人民亲爱、团结、繁荣兴盛的新的历史时代的开端，这是我们各族人民的领袖毛主席英明政策的胜利成功。

我们这次选举成立普洱区人民政府委员会的第二次代表会议，所以于此时召开，这是因为：在以往普洱专区党、政、军领导机关协同各族各界人民在共产党和上级人民政府的领导下，遵照人民政协共同纲领、民族政策和法令、条例，艰苦努力，创造奠定了下列的条件和基础。首先，是我们英勇艰苦奋斗的人民解放军、人民公安队和万余民兵，协同各族人民已在全区基本上消灭了匪特，清除了匪患，人民的生活、社会的秩序已趋安定，各族人民已求得了翻身解放，做了新社会的主人。其次，我们各族人民在共产党、人民政府、解放军同志的帮助下，认得了共产党、毛主席的英明领导，在政治上有了很快的觉悟，逐渐消除了民族间的隔阂和歧视，一致热烈拥护人民政府共同纲领的民族政策，要求参政，盼望在民族杂居区成立各族人民的联合政府，在民族聚居区实现民族的区域自治，自己管理自己的事情，这是极好的，这是真正的民族平等政策的实现。这说明我们各族人民在共产党、毛主席的领导下，团结进步得很快。我们反对民族间的压迫歧视和分裂各民族团结的行为，竭诚拥护建设一个各民族一律平等团结互助友爱合作的大家庭，和睦共居一起发展。特别是中央访问团王副团长、云南省人民政府张副主席率领全团工作同志，带来了毛主席对我们各族人民的关怀、热爱和宝贵的指示，在访问团首长的直接领导帮助下，在上述已有的条件基础下，我们第二次民族代表会议，就一定可以开得好。经过各位代表的热诚发言，共同磋商，就一定能胜利完成代表会议所担负的重大任务。这些任务主要的是：

（一）听取方仲伯专员代表普洱专署一年来的各项工作报告，并请各位代表多多提出意见。

（二）审议由筹委会起草提交代表会议的云南省普洱专区各族人民联合政府委员会组织条例草案。

（三）协商选举普洱区人民政府委员会。

（四）遵照人民政协共同纲领，中央人民政府、西南军政委员会、云南省人民政府的法令条规，制订本区今后的工作方针任务，并议决通过呈请上级政府批准后依照实行。

（五）讨论通过全区各族各界人民团结爱国公约。

各位代表们，我们本着民族平等、团结互助、友爱合作、为人民服务、热爱祖国的精神，有话就讲，有意见就提出商量，只有这样，才能把各族人民的各项重大事情办好。

普洱区以往的工作中，党政军民协力同心，在方仲伯专员、黎锡福司令员、唐登岷地委书记的领导下，已为各族人民做了不少的事情，这就是基本上消除了匪患，捍卫着祖国的边陲，保护了人民的安全，在大部分地区建立了各级的人民政府，实行了合理的公粮税收政策，初步地发展了生产，特别是遵循着毛主席的正确政策，实现了各民族的亲密团结，训练培养了各兄弟民族243名干部，其中担任区级以上工作的有50余人，这是很大的成绩，到会各位代表和全区人民，都是有功劳的。我们要热诚拥护毛主席和共产党，应该拥护感谢我们的政府和军队，应该表扬鼓励慰勉各族的有功人民。

各位代表们，我们以后要做的事，还更加重大，让我们大家抱定决心和信心高举着毛主席的胜利旗帜，在上级政府的领导下，团结努力，为抗美援朝、剿灭匪特、保家卫国而奋斗，为建设一个各族人民平等互助、友爱合作的新思普而奋斗。

庆祝第二次民族代表会议的成功！

庆祝各族人民的亲密团结！

庆祝普洱区各族人民联合政府的成立！

各族人民的伟大领袖毛主席万岁！

中华人民共和国万岁！

云南省普洱区专署工作报告

方仲伯

（1951年3月18日）

普洱区处在祖国极南的边疆上，全区人口120万左右，共有50多种民族，外8县邻接老、越、缅，为国防的最前线。

由于长期处于封建割据，号称四大天王、十六诸侯恶霸当权的局面，又由于帝国主义长期的侵略阴谋，和挑拨离间，以及蒋介石匪帮卖国殃民的反动统治，使思普各族人民，在内外敌人的奴役统治压迫下，过着暗无天日的苦痛生活，并造成各兄弟民族间的隔阂和仇视，甚至互相械斗。

各族人民为了反抗帝国主义的侵略，和国民党的反动统治，曾不断地进行过斗争。1949年春，中国共产党、云南地下党领导的边纵、游击部队，进入思普建立了根据地，各兄弟民族人民自发性的斗争，就得到了正确的领导，找到了正确的斗争方向，一致奋起，在全国胜利形势和解放军进军西南下，即将蒋介石反动政权在基本上相继摧毁。

由于毛主席的英明领导、人民解放军的胜利进军，以及云南各族广大人民渴望解放与共同努力，在获得了全省解放以后，即建立了专、县人民民主政权，普洱专署于1950年5月正式成立。

截至现在，我们在这11个月中，依靠共产党中央人民政府的正确政策，依靠了各上级政府的正确领导，依靠了各族广大人民的热烈支持，同时依靠了各级干部的努力工作，我们在建立革命秩序上，实现人民民主专政上，是有成绩的。

第一，建立了县政权15个、区政权102个、村政权682个、县邮局8个、专区电讯局1个、专区公安处及各县公安局、专区法院，内7县各级农协、各县民兵已初步建立。

1950年10月召开专区农代会后，内7县及江城等均先后召开了县、区、村各级农代会，总计参加代表3万余人，各族会议、各代会各县均已召开，有的已经开过两次，总计代表人数3500余人。

依靠了解放大军的英勇作战，依靠了公安部队及民兵的一致配合，清剿残匪，先后消灭了景东、镇沅、江城及各地的股匪，歼灭百余匪首，逮捕千余匪特，基本上巩固了人民政权，保护了人民生命财产。全区匪特活动，已初步镇压下去。

第二，财经工作，建立了贸易分公司及支公司7个、贸易小组7个、专区税局及县局9个、直属所2个、税所41个、银行8个、盐场8个、海关3个、专区粮局及粮库16个、运输公司1个。

1949年公粮任务完成了75%以上，保证了党政军的供给。1950年征粮现正组织入仓，若干县已超额完成任务。税收任务，去年完成了最高任务的116%，最低任务的214%。贸易公司收购与推销资金80亿元，在物资交流上、货币回笼上、稳定物价上起了一定作用。银行对现金管理、推行人民币是有成绩的，内7县已经禁用银圆、半开，人民已经信任了自己的人民币，为统一物价、物资交流打下了基础。盐管处去年产运食盐20多万担，增加了本区的财经收入，部分保证了食盐的供给。财经统一制度大体上已建立起来了。

第三，工商建设方面，由于过去的商业大部分是属于投机性的，甚至是有害于人民的，如贩烟贩毒、囤积居奇，在进行了贸易工作及禁烟禁银之后，虚假的繁荣，逐步走向正常营业的方向。工业方面，正在做有系统的调查，和重点的试验，如铁厂、锅厂、纺织合作、印刷、机器碾米、轧花、电灯等。建设方面，初步测绘弥宁、昆洛公路，准备修筑公路，修补了墨江至车里的马路。棉籽、耕牛贷款8.524万元，救灾、救荒、春耕贷种，各县均已进行。

第四，文教卫生工作恢复了9个中学，学生1035人；小学606个，学生22785人。新增筹设在外8县兄弟民族聚居区省立小学4个，初师1个，中学1个；内7县中学1个，省立小学1个。为了提高农民文化水平，曾在宁洱、墨江两县重点尝试办冬学，参加学习的25000多人，现已导入夜校形式学习。卫生工作方面，由于干部缺乏，财经困难，现仅重点建立7个卫生院，现正准备充实中心卫生院，开办医务训练班，组织医疗队。

第五，整训干部工作。我们的干部，一般来说，基本上是好的，积极负责，作风正派，表现了为人民服务的精神，甚至有些优秀干部在征粮剿匪中，为了人民的事业，牺牲了自己的生命。但是由于部分的某些成分不纯、锻炼不够，存在着脱离群众、脱离实际的倾向，沾染了恶劣作风，所以首先进行了整风学习及工作检查，今年1月普遍展开了考绩评功、选举英模，使干部政治水平、业务水平提高了一步。同时开办了民族干部训练班2期，总计243人；第三期即将开办。民兵干部训练班，共计800余人；中小学教师训练班685人，银行训练班20人。为了使干部得到有系统的学习，开办了行政人员训练班，轮训干部。现在各少数民族区级以上干部有50余人，各种训练中都是包括各族的。此外各县均办有短期训练班。

第六，目前内7县正展开减租退押、清匪反霸、发动群众的工作，外8县主要是加强民族团结、清匪肃特、发展生产、巩固边疆。

由于美帝国主义发动了侵朝战争，我们一切工作均须结合抗美援朝、保家卫国这一全国性的任务，因为我们只有这样，才能保证各族人民的彻底翻身，巩固我们的胜利。

上面这些工作，是和我们各族人民团结友爱一致拥护共产党和毛主席分不开的，如沧源、澜沧各兄弟民族，曾经和反动武装作战达140余次，车、佛、南各兄弟民族在支援解放大军歼灭残匪、肃清土匪上均有特著的成绩，以及其他各地兄弟民族，无论在财经任务上、清匪肃特上，都表现了积极的带头作用。在1949年车、佛、南、镇越超额完成了征粮任务，这就充分证明各族人民对毛主席的热爱，对共产党及人民政府的拥护。

但是由于我们在领导上对中央政策体会不够，对上级政府的指示研究不够，对干部帮助不够，对群众联系不够，我们的缺点是很多的。

一、在镇压反革命上，我们还未能有效地肃清匪特，目前恶霸地主与美蒋匪帮勾结，及利用反动会门进行破坏活动，如放毒放火、造谣挑唆、放黑枪，甚至阴谋叛乱等等。

二、财经贸易工作，我们对人民需要的供给，特别是外8县，还没有做到可以做到的成绩，如盐、布匹的供给；在生产上特别对农民的农具、种子，也没有做到适当解决；粮食仓库管理、调拨，都没有做好，粮食有霉烂及遭受匪特破坏的情形。

三、文教卫生工作，在外8县我们做得很少，有的连机构都没有成立。

四、救灾救荒优抚工作，没有具体领导和帮助，没有发挥更大的作用，有的不及时，有的形成自流。

产生这些缺点的原因，在主观上，调研不够，干部少而弱，依靠群众的思想不明确，对政策缺乏钻研的精神；在客观上，由于美帝国主义及其走狗国民党反动派有计划地布置和破坏，加上云南传统的封建势力雄厚，在广大农村根深蒂固，尚未受到人民力量严重的打击。

我们相信在中央及毛主席领导下，在各上级政府直接领导下，特别是在今后民族的民主的联合政府成立后，在各民族团结互助下，在现有基础上纠正错误，克服缺点，使工作不断提高，人民生活是可以一天比一天地好起来，使思普成为各民族人民友爱合作的新思普。

云南省普洱区人民政府委员会组织条例（草案）
——1951 年 3 月 24 日普洱区第二次民族代表会议通过

（草案只供内部参考）

第一条：云南省普洱区人民政府委员会为普洱区各族人民联合的民主的地方政权机关，直接受云南省人民政府的领导。

第二条：普洱区人民政府委员会的成立，是依照中央人民政府、西南军政委员会，及云南省人民政府的指示，根据中国人民政治协商会议共同纲领的民族政策，及民主集中制的原则，经本区各族人民代表会议协议，并经上级人民政府批准后宣布成立之。

第三条：普洱区各族人民行使政权的机关为本区各族人民代表大会（在各族人民代表大会未正式召开前，经上级人民政府批准后，得由各族各界人民代表会议行其职权，以下各条款同）和普洱区人民政府。在本区各族人民代表大会闭会期间，普洱区人民政府即为本区的行使政权的机关。

第四条：普洱区人民政府委员会，暂由本区各族各界人民代表会，根据本区各民族及其区域大小、人口多少等情况，本兼顾原则、共同协商产生专员一人，副专员若干人，及委员若干人组成之，并提请云南省人民政府转呈西南军政委员会、中央人民政府批准任命，俟普洱区各族人民代表大会召开时，即正式进行选举。

第五条：普洱区人民政府委员之产生系以区域为单位，由各族共同协商提名，凡未得参加普洱区人民政府委员会的民族，可就其所在行政区（县或区或乡）参加区域自治或联合政府。

第六条：普洱区人民政府委员会在云南省人民政府直接领导下，根据中国人民政治协商会议共同纲领、国家法令及上级人民政府规定之施政方针工作任务，结合本区具体情况，在本区范围内行使下列职权：

（一）执行并对所属各县转发上级人民政府的决议和命令，并在本区域范围内，根据民族的特点及具体情况，报请上级人民政府批准后，颁发决议或命令，并审查其执行。

（二）实施本区各族人民代表大会通过，并经上级人民政府批准的决议案。

（三）遵照中央人民政府政务院关于任免工作人员暂行办法的规定，分别提请上级人民政府任免或批准任免，或由普洱区人民政府自行任免或批准任免所辖县、区、乡（行政村）重要行政人员。

（四）废除或修改所属各县人民政府或人民代表大会与上级人民政府决议命令相抵触的决议和命令。

（五）在国家概算和预算规定的范围内，编制本区的概算或预算，并审核各县概算、预算、决算，本区预算、决算须经本区各族人民代表大会审查通过或追认。

（六）统一领导和检查普洱区人民政府各部门及所属各县人民政府的工作。

第七条：普洱区人民政府对上下级工作关系规定如下：

（一）普洱区人民政府应按照上级人民政府的规定严格执行报告请示制度。

（二）转发并执行上级人民政府的通令、公告及对某一县的指示；转报所属各县对上级人民政府的报告、请示或请求。

（三）关于某一特殊问题的询问与答复，所属各县得直接报告云南省人民政府，但得同时抄送普洱区人民政府。

（四）上级人民政府各部门，得根据已定政策方针就业务与技术的指导范围内行文普洱区人民政府委员会或其所属各部门及各县；普洱区人民政府委员会或其所属各部门及各县，亦得就同样范围内向上级人民政府各部门请示请求，但这种有关部门之间的上下行文，如有涉及全面性者，均应抄送普洱区人民政府委员会。

第八条：专员主持本政府委员会会议，并领导本政府委员会的工作，副专员协助专员执行职务。

第九条：普洱区人民政府委员会根据工作需要，设立民政、财政、工商、交通、农林、文教、卫生、公安等科处，及财经委员会、人民监察委员会、人民法院、人民检察署等机构，进行日常工作。

第十条：普洱区人民政府委员会设秘书主任一人，秘书若干人，秘书主任承专员之命，主持日常事务，秘书协助秘书主任执行工作，在秘书主任领导下，设办公室，主管日常工作事项。

第十一条：普洱区人民政府委员会全体委员会议每三月举行一次，由专员召集之，专员不在，依次由副专员召集之。专员得根据工作需要，或经三分之一以上的委员提议，得提前或延期召集之。全体委员会须由过半数之委员出席，始得开会，需有出席委员过半数之同意，始得通过决议。

第十二条：有关某一民族问题，须与该族代表或委员进行充分协商，然后做出决议，如该族在普洱区人民政府或协商委员会无委员，凡讨论和处理有关该族问题时，应按具体情况，分别采取如下步骤和办法：

（一）在讨论与决定前，吸收该民族临时代表列席会议、参加协议，然后做出决议。

（二）从政策与实际情况结合出发，先由政府委员会做出初步决议，交与该族代表和群众大会进行复议，再做最后决定。

第十三条：区人民政府行政会议每周举行一次，由专员召集之，专员不在依次由副专员召集之，副专员、秘书主任、各科室处首长出席，其他必要人员列席，人民法院院长、人民检察署检察长均得出席该行政会议。

第十四条：普洱区人民政府委员会，应领导本区所辖各县、区、乡，根据中国人民政治协商会议共同纲领之民族政策，逐步地在民族杂居区成立民族民主联合政府、民族聚居区实行区域自治，并在政府委员会领导下，行使其应有的职权。

第十五条：本条例经本区各族代表协商，各族各界人民代表会议通过，报请云南省人民政府转呈西南军政委员会批准施行之。

云南省普洱区人民政府工作任务
——1951 年 3 月 24 日普洱区第二次民族代表会议通过

普洱区是多种民族聚居或杂居地区，今天各族人民已成为新中国的主人，根据中国人民政治协商会议共同纲领的民族政策，在云南省人民政府直接领导下，按照民族的民主集中制的组织原则，建立云南省普洱区人民政府委员会。当前主要工作是迅即在各县有步骤地依民族杂居或聚居情况不同建立县、区、村联合政府或区域自治，实行民族平等、团结、互助的政策，反对大民族主义和狭隘民族主义，以便亲密团结各族人民，同全国各族人民一道，共同建设友爱合作民主幸福的大家庭。同时，必须大量培养和提拔少数民族干部，发挥各族人民的积极性，并根据西南军政委员会刘伯承主席在《西南区的工作任务》里所提出的十二项任务、邓副主席在《一九五一年的工作任务》、云南省人民政府周保中副主席在《云南省人民政府工作报告》里所提出的十项任务，结合本区具体情况，提出当前的工作任务，并为实现这些任务而努力。

（一）抗美援朝，保家卫国，支援解放西藏，巩固国防，保卫我们神圣的祖国边疆。

（二）加强各民族间的团结，在各族人民平等互助友爱合作的基础上建立民族的民主的联合政府或区域自治，清除过去互相歧视、压迫、械斗及打冤家等行为，对各民族间和各民族内部存在的纠纷，应以调解协商方式解决，防止内部和外部敌人的挑拨离间。

（三）彻底肃清帝国主义及国民党反动残余匪特，坚决惩办反革命分子，巩固革命秩序，巩固人民政权，加强公安工作，贯彻镇压与宽大相结合的全面政策。

（四）在内七县要完成减租退押、清匪反霸，以至有重点地进行土改。外八县目前以清匪肃特、保家卫国、巩固边疆、发展生产为主，要一致地反对各族人民的公敌。

（五）实行宗教信仰自由，尊重各族人民风俗习惯，但对帝国主义做政治欺骗的敌特活动，我们就必须反对，分清敌我界限。

（六）恢复和发展生产，繁荣经济，逐步改善各族人民生活。

（壹）发展农业生产，奖励粮食的增产，分期地分区地禁种鸦片，保护森林，推广棉花及其他有发展前途的经济作物的种植。

（贰）保护与发展畜牧业，防治兽疫，改良畜种及饲养方法，奖励繁殖。

（叁）有重点有步骤地扶植和发展纺织、造纸、皮革、木石、铁工等手工业，鼓励私人投资，引导社会游资转入工业生产，扩充现已开办的铁厂锅厂，供应人民需要。

（肆）开展贸易，保护正常商业，鼓励土产的输出和人民生活必需品的输入，沟通与邻区的物资交流。

（伍）发展交通运输事业，积极准备兴修公路马路，保护现有大路桥梁，扶持牛马帮，以便交通畅达。

（七）调整财政，推行简化的税收政策和合理的公粮负担政策，整顿收入，节约开支，提倡廉洁奉公，反对贪污中饱。

（八）逐步发展各民族人民的文化教育卫生事业，培养民族干部，保护民族文物，发扬民族优良文化。

（壹）增办民族学校，培养民族干部，现在我们必须在现有基础上增设佛海、澜沧中学及外八县省立小学四个，并继续办民族干部训练班。

（贰）充实专区中心卫生院，开办医训班，组织医疗队到边区县份为各族人民服务。同时树立预防重于治疗的思想，注意环境卫生的改良。

（九）按照共同纲领军事制度的规定，组织人民武装，保卫地方人民的治安秩序。

以上各项经代表会议通过，并呈请云南省人民政府核准后施行。

普洱区各族人民团结爱国公约

——1951年3月24日第二次民族代表会议通过

我们各兄弟民族长期以来，在外国帝国主义侵略者，和国内历来封建反动势力，特别是近三十年来国民党蒋介石匪帮的反动统治下，害得我们各民族不能很好团结，一起生活，共同发展。这些侵略压迫者，制造挑拨我们各民族间的隔阂、歧视和压迫仇恨，甚至互相械斗残杀，以达到其残酷统治压迫我们各族人民的反动目的。我们各族人民在以前也曾不断地与这些国内外的侵略压迫者作过不少的英勇反抗斗争，现在全国各族人民和人民解放军在共产党毛主席的英明领导下，基本完成了中华民族和中国人民的伟大解放战争，驱逐了帝国主义的侵略，推翻了国民党蒋介石匪帮的万恶统治，建立了各族人民自己的中华人民共和国，我们各族人民都做了新国家和社会的主人，成了一个团结、互助、友爱、合作的大家庭。我们敬爱毛主席，团结一心跟着毛主席走。我们热爱祖国，反对国内外一切敌人的侵略破坏。为此，我们第二届各族代表会议，特商定通过了下列各族人民团结爱国公约，号召全区人民共同遵守：

（一）拥护中国人民政治协商会议共同纲领，贯彻民族政策。

（二）拥护各族人民领袖毛主席，拥护中央人民政府及各级人民政府。

（三）各族人民亲密团结，坚决扩大抗美援朝、保家卫国的爱国运动，制止美帝重新武装日本，粉碎美帝国主义的侵略，保卫远东与世界和平。

（四）各民族互相尊重其风俗习惯，和宗教信仰的自由，团结互助，友爱合作，不歧视，不压迫。

（五）各民族间和民族内部的一切纠纷由各族人民协商解决，或报请人民政府作合理的调处，禁止械斗、杀害、抢劫等破坏团结的行为。

（六）不受帝国主义及匪特的挑拨离间，并积极揭穿其阴谋破坏活动。

（七）响应中国基督教天主教的自传、自治、自养的宗教革新运动，热爱祖国，严防帝国主义的阴谋破坏。

（八）帮助人民政府，和人民解放军，坚决镇压反革命活动，彻底肃清匪特。

（九）爱护国家和各族人民的一切公共财产，严守国家的一切机密。

（十）发展生产，多种粮食和棉花，不种鸦片，改善各族人民的生活。

普洱区第二次民族代表会议决议（草案）
——1951年3月24日普洱区第二次民族代表会议通过

普洱区第二次民族代表会议，包括42种民族的代表1486人，自3月17日至24日，开了8天的会议。会中听取了中央访问团王连芳副团长关于民族团结的报告、云南省人民政府张冲副主席关于民族民主联合政府的报告、方仲伯专员关于普洱专区成立以来的工作报告，和其他各首长关于建立普洱区民族民主联合政府的报告及讲话。经过热烈而认真的讨论，大会一致认为，普洱区由于党政军民的很好合作与配合，过去在军事、政治及财经、贸易、银行、文化教育等等工作方面是有很大成绩的。对方专员的专署工作报告，一致表示满意。此次会议以民族团结问题及建立普洱区民族民主联合政府为中心议题，对于王副团长及张副主席的两个有关民族、民族团结及联合政府的报告，获得各族代表热烈一致的拥护。并在此次会议上通过了普洱区人民政府委员会组织条例、普洱区人民政府工作任务，及普洱区各族人民团结爱国公约，最后经过各族代表协商，选出了普洱区人民政府委员会和专员副专员，正式成立了普洱区人民政府委员会。

会议认为进一步地巩固民族团结，互助友爱、合作，发展各族人民的政治、经济、文化教育等方面的建设，有领导地在我区根据民族聚居或杂居情况，依照政协共同纲领民族政策，分别建立自县至区村的各级民族民主联合政府或实行民主的区域自治是很必要的，是完全符合各族人民的利益和要求的，这应该有计划地逐步予以实现。

会议一致认为我各族人民过去在国民党蒋介石匪帮的反动统治下，和帝国主义者的侵略野心下，我各族人民受尽压迫凌辱和歧视，各族间存在着深沉的隔阂。由于中国共产党、毛主席、中央及各级人民政府的英明领导，我各族人民已在中华人民共和国的大家庭内，获得了完全平等和受到尊重，获得了各族人民共同发展的权利。为了巩固并发展这伟大的胜利果实，我们各族人民必须坚决地跟着毛主席走，做到下列工作：

第一，继续增进并加强各民族间兄弟的团结，和民族内部的团结，不受一切国内外敌人的挑拨离间，在平等合作、友爱互助的基础上，共同发展，消除历史上反动统治者及帝国主义侵略者所造成的一切隔阂。

第二，广泛开展抗美援朝、保家卫国的运动，保卫祖国边疆，保卫亚洲和世界和平，粉碎一切帝国主义的侵略阴谋。

第三，坚决拥护中央人民政府镇压反革命的决定，肃清特务土匪及各族人民的公敌，巩固革命秩序，巩固人民民主专政。

第四，各族人民团结一致，克服当前困难，整顿财政收入，完成征粮税收任务。推行人民币，稳定物价、金融，发展粮食、棉花等生产，不种鸦片，加强贸易、卫生、文化教育等工作，以逐步实现各族人民的繁荣发展。

普洱区第二次民族代表会议闭幕词

张 钧

（1951年3月24日）

王副团长、张副主席，各位代表、各位同志：

我们的第二次民族代表会议，有正式代表1486人，列席215人，代表全区51个兄弟民族120多万人民。在中访团王副团长、省府张副主席直接领导下，7天来先后听取了王连芳副团长关于民族团结问题的报告、张冲副主席关于联合政府问题的报告、方仲伯专员各项工作及今后工作任务的报告、筹委会昌恩泽秘书长关于云南省普洱区人民政府委员会组织条例和各族各界人民团结爱国公约两草案的报告，经过小组、大会和主席团数次的热烈讨论后，大家表示完全同意上述的几个报告，并一致决议通过认真奉行。特别值得我们欢庆的是经过全体代表的慎重考虑、认真比选、亲切协商，在照顾各民族、各地区、各族人口比例、各阶层、各界的大团结下，一致选出了为全区各族人民服务的方仲伯专员和召存信、罗正明、田兴武、谢芳草、胡忠华副专员及84位普洱区各族人民联合政府的委员，成立了普洱区人民政府委员会。至此，我们的代表会议，就圆满完成了任务，今天就要胜利地闭幕了。

各位代表：我们这次的代表会议，虽因时间紧促，准备不够充分，但开得都是很好。各县代表听说中访团到了宁洱，都热情地兼程前赶来宁，急盼着迎接带来了毛主席亲切关怀热爱的访问团。沧源卡瓦田兴文诸代表，平时来宁走12天，这次8天就赶来了。车里县长召存信诸代表，平时走八九天，这次4天就赶来了。我们全体代表，都高兴愉快地说："见到了中央访问团，就如同见到了毛主席一样亲热高兴！"佛海浦满族代表岩洪说："这次访问团帮助我们成立联合政府，我没有什么可说的了！只有感谢毛主席！"全体代表在开会中，精神贯注，体贴入微，全体代表对成立联合政府表现了衷心的拥护。沧源卡瓦族田兴文代表说："这次开会，我们团结在一处商量事情，以后就永远地团结在一起了。"墨江碧约族罗琴书代表说："这次晓得成立联合政府，高兴得饭都要多吃得两碗。"镇越香坛族代表曹之华说："过去人民政府好倒是好了，可是好像一根链子，差着一扣环，这次成立了联合政府，这根链子就扣结起来了！"澜沧倮黑代表杨司法说："成立联合政府，我们也得当家了！"宁江僰族代表刀大说："联合政府成立了起来，就好像一个大拳头，有力量了。"六顺僰族刀长春代表说："过去我们好像站在泥坑边，国民党统治时，被反动派愈推愈深，毛主席领导将我们拉爬起来，洗净身上的烂泥，给了我们板凳坐（意指当选代表参加政府），各民族团结一起，成立联合政府，当家做主了。"以上他们这些意见，是代表着我们全区人民的共同意志。这说明了在共产党毛主席领导下，我们各族人民是站立起来了，亲密团结起来当家做主了，也更说明了各族人民的联合政府是我们团结进步的坚强堡垒。同时在选举政府委员时，我们大家都非常严肃慎重。佛海僰族代表叭稿说："要选听毛主席话的，为人民做事的人。"澜沧倮黑族代表魏扎啦说："要选认得我们苦处，真正能够为我们做事的。"车里阿卡代表李亚培说："要选各族都认为好的人来当委员才好。"景谷代表查正科说："选出的委员要好才行，不然，不能把毛主席的政策传达下去。"思茅汉僰族刀福星代表说："选出的委员主要须立场稳，敢向匪特恶霸斗争的。"这些意见说明了我们这次选出的委员，是一定能够为我们全区各族人民好好忠心办事的。我相信，我们全体被选出的委员，荣得人民这样的高贵的信任，定会尽职热情工作，来报答各族代表和全区人民对我们的殷切期望和忠恳嘱告。

各位代表：我们一两天就要回各县了，要做哪几样事情呢？要把代表会议讨论决议的这样几件事情，告诉各族人民：

（一）把毛主席给我们各族人民的热爱关怀说给人人晓得，把我们成立联合政府的大喜事，详细说给大家。各县各区，也要逐渐成立联合政府或区域自治。还要把各族人民团结爱国公约十大项广泛地向人民宣传，共同遵守。也还要领导人民热心帮助和监督我们的政府委员好好地为我们人民办事。

（二）要抗美援朝、清匪肃特、巩固国防，坚决镇压反革命分子的叛乱活动，保护各族人民的利益和安全。要回去组织加强民兵，站岗放哨，防止匪特放火投毒和破坏。并要配合我们的军队和政府消灭祖国边境线上的残匪。

（三）在政府的领导帮助下，动员组织广大的农民起来，发展生产，多种粮食和棉花，来改善我们的生活，首先努力设法解决许多县份人民眼前食粮食盐的困难，和有重点地逐步发展文化教育卫生事业。

最后，我代表筹委会向大家道歉。就是会议的招待工作，诸如住房子、吃饭、喝茶、看病，开始头两天，做得不大好，使大家在生活上感到一些困难，请各位代表多加包涵。

各位代表：让我们一起起立向中央访问团王副团长、省府张副主席及访问团、巡视团全体同志致以敬意和感谢！

祝各位代表身体健康！

祝贺代表会议的胜利成功！

普洱区第二次民族代表会议代表讲话

（1951年3月15日）

一、卡瓦族代表田兴文在预备会上的讲话

我们沧源解放已两年多了。以前我们受尽了国民党的糟蹋，在那个时候我们就想着有今天这样的日子。解放以后，国民党反动派来打过我们好几次，都着我们打退了，我们一定要跟着毛主席走。

以前我们卡瓦族不要说来普洱、上昆明、上北京，就连澜沧江也不得过。国民党反动派吓我们，我们不得见，也不得学，不准我们出来，所以我们什么也晓不得。我们生活苦，但想不出办法来。

二、僰族代表叭竜叭撒在开幕会上的讲话

这一次我被老百姓选为代表来专区开各民族代表会，这是很难得的。来这里见到了中央访问团，好像见到了自己的领袖毛主席一样，心里非常高兴，我们非常感谢中央访问团。

以前，我们车、佛、南受着国民党九十三师的压迫。国民党有美帝国主义拿武器、弹药帮助他，他就拿这些武器来压迫我们兄弟民族。在国民党的统治下，我们像一群没有娘的小鸡一样，国民党就是老鹰，把我们弄得死的死，他们要抬就抬。现在毛主席像一只母鸡一样来抱养我们各兄弟民族同胞，领导成立了中华人民共和国，使我们翻过身来。我们要拥护毛主席，听中央人民政府的命令。

在毛主席的领导下，我们各兄弟民族要团结起来，互相帮助，有事要大伙商量。只要我们团结起来，我们就不怕帝国主义，不要怕我们抬的只是火枪，我们有毛主席朱总司令和解放大军撑我们的腰。

现在毛主席派中央访问团王副团长、张副主席及其他同志来，领导我们成立联合政府，我心里很喜欢。希望中央访问团还到各县去成立联合政府，去讲解民族政策，要使各县人民也像我们一样见到你们。

三、倮黑族代表李炳章在开幕会上的讲话

我们这点坐着的各民族都是一家人，都是弟弟兄兄。国民党蒋介石不是我们的弟兄，美帝国主义是我们的敌人。我们不管是卡瓦也好，僰族也好，倮黑也好……总要团结起来，肃清国民党蒋介石残余，打倒美帝国主义！

我们住在澜沧边地，前头（从前）那些坏人来说给我们：美国这样好、那样好，那个时候我们相信了他们，今天我们明白过来了，美帝国主义不是好人，他拿些东西来引诱我们，前头我们着他哄着骗着了！

今天，我们这么多民族的代表在拢一起开会，全因为有了毛主席的领导，毛主席晓得我们过去在国民党反动派的统治下受苦，就领导我们起来翻身，我们才得来这里开会，毛主席共产党像太阳，照得我们处处都热和了。他特别关心照顾我们边地人民，他亲自不能来，就派了中央访问团来看我们边地的兄弟民族，他的恩情我们硬是感激不尽了。

中央访问团叫我们组织联合政府，这个联合政府是我们各族人民自己的政府，我们不要蒋介石的狗腿土匪特务参加。这回组织联合政府，大家在这里要选出代表（委员），回去以后就变成主人了。

四、西摩洛族代表王德富在开幕会上的讲话

在毛主席领导下得到这一天了！我大老王是西摩洛族人，我也得来会上讲讲话了。

毛主席时时关心着我们日子过成什么样子，苦到什么程度，派了中央访问团来瞧我们一眼，我们像见重生父母一样高兴！我们要爱护共产党，爱护毛主席，爱护人民政府。

过去蒋介石统治我们，把我们压到水底了！不但我们各民族不得团结，连一家人也要分家；今天毛主席来领导，我们得团结了。今天我们各兄弟民族团结在一处，要成立联合政府，各族人民自己掌握政权，没有毛主席哪能有今天？过去我们穷也穷够了，饿也饿够了，今天我们要彻底翻身，只有跟着共产党，走毛主席指给的道路。成立了联合政府，我们回去更要努力把这条路走到底。今天美帝国主义来侵略朝鲜、台湾，我们要把它赶出去，我们在后方要加紧生产支援朝鲜战争，我们要加紧清匪肃特，巩固国防，不给蒋介石根子再发一点芽！

五、碧约族代表罗琴书在开幕会上的讲话

我是墨江下菜园的碧约族妇女。

我们今天得到这里来开会，弟弟兄兄姊姊妹妹在一起，这是开天辟地从来没有过的事情。这是什么人给我们的？没有共产党毛主席，我们哪里会得团结在一起？过去国民党蒋介石大民族主义，像蚂蟥一样吸我们的血吃，把我们当成牛马，把我们的血都快吸完了，弄得我们吃也吃不饱，穿也穿得筋筋吊吊的。他还不满足，他还时时刻刻睡在洋烟床上，也放着我们吃。他咋个会给我们翻身？他哪里会给我们开会？

毛主席时时刻刻想念着我们，派了中央访问团来瞧我们。过去，我们黑蒙蒙的什么也不得见，今天毛主席这个太阳照着我们每一个人。我们看清了，不管哪一族，天下穷人是一样的，我们只是衣裳不同说话不同，我们的心是一样的。我们来这里开会商量自己的

事，毛主席共产党叫我们组织联合政府，联合政府是领导我们过好生活的，我们不论哪一代也没有见过这种事。过去不论做什么事也没有我们的位子，人家开会我们连旁边也不得去。这次开会是商量我们自己的事情，不是商量地主的事情。过去我们几代人都做了大民族主义的牛马，今天我们当家做主人了，我们弟弟兄兄姊姊妹妹大家要一条心，和和气气地商量好自己的事情。

六、汉族代表李发生在开幕会上的讲话

过去我们很受压迫，各族也受压迫，但这不是汉族人民去压迫各民族。过去蒋介石统治时，我们汉族人民也同样地受压迫，帮人栽田自己只得吃少少的一点，天天苦到晚还不得吃饱，我们养百口小猪，养百只鸡，养得一条犁牛，他们都要。现在毛主席来领导，我们各民族都翻身了，各族人民都过得好了。

这次来开会，我们全区各族人民在一起，打伙商量成立联合政府，以后的事不单只是哪族当，各民族都起来自己当。

毛主席来领导我们翻了身，贫雇中农得在一起商量事情。过去反动政府，哪个有钱哪个当官，农民没有说话的权利，没有开会的资格。现在我们翻了身，我们得来开会，得当代表，得说话了。过去我们在山地角落里，大家不得在拢，现在我们有什么事农民就在拢一处商量做主了。过去反动政府时，衙门大门也不得跨；现在毛主席领导，政府是我们农民的，大家得商量办事，大家得来开会说话。我们翻了身，我们胜利了，我们做主人，我们得过好日子了。

七、僰族代表召存信在闭幕会上的讲话

今天是我们普洱区第二次民族代表会议闭幕，我首先代表普洱区的僰族同胞向中央访问团王副团长、张副主席致敬。思普区各兄弟民族忠心诚意地欢迎中央访问团。中访团王副团长带来了毛主席对各兄弟民族的关怀与热爱，和许多宝贵的指示，中访团指导我们成立了普洱区人民政府委员会，在王副团长、张副主席的指示下，使大会顺利地完成，这是思普区有史以来没有过的。

我们各兄弟民族从来没有在一起见面，有了共产党，人民领袖毛主席领导我们，思普区各首长领导我们，各兄弟民族才会有今天，所以我们各兄弟民族要感谢人民的领袖毛主席。

我们思普区是边界，过去国民党统治，各民族不能平等、友爱、团结；有了共产党毛主席领导才得彻底翻身，才能团结、平等、合作。以后，我们要认清敌人，敌人美帝国主义、国民党蒋介石，他是吃人害人的，是压迫我们兄弟民族各阶层的。我们要在毛主席共产党的领导下肃清土匪特务。毛主席号召我们各族人民团结起来，我们要响应毛主席的号召，要拥护人民政府、人民解放军，并且要抗美援朝、保家卫国、巩固国防，还要提高政

治、文化、经济，加紧生产，缴纳公粮，用实际行动来拥护人民政府和解放军。

我希望各兄弟民族代表们，将大会的精神和王副团长、张副主席及各位首长所指示的带回去，好好地宣传解释给人民听。

最后我们高呼：

中华人民共和国万岁！

各民族大团结万岁！

中国共产党万岁！

毛主席万岁！

八、僰族代表刀承宗在闭幕会上的讲话

这次我们到这里来开会，有很多的兄弟民族：汉族、僰族、卡瓦族……有40多种。我们这次来开会，组织了联合政府，就是兄弟民族团结，永远跟着共产党毛主席。过去国民党压迫我们，我们不得团结，以后要好好地团结起来。毛主席、共产党是我们各族人民的领袖！

我们要团结起来反对美帝国主义，反对蒋介石匪帮，假若我们不努力，就要受人家压迫，所以我们大家要好好地团结努力，才能彻底翻身来做主人。

我们要团结起来抗美援朝，努力出公粮，领导生产，好好组织民兵，不准任何一个坏人钻到我们这个地方来。

今天没有准备，完了！

代表对成立民族联合政府的反映

“只有感谢毛主席”

成立专区民族民主联合政府，是这次会议的中心目标，是思普区50多个民族120万人民“有史以来第一次”，各民族的代表都以极悦快而谨慎的心情和态度来关注这个各族人民的大事情。代表们说：“这才是真正的平等和翻身了。”蒲满族岩红说：“没有什么可说，只有感谢毛主席！”这是在共产党毛主席的旗帜下，各民族站立了起来当家做主的具体事实，也只有生长在毛泽东的年代，每个民族才有这样做人的权利。

代表们怎样看待各族人民自己的新政府呢？布都族李光祥代表说：“就是毛主席共产党找好地基，让大家把材料凑起来，来盖房子，就让大家好好地在。”思茅本族代表曾世

昌说："过去如筷子东一支、西一支，现毛主席拾起捆在一处。"镇越僰族代表说："联合政府好像一顶帽子，各兄弟民族团结在这顶帽子底下，但是没有帽顶，所以要把委员选出来才有领导。"江城一位代表也提出了他的看法："过去毛主席领导成立了人民政府，本来就好，但是有个缺点，对各族人民扎实不了解。现在毛主席提出成立联合政府，好啦！共产党做事到底不同，一天比一天好。"香坛族代表曹小华①比喻说："没有成立联合政府前，政府和各族人民就好比一根铁链，中间差了一扣环。成立了联合政府，这一环扣上了，扣得很紧了。"代表们更认识了联合政府就是各民族团结起来的力量。景谷代表周正中说："现在组织起来更好了，不要说蒋介石，就是美帝也打得垮了。"澜沧倮黑族代表说："成立联合政府，可以免去互相残杀。"宁江僰族代表刀大说："联合政府成立后我们的力量就大了，联合政府好似船，人民好似桨，联合政府要整得好，就必须用桨来推动。"

各族代表们，从各个不同的情形下说出了对联合政府的爱戴，而又是那样的盼望和亲热，同时也激起了心头的旧恨，痛恨入骨地申诉过去蒋介石匪帮对少数民族的虐待。澜沧代表李开学说："要好好团结起来组织联合政府，死也跟着毛主席走。过去我妹子被人抢去，还被处罚130元款。"瑶族代表李德珍说："过去反动派把我们赶上山头，无田地可种，联合政府成立后，我们一定参加了。"南峤列席的僰族岩载贺说："蒋介石派人到我们寨子要款，人都跑完了，只有我女人在家。他们逼她交出两百块，要用枪打死她，就空放了一枪，反而说是我躲在家里打的，要烧全寨子。"

"选举听毛主席话的人"

"有史以来第一次"，确实"我们做梦也没有想到"。代表们回忆起了过去蒋介石匪帮的看不起少数民族，不许他们参加进政府机关里来，政府是"汉人地富的地方"。因此在选举政府委员时，都采取了认真而严肃的态度。卡瓦族代表田兴文说："3万人选一个委员，要和澜沧卡瓦族商量，这不是小事情。"南峤僰族代表说："我们来的是一村一个，怕选不好，要等我们回去好好商量后再选，选出的委员要老老实实的人。"

选举委员的条件提得很具体，各民族照自己的方式去提候选人，反复地去挑选比较。外8县提出了"要选帮老百姓做事的"，"要选心向毛主席的"，"要选不挨帝国主义勾结的"。景谷代表李正科说："选出的委员要好才好，不然不能把毛主席的政策传达下来。"思茅大头族代表普朝宾说："联合政府成立是好的，我们要选关心我们吃穿的人当委员。"僰族代表刀福星说："选出的委员要立场稳，敢向匪特恶霸斗争的。"

人民政府的委员不是随便选出来的，而是人民的仆人。各族代表均参加了热烈的竞选，自行提出比工作、比立场、"刀枪出来的"（比革命斗争史）。卡堕族代表罗庆元当

① 曹小华，本会议文集又作"曹之华"。——编者

被提为候选人时，他说："刀有才（江城嘉禾区卡堕族）跟共产党跟得久，他比我能干，选他。"镇沅和墨江发生争执，互相比功。僰族代表370人，提候选委员27人，一面介绍一面征求意见。介绍到陶国顺，大家提意见是要贫雇农，后经解释，才放弃这个意见。很多人被提名为候选人，但一比却比掉了。材料决定一切，这是这次选举的一个特点，也说明了联合政府的委员，也就是各族人民最优秀的代表。

"极诚心的谦让"

在这次会议上，也充分表现了各民族间的谦让、友爱、合作、团结的精神。倮黑族提名时，澜沧和景谷的倮黑族代表互相谦让。倮黑族委员名额8名，景谷代表说："澜沧提出的候选人，不但在倮黑族内有威信，而且在汉族和阿卡族中一样有威信，他们在国防最前线，应该多选几个。"澜沧倮黑族代表说："我们和景谷隔着一条江，怕照顾不来，景谷选出一个来，有事更好商量。"经过双方反复协商后，澜沧选出7人，景谷选出1人。倮黑族代表李双说："自己材料工作不如人，以后更努力工作，为人民服务，争取当委员。"

"团结各族人民，巩固祖国边疆"

会议上，在选举中，充分表现了普洱区有史以来未曾有过的民族大团结。墨江布都和宁洱布都在选举委员中，回族、倮黑族、僰族等在编组和选举中打破了地域的隔离，表现得那样的友爱与尊重，"共产党、毛主席给我们兄弟民族见面了"。过去就是澜沧的倮黑族间也是很少往来的。卡瓦族更不敢下来，田兴文说："以前我们卡瓦族不要说来普洱、上昆明、上北京，就连澜沧江也不得过。"在会议上又说："美帝及蒋介石都不是我们的弟兄，我们不管是哪个民族，都是兄弟，要把美蒋打倒。"

联合政府的组织，更进一步地扩大了民族团结，与提高了民族自尊心。在会议上和向人民政府的提案中，各族纷纷表示，回去要组织民兵，要求政府发给枪支，加强站岗放哨，坚守国境。江城窝尼族列席李正邦，急于回去领导民兵守住江边，不让国外匪特混入。江城、镇越的委员说："我们要联络，好好守边界。"沧源、澜沧的代表都说：两县就是一家人，有事要一个帮一个，不让美国人和特务进来，请政府供给弹药，决不让一个坏人进来。

在政府委员会议中，僰族委员自动提出了不再称汉人为"召竜"（大官），其他民族也不再叫僰族为"老爷"了。"我们阿卡族也当官（政府委员）了。"一位阿卡族代表这样说。

代表们认为专区联合政府是组织了，回去也要组织县、区、村的联合政府。景东代表说："专区成立的联合政府，没有县上、区上的更要紧。"僰族说"回家后要成立区域自治"，并提出了回去组织区域自治的方案。田兴文表示回去就召开全县的头人会议，把倮黑族的代表也约来参加进县、区政府里办事。江城一位代表说："把联合政府成立起来，应把减租退押的事情搞好。”

各族人民选举了委员，成立了民族民主联合政府，把各民族存在着的问题，提交给了自己的政府去处理。在第一次政府委员会议中，认真地讨论了这些有关各族人民的大事，如在各县成立联合政府与区域自治问题、教育卫生、生产建设、清匪肃特、保家卫国、培养民族干部、公粮税收、禁烟禁毒、贸易、合作社等问题。从这些提案中，各族人民充分表现了信任和拥护自己的政府，尤其是各族各地区，普遍地要求办学校，培养民族干部。在94件提案中，生产建设的就占50%以上。“毛主席共产党早来领导，我们的生活早就好过了。”澜沧倮黑族要求每村成立一个学校，江城、镇越的要求政府派教员去，学校及用具由代表回去发动人民兴建。各民族“有史以来”的民族大团结，民族情感是融合了。各代表一致说：“毛主席才会给我们得见面，感谢毛主席。中国有这样多人和力量，还怕哪样？”外8县的代表说：“我们太落伍了，一切工作都赶不上内7县。”

生长在毛泽东的年代，各族人民站立起来了，自己有权决定自己的命运了。这是“有史以来第一次”，代表们都情不自禁地不断地说“喜欢得跳起来”“饭也多吃得两碗”“没有什么可说，只有感谢毛主席”。

普洱区第二次民族代表会议通电

一、电毛主席致敬

毛主席：

代表你和中央人民政府的访问团到达了我们这里，带来了你伟大亲切的关怀和慰问，使我们说不出的感激！

由于你和中央人民政府及各级人民政府的英明领导，我们在中央访问团直接指导下所召开的我区第二次民族代表会议上，决议并正式成立了为42种民族代表所组成的普洱区人民政府。这是你伟大英明政策的实现，是我各族人民真正平等、合作、团结更加巩固的具体表征。特将我们的兴奋和感谢报告你，我们一致地表示永远跟着你走，为抗美援朝保卫祖国边防，保卫世界和平，保卫各族人民胜利的果实而奋斗。谨向你致

崇高的敬礼。

云南省普洱区第二次民族代表会议全体代表

1951年3月24日

二、电西南军政委员会及省人民政府致敬

云南省人民政府陈主席并转西南军政委员会刘主席：

我们以无比的兴奋和愉快的心情向你们报告：在中央访问团王连芳副团长和云南省人民政府张冲副主席的亲自领导和帮助下，我们普洱区已经依照共同纲领的民族政策及你们的指示，正式成立了普洱区的民族民主联合政府。我们42种民族都推选了自己的代表，分别担任了这个政府的委员和专员副专员，各族人民在平等、互助、友爱、合作的基础上，空前地团结得更加巩固了。这是毛主席及你们的英明领导所放射的光辉。这光辉已经扫清了国民党匪帮所制造的民族压迫与歧视，及帝国主义者所挑拨的民族仇恨，而展现了我们各族人民在中华人民共和国的大家庭内平等团结、共同发展的远大前途。我们世代的子孙都将记得这件历史事件。代表着各兄弟民族的1486个代表已经在普洱区第二次民族代表会议上，一致做出决议，向你们保证，一定发展和巩固各族的友爱团结，并在这基础上，坚决清匪肃特，反对美帝侵略，保卫祖国边疆，保卫东南亚及世界和平，以此来感谢毛主席及你们的亲切关怀和英明领导，谨向你们致

崇高的敬礼！

云南省普洱区第二次民族代表会议全体代表

1951年3月24日

三、电朝鲜人民军及中国人民志愿军致敬

朝鲜人民军、中国人民志愿军首长并全体将士们：

我们代表云南省普洱区各族120多万人民向你们致崇高的敬礼和亲切的慰问。为了消灭万恶的匪军，争取朝鲜3000万人民的彻底解放，为了我们伟大祖国的安全，为了保卫亚洲及全世界的和平，你们在冰天雪地中并肩作战。由于你们的英勇奋斗艰苦作战，美帝国主义和他的走狗们已遭到严重的打击和可耻的失败。现在美帝妄图单独对日媾和，重新武装日本积极准备扩大侵略战争，作垂死的挣扎，但是全世界以苏联为首的和平民主力量，已更加强大和坚强。我们中朝两国人民有伟大英明的领袖——毛泽东主席和金日成将军，我们深信美帝的一切侵略阴谋一定遭到彻底的粉碎。我区各族人民已经紧密地团结起来，同全中国和全世界爱好和平的人民一道，一致坚决支援你们的胜利作战。祝你们为彻底歼灭美帝侵略强盗、解放朝鲜人民而胜利前进。

云南省普洱区第二次民族代表会议全体代表

1951年3月24日

四、电人民解放军卅九师及全区公安部队致敬

中国人民解放军卅九师及全区公安部队指战员：

你们为了巩固革命秩序，巩固人民民主专政，保障人民利益，不怕千辛万苦，不怕流血牺牲地剿灭了大小股匪，镇压了反革命分子的破坏活动。我们对于你们这种为各族人民服务的革命忠心和英雄气概，致以敬意和亲切的感谢。

现在美蒋匪特企图死灰复燃，到处放毒、放火、暗杀，甚至阴谋叛乱，残害人民。我普洱区42个民族的人民代表，已在平等、团结、友爱、合作的基础上，成立了自己的联合政府，即普洱区人民政府委员会。今后我们更加紧密地团结在毛主席的领导下，坚决拥护中央人民政府惩治反革命的条例，支援你们，配合你们，坚决镇压一切反革命分子，把美蒋匪帮彻底干净地消灭，巩固祖国边疆。

我们谨向你们致

革命的崇高敬礼！

云南省普洱区第二次民族代表会议全体代表

1951年3月24日

云南省普洱区人民政府成立宣言

（1951年3月24日）

普洱区各族各界同胞们：

我们在共产党、人民政府领导下，在以王连芳副团长、张冲副主席为首的中央访问团直接指导下，经过普洱区第二次民族代表会议1486位正式代表8天的讨论协商，已选出了普洱区人民政府委员会的委员和专员副专员，并经云南省人民政府批准于3月24日普洱区人民政府正式宣告成立。

各族各界同胞们！过去由于封建反动统治的压迫，帝国主义的侵略，特别是近30年来蒋介石的反动统治，造成了我们各个民族间的不团结，甚至互相仇视，长期地过着暗无天日的生活，现在我们在共产党、中央人民政府、毛主席的领导下，已成为新中国的主人。今天我们普洱区人民政府已在平等、团结、友爱、互助的基础上建立起来了，这是我们各族人民已能团结互助、互相尊重、共谋发展、当家做主的表征。

各族各界同胞们！我们在这次代表会上听取了中央访问团王副团长的民族团结报告、张副主席的联合政府问题报告、方专员的专署成立以来的工作报告，经过认真讨论研究一

致认为满意，并正式通过了普洱区人民政府委员会组织条例、团结爱国公约，以及政府工作任务等决定。今后普洱区人民政府就是在上级领导下，在各族人民监督与支持下，按着这些决定来办事了，并为实现这些决定而努力。

我们一致决定了要加强各族人民的团结，反对大民族主义与狭隘民族主义，逐步地在各县、区、村，根据民族杂居或聚居情况的不同，分别成立联合政府或实行区域自治，大批培养和提拔民族的干部。

我们一致决定了为了巩固我们人民民主专政，为了保卫我们伟大的祖国的边疆，为了完成抗美援朝、支援解放西藏的任务，我们必须坚决镇压一切反革命活动，严惩一切反革命分子，反对各族人民的公敌。

我们一致决定了我们要逐步地恢复和发展生产，以及文教卫生工作，这也就必须整顿收入，节约开支，完成征粮税收任务，保证财经好转，稳定物价，以逐渐改善各族人民生活，提高各族人民文化，保护各族人民健康。

这些问题在这次代表会上均有了明确决定。

现在我们向全区各族各界同胞提出号召，我们要把这些决定普遍地展开宣传讨论，并要求大家一致支持这些决定，使这些决定能全部实现，因为这些决定是符合普洱区各族人民长远利益的，是结束我们过去苦痛日子、创造我们今后民主自由幸福生活的基石，是进一步地团结全区各族人民共同建设新思普的指路牌。

普洱区人民政府的成立，是普洱区历史的新页，是中华人民共和国共同纲领民族政策在普洱区的具体实现。所有委员，都是经过各族代表反复讨论选出，能够全心全意为人民服务的。我们应该一致拥护，使普洱区人民政府委员会成为各族人民团结的核心。

但我们之所以有今天，全是共产党中央人民政府、毛主席的英明领导，全是中国人民解放军及各级公安部队英勇剿匪肃特，奠定了革命秩序，以及各级工作同志和各族人民团结一致努力的结果。我们一致表示感谢，并坚决拥护中国共产党，拥护中央人民政府，拥护人民解放军，永远跟着毛主席走。

最后让我们一致高呼：

中华人民共和国万岁！

中国共产党万岁！

各族人民伟大的领袖毛主席万岁！

普洱区各民族大团结万岁！

附录一：怎样选举普洱区人民政府委员
——1951 年 3 月 16 日在预备会上的报告

昌恩泽

各位代表：

中国共产党、中央人民政府、毛主席时时刻刻都帮我们想办法如何把我们的事情做好，过去想出许多好办法，领导着全国人民，指挥人民解放军把帝国主义赶出中国，把蒋介石打倒，把各民族人民的公敌打垮，成立了中华人民共和国。中华人民共和国是各民族团结、友爱、互助合作的大家庭，各民族在共产党、中央人民政府、毛主席的领导下站起来当家做主人。

现在毛主席又派访问团来访问各民族，还要指导和帮助我们成立专区民族民主联合政府，县、区都要成立联合政府或区域自治的政府，这是毛主席想的好办法。我们要拥护共产党、中央人民政府、毛主席，我们要把能为我们做事而且我们认为最好的人选举出来，照着毛主席告诉我们的做好各民族的事。

怎样选举才好呢？我们提出几个办法请代表们讨论：

第一，我们要①选举拥护共同纲领的人，因为共同纲领是各民族的代表在毛主席领导下通过的。②选举服从中央人民政府及各上级人民政府的，因为中央人民政府和上级人民政府是各族自己的政府。③选举热爱祖国、为各族人民服务的人，因为中华人民共和国是各族人民的大家庭。不爱我们这个大家庭的人是我们的敌人，当然不能选举他，同时不能帮人民做事的人也不能选举，我们要选举时时刻刻为人民谋利益的全心全意为我们做事的有本事的人，对我们才好。

第二，我们选举普洱区民族民主联合政府专员副专员及委员，应适当按照民族人口的比例。3万人以下的民族选1人，3万人到5万人的民族选2人到3人，5万人到10万人的民族选4人到5人，10万人到15万人的民族选5人到8人，15万人以上的民族选10人。

第三，选举办法是先由各县按照民族人口比例酝酿提名，然后再以民族为单位酝酿提出各民族的候选人送交普洱区人民政府筹委会，筹委会根据各族候选名单充分协商，取得一致同意，最后由筹委会提交大会通过。

附录二：云南省普洱区人民政府委员会全体委员及正副专员名单

〔甲〕正副专员名单

专员　　　　　方仲伯
第一副专员　　召存信
第二副专员　　罗正明
第三副专员　　田兴武
第四副专员　　谢芳草
第五副专员　　胡忠华
第六副专员　　（倮黑族保留1名）

〔乙〕全体委员名单

（民族及委员均以首字笔画多少为序）[①]

卡瓦族10人：田兴文（沧源）　田兴武（沧源）　永和王（沧源）　岩　可（沧源）
岩　枪（沧源）　拉　猛（沧源）　胡忠华（沧源）　马散王（澜沧）
绍帕王（沧源）　葫芦王（澜沧，山东岩城）
苦聪族1人：李家元（宁洱）
卡堕族3人：刀有才（江城）　那城安（镇沅）　梅发胜（宁洱）
本人族1人：王汝泉（思茅）
布都族1人：罗孝清（墨江）
西摩洛族1人：王之春（宁洱）
回族2人：杜　军（大理）　马汝珍（景谷）
阿卡族3人：龙老三（澜沧）　罗　戛（佛海）　（镇越县保留1名）
攸乐族2人：白那兹（车里）　曼卡老四（车里）
香坛族1人：陆小七（镇越）
咪俐族1人：李全章（景东）
倮㑩族3人：易　才（元江）　普照全（江城）　杨连华（宁洱）
倮黑族8人：扎　拍（澜沧）　扎　夺（澜沧）　李扎迫（澜沧）

① 排序有误。原文如此，不做改动。——编者

李光保（澜沧）　李光华（澜沧）　李秉章（澜沧）
罗绍昌（景谷）　新官老七（澜沧）
倮咪族1人：杨张妹（墨江）
麻黑族1人：李鹏开（宁洱）
蒙化族1人：阿绍荣（景东）
傜家族1人：马　二（镇越）
碧约族2人：白王福（江城）　张永贻（墨江）
汉族17人：方仲伯　宋文溥　李文藻　余　松　李培伦　易永泉　范如椿　孙克仁
黄存芳　傅晓楼　刘　芳　刘亚南　谢芳草　罗　四　罗正明
（汉族保留2名）
窝尼族1人：张月明（景谷）
僰族15人：刀正纲（南峤）　刀正乐（六顺）　刀卉芳（佛海）　刀有良（佛海）
刀成良（宁江）　刀定国（车里）　刀承宗（佛海）　刀波尖香（思茅）
刀焕贞（澜沧）　召存信（车里）　召合怀（佛海）　叭竜叭撒（镇越）
何家顺（景谷）　波告（叭竜消猛）（镇越）　都竜稿（车里）
濮满族2人：李成记（景东）　苏里亚（澜沧）
地委会：唐登岷　昌恩泽
部　队：黎锡福　张　钧　李吉泰　刘占武
青年团：陈　平
工　会：（保留1名）
农　协：潘　明
妇　联：郭琇莹
下列20个民族都是保留1个委员，其排列方法同前：
大头　山达　山苏　白合　切地　卡别　老亢　老缅　那乌　阿莫　空格　苦聪
黑卜　补角　麻黑　堕塔　腊米　腊路　满族　罗米

关于普洱专区成立联合政府之简况报告

《中央访问团第二分团云南民族情况汇集》（下）附录一

国家民委民族问题五种丛书之一《中国少数民族社会历史调查资料丛刊》

云南民族出版社1986年11月第1版

关于普洱专区成立联合政府之简况报告

24日云南省委来电已收悉，我们完全同意，对我们教育很大，兹特将普洱专区成立联合政府的简况报告如后。这次民族代表会议自3月17日起至24日止共8天，代表1486人，共41种民族称谓（全区共有51种民族称谓），其中群众约占85%，上层约占15%。他们原为欢迎中央访问团而来，经地委再三研究认为：通过这次会议组成专区民族民主联合政府的条件已经具备，对我们有利，越快越好，故于13日正式成立筹备处。我们曾先后对全区干部作民族政策报告，地委并作动员报告两次，重点放在联合政府问题上，要干部对代表作广泛深入的宣传，地委领导集中提议政府委员名单与组织条例等。政府委员名单原则上照顾各民族，每族都有1名以上的委员，未到会民族保留其名额。组织条例因无上级明文依据，为慎重计在政府名称与政府组成等各项问题上是本着试行摸索的原则，不在文字上作肯定规定，着重在事实上对各民族的照顾。至于协商委员会因本区情况特殊，暂未成立。会议开幕后，首先对代表进行民族团结与成立联合政府的教育，次将组织条例、拟选委员工作任务交由各代表小组反复讨论。少数民族代表对成立联合政府或区域自治反映很好，一致称赞说“这是从古未有的大事”，“各族都被看重了，各族可有了家了”，“不论工作同志态度多么好，总是有点怕汉官，有话不敢说，这回各族都能做主，敢说话提意见了”。绝大部分代表觉得最直接的好处是“好办事”，“毛主席对各民族各方面的政策都好，只是干部对各民族情况还不了解，现在有了联合政府，各民族的困难事情好办了，会越办越好”，“好啰真好啰”，有的生动地比喻“毛主席把各兄弟民族从水里救出来，坐在一条船上。从前光是汉族划船，船走得慢，现在成立联合政府，毛主席给掌舵，各族来联合划船，划得一定快了”。汉族代表高兴地说：“联合政府把各族都合拢了，少数民族办事就热心了。”因此在整个会议中表现了很高的政治热情。

1. 各族代表讨论研究委员人选的条件和对象极其认真，自发进行比较各民族候选人的历史和立场。外八县人民为一个行为坏的土司，曾反复讨论了数次。

2. 在名单协商中形成热烈竞选，本区的各民族之间，本民族的各地域之间，上下层之间都互相竞选。人数少的民族特别主张“各民族在政府中都要有人”。上层深怕选不上，表示“我过去曾不好，可以改正”。为了竞选，有个没落土司主动为代表扫地打水盖被子。农民代表最初怕开会误生产，还顾虑不识字不敢竞选，后来变了，说：“我手不会写字，心能想办法，一样能办事。”由竞选至协商好的过程，还表现了各族代表互相谦让与团结。

3. 各民族代表尤其是农民代表，特别重视在县、区、乡级是否成立联合政府或区域自治，其情绪十分强烈。常问我们干部“下边成立不成立，几时成立”。

4. 要求帮助和提高，有许多代表（包括一些土司），开始非常顾虑成立了联合政府“是不是上级把事情都交给我们自己办”，有表示“如果工作同志不去帮助，我们就不实行”，有的表示“我们在政府中先任副职，向老同志学习”，要求“帮助我们办学校，识了字好参加政府工作”。

5. 少数人口少的民族尤其注意民族权利问题，这次我们在拟定组织条例时，曾规定“凡涉及某一民族的特殊问题，须事先与该代表充分协商，然后做出决定”，如此主动提出后，他们都很满意，他们唯恐别人对其不尊重，有一次因宣读表决时遗漏海尼族候选委员，该族当时在会上向干部质问：“我们既艰苦又正义又勤劳，为什么忘掉我们的人，看不起我们吗？”

我们的体会：

1. 从上述反映，我们深感目前成立联合政府或区域自治，不仅限于民族上层和知识分子的要求，且已是广大群众的迫切要求了（汉族人民亦称赞）。同时也证明我党、政、军一年来的艰苦工作在民族团结，尤其在各族与我们的关系上，在社会秩序、干部培养、稳定上层与人民觉悟上，都已有了基础，我们已确有条件能够做好，故宜速不宜迟。如这次会议如此仓促，及至建立联合政府，欲获得各族满意和成功，不仅反映群众的要求，重要的还是反映了我们民族工作已有了良好基础。

2. 成立联合政府或区域自治，只会加强民族团结，不会造成民族分裂，只会推动民族的更进步不会落后，并能促使各族更加依靠我党的领导，从各族一面深感有各族干部能办好各族的事，一面又积极要求帮助和提高，即得到充分证明。这次会议事实上打破了我们某些干部的畏难情绪，他们怕成立联合政府会引起闹“独立”“称王”，更难领导，怕引起排汉情绪等等。

3. 在组成联合政府中，代表最为重视的是委员名单问题，协商中掌握民族区域、民族人口、民族种类和少数民族各阶层（内外县都不要汉族地主）。发扬民主，反复协商，是开好这次会议组成联合政府的关键。各民族都要求有委员，一民族中又有地域与阶层之争，我们因缺乏经验，初期是按区域提出各民族名单，以致委员名额倍增，且不能代表其整个民族，又以民族为单位提名单，但未强调委员是代表本区各民族的，又因未强调代表委员的重要与权利，致使各族代表的注意力都集中在政府委员问题上。因此，我们体会到为加强同一地区各民族团结，选举步骤应该是先以区域为单位提名，继以民族为单位进行协商推选，达到四者兼顾。在土司统治的民族地区，协商重点应放在上层。

4. 今后如成立联合政府，首先在群众中要进行广泛和深入的宣传，领导上事先要做充分准备，今后各民族必要的负责干部参加会议，尤其在代表的邀请和选举上及有关代表的协商上，都应有所准备，然后再行开会。这次因事先准备不够，以致来的干部很少，有的还不了解其工作区代表的情况。民族代表来的虽多，唯在代表的广泛性还注意不够，有的主要代表人物未到，召存信等都是随后赶到的。又因代表与干部思想毫无准备，代表初到有的怕得病，怕误生产等顾虑，造成会上动员报告太多，使干部与代表均感疲劳。亦因筹备仓促，领导上虽很注意招待工作，但对于起居照顾不周，代表中发生不少病号。我们建议为推动今后民族民主联合政府与自治区的建立，上级政府应对联合政府或区域自治的原则、制度、权利，对人口很少的民族权利的特殊照顾，以及有关组织的条例及实行步骤等，有一明文指示，以使各地方有所依据，我们了解各地对此新问题颇感生疏。

张冲、王连芳（执笔）

1951年3月30日于普洱

云南省普洱区人民政府委员会第一次会议总结

本会于3月27日正式开幕，29日闭幕，出席委员43人（缺席41人），列席专署及直属单位科级以上干部11人，来宾7人。会议在中央访问团王副团长、省府张副主席的领导下，依据第二次民族代表会议的决议及工作任务和团结爱国公约3个文件，本着发扬民主、“知无不言，言无不尽”的精神，以共同纲领为基础，全体委员都认真讨论协商了如何贯彻并执行代表会议的决议及工作任务和团结爱国公约，并提出了许多具体意见和办法。会议自始至终基本上是在紧张、团结、愉快的气氛中进行的，获得成绩如下：

（一）在抗美援朝、保家卫国全国性的总任务下，结合本区具体情况和任务，广泛深入地讨论了如何清匪肃特反霸，一致认为根据中央惩治反革命条例，必须发动和组织群众，提高觉悟，提高警惕，认清民族公敌，以美帝国主义为首的帝国主义蒋介石残余匪特和恶霸不法地主勾结的阴谋破坏分子要坚决镇压，必须在具体工作中加强民兵组织，站岗放哨、盘查行人、调查户口、揭破谣言，检举各族内部的反革命分子并坚决镇压，以加强民族团结、巩固国防，巩固人民民主专政。

（二）如何加强民族团结问题。经过讨论，我们对民族政策有了较深入的体会，各委员并提出了贯彻和执行民族政策的具体意见。首先一致认为，要加强民族团结，必须在实际行动中消除各民族间的歧视和压迫，真正做到平等、团结、互助、发展、互相尊重、共同发展。在过去各民族间存在着某些不平等的情况，例如：僰族称汉人为“官”，阿卡见到僰族，无论老年人或小孩都要叫“老爹”等，双方要做教育、说服，今后都应互相尊重。各民族间的纠纷应协商解决，如：澜沧县倮黑族去砍南峤僰族的树、烧山等纠纷（现在未解决），南峤两个寨子也因砍树引起纠纷，经过双方会同说明，加上树砍掉了，影响坝子没水，下田种不出谷子，倮黑就会买不到米吃的道理，并决定今年倮黑砍掉的树，所栽种的东西收割后，明年不要栽种了，也不要砍树了，倮黑、僰族都满意接受了。又如：沧源与澜沧卡瓦族之间，为租佃问题（现在未解决），经过讨论后，沧源卡瓦委员说，在毛主席领导下，以后要让，多少收点租就得了，以后不能抢，要和他们打伙商量办事。各委员并提出为加强民族团结，也应重视各族内部的团结，尤应加强各族干部的团结。

（三）联合政府与区域自治问题。各委员也进一步地研讨和认识，明确了联合政府与区域自治一定要在共产党及上级政府的领导下，在民族平等、民主集中制的基础上才有建立的可能，并根据各民族具体情况及人口比例，建立县、区、村广义的联合政府或区域自治，在民族杂居区建立联合政府，在民族聚居区或某一民族占绝对多数的地区建立区域自治。在建立联合政府或区域自治时，不仅照顾人口占多数的民族，同时要照顾人口占少数的民族，必须经过各族的协商，选出各族各阶层的代表参加。讨论问题时，在民主集中制的原则上取得一致意见后，才能决定执行。

在这次会议中，经过热烈的慎重讨论，都认为联合政府或区域自治是各民族当家做主、自己管理自己和加强民族团结的唯一最后组织形式，但对各民族原有的组织形式做了慎重的研究讨论。如僰族对议事庭认为除了在政治、经济上做必要的、适当的照顾外，同时在尊重民族风俗习惯的原则下，不加干预，完全由本族人民自己决定。

在建立联合政府或区域自治的步骤上也做了深入的讨论，如大家提出，首先在澜沧建立联合政府、车里建立区域自治，并选择区、村重点进行，取得经验后，再推动其他县、区、村。对联合政府或区域自治的委员当选的条件也做了讨论，如大家就提出：（1）拥护共同纲领，（2）反对帝国主义，（3）全心全意为人民服务。

为了使各族人民对联合政府或区域自治有明确的认识，各委员也一致认为回去后即对各民族做广泛深入的宣传，在民选的基础上进行建立联合政府或区域自治。

（四）培养干部。全区干部非常缺乏，特别是各民族的干部更少，在这次会议中，也提出很多的办法，如要选送各族优秀子女到西南区民族学院、云南民族学院、普洱区民族训练班去学习，在各地各族自己也可在政府帮助下组织各级学校，而且还要培养女干部，并提拔在职干部。

（五）在生产建设方面也提出不少办法，如认为车里、佛海、南峤产米较多，调运不出，要多种棉花或其他经济作物。缺粮地区要多开荒、种谷子，如沧源提出开勐盛坝水渠，并提出以后少杀耕牛，江城提出不种洋烟，改种谷子，并且都认为贸易机关和合作社要多采办和推销农具，政府在财经条件许可的原则下，酌情借贷，但要保证农民之间应相互借贷，以解决生产资料和生活资料的困难。

由于本区交通不便，均提出修筑公路，以便发展生产，做到物资交流，繁荣经济。但这是一个相当艰巨的工作，目前只能充分做准备，逐步解决。关于生产建设工作，主要是依靠人民群众自己的力量，有组织有计划地互相帮助解决困难。

（六）关于财经工作，各委员也做了研讨，如盐巴供给，主要是农民购买力低，今后必须通过合作社或其他的方式适当地解决，但问题难解决的还是交通运输，由于运费贵，所以售价高，贸易公司已经在这方面赔了很多年，今后各地吃盐问题，要各级政府尽力想法解决。关于农业经济作物，今后贸易部门，应协助各地合作社或公私营商店尽力使城乡内外物资得以交流，对于广大群众需要的物资，能有办法供应。

在税收方面，少数民族的属于某些固定节日的屠宰税可以免收，农民自养自食的也可酌情减免，农民自己的粮食零星交易也不收税。在禁银期间，农民斗争得到的果实，如有金银、半开，银行可酌情收兑。为了稳定物价，为了物资交流，禁银工作必须继续贯彻。

各委员也保证了征粮税收任务的完成。我们交给中央的确实不少，我们差不多完全依靠中央给钱。

（下略）

中央人民政府政务院指示

澜沧档案室

1951年7月13日

中央人民政府政务院指示

据西南民族访问团报告，云南普洱地区各族人民普遍缺乏食盐，原因是：（一）当地盐场有盐，卖不出去，不得不减少生产，许多小的盐井，为集中经营、保护税收，已予关闭；（二）人民土产无销路，购买力低；（三）禁银后，人民币发行太少，多未能兑换，收购银币的比价也不合理。人民币不能下乡，造成人民无钱买盐的现象。因此，各族人民十分不满，蒋匪特务已有借机从中挑拨的情形。其次，该区部分产粮较少地区，因交通不便，而邻近地区有不少存粮，但不能多运调剂，已发现灾荒，亟待救济，地方党政负责同志希望不能外运的公粮，用于修通道路，并用以工代赈的方法救济灾荒。

根据以上情况和该团提供的意见，经中央有关部门会同研究，审议结果，特指示处理办法如下：

一、对该地区少数民族经济困难，必须大力予以解决，各有关主管部门应排除单纯任务观点，在必须可能范围内，解决当地人民困难，贯彻扶助少数民族政策。

二、关于解决食盐问题：第一，应在该地区采取等差税制，盐税暂定为每担征收一万元、二万元、三万元不等，由当地盐务机构适当加以调整；第二，由贸易部门采取以盐预购棉花办法，按当地棉花产量及人民目前四个月内需要食盐数量进行盐贷，所需盐斤尽量就当地盐厂存盐中进行收购，不足时可督促盐场增加生产；第三，当地贸易机构，应大力组织食盐运销，使缺公盐地区获得足够的供应；第四，已封闭的小盐井，应由当地盐务机构，适当加以组织，酌量恢复，准许人民开采，以减少不准运销的困难。

三、关于解决人民购买力问题：第一，应由当地贸易机构，有计划有组织地进行收购该区土产，并由当地人民政府扶持茶叶、棉花等各种经济作物的生产，用召集土产会议、组织私商等办法打开土产销路；第二，人民银行应尽可能提前完成该区各县支行的设置，并迅速确定合理比价，大量收兑人民存银和银币。

四、关于解决食盐和交通问题：第一，灾荒严重地区可随时报请专区以上政府，由预算中所列救济粮内拨给进行紧急救济，此项救济粮可动用当地公粮和调运邻近地区储存的公粮；第二，当地贸易机构应尽可能调动贸易粮和组织私商运销粮食，解决缺粮县份的粮食供应问题；第三，产粮地区不能外运的粮食，可用于修筑公路，除中央已批准的昆洛公路外，其他各县应计划修筑相互交通的道路，一方面适当解决当地交通的困难，一方面可用以工代赈方法救济灾荒，其动用公粮数额，应报请中央批准后办理。

五、以上各项办法，应由西南军政委员会责成云南省人民政府负责执行，在因地制宜的原则下，以具体解决问题为中心，有计划地进行这一系列的工作。中央各有关部门，应即刻通知该地区受领导的主管业务机构，根据本指示的原则，令其在当地政府统一领导下协同进行。

关于成立专区各族人民政府的报告

蒙自地委

1951年5月21日

关于成立专区各族人民政府的报告

蒙自区第二次各族各界人民代表大会，在中央访问团、张副主席、金政委的亲自领导下，根据共同纲领的民族政策，经省人民政府呈转西南军政委员会批准，主要代行人民代表大会职权。会议自4月29日开幕，5月10日闭幕，共历时12天。先后听取了张丕绪同志的闭幕词、岳石华同志的抗美援朝报告、张冲副主席的加强民族团结巩固祖国边疆报告、王连芳副团长关于联合政府的报告、陈文琪同志的政府工作报告，经过学习讨论、酝酿协商后，选举成立了蒙自专区各族人民政府委员会与协商委员会。最后，并在代表提案全场通过，成立了全区各族人民抗美援朝分会。

此次会议计有出席代表802人，列席2人，旁听2人。以民族言，共有汉、夷、窝尼、苗、摆夷、卜拉、傜、回、土佬、花腰、侬青、俌儸、沙、三苏、龙人、布弘、普、民家、老乌、都匀、动塔、多卞、尼乐、动特、阿比、毕约、卡多等29种族系。以成分言，农民占74.8%，个人占4.2%，家庭妇女占0.8%。以文化程度言，大学者占2.8%，高中占4.9%，初中占7.5%，小学占21.6%，粗识文字者占4.8%，不识字者占58%。代表产生一般经过下列两种方式，江内通过农民代表会，江外通过各族人民代表会，自下而上选举产生；由人民政府与各县协商委员会或其他群众团体协商指定邀请。因此，可以看出此次代表会的特点是：包括了全区已知的各个民族，表现了各民族的大团结；地区不同——有江内减退区与江外非减退区；在代表的成分的比重上也不同——以江内说，农民比例大占优势，且经过一定的发动，阶级立场明确，警惕性高；以江外说，基本群众与上层适当兼顾，一般是各占一半。因此代表的思想情况和要求，就不一致，有较大的代表性和广泛性。

根据会议中心是加强民族团结，成立专区各族人民政府，普及抗美援朝运动，肃清残匪，恢复和发展生产，巩固祖国边疆，即以整个会议此次贯彻抗美援朝、加强民族团结的精神，并在此基础上成立联合政府，而以肃清残匪、发展生产作为抗美援朝的行动。但代表来自各方，觉悟程度不同，认识不一，对会议中心及联合政府的认识，开始时都不明确统一。要使不同的要求，统一在抗美援朝、加强民族团结的要求下，并为此要求的实现而共同努力，因此，首先必须统一认识。会议开始，听取了抗美援朝的报告，通过大会小会的典型控诉和酝酿讨论，思想上逐步明确了剥削农民和各族人民的共同敌人是谁，我们过去不能团结、互相隔阂、不信任的原因是国民党反动派勾结美帝奴役各族人民的结果。因此今天我们各族人民必须团结起来共同抗美援朝，加强民族团结。江内减退区的代表说："搞好减租退押，重重打击地主阶级，农民得到团结，就是抗美援朝。"江外地区代表说："我们过去的民族隔阂，都是美帝与蒋匪整出来的，今天我们各族团结起来，要好好地整美，援助朝鲜。""要办好抗美援朝的事，就要民族团结。"金平县的代表说："我们金平走一两个点头的路就是国界，帝国主义常常派特务过来挑拨我们傜族、摆夷族的团结，还来抢我们的牛马。我们要把联防组织好，随时站岗放哨，不让洋鬼子跨进半步。"河口代表说："志愿军在朝鲜打美国，我们把住祖国后门，抗美援朝还是同等重要。"

在代表对抗美援朝、加强民族团结取得一致认识后，又听取了加强民族团结与联合政府的报告，方式采取控诉过去不能团结的根源和罪恶，并结合对比以前和今天的情况，以明确民族团结的重要性。在讨论中代表最认真、费时最久、争论最热烈的是政府委员候选人的问题。

选举的过程，一般是以县为单位，根据民族、人口、区域、阶层4项原则在规定的名额提出预准名单，然后全区统一考虑，各县的名单仍以区或乡为单位，首先照顾比例大的民族，兼顾比例小的民族，各族中又照顾各界各阶层，强调委员本民族的利益与该区各民族利益的一致性，即不仅代表本民族，而且代表本区各民族，选出来的委员不仅为本民族服务，更要为各民族服务。他不仅在本族中有威信，且在各民族中亦要有相当威信。委员名单的提出考虑，确是一个复杂的过程，必须经过数度的协商调整，方能照顾。

最初由于领导上对各族人民联合政府的性质强调不够，干部对联合政府是民族形式与新民主主义的内容相结合的人民民主统一战线的性质认识模糊，对统一战线的长期性与真实性理解不够，认为"委员应由基本群众与干部中选任"，因此发现各县各单位存在下列问题：

（1）农民的比例过大，其他阶层和民主人士的比例过小，只有7%，政府委员候选人中只有民主人士8人。

（2）汉族比例多，少数民族比例少，占49%。

（3）特殊地区没有具体照顾，如江外红河、金平、河口等国防地区的各县名额少了一点。

根据以上情况，首先进行党内教育，打通思想后，再到代表中酝酿讨论，此外并在委员候选人的比例上作了一般的规定（还是硬性的）：

（1）联合政府委员中应有适当比例的民主阶级的代表和各界的代表，原则上应占名额的1/3，在非减退区更要略加扩大，大约以各占一半为宜。

（2）民族比例须按各族人口比例分配，汉族代表根据人口大体上不超过1/3。

根据上项原则，在代表中反复讨论协商，一般说江内代表经过镇反减退的斗争，表现阶级立场明确，警惕性高。在讨论中"强调阶级"，起初坚持不要民主人士，尤其是讨论到李呈祥、李和才时，反感更大。有位代表说：“他们本质上就是坏的，要举手可以，当心政府变质。”“选进来后削弱阶级仇恨。”“委员可以要，但领导不能。”经过反复酝酿协商后，事实证明，只要政策交代清楚，一经发动，农民是最能体会和执行政策的。有个代表说：“朋友不怕多，冤家只怕一个。”“多团结一个人的力量，就少一个敌人。”“我们当家做主，还要有帮工（即政府委员），也要有做工的，做生意的和纺纱织布的，这样才叫作人民当家做主。”同时并对名单中的每一个人进行审查、批判，有不适当的，都提出了修改意见。如开远县有一个委员候选人是国民党员，曾经杀害过地下时期的爱国学生，代表说：“这个人要取消。”红河县溪处的委员候选人只有上从的代表，下从的代表就提出来说：“不合理，我们也要出一个。”类似这样的意见很多，领导上都根据具体情况作了修正。这说明，兄弟民族对自己的政治权利是如何认真，对自己的候选人是如何重视，这一点也教育了我们干部。经过协商同意后，最后在大会上举手通过，结果选出了政府委员53人（保留2人）、协商委员65人（保留3人）。最后根据政府工作报告，讨论了今后的任务和订立了全区人民的爱国团结公约。

一般说，这次会议在中访团王副团长、张副主席、金政委领导下取得4点收获：

（1）成立了专区各族人民政府，创造了进一步加强全区民族团结和发展的前提条件。

（2）在各族代表中开展了抗美援朝的爱国教育，尤其是跨境而居的兄弟民族代表，经过控诉和揭发帝国主义的罪行和阴谋后，都说：“回去要坚决抗美援朝，保证每人宣传1000人，并要守住祖国后门，不让帝国主义插进半只脚来。”

（3）教育了干部，普遍进行了一次民族政策的学习，明确了成立联合政府的意义，提高了干部和农民代表的策略思想，加深了对统一战线的认识。会后都反映：“联合政府过去不知道是什么，开完会后知道了。”“过去不重视联合政府，检查起来，多少有点大民族主义思想。”

（4）领导上对兄弟民族的情况和执行民族政策的情况有了更深入的了解，为今后工作的开展提供了宝贵的材料。

蒙自专区各族人民团结爱国公约
《云南民族工作参考资料》第一辑
云南省人民政府民族事务委员会编印
1951年

蒙自专区各族人民团结爱国公约

一、听毛主席的话，跟共产党走！
二、拥护中央人民政府，拥护共同纲领！
三、拥护人民解放军！
四、努力展开抗美援朝、保家卫国运动！
五、反对美帝国主义重新武装日本！
六、巩固中苏团结，保卫世界和平！
七、加强民族团结，禁止民族间的歧视、压迫和分裂各民族团结的行为！
八、肃清土匪特务，巩固祖国边疆！
九、努力生产，避免灾荒，争取今年丰收！
十、遵守政府法令，踊跃缴粮纳税，建设新中国！

成立蒙自区民族民主联合政府[1]
宋伯胤
《宋伯胤文集·民族调查卷》
文物出版社2012年版，第280—299页

成立蒙自区民族民主联合政府

1951年4月26日　星期四

车出了毛病，下午2点钟才能走。同联络组同志们一起到宝华山去玩。这山上的庙是矿商盖的，儒、佛、道三家糅在一起，有孔子像，有老子像，也有佛像，在内地这种情况还少见。还有一个情况，第一位矿商通海人赵天爵也成了奉祀俎豆的对象。山上的白猿楼是充满神秘传说的地方。岳飞庙的隔壁就是孤傲的关云长的殿宇。这种格局反映了建造者的观念与追求。

2点35分开车。下坡路，车走得很快，两个最长的涵洞也轻易地过去了。在车上读《不屈的人们》151页。主人翁的坚贞与不屈的性格，值得我学习。一切都有生与死，有毁灭，只有信仰是永恒的，是一切力量的源泉。

到蒙自，是下午6点钟。五六千群众正集合在车站上欢迎到蒙的代表，我们也沾了代表们的光。王副团长来了，张副主席也来了，大家都互相庆祝着健康胜利的会师。

接到十几封信，真不知道先看何人的好。想了想，放下私人信件，先看文物局和南博的。文物局批准了去剑川调查的计划。南博寄来了南唐二陵出土文物展览特刊，并寄来我的干部材料。曾先生再三地勉励我好好工作，最后她说："南博迫切地需要你回来。"王英、尹焕章、陈炽、曹志宏、李连春等先生都有信来。王振铎先生在信中说，郑局长要我回京以后到民族博物馆工作，他已替我回绝了。裴师文中先生要我多多搜集些兄弟民族的用器，要知道地下的死材料需要用活的东西来佐证。不会说话的要让能说话的来作注脚。

信一直看到12点钟。偏偏没有父亲的信。

① 标题为编者所加。——编者

1951年4月27日 星期五

8点钟到地委会去向王副团长汇报新民工作，并把文物局的信交给秘书组。王副团长同意文物局给我的指示，但要我在7月底以前赶回北京。

汇报到下午3点钟才算结束。把干部材料交给老范。

晚上8点，地委会给我们介绍情况，一直到12点钟才完。蒙自专区辖有13个县，据国民党时期的一份统计资料，全区人口有87万多，“减退”材料是100万～120万。

（一）民族种类及其百分比

序号	民族	百分比（%）	序号	民族	百分比（%）	序号	民族	百分比（%）
1	汉族	27.5	8	窝尼	12.9	15	回族	2.4
2	苗家	11.1	9	摆彝	5.5	16	母儀	2.0
3	花瑶	3.5	10	仆喇	3.1	17	山苏	1.5
4	沙人	2.2	11	土佬	2.3	18	民家	0.3
5	侬人	1.5	12	普耳	0.1	19	其他	1.6
6	苦葱	0.1	13	老吾	0.2			
7	倮罗	19.6	14	瑶家	4.5			

（二）民族分布

汉族和倮罗族分布在江内地区与铁路沿线，民族界限不大。窝尼分布在元江、红河、新民、金平。苗家分布在屏边河口。摆彝分布在元江、建水、红河、新民、河口。瑶家分布在金平、河口、建水、屏边、新民。花瑶只在龙武一县有，占全县人口的45%以上。蒲拉（仆喇）分布在蒙自、屏边、河口、金平、新民。回民分布在开远、蒙自、个旧、建水、曲溪、石屏、龙武等地，生活上与汉民无多大悬殊。

（三）民族关系

红河流域有11个大土司（上五下六），主要的是瓦渣土司钱振祥、稿吾土司龙鹏程、永乐土司普国泰（已去世，现为普次阶）、司托土司李承祥、猛喇土司刀家柱等。钱振祥有机枪24挺，杀死的群众有2400人，现已逃往缅甸。兄弟民族常说“瓦渣的银子，司托的面子”。在土司中，司托土司李承祥最爱面子，也最狡猾，主动靠拢我们，他已组织了妇女会，叫他的妻子也参加开垦。而瓦渣土司钱振祥最有钱，他毕业于云南农业高级学校，父亲是汉人，母亲是窝尼人。他强奸了兄弟民族的妇女，他的妻子反说是那个妇女偷人，把那个妇女的丈夫杀了。因为他杀人太多，群众仇恨很深，他不敢回来。

沿铁路线的兄弟民族说：“窝尼吃力气，汉人吃主意。”意思是汉人点子多，主意多，有些汉商在身上搓下一些臭汗泥，卖给兄弟民族，说是“摆子药”。拿一顶礼帽，换得一块田地。这些都是汉商的剥削。

现在最主要的问题是土匪特务的破坏活动猖獗，因而，兄弟民族目前最迫切的要求是防匪保家，安居乐业。

土司地区实行愚民政策，不办学校，不让人家子弟读书。还有一种情况，就是土司看中了某个人，认为他日后可以为自己所用，就出钱供给他们去上学，学成回来帮自己做事。

（四）民族政策的执行情况

1949年6、7月间，上级指示对土司要区别对待，不要操之过急。但指示与任务冲突，就出了些乱子。当时的任务是在两个月之内打通红河走廊，从江外打，一下子就碰上了土司，第一个挨打的是李承祥，接着打左纶落空，钱振祥搬来匪军，我们退了。二次追兵去打孙孔宗，基本上是和土司对立起来了，这是第一个阶段。

进军西南以后，我们同志有报复心理，鼓动大军去打土司，这是第二个阶段。

1950年2月间，布置公粮。当地干部没有通过土司和上层人物，直接把任务下达到群众。兄弟民族不了解我们，以为公粮一来，什么捐税都来了，抵触情绪很大。土司、特务乘机钻空子。再加上自己干部思想上扭不过来，把江外和江内地区一般对待，出了偏差，暴动闹起来了，这是第三个阶段。

7月以后，滇南工委注意到问题，工作同志做了检讨，明确了“一切工作为了搞好团结”这个观念，深入了解到兄弟民族的迫切要求是组织联防，保家卫国，于是通过“做好事运动”，发动群众，组织联防。

今天主要的问题是：

（1）对跨界而居的兄弟民族，我们应持何种态度。

（2）关于联合政府与区域自治的观念不明确。

1951年4月28日　星期六

王副团长给蒙自区干部作有关民族政策的报告，我们去旁听，在思想上更明确了几点：

（1）我们的工作方针是慎重稳进。

（2）需要明确的是，成立联合政府不仅是上层人物和知识分子的要求，而是群众的普遍要求，联合政府是各民族共同负责、共同发展的民族形式、民主内容的政权机构。

（3）大汉族主义的思想表现在对少数民族的忽视，忽视少数民族的特质，忽视他们的历史、他们的生活，忽视会导致轻视，乃至歧视。

（4）团结上层不是假的，是真的；不是短期的，是长期的；不是工作技巧，不是做表面文章，是出于我们的真心诚意。当然，团结与改造是结合在一起的。

（5）民族问题和阶级问题不是矛盾的，而是结合的。当落后的兄弟民族还受着大民族的歧视与压迫时，阶级矛盾就不突出在民族矛盾之上，他们最迫切的要求还是解决民族压迫的问题。

（6）在兄弟民族地区减租退押，必须通过各民族代表大会的商量。

报告在10点钟结束。

寄出给李埏和陈宝珠的信。

1951年4月29日　星期日

从王副团长昨天的报告里，我体会到一点，分别敌我是必要的，但只要是我们的同志，都应该好好地对待他，不同阶级的也要团结他、改造他。只要不是我们的敌人，我们就没有理由去攻击他、孤立他。过去我只凭感情，疾恶如仇虽好，但不问恶之所在。若果是敌人之恶，一定要如仇地对待。若是我们的同志有不好的地方，一定要帮助他。

蒙自区第二次各族各界代表会议在下午2点钟开幕，各兄弟民族、各机关、各学校都向大会献旗献花，场面非常热烈。

在会场上购得《新建设》两本。

晚上没有去看晚会，在家写自传。

1951年4月30日　星期一

地委岳石华同志作普及深入抗美援朝报告。晚上举行控诉会，第一个上台控诉的是开远何大妈，她说，医院里有一位女工（回族），被美军强奸了，生了个娃娃，长得很大，她丈夫不要她了，别人看不起她。“我们妇女真苦！”说到这里何大妈放声哭了。全场吼起来：“打倒美帝国主义！”“替被侮辱的妇女报仇！”何大妈接着说，有一个倮罗妇女，上街来，被美军抬上汽车强奸了。最后何大妈伸出拳头向大家说：“美帝是一个鸡蛋，我们是石头，不怕！”第二个上台控诉的是开远土佬族的三姑妈，她说得很多，因为话难懂，只听到一点，大致是，日本投降那一年，张大嫂上街卖米，碰见老美，老美叫她把米送到营房去，她送到营房后就被强奸了。回来病倒了。张大嫂家里穷，娃娃很多。她病倒后，大孩子出去替人放牛，二娃讨饭吃，三娃不会走，坐在家里哭：“这都是美国那个坏心肠害我们的。”接着河口、金平两位代表上台去控诉，因为对他们讲的话要继续深入了解，这里不记了。

岳石华同志根据各县汇报，向代表们报告，在金平县，法国飞机越境5次，共有6架飞机，有的是给匪特送子弹武器，有的是侦察扫射。匪军围攻金平时，有4个法国人参加。法军在接近越南的第三区地方，抢走耕牛400多头。

这是血的仇恨，中国人民是永远不会忘记的仇恨！我起誓，一定在伟大的爱国主义的旗帜下，站在自己的岗位上，搞好工作，支援人民志愿军，若果祖国要我到战地去，我一定去。“祖国需要我到什么地方工作，就到什么地方，自己的一切应该服从祖国的需要”，我将永远记住这些控诉，化悲痛为力量。

和河口市长张啸天同志谈了一些河口的情况。河口市东西长600多华里，南北广（宽）只50华里。河口市与越南老街相邻，两地间只隔着一条20米宽的红河。行政区划分为4个区，第四区与金平接壤，4月1日才解放。河口市的兄弟民族有：

沙人，约占全市人口的30%；侬亲，约占全市人口的20%；瑶家，约占全市人口的20%，其中包括一板瑶即红头瑶，二板瑶即蓝靛瑶，三板瑶即平头瑶；汉人，约占全市人口的18%；苗家，约占全市人口的5%；其他为蒲拉（仆喇）、都匀、摆彝（旱摆彝、水摆彝）、窝尼、倮儸等少数民族。

这次来参加会议的代表，有52位，包括着9个民族。代表中，有一位在路上害“闷头摆子”，到蒙自后死去。

晚上写水卜竜村经济生活报告。

1951年5月1日　星期二

学习王副团长《关于成立联合政府的情况》。这是普洱区工作的总结，也是政策与实际工作结合的具体化。王副团长在《我们的体会》一节中指出：

（一）我们深感目前成立联合政府或区域自治，不仅是民族上层和知识分子的要求，且已是广大的各族人民的迫切要求了。……而成立之后对各族人民又是一个大的发动。从普洱区此次会议，及至建立联合政府，即获得各民族的满意和成功，不仅反映了群众的要求，而且重要的还是证明了我们民族工作已有良好基础。

（二）成立联合政府、区域自治只会加强民族团结，不会造成民族分裂；只会推动民族的更进步，不能落后，并且促进各民族更加依靠我党的领导。

（三）组成联合政府，及协商产生其政府委员，我们完全同意省委指示，在云南地区需本着民族区域、民族种类、民族人口及各民族阶层兼顾的原则，并照顾到工作实效。……我们的体会是，首先按区域选举，然后再按民族协商，照顾到各民族人口及阶层（不要汉族地主）。

（四）开好民族代表会的关键：第一要“准备好”。第二是发扬民主，尊重代表意见。……第三要做好招待和翻译工作。……再一重要问题，是开会方法要尽量适合各民族的习惯，报告要少，讨论要多，开会要短，形式不太拘束。

（五）许多干部了解到，掌握领导权，不仅是在政府中有职位，最根本的是得到各族人民的支持，真为各族所拥护依靠，领导权才能巩固。明确了联合政府的政权性质是各族的，又是人民的。基本内容是人民民主专政的，是民族的形式，民主的内容。成立后确会增强我党的领导。又了解到，联合政府是民族团结的组织形式，由各民族共同协商，事情才能做好。

至于群众对联合政府的反映，普遍地说：“天翻地覆，从古未有的大事。”“各族都被看重，都作了主，各族可有了家了，有依靠了。”“毛主席对各族政策样事都好，只是干部对当地情况扎实不了解，现在有了联合政府，各族团结事情好办了，会越办越好。”“毛主席把各兄弟民族从水里救出来，坐在一条船上，毛主席给掌舵。从前光是汉族划船，船走得慢，现在成立联合政府，各族来联合划船，开得一定快。”“一个指头戳不痛敌人，成立联合政府把各族捏成一个拳头，一条心，力量大，老美蒋贼都打得垮。”

普洱区毗邻泰[①]、越、缅三国……现在全区约有56个民族，共100万～120万人，少数民族占70%以上。其中佧瓦、倮罗及僰族为3个主要的少数民族，皆跨居国境。……一般说，外8县为民族聚居区，内7县是民族杂居区。

民族代表会议自3月17日～24日，共经8天。代表1486人，代表着42个民族。其中民族上层约占15%。

王副团长召集联络组同志谈话。明确了联络组在这次大会中的任务，即集中力量参加一个小组，熟悉代表，了解他们在代表会上思想发展的情况。不同的是，这次不只是带着耳朵，而且带一个建议的口嘴。并在可能的条件下，搜集材料。若是十分困难，不搜集也行。王副团长的话还没有说完，就出发参加庆祝“五一”国际劳动节大会去了。

代表们穿上了毛主席给他们的新衣服，笑嘻嘻地和我们一块走进会场，庄严地举起3万多只臂膀，通过了反对对日单独签订和约的投票。游行开始了，我们站在观礼台上，每一个队伍经过时，大声呼喊着：“向毛主席代表致敬！”这句话没有使我骄傲，我只感到惭愧，我能不能做这个代表？虽然时常用这个问题来鞭策自己，但总不能胜任愉快，到底为了什么？

晚上参加河口小组讨论，发现领导干部对于政策的界限不明确，强调并且有鼓动的企图，“回去以后，你们要斗垮地主，减租退押”。又有一位干部问：“你们怕不怕美国飞机？”代表天真地说：“不怕！”他说：“你们见过法国飞机在河口上空掷炸弹没有？炸弹下来，房子平了，人死了，怕不怕？”代表们听了，说出心里的话：“当然怕了。”“那怎么办呢？”“没有办法了，人家在天上，咱们有什么法子呢？”这种启发代表发言的方法，真该批评。

1951年5月2日　星期三

早晨本来应该是张副团长作“加强团结，巩固国防”的报告，但因张生病，由聂秘书长代他报告。报告后，联络组和各县首席代表、小组长开会，研究怎样开好小组会。

11点钟参加河口各组汇报，张啸天同志一定要我讲几句话，不能推辞，就讲了几句，着重讲了小组长的任务，供大家参考。任务是：

（1）领导小组有计划，有重点，贯彻大会精神。

（2）掌握每一位代表在开会期间思想发展的情况。

---

① 泰，当为“老”。——编者

（3）发现问题，协助领导。

接着开小组会，大家只是泛泛地谈谈，依然停留在颂扬阶段，对团结问题没有做深入的讨论，领导小组的人也没有好好地启发。

1951年5月3日　星期四

王副团长作《关于联合政府》的报告。下午参加河口第四区的小组会，并且到其他3个小组看了看，总起来讲，主观的感觉是：

（1）对于联合政府的认识是模糊的，不清楚的。

（2）即如了解了成立联合政府的意义，在情绪上也并不十分愉快和高涨。

（3）政策的界限仍不明确，仍有人反对头人、地主参加联合政府。

（4）小组会开得不紧凑，出现了自流现象，内容也不集中。

（5）一般反映会太多，代表们没有出门的功夫，精神很疲惫。

（6）河口代表今天病了6个人，据说是饭煮得太硬；汤少而冷，还常常发现苍蝇。

晚饭后联络组汇报，老聂来参加。

（7）有的代表对联合政府的性质，只强调各界，忽略了各族。

晚饭后，联络组汇报，聂秘书长来参加。放电影，没有去看，原因是很疲惫。

1951年5月4日　星期五

仍然讨论联合政府，但总的停在一个线上，没有进展。主要是领导小组的人抓得不紧，并且还有领向小道的偏差，强调各界，忘记各族；不问专区联合政府，只在县区联合政府的性质上绕圈子。结果使代表们的思想愈搞愈糊涂。因为他们对联合政府的性质不明白，所以对这事在情绪上并没有特别突出的兴奋。“天亮了”“大喜事”，这样的话在这里是听不到的。同时，听老范讲，群众对团结上层是有意见的。

公安展览开幕，同范、尹二同志去看，特务使用的武器有手杖枪、拂尘枪、无声枪。“一贯道”的信徒们在“骗人堂”上表演扶乩，四五个中年妇女在“坦白台”上坦白，招来观众不少。

卅十八师请访问团吃晚饭。

到南湖玩了一趟，回来后到代表们的住处看他们跳三步弦。

1951年5月5日　星期六

早晨7点钟，王副团长召集全体工作同志讲话。首先谈了形势问题，接着谈到访问团的今后工作。他说，经过这一段工作，同志们都提高了，蒙自工作组的优点是：

（1）埋头苦干，工作情绪高。

（2）团结得好，但也没有妨碍政治原则上的争论。

（3）组织领导上抓得紧。

缺点呢，也有三方面：

（1）思想斗争性不强，主要的原因是把业务与思想没有结合起来，个别同志有和平迁就的思想。

（2）个别同志有“路行百里半九十”的松懈情绪，因而有分散精力的现象。

（3）个别同志丧失了阶级立场，忘记了自己的共产党员身份，替自己的恶霸地主哥哥辩护。主要的原因是领导上对于同志们的思想不纯、成分不纯的现象熟视无睹，没有预见性。也就是说，我们忙于工作，忽略了思想上的领导。

今后的工作，首先要求同志们确立长期工作的观念，回北京后正是工作的开始，因而现在就需要广泛地搜集资料。另一方面，我们要重视学习，提高思想，“兵马未动，粮草先行”，粮草就是学习，学习是工作胜利的先决条件。最后，要求同志们进一步保持政治上的严肃，生活作风上的严肃。

大会继续。上午报告政府组织法，我们没有去听。下午小组讨论，但各小组并没有讨论组织法，而是酝酿什么人可以参加政府，大部分代表是不高兴地主加入政府工作的，尤其是干部“搞不通”。

晚上南湖剧社演“逼上梁山”。

1951年5月6日　星期日

本来早上要开大会宣布政府委员的名单，可是没有。原因是干部对将要提出的李和才（爱尼族）和李呈祥（窝尼族）有意见，就缓了下来。之所以考虑这两个人，是为了团结上层，争取并且安定这些上层人士，使他们能够更进一步地靠拢我们。可是这一层干部们“搞不通”，说服了几次还是不通，领导只能利用早晨时间再一次向干部们进行教育。

2点钟开会，宣布政府委员名单。

政府委员55人，各地区的人数是：

机关：13人　　新民：4人　　金平：4人

红河：5人　　河口：3人　　元江：4人

竜武：2人　　石屏：3人　　建水：4人

个旧：1人　　曲溪：2人　　屏边：2人

蒙自：4人　　开远：4人

共计：55人（保留4个名额）

代表中各民族比例是：

汉族：20%　　窝尼：6%　　摆彝：3%

倮罗：7%　　普儿：1%　　布扎：1%
佃鸡：1%　　回族：1%　　彝族：4%
苗族：2%　　沙族：1%　　侬亲：1%
花瑶：1%　　仆喇：1%　　瑶家：1%

代表中各成分的人数是：

农民：25人　　知识分子：8人　　民主人士：10人
工商界：4人　　革命军人：3人　　工人：1人

协商委员65人，各民族人数是：

汉族：26人　　窝尼：10人　　倮罗：5人
彝族：5人　　摆彝：3人　　瑶族：3人
回族：3人　　侬亲：2人　　苗族：2人
仆喇：2人　　沙族：1人　　山苏：1人
土佬：1人　　民家：1人

河口市提出的政府委员候选人有3位：

李光荣（三区，瑶族）　　李国甫（三区，沙族）　　陆启发（三区，侬亲）

河口市提出的协商委员4名：

陶建福（二区，摆彝）　　黄贵生（一区，沙族）　　盘有明（一区，瑶族）
普维明（四区，窝尼）

小组开始讨论前，建议先开一个大会，把候选人介绍给代表，因为许多代表反映“认不得，我们没有出过门，哪个好，哪个坏，认不得”。是的，这话不错，就说河口市提出的7位候选人吧，也是“我们四区不认得一区的人”。所以，有必要介绍一下，让每一位代表都了解候选人。介绍之后，请大家讨论。对于普四，他们说：“老倌好人，没有敲过人。”讨论到地主，代表们经过这几天的宣传教育，思想开展了，以前说：“不要地主，地主不是好人。”现在他们自己修改了自己的意见，说：“地主不怕，只要他能够和我们团结好就行。”“地主不怕，向人民低头，靠拢我们就成了。”代表们对地主也提出了进一步改造的要求，“地主也要换换脑筋”。至于团结，他们是懂得团结的重要性了，侬亲黄振山代表说得最好：“朋友不怕多，冤家怕一个。”

晚上还是看电影，我没有去。

1951年5月7日　星期一

为了彻底说服干部，打通他们的思想，上午仍然休会。

3点钟召开大会，选出专员陈文祺（744票）、副专员李和才（742票）、李呈祥（741票）和全体委员。选举结果出来后，会场上涌起欢笑，抬着专员们绕场一周，红绿纸花满场飞，800个人的心飞出来了。大家感谢毛主席，会场上到处都在喊：“拥护毛主席！拥护共产党！”

晚上，开联欢晚会，兄弟民族上台演唱了民族歌曲，以三步弦最精彩，最受人欢迎。归来已经1点多钟了。

1951年5月8日　星期二

上午举行大会，陈文祺专员报告专署工作，并布置了今后的重点工作。

将参加代表会议的代表情况汇总如下。

（一）代表来自的地区

蒙自地区总人口：855180人；代表人数：802人；百分比：0.09%。

其中：

县别	总人口数（人）	代表数（人）	百分比（%）
红河	86114	73	0.08
元阳	87200	71	0.08
蒙自	98398	66	0.06
建水	117508	64	0.05
金平	42500	61	0.14
开远	81334	59	0.07
元江	86039	56	0.06
石屏	83680	55	0.06
河口	29670	52	0.17
曲溪	34236	48	0.11
屏边	49574	46	0.09
竜武	27390	42	0.16
个旧	31457	33	0.1

（专区各界代表76人未计在内）

（二）代表的民族构成

民族	人数（人）	百分比（%）
汉族	299	37.3
彝族	179	22.3（倮罗）
窝尼	86	10.7
苗族	52	6.5
摆彝	35	4.4

续表

民族	人数（人）	百分比（%）
仆喇	27	3.4
瑶族	22	2.7
回族	20	2.5
土佬	15	1.9
花瑶	14	1.8
侬亲	9	1.1
佃鸡	9	1.1
沙族	7	0.9
三苏	6	0.8
竜人	6	0.8
布孔	3	0.4
普儿	3	0.4
民家	2	0.2
老乌	2	0.2
瑶彝	2	0.2
都匀族	1	0.1
动踏	1	0.1
多踏	1	0.1
白一	1	0.1
黑龙人	0	0.0
尼禾	0	0.0
驮特	0	0.0
阿比	0	0.0
毕约	0	0.0
卡多	0	0.0

（三）代表的阶级成分

阶级出身	人数（人）	百分比（%）
贫农	450	56.1
中农	156	19.5
雇农	66	8.2
商人	30	3.7
富农	28	3.5
地主	26	3.2
城市贫民	18	2.2
工人	8	1.0
小手工业者	7	0.9

阶级出身	人数（人）	百分比（%）
小土地出租者	4	0.5
自由职业者	6	0.8
小贩	3	0.4

（四）代表本人的成分

本人成分	人数（人）	百分比（%）
农民	599	74.8
学生	62	7.7
自由职业者	52	6.5
工人	26	5.2
革命军人	21	2.6
商人	13	1.6
小手工业者	8	1.0
小贩	8	1.0
家庭妇女	6	0.8
地主	3	0.4
店员	2	0.2
旧军人	1	0.1
土司	1	0.1

（五）代表的年龄

年龄	人数（人）	百分比（%）
18岁以下	3	0.4
18—20岁	61	7.6
21—30岁	397	49.5
31—40岁	221	2.76
41—50岁	86	10.8
51—60岁	27	3.5
61—63岁	7	0.9

（六）代表的文化程度

文化程度	人数（人）	百分比（%）
大学	21	2.6
高中	39	4.9

文化程度	人数（人）	百分比（%）
初中	60	7.5
小学	173	21.6
粗识文字	38	4.8
不识字	471	58.8

下午和晚上各组都在讨论政府工作报告和将要提出的行动纲领《团结爱国公约》。天气热，他们跑到南湖边去，我也跟着去。在行动纲领问题上，第四区的代表们说得很具体，很好，共有6条：

（1）多栽田，多打粮食，帮助朝鲜。

（2）喜欢我们的毛主席，喜欢我们的共产党，喜欢我们的大军。

（3）大家帮忙开荒地。

（4）组织联防，打土匪，抓特务。

（5）各民族团结，你爱我爱，一条心。

（6）不叫法国人到中国来，不买法国的东西。

今天会上，从不说话的人也开口了，这说明了在思想上他们是前进了一步。红头瑶赵成明代表（20岁）说："我们成立的联合政府，好像1只母鸡，13个县就像13只小鸡，母鸡走到哪里，小鸡跟到哪里。"仆喇代表钱本有说，他回去后要好好地宣传，给群众讲："我们到蒙自不是耍，是给你们选出了好帮手！"这是多么强烈的祖国观念呀！

墙头上出现了代表们感谢招待员的小诗，很好！抄在下面：

多谢情，
多谢同志那好心，
早来多谢洗脸水，
晚来多谢点烟灯。
好耐心，
好得同志好耐情，
好得今日来相见，
不知何日来相逢。
好劳心，
好得同志好劳情，
不知何日倍得义，
不知何日还得情。

虽然里面是有错字的（此次发表时已改过），但能看出代表们衷心的感激之情。而且诗的形式也很特殊，所以，一字不改地存录在这里。

1951年5月9日　星期三

上午通过提案。大会收到提案75件，分别是政法13件，军事7件，财经37件，文教卫生18件。其中，文教12件合并为4件，这4件提案是：

（1）请政府拨经费，请老师，办学校。

（2）成立教师训练班，培养兄弟民族的师资。

（3）请政府代购小学教科书及连环图画。

（4）请政府动员知识分子到少数民族地区去教书。

从这4件提案上看来，兄弟民族要求文化提高的需求很迫切，尤其是第四个提案。不仅是蒙自区，全国都可以作为任务一起来努力动员。我联想到我们学历史的人，更需要为兄弟民族服务，搜集他们的材料，替他们写出他们自己的历史。已经被人遗忘的古代史要我们去找寻，而他们的近代史、现代史还活生生地保存在人们的记忆里，表现在人们的日常生活中，要我们去记录下来。我们中国是一个多民族的国家，可是我们有文字的历史，却是汉族主义的历史。即如有一点点关于少数民族的记载，也是以征服者的口吻写出来的。关于少数民族的历史，恰如他们自己说的：

从深山老箐中来，
从平原旷野中来。
从一向被人看不起的地方来，
从一向被人遗忘了的地方来。
今天，
毛主席，共产党。
像明灯，像太阳，
照耀着我们各少数民族翻起身来。

翻了身的兄弟民族，不仅要求政治上的平等，而且要求经济上、文化上的平等。对于今天在政治上已经取得了平等的民族兄弟，我们不能再向他们讲带有大汉族主义历史学家写出来的历史，要讲他们自己这个民族的成长、迁徙和奋斗的历史，要讲他们自己的英雄和英雄的事迹。因此，我们学历史的人要努力学习，加强调查研究工作，写出兄弟民族的历史来。

下午大会发言，没有去听，在家里，联络组汇报蒙自大会的情况。一直到吃晚饭时还没有汇报完。我的汇报主要是：

（一）大会的收获

总的体会有4个方面：

（1）通过抗美援朝报告、“五一”大检阅，对代表们起了一定的教育作用。一般地都认识到，我们人民力量的伟大。

（2）懂得了团结的重要，代表说："朋友不怕多，敌人怕一个。"

（3）主人翁的观念建立起来了，"这次我们去蒙自不是耍，是给你们选出了好帮工"。

（4）打消了顾虑，由不说话到多说话，说好话，思想上是开展了一步。

（二）经验与教训

（1）编组问题。把机关代表和各县代表编在一起，在领导意图上，是要机关代表在小组会上起领导作用，但机关代表在思想上对某些问题是不明确的，对地方情况也不熟悉，并且有包办代替的情况，结果使小组的思想非常混乱。

（2）领导问题。可以分作几方面来谈：

①领导上对讨论的布置没有重点。比如说在讨论团结问题时，没有着重讨论过去不团结的原因，因而使团结问题没有特别突出来。又如，讨论政府工作报告时，没有着重强调批评，结果使代表们并没有感到自己是主人翁，因而对政府委员的选举不够重视。

②没有好好地讨论组织法，结果使代表们对政府性质、职权不清楚。

③把一些名词教条地硬往代表们的脑子里灌输。

④小组长不够耐心，更不能适当地深入浅出地做启发工作。

⑤不敢正面提问题，绕着弯子说。但结果弯子绕多了，使代表们更加糊涂了。

⑥代表们反映出来的问题是会太多太长，扎实累了。

（3）干部思想问题。主要表现在两方面，一个是对上层人物的团结问题，一个是政策界限问题。

（4）自我检讨。工作的主动性不够，诚恐犯错误，少说一点比多说一点好。优点是和代表们的团结搞得好。

1951年5月10日　星期四

上午举行闭幕式，标志着蒙自各族人民大团结的富有历史意义的盛会胜利结束了。讲话的人很多，李和才、李呈祥二位副专员都向代表们赔了不是，虽然在程度上不同，但其作用是一样的。李和才痛痛快快地批评了自己，他说："我向各位代表请罪，我过去在反动统治时代的罪恶多得很！我爹我娘没有错养我，是我长大后变了，敲磕人民。"接着他挖根了，他说："我的剥削的根根，是从当排长时起的，后来当了大队长、营长，继续剥削。回到乡上当乡长，剥削得更厉害，反动政府叫老百姓种烟，我给他们收烟课，伪政府要5000，我就给老百姓要1万。"结果呢，他向代表们报出数目："我剥削到3000亩田地，五六十家佃户，10多挺机枪，盖得仓房十几所。""以我的罪恶来说，杀得10个李和才都对。""我现在向各位请罪，跟着共产党走。我的田地、仓房、耕牛都交给各地农协会处理。现在是工农专政，我向工农赔罪。”“大家叫我做副专员，我一样不懂，很面愧，只有跟共产党学习，当一个勤务员。”“大家回去以后，老老实实把地主、恶霸、土匪、特务打垮，我们抗美援朝是不成问题的。”大家回去后，“村村寨寨都要喊着打倒美国土匪杜鲁门！杜鲁门！杜鲁门！”

李呈祥接着讲话，他先数了数家谱：“我是红河司托土司，家族做土司已经27代了，有600多年。”接着表了一番功。说到他的剥削情况，轻描淡写地说：“我穿的吃的，一家老小都是吃老百姓的。”结论呢，他说：“我的罪孽如山，希望代表们时常教育我。”“有人说这次是给我们专区娶了3个新媳妇，但我不是，我是后嫁的，不是贞女。”

能说这样的话，不管是真心，还是假意，都是难能可贵的。一个不可一世的人物，在800多位群众的面前低下了头，说明了大会对他是起了些教育作用。

蒙自人民热烈地庆祝着联合政府的成立，满街挂起红灯笼，贴着对联，红旗到处飘荡着，当访问团和代表们在四五个笼灯、几十个儿童组成的秧歌队的前导下经过时，响起了鞭炮，随着是一片喝彩声。两点整，庆祝大会开始。晚上在3个地方开晚会。

访问团请代表们吃饭，他们扎实高兴，吃完饭就唱歌，唱他们心爱的歌。

1951年5月11日　星期五

没有什么事情可做，给河口市许春买了两本小册子，因为他送给我一把兄弟民族用的扇子。

李株同志的妹妹给她的信上说，4月11日的《人民日报》上有一篇朝鲜通讯《谁是最可爱的人》，写得很好，小妹妹给她抄了一段。我看到了，觉得写得太真实，太生动了，借来抄。看到9号、10号的《云南日报》载，中央人民政府文化部1950年全国文化艺术工作报告与1951年计划要点（1951年4月20日周扬副部长在政务院第八十一次政务会议上的报告，并经同次会议批准），抄了第七段，自己学习。

地委、专署请我们吃饭。饭后到王副团长那里去开会。刘团长从北京来了电报，要我们加紧搜集生产工具，总结新民、蒙自成立联合政府的经验。关于搜集文物，王副团长要我留在蒙自，有计划地搜集一些，同时，返昆以后，再去丽江。为了胜利完成任务，先给民委打了个电报：

省府民委会：

请电宜良丽江地委代购兄弟民族农具，畜牧、渔猎、取火、纺织等生产工具，运京展览研究。希在五月廿五日前集中，我团派人去取。

中央访问团

1951年5月12日　星期六

8点钟向昆明省府拍出加急电。

关于留在蒙自搜集生产工具的事，和这里的几位负责同志谈了谈，他们都认为，这里少数民族用的生产工具和汉人的没有什么两样，没有搜集的必要。我也考虑了一下，是不是有留下来的必要。

向文教科借来几份兄弟民族教育的材料，抄在下面：

（一）建水（1950年12月11日）

我县兄弟民族多数散居于四山头，一般说来，除近城区文化较高外，其他边远地区文化都非常低，形成这种现象的主要原因，是国民党反动派实行压迫，奴化兄弟民族的大汉族主义的结果。以我县小学分布情况而论，解放前，全县123所小学中，兄弟民族仅占35所，而这35所大多集中在近城或较大的寨子。广大的兄弟民族居住的边远地区，则学校很少，甚至没有。又这些学校，多只有一复式班，学生人数平均不超过20人。统计全县兄弟民族学生最多不超过700人。据现在不精确统计，我县130585人中，兄弟民族人口即占52658人，平均每百人受小学教育者仅有1人。从这个数字即可洞悉解放前兄弟民族教育之一般情况。

解放后，由于各项中心工作，干部调动频繁，致使教育工作未能很好地展开，因此对兄弟民族教育，既不能谈照顾，更谈不上计划，不过由于新形势的到来，他们对文化的要求也很高，纷纷自动设法筹办学校，或要求协助开办识字班。在我县所办的19所小学中，兄弟民族兴办的在半数以上。由于匪乱，经费、师资及地理条件所限，使我们未能满足他们的需求，如第一区大罗家寨群众（窝尼族）要求办小学一所，因匪乱及经费困难，未能开办。又如第三区团山寨群众（彝族）虽有经费，但因匪乱未能开办。再如第五区白水河群众（倮罗）要求办夜校一所，因当地无识字的，距离学校又远，未能开办。

1950年上期兄弟民族教育统计

人口	学校数	学生数	班数	本期新办学校数	因匪乱无学校
52658	37	1000	40	10	10

（二）元阳（1950年11月20日）

1. 仅据敦厚、太平、团结3乡情况报告。

2. 在未解放前共有小学8所，其中完全小学5所，初级小学3所，学生600多人，教员20多人，经费除有一部分教育公产收入外，大部分经费靠收驮捐及派款。

3. 解放后大部分小学因经费关系停办，现只有开办新街小学1所，共教员6人，学生134人。其中兄弟民族仅4人，并办有妇女识字班两班，共40多人，全为汉人。

4. 群众都纷纷提出了要政府帮助恢复学校，让他们的子弟有受教育的机会。

5. 准备在1951年作重点恢复小学，在这3镇内恢复小学6所。

6. 现在存在的困难就是经费及教师的问题。经费按“财粮字3422号指令由征田粮当中照预算与人民协商后附加”。

（三）龙武人民设治局（1950年11月23日）

本县之兄弟民族有彝人、窝尼、三道红3种，占全县人口70%。其中彝人为50%，窝尼为10%，三道红为40%，并无文字。……对于兄弟民族教育未予照顾，尤以师资缺乏，均由外处请来，师资较低……且地方粮少，教育经费不敷应用。本县32所小学，公办者只有12所，内中完全小学1所，其他均为乡村复式学校（1个老师，10多个学生，年级不一地读着），兄弟民族学生400人。

（四）蒙自（1950年12月29日）

解放前，兄弟民族教育经费皆是自给自足，领导上因步调不一，难于掌握。

我县外乡各小学，大多为兄弟民族地区。……照目前学校分布情况：一、二两区各有小学20余所，第三区有4所，第四区有5所。……拟由五一年在第三区小新寨及蛮耗兄弟民族两地，设置重点小学两所。第四区之署格、簸博、期路白、松树坡、腊哈纪、莫别、都格、鸡冲、他吝白、书租、中哨、关牛阱、大寨等15处均为兄弟民族地区都有设置学校之必要。

第一区：

民族	少数民族接受教育人数（%）
倮罗	45.18
土佬	23.6
回族	2.1
苗族	1.7
彝族	1.2
侬亲	0.012
学校数：22（所）	学生数：1606（人）

第二区：

回族	10.0
倮罗	40.0
土佬	20.0
学校数：24（所）	学生数：1847（人）

第三区：

苗族	33.0
彝族及摆彝	27.0
学校数：3（所）	学生数：216（人）

第四区：

学校数：4（所）　学生数：291（人）

又借来这次大会提案中有关文教的材料12份，抄在下面：

（一）金平代表团“普及文化教育，使我兄弟民族能从几千年来封建愚昧政策的黑暗统治下得到翻身，我们不愿再睁着眼睛做瞎子。要求政府派50名教师到我县工作”。

理由：

1. 现在已经开辟工作的地区（一、二、三、五区），人民已经初步组织起来，并且大部分（80%）已有相当觉悟，迫切要求读书识字。

2. 第一区和第五区人民已自动将学校修好，但政府无老师派去。

3. 现在虽有少数教师，但质量不够好，并与需要数差得太远。

办法：

1. 学校经费由地粮开支。

2. 没收匪产（如谭明先、杨志元等），或将清理出来的伪政府的积谷，充作教育经费。

（二）红河迤萨、苏受荣、李抚、李逢春、封三等8人“请求政府提高文化教育案”。

理由：红河地居边隅，少数民族占百分之八九十，大多数均目不识丁，以致对国家认识不够。

（三）河口代表团邓天才、王升发、陶建福等6人“请派小学教员10余名以便建立初级小学案”。

理由：

1. 各族人民目前对提高文化需要迫切。

2. 许多地方已准备了校舍，只缺教员。

（四）个旧代表团韩贵、刀正光、普家玉等5人“要求办乡村小学校案”。

理由：农村人口多，解放后群众觉悟已有提高，男女农民迫切要求提高文化，办夜校，学习新知识、新技能。

（五）屏边代表团“请专署调剂拨给地方经费，多开办小学校案”。

理由：屏边县小学教育素来就非常落后，尤其在少数民族地区，几个村子找不到一个识字的，写一封信要到很远的地方去找识字的人。以前办有学校的村子，现因政府不能拨给经费，而村上也无法筹款开办，大多不能开学，使许多可以读书的儿童失学。

（六）元阳代表团“兴办学校，发展文教事业案”。

理由：我各族人民，长期被封建统治，无法获得文化，现为积极参加新中国建设，提高学习文化，培养儿童。

办法：

1. 请求政府恢复并兴办学校。

2. 补助经费。

3. 聘请老师。

4. 举办识字班。

（七）元江代表团“元江兄弟民族文化低，请求政府多办学校，并请多给些材料，如连环画、画报、杂志、图书等”。

理由：兄弟民族在元江占80%，但过去一向受反动派压迫，亦有被地主恶霸霸占了学产，使我们言语不通，文化落后。

（八）蒙自王恒昌、尹家顺等58人“请政府代购小学教科书案”。

理由：农村里的小学，教科书非常缺乏，影响学习情绪。

办法：

1. 差什么书，差多少，先行登记后，交政府办。

2. 买到则买，买不到则翻印，至于所用经费，由政府垫办，或由学校先交一部分。

（九）石屏四区李汝先、李生发等4人“提高兄弟民族地区文化，请增设学校案”。

（十）红河瓦璋区八寨村郭文明、张荣显等12人“因为少数民族地区以前被国民党统治，不得办学校，有关说话方面不通，知识方面太欠，不能向上发展，希望办学校”。

理由：办学校和修一条道路一样，识了字就可以增加经验，以及帮助进步，能够替国家服务，提高民族觉悟。

办法：

1. 首先把学校成立，然后招生，不分穷人富人，各民族希望读书识字的一律可以进学校学习。

2. 普遍宣传读书的好处，使老百姓都能够来上学。

3. 登记各处姓名，及人数的多少，报给人民政府，请政府批准，再实行学校设立。

（十一）曲溪代表团普福英、沈光中等6人“加强少数民族地方文化教育，多办学校案”。

理由：

1. 因为我们兄弟民族地方文化太低，识字人太少，对政策的理解也就不够。

2. 老师没有吃的，就去做他的工，教一天，不教一天。学生没有钱买油、买文具纸张，不得读书气了哭。

3. 政府帮助的太不够。

4. 两级小学设备也不全（特别是校舍、校具、教具）。

办法：

1. 在兄弟民族地区必须由政府办学校，普遍成立夜校识字班。

2. 人民穷没有钱给老师，公田学田也算不出东西，应由政府维持他们的薪金。

3. 中学多增几名人民助学金，小学也要多设几名，照顾贫雇农子弟。

4. 小学应设幼稚园。

（十二）建水学联代表洪本廉、王福祥等3人“在适当县城设办简师班案”。

到蒙自县文教科去了解文教情况，正碰上各区干部来汇报工作，机会很好，谈了很久。

文教科和地委会都置有许多旧书，文教科还藏有乾隆初年文庙用的一套铜礼器。书籍零乱，虫蛀的很多，明天要好好地调查一下，以便提出意见。

下午邀请河口张市长同3位代表到南湖座谈河口情况，得到材料很少。

普洱工作组明天可以到这里，又要会师了。心里很愉快，盼着明天很快地到来。

中央民族访问团访问西南各民族的总结报告
刘格平
（1951年5月11日刘格平团长在政务院第八十四次政务会议上的报告，并经同次会议批准）
《民族工作文件汇编（一）》
中央人民政府民族事务委员会编
1951年8月

中央民族访问团访问西南各民族的总结报告

第一，访问工作过程简述

为加强民族团结，密切中央人民政府与各民族的联系，本团于1950年6月奉命组成，由刘格平任团长，费孝通、夏康农任副团长，于同年7月赴西南各少数民族地区，进行访问。

本团共分为3个分团。一分团由刘格平负责，赴西康，除分组北赴甘孜、玉隆，西至理化，东至昭觉（大凉山内部），南至德昌，访问了全省大部少数民族地区外，并帮助筹备与建立藏族自治区，西昌专区民族民主联合政府，西昌县红毛麻姑彝族自治区及大凉山彝族调解委员会。二分团由夏康农负责，赴云南，访问了丽江等6个专区，配合各专署召开了4次民族代表会议，开办了两次民族干部训练班，接触了分居在60个县内的少数民族，并做了20个村和10余个专题的典型调查。[①]三分团由费孝通负责，赴贵州，访问了镇远等5个专区，到达了21个县，做了9处的典型调查，开办了4次民族干部训练班，并帮助建立了炉山县凯里苗族自治区及帮助省人民政府先后召开了全省少数民族代表座谈会和全省民族工作会议。目前除二分团的大部分人员仍在云南继续访问，一分团留一组在昭觉帮助建立大凉山自治区外，其余人员已于3月上旬全部返京。总计全团访问路程，往返共约5万里。

由于中央人民政府和毛主席的民族政策的伟大感召，西南军政委员会和各级人民政府和人民解放军对中央人民政府民族政策的正确执行，访问团所到之处，各族人民莫不欢欣鼓舞，热烈欢迎“毛主席派来的人”。到处都可以听到毛主席是“活菩萨”，是“红太阳”，是“各族人民大救星”！藏族的喇嘛、活佛，普遍地给毛主席念“长寿经”，贵州

① 从本报告总结叙述的情况来看，中央访问团第二分团第二阶段的工作即访问普洱、蒙自、文山等专区的内容并未被列入其中。——编者

的苗民，希望毛主席"活一千年"，云南的少数民族代表座谈会上，有代表说他在梦里会见了毛主席！在我们回来的时候，到处都是依依不舍，有的甚至流泪。

第二，西南少数民族概况

在地区广大的西南，少数民族繁多，其全部人口尚无确实统计，但据初步估计约有1800万人到2000万人。其中人口最多的，第一是藏族，约有400万人，聚居在西藏全境、西康大部地区、云南西北部及川西松潘、理番、懋功地区；第二是彝族，约有300万人，主要聚居在西康、川南和云南北部相接连的大小凉山地区，一部散居云南及贵州西部的毕节等地；第三是苗族，约有200万人，主要住区在贵州台江、雷山一带的苗岭山脉与清水江流域，其余大部散居贵州各地（贵州北部较少），小部散居云南；第四是仲家（自称"补伊"或"水户"等），约有160万人，居住在贵州西南部，以册亨、望谟一带为中心；第五是回族，约有100万人，在云南省有60万人，其他各省有40万人；第六是民家，约有60万人，主要住区在云南剑川、大理、鹤庆一带；第七是僰（泰）族，约有三四十万人，主要住区在云南西部的腾冲、龙陵地区及云南西南部的"十二版纳"地区。其余各民族的人口都在30万以下，最少者有几千人的，都散布在云南、贵州等广大地区。

整个西南地区，除四川大部和贵州一部（黔北）外，都是少数民族聚居或杂居的地方。汉族只是聚居在点线，区域较小。以人口比例来说，各少数民族在西康、云南约占60%，贵州约占40%，四川尚无确实统计。由于过去反动统治者的侵害压迫，西南各少数民族，除贵州的仲家和云南的民家、拿喜（麽些），大部住在平坝以外，其余多住在深山高原和"瘴气"流行的地方。贵州有句话说："苗家住山头，夷家（指仲家）住水头，客家（汉人）住街头。"云南有句话说："官占坪，民占坡，苗子倮罗住山窝。"甚至有的民族，被赶得四处逃散，经常流徙，如云南的苗族便说："老鸦无松棒，苗家无地方。"可见历史上的反动统治者对少数民族的压迫，是造成各少数民族分散杂居的主要原因。

历代反动统治者，特别是清政府、北洋军阀和国民党反动统治者勾结各少数民族中的反动分子，对少数民族进行残酷的武装镇压、政治歧视和经济掠夺，以及帝国主义者勾结中国反动派对少数民族进行野蛮的压榨，进行无耻的挑拨的结果，造成了深刻的民族仇恨和隔阂。云南西北部栗粟区，在1915年的一次清乡中即被杀4000人，有的村子竟至男丁被杀绝。大凉山彝族的沙马土司，名为"威镇凉山兵马司"，但见了汉人的保长也要磕头！在经济上对少数民族的剥削掠夺更是残酷，甚至有不准茶树、茶种进入藏区和封锁、禁止铁器、食盐进入彝区的。但是，少数民族的人民并没有对反动统治者屈服，他们不断地进行了反抗，所谓"六十年一大反，三十年一小反"，便是贵州苗族顽强斗争的历史。

红军在长征时，在西南少数民族中留下了良好的印象。西南解放前，云南大部地区普遍展开了游击战争（只有12个县没有发动）。当时，有40%的游击部队是少数民族的人民所组成。贵州苗族和仲家等族的游击武装，以及西康藏族的革命青年和爱国人士，并早已与人民解放军取上联系。在人民解放军进军西南以前，部队和党、政干部，普遍学习了民族政策，做了充分的思想准备。进军以后，军队纪律严明，作战英勇，对少数民族原有武装处理得当；政府取消了过去的各种苛杂制度，广泛宣传与认真执行了中央人民政府的民族政策，禁止民族歧视，尊重各民族的风俗习惯和宗教信仰的自由，调解各民族内部和民族间的纠纷，收购土产，帮助他们解决必需品的供给，并给他们免费治病，这更予各民族人民以良好的影响。各民族人民对人民解放军、人民政府是热诚拥护的，他们踊跃缴纳公粮，积极协助人民解放军剿匪，支援进军西藏的部队，大力帮助运输工作。西南各民族人民之间的关系，已起了根本的变化。

第三，关于民族工作的几个问题

剿匪1年多以来，西南地区的民族工作已收到很大的成绩。我们仅就初步了解，提出几个问题。

甲、关于政权建设问题

过去，国民党反动派和帝国主义者统治压榨西南少数民族的方式是多种多样的。他们在各民族内部和民族间实行种种挑拨离间，制造矛盾，使其互相仇杀的“以夷制夷”政策。如康北“大金寺事件”，在凉山彝区挑拨各支头互相打冤家等。

解放以来，西南各级人民政府根据共同纲领规定的民族政策，本着平等、友爱、互助的精神，普遍召开了少数民族代表座谈会和各族各界人民代表会议，加强了各族人民与政府的联系。去年7月访问团初到西南时，西南军政委员会刘伯承主席，邓小平、王维舟副主席更明确指出，少数民族应早日建立自治区和民族民主联合政府，并决定首先在西康藏区实行区域自治，作为典型试验。在这一明确坚定的指示下，西康省藏族自治区，西昌专区民族民主联合政府，和大凉山彝族调解委员会，先后相继成立。其他各少数民族地区，亦正在准备实行区域自治，或建立民族民主联合政府。

事实证明，实行民族区域自治和建立民族民主联合政府之后，少数民族人民的积极性即大大提高。他们因为害怕自己落后，怕搞不好工作，在工作、学习和政治上都力求进步，由此加强了民族团结和对上级人民政府的拥护。

根据以上情况，关于少数民族地区的政权建设，我们有以下意见：

（1）在各少数民族地区的政权建设中，应尽量争取团结各阶层代表人物，吸收他们参加政权工作，对于各少数民族的知识分子与青年，更应注意培养与提拔。因为建立民族政权，不是少数人士的要求，而是各阶层广大人民的要求。进行建政工作中要密切联系群众，要把建政工作当作提高群众觉悟的一个重要环节。

（2）各自治区或民族民主联合政府的区域划分，原则上应按原行政区划，一般不动，以免发生不必要的纠纷。关于各兄弟民族及民族自治区的名称，应在代表会议上进行协商讨论，尊重他们自己的意见，同时提请上级人民政府核定。

（3）建立民族区域自治或民族民主联合政府。在条件具备时，其政府委员，应通过各族各界人民代表会议（或代表大会）进行充分协商，提出名单，经过选举，然后呈请上级人民政府任命。在代表会议（或代表大会）结束后，相当于专区及专区以上的自治区或联合政府可成立协商委员会，协助政府工作。

（4）在实行区域自治，或建立民族民主联合政府之前，可成立筹备委员会，吸收各方面人士参加准备工作，以收集思广益之效。在条件不够成熟，或准备尚未充分的地区，可先建立“调解委员会”或“协商委员会”等，作为过渡形式，如大凉山彝族成立了调解委员会，影响很好。

乙、关于财政、经济问题

1. 贸易和交通问题

贸易工作是目前发展少数民族经济，改善少数民族生活的重要环节；交通问题，又是联系少数民族地区发展经济贸易的重要条件。但是西南各少数民族，除藏族的喇嘛寺和部分土司、头人，滇西各族土司和云南回族、民家、拿喜族中一小部分商业经营者经营较大商业和西南回族一般群众较普遍地经营小商业外，其他民族经营商业的很少，特别是彝族、苗族和其他小民族，几乎没有经营商业的。他们的土产，过去是经过奸商之手出售的。而奸商用欺骗手段进行大斗小秤的不等价交换，正是造成少数民族经济贫困的一个重要原因，也是引起民族仇恨的一个重要因素。在交通方面，西南少数民族地区除贵州、云南部分地区有公路、铁路，交通比较方便外，大部地区的交通都很困难。如云南从省会昆明到西南部边境要花1个月时间，从西康的康定到西藏的拉萨，需时三四个月。据说1包茶叶（16斤）从康定运到拉萨，其价值就要等于1两金子。根据这些情况，提出以下意见：

（1）设立贸易机构，收购土产，运进日用必需物品，实行等价交换，将各族人民从经济利益上团结起来。在有条件的地方可以试办合作社，把缺乏组织的少数民族，通过经济活动组织起来，在人口分散、没有固定市场的地方，可组织流通各地的贸易小组组织赶场，推广交换，但应注意不要为奸商利用来从中进行欺骗剥削，因而使少数民族仍然吃亏。

（2）在某些少数民族地区，货币相当紊乱，如藏区通用银圆和藏洋，彝区通用银两，云南边境还流通半开（滇造银圆）及印、缅、越等国外币。因此逐步统一少数民族地区的货币流通，禁用外币，以减少少数民族的损失，也是一个重要问题。人民币流通面的逐渐推广，对少数民族地区经济贸易的发展是有利的。

（3）少数民族地区交通问题很重要，应有步骤地恢复或增建公路干线。不然，内地的货物运不进去，里边的土产运不出来，便不能刺激少数民族的生产。在大的交通建设一时还不能进行的情况下，有些地方可先修些便道和便桥，以便车马通行。

2. 公粮、税收问题

西南少数民族地区广大，各种建设都需要经费，如完全依靠上级政府供给是很困难的。因此在这些地区，建立合理的公粮制度和税收制度，是十分必要的，这不但对少数民族地区的建设工作有很大帮助，而且对加强各民族人民的国家财经观念，亦有重大意义。

（1）公粮：过去国民党反动政府，在贵州和云南内地民族杂居区，对少数民族与汉族都征收钱粮；是敲诈派款，由土司代征（人民对土司另有一份不轻的负担）；在彝区和藏区，名义上征收钱粮不多，亦以敲诈为主；在大凉山内部则根本无法征收。解放以后，经过很好的宣传教育，有些地区已建立了合理的公粮制度，取消了过去的苛杂剥削。各民族人民一般都能踊跃缴纳。但仍有个别畸轻畸重的现象需要调整。

（2）在税收方面，过去国民党的苛杂很多，解放后政府把不合理的都取消了。在西康藏区实行区域自治以后，通过代表会议进行协商，合理的税收制度已经建立，预计今年征收税款，可折合米120万斤以上。

丙、关于文教、卫生问题

1.语言文字问题

西南各少数民族，除藏族和僰（泰）族有比较能通行的宗教文字外，彝族有爨文，拿喜有东巴文，水家有水书（亦称反书），都是用于经典的文字；苗族、栗粟、卡瓦、山头等族，有基督教传教士制造的拼音文字；回族（宗教上用阿拉伯文和波斯文）和民家、仲家等族通用汉文；其余各少数民族，多半没有文字。目前对藏文和僰（泰）文等，应加以发展，对基督教传教士制造的文字，应加以改进，对只有简单文字，或没有文字的民族，应根据其民族语言，创造新的文字。访问团帮助凉山彝族拟定的拼音文字方案，经试用后，结果很好。

2.教育工作

过去反动统治曾在西康大部县份办有小学，强迫少数民族学汉文汉语，结果形成“学差”。除巴安从赵尔丰时代起，就办了学校，曾有二三百人能懂汉文外，其他各地所办学校均无多大成绩。在大凉山彝区，因国民党反动统治用学生做“人质”，彝民都不敢出来读书，只有一个黑彝土司，办了一个小学，才有100多人能懂汉文。在汉、彝杂居地区，有一部分彝民读过汉文，但亦为数不多。苗族、仲家、民家等读汉文的比较多些。此外，外国教会在各地亦办有学校。

各少数民族在解放后，特别在区域自治或民族民主联合政府成立后，感觉到自己文化落后，干部缺乏，对文化教育要求都很迫切。因此成立各种训练班，大批训练能担任各种工作的民族干部，应是当前重要任务之一。在学校教育方面，应先有重点地恢复和开办，然后逐渐推广。在学校教育中，首先应提倡学习本民族的文字。目前对课本、教材的编译工作，也是一个很重要的问题。

3.医药卫生

西南各少数民族，极端缺乏科学的医药卫生设备，他们有了疾病，只靠打卦、念经、祭鬼、求神，因此常致倾家荡产。如：小凉山彝族的胡金山因患风湿，在10个月内即连续杀牛180多头献鬼。因此各民族人民对人民解放军的医生和药品都极表欢迎。因为少数民族生活艰苦，疾病很多，特别是藏区流行的性病，云南、西康一带的麻风，和云南边境的瘴气病（恶性疟疾）危害最大。此外，沙眼、胃病、肠寄生虫、甲状腺肿、风湿性疾病等，各地都很普遍。婴儿死亡率一般很高，云南、贵州有的地区竟达80%。过去帝国主义利用教会和医药进行文化侵略，在一些地方，特别是云南边境的部分少数民族中，曾有相当影响。目前应设法逐步地、有重点地建立医院、卫生院或组织巡回医疗队。今年西南地区已组织了二十几个医疗队，这是一件很重要的工作。今后更要多开训练班，培养少数民族的卫生干部。目前给少数民族看病，对有些无力出药费的应予免费治疗，不然他们便无力治病。在牧畜地区，兽疫时常流行，亦应注意防治。

4. 文艺活动

少数民族的一般青年男女，大都能歌善舞。这些歌舞虽然有一部分带有宗教色彩，但大多数都是抒情、恋爱或是歌唱历史故事，庆祝丰收，用于婚丧典礼的。除应帮助他们提高这些质朴的艺术，充实其新的生活内容外，并应建立巡回放映队与文工队，利用电影、幻灯、音乐、歌舞等，活跃他们的文艺生活，开展社会教育，这也是少数民族的一种要求。

丁、少数民族与国防问题

西南地区，约有3000余公里的国防线。在这条国防线上，住的都是少数民族，其中有的是跨界而居，彼此之间亲戚朋友关系很多，来往频繁，因此关系国防问题极为重要，如云南保山区的山头族，即为缅甸的克钦族，现山头族在保山者有70000人，其中即有500人以上在缅境当英国兵。

帝国主义利用政治、军事、经济、文化各种手段，透过边境地区的少数民族，侵入中国内地，在过去曾不断造成各种事件（如“片马事件”“江心坡事件”“班洪事件”等）。远在1871年云南西北部的贡山即曾发生教案。19世纪末，英帝国主义者派遣达维斯①少校，在10余年间，曾5次进入云南，其所作间谍活动的结果，仅在发表的著作中即公然在书名上标称“云南是缅甸通达长江上游的联系地带”②。直到现在，云南西部和西北部地区，仍有帝国主义假借宗教外衣的活动，仍然存留着依循这一条路线做了五六十年功夫的迹象。从保山专区的山头族，经历丽江专区的栗粟、怒、俅等族，到楚雄、武定专区的苗、彝、栗粟等族，从此向东伸入贵州西北部的毕节、威宁的苗、彝地区，向西伸入西康龙山的彝族区，都有他们的积极活动。这些活动都说明他们的最高目标是指向川南。这一带都存在着外国教会散布的毒害影响，例如碧江县第三区栗粟及怒族人口2952人中，基督教徒人数即达2700人以上。同县里悟底村的栗粟族472人中，仅有5人不是基督徒。在

① 达维斯，又译“戴维斯”，英文原名为 H. R. Davies。——编者

② 戴维斯（H. R. Davies）著作的原名为 *YUN-NAN: THE LINK BETWEEN INDIA AND THE YANGTZE*（《云南：联结印度和扬子江的链环》）（Cambridge: at the University Press, 1909）。——编者

解放前，在边境地区有英、美、加等国籍的基督教士大肆活动，制造谣言，挑拨民族感情，诱骗少数民族迁移。缅北密支那设有移民局，专门办理移民工作。对于“腾冲、龙陵边区”的山头族，除招人服兵役外，并发给枪支，唆使“向东打”，经常制造这一地带各民族之间的纠纷。当访问团到达云南西部时，帝国主义传教士即敌意地反应：“哼！民族工作，我们已经做了几十年了！”由于帝国主义长期欺骗麻醉的结果，少数民族教民中有许多人视教规高于政府法令，称外国教士为“大大人”，流毒之深可以想见。此外边境地区某些上层分子和帝国主义有直接间接的关系。他们的传统政策是“两面倒”，或是父子两面或是兄弟两面。解放前缅境木邦土司曾策动云南境内各土司开会，建议成立“南诏联邦”。现国民党残匪李弥仍在缅境，主持对国内的特务活动。

以上情况证明，西南边境少数民族关系国防问题甚大，使得这里的民族工作，更增加了巩固国防的重要内容。

第四，几点简单总结

（1）解放1年来，西南地区的民族工作，获得很大的成绩，这些成绩的获得，是由于中央人民政府和毛主席正确的民族政策，西南军政委员会和各省人民政府的正确掌握，并且艰苦地进行了民族工作的结果。因为这是一个新的工作，大家没有经验，个别的缺点是难以避免的，但都得到了及时的纠正。

（2）根据实际了解，目前民族工作的重点是：第一，积极地在民族聚居区推行区域自治，在民族杂居区建立民族民主联合政府，大批地训练培养少数民族干部；第二，在某些地区（如贵州和云南的某些地区），经实行区域自治或建立民族民主联合政府以后，根据自觉自愿的原则，逐步进行适当的社会改革，是必要的；第三，在政府力量所能及的条件下，要进行迫切需要的经济、文化建设，逐步改善少数民族的生活。

（3）为进一步开展民族工作，各部门应建立民族工作业务，互相配合，组织联合工作组经常下去了解情况，帮助工作，以加强上下联系。并在各部门各系统中普遍进行民族政策的宣传和教育。

（4）访问团8个月的工作是有成绩的，宣传了民族政策，了解了一部分实际情况，密切了中央人民政府与各民族的联系，进一步加强了团结。这些成绩的获得，是由于中央和西南的正确指示，各有关地方人民政府和人民解放军的大力协助，和访问团同志共同努力的结果。但由于我们政治水平与工作能力的不足，在工作中也产生了某些错误和缺点。

以上报告，在情况认识各方面，难免有错误之处，请予指正。

刘格平同志关于中央（西南）访问团工作的报告
《民族工作文件汇编》
云南省委办公厅印
1951年8月

刘格平同志关于中央（西南）访问团工作的报告

（1950年9月21日）

在康定地委与军管会帮助下，马上分别接见来自各处的活佛、堪布、喇嘛、土司、头人、各机构团体代表，并开了两次回民和藏民的各界代表座谈会，开了一次3000多人的群众大会，并依次拜访了其他人。前后普遍作了民族政策与中央人民政府和毛主席及各负责同志关怀的宣传，赠送毛主席纪念章、相片、题字给少数民族代表，他们作为珍贵和神圣不可侵犯的礼品，因此各方影响很好。据说活佛、堪布、喇嘛、藏民有不少给毛主席念长寿经的，希望毛主席永远当中央人民政府的主席，这是由于地委同志们在5个半月的困难情况下，小心谨慎地掌握民族政策，在民族关系上已经有了相当的基础，各界人民已经能大胆地反映意见，这也说明了中央民族政策的正确性。其反映如下：

（一）活佛、堪布、喇嘛反映：对于今天解放军共产党人民政府的各种表现，希望永远这样下去。不要求做得满足也不希望做坏；但在言语间对我宗教政策仍有很大的疑虑，怕我们先甜后苦。在康区喇嘛寺共350多座，有喇嘛4万多人，他们掌握着政治、经济、文化、武装的特权，统治着人民的思想。北路甘孜最有力量的是大金寺，和西藏关系密切。（中略）南路理化喇嘛寺，最势利当权堪布洛桑顿巴来此经过一些来往，给他们看病送纪念品，表示很愉快愿回去作广泛宣传，动员支前。他提出问题：

第一，对于南北两路支前用的脚价，最好能规定一下，使其合理建设。

第二，要求与瞻化划归问题（顷巷土司地区原属理化，刘文辉时代划归瞻化，要求仍归理化）。另外觉方寺朱倭活佛反映在长征时迎接红军、安抚群众并掩护一批红军伤病员，后为刘文辉强迫要去，为此，刘对他们甚为虐待，目前该寺经济上甚为困难，不能自给，政治地位也较低，要求政府予以帮助，并要去见重庆刘主席、北京毛主席，我们予以安慰解释，军管会准备予以照顾。

（二）藏区商业都掌握在喇嘛寺和土司头人手中，或与其有密切关系。故商业流通与上层有直接利害关系。目前咔叽布、毛织品、纸烟等，康定区存货很大，没有销路，据说仅咔叽布一项即有1万余驮至5万驮之多，约值600万到四五千万银圆之巨。这一问题如不适当解决，对于上层团结即成问题。税收问题原来税率很轻，一般的希望维持原状，但目前主要还是销路问题。

（三）要求修路、建立工厂、开矿（过去了解喇嘛反对开矿，事实上并不完全如此，只要给他们一部分利益他们即会念经祷告开好），恢复和办学校，训练专门人才，成立区域自治政府，各界都表示异常兴奋，更感到自己缺乏人才（但基本群众反映对区域自治要求不如上层迫切，主要解决实际生活问题更为需要）。普遍的医药要求，兽医特别是农牧畜要求更为迫切，据说生10个小牛即死10个，过去认为藏民迷信不信医药，实际情形并不如此。另外要求药材、皮毛等土产能销出去，也知道贩外货没有前途，有意转业。

（四）藏民一般的表示对我们印象很好。过去不穿藏服的今天也穿上了，过去不承认自己是藏民的（爹汉母藏）而今天也承认了，一部分汉民干部觉到藏民太吃亏了，此地有100多户回民也有此意，我们来后才表示较前积极。

（五）刘、邓等负责同志指示要求我们在康区帮助建立区域自治，我们也愿借此创造经验，决心很好全力帮助和学习，并将此地经验随时报告中央和西南领导上参考。此地党、政、军、民县以上干部43人，区干部87人，加上青年知识分子和一般干部共500余人，在此5个半月的时间确实有些困难，老干部大部系晋绥来的，一下子碰到这样较复杂的少数民族问题，虽然在民族关系上，一般的在领导上还好，但大部干部不安心。经整风后基本上已稳定下来，但在思想上还存在有问题，我们来后传到了中央西南及西康省领导上对该地区的重视和关心，据说一般干部都很振奋。我们首先在地委会谈过几次，给区以上党员干部报告一次，并和地委研究：第一，从地委到党员全体在思想上行动上先求得团结一致，通过区域自治使全体干部提高一步；第二，把地委会工作制度建立起来，分工负责，集体领导，把每个干部组织到工作中去；第三，拟在10天各处把过去工作总结一下，清清底，再区域自治建立，使各项工作都有所准备。

（1）工商业、贸易、金融、税收、财政、粮盐、商业、农牧收支等家务清算一下。

（2）文化教育，过去学校概况、卫生医药、广播电台、文工队、报纸等今后如何整理建立。

（3）区域政府委员及协商会代表的人选和配备是最困难的问题，必须照顾到各方面。夏克刀登、帮达多吉主张政府委员选举，想以自己势力为主，夏对于南路有意见，×对巴安青年有意见，×说巴安青年都是“汉人娃娃”。另外派的纠纷很大，有一县多至24派者，互不相属，甚难取得统一。巴安青年以凭错旺阶为首，有些左的情绪，最近凭错曾单纯丢失几条牲口，把××的一个商人扣起来，帮达写信去要，凭错当着去的人即大发脾气，虽然扣的人放了，但××很不满，这个左的情绪在我们某些干部的思想上是接近的。另外还有一部分特务分子故意提出“左”的口号，更是应该警惕，但是只要我们自己的阵线严肃起来，上下一致，这些左的倾向是可能逐步克服的。

（4）在军事上要有步骤、有计划、有条件地逐步建立一点民族武装，没有民族武装，用我们的部队去剿除少数民族的土匪，很容易引起误会。有不少的藏人以抢人为生。据说康区50余万到60万人中估计有5万支枪。

（5）（略）

（六）据来此体会，我们对少数民族只要耐心地去接待和教育他们，即可取得他们真实信任，许多事实证明，只要多接触一次，他们即靠近我们一步。目前最大的问题是我们有些同志不善于接近和团结他们，不能体会他们的感情。如我今天接见的参加康定县各界人民代表会的13位劳动藏民妇女，她们在谈话中哭了8个钟头，不仅哭诉国民党压迫她们，也哭诉其上层压迫她们，衣服褴褛不堪，生活难以言状，使人有无限的同情，但有的同志却漠不关心甚或感到厌恶反对。还有一个问题，我们一从下层着手就要出乱子，如康定县民兵几次干部到关外某村进行调查接近了一部分群众，当他们离开该村后，上层要驱逐这一部分人，因为他们接近了汉人，幸及时宣传和解释后才未酿成乱子。从各方面讲，民族之间的隔阂很深，从访问团本身和各地方机构部分的汉民工作同志容易在具体接触时看不惯少数民族的“落后”，不够注意其生活习惯，往往发生厌恶的情感。在少数民族干部，人民容易敏感怀疑，总认为汉人故意来搞，还把一般问题牵扯成民族问题，少数民族较老的干部也难免有些情绪，我觉得对汉民同志应强调尊重少数民族，同情其被压迫的历史命运，体会其民族情感，爱护其纯朴，耐心帮助他们。在少数民族同志，则应强调尊重汉族老大哥，争取老大哥的帮助，加强向老大哥学习，进一步认识在党的正确领导下今日的民族关系与过去本质的不同，谅解某种隔阂和误会，在感情上逐步建立起互相信任和融洽一致的友谊，共同打破互相歧视隔阂的厚墙。如此提法是否适当，还望中央指示。

最后我们认为西南在民族工作上没出大乱子，并打下了进一步工作的基础，这与西南军政委员会正确地执行中央民族政策是分不开的。

（下略）

中央访问团二分团工作初步总结（摘要）
王连芳
《中央访问团第二分团云南民族情况汇集》（下）附录一
国家民委民族问题五种丛书之一《中国少数民族社会历史调查资料丛刊》
云南民族出版社1986年11月第1版

中央访问团二分团工作初步总结（摘要）

一、工作任务与原则

本团工作任务主要是宣传党中央、中央人民政府对少数民族的关怀，密切中央与各民族联系，了解民族情况与要求。工作原则是本着中央及西南区各首长的指示，谨慎和密切地配合各级地方政府工作。整个工作是在总团领导与省委直接领导下，在云南良好的民族工作基础上进行的。由于省委对本团人力物力的扶助，尤其是张冲副主席的亲身参加指导，使本团工作一直都非常顺利。

二、工作简单情况

本团于去年8月6日来昆，至今年1月31日返回集中地为止，共历时179天，行军往返历程18400公里，访问丽江、保山、宜良、大理、楚雄和武定6个专区，共42县，接触51种民族称谓的少数民族，召开群众大会51次，计26万余人；代表会或座谈会29次，接触各族代表6250人（包括60个县的民族代表，代表成分农民占80%以上，民族上层代表性人物已争取全部到会）。召开干部会议44次，共4200人。同时，做了20个村和若干专题调查；文艺组演出戏剧52次，观众141000人（包括31种民族）；演电影56次，观众29万人；举办展览27次，观众238000人。医疗各族病号5091人。

三、访问中所了解的民族与民族工作情况

（一）民族种类及人口

在访问过的6个专区中，除宜良专区外，滇西5个专区经过民族代表会议，并征得各族

代表的同意，民族称谓即达51种。民族名称其所有纷杂，因为：

（1）历史上长期的民族压迫，迁移频繁，使同一民族形成各种支派。如丽江拿些（纳西）族不喜叫“摩些”，而在永、华、宁等县该族则自称“摩些”。又如民家族居碧江者称“勒墨”，居兰坪者称“那马”。

（2）一个民族分居各地，由于社会发展程度的不同致使一个民族有若干支系，如永、华、宁凉山区彝族的黑彝、白彝和“奴娃”是不同阶级身份的称谓。而在武定则分为“黑彝”、“白彝”、“红彝”、“黄彝”、“甘彝”等支系。

（3）因居住地点（如“螳螂族”是分布螳螂川流域，怒族在怒江流域，他鲁、兔峨均与居住地同名）或服饰（如花苗、白苗、独角苗、大花苗等）及移居先后（如土家奔人、四外人、东川族、丽江本族）等不同，而分称多种族名。

（4）还有若干带有民族歧视的辱称（略）。

所访问的滇西5个专区，少数民族人口估计至少约280万，占总人口44%。其中丽江区比例最高，占76%，大理占50%，保山区占37%，武定区占34%，楚雄占20%。5个专区中人口在10万以上者，有民家（白）族97万，彝族27万，傈僳16万，拿喜（纳西）12万，傣族12万。

（二）民族分布与其政治经济的特点

民族分布由我们访问区域看，每个县、每个区均有少数民族，各地来出席代表会议的代表就是证明。全省其他专区情形亦仿佛如此，所以民族聚居及杂居的情况极其错综复杂，很少有单一民族聚居区，一般地说内地多为杂居区，少数民族多沦为大汉族主义的压迫剥削的对象。边区常是以一种民族为主，并混杂着若干其他民族，如腾龙边区的傣族，中甸、德钦的藏族和小凉山的彝族。在边区，土司、土官、土目等制度保存得比较完整，即使有的废除了旧有的政治统治阶级，仍然转化为封建剥削阶级。

民族分布在地形上的规律。居住平坝的是汉族及一些被剥削者身份的少数民族，彝族、山头（景颇）族和苗族居山顶。其他各族居山腰。丽江区华坪、永胜、宁蒗和楚雄、武定区都如此。例外的是腾龙边区傣族居平坝，居山的是汉族（因怕瘴气，只有从霜降到清明的干季才敢去平坝活动）。大理、丽江的民家、丽江县的“拿喜”都与汉族一样居在平坝里。此外，险峻和贫瘠的山区，可能就成为较单一的民族聚居区，如怒江上游的傈僳、怒族，腾龙边区的山头和圭山的撒尼、西山的阿细等族。

与这样地理分布相适应，少数民族的经济生活一般是贫困落后的，但其中各族发展又极不平衡。

（1）华、永、宁凉山区彝族，半农半牧，种“熟两年荒三年”山地轮种荒弃，无租佃关系，蓄养奴娃，阶级划分森严，但黑彝与白彝之生活相差不多，有的黑彝的财产尚不及白彝（百姓）的多，白彝对黑彝的负担除兵役外，亦极轻微，造成较稳固的以每一黑彝家族为核心的各政治集团。社会是处在一个过渡发展的阶段，带着奴隶、封建及原始公社的各类社会性质。

（2）中甸、德钦区藏族，亦是半农半牧，租佃关系颇少，土肥而多荒，人民崇拜喇嘛教，喇嘛寺掌握经济权与部分政治统治，土司、土官与喇嘛有密切关系，带有政教合一的性质，人民对喇嘛寺负担占收入70%，喇嘛寺强迫放定期高利贷给人民，无一藏民不欠寺债者，这里上层亦养奴娃，虐待奴隶更甚于凉山黑彝。

（3）保山区傣族，纯农业经济，地权集中土司之手，人民私自买卖土地者很少，偶而有之也必须经土司批准。此区封建土司制度的完整，远胜过藏区土司，人民对土司负担仅“官租”、房租二项即占收入40%。除封建剥削外，土司上层且兼买办商业。

（4）完全或大部失掉土地，农民多为“佃农”的民族，如苗、傈僳、怒族或部分回族，他们绝大部分受他族地主剥削。回族则做小本生意。

（5）民家、拿喜的农业经济发展，绝大部分与汉族基本相同。

（三）民族关系

各少数民族长期在大汉族生活压迫、分裂和同化政策下，彼此之间的，尤其是对汉族的关系，是恶劣的。蒙自区窝尼（哈尼）谚语：“杀汉不杀彝，吃鸡不吃皮。”凉山彝族的“你有永胜县，我有不见面”，可见一斑。近百年各民族反抗汉官乃至与各少数民族之间的隔阂的歧视和小规模的仇杀，一直不有休止。大规模的如杜文秀事件，又如明末清初，丽江区的傈僳族暴动规模在2000人以上的就有4次，其中民国四年的暴动，经镇压后，仅清乡即被屠杀4000余人。解放前几年，在丽江区还有藏族武装曾进入贡山、维西、中甸、丽江，烧杀了4县金沙江边的百余村落。凉山彝族亦进入永胜抢掠了二十几个村寨。

民族仇杀结果，许多民族被迫迁移。据说：凉山彝族来自四川；丽江的拿喜来自无量河流域；怒江上游的傈僳来自华、永、宁地区；丽江区俅（独龙）族现仅有700人，而迁未定界的已过3万。保山区的山头，也有迁入缅北者，这种情形的发生，除因大汉族主义的压榨外，帝国主义的侵略活动，亦是主要因素。

帝国主义分子以不可告人的目的，深入到我国不信佛教的各少数民族区进行所谓传教，历时已有30年至六七十年不等。在我们访问的6个专区范围内，受毒最深的是保山区的山头、倮黑、佧拉（佤）、怒江上游的傈僳、怒子和楚雄、武定专区的彝、苗等民族。最突出的如碧江里悟底村，全部傈僳人口432人中，只有5个非基督教徒（原因是不能戒吸烟筒），这批间谍传教士对教徒的控制，做到“教规高于政府的法令”。贡山四区在刚解放时，还有傈僳族48户，被一个加拿大籍牧师恐吓诱骗迁移外流，半年后又返回了25家。披着宗教外衣的间谍们煽动傈僳、怒、俅各族人民搬家，指定两条路线，说是“走这两条路可以得面包吃”。去年8月1日贡山有过轻微地震，他们即恐吓说：“这是美国人抽地筋，试试信徒诚心不诚，假使不诚心，美国人下次抽得更厉害，一抽就抽死了！”

（四）各少数民族的要求

各民族都有着改善生活、提高文化与参政等共同要求。由于各民族都有自己不同的政治、经济特点，故各又有其特殊的迫切要求：

（1）要求调整民族关系，搞好内外团结，以藏、彝两族最为迫切。由于历年对内对外战争，生活不安，损失惨痛，极感改善民族关系的必要。

（2）要求减租退押和进行土地改革的，是内地区的苗族、傈僳族、彝族以及民家、拿喜族农民最迫切。

（3）要求农贷贸易、生产救灾等，以藏族、傈僳最迫切。因藏族、傈僳受高利贷剥削及奸商诈取，在收购土产上的不等价交换，损失好大。有的汉商以一个铁锅就换怒江区傈僳的一锅黄连。藏族喇嘛寺的高利盘剥，使不少藏胞沦为奴隶。

（4）要求开展卫生医疗与减轻负担的，以保山区的傣族为最突出，因傣族区解放后的封建负担并未减轻，一般约占收入50%；其次该区疟疾流行，而医药极贵，奎宁针水打一针要4万元（旧币）。

（5）要求办学校及保护宗教的，以回族及内地少数民族最为迫切。要求办学是由于强烈的政治要求："解放了，我们平等了，我们的人也能做官，念书有用了，不念书赶不上人家汉族。"

（6）要求参政的以各族上层土司及知识分子为最多。

（五）解放后民族团结工作的情况

解放以来，各地军政领导，对各民族与我们党政军的关系作了最大的努力，如在中甸、维西等地发无息农贷，减轻他们的负担，对维西灾民进行救济，而各区驻军在各地帮助秋收（如在丽江、鹤庆、剑川、永胜等地），兴修水利，加以纪律严明，领导又经常检查群众纪律，这样使少数民族改变了过去对"汉官""汉军"的仇恨情绪，进而衷心感谢我们。永胜一老人说："自盘古分天地以来，只有蛮家下山给官家服役缴粮，哪有官家给民家劳动，往山上送礼，世道真变了。"各地领导同志，如保山的查师长和丽江的廖师长，怒江的张旭同志，凉山的胡丹等同志都在各地区树立起很高的威信，这也证明改善民族关系的关键是我们领导的问题。其次，稳定民族上层，贯彻长期团结民族上层的政策，充分了解、掌握上层的情况，和他们开诚布公，以诚待之，我们自己则表里如一，言行一致，通过反复艰苦细致的工作，坚决务求要把民族上层，即各土司、土官一个不漏地团结过来。……再次，则是通过民族代表会议的宣传和教育及组织参观，增加各民族间的互相了解，加强民族团结。召开各民族代表会议，使我们的政策与各民族人民见面，用群众教育群众。事实证明：代表们思想会中都有很大的变化，会前，有的代表害怕我们留他当兵，作人质；而会后则喜形于色，成为我们政策的积极宣传者。有的人甚至因怀疑不来开会而深感后悔，南甸土司龚绶，初怕杀头，备下棺材来开会，而开会之后思想顾虑解除很多，甚至还悔恨未去北京。在民族代表会工作中，要明确规定，目前以宣传民族平等团结政策为主要议题。在边疆区团结重点则放在上层的工作上，吸收代表时，既要照顾各自民族，还要照顾到一个民族的各地区。尤其要有意识地吸收各个对立的头目，通过会议的疏通和教育，争取他们达到团结。如我们说服藏族中甸与东旺阿坚有杀父之仇的何其昌（家庭成分是千总，但已是我地下党员）去主动团结阿坚；也曾请汪学鼎说服其盟友吉土司与赵伙头言归于好。我们从中给予鼓励与支持。同时，领导民族代表会要掌握发扬民主，热情招待，处事谨慎。民族代表初来，处处观察我们的动静，只有通过实际了解我们之后，才放下戒备，真诚地说出他们的问题。遇事要和代表商量，尊重他们的意见，要照顾周到，察言观色，体会其思想、情绪和生活要求，以达到他们的满意。二是[1]组织各民族参观团。生活贫苦文化闭塞的少数民族，通过参观看到内地景物，受到我军政干部及人民热诚招待，思想都有两大变化，第一是真正感到民族平等和友爱，都反映出“出人意料”，表示感激和欢喜，从而加强了其民族自尊心。第二是开阔了眼界，激励少数民族的进取心，他们看到内地高楼大厦，电灯电话，火车、飞机，交通方便，人口众多，表示无限羡慕：“内地的一所房子顶得起我们的一条江所有的房子”，“我们也要这样做，要想过好日子，非要搞生产，非要办教育不可”，希望自己民族进步，增加各少数民族倾向祖国和学习的情绪，故回去的代表们绝大部分也都成了我们政策的积极宣传者，在疏通民族关系增加互相了解工作上作用很大。

在解决目前民族的纠纷上，我们干部是很有成绩的，并摸索到一些经验：

（1）在处理民族内部关系上，特别是下层群众遭受其上层压迫或虐待时，我们干部一般都是采取调解的方式，原则上是从民族实际情况出发，达到上层得到教育，下层还得到适当扶持，这样上下层都能满意。如中甸归化寺，藏族喇嘛为追还债务，曾把一个欠债的藏族农民用刀砍伤（伤很重）。农民向县人民政府告发。我们干部首先找到该寺负责人带领打人的喇嘛到县府，指出其错误，并与其负责人协商赔偿农民医药费，对该喇嘛进行教育后，听取并尊重其负责人的意见，取保释放。处理结果喇嘛感觉“政府宽大”，而农民则说过去喇嘛打人无事，这次政府做主是从所未有的“大公平事”。又如在彝族区奴娃逃跑，向我军参谋求救，黑彝坚决要求送还奴娃，干部则深感不平，后来还是双方让步，定了绝不虐待奴娃的条件，将奴娃送回。

（2）处理民族之间发生纠纷，我们干部一般是掌握“互相协商，双方让步，并且首先是汉族让步”的原则。人民政府多做疏通联络工作，甚至因此而花必要的费用。如彝族黑彝娘子骑马下山赶街子，被两个汉人阻住，向公安局控告，说马是他们失掉的。山上黑彝闻讯即要来打冤家，当时我即说服汉人，并照顾黑彝娘子回山。又如一彝民下山偷汉人的豌豆，被汉人一枪打死，双方争执不下，要打冤家，经我们说服汉族，主动地对死者抚恤赔偿，同时也说服彝民不应偷，双方对这样处理都很满意。再如黑彝下山赶街子丢失两匹马，报告公安局，该局立即追查破案后，其中一匹已转卖（偷马者已逃），该局干部随

① 无“一是……”，原文如此。——编者

即凑钱赎马还给黑彝，获得各方好评。诸如此类事件的处理，已使黑彝对我政府的态度有很大的转变。

（3）各民族与我们政府和军队也曾发生过小误会，我们都是立即向对方去解释、说服与赔礼，由于争取主动和认真即时的处理，结果双方关系反而因此更加密切起来。如我们的公安队夜查哨，打死和打伤两个下山的黑彝，我们立即去吊祭，给予抚恤费，彝民因知道事出误会，而政府如此认真，表示感激。再如黑彝娘子下山卖洋芋，被汉人小偷偷去她的头巾。黑彝娘子深感受侮辱，回家即自杀，我们立即逮捕了汉人的小偷，并亲自送礼吊祭，检讨我们没有尽到保护人民之责，因而解除了黑彝的误会，衷心感激政府。

四、几个要研究解决的情况和问题

（下略）

中央访问团刘格平团长在西南民族事务委员会第二次全体委员会议上的报告（草稿）
《云南民族工作参考资料》第一辑
云南省人民政府民族事务委员会编印
1951年

中央访问团刘格平团长在西南民族事务委员会第二次全体委员会议上的报告（草稿）

王主任、副主任、各位委员、各位同志：

我们访问团，自从七月二日由北京出发，到目前为止，3个分团，访问路程共计3万余里，遍历康滇黔大部少数民族地区。虽然少数民族地区，人口分散并且稀少，但仅一分团，从成都雅安到康定西昌地区，所直接接触的藏、彝、回等各少数民族，即有5万人左右。仅我个人先后与少数民族直接谈过话的，即有2000余人。影响所及，当然是大大超过这个数目。

我们在与各少数民族的接触中，到处都听到他们诉说过去被大汉族主义反动统治，残酷压迫和屠杀的痛苦，和今天感谢共产党、毛主席、人民政府，和人民解放军的各种声音。

在这半年左右，由于西南军政委员会的正确领导，和各级党政军全体同志的努力工作，使西南政治军事经济文化，各方面都有了显著的成绩，即在我们所接触的少数民族工作中，也有飞速进步的表现。

我们一分团，在西南军政委员会指导下，和西康省具体帮助下，得以参与藏族自治区的成立，和西昌联合政府的筹备建立。我们看到，这些地区解放不及一年，由于西康省的具体掌握，和当地党政军全体同志的努力，民族关系已大大地改变了。

由于我人民解放军，严格地执行了“三大纪律八项注意”，和党政军全体同志，广泛地宣传了民族政策，和康宁两属军管会，以及各县区乡，吸收少数民族代表人物参加了政权，并接连地开座谈会、代表会，热情地接待他们，我们各民族之间，已建立起团结友爱的新的关系。在康属地区，我党政军坚决不使用藏族同胞最感痛苦的“乌拉制度”，在西昌专区，调解了580多起冤家纠纷。在彝民地区，过去一般汉胞，没有保头是根本不敢到里面去的，但是现在我们工作同志一两个人随便来往，一般的不会发生什么问题。在一次西昌某地被彝民抢去两个汉族，我们3个徒手的同志，便一直到抢人的家里，把为首的人抓住，立即把抢去的人要出来。这在反动统治时代，是没有过的“奇迹”。但在解放后的今天，便是很平常的“常事”了。这一些成就，都是我党政军全体同志，对民族政策的严肃慎重，稳步前进的结果。

在过去千百年来，大汉族主义的反动统治，特别是在蒋匪20余年的统治中，对少数民族实行残酷的压迫剥削，和屠杀欺骗他们。至今我们还到处听到过去所说的“蛮肠狗肚”“敬蛮一寸不如打蛮一顿”“见蛮不镇三分罪”“不服王化”“畏威不怀德”“蛮家”等谰言；也到处可以看到“肃清夷患”“平夷堡”“镇夷桥”以及“康定”“巴安”“理化”等，侮辱少数民族的碑碣与地名，和屠杀少数民族“有功”的勒石记载。在越嶲的城隍庙里，还塑有彝民像，用锁子锁着，到处断墙残壁，荒凉满目，碉堡林立等残迹。总之所见所闻，在在都说明，过去大汉族主义统治少数民族的历史，是一部极端可耻的，罪恶滔天的血腥历史。

由于多年来历史的民族隔阂，我党政军全体同志，虽然做了许多工作，使少数民族无限感激，但他们仍有些不能自解的怀疑：“今天对我们这样好，将来是不是永远这样？”“是否先甜后苦？”有的藏胞说“打下拉萨来就要变了”。有的开始见我们时怕扣他，怕要他做人质，怕要他们的银子。这种心理不难了解，他们在千百年来，一直到解放以前，被反动派整得太惨了！他们今天的脑子里，哪能完全消逝过去的黑影呢？他们绝大部分，都是很朴实、艰苦、聪明、勇敢、慷慨，如果对他们好，他们是永远不忘的，只是过去他们所受的待遇是太悲惨了！

我们在康省五六个月，根据参与藏族自治区的建立，和协商西昌专署委员会的成立，在两个人代会中，得到如下的几项经验，提供大家参考：

第一，根据藏区实行区域自治的经验，可以提出以下几点：

一、目前少数民族的迫切要求，主要是政权问题。

在过去反动统治时代，对康区的藏民，是拉拢当地极少数个别人物，挑拨他们的关系，制造纠纷，以便剥削压迫，“渔人得利”，贯彻他们的反动政策，维持他们的反动统治。但他们也并非直接去统治群众，也不能直接统治，仍要通过他们的个别人。即是这样，也遭受了不断的反抗。

在西昌专区，反动统治者是用“以夷制夷”的办法，挑拨他们互相仇杀，借以维持他们的反动统治。但除靠近汉人的边缘区外，对于凉山内部，也从来没有统治起来，并且遭受了彝民不断的武装反抗。虽经3次大规模的攻打普雄，并用飞机轰炸扫射，但是彝民的武装反抗，还一直继续着，直到解放以前。

但在解放以后，由于我党政军广泛地宣传和谨慎地执行了民族政策，实行互相团结，平等友爱，尊重其风俗习惯，信仰自由，因此与我们接触越多的，印象越好。另外，个别接头，热情招待（仅到西昌接头的彝胞，即有2000多人，有许多是过去从来未到过汉区的），开座谈会、代表会，出来参观，特别是吸收了一部分有威望的参加政权，对少数民族的影响很大，哪里这些工作做得越多，哪里的民族关系便越好。

由于1935年红军长征时，曾在藏区建立过"博巴政府"，给藏胞留下了深厚的良好影响，西南军政委员会指示，首先在这个地区实行区域自治。经过西康省的详细研究，并在康区将近9个月的各项工作成绩，做了总结检查，并与各方藏胞协商，经过具体筹备，建立了藏族自治区。当时因为没有干部，就用了20天的时间，开了一个60多人的短期训练班，再加各方面搜集来的，共有80多个青年，便成了建立自治区的有力助手，和一部分骨干。在自治区人民政府成立的时候，各族各界人民，无不兴高采烈，特别是藏族同胞，这充分地说明了少数民族对于自己政权要求的迫切。

二、深入教育工作干部，做好招待工作，是开好少数民族代表会议的重要保证。

我们在康区，对当地党政军、各级民族工作干部，我们协助当地政府，反复讲解了民族政策，打通思想，批判其个别不正确的观念，树立了如何帮助和尊重少数民族，自始至终地热情招待他们，做好团结各族的思想。在领导上，以身作则，多去接近少数民族代表，并组织了许多晚会、座谈会来招待他们。结果使到会的代表和随员800多人都非常满意，一致地反映说："这样招待和关心我们，真比自己的父亲还好！"有的说："我们过去的生活，被人整得简直不如猪狗，做梦也想不到还有今天！"这是多么凄惨悲愤，而又感慨动人哪！

三、高度发扬民主，强调团结，是开好会议的两大关键。

在许多代表来时，大部有顾虑，开始不敢讲他内心的话，并且互相之间多有冤仇，相见之时，未免有些空气紧张。因此，在康区代表会议正式开幕以前，首先开了个团结会议，将团结问题反复宣传讨论，根据许多事实，弄清了不团结现象是过去反动统治所造成的。我们提出团结问题，是最受大多数代表所拥护的。对于政府委员，协商委员，工作任务，组织条例，团结公约，都经过个别谈话，大会小会，反复协商，对表示正确的、好的加以鼓励，表示不正确的、不好的予以耐心说服和教育。认真地注意每个代表的每一句话，和每一个反映。一切事都在会前准备好、协商好，到大会上，便只是正式通过的问题了。会议正式开了8天，会议前后，共经过了40多天。因为在会议以后，还要研究政府部门的配备和建立，工作如何进行，县区乡政权如何建立，人事配备，工商、银行、贸易工作如何做，青年、妇女、农民、牧民如何组织，如何教育训练干部，和初步的技术人才，如何建立在统一军事制度下，保卫人民利益的武装等等问题，都要逐一地研究解决。对于冤家问题，先由双方自行解决，原则上不算旧账，如果算时，只有找美蒋反动派来算，真正的冤家是美蒋。谁在团结上表现得好，大家即赞扬他，表现不好的经过代表们批评他。并提出在大会以后，看看谁的工作好，真正按照决议执行，即能受到群众的拥护，并且反复说明讨论，鼓励大家做模范。

四、代表会议的召开，和自治区政府的成立，是对干部和少数民族，很好的教育和提高。

经过人民会议，和自治区政府的成立，不管党政军干部，和少数民族干部，在政策上都有很大的提高，在思想上也更加统一起来。也可以看到，少数民族同胞也同样是很有智慧的人，他们很关心自己民族的事情，并且会想办法，但这是过去反动派所不允许的。在共产党、毛主席和各级人民政府，则是尽可能地帮助少数民族发展的，这是已经铺平的一条光明进步的大道，任何人来走都是欢迎的。

经过自治区政府的成立，是进一步地在组织上团结起来，创造了必要的条件，从上至下地把民族政策贯彻到群众中去。特别重要的是民主生活，使绝大多数的各族各界人民，从事实的体验中打破了他们的顾虑。因为这一政府，不但是为他们服务的政府，而已是成立了他们自己的政府。他们不仅是做百姓，而是他们的代表，已做了政府的负责人了。因此，这个政府一成立，到处都听到广大群众的感谢之声，特别是藏胞更为热烈："我们心思只要多有几个委员就好了，现在连主席也是我们的人了！""这是我们多年所盼望的，今天共产党、毛主席给了我们，真是梦想不到！"

自治区政府成立后，团结了很大一批少数民族人士，在各级政府和各部门内，同外面去的干部一齐工作，他们已认识到，今天是在办自己的事情了。

在成立自治区政府以后，好多的事情都反过来了。每个代表，都成为到群众中去的好宣传员了。从前不愿意送学生出来，现在因政府需要很多人才来给自己办事，连自己的青年子弟，也很乐意地送来学习，准备学好当干部了。过去不愿交粮纳税，或是想法少缴，现在因为自己负责，没有粮税不好办事，也主张积极缴纳了。从前我们再说"取之于民，用之于民"，他总希望一切多由你来帮助。过去什么都想建设，总是伸着手要，现在则能比较从实际出发，考虑自己是否有力量，同时也清楚了汉族兄弟给他们的许多帮助了。过去存在着狭隘的排汉思想，今天则要求汉族的干部和技术人员，来对他们多加帮助了。

这一切变化和提高，都是从代表会议的召开，和自治区政府的成立得来的。有的认为少数民族条件不够，不敢放手实行区域自治，或联合政府，其实际情况恰恰相反。

五、政权是进步的堡垒。

在自治区政权中，必须照顾到各族各界，即是一个人口很少的小民族，也应有人参加政府。有了自治区或联合政府，他就是领导这一民族，为建设新民主主义的大家庭的一个最好的组织形式。在建立政权本身，即是使少数民族向前跃进一大步。参加政府的人，即要遵守一条："为人民服务"，从第一天起，就要在新政府中，为广大人民办事。同时，也要即刻去训练各种干部，着手有步骤地去组织群众、教育群众，有步骤地进行恢复建设。因此政权本身，即是有组织有计划地逐步进行工作的、一个进步的堡垒，而不是其他。

第二，在西昌专区人代会议，筹建联合政府中，一般的和藏族情形相似，其不同的特点，有以下几点：

（1）过去在反动派统治时期，挑拨彝汉和彝族内部的仇杀，相当惨重，因而彝民更是过着非人的生活，几乎百无一个穿鞋的，一家人只有一间破房子，猪、鸡、牲口都在这一间房子里，不能遮蔽雨雪。过去反动派时，每年要他们种大烟，用来换反动军队的枪和子弹，挑拨其打冤家，结果自己却缺少粮食吃。他们被国民党反动派所屠杀的，过去常用绳子把割下来的耳朵，和头颅一串串地挂起来。但他们也不断地抢汉族的人去做娃子，作为报复。他们与汉族和自己内部的纠纷，主要原因有4点：①为着争夺土地；②为着抢人增加劳动力和势力；③为着抢财产；④为着抢婚。但其中也有些报复性，或为债务，这些只有破坏生产，而不能增加生产。他们文字极不完全，他们的简单文字，主要是巫师用的。

（2）有一些代表反映："待我们这样好，真是做梦也没想到。"有一个黑彝妇女伊姆妞妞，被选为大会主席团，在主席团就位时，有青年女学生给她献花，她情不自禁地感动得哭了，下来时说："做梦也没有想到有今天！"因为他们凉山里面，从来没有过政权，所以要求建立政权，和要求派干部，都非常迫切（在昭觉开座谈会时，亦有此反映）。

（3）在这次会议中，除各少数民族（彝、汉、藏、回、傈僳、亚拉等）代表外，尚有农民代表参加，同时布置减租反霸退押工作，这是在民族杂居地区的特点。在这次会议中，少数民族代表和农民代表表现最好。他们在诉苦中，找到了剥削压迫少数民族和农民的共同敌人，这就是大汉族主义的国民党反动派和恶霸地主。他们挑拨彝汉纠纷，同时也挑拨彝民内部的纠纷。因此他们互相认识了谁是自己的朋友，加强了劳动人民与少数民族的团结。

第三，总之，从两个地区的经验证明，目前少数民族的迫切要求，主要是政权问题。因此，只要我们一宣传共同纲领民族政策的区域自治和联合政府，他们即问什么时候办？怎么个办法？是否要真办？

一般说来，在少数民族干部，是容易犯"急性病"的，恨不能一天把事情办好，特别是青年干部。这便应该知道历史发展的规律，绝对不是这样简单的，必须慎重地稳步前进，也要"戒骄戒躁"。

我完全同意邓副主席的《一九五一年的工作任务》[①]的报告中，所提出的民族工作方针，和王副主席的《西南区民族工作的报告》。

最后，民族工作是个新的工作，而且也相当复杂，情况也各不相同，必须慎重地、一步步地来做（并不是停止不前、缩手缩脚）。我们应当将所能团结的人，全部团结起来，在少数民族和汉族人民，历史上都是处在被压迫的命运。

我希望各省各级负责同志，能把过去将近1年来的民族工作，很好地加以检查和总结，在西南正确而严肃的领导下，根据邓、王副主席的报告，如何在1951年将区域自治和联合政府，用人代会议的方式，抓紧有步骤有计划地贯彻下去，这是当前主要关键，一切可兴可革之事，应交这一政权来推行，而不是一切由我们来办，将会有更大的成绩。西南

① 见本《实录》第三卷。——编者

地区，有1800余万少数民族，3000余公里的国防线，这是个很大的问题，我预祝这一工作的最大成功。

另外还补充一点，在汉区减租反霸退押中，已发现恶霸地主特务奸细分子企图通过少数民族进行破坏，制造谣言，进行各种反革命活动，这是值得警惕的。为此，也必须加强少数民族工作，使反革命分子无孔可入。

我很感谢西南军政委员会，对我们的领导和指示，以及各省对我们的指导和帮助，各级党政军全体同志和各族各界人民给予我们的关怀和热情协助，使我们全团同志，有相当收获，我全团同志对于西南各级领导、对于少数民族已建立了深厚感情和无限的留恋。并祝会议的成功。

1951年2月2日

云南省民族事务委员会周保中主任委员在西南民族事务委员会第二次委员会议上发言

西南军政委员会民族事务委员会印

1951年2月2日

云南省民族事务委员会周保中主任委员在西南民族事务委员会第二次委员会议上发言

主席、各位委员：

我们省里已向西南民族事务委员会送呈1950年的综合报告草案，我的发言是根据这草案摘要的，必须声明是未经省府行政会讨论过的，作为我个人的发言，请批评和指示。

一、一般情况

云南是一个多民族省份，这是历史条件和自然环境所造成的，其特点之一，是族系多，人口众，就已有材料族系多至102种，若就地区、语言、经济状况、社会生活习惯及思想信仰等归纳起来亦在十几种。

少数民族，占全省人口的多数，约为60%强即800余万人。但少数民族人口虽占绝大多数，但因族系多，居住分散，经济落后，所以他们的地位依然是少数民族。

第二个特点是国境线边区地带，多为以少数民族为主体之民族聚居区，内地多为各民族杂居区，在边区的民族还保有土司、土目、土官制，如保山腾龙一带，有土司制废除不久或存有影响之地区，如宁洱十二版纳地区，又有土官土目制存在，此外还有着政教不分的喇嘛寺制度的地方。现存的土司制，和喇嘛寺是和一般的行政区划管制县区并存着的，并保有土司、土官、土目、喇嘛的特权。

第三个特点，民族聚居区中，包括着民族杂居区，民族杂居区中又包括着民族聚居区，云南单一的民族聚居区是很少的，有的单一民族聚居，其人口最多者不超过6万人，按区域只等于区或县，因此在以少数民族为主体之民族聚居区，亦可称之为民族杂居区，丽江、保山、宁洱、蒙自、文山各专区之边境区，每一个民族聚居区，均有十数种民族，只靠近滇缅、滇越边境之藏族、傈僳族、山头族、怒子、俅子、僰族、苗族、金沙江流域的彝族，多为单一民族聚居区，而一般的民族杂居区，则以汉人为主体，其中亦包括有少数民族聚居区，甚至有单一民族聚居区，例如宜良专区之圭山、西山阿细族与撒尼族、文山之沙人与侬人、武定东南山区之彝族、宣威突头梁子的回族等，即居住在汉人绝对多数之区域以内。

第四个特点，政治、经济、文化的，少数民族是被征服者，但又有阶级转化的统治者，在云南，虽然少数民族占人口的多数，汉族人口占少数，然而少数民族是在封建的大民族主义——汉化政策下，受统治受压迫，基本原因，由于旧中国封建主义统治的历史情况所造成，也由于占人口大多数的少数民族，族系众多，又是分散的，经济生活落后，和极不统一，结果成为被掠夺和被压榨者。近百年来在少数民族中，也出过一些政治人物，如太平天国时代的回族领袖杜文秀、辛亥革命前后之阿尼族龙济光，他们便与本民族脱节，落到大民族主义或大汉族主义统治窠臼里，转化为一般的压迫者，和剥削者，有的甚至再不愿承认自己是某一少数民族的身份。

因此，过去少数民族某些人物，参加政治活动，有政权地位，并不是代表本民族，或依据民族的权利参与的，而是个人转化成大民族主义统治的工具，在某种意义上，甚至是被国民党反动统治有意地收买来麻醉少数民族群众，掩盖大汉族同化主义。

少数民族在经济上是落后的、被剥削的，由原始采集、狩猎（山头、怒子、卡瓦），以至半游牧（藏、傈僳），到高度的农业（民家、摩西）经济，有的民族长于经营商业、小手工业（摩西、民家、回族）。而少数民族之土司特别是边区的，则兼营与帝国主义殖民地经济直接有关之买办商业。

少数民族在文化关系上，是受中国一般文化的影响，或全为中国一般文化所支配，各民族自己的文化，一与其他民族接触，就远不够应付了，一般的少数民族文化，是处于落后的状态，但藏族的经典文艺，以及少数民族之歌舞，则远非汉人文化所能及。

帝国主义，经过传教士深入各少数民族，经过宗教的传播，不仅实行文化侵略，并且装进了干涉中国内政的勾当，做侵略者的侦探，在非佛教的少数民族，如苗、彝、怒子、俅子、傈僳、山头中，其影响与毒害较深。

二、民族社会状况

在少数民族中，无论边区或内地，由于经济状况不同，发展的结果，社会生活是有分化的：在各少数民族中有大小商人，有买办，有骡马帮子，有大中小地主，有贫苦农民和苦力（长途背运）与季候工等，如昭通地区的大地主，拥有巧家县1/5土地者，其他拥有数万亩、数千亩者，为数不少，在滇西和西南部的土司，和少数民族上层人物则兼营对外贸易，或公开走私，生活洋化。

在少数民族中，占人口绝对多数的群众，经济上是极穷苦的，被剥削的，政治上受压迫的，有土司制和喇嘛寺存在的地区的少数民族的农民群众，受贡赋、徭役额外剥削，高利贷的重压，异常残酷，土司制已经废除的地区的少数民族，农民群众受两重直接压榨，既受大民族统治者的压榨，又受本民族土司土目转化的地主的压榨。解放后负担普遍减轻，但有少数部分地方依然吃重。

少数民族群众中，特别是妇孺，疾病多、死亡率大，与其说是由于自然环境——蛮烟瘴雨造成，毋宁说是由于经济落后，被压迫被剥削非人生活所造成。

三、民族关系和团结问题

民族相互关系问题，在以往历史上，无例外地，在大民族主义汉化政策统治下，汉族以外的少数民族，处于被压榨的地位，民族关系是恶劣的，各族都仇恨汉族，反抗汉族的压迫，如回族杜文秀事变，边地土司区，和藏族、傈僳族、泰族及内地之彝族、苗族，此起彼伏，长期的不断的武装斗争，都以反抗大汉族压迫统治为标帜。

总之过去历史的民族关系，仇视与对抗，是水同火不相容，帝国主义的封建的大汉族主义，就是制造这种矛盾，他们经过这种矛盾，去实现他们的掠夺和压榨的，实现他们的愚民政策。这种千百年来水火不相容的民族仇恨关系，尤其是美帝国主义、蒋介石匪帮统治深入云南时期，最为突出、显著。一到了共产党领导云南人民起来，抗美反蒋进行革命游击战争时期，才开始了初步的转变。在云南完全解放以后，则有了根本的改变，各民族之间向着水乳交融、鱼水相依的合作友爱的道路前进，这就是由于共产党毛主席和中央人民政府所推行的平等团结的民族政策所引起的转变。

在抗美反蒋的民主运动游击战争时期，云南地下党和人民游击纵队，基本上是奉行了中共民族政策，即被压迫各民族自由解放和平等团结政策，少数民族区——弥勒县和路南县的圭山成为了打第一枪的发难地，和颠扑不破的游击根据地，在滇黔桂边境，在哀牢山脉，在金沙江畔，组成了各民族团结合作的强大游击队和游击区，建立初步人民政权，各兄弟民族再不单纯仇视汉人，共背甘苦，并肩作战，开辟从来未有的民族友爱的局面，但那一时期也有缺点，那就是强调上层的反动性，例如滇南宁洱广大地区的民族团结不算很好，红河流域的各土司区则引起普遍反感和武装冲突，在这些地方，虽有国民党匪帮长期种植下的民族挑拨、毒害祸根，并且是帝国主义国际间谍出入场所，但是我们在这些地区的工作的干部，执行政策是有错误和偏差的，直到不久以前，在那些地方的民族团结工作，才开始有了好转。

毛主席、共产党和中国革命伟大胜利的影响，深入各兄弟民族的心坎，表现在人民解放军进入云南，无论南路和东路，所经过的地方，大半都是少数民族区域，大家以汉彝一家的心情，以高度组织性和战斗性，以无限的欢欣鼓舞、热烈无比的情绪欢迎大军；我们不少的战士，感动得流下泪来，许多指战员这样说："过黄河、渡长江，从未见过这样伟大的热情。"甚至有过甚的形容说："在老解放区也没有见过这种炽热场面。"当我们的黔桂两省友军，出援云南起义，我主力军进入云南消灭蒋匪残部第八军、二十六军的时候，沿途少数民族用一切力量，支援进军，帮助人民解放军克服了无数的困难，终于顺利地消灭了蒋匪残军，把五星红旗遍插在2000多公里的西南边陲。应该说明，由于解放军的英勇行动和严明的纪律，正确执行共产党毛主席和中央人民政府的民族政策，表现出人民军队与人民的血肉相关，更感动了各兄弟民族对于新生祖国的热爱，对于人民领袖毛主席的热爱，增强自由的、团结的和幸福的信念。然而这一切只说明民族相互关系划时代的历史转变，不就等于民族政策——平等团结已经百事大吉了。我们不敢忽视，若要达成，共同纲领第六章民族政策各条的要求，我们将做许多艰巨和繁杂的工作，并且是较长时期的工作。

四、民族政策

进入云南的人民解放军，中共云南党的领导者和云南省人民政府，一开始就很慎重地遵循着毛主席和中央人民政府、西南刘邓两位首长的指示，顺利解决云南问题的关键，在于正确执行统一战线政策。因为云南是和平起义，和平接管，同时云南解放较晚，我们的一切工作步骤，整个落后半年，对于如何正确地执行具备着较显著的民主的和民族的统一战线，顺利地解决云南问题，是我们所谨慎从事的。中央和西南刘邓首长从进入云南后对干部配备，以至提省军政委员会、省人民政府委员会名单，有意识地、反复地考虑到必须有适当数目的民主的民族的代表性人物参加，这种慎重周到的指示，就在我们省的领导也是贯彻执行和素所坚持的。虽然工作中还有缺点，这里我是想说明一个问题，从中央、西南到我们省，对于云南省军政委员会、省人民政府的政权组成，是尽早地和尽可能地注意到云南政权组织不仅是民主的而且是兼顾到民族的——联合政府的性质。事实如此，这不是牵强附会的。

云南省人民政府深知不做好少数民族团结就没有经济建设，也没有国防。因此，对于贯彻执行民族政策思想上是明确的。10个多月我们遵循着慎重缓进的方针，逐步开展工作，在省各级行政工作指导中，在学校与社会思想教育中，在省及省以下各级各代表和农代会、民族代表会中，在各种集会与参观组织中，从宣传到组织，普遍注意民族平等团结政策的工作的进行。关于少数民族迫切要求医药、卫生、文教以及必要的救济都做了不少。贸易很难满足少数民族地区要求，缺点很多，但不断地在督促改进中。

关于少数民族干部的培养使用，根据不完全的统计：省级者12人，8个专署中专员副专员有3人，县长副县长56人，区级和等于区级的有600人左右，受过短期干部训练达2000人左右。在有不少的区和乡的干部，整个是少数民族干部。

总结我们过去这一年的民族工作，虽有不少缺点，但是有显著成绩的。这些成绩来源主要是中央和西南的正确领导，是民族群众仰望毛主席和中央深受感召的缘故，是中央访问团二分团的指导和帮助结果。二分团几近半年，走遍滇西和西北部，传达毛主席和中央的关怀与宣扬民族政策，收效很大。而我们省对二分团应有的帮助是很不够的。

过去这一年，我们基本上虽获得成绩，并且从思想领导与结合实际工作不断在干部中进行反大民族主义，坚决执行平等团结的教育，但我们对于为少数民族是十分关心的、并且是民族政策上所规定的，政治上最能体现平等团结的基本问题——民族区域自治与联合政府组织，我们并未做出显著的工作来，甚至我们有意识地更为稳重地把区域自治和联合政府组织延迟起来，这是什么原因呢？第一，我们估计到云南民族工作环境，特别复杂，帝国主义侵略和挑拨民族行为有深长历史影响；蒋匪帮依靠帝国主义支援进出我省边疆区，挑拨民族关系，制造边境纠纷——民族纠纷，为其主要的破坏手段之一。第二，我们对于云南全般民族情况有待更广泛深入了解。第三，我们在进行和平接管，接之而来的是紧张繁重的财经任务和肃清匪特为主要工作的中心。第四，我们坚持民族工作，实质重于形式，民族工作步骤宜缓不宜急。第五，云南民族分布状况，错综复杂，群众各有不同程度的政治、经济的迫切要求。但每一改革，每一措施，动辄“拔一毛牵动全身”，因民族社会的、政治的、经济的情况内部之间、相互之间极不一致，在这里宜予彻底打烂，重新改造；在那里则又不能随便更动。以有土司制土官土目制存在的地方情况来看，上层人物多半是保守的，而某些群众是急进的。对祖国一般的是内向心切的，但仍然存在着：有真实地拥护祖国，愿进步的；有抱观望怀疑的；有脚踏两只船，背靠帝国主义，面向我们的；有少数则公开叛乱，经常破坏国境，叛卖祖国，投靠帝国主义和蒋匪的。凡此一切，使我们对于区域自治和联合政府组织问题，不能不力求稳步的，也就是宜缓不宜急的谨慎方针。我们曾经拒绝了圭西山区合并为一个自治区的要求，因为若一批准他们，就会牵连到全省性的至少是几个专区的民族大迁移，重新划行政区；重新定行政制度，势必波动太大。现在如果以西南区整个民族工作最显著的西康藏族区域自治来检讨我们的工作，那么在区域自治问题上，我们的看法，可能过于拘束于局部情况，或者是对于云南情况估计不适当，或者对区域自治与联合政府的理解发展迟缓，或者我们偏重其他工作，对民族工作有所忽视或估计不足。总之，我们愿意经过这次西南民族工作会议，在总结过去工作中，检讨我们可能产生的缺点甚至错误，目的在于1951年，我们能够很好去执行邓副主席和王副主席关于当前民族政策和工作任务的指示，求其在我省实施。

五、1951年的计划

今年我们拟定的工作任务是：继续扩大深入民族政策宣传教育，加强民族平等团结工作，实行某些区域自治和社会改革。去年10月我们召集了一次全省民族工作干部会议，以后并得到中央访问团二分团给我们许多实际活动的启示，直到省人代会中的代表和兄弟民族参观团到省提供许多材料和提出各种不同要求，特别是政治权利和经济、文教、卫生并重的提出，其中以具体的提到区域自治与联合政府的组织，我们认为问题再不宜迟延了，况且经过10个月较有系统的民族工作，基本情况亦大体找到方向，必须：

第一，内地区——民族杂居区，伴随中心任务：减租退押、清匪反霸、加速土改准备——实行包括民族内容的民主的联合政府——人民政府委员会的组织，应在宜良、武定、昭通、楚雄、玉溪、曲靖各专署重点进行。

第二，边疆区——民族聚居区，实行含有初步民主的民族区域自治，应在保山和丽江区，先期重点推行。另拟保山民族区政府组织草案供参考。

第三，省人民政府完全同意中共云南省委关于少数民族地区关于实行减租退押指示的规定，即在少数民族群众完全自觉自愿自己组织起来，经过民族代表会或民族群众大会，绝对多数表决赞成，有领导地有区别地去实行。坚决防止干部的意见代替群众，少数觉悟分子代替群众大多数，反对包办、强迫命令。虽然不能不考虑到少数民族十分迫切的改革要求，需要予以积极赞助，但谨慎缓进的方针基本不变。

除了上述，即是本省民族多，民族人口多，对于培养各种各样工作干部除加强地方短期训练和工作中提拔教育干部外，必须办理容量大、具备内容的民族学院。

希望得到西南民族事务委员会的大力支持并给予经常领导，才易收到培养干部之效。

中央访问团第二分团夏康农团长在西南民族事务委员会第二次委员会议上发言

西南军政委员会民族事务委员会印

1951年2月4日

中央访问团第二分团夏康农团长在西南民族事务委员会第二次委员会议上发言

主任、副主任、各位委员、各位同志：

中央访问团第二分团奉派到云南工作。在总团和西南军政委员会经常领导与云南省人民政府热忱指导协助之下，工作进行了将近半年。由于经验缺乏，工作迟缓，和云南地区的比较辽阔，民族情况的比较复杂，我们的工作到现在还没有结束，甚至截至我们这次离昆来渝的时候，团员大部还在武定，此外还有3个工作小组留在保山和大理地区正待结束工作。因之，二分团还不可能做出全面的工作总结来。这里只能综合简报这一段时间的工作经过和体会，敬请批评和指教。

首先，我提出云南在解放以前民族关系和一般形势的两个特点。一是在中共领导下地下斗争时期各民族已经有不少人数卷入这个英勇伟大的运动，因之在实践战斗中提高了觉悟，早就体会到新中国是各民族共同的祖国。1948年春初武装斗争的第一枪就是响在少数民族地区的。后来滇桂黔边区纵队发展成为10个支队。各支队都是各民族联合组成，人数达2万人，其中少数民族就占了1/4；第一、第二、第七支队中，绝大部分是少数民族弟兄。第二个特点是除去滇南少数地区以外，云南是和平解放的。起义部队之中，少数民族的比重就很大，起义前后受到毛主席思想的教育，必然也影响到少数民族地区。这两个特点是西南其他地区所不显的。

其次，关于云南各民族一般情况的了解，主要的如民族种类及人口的问题，在五六十年来就一直有了的帝国主义者的间谍活动，他们颇有不少人在这方面做了调查研究的功夫，这些问题都一直没有得出一致的意见，而这个在反动阶级侵略者的民族政策指导之下是绝不可能的。这些阴险的间谍们，即便在他们公开的著作中，最仔细明确的报道也着重在民族地区路线的指引，行程距离的记录，各地区自然条件的说明，地理情况图片的制作等等，贸然无耻地暴露出他们背后的图谋。他们关于民族种类的区分主要只依据语言形式，也就是斯大林大元帅去年发表的关于语言学的报告中所指的“基本语汇”的分析和整理，至于语言中所反映的民族物质生活的发展和民族关系的变化是受到忽略的，他们自然更不会理睬民族名称所反映的民族感情和这种感情所代表的民族发展的实况。国民党反动派统治时代的民族研究活动也一直是因袭着这种方法和态度工作的（我们曾经亲耳听到丽江人民关于这一类“学者”们活动方式的控诉），今后也必须受到纠正。

我报告这一点意思，是说的我们今后关于兄弟民族名称的称述，也是一个很细致的工作，至少我们这一次在云南工作中的体会是如此的。刚才王主任所说的泰族僰族之争就是一例。又例如丽江人民一般自称“拿喜”族，都厌恶“摩些”的族名，而永、华、宁地区的同族却普遍自称“摩些”，同时在永胜地区又有一种自称“丽江本族”的族名：这里由“摩些”而“拿喜”，由“拿喜”而“丽江本族”显然指出了这一个民族迁徙发展的迹象。在反动的大汉族主义统治时代，受压迫者民族在本民族阶级矛盾中挣扎发展，其后至于随同大民族主义者的感情，厌恶其原有而发展较落后的本族名称。又如云南彝族同胞一般地极其厌恶“倮㑩”的族名，而永胜部分代表则自愿并坚持为“倮㑩”族，同时凉山黑彝亦帮助证明，其意似不屑并称为同族：这情况无疑地反映出旧时代民族关系之一端。此外一般藏族之与云南的“古宗”，一般民家族之与兰坪的“那马”、碧江的“勒墨”，都有相同的情形。我们在每一次开民族代表会议之初，登记民族名称时首先就遇到这个困难，结果大抵依据和各代表商量取得同意后才能认定。例如在永胜开会的626名的到会者中，起初登记的是25种民族，后来由于编组讨论的理由，反复商量请各代表研究斟酌，终于在相视而笑的情绪下同意并作16种。

其他地区关于这个问题也有相同的情形，谁都不敢贸然肯定本区究竟有多少种民族。我们体会到在云南民族工作上单只这一个问题就须得在今天民族政策精神指导之下做一段耐心细致的实践功夫才可望逐步解决，也就是说，唯有在实践的民族工作中才能解决这个理论认识的问题。

关于人口，与前一项工作也有关联而且工作还要复杂，更得要在民族关系真能获得融洽后才有希望圆满了解，旧有材料绝难依据。例如，抗战结束以前不久，反动的云南省民政厅特设一个调查研究的机构，费了两年半的功夫得出全省少数民族人口的数字，其中“摩些”一族登记着分布在丽江县的是37500余人。而这次我们的了解，全县总人口接近17万，其中“拿喜”一族应占80%，这里就差了将近4倍，而今天的材料是比较可靠的，因为丽江人民的觉悟已经普遍地提高了。依据我们在各区所作十几个村寨的访问，一般的人口实况大体上在旧有官厅资料的1倍左右，今天各族同胞都对我们表示：“今天毛主席关心我们，我们自然愿意说实话了。”

我们在各地工作时，当地工作同志都动员集中了力量迎接民族代表会议和群众大会的工作，除了已有的情况整理成材料的以外，我们不应该轻于启齿谈到这些一般情况的数字问题，所以目前仍然只能满足于估计。我们也以这样的理由，体会云南省人民政府周、张两位副主席对于云南少数民族人口占全省总人口60%，数目近800万的估计；这估计是近于正确的估计，因为云南各族人民觉悟，奋起的已经不少，而且许多都有了两三年的奋斗历史，产生了不少的少数民族干部了。

再次，我想简略报告一下我们访问团工作的过程。除初到昆明时，适逢全省第一届农代会开会，我们乘便进行了少数民族代表140余人的访问及参加了昆明回民千人的欢迎会外，从去年8月29日离昆向少数民族地区出发到本月21日返昆，其间我们先后去过宜良、丽江、保山、大理、楚雄和武定6个专区，其中或全团或派出小组驻留期间长短不等做了工作的县治及旧设治区有26处。在各地我们参加了群众大会9次、民族代表会议5次，并配合全面工作、放映电影、演出文艺晚会、展览照片年画和医疗卫生等活动，和在各种形式的小型座谈会，总计二分团工作直接接触的各族同胞当近23万人。影响所及，在数量上是不算小的；在工作质量上说，估计有两点基本认识应该能够印入到相当广大的少数民族同胞的意识里，那就是：只有毛主席领导的人民政府才真正关怀少数民族的利益，和今后人民祖国的范围内各民族的关系只能是平等、团结、友爱、合作的关系，不许可再有压迫仇视的关系。我们在工作过程中和事后收到的反应，证实了这个看法的例子非常之多。

自然，像这一类预期反应的获得，只能是由于毛主席的伟大，由于共同纲领民族政策的正确，由于各民族地区各级党政军工作同志一般地都能认真执行民族政策，并在工作中随时检查和请示上级的严肃作风的结果。作为访问团的工作同志们是从这一段工作中吸取了丰富的教育和启发。

现在，我想扼要报告3点在工作中学习的经验请教：

（一）团结教育是伟大的教育，民族代表会议是云南民族工作中推进到建立区域自治或民族联合政府以前最好的团结工作方式。——我们在所有地区的经验无例外地都证明了这两点。以云南民族种类和人口数目之多，历史上民族纠纷之复杂，以及汉族反动统治阶级侵入后压迫、分裂与同化政策造成的民族间隔阂之深，和各民族经济生活现状之悬殊，要今后各民族转变成为团结友爱的关系，无疑的是一个长期的巨大的工程。每一处的代表会议都由当地负责政府机关事先酝酿筹备，尽量争取一个民族不漏、一个代表性人物不漏的代表到会，尤其对于各族的上层，只要并非坚决的人民公敌，更着重地尽量争取。这个争取的过程常常是极繁重的工作。不用说被争取的代表们的将信将疑，就是实际做争取工作的地方干部也还有许多存在着思想上的疑惑，不敢轻于置信像这样“空言”团结的效果。事实上，单纯从各族代表居住的地区到达开会的地点一路上清平无匪和沿途受到热情周到的照应这件事，已经就是思想上惊奇转变的开端。直到会议的开始，各区的绝大多数代表都存在着极其纷杂的思想情况。人民代表大抵最担心的是被拉夫当兵，上层代表则大抵担心追究问罪，一般共同担心的是被勒索派款，当场扣押。他们怀着这样的心理而终于到会，是“应付公事”，不得不来。宁蒗的整个代表团直到会议开幕的早晨，站队都还是两脚发抖；保山到会者中有5个互相熟识的崩龙族代表，一直害怕是被拉当兵，初到保山招待所的时候，见到招待所发给每人一块肥皂和一条毛巾，当晚5个人之中就有一个暗暗逃走，因为他的恐怖的记忆里，新兵初到曾经受到过这相同的待遇，因之更肯定了他的疑虑。保山区一位重要的老土司知道本区全部土司都应邀到会而自身又被三番五次强邀终于不得不来，可是行前预备好了一具棺材，辞别家人和属官时说了一片泣不成声的遗嘱。我只举出这几个比较突出的例子反映出反动统治时代大汉族主义的统治阶级造的罪恶该是多么深重。即使情形比较熟悉的代表们也只以为看热闹而来，万料不到这是一场严肃的政治控诉和思想改造的会议。也有不善体会政策精神的少数积极分子初来时颇怪为什么召集起一些“强盗”来开会，此外还存在有其他各族互相歧视的情况。

针对着这样的思想情况来安排会议，传达伟大的毛主席的民族政策，尽量结合着当地的民族关系情况清查过去民族不团结的中心症结，列举二三十年来毛主席领导中国人民革命期间早就实行着和今天一样精神的民族政策的过去事实和指明这样的民族政策的人民性，配合着会场的规模，和对于代表生活的体贴周到的照应，以及对比着各代表所知道的汉族地主恶霸们所受到的遭遇，我们就不难想象这件工作对于促进民族团结上所起的作用。

整个会议进程中无日无时不激起丰富的思想变化，对于当地的民族关系来说，正是划时代的变化。绝大多数代表无论在大会或在小组会中都是一字不肯遗漏地倾听旁人的发言，心头就涌出倾吐不完的控诉和欣悦。对于那位久经世故，据说向来沉默寡言的老土司官终于也吐露出“今后虽‘肝脑涂地’‘赴汤蹈火’也要跟着毛主席走”的话来。各地区都有代表要求我们地方工作干部摘写宣传要点好作回家后传达毛主席德意的根据，或者至少抄录会场中的口号，在这种情形下我们就容易了解为什么集体高呼口号时，永远是“毛主席万岁”的呼声发出得最整齐最洪亮！我们知道有的代表看过电影中毛主席谈话的影像后梦中常常见着毛主席；我们又听到有的代表对我们述说“毛主席纪念章有三百斤重”；我们还知道龙陵一位傈僳族代表曹开祥在保山对我们说是“回家后跑断了腿也要到处宣传”。后来果然借了粮食赡养家人，自己一刻也不肯耽误地到处述说他在开会期中所闻所见和所享受的殊荣。

关于代表会议中代表的甄别和主席团人选的决定，也是重要的工作，因为这个工作处理得当，可以增强与会者的是非心和责任感。我们知道凉山黑彝代表就在会议的后期产生了两件在永胜街头制止并申斥他们非代表的百姓强拿摊贩商品的故事，而这个举动在当地汉族眼睛里也当作划时代的变化看待。我们又鼓励过全部凉山彝目43人自动集体约法三章的好事：（1）以后自己互勉互戒不再抢人；（2）回山后凡是这次来开会的代表必须共同劝说他人不做同样行为，否则联合问罪；（3）明年2月30日①约集凉山范围5县境内的彝人在中心区磨房坪全体商讨内部团结和改革的问题。姑无论将来实践的成效如何，这些行为都是我们值得尊重的，而且已经破除了当地汉族上下层对于代表会议的许多成见。

此外中甸德钦藏族的土官头目中类此的反应也不少，在大会发言中吉福当众坦白谢罪，阿坚也坦白说出为匪生活和民族压迫的关系。还有他族代表彼此多年间隙决心从此化除的表白是非常之多的。这里又说明了，许多代表通过会议自发而勇敢地掌握了批评和自我批评的武器，而这一点在以往民族关系的条件下是不可想象的。也有不少各族上层代表

① 原文如此。——编者

在小组讨论中，起初很觉得一味责备大汉族主义者是很难为情的事情，因为他们也承认自己民族也有不是，不愿轻于出口，但经过旁人的自我暴露逐渐也就敢于拿起自我批评的武器来。

（二）团结和进步相结合的工作，也就是民族统战和群众运动相结合的工作，是今后最艰巨的工作。——我们说团结教育是伟大的教育，一次民族代表会议解决了过去民族不团结的症结，和今后在毛主席旗帜之下，在人民政府领导之下，必然趋向于团结合作的认识的问题，自然是不小的成就。但是各少数民族的经济生活和政治生活，正由于大汉族主义者长期压迫的缘故，结果自惭"落后"，而医治"落后"的责任主要地只能落于各族人民的肩上。因之，在具体工作上如何体会政策的精神，适当地掌握民族关系和阶级关系的处理，这个问题是我们最普遍遇到的一个难题。我们的工作干部一般都忠实于阶级立场；但有的情形因此而忽视了民族隔阂的鸿沟，使工作发生了偏差，反倒丧失了阶级立场，忽略了包办代替的错误，坠入了"打抱不平"的小资产阶级思想泥泞之中。在反面，由于政策和上级的指示，我们的干部又有可能坠入缩手缩脚，失去了工作的主动性；只顾了消极地团结而难于积极地帮助进步。最突出的例子是中甸杨湛的遭遇。此外如保山区民族工作干部面对着一部分司官无理的谴责而难于自解，也是同样的困难。

总之，具体的工作中要求我们的干部既善于团结上层，又能通过上层耐心地教育群众，这里面要求的工作严肃性和创造性是很高的。

刘主席在西南军政委员会第一次全体委员会议中所作报告的指示"要认真地从经济上文化教育上去帮助各少数民族获得进一步的发展"，事实上各地区都在遵照着这个指示进行工作，我们在各地也听到感戴的声音，这是照顾到少数民族的实际利益，必然可以有力地推进工作，加强团结。但也有个别地区，由于地方负责同志不愿增加上级困难，宁愿自求解决，这结果在对少数民族实际利益的照顾上就缺乏了确定的物质基础，万一力不从心，很容易使得政府的威信受了损伤。从云南解放不足1年的时期中，我们各地领导上在繁重的任务之下集中力量进行了剿匪、征粮、支援解放西藏，尤其是最近的减租反霸工作，这是必要和完全正确的。对民族工作问题一般是采取了首先维持原状，稳定社会的方针，并在事实上收到了显著的成绩。也正因为如此，至今某些个别地区对于民族工作有关方面的研究和推进，就难免不放松和忽视，尤其在极个别地区的人民负担方面忽略了解放前后实际情况的比较，是最难于启发群众的。也有个别地区，少数民族上层误解了我们的政策，在政府减轻了的人民负担上巧借名目，加上了新的苛征，并且在严密封锁我们和群众的关系情形之下，将责任诿卸在我们地方政府身上，这种情事的纠正是需要耐心的工作。又如有的贫瘠山区少数民族大多数都是贫苦自耕农，一年难得全饱，而对于汉民地区如火如荼的减租退押运动感觉冷淡，而仍然存在着自己民族不如汉族的苦痛。假使这种地区的少数民族曾经在反对国民党匪帮的斗争中出过血汗，受过惨重的牺牲，到今天仍然自愧不如汉族"坐享其成"的农民，那个不平的感觉还要加深。我们就听到过这样一类少数民族的干部，诉说"自己成了民族的罪人"的声音。这情形如果不加以及时地有力地教育是对于民族关系不利的。这一系列的问题，我想都归之于团结和进步相结合的工作一类问题里。

（三）民族区域自治或民族联合政府问题是民族工作中一个关键的问题。——目前云南民族区的政权形式存在着不同的情况。依我们访问所到过的地区，大体可分别为内地区和边疆区的两类，而两类中又因各民族社会历史发展程度和所处地域条件的不同而各有两种类型。内地区的一种类型是曾经发动过游击战争，群众工作较有基础的民族聚居区，民族干部较多，村乡区人民政府负责同志绝大部分由当地民族干部担任。但各干部还没有完全按着自己民族的形式特点及大多数人民的需要进行一切工作。这里的问题是区内群众普遍提出一些新的需要和较高的希望要求上级解决。离区边远的彝汉杂居村寨则要求划归本民族地区或依照政策规定，成立明确的区域自治的人民政府。

内地区的第二种类型是民族杂居区，有少量的民族干部，但并不以民族代表的身份出现，而且民族成分依据人口比例的吸收也注意不到。各族干部之间的关系，一般地不够密切，甚至于存在有宗派的迹象，使得群众认为干部有民族偏袒的情事，引起不满。

边疆民族地区的特点是由于历史上民族矛盾的强烈，形成了远离中心地域的民族聚居区，各族社会形态保留其民族特点更多，有半奴隶半封建的形态，有完整的封建形态，还有的存留着氏族社会的余迹很多，语言中无“父亲”的称呼，婚姻制度也不存在。由于这样的情形，民族的隔阂更深，革命工作的基础也更薄弱。加以很多地区牵连到国防问题，使得民族工作增加一层重要性。我们的当前政策是采取维持原状的方针，要求更坚忍耐心地工作。政权情况以下列两种类型存在。

其一是以我们干部领导吸收各族上层和尽可能的人民代表组成近似自治性的政府。这是很宝贵的试验，如碧江县的试行新的行政区划已经收到了成绩。但也有的苦于孤军摸索，缺少政策指导，上级给予的任务主要在保障地方治安，例子如凉山办事处。

边疆区的第二种类型是人民政府系统与民族原有政权系统的两套同时存在。这里我们和各民族上层之间很难消除貌合神离的距离，和人民之间更严密的封锁。这里上层统治者的希望是旧制度的原封不动，要求是给予法律的保障。

所以这里存在的问题是：①如何争取上层的真诚合作，使之消除顾虑，达到真正团结后个人的出路和他们的民族发展都得到保障？②如何使人民热诚拥护政府，加强团结，以便培养人民力量，作进步的骨干？③如何使政府力量集中，使目前分散进行的民族工作因而产生的被动与偏差的情况，得到改善与纠正？

针对上面分析的复杂情况，要执行邓副主席所说的“更认真地建立民族自治区人民政府和民族联合形式的人民政府”，很显然的是艰巨的工作。但工作是提到了日程上来，长期受压迫者民族唯有达到自己有权管理自己的事情的一天才能真正有确实平等的感觉和欣幸。我们听到西康藏族自治区人民政府建立的经验的几种报告，更体会出自治了的藏族人民今天的感激和拥戴毛主席、共产党和上级人民政府，更增加了十百倍的亲切。因之，“永远跟着毛主席走”的信念，不只表现在言语的形迹，而必须是自己竭忠尽智，努力向进步的光明大道上“走”了。所以，这一步的达到，是民族团结和进步的最有效的工程。

总结我们的体会，今后一切民族工作的总方向是肯定地逐步加强团结，唯有在团结的基础之上才能合作进步，而保障这些成就的关键是政权形式问题。如果我们可以说，已经做过的民族工作，如像民族政策的宣传，大民族主义的扫除，卫生、文教、贸易等等方面的帮助，以及民族参观团和我们访问团等组织在民族地区的来往，这些逐渐在“数量”上完成了消除隔阂加强团结的任务。那么，建立民族自治区人民政府和民族联合形式的人民政府，也可以说是民族工作的“质变”。

最后我复述一遍，中央访问团第二分团的工作并没有结束，我的意见也没有经过审查，在王老领导之下的这个民族工作的集会里提出来请各位委员各位同志批评。

中央人民政府政务院关于民族事务的几项决定
《民族工作文件汇编（一）》
中央人民政府民族事务委员会编
1951年8月

中央人民政府政务院关于民族事务的几项决定

中央人民政府政务院会议在先后听取了中央民族事务委员会李维汉主任委员关于各民族代表参加国庆节的报告、中央民族访问团沈钧儒关于访问西北少数民族的总结报告并研究了中央民族访问团刘格平团长等关于访问西南各民族的各种报告之后，特作出如下决定：

（一）各大行政区军政委员会（人民政府）须指导各有关省、市、行署人民政府认真地推行民族区域自治及民族民主联合政府的政策和制度，并随时向政务院报告推行经验，其必须事前请示者应向政务院请示。

（二）各大行政区军政委员会（人民政府）须指导各有关省、市、行署人民政府认真地并有计划地实行政务院在1950年颁发的培养少数民族干部试行方案，并将该项工作进行情况定期加以检查，每半年向政务院作报告一次。中央民族学院及西北、西南、中南各军政委员会和新疆省人民政府办理的民族学院，必须依计划实行，并向政务院作报告。

（三）政务院于今年下半年适当时间将同时召开有关少数民族的卫生、教育及贸易三个事业会议，责成政务院文化教育委员会、财政经济委员会指导中央卫生部、教育部、贸易部开始筹备，并责成中央民族事务委员会协助进行之。有关部门如农业部、文化部亦须派人参加。

（四）责成中央人民政府各委、部、会、院、署、行注意建立有关民族事务的业务。

（五）在政务院文化教育委员会内设民族语言文字研究指导委员会，指导和组织关于少数民族语言文字的研究工作，帮助尚无文字的民族创立文字，帮助文字不完备的民族逐渐充实其文字。

（六）扩大中央民族事务委员会名额，责成中央民族事务委员会提出补充名单的建议，并准备于今年下半年召开中央民族事务委员会的扩大会议，以检讨与总结关于推行民族区域自治及民族民主联合政府的经验。

1951年2月5日

中央人民政府贸易部关于全国民族贸易会议的报告
叶季壮
（1951年11月23日在政务院第一百一十二次政务会议上的报告，并经同次会议批准）
《西南民族工作参考文件》第五辑（民族政策学习专辑）
西南军政委员会民族事务委员会编
云南省人民政府民族事务委员会翻印
1952年11月

中央人民政府贸易部关于全国民族贸易会议的报告

一、会议情况

遵照政务院的决定，本部于8月17日至31日召开了全国民族贸易会议。到会者计有各大行政区、内蒙古自治区、中央直辖华北各省市及中央有关部门代表共149人，其中各地区代表98人，内少数民族代表42人（包括蒙古、回、藏、维吾尔、苗、瑶、彝、黎、壮、侗、仲家等11个民族）。

会议由本部沙千里副部长主持，姚依林副部长作了1951年全国国营贸易情况的介绍，中央民族事务委员会刘格平副主任委员作了关于民族政策的报告，各地区首席代表汇报了解放前后少数民族地区的贸易情况，交流经验，并提出了意见和要求。其中，有关其他部门的问题（如林业、农业、交通、铁道、邮电、银行、保险、税务、度量衡等），曾召开了座谈会，并由有关各部、行、局作了书面答复。属于贸易方面的问题，则举行分组讨论及大会讨论。在闭会前，展览了各少数民族地区的土产特产396件，并举行座谈会，介绍各种产品的产销情况与规格质量。会议最末一天，由政务院陈副总理讲话，姚副部长作了总结报告。

二、目前少数民族地区的贸易情况

在这次会议上，代表们首先回忆了历代统治者对他们的残酷掠夺政策。有的地区使他们多年不敢出山，如甘肃北部蒙民逃往甘肃南山20多年，去年10月第一次出山到敦煌进行贸易，以致很多人常年无盐吃。绥远牧民常年穿不上棉衣。很多地区在贸易上存在着极端不公平现象，如海南岛黎胞以1只鸡换1枚针。新疆在国民党反动派统治下，中苏贸易断绝时期，羊毛无人剪，肠衣有喂了狗的现象。交易时大秤入、小秤出。最使兄弟民族们气愤难忍的是蒋匪帮的连年苛征暴敛、抓丁、要粮，置他们于饥饿死亡线上。广西少数民族说："你们再晚来1个月，我们就快饿死完了。"

解放后的情况大大不同了，全国大多少数民族地区，在当地人民政府领导下，已先后设置了国营贸易公司门市部、采购站、代销店、加工厂等750个企业机构，和大批流动贸易小组。贸易工作干部中有少数民族1700多人。这些贸易机构，根据毛主席及中央人民政府的民族政策和贸易政策，在价格上基本上执行了公平合理的原则，并推动领导私商尽可能地大量供应了物资。仅国营公司，截至1951年6月（新疆没有统计），贸易额共达5053.3亿多元，使少数民族地区商品的交换比例发生了重大的变化，土产特产的价格提高了，日用必需品的价格降低了。例如1947年，内蒙古自治区1吨粮食只能换到半匹五福布，1950年已可换到两匹多布，增加了4倍多。1949年新疆200公斤羊毛只能换到1匹青布，1950年11月只要30公斤羊毛就可以换到1匹青布。青海解放前100斤羊毛只能换1块半砖茶，1950年可以换12块砖茶。贵州大定苗族区在解放前100斤桐油只能换23斤食盐，现在可换160斤食盐。各地的交换比例，一般的已逐渐趋于公平合理，有不少已经达成公平合理。交换比例的合理，大大提高了少数民族人民的购买力，鼓舞了他们的生产情绪。当前所存在的问题，除个别地区对贸易工作重视不够外，主要的缺点还是贸易机构设置不够普遍深入，资金不足，缺乏专门的研究指导。如粤北连南县仅有一个县公司，成立1年多以来，仅经营1亿多元。西北运去的茶叶，一般茶质都低一等。同时因交通不便，日用品的供应尚不十分充足。总之，一般少数民族地区人民的生活是困难的，解放以来的贸易工作虽然有了一定的成绩，但对于各地少数民族的需要还没有得到完全满足，今后仍需采取积极态度，继续发展少数民族地区的贸易。

三、今后少数民族地区的贸易方针和政策

（1）为了适应少数民族广大群众的迫切需要，进一步帮助其生产发展与生活改善，应当在少数民族地区，根据不同情况有计划地积极地建立与发展国营贸易企业机构，并采取一揽子公司、专业公司、流动小组、代销店等各种形式，扩大少数民族地区的商业网，帮助他们推销土产特产。供给合乎他们需要的生活资料与生产资料，在有条件组织合作社的地区，积极扶助合作社的发展，同时要进行经济调查，以便于计划建设与物资交流。

（2）由于大部分少数民族居住地区地广人稀，交通不便，村落分散，仅有国营贸易企业尚难完全满足少数民族交换之需要，应在贸易行政机关与国营贸易企业的领导和组织下，团结正当私商，对少数民族地区进行贸易，并帮助少数民族人民经营商业，帮助各少数民族地区恢复与建立定期的集市（初级市场）。并在这些市场上，建立国营贸易机构或流动小组，加强市场管理，以保证公私厂商进行公平合理的交易，并逐渐改进交易制度。

（3）贯彻公私兼顾、公平合理的价格政策，采取经济领导与行政管理相结合的方法。坚决反对任何对少数民族人民的欺骗与掠夺。正确的价格政策，应当照顾产、运、销三方面的合理利润，并根据需要与可能，扶植少数民族地区有发展前途的手工业，减少因交通不便而造成的日用必需品供应的困难。为打下长远的贸易基础，提高土产、特产的规格质量，除实行品级差价外，并组织就地加工整装，以减轻运费与巩固扩大销路，使少数民族地区的土产特产，和少数民族所需要的生产资料与生活资料，均能在正确的价格政策指导下逐渐达到物畅其流、生产发展之目的。

（4）积极训练与培养少数民族贸易干部，各大行政区人民政府贸易部干部学校，应开办少数民族干部训练班，在少数民族地区的国营贸易机构应大量任用少数民族干部，采取边做、边学、边教的培养方法，逐渐提高其政治、业务与文化水平。

四、对于少数民族地区国营贸易机构的组织形式和其他问题的意见

（1）关于少数民族地区国营贸易机构的组织形式问题。少数民族地区国营贸易机构的组织形式，应当根据各地区、各民族的不同情况来决定。在内蒙古自治区，由于地区大、人口多，有了坚强有力的自治区政府领导，在整个财政经济工作上，都是中央人民政府领导下的一个单位，因此内蒙古自治区的国营贸易机构采取目前的组织形式，即作为内蒙古自治区政府的一个组成部分，并执行全国统一的政策、计划与制度，是适宜的。但在全国其他少数民族地区，由于各种具体条件与内蒙古自治区不尽相同，因此就不一定完全采取与内蒙古自治区相同的形式，各大行政区、各省、各民族可以根据本地区本民族的不同条件，因地制宜，选择适合于当时当地的情况的组织形式。

（2）关于生活特殊困难地区的少数民族如何从贸易上给以帮助的问题。在全国少数民族中，有小部分地区，由于所处地理条件过差（如云南国防线上的少数民族，因离内地过远，日用必需品的供给很困难），或由于过去反动政府在经济上的过度摧残，或由于他们所生产的土产特产尚未能找到销路，因此目前在生活上还有特殊困难。对于这些地区，在贸易上有加以特别照顾之必要。

国营贸易机构由于特殊照顾这一小部分地区，在经营上有时不可避免地要有些赔累，例如：以较低价格供给他们的一些迫切需要的日用必需品（如食盐、茶叶）；用稳步前进的办法来帮助他们推销土产；从收购中逐渐帮助他们提高质量；建立较多的国营贸易机构与流动小组，来维持他们的供应（这些国营贸易机构有时是入不敷出的）等。国营贸易机构采取这些办法，其目的是为了在一定时期内，帮助这些地区的少数民族得以恢复元气，发展生产，找到销路，逐渐建立他们自己的合作社和商业，这是为了帮助他们克服困难的过渡办法，而不是长期的以赔累和补贴为方针。各大行政区人民政府贸易部得根据本区的具体情况来决定是否需要这种特殊的照顾，与由于这种照顾而必需的赔累数额，并列入本区的国营贸易财务计划之内。

（3）在少数民族地区的国营贸易企业必须在各地人民政府统一的领导下，与各经济部门（工业、农业、银行、税收、合作、交通）及有关各项工作密切结合，贯彻政策，并依靠群众，特别是在边防地区与保卫部门结合，更为重要。

（4）为了加强对少数民族贸易工作的领导与帮助，各大行政区人民政府贸易部、省人民政府商业厅（工商厅）应根据需要建立民族贸易的专管机构，或设专管干部，以便具体研究指导工作的推行。

（5）在商品经营上，要注意地方需要之具体情况，如医药用品、生产工具等。

以上各点，是否有当，请政务院批准、指示！

中央人民政府教育部关于第一次全国民族教育会议的报告
马叙伦
（1951年11月23日在政务院第一百一十二次政务会议上的报告，并经同次会议批准）
《西南民族工作参考文件》第五辑（民族政策学习专辑）
西南军政委员会民族事务委员会编
云南省人民政府民族事务委员会翻印
1952年11月

中央人民政府教育部关于第一次全国民族教育会议的报告

第一次全国民族教育会议在9月20日开幕，至9月28日下午闭幕。出席这次会议的有中央各大行政区、各有关省市人民政府教育行政部门的负责同志，有少数民族教育工作者和各有关部门的代表共126人；其中包括汉、蒙古、藏、回、维吾尔、哈萨克、苗、彝、摩些、阿西、民家、朝鲜、高山、满等民族的代表。

在会议的准备和进行过程中，首先较多地了解了全国少数民族教育的基本情况。

各地区解放以来，由于人民政府的正确领导，积极帮助和各民族人民的努力，东北、内蒙古、新疆、青海、宁夏等地区的少数民族教育已有不少的发展，其他地区也开始有进步。目前全国共有：少数民族小学9100余所，兼收少数民族学生的小学4860余所，各少数民族入学儿童共943000余人；少数民族中等学校117所，兼收少数民族学生的中等学校490余所，各少数民族学生共计45600余人；民族学院6所，高等学校1所，兼收少数民族学生的高等学校80余所，各少数民族学生共4150余人；干部学校5所，另有民族干部训练班18个班，在学学生人数共4400余人。此外，两年来各少数民族地区都举办了各种性质的干部训练班，只新疆省的地方干部训练班在1950年内就训练了3600余名干部。西康藏族自治区在去年11月成立时只有9个少数民族干部，现在已有1000多人了。在解放较久的地区，冬学运动已逐步展开，其中以新疆、青海、内蒙古、东北、华北等地区的成绩较好。新疆省在1950年的冬学运动中，全省共有冬学6670余处，参加学习的共256000余人，超过预定计划的1倍半。各少数民族的成人、青年、妇女都很踊跃地参加冬学学习。

但是主要由于各民族历史条件的不同，同时由于解放的先后不同，各地区各民族教育工作的发展很不平衡。如：东北区的朝鲜族入学儿童已达学龄儿童92%左右，小学教育已接近普及的程度；中等学校已有57所，学生25870名；在延边专区，平均每两个区就有1所中学，每35个人当中就有1名中学生。内蒙古小学已增至3750余所，蒙古、汉等民族学生达307000余人，比日伪统治时期的最高数字增加到3倍以上；中等学校已增至10所，蒙古、汉等民族学生3568人，也大大超过日伪统治时期的最高数字。新疆原有省立中等学校14所，学生4600余人，解放后新创办了七年制中学38所，招收学生6614名。此外，青海、宁夏等省少数民族教育，都有显著的发展。但同时在西南的横断山脉一带、西北的游牧区等少数民族地区，至今还只有少数的学校或者还没有学校，除蒙古、藏、维吾尔、朝鲜、哈萨克等民族以外，许多少数民族只有简单的文字，甚至还没有自己的文字。一般地说，少数民族教育还是比较落后的。

会议了解了少数民族教育工作存在着下列主要的问题：

（1）各地区人民政府对于少数民族教育重视的程度不一致。西北、中南、华北的察哈尔、平原等地区的个别教育行政部门，尚有对此重视不够的现象存在。一般说，东北、西南、西北、中南的大行政区的教育行政部门已开始建立专管少数民族教育的机构，但干部还没有配备齐全。各有关省、市以下的教育行政部门多未建立此种机构，也就难以加强对少数民族教育的领导。在工作当中，汉族干部较易采取一般化的态度以处理少数民族教育问题；少数民族干部对于发展本民族文化教育是非常关切的，但有些人则有不顾实际情况求成过急的偏向。

（2）过去各有关地区根据共同纲领的文化教育政策和民族政策的一般原则进行工作，也取得了一定的成绩。但除干部教育外，关于一般教育的具体方针和任务等还没有具体的规定，所以在干部的思想上和工作做法上很不一致。例如：少数民族教育的内容与形式问题、课程教材问题，既要照顾民族特点，又不能忽视整个国家教育的统一性。这两方面怎样很好地统一起来，在许多干部的思想上是模糊不清的，有的只片面地强调一个方面。

（3）少数民族的师资特别缺乏，许多地区的教科书问题也还没有很好地解决。师资和教材问题是各少数民族教育工作中所迫切要求解决的。

（4）少数民族地区大部经济落后，人民生活贫苦，地方教育经费一般都很困难，儿童入学受到经济生活极大的限制。在目前阶段如果得不到经费上的特别帮助，教育工作很难得到开展。

根据以上的情况和问题，此次会议着重讨论并确定了以下的问题：

（1）明确了少数民族教育的总方针，即少数民族教育必须是新民主主义的内容，并应采取适合于各民族人民发展和进步的民族形式。这就明确了各少数民族的教育内容必须是新民主主义的，即民族的、科学的、大众的教育，而不能是其他性质的教育。但这种教育必须采取民族形式，照顾民族特点，才能很好地和各民族实际情况结合起来，否则便不会有良好的效果。

（2）各级人民政府教育行政部门应充分重视少数民族教育工作，加强对少数民族教育工作的领导。会议规定了现阶段少数民族教育的工作方针，应根据各民族教育的实际情况分别采取巩固、发展、整顿、改造的方针。在西南、西北及其他各省的山岳区、游牧区和偏僻的边境等少数民族教育工作尚无基础的地区，应有重点地创办学校和各种文教事业；云南、广西、湖南等省某些过去虽较有基础但工作尚未完全恢复的少数民族地区，则应大力恢复并积极整顿；东北、内蒙古、新疆等过去基础较好、解放后又有相当发展的少数民族地区，则应着重充实质量并做适当的发展。并决定在中央人民政府教育部和有关的各级人民政府教育行政部门，建立少数民族教育机构或指定专职人员负责，掌握少数民族教育工作。

（3）少数民族教育目前应以培养少数民族干部为首要任务，以满足各民族政治、经济、文化教育建设的需要，同时应当加强小学教育及成人业余教育，以提高少数民族的文化水平，并应努力解决少数民族各级学校的师资问题。

（4）在各少数民族地区，应有步骤、有系统地实施以爱国主义特别是抗美援朝为中心的政治思想教育，反对帝国主义侵略，肃清帝国主义和国民党反动派的残余影响；克服大民族主义与狭隘民族主义思想，发扬民族间的平等、团结友爱、合作精神和各民族的优良传统，加强各民族人民的祖国观念和拥护人民政府的热情，共同为保卫祖国、建设祖国而奋斗。

（5）各少数民族学校的教学计划、教学大纲应以中央教育部的规定为基础，并结合各民族的具体情况，酌量加以变通或补充。少数民族各级学校的学制应遵照中央人民政府政务院《关于改革学制的决定》，结合各少数民族地区的具体情况，有步骤地实现改革和建立。

（6）关于少数民族教育中的语文问题，会议规定凡有现行通用文字的民族如蒙古、朝鲜、藏、维吾尔、哈萨克等，小学和中学的各科课程必须用本民族语文教学。有独立语言而尚无文字或文字不完全的民族，一面着手创立文字；一面得按自愿原则，采用汉族语文或本民族所习用的语文进行教学。关于少数民族学生学汉文课的问题，会议一致同意各少数民族的各级学校按当地少数民族的需要和自愿设汉文课。

（7）关于少数民族地区的教育经费，各地人民政府除按一般开支标准拨给教育经费外，并应按各民族地区的经济情况及教育工作另拨专款，帮助解决少数民族学校的设备、教师待遇、学生生活等方面的特殊困难。

此外，此次会议并广泛地搜集了各地区少数民族教育情况的材料，并就少数民族的文字问题、文化工作问题、教科书编译等问题交换了意见。

根据上述原则和精神，会议修正通过了4个文件草案，即《关于加强少数民族教育工作指示》《关于建立少数民族教育行政机构的决定》《培养少数民族师资试行方案》和《少数民族学生待遇暂行办法》等4个文件，拟请政务院文化教育委员会批准，由教育部公布实行。

此外，关于少数民族的教育经费和教育工作人员的编制问题。会议中各地区各民族代表曾讨论并拟订了明年各民族教育工作适当发展的计划，其所需经费除民族学院经费由政务院民族事务委员会解决，东北、内蒙古两地可不另补助外，其余西北、西南、中南、华北、华东等区的少数民族教育经费需要中央补助一部分，已拟具数目报院请予核定。此外有关的各级人民政府教育行政部门均应建立少数民族教育机构，或指定专职人员负责掌管少数民族教育的工作。但据各地代表反映，各级地方人民政府教育行政部门，在现在的工作情况下，已感人力不足，因此建议政务院在确定各级人民政府编制时，能按各地区少数民族教育工作的繁简，予以适当的照顾。

以上各点，是否妥当，请指示。

中央人民政府卫生部关于全国少数民族卫生会议的报告
贺　诚
（1951年11月23日在政务院第一百一十二次政务会议上的报告，并经同次会议批准）
《西南民族工作参考文件》第五辑（民族政策学习专辑）
西南军政委员会民族事务委员会编
云南省人民政府民族事务委员会翻印
1952年11月

中央人民政府卫生部关于全国少数民族卫生会议的报告

遵照政务院2月5日发布的《关于民族事务的几项决定》，中央卫生部在本年8月23日至30日召开了全国民族卫生会议。兹将少数民族地区的一般卫生情况和在会议上解决的问题，分别报告如下：

一、人口减少的严重情况

少数民族人口减少的状况极端严重，如：新疆河山县二三十年前原有蒙古族5000余户，现在只剩600余户；云南思茅县城10余年前有三四万人口，现在只有100余人；青海海晏县藏族的果洛部落原有200余户，现在只剩30余户；绥远省伊克昭盟在清乾隆时代有40万人口，现在不足10万人。据绥蒙性病防治队调查：568名伊克昭、乌兰察布两盟妇女，其中1/3没有生育过，估计全盟一半的家庭没有小孩。因而在少数民族中流传出“生的没有死的多”的话。

二、主要的疾病

在少数民族地区危害最烈的疾病为下列3类：

甲、性病

性病患者，在内蒙古、康、藏、青海、新疆地区民族中，约占全人口50%左右。由于反动统治时期，几乎毫无医药设施，以致蔓延日广，个别地区有高达人口90%以上者，影响当地人民的健康甚大，为流产、夭折以致人口减少的主要原因。

乙、疟疾和其他传染病

在西南、中南少数民族中最严重者为疟疾。据云南省1950年卫生工作总结报告：思茅、宁洱、云县、顺宁、遮放、元江、河口等县儿童有脾肿者占64%至94%，血液中含疟原虫者占39%。思茅县人口之急剧下降主要为疟疾所致。西南与中南地区，少数民族中患过疟疾并保有原虫者占人口的大多数，夏、秋季常使整个村庄失去劳动力。滇西南区居民因恐惧疟疾曾流传一句俗语："要下孟定坝，先把老婆嫁；要到耿马，先把棺材买下。"其次为痢疾、流行性脑脊髓膜炎、白喉、猩红热、伤寒、回归热等，也都是死亡率极大的传染病。鼠疫在内蒙古地区虽然在逐年缩减中，但仍未消灭。

丙、产妇科和小儿科的疾病

少数民族妇女产期没有人助产，劳动妇女常在野外生孩子。新疆游牧区人民习惯认为生产是不干净的事情，不能在家里生产，临产前必须到野外去，产时下面铺草或旧毯子，甚至铺些沙子牛粪，脐带多用碎碗片、竹片或用齿咬断，亦有因不结扎脐带而流血致死的。婴儿患破伤风、麻疹和天花的死亡率很大，在新疆某些地区高达60%到70%。甘肃武威一个区的小孩，一年内因患麻疹而死亡的就有2700名。新疆拜城城乡调查999名儿童死亡中，有233名死于天花。故少数民族中流传出"只见娘怀儿，不见儿走路"的话。

以上是危害最大的疾病。此外如眼病、寄生虫病、风湿病等，在各民族同胞中亦甚普遍。

三、关于少数民族地区的卫生工作情况和今后计划

1年来，卫生部在少数民族居住地区已逐步地开始建立了卫生机构，计专为少数民族恢复和新建的卫生机构，在青海、内蒙古、新疆地区有卫生院94所、医院24所；在绥远、西北、西南、内蒙古地区有医疗队40队，由于预防工作加强，内蒙古的鼠疫发病率已大为减少，1950年的发病率约只等于1947年的1.3‰。内蒙古的性病防治工作在个别地区，已收得成效，生育率在增加。卫生人员所到之处，大受当地兄弟民族的欢迎，如滇西少数民族曾将三四十里长的道路修好，铺上树叶，欢迎卫生人员前往工作；青海藏民在病治好之后，感动地说："毛主席领导得人心都变好了。"但因限于经费和干部的不够，还不能普遍地、有系统地进行工作。

今后卫生部拟集中主要力量扑灭蒙藏地区的性病，西南、中南各少数民族地区的疟疾及妇幼疾病。根据这次民族卫生会议讨论，我们拟采取以下办法来加强少数民族地区的卫生工作：

1.逐步地建立卫生机构

少数民族地区卫生机构极端缺乏，拟逐步建立县级以下的卫生基层组织，作为卫生工

作的基础。县一级卫生基层组织应在1952年内基本完成，由于少数民族居住分散或流动不定，必须同时组织巡回医防队或卫生工作队。关于主要疾病的防治，准备1952年在西南与中南各成立疟疾防治所4所（现各有1所），并由中央派遣两个疟疾防治队；在西康、甘、宁、青、内蒙古各设一性病防治站，并加强新疆、绥远防治站工作。

在少数民族聚居地区，为加强卫生工作的领导，拟设专门的管理机构，以便加强领导，并在当地行政首长领导之下，组织防治主要疾病的群众团体，如性病防治协会、防疟协会等，加强民族形式的卫生宣传工作。

2.配备与培养卫生干部

少数民族多聚居边疆地区，卫生干部异常缺乏。除决定即由内地动员一批卫生干部去少数民族地区工作，并招收少数民族知识青年到内地高、中级医学院校学习外，拟在有条件的少数民族地区创办初级卫生干部的短期训练班及少数高级、中级的医学院校。其具体计划另报。

3.分别地区及疾病的实际情况，实行收费、减费或免费治疗

少数民族地区由于长期受反动统治的敲诈、摧残，某些阶层在生活上有其特殊的困难，因此，目前各民族地区卫生机构得根据当地人民的经济状况，协同政权机关、人民代表商定收费、减费及免费的具体办法，对于梅毒治疗，则必须以免费为主，以便于逐渐普遍治疗，更好地收到成效。

4.要求首长负责

卫生工作是少数民族地区首要工作之一，少数民族地区行政首长必须亲自加以领导，以期首先停止人口减少、疾病蔓延的严重现象。

中央人民政府政务院关于中央人民政府贸易部、教育部、卫生部提出的全国少数民族贸易、教育、卫生会议的报告的决定
（1951年11月23日政务院第一百一十二次政务会议通过）
《云南民族工作参考资料》第二辑
云南省人民政府民族事务委员会编印
1952年

中央人民政府政务院关于中央人民政府贸易部、教育部、卫生部提出的全国少数民族贸易、教育、卫生会议的报告的决定

一、中央人民政府批准贸易部叶季壮部长、教育部马叙伦部长、卫生部贺诚副部长提出的关于少数民族贸易会议、教育会议和卫生会议的报告，并予公布。

二、责成各大行政区人民政府（军政委员会）和华北事务部指导所属有关省（行署）人民政府分别制定当地少数民族区1952年的贸易、教育和卫生工作计划，切实执行，并向中央人民政府各有关主管部门报告。

三、1952年少数民族贸易、教育和卫生工作需要中央人民政府额外补助的经费，由中央民族事务委员会和有关主管部门会商拟定，报政务院核定。

四、中央人民政府政务院所属各部门与少数民族有关者，须在1952年工作计划中列入少数民族事务的项目。

五、某些可由有关主管部门通力合作的事务，由中央民族事务委员会会同各部门商定方案报政务院核定。

中央召开少数民族文教预备会议的经过
——4月26日云南文教厅李副厅长在西南民委会传达
《云南民族工作参考资料》第一辑
云南省人民政府民族事务委员会编印
1951年

中央召开少数民族文教预备会议的经过

——4月26日云南文教厅李副厅长在西南民委会传达

中央已决定在今年8月内召开有关少数民族的文教、卫生、贸易3个专业会议。文教会议由中央教育部负责筹备，中央民族事务委员会协助办理。本月上旬教育部曾邀请了此次出席中等教育会议的各地代表开了一次预备会议，计出席西北、西南、内蒙古、中央民委的代表及研究少数民族地区语言文字的专家30余人。会议由中央教育部韦悫副部长主持。他提出了下面几个问题：

（一）设置少数民族文教专管机构问题：中央已决定在中央教育部之下设置一个少数民族教育处，以后在干部条件许可时即扩大成司。各大行政区及各省亦应设置处或科来专管其事，各地可根据具体情况考虑研究。全国少数民族人口达4000万，分布遍全国，对他们的教育问题应特别重视。新疆、内蒙古已设立了用少数民族自己的语言文字施教、课程教材适合于本民族情况的学校。西南少数民族较多，尚无此种少数民族的学校，应特别注意。

（二）经费问题：西北、内蒙古少数民族的文化教育经费，系在总预算中列出的一笔专款，而且数字的比例相当大。西南、中南只有少数民族文化的补助费，而经费的来源未与普通文教经费分开，以后应拨出专款，希望考虑研究。

（三）学制问题：新疆提出现行学制小学6年，时间太长，不适合少数民族地区的情况，应如何变更希望研究。

（四）语言文字问题：没有文字或文字不完备的应大力帮助其创造发展，对人口少的少数民族应特别帮助其创造或发展文字。现在新疆少数民族学校不硬性规定要学汉文，内蒙古学校除规定学蒙文外要兼学汉文。根据苏联鼓励少数民族学习俄文而不强迫学习的这一经验，中央初步认为，在民族杂居区内的汉人学校应要求学习少数民族的语言文字，相反地，对于少数民族学习汉文则不加强迫。

（五）师资问题：如何培养应予研究。此外就是待遇问题，应该特别鼓励教师到少数民族地区服务，在旅费、医药、家庭照顾方面应有特别规定。现在教师待遇，一般都是大城市较高，中小城市次之，边远地方最低，这一现象是不合理的，应予纠正。

（六）教材问题：现有课本教材不适合少数民族地区，新疆回族对算术内四则难题提到猪肉多少钱一斤都表示不满，认为为什么不说牛肉一定要说猪肉。其他课程问题更多。现在新疆已着手翻译苏联乌兹别克共和国的教材，并且自己编了一些。各地对这个问题应好好研究。

（七）培养少数民族干部问题：高级的由中央民族学院培养，小学教师原则上由各地自行解决。

（八）少数民族学生照顾问题：对少数民族学生升学应特别照顾其程度。少数民族学生供给问题应有特别办法，北京大学已有专门研究少数民族语文的机构，以后各地少数民族学生能升入大学的都希望介绍保送前去，办法另订。

中央民族事务委员会在会议上又提出了14个问题：

（一）语文问题：根据苏联经验，各民族愿意改良其语言文字的应帮助其进行，民族杂居区语言文字比较接近的几个民族可以创造一种各民族共同使用的文字，关于这一问题应由中央与地方配合来做，如云南就100多种民族，地方上搞不起来，中央又不了解情况，所以一定要分工配合来搞。

（二）课程教材问题：特别是历史课本应如何写，需要很好地研究。

（三）师资问题：原则上小学教师由地方解决，并动员汉族教师协助。

（四）少数民族的学校教育重点应放在小学与师资教育上。

（五）学校形式问题：如何利用旧有形式（如喇嘛庙、缅寺等）担任新的教育任务、如何创造新的形式（电影剧团等）。

（六）游牧民族及半游牧民族学校形式及施教方法均应有所区别。

（七）对特别少数的少数民族应如何帮助其发展教育，应作专题讨论。

（八）爱国主义教育应如何深入少数民族地区。

（九）宗教与教育应如何分开。

（十）经费问题。

（十一）学制问题。

（十二）干部问题：基本上由各地民族学院培养，但是否应从改造少数民族旧知识分子入手，应讨论。

（十三）鼓励教师到边远地区服务，应专题讨论。

（十四）专管机构问题。

各地区的代表对这些问题都进行了讨论，并一致认为各少数民族的小学经费特别缺乏是一个大问题。

内蒙古代表并提出了下列意见：

（一）各民族间不能从历史观点及感情观点来算旧账，应着重自我批评。

（二）历史教材应很好处理，对民族英雄如岳飞、班超等应重新估价。

（三）少数民族的光明面如勇敢、勤劳、互助、团结、在科学上的发明应予表扬，以启发其民族自尊心。

（四）对国民党反动派在少数民族地区的反动措施，应与现在的政策对照着宣传。

（五）汉族老大哥不但在全国，即在全世界来说，也是一个历史悠久的民族，各兄弟民族应当学习尊敬，但要防止少数民族对汉族的无原则的捧场，以免形成汉族唯我独尊的大民族主义。相反地，狭隘民族主义的思想亦应彻底检讨。

（六）对于培养干部问题，方针应明确，中央大行政区、各省各应负责培养哪一级的干部，应明确规定。

（七）帮助各民族发展语言文字，应在现有的基础上来进行。已有文字的予以充实改革，没有文字的帮助其创造。方式可采用斯拉夫化或拉丁化。

（八）各少数民族应先充实自己的文化，吸收先进的文化来发展自己的文化。

（九）宗教与教育的关系问题，新疆、内蒙古均认为应给予重视，但不能作硬性规定，应从提高觉悟入手。内蒙古喇嘛庙经过爱国主义的教育后，在订立爱国公约时自动提出不吸收未成年的儿童入教。这说明喇嘛们觉悟以后还可以帮助教育的推行。

教育部总结以上讨论要点，提出8月会议应讨论的问题：

（一）机构问题：一致公认少数民族的文化教育应有专管机构。但如何设置，如何分工负责，如何统一领导，各地应根据具体情况提出方案。

（二）发展少数民族语文问题：必须确定原则方针，制定办法，希各地提出意见。

（三）学制、课程、教材问题：学制应采取几年制才能适合各地的具体情况，由各地提出方案。课程教材，自然科学较易解决，历史课程的编写最感困难，由中央教育部与宣传部研究提出方案，希望各地提供意见。内蒙古意见值得参考。地理、文学（注意发扬各少数民族的文化遗产），希望各地多提材料。政治课须针对实际情况编印。这些问题完全由中央来办是力不胜任的。

（四）培养师资干部问题：应提出方案，教师应提高待遇，学生应照顾其生活。

（五）爱国主义教育及宗教问题：准备由中央负责同志在8月召开的会议上作专题报告。

以上各问题拟在8月份的会议上提出讨论。

4项准备工作：

（一）各地区应分别召开预备会议，传达中央预备会议的经过，至迟在6月份内召开。

（二）搜集各项有关材料，在7月份内送到中央。

（三）物色少数民族教育工作者参加会议，人数多少由各地文教部报请中央政务院决定。

（四）研究各项问题提出具体方案。

西南民族工作日记（1951年）

西南军政委员会民族事务委员会编

西南民族工作日记（1951年）

几句说明

3年来，西南民族工作获得了巨大成就，这些成就是西南的党及各级人民政府遵照毛主席的民族政策进行正确领导及各族人民的不断努力的结果。为了便利查考过去工作进展的情况，我们特就各地报纸所载消息，编辑了这本小册子。缺漏错误在所难免，尚希读者同志指正。

1月

1日　昌都地区人民解放委员会成立。西南军政委员会任命王其梅为该会主任，帕巴拉·洛桑龙多呼图克图、阿沛·阿旺晋美、罗登协绕呼图克图、邦达多吉、降央伯母（女）、凭错旺阶、惠毅然、格桑旺堆为副主任，张西郎吉等95人为委员。

西康西昌汉、彝、藏、回、傈僳、摩些、苗等各族各界4万余人，为抗美援朝、保家卫国举行盛大示威游行。

8日　西康省藏族自治区民族学校在康定举行开学典礼。

10日　贵州省人民政府发布《贵州少数民族社会改革问题》和《贵州省人民政府关于少数民族地区工作的指示》。

出席第二届保卫世界和平大会的西南区代表欧百川（苗族）、龙介仁（阿西族）返回重庆。

11日　中央民族访问团第二分团，由云南保山转抵武定专区访问，沿途受到彝、苗、回、傈僳、傣、民家等族的热烈欢迎。14日，各族15000人在武定城郊举行欢迎大会。

15日　云南武定专区苗、彝、回、傣等12种民族代表377人，举行首届代表会议，会议历时7天，总结了过去的工作，确定了今后的工作方针和任务。

18日　川南彝族参观团抵重庆，西南军政委员会王维舟副主席及有关机关首长干部等百余人前往码头欢迎。

西南区首届卫生会议在重庆开幕。会议历时7天。西南军政委员会王维舟副主席在会上号召医务工作者为工、农、兵和少数民族服务；加强训练培养各民族的医务干部。

21日　云南蒙自专区首届各族代表会议开幕，到会的有窝尼、傣、彝、沙、苗、瑶、回、侬、汉等族代表300余人。会议历时9天，确定了加强各民族的团结及抗美援朝工作。

28日　贵州炉山凯里县苗族自治区人民政府成立，选出顾怀安（苗族）为自治区人民政府区长。

云南楚雄专区召开首届各民族代表会议，到会代表518人，包括各县回、傣、沙、傈傈、彝、苗、民家、摩些等族。会议历时3天，着重讨论团结及发展生产等问题。

31日　贵州省民族事务委员会与中央民族访问团第三分团共同举办的少数民族工作干部训练班结业，学员200余人已分返各区工作。

2月

2日　西南民族事务委员会第二次全体委员会议开幕，到会正副主任委员及委员23人，中央民族访问团刘格平团长、西南军政委员会熊克武副主席亲临指导，各有关部会首长及主管少数民族地区业务的负责同志亦应邀参加。会议历时3天，一致通过王维舟主任委员《一年来西南区的民族工作及对1951年工作的意见》的报告。

西康西昌专署邀集各族各界代表举行座谈会，决定推行陈士林创造的彝族新文字，并先在当地民族干部学校中重点试验。

4日　云南昭通县天主教人士举行座谈会，拥护自治、自养、自传运动，并发表革新宣言。

13日　川西茂县军分区举行贺功大会，7个少数民族功臣受奖。

19日　中央访问团第三分团在贵阳举办少数民族文物展览会，参观者逾万人。

20日　云南武定专区洒普山、撒老坞等5个教会代表在元谋县召开滇北基督教联合会第十五届年会，代表滇北3万少数民族教徒发表宣言，热烈拥护“三自”革新运动。

21日　贵州省民族工作会议在贵阳开幕，出席者有省、市各有关机关负责人，各专员、县长及中央民族访问团同志共140人。会议历时5天，确定根据各地少数民族的具体情况，迅速成立区域自治或民族民主联合政府。

3月

5日　中央民族访问团第一及第三分团的工作胜利结束，第二分团继续在云南各少数民族地区进行访问、宣传工作。

川南首届民族会议开幕，到会的代表计有彝族157人、苗族28人、回族5人，共190人。会议历时6日，订出各族人民团结公约，并致电毛主席表示团结决心。

8日　中央民族访问团第二分团抵达云南普洱，受到各族人民的热烈欢迎。

10日　川西茂县专区藏、回、羌、汉各族各界代表及头人、喇嘛等2000余人，举行示威游行，反对美帝国主义重新武装日本。

12日　川南各民族代表参观团抵达重庆，受到热烈欢迎。该团团长为杨代帝（女），副团长为乌保大曲、甘木沙沙、美时滋，团员包括彝族代表152人，苗族代表15人。在重庆参观了工厂、学校及市政建设，于20日返川南。行前写信向毛主席致敬，并写信慰问中国人民志愿军全体指战员。

15日　川北平武藏族自治区召开代表会议，出席代表189人，通过爱国公约，并决定在该区展开抗美援朝爱国主义运动。

17日　云南普洱专区第二次各族各界人民代表会议开幕，到会15县42个民族代表共1690人。会议历时8天，正式成立了普洱区民族民主联合政府。

30日　川西各民族代表参观团抵重庆，受到各机关代表及群众的热烈欢迎。该团由茂县专区各县藏、羌、回、彝等民族70余人组成，团长为欧尔孝（藏族，松潘副县长），副团长为索观涛（藏族，女）。在重庆参观工厂、学校后，于4月10日离重庆西返。行前写信向毛主席、中国人民志愿军及朝鲜人民军致敬，并订出川西各族人民爱国公约。

4月

1日　西康省藏族自治州康南、康北工作团，在自治区人民政府阿旺嘉错、夏克刀登、苗逢澍三副主席领导下，先后自康定出发。

昌都解放战争中光荣起义的藏军第九代本格桑旺堆及全体官兵致电毛主席，报告解放以来的生活及学习情形。

10日　川南乐山专署召开民族工作会议，讨论有关提高彝胞政治、经济和文化教育等问题。

16日　西康昭觉县彝族自治区第一届人民代表会议开幕，到会代表有28家支黑彝、白彝，及苗、汉各族代表和来自西昌专区的彝族来宾共401人。会议历时8天，选出瓦渣木基为该县县长，正式成立自治区人民政府。昭觉县各族人民2500余人在城内广场开会庆祝。

18日　云南各族各界代表1400余人，在昆明举行抗美援朝代表会议，一致签名拥护缔结和平公约，反对武装日本。

22日　西藏和平谈判代表团首席代表阿沛·阿旺晋美及代表土登列门、桑颇·登增顿珠等，由西藏经重庆抵达北京。

贵州威宁县全体苗族基督教徒发表宣言，拥护宗教革新运动。

24日　康定城区各族各界人民分别集会，举行拥护缔结和平公约，反对武装日本的签名投票。

贵州贵阳专区召开各族各界人民代表会议，出席苗、彝、回、汉各族各界代表494人。会议历时8日，正式成立了专区民族民主联合政府。

25日　西康省藏族自治区人民政府与康定军事管制委员会，接受康定各族各界人民的要求，召开5500人的公审大会，公审处决破坏民族团结的张心林等17个反革命分子。

26日　西藏和平谈判代表凯墨·索安旺堆、土丹旦达等6人，由西藏经印度、香港抵北京。

29日　云南蒙自专区第二届各族各界人民代表会议开幕，到会29种民族代表802人。会议历时11天，正式成立了专区民族民主联合政府，并订立爱国团结公约。

5月

2日　西康省农民代表大会在雅安开幕，到会代表中有藏族7名、彝族19名、傈僳族1名，其中萨纳（藏族）、王海臣（彝族）并当选为西康省农民协会委员会委员。

5日　昌都地区24个宗的僧俗人民代表269人举行支援解放西藏大会。会议历时8日，各宗与会代表都订出实现大会决议的计划，并由昌都地区人民解放委员会及人民支援委员会总会联合举行支援模范授奖典礼。

西南民族事务委员会在重庆举办的藏语学习班第一期结业，毕业学员33人，分返各原保送机关服务。

9日　川西少数民族访问团一行62人，由任景龙团长率领抵达茂县，受到该县各族人民热烈欢迎。该团将深入松潘、理县等少数民族聚居区进行访问。

11日　西康第一届各族各界人民代表会议开幕，出席汉、藏、彝、回各族代表250人。会议历时7日，选出了协商委员会委员，通过了团结爱国公约。

13日　川西茂县专区首届各族各界人民代表会议开幕，川西少数民族访问团应邀参加。会议历时5日，讨论如何实现民族区域自治、民族民主联合政府、抗美援朝与剿匪生产等问题。

17日　贵州民族学院在贵阳开学，计有苗、彝、回、补伊（仲家）、水家、壮、汉等7个民族的学员205人。

18日　云南丽江专区第二届各族各界人民代表会议开幕，到会有摩些、傈僳、民家、藏、怒等31个民族代表530余人，省人民政府周保中副主席亲临指导。会上正式成立了专区民族民主联合政府。

23日　中央人民政府和西藏地方政府《关于和平解放西藏办法的协议》，由朱德副主席、李济深副主席、陈云副总理主持，在北京举行签字仪式。中央人民政府代表签字者为全权代表李维汉、张经武、张国华、孙志远，西藏地方政府代表签字者为全权代表阿沛·阿旺晋美、凯墨·索安旺堆、土丹旦达、土登列门、桑颇·登增顿珠。

24日　毛主席设宴庆祝和平解放西藏办法的协议签字。应邀赴宴的有班禅额尔德尼及西藏全权代表阿沛·阿旺晋美等。

班禅额尔德尼率领班禅堪布会议厅主要人员，向中央人民政府毛泽东主席和人民解放军朱德总司令献哈达和礼品致敬。西藏和平谈判代表团代表达赖喇嘛和西藏地方政府，亦于同日向毛主席和朱德总司令献哈达、礼品致敬。

28日　西康省藏族自治区人民政府主席桑吉悦希及全区人民，为庆祝和平解放西藏办法的协议签字，分电毛主席及中共中央致敬。

西南军政委员会颁布《西南区土地改革期间保护民族文物暂行条例》。

29日　西康雅安各族各界16000余人，集会庆祝和平解放西藏办法的协议签字。西康省人民政府廖志高主席号召西康人民支援进藏部队早日进入西藏，并以最大努力帮助西藏人民的建设事业。

30日　西康省藏族自治区人民政府全体委员及全区人民，写信给西藏地方政府及西藏全体同胞，祝贺和平解放西藏办法的协议签字，并报告自治区的新气象，希望藏族人民在毛主席的旗帜下团结起来。

为和平解放西藏办法的协议签字，班禅额尔德尼电达赖喇嘛致贺。

6月

1日　西南民族学院在成都举行成立暨第一期开学典礼，到学员500余人，包括藏、彝、苗、回、傣等24个民族。

贵州省人民政府访问团一行35人，由杨汉先团长、陈大羽副团长率领，赴黔东南等少数民族地区访问。

重庆市医务工作者组成了赴藏医疗队，包括6个医师、8个助产士和护士。

2日　西藏和平谈判代表团阿沛·阿旺晋美、代表土登列门及随员等离京，行前发表书面谈话，表示彻底执行和平解放西藏办法的协议。他们于7日抵重庆，受到西南党政军各机关首长及学校团体居民的热烈欢迎。9月12日返抵拉萨。

3日　西南民族事务委员会与西南人民广播电台合办的藏语广播开始在重庆播送。

8日　在西康光荣起义的藏军第九代本格桑旺堆暨全体官兵，致电毛主席及全国人民，拥护和平解放西藏办法的协议。

为庆祝和平解放西藏办法的协议签字，西南各界代表500余人举行盛会庆贺。西南军政委员会邓小平副主席、西藏和平谈判代表团首席代表阿沛·阿旺晋美均相继讲话。

10日　中央民族访问团第二分团离昆明返京，昆明市各族各界2万余人夹道欢送。

13日　中央人民政府赴西藏代表张经武及西藏和平谈判代表凯墨·索安旺堆、土丹旦达、桑颇·登增顿珠及工作人员等一行20余人，乘车离京转印度赴西藏。

15日　云南保山专区召开第二届各族各界人民代表会议，出席会议的代表1226人，包括汉、傣、傈僳、山头等20种民族。会议历时11日，正式成立了专区民族民主联合政府。

22日　中央人民政府政务院文化教育委员会组织的西藏工作队，由队长李璞、副队长方徨率领，于上周抵重庆，今日离重庆赴藏。

贵州镇远专区召开首届各族各界人民代表会议，到会苗、侗、汉代表433人。会议历时5天，正式成立了专区民族民主联合政府。

31日①　贵州省人民政府商业厅召开第一届少数民族贸易会议。参加会议的有省级各有关机关及各专区代表共55人。会议历时6天，决定了今后对少数民族贸易的方针与任务。

7月

4日　西南军政委员会发出关于开办少数民族各种短期训练班的指示。

9日　贵州省第一届各族各界人民代表会议开幕。出席会议的有汉、苗、彝、侗、回等各族各界代表529人。会议历时18天，听取和审议了省人民政府19个月的工作报告；讨论并决定了今后的工作方针和任务；选举并成立了该省第一届各族各界人民代表会议协商委员会。

11日　西康省藏族自治区召开第二届卫生工作会议，传达了西南卫生工作会议的精神和西康省本年度的卫生工作计划。

14日　中央人民政府赴西藏代表张经武偕西藏和平谈判代表凯墨·索安旺堆等抵亚东，前往欢迎者有达赖喇嘛代表、西藏地方政府代表等僧俗官员多人。次日张经武代表接见西藏地方政府4位噶伦，16日会晤达赖喇嘛并亲交毛主席致达赖喇嘛的信。22日离亚东，8月8日抵达拉萨，受到西藏地方政府僧俗官员及当地藏、汉、回各族人民的热烈欢迎。

19日　贵州文教厅召开少数民族教育会议，出席会议的有各地各单位代表25人。会议历时3天，确定了该省少数民族教育的方针和任务。

① 原文如此。——编者

21日　达赖喇嘛率西藏地方政府僧俗官员离亚东，于8月17日返抵拉萨。

31日　云南西北部摩些、民家、傈僳、藏、彝等17个民族组成的丽江边防区某团全体指战员，写信给毛主席、朱总司令，报告在战斗中成长的情形，表示坚决团结边疆各族人民巩固国防。

8月

1日　中国人民解放军西康军区康定军分区藏民团正式成立，该团全体指战员写信给毛主席、朱总司令，表示决心努力学习，做一个好战士。

2日　云南民族学院正式开学，学员包括彝、藏、汉、傣、回、民家、摩些、山头、佧佤、傈僳、撒尼、苗、爱黎等38种民族共559人。

11日　西康省藏族自治区在康定举行土特产交流大会，决定扩大经营，提高品质，发展土特产贸易，以改善藏民生活。

12日　中国人民赴朝慰问团西南分团川西、西康工作队抵达康定，受到各族人民的热烈欢迎。

19日　西康第一次教育工作会议开幕，出席会议的有汉、藏、彝、回等各族教育工作代表120人。会议历时11天，总结了解放以来的教育工作，明确了新民主主义的教育方针。

20日　云南昭通专区举行土特产展览交流大会。

22日　贵州安顺专区召开首届各族各界人民代表会议，到会各族各界代表344人。会议历时7天，正式成立了专区民族民主联合政府。

23日　西康省各族各界人民发表书面谈话，坚决拥护周恩来外长关于美英对日和约草案及旧金山会议的声明。

26日　西康雅（雅安）宁（西昌专区）边彝、汉联合剿匪委员会召开贺功大会，21名剿匪功臣（半数以上是彝族同胞）受到了各级首长及群众的热烈祝贺。

9月

9日　开往西藏的人民解放军某部先遣部队进抵拉萨，受到当地藏、汉、回各族各界约3万人的热烈欢迎。

川西茂县专区的四土阿坝临时军政委员会召开成立会议。

11日　贵州独山专区召开首届各族各界人民代表会议，选出专员、副专员、政府委员，正式成立专区民族民主联合政府。

27日　西南民族学院全体学员及工作人员共500余人组织的参观团自成都抵重庆。他们参观了重庆的工厂、学校、工业展览会及西南少数民族文物展览会，于10月14日返成都。

29日　贵州民族访问团在黔东南边沿县份少数民族地区访问完毕，返抵贵阳。

30日　国庆前夕，西藏地方政府及班禅额尔德尼分电毛主席致敬。

中国人民解放军西康军区基干第三团（昭觉县彝族自治区彝民团）全体指战员写信给毛主席、朱总司令，感谢解放军帮助建立了第一支彝族人民的军队，坚决保证练好本领，巩固国防。

10月

1日　拉萨僧俗人民及人民解放军6000余人，在布达拉宫前的广场上举行庆祝国庆大会，会上张经武将军号召入藏部队和工作人员与藏族僧俗人民亲密团结，建设新西藏。会后张经武将军并欢宴西藏地方政府重要官员及印度、不丹、尼泊尔驻拉萨代表。

2日　川南宜宾专区召开首届民族代表会议，出席苗、回、彝等族及机关代表共105人。会议以贯彻民族政策、消除隔阂、加强团结、开展经济贸易、做好抗美援朝等工作为中心议题，并作出决定。

15日　西康省藏族自治区第二届各族各界人民代表会议开幕，出席的代表有各地土司、头人、喇嘛、工人、农民、牧民、妇女和支援解放军进藏有功的模范等400余人。会议历时7天，通过了自治区人民政府一年来的工作总结和今后的工作任务，并订出团结爱国公约。

21日　中国人民志愿军出国作战一周年纪念日，班禅额尔德尼电志愿军全体指战员致敬。

西藏地方政府噶厦（即噶伦办公室）欢宴中央人民政府代表张经武和先遣部队司令员王其梅及各部负责人员。

23日　贵州毕节专区首届各族各界人民代表会议开幕。会议历时8天，讨论和审议了23个月来政府的各项工作，成立专区民族民主联合政府。

24日　中苏友好协会西康省藏族自治区分会成立，选出桑吉悦希（藏）为会长，阿旺嘉错（藏）、刘长健（汉）为副会长。

西藏达赖喇嘛电毛主席拥护和平解放西藏办法的协议，表示愿在毛主席及中央人民政府的领导下，积极协助人民解放军进藏部队巩固国防，驱逐帝国主义势力出西藏，保护领土主权的完整。

26日　人民解放军进藏部队在张国华、谭冠三两将军率领下进抵拉萨。西藏地方政府噶伦以下重要僧俗官员、进藏先遣部队、西藏地方军队及拉萨各界人民约两万人，在郊区热烈欢迎。

27日　中央人民政府代表张经武代表毛主席向达赖喇嘛赠送礼物，并传达毛主席、中央人民政府各首长对达赖喇嘛的关怀，说明人民解放军及工作人员将坚决执行和平解放西藏办法的协议，忠诚地为西藏人民服务。达赖喇嘛表示感谢，并敬祝毛主席身体健康。

28日　西藏地方政府设宴欢迎进藏部队张国华司令员、谭冠三政治委员和其他军政干部。中央人民政府代表张经武并应邀参加。西藏地方政府主要官员噶伦拉鲁、热噶厦、阿沛·阿旺晋美，噶楚（代理噶伦）土登惹扬、童普、夏苏，达赖的总堪布昂旺郎吉和西藏地方部队代总司令凯墨·索安旺堆等均参加宴会。

30日　人民解放军进藏部队司令员张国华代表西南军政委员会刘伯承主席，向达赖喇嘛赠送礼品，并致亲切的慰问。

11月

4日　由西北进军西藏的人民解放军某部进抵西藏北部重镇黑河，受到当地政府官员及藏族同胞的热烈欢迎。

5日　达赖喇嘛派总堪布昂旺郎吉携带大批礼品慰问入藏部队全体指战员。

7日　班禅行辕堪布会议厅电班禅驻重庆办事处代表献黄金150两，交西南军区慰劳进藏部队。

9日　中央人民政府政务院文化教育委员会组织的西藏工作队首批14人抵达拉萨。

云南玉溪专区第一届各族各界人民代表会议开幕，到会代表696人，包括彝、汉等28个民族。会议听取了专署的工作报告，正式成立了专区民族民主联合政府。

11日　茂县专区四土、阿坝、绰斯甲举行首届各族各界人民代表会议，到会有藏、回、汉各族代表254人。会议历时10天，决定成立各土行政委员会，开展群众性的捕匪运动，发展各土生产和文化事业。

贵州首届民族卫生工作会议开幕，到会各专、县和贵阳市代表58人。会议历时5天，决定了当前各少数民族地区卫生工作的方针，并通过了建立和发展少数民族地区卫生工作的决定。

12日　中国人民解放军进藏部队司令员张国华、政治委员谭冠三，在拉萨欢宴西藏地方政府噶伦、噶楚、总堪布等重要官员和西藏佛教主教噶登慈巴以及各寺院活佛、堪布等80余人。

17日　班禅行辕堪布会议厅向后藏扎什伦布和日喀则的政教官员、僧俗群众发出通电，号召他们欢迎人民解放军进驻日喀则。

19日　达赖喇嘛在拉萨亲自招待中央人民政府派赴西藏的工作人员和人民解放军进藏部队的负责干部90余人。

西南军政委员会第三次全体委员会议分电人民解放军进藏部队及达赖喇嘛、班禅额尔德尼，祝贺和平解放西藏的协议成功。

21日　人民解放军进藏部队某部到达后藏首府日喀则，受到扎什伦布寺代表、当地政府官员和僧俗人民的热烈欢迎。

22日　云南省第一届第二次各族各界人民代表会议开幕，出席代表1156人，其中少数民族代表421人，包括46种民族。会议历时7天，通过了各项工作报告和关于增加生产、厉行节约、加强抗美援朝等决议。

26日　人民解放军进藏部队某部进驻后藏重镇江孜。江孜的宗本（县长）龙吉郎巴等到郊外欢迎。

28日　出席中央民族事务委员会第二次（扩大）会议的西南区各民族代表及各省区民族工作负责干部共34人，由西南军政委员会副主席、西南民族事务委员会主任委员王维舟亲自率领，离重庆赴京。

29日　中央人民政府卫生部组织的民族卫生工作大队一行57人自北京出发，前往西康藏族地区工作。

12月

1日　班禅行辕堪布会议厅札萨计晋美等200余人，由青海返抵西藏拉萨，当地的人民解放军、西藏地方政府代表及僧俗人民到郊外欢迎。

由西北进入西藏的人民解放军某部，在范明将军率领下，进抵拉萨。

4日　计晋美等代表班禅额尔德尼晋见达赖喇嘛，达赖喇嘛对计晋美等致以亲切的慰问，并亲自收受班禅额尔德尼近照、函件和馈送的礼品。

6日　川西梭磨、松岗、卓克基各土司地区分别选出行政委员会委员，成立了行政委员会。

8日　贵州安顺专区民族访问团，在团长杨庆安（苗）、副团长杨陈先（苗）、杨子远（汉）等率领下，到各县举行宣传访问。

10日　云南召开首届各族各界妇女代表会议，出席的少数民族妇女代表有100余人。

12日　西康省藏族自治州参观团和西昌专区藏、彝、摩些等族所组织的参观团抵成都，受到当地党、政、军各首长及西南民族学院干部学生代表的热烈欢迎。

17日　川西松潘、阿坝区首届人民代表会议在中阿坝（赛格）开幕，到会代表有上阿坝、中阿坝、下阿坝及俄洛的康塞等地区各部落土官、老民、喇嘛等共224人。会议历时6

天，选出藏、回、汉族委员25人，成立了阿坝自治区人民政府。

西康省首届妇女工作会议开幕，出席137人内，有少数民族妇女干部28人。会议历时8天，决定结合各地情况，广泛发动农村妇女，参加增产节约运动。

19日　班禅额尔德尼及其行辕全体人员自青海西宁启程返西藏。毛主席特命西北军政委员会副主席习仲勋代表送行。西藏地方政府及哲蚌、色拉、噶丹三大寺均派有代表至青海欢迎。

20日　由西南、西北分路进藏的人民解放军，在拉萨布达拉宫前广场上，举行会师大会。西藏地方政府代表噶伦阿沛·阿旺晋美、班禅行辕札萨计晋美、西藏地方部队代总司令凯墨·索安旺堆和3个代本的全体官兵都参加了大会。

21日　云南西北部丽江、剑川、鹤庆等县今日发生严重地震，3县计12万人口地区遭受重灾。中央人民政府对该区灾民极为关切，拨30亿元作紧急救济，并派飞机运送大批药品。云南省、市各界人民协商委员会举行会议，决定发动全省广大人民捐款救助。云南省人民政府和丽江专署把救济赈灾列为当前首要工作，保证做到伤者得救，死者得埋，不使受灾者冻死或饿死一人。该区各族人民对人民政府的深切关怀异常感动，认为只有毛主席、共产党领导下的人民政府才能这样关怀人民的疾苦。

23日　川西茂县专区四土阿坝临时军政委员会成立驻阿坝办事处，展开草地的民族工作。

25日　贵州民族学院第一期举行毕业典礼，毕业各族学员247人。

27日　川南乐山专区召开第二届民族代表会议。会议历时4天，通过了1951年的工作总结，决定了1952年的工作任务。

30日　西康省藏族自治区举行妇女工作会议，正式成立民主妇女联合会筹备委员会。

丽江区工作报告
宋伯胤
《文物参考资料》（月刊）第二卷第二期
文物参考资料编辑委员会编
1951年2月28日出版

丽江区工作报告

（1950年9月27日—12月5日）

9月27日离开昆明，10月10日抵丽江，27日随怒江工作组出发爬过碧罗雪山，在福贡、碧江二县耽延15天，11月24日离开怒江，步行1300华里，12月5日安抵保山。现将这一段工作情况简略地汇报如下：

1.革命的史料搜集

王德三同志是云南祥云人，过祥云时，搜集到德三同志被捕入狱以后写给他父亲的一封信，共8页，对他思想转变的过程叙述得很清楚。这份材料他们家里很珍视，只肯让我们带京制版，原物他们还要保存，这意见我们应该尊重，不过回昆明以后还可以和德三同志的妻子商量。

红军长征时，曾在滇西北留下许多标语，丽江县杜窝镇合作社左侧墙壁上遗有“红军是抗日救国的主力军”11字，现在能清晰看到的只有上边5个字，已经照相。

大理中学严希陵先生藏有杨玉科从安南兵营寄来的手书1件，杜文秀铜印1个，系用汉回两种文字铸成。手书内容是给他弟弟说家常，已经抄了1份。铜印很有价值，想动员他捐给我局。又听说邓川县一回民领袖藏有杜文秀布告1张，丽江县江边一村中有长征时遗留下的步枪1支（乡人呼之为老八路），都以时间匆忙，没有看到。

2.古建筑与雕刻的调查

这个工作大半是在行程当中，挤出一点时间完成的。前后调查的有安宁曹溪寺、大理崇圣寺（三塔寺）、一塔寺、杜文秀的宫殿、剑川金华山昆沙门天王、丽江白沙壁画、皈依堂木氏宗祠的明代木刻等，一一地记载下现在情况，并且都照过相。这些文物面临很严重的危机，地方政府对它们的注意力不够，有的驻着军队，有的任其受风雨欺凌，拟在离开云南以前向云南省人民政府提出保管意见。

3.“高逾城”遗址的勘察

路过丽江县杜窝镇时，在小学校看见一副对联，下联是“砖文寻古迹，千年犹存樊王城”，当时就很注意，问了几位乡老，才知道离开这里不远的地方，有一年曾掘出许多古砖，有长方形的、正方形的，上面都有文字。趁着同志们饭后休息的时候，请一位老乡带路去看看，遗址在杜窝镇西面1里路的地方，离樊王庙很近，遗址成正方形，低于附近水田，周围有的还暴露出很厚的墙基。中间偏东有一方荒地，地面上零乱地堆积着许多破砖块，据说就在这里发掘出很多的骨头。那天天下雨，去时已经是黄昏时候，再加上遗址内现在都是老百姓的稻田，所以没有进行进一步的测量工作，也没有照相。后来到丽江，在丽江中学看到这个遗址出土的古砖，中书“高逾城和及战”6字，旁有梵文两行，已经掘回一个。

4.怒江流域石器的搜购

根据傈僳人火耕和葬法，怒江区的史前文化应该有新石器时代遗物的残存，于是就从“雷公斧”问起，问了许多傈僳弟兄，才知道他们这里也有“雷楔子”（傈僳语叫作Mu-Wu-A-Fo）的传说，并且许多人家里都藏的有。他们这些东西是他们的祖先在怒江边（现在已成了山腰）捡到的，放在家里，吃穿是不愁的。前后曾看到二十几个，打制得很精致，有磨光的痕迹，多系黑色，石质坚硬，亦有在上端錾有圆孔的（系由两边对錾），全都照了相，并且购得2枚。

5.公私收藏的文物的调查

大理中学严希陵先生收藏的文物不少，主要的有明代大理出土的火葬罐，深绿色釉，器周凸缀莲花瓣，有盖，胎土发红，轮制，火葬罐内的黑色小陶俑、陶犬等。丽江中学藏有丽江出土的火葬罐40多个、火葬坟墓碑1个，碑已残泐，一面横书梵文，一面上雕佛像，下中刻汉文，已拓得拓片3份。火葬罐周围凸缀十二生肖，并刻天干地支，间以凸形花瓣，有的带浅绿色釉，有的无釉。另有1罐，素装，器周朱书梵文，商得丽江中学同意，愿以北京新出版历史书籍与我局及南京博物院交换。丽江中学赠火葬罐5个、骨片（未烧尽的）数块，已装箱运到大理。此外并对大理、丽江二地的火葬制度有详细的记载，回京后再另作报告。

丽江木家藏有徐霞客《山中逸趣叙》墨迹1轴，1942年万斯年先生在丽江时，曾摹刻石于南口。此物后辗转流入贡山设治局长陈纪手中，访问团到达后，陈纪欲出售于我局，我先请其尊重地方政府、丽江父老和木家子孙的意见，最好由他们收购，结果皆以索价过高而拒绝，后经多方动员，才以25万元为我局购得，从此，这件仅有的徐霞客墨迹，永为人民所公有，是值得庆幸的一件事。

6.民族文物的搜购

这一期间民族文物的搜购着重在傈僳人方面，同时更着重在能代表这个民族特点的、说明这个民族的生活情况的。计搜集到锄头、镰刀、酒壶、酒杯（傈僳人嗜酒如命）、织麻布机、溜板、取火工具、缠麻工具、腿板、饭盒、烟袋、剃头刀、肩板藤索、藤包、木刻公文和记事牌等。怒江流域的一切问题都是以宗教为中心，一切问题的发展也都围绕着宗教。因而，怒江工作是和帝国主义间接作战的，首先应该注意的是傈僳文字。根据这个认识，搜购到傈僳文印的精装布面烫金的《赞美诗》1本、《新约全书》1本、《福音问答》1本，以及解放后我们编印的政治读本1本。此外，对内地会在怒江发展的历史和现况也做了调查。

7. 照相工作

照相工作分为两部分，一部分是摄取民族代表：计摄得那喜、那马、勒墨、黑彝、麻索（宁蒗）黑话、马里马萨、傈僳、怒族、俅族、民家、藏族、西番、螳螂等兄弟的像。另一部分是生活活动，摄取了傈僳人的3种住屋、粮架（纳喜、民家、傈僳3个民族的比较）、墓葬、陶器、俅族的结绳记事、傈僳人的耕地、织麻、淘金、打谷子、背水、划船、过溜索、造纸、舂米、舞蹈、唱歌等共计92张（连古建筑、雕刻、明代陶器、石斧以及风景照相在内）。

8. 史料的抄录与搜购

抄得民家家谱两个，计剑川杨氏宗谱原叙、兰坪营盘街张芳洲字谱小引。傈僳人家谱两个——泸水老窝镇马普拉底蜜蜂族扁扒家谱、母比家谱；杨玉科沧江书院序、乡规序、觉罗浪平傈僳碑。此外购得词记山花（民家碑）、鸡足山西蜀香火院九莲寺碑记（天启七年）、故大密李公墓志铭（成化七年）、鸡足山起建金顶殿宇常住碑记（崇祯十四年）、元故先生杨俊墓志铭（洪武十五年）、元府判何公墓志铭（至正三十九年）[①]、大理圣元西山碑记（景泰元年）、咸丰丙辰记变余叙（同治十二年）、祭弘山先生碑文（嘉靖十三年）、大崇圣寺碑记（泰定二年）、金沙江石鼓汛题名、丽江木氏崇庙记（嘉靖七年）、丽江木君碑录（万历）、丽江木氏历代宗谱等拓片。

此外，怒江半月，对傈僳人的经济生活、风俗习惯、宗教活动、文化教育、发展历史等都有详细的调查，写成怒江小传一文，约3万字。

保山工作访问团已经决定派我参加耿马工作组（在南丁河沿岸，镇康附近），解放不久，系佧佤、山头、摆彝、汉蛮、木化等族的聚居地，不日起身，步行8天才能到达工作地点，一月中或能回到大理。

12月10日 于保山

① 原文如此。——编者

回忆中央访问团访问云南
胡鸿章
《中央访问团第二分团云南民族情况汇集（下）》附录三
国家民委民族问题五种丛书之一《中国少数民族社会历史调查资料丛刊》
云南民族出版社1986年11月第1版

回忆中央访问团访问云南

为了传达党中央和中央人民政府对全国少数民族同胞深切的关怀，宣传人民政治协商会议通过的共同纲领中制定的民族政策，密切中央人民政府与各民族的联系，加强民族团结，中央人民政府政务院于1950年6月决定派出访问团，访问全国少数民族。中央访问团分西北、中南、西南3个团。西南访问团又分3个分团，分别访问了西康、贵州、云南。云南分团由夏康农教授任团长，王连芳同志任副团长，在北京参加的成员有40余人，是由政务院所属各部、会、院、署抽调来的学者专家和干部，云南分团下属有联络组（即调研组）、医疗组、行政组和文艺宣传队。1950年6月从各单位抽调来的成员在北京国子监集中，学习半个月后，于7月初出发，经武汉、重庆到昆明，在重庆受到西南军政委员刘伯承、邓小平、王维舟等领导同志接见。到昆明后，又有云南省委、云南省有关部门、大学、民主党派的一批同志参加，并有省政府张冲副主席直接参加分团领导工作，总人数增加到70余人。

云南分团从1950年8月开始工作，到1951年5月工作结束，历时10个月。在这个时间里，访问了宜良（原有专署现已撤销）、丽江、大理、保山、楚雄、思茅，以及后来建立自治州的怒江、迪庆、西双版纳等地区。访问的县份有：路南、丽江、碧江、中甸、永胜、大理、蒙化（今巍山）、宾川、漾濞、永平、凤仪（今划归大理县）、保山、昌宁、腾冲、普洱、车里（今景洪）、佛海（今勐海）、澜沧、蒙自、开远、元阳、楚雄、文山、砚山等。往返行程1万多公里。配合各地专署召开了4次民族代表会议，建立了普洱和蒙自专区两个民族民主联合政府，开办了两次民族干部培训班，接触了分别居住在60个县内的少数民族群众，做了20个村和10余个专题的典型调查，整处了近百万字的调查材料。

回忆当年访问团所到之处，各族人民莫不欢欣鼓舞。在路南县的圭山，彝族人民为了欢迎访问团，从几十里甚至一二百里外的地方赶到圭山尾则村，数千人冒着雨，在野地露营，在长湖召开的欢迎大会上，一群群青年男女，弹着三弦，跳起了欢快的“阿西跳月”，尽情表达了彝族人民喜悦的激情。在丽江、保山、大理等地，访问团所到之处，路上搭起了彩门，地上铺了松毛，欢迎群众并列道旁，长达数里。保山当时只有几千人的城镇，到城外迎接的就有4000人。在丽江，民族代表会议临结束前，在操场上举行聚餐，席间各民族代表翩翩起舞，引吭高歌，举杯对饮，一片团结欢乐的气氛。在中甸，当访问团同志们徒步翻过空心树雪山，刚进入小中甸坝子时，藏族同胞以热烈的驰马射击欢迎访问团的到达。深秋的小中甸坝子，马蹄翻腾，尘烟滚滚，枪鸣原野好不壮观。而后，在归化寺举行欢迎会，八大“康千”（寺庙内的行政单位）的喇嘛，列队相迎，以迎接活佛最隆重的宗教仪式热烈欢迎访问团。在普洱几百名各民族代表，到距城很远的路上迎接，妇女代表都穿了过节的盛装，手里拿着五颜六色的彩旗，五六十岁的老大妈跳起了民族舞蹈。在庆贺民族团结的各民族代表会上，举行了佤族等民族的剽牛仪式，场面之热闹胜过了节日。

访问工作的进行，一般是：每到一地，首先请当地各方面的负责同志介绍情况，征求当地少数民族负责干部和民族上层人士的意见，再制定工作计划，并取得当地领导机关的同意，然后进行工作。工作时大致采取以下4种方式：

（1）对与群众有联系的领袖人物或各族各界代表人物进行个别访问；

（2）召开各民族、各阶层或各行各业不同类型的座谈会；

（3）召开各民族群众大会，会后由文工队进行歌舞表演或放映电影；

（4）召开民族代表会议，专区的民族代表会议包括所辖县份各民族各阶层的代表。

遵照中央的指示，与当地领导机关商讨后，以适当的地方环境和方式，向少数民族各阶层同胞分别赠送了各种礼品。包括毛泽东同志、朱德同志、周恩来同志亲笔题词条幅、锦旗以及药品、绸缎、布匹、盐巴、茶叶、针线等物品，同时也收到各地少数民族向中央人民政府、毛主席以及向访问团献的礼品，包括锦旗、土特产、民族文物等。

访问工作自始至终贯彻执行了中央“慎重稳进”的方针和周恩来同志关于“准备受冷淡，决心赔不是，一切听人家，耐心做工作”的指示。在人民解放军的大力帮助下，全体同志兢兢业业、勤勤恳恳，长途跋涉，不辞辛劳，以饱满的政治热情宣传了中央人民政府的民族政策，以虚怀若谷的态度听取了各族各界人民的意见，保证了访问工作的顺利进行。

通过近1年的访问、调查研究，对云南少数民族的社会、政治、经济、文化、民族关系等有了一个初步的了解，对进一步开展民族工作，提供了情况和意见，供各有关机关参考。

在当时着重提出的问题有：

1．关于贸易和交通问题

贸易工作是发展少数民族经济，改善少数民族生活的重要环节，交通问题，又是联系少数民族地区、发展经济贸易的重要条件。

云南少数民族，除藏族的喇嘛寺和部分土司，以及回、民家（白族）、纳西族中有少数商人或小贩外，其他民族从事经商的很少，特别是苗族、彝族以及边疆少数民族，几乎没有经营商业的。他们的土产，过去是通过一些外来商人之手出售的。在交通方面，当时除滇缅公路、滇越铁路外，大部分少数民族地区都不通公路，交通很困难。从省会昆明到遮西遮南边境要花1个月的时间，访问团从昆明到车里（现在西双版纳景洪县）走了18天，根据这些情况，提出了以下意见：

（1）设立贸易机构，收购土特产，运进日用必需品，实行等价交换，将各族人民从经济利益上团结起来。在人口分散、没有固定市场的地方，可组织流动的贸易小组，组织赶街，推广交换。

（2）统一人民币市场。某些少数民族地区，货币流通相当混乱，藏区通用银圆和“藏洋”，边境地区流通半开（滇造银圆）及印、缅、越等国外币。因此，当时逐步统一少数民族地区的货币流通，积极推行人民币，禁用外币，尽量减少少数民族群众经济损失是一个重要问题。

（3）有步骤地积极恢复或新建公路干线。不然内地的货物运不进去，少数民族土产运不出来，极不利于生产的发展。在不通公路的地方可先修驿道，组织马帮运输。

2．关于文教、卫生问题

云南少数民族，除藏族和傣族有比较通行的文字外，彝族有爨文，纳西族有东巴文，但多是用于经典的文字，苗、傈僳、景颇族等有基督教传教士制造的拼音文字，回族和白族等通用汉文，其余少数民族多没有文字。当时建议对藏文和傣文应加以发展，对基督教传教士制造的文字，应加以改进，没有文字的民族，应根据其民族意愿，研究其语言，帮助创造新的文字。

教育方面：解放前大部分县办有小学，纳西、白族读汉文的较多，文化水平较高。在边疆少数民族地区，被迫当地入学汉文汉语，结果形成“学差”（全寨雇人上学）。在汉族与少数民族杂居的地方，如彝族某些地区，一部分彝族同胞读过汉文，其他少数民族地区学校很少。解放后，特别是随着民族民主联合政府的建立，少数民族感觉自己的文化落后，干部缺乏，对文化教育要求都很迫切。因此，开办各种训练班，大批训练能担任各种工作的民族干部。同时有重点地恢复和开办小学、中学，并建议在学校教育中，提倡学习本民族文字，加强教材的编译工作。并建议重视发掘和发展各民族的文学艺术，丰富人们的精神生活。

医药卫生方面：少数民族地区，极端缺乏医药卫生设备，有了病，只靠打卦、念经、祭鬼、求神，因此常至倾家荡产。如小凉山彝族头人胡金山因患风湿，在10个月内即连续杀牛180多头献鬼。特别是边境地区的瘴气病（恶性疟疾）和一些地区的麻风、性病危害最大。此外，沙眼、胃病、肠寄生虫、甲状腺肿、风湿性疾病等，各地都很普遍。婴儿死亡率一般很高，有的地区高达80%。因此，当时人民解放军的医生受到了边疆各族人民热烈的欢迎。因此，当时建议应逐步有重点地建立医院、卫生院，或组织巡回医疗队。对无力付医药费的给予免费治疗。

3．关于政权建设

关于少数民族的政权建设，提出了以下意见：

（1）在各少数民族地区的政权建设中，应尽可能团结各阶层代表人物，吸收他们参加政权工作，对于各少数民族的知识分子和青年，更应注意与提拔。

（2）各自治地方和民族民主联合政府的区域划分，原则上应按原行政区划，一般不动，以免发生不必要的纠纷。关于各民族自治地方的名称，应在代表会议上进行协商讨论，尊重各民族自己的意愿，同时请上级人民政府批准。

（3）建立民族区域自治或民族民主联合政府之前，可成立筹备委员会，吸收各方面的人士参加准备工作，以收集思广益之效。

中央访问团在云南10个月的工作，其政治影响十分深远，宣传了民族政策，了解了一部分社会情况，密切了中央人民政府与云南各民族的联系，促进了祖国各民族的大团结。这是党中央和各级党委、人民政府的正确领导和访问团全体同志共同努力的结果。

回忆中央访问团云南分团
胡鸿章
《云南民族工作回忆录》（一）
《云南文史资料选辑》第四十四辑
中国人民政治协商会议云南省委员会文史资料委员会编
云南人民出版社1993年3月第1版

回忆中央访问团云南分团

一、出发

为了传达中央人民政府、毛主席对全国少数民族同胞的深切关怀，宣传中国人民政治协商会议通过的共同纲领中的民族政策，密切中央人民政府与各民族的联系，加强民族团结，中央人民政府政务院于1950年6月决定派出中央访问团，分西北、中南、西南三路访问国内各少数民族。1950年7月2日，《人民日报》发表社论，指出：“推翻了国民党的反动统治，还只是为民族平等开辟道路。过去反动统治历史所造成的我们民族的政治、经济和文化的落后状态仍然存在。这要求我国各族人民团结一致，共同努力，发展各族人民大众的经济和文化教育事业。希望西南访问团的工作能帮助中央人民政府在这一方面作一个良好的开端。”中央访问团的任务是加强民族团结，了解各族人民疾苦，把各族人民的意见直接带给中央。访问团由民族事务委员会、文教委员会、内务部、贸易部、卫生部、青年团中央等20余个单位的人员组成。以刘格平为团长，费孝通、夏康农为副团长，团员共120余人，分为3个分团，分别深入川、康、滇、黔各兄弟民族地区进行访问。首都中央各机关对中央访问团即将访问西南各兄弟民族极为重视，全体团员于6月集中在国子监学习月余，先后听取了中央民族事务委员会主任李维汉、西南军政委员会民族事务委员会主任王维舟作的民族政策及西南诸省情况的报告。全国妇联副主席邓颖超也到访问团驻地作了指示，她希望访问团多多了解各族人民生活疾苦，多多带回各族人民特别是妇女同胞的意见。在政务院文教委员会、民族事务委员会联合举行欢送中央访问团的晚会上，文教委员会主任郭沫若指出：中国少数民族并不是自古就落后的，如禾稻类植物，最初生长在印度支那，然后由西南传入，饮水思源，我们应对西南各族人民表示感谢。他叮嘱访问团全体团员要抱谦虚和学习的态度，消除历史上遗留下来的民族隔阂，学习他们丰富的艺术宝藏。在文化部举行的欢送晚会上，沈雁冰部长，周扬、丁燮林副部长及中央戏剧学院副院长曹禺等对访问团里的文化工作者一再给予勉励。周扬鼓励文化工作者通过艺术来促进民族间的团结，以无限的热情来搞好民族关系；同时要实事求是，弃绝猎奇的观点和态度。

笔者是作为青年团中央的工作人员，有幸参加了西南少数民族访问团云南分团的工作，于1950年7月2日，随中央访问团西南团由首都乘火车出发。

云南分团最初由夏康农教授任团长、王连芳同志任副团长，在北京参加的成员有40余人，下分联络组（即调研组）、医疗组、行政组和宣传队，经武汉、重庆，到达昆明。

在武汉，访问团经过短期休整，于7月6日乘“长江民生”号江轮逆水行舟，行程7个昼夜到达重庆。在重庆期间，全体团员先后听取了西南军政委员会主席刘伯承、副主席邓小平，云南省人民政府副主席周保中、西康省人民政府主席廖志高、贵州省人民政府主席杨勇等有关执行民族政策和西南各省情况的报告。刘伯承主席、邓小平副主席在讲话中，均以红军长征北上抗日经过少数民族地区时的亲身体验，嘱勉全团要稳步慎重地做好工作。西南民族事务委员会、重庆市文联、西南人民广播电台均先后与访问团举行座谈，对访问工作提供建议。在参加了18军进军西藏誓师大会后，中央访问团第二分团由重庆乘飞机抵昆，省军政委员会吴少默秘书长及军管会交际处窦力新处长前往机场迎接。《云南日报》在当日（8月6日）第一版发表短评：《欢迎中央访问团抵昆》。1950年8月6日至28日，中央访问团第二分团在昆期间，受到云南省党政军领导机关和各民族代表人物的热烈欢迎和工作上的极大支持。访问团在昆期间，正值云南省首届农民代表大会在昆明隆重举行。访问团领导和出席会议的140余名来自全省各地的少数民族代表见了面，召开了座谈会，进行了访问，极大地鼓舞了参加农代会的少数民族代表。“北京的亲人来了”这一喜讯，迅速传遍三迤，在红河河谷、澜沧江两岸，在哀牢山、高黎贡山之间传开。同时，中共云南省委决定：由云南省人民政府副主席张冲，参加分团领导工作，并从省民委、省有关部门、大学、民主党派等省级机关派出一批同志参加访问团工作。至此，云南分团总人数增加到70余人。

二、访问

（一）访问伊始——圭山、西山

1950年8月29日，访问团首先访问了解放战争时期的游击根据地——圭山和西山。

8月29日上午10时，访问团一行76人离开昆明前往路南县圭山。当我们进入路南县境时，只见沿途各村都扎起了彩门，撒尼（彝族支系）、苗、回、汉族群众，敲锣打鼓、吹笙弹琴欢迎我们。行至路美邑村时，欢迎人群中拥出一队撒尼姑娘，欢舞着向夏康农团长、王连芳副团长和张冲副主席献花致敬。在路南县城郊，3000多居民早已在风雨中迎候。暮色中，成群的人们向访问团前导的大红旗围来，欢悦相亲……夜11时，路南县城郊学地山等村居民3000人举行了欢迎晚会。会上，宜良专区专员赵国徽代表全区各族人民向访问团致敬；路南县人民政府和鹿阜镇农会、姊妹会等向访问团献旗、献花，并演出“圭山谣”等歌舞。

8月30日清晨，连日迎着风雨赶来聚集在圭山区尾则镇的路南、弥勒、陆良等县的撒尼、阿细、阿哲（均为彝族支系）、苗、彝、回、汉等族群众，共4万多人，列队5里，迎出镇外。他们多是从数十里甚至二三百里外，挑着口粮、炊具，携儿带女，连日连夜顶风冒雨赶来的。中午12时，访问团至尾则镇，各族同胞按村排列，热情相迎，在鞭炮、鼓掌、欢歌声中，富有浓郁民族特色的横笛、三弦、皮鼓、月琴声相汇合奏。人们把家乡采来的鲜花献给访问团，一时间，同志们被簇拥在五彩缤纷的花束中行进……下午4时，圭山、西山区兄弟民族举行欢迎中央访问团大会。这是圭山、西山区以及附近数县各族人民有史以来的首次大团结盛会。到会人数近5万人，会场设在尾则镇旁美丽的长湖边，这是一个盆形山洼；主席台就设在山坡上，依山面湖，彩旗招展，台下是一片绿茵如碧的草场，台后苍松耸立，一株笔直的松树顶端，飘扬着庄严美丽的五星红旗。会上，夏康农团长、王连芳副团长向各族同胞传达了党中央和中央人民政府的深切关怀，并向同胞们致以亲切的问候。两位团长高度赞扬了圭山、西山区各族人民在党的领导下，不怕牺牲，从反国民党的“三征”开始，进而创建革命游击根据地，坚持数年向国民党开展艰苦英勇的斗争。张冲副主席讲话时，首先向大会提议，为解放战争中光荣牺牲的烈士们默哀。他着重阐述了各民族只有在中国共产党的领导下团结起来，才能求得进步，获得彻底解放的深刻含义。之后，访问团向各族同胞赠送了礼品，并接受了各族同胞的献礼。最后，文艺晚会将整个气氛推向了高潮，联欢至深夜。

8月31日，访问团的同志们迎着风雨走上尾则街头展开工作。我们调研组的全体同志开始深入到各基层掌握第一手资料。在尾则师范，布置出以歌颂伟大祖国、人民解放战争、民族大团结为主题的图片展览室；尾则镇街头成立了访问团临时诊所……午时，天稍放晴，文艺组的同志露天演出“民族大团结舞”“大鼓舞”等节目。演出中，风雨骤至，各族同胞舍不得离开，团员们继续演出，台上台下均被感动，感情融为一片。

8月31日至9月2日上午，在宜良专署专员赵国徽的主持下，在尾则召开了圭山区、西山区党团行政干部及各族群众代表参加的座谈会。会上，访问团领导听取了各族代表群众的发言。西山区副主席钱满元说：“自1947年至1949年3年间，在和国民党的斗争中，西山区牺牲各族青年205名，负伤43名，负伤致残的16名。3年间共损失粮食3万担，牲口上千头，国民党烧毁村子16个，至今还有20多户人家在山洞栖身。1949年秋收时节，反动派对西山区进行扫荡，庄稼无法收割，加上雨水多，包谷全部烂在地里。今年雨水也多，西山区有七八千人剥树皮、挖草根拌苞谷吃，幸得专署发下10万斤救济粮，才得有救。”各族代表同时向访问团提出：希望政府辅助兴办学校，开办培训班培养少数民族干部，并加强对各项工作的指导，努力建设新中国。

9月2日下午至9月6日，访问团分头出发到宜政村、蓑衣山等7个村进行访问，同时展开社会调查。笔者作为第二组成员与组长赵锡庆（中央贸易部）、吴静山等同志前往蓑衣山访问。由于连日阴雨绵绵，村里村外的道路都十分泥泞，走家串户中，道路奇滑，穿鞋走路变得十分艰难。穿上草鞋或干脆打上赤脚成了我们向少数民族同胞学到的一种生活技能。同志们风趣地说："没想到走红泥巴路，打光脚板倒要比穿任何防滑鞋经济实惠，更有方便之优点。"

我们访问的蓑衣山属圭山区第三乡，是以撒尼人为主的多民族杂居村。全村有146户，851人。其中撒尼人有130户之多。我们一行3人对该村的现存经济发展、生活情况、贸易状况、文教、卫生及历史等诸多方面进行了调查。调查期间我们了解到，1948年"边纵"进入圭山地区展开武装斗争，蓑衣山一直是武装斗争的主要战场之一。

9月6日下午，分团团长夏康农，副团长王连芳、张冲一起到弥勒县访问。7日上午，弥勒县有关党政干部、13军随营学校、县农会等共2300余人参加了欢迎访问团大会，由夏团长传达了中央对少数民族的慰问和关怀。

9月7日下午，分头访问的各联络小组回至路南县城会合。

9月8日，由于急需整理调查资料，撰写调查报告，联络组全体成员先期返回昆明，笔者亦在其中。返回途中，访问团同志乘4辆卡车列队而行，车上有四兵团警卫团的1个排的士兵护送我们。行至路美邑出来不远的山谷时，突然从左侧稻田里射出几排枪弹，车上的战士立即意识到这是土匪埋伏在这里企图拦劫车辆，旋即喊停车。解放军战士们跳下车来，用机枪和冲锋枪向土匪连连还击，一时间枪鸣震耳，硝烟四起。经过20多分钟的战斗，土匪被解放军战士打跑，我方1名战士腿部负轻伤，汽车继续沿逶迤的道路前进，到达宜良后，听说从宜良出发的1支解放军部队，消灭了这股顽匪。

9月9日，分团领导带领的文艺、展览两组同志也回到昆明。至此，访问圭山、西山两区工作结束。这次访问，访问团向圭山、西山各族人民赠送礼品14种，有中央领导题词、画报，也有生活用品如大道生布、针线等。文艺组不仅进行了文艺宣传，同时，开展了采风活动，采集了二三百首民歌和舞曲。医疗组免费治疗904名病人，并同时对传染病、公共卫生、生活健康状况做了专题调查。访问团在圭山、西山的访问，给予了各族群众极大的鼓舞。

（二）丽江、中甸之行

1950年10月1日，云南分团的访问工作进入到第二阶段赴丽江专区进行访问，乘汽车从昆明出发。当时汽车是以木炭为燃料，发动时要人摇鼓风机，有时得摇半个小时，甚至40分钟才能发动。汽车行进速度很慢，尤其是爬坡，就像老牛似的，吼叫着蹒跚而行。10月3日途经下关、大理，我们受到滇西工委书记李成芳同志及当地党政领导、各界人士的欢迎。在大理城外3公里处，人们在公路两边设置桌椅、备好茶水，等待我们的到来；10月4日途经邓川，邓川县正值召开第一届农民代表大会，各族代表闻讯纷纷涌出城门，列队欢迎。几位代表像久别重逢的亲人似的抓住访问团同志的手，高兴得一边摇晃一边说：“盼你们来，盼急啰！”10月6日，途经距剑川县城15公里处的甸尾村，村民全部是民家人（白族），当夜，访问团在热情的挽留下宿在该村。10月7日，剑川县举行万人大会，欢迎访问团的到来，会上，剑川各民族代表向访问团献上“是一家人”的锦旗。与此同时，丽江专区派出10余名各民族代表，来到剑川迎接访问团，一时间，又是一片欢声笑语。10月9日，访问团进入丽江专区，途经丽江县极余村时，全村的纳西族同胞冒雨涌上街头，并列队奏乐欢迎我们的到来。正在丽江县城出席丽江区各民族代表会议的藏族代表和人民解放军边防区藏族骑兵同志共80余骑，从30里外的丽江县城赶来迎接，并献“哈达”致敬。10月10日，访问团在丽江城郊受到该区13个县的各兄弟民族代表，以及党政军学商各界，丽江县一、二区各族人民群众1万多人的热烈欢迎。在茨满村欢迎大会上，纳西、藏、苗、白、傈僳、彝、回、俅（独龙）族共8个兄弟民族的代表向访问团献花致敬。中甸的喇嘛代表巴丹丹巴手捧洁白的哈达，向领导表示他的敬意；在歌舞大潮中，张冲、夏康农、王连芳被欢乐的人群举过头顶。当访问团进入丽江城时，沿途都是夹道欢迎我们的群众，分不清民族，看不清老少，只觉得鲜花如雨，在我们的帽子上，肩上，胸前落下……这次欢迎大会上，访问团向丽江区的13个县各族人民赠送了书籍、画报、布匹、针线及日用品等礼物，同时接受了各族人民的赠礼。在接受的锦旗中，有一面是13个县各民族代表敬献的，上面共绣有7种文字。尤为珍贵的是，在一条锦幡上，有丽江各民族25000人的签名，充分体现了丽江各族人民在中央人民政府的领导下，团结一致的坚强意志。

10月14日至20日，我们全体云南访问团团员参加了象征着各族人民大团结的丽江区各民族代表会议。出席会议的有全区13个县的纳西、藏、民家（白）、傈僳、苗、怒、俅（独龙）和汉族代表299人，列席代表65人。会上，访问团领导向各族代表赠送了中央首长的题词和锦旗、纪念章。会中，分团领导又分别同各族代表座谈，倾听意见，并作了报告，使一些多年结下的冤家对头，在会上言归于好。中甸藏族民族上层阿坚感慨而兴奋地说：“以前不团结，现在团结了，以后，睡着、坐着、站着、走着再也不像以前那样因仇杀而提心吊胆了。”会议自始至终认真讨论了共同纲领中的民族政策，检查了专区各级人民政府和人民解放军执行民族政策的情况，并进一步研究了如何更好地加强民族团结，共同建设友爱合作的民族大家庭，具体贯彻民族政策的措施。10月22日至25日，我们又参加了丽江区干部会议。

访问团在丽江访问期间，随团医疗组除为各族人民免费治病外，还在丽江县城开办了助产训练班，培养了当地兄弟民族妇女助产士20余人。

10月27日以后，访问团分为4个工作组到各地进行访问。由王连芳副团长率一组去中甸，由夏康农团长率一组去永胜，由聂运华同志率一组去碧江、福贡，省政府副主席张冲同志则率领5人去虎跳峡一带作水利考察。笔者当时随同第一工作组，从丽江徒步沿金沙江河谷翻越空心树雪山，经过8天的跋涉，始达小中甸，空心树雪山是当年红军长征时经过的地方。在这里，据当地人说曾有18名红军战士被漫天大雪吞噬。我们的队伍一行20余人抵达雪山顶时，同志们都情不自禁地驻足，面对苍茫林野，向为祖国捐躯的烈士们默哀。就在这雪松挺立的山顶，同志们怀着崇敬的心情开了一个感人肺腑并激励起全体同志极大勇气和信心的追悼会，同时也是誓师会。凭着坚定的共产主义信念和顽强的毅力，我们沿着红军的足迹，成功地翻越了空心树雪山。

记得到达小中甸是11月4日，当时这里是藏族头人汪学鼎的管辖地。这时的汪学鼎对我们党的民族政策还持有相当大的怀疑，甚至是抵触态度。因此，当我们一进入小中甸坝子，迎面而立的是数千名藏族骑兵，每名骑兵佩带1支长枪、1支短枪、1把藏刀，胸前挂着护身符匣，立马持枪，威风凛凛。面对访问团的同志，半是欢迎，半是示威地对天鸣枪，然后是万马奔腾，烟尘遮天……面对这样的局势，一方面使我们感到使少数民族及时了解共产党民族政策的必要性和迫切性；另一方面，也感到作为党中央派出的使者所肩负这一责任的艰巨性。

访问团进入中甸后，便反复向各族人民宣传民族政策的精神，一再强调民族之间与民族内部的团结尤为重要，使人们深受教育。与此同时，人民解放军廖运周师长率部解放了昌都，解放军军威大震。此后，廖运周师长又从昌都骑马赶到中甸，与中访团的同志一起访问中甸，在访问团和廖师长的悉心劝导和感召下，头人汪学鼎由以前对共产党的怀疑、敌视变成接受，并同访问团交上了朋友，举行藏族传统的结盟仪式“摸脖”，与访问团领导同志盟约。在一次欢迎访问团的宴会上，当上了副县长的汪学鼎用民族团结的精神对照自己，深感过去对不起今天同坐一席的中甸归化寺老喇嘛阿垒，便自动起身上前向阿垒敬酒、赔礼。长期互相仇杀的冤家握手言和，又请访问团同志与他们合照了团结像。

进入大中甸后，中甸县城的八大“康千”（喇嘛寺内的行政单位）的喇嘛列队相迎，在归化寺举行了欢迎仪式。这一天从清早到薄暮，中甸各喇嘛寺及藏族同胞以迎接活佛的最隆重的宗教仪式，热烈欢迎访问团。

在访问过程中，同志们和中甸各族同胞一起重温了当年红军长征路过中甸时的情景。中甸城里88岁的白族老人杨志，向访问团兴奋地叙述了他当年见到贺龙将军时的情景。杨志老人说：“贺龙、肖克，真和一家人一样对我们说：不要慌，红军和老百姓是一样。真的，红军连一个娃娃都没损着，买个粑粑都给钱，不要钱就不吃。红军请我们老人吃饭，贺龙将军让我们坐高首（上席），还给我们倒茶，给我们添饭，对我们真正平和，为人扎实好。吃过饭，贺龙将军向我们了解本地方情况，又给我们听机器戏（指留声机），听得我们笑呵呵的。”归化寺的老喇嘛阿垒，虔诚地双手合十向访问团回忆道：“红军没来之前，坏人造谣说，共产党不要喇嘛，不准拜佛念经，吓得我们喇嘛大部分都跑光了。等到贺龙来了，叫卫兵站在寺门口，不准队伍进大寺，只准在寺外的小街子上歇宿，还要人去喊回吓跑了的喇嘛。当时，大寺送了牦牛、青稞慰劳红军，贺龙将军抵死要给我们钱。临走时，贺龙将军告诉我们，红军肯定会胜利，红军一定要回来的。”中甸城郊三村的藏族老人夏那姑娃将当年红军发给他便于带路的通行证展示给我们每个人传看，这个通行证老人珍藏了15年。他兴奋地对我们大家说："红军走了15年，现在果真回来了。解放军来了，中央访问团也来了，我们心里实在是高兴。"

访问团在丽江区的访问，历时1个半月，于11月下旬，转道前往保山专区。1950年12月2日，访问团抵达保山专署所在地保山城，开始对保山地区各族人民进行访问。

12月2日，进入保山县境。在离城10余里的板桥镇上，附近各村农民闻讯，早已结队而来，夹道欢迎，向访问团献花、献舞。12月14日，保山专区各族各界代表1万多人，在保山城举行盛会，欢迎访问团的到来。会上，保山专区专员王以中，人民解放军41师师长查玉升和傣族代表龚绶、刀保图、思鸿升、孟有枝、方玉琴，景颇族代表胡多东，回族代表朱光，以及六库县土司段承经（白族）等代表先后讲了话。代表们一致表示要紧密团结在中国共产党周围，巩固国防，建设各民族友爱合作的大家庭，访问团领导在会上先后讲话，并向各民族代表颁发了礼品。之后，各民族代表向访问团献旗、献礼。锦旗中有一幅格外引人注目，是保山边防区基干团的各民族指战员献的，上面绣着"为建设新中国保卫祖国的边疆，粉碎帝国主义的侵略而奋斗"。各族代表的献礼中有民族服饰、民族乐器、弩箭、熊掌等。

12月15日，标志着保山区兄弟民族团结的盛会——保山区各民族代表会议开幕，历时8天，于22日闭幕。到会的900多位代表，代表着保山区14个县的傣、景颇、傈僳、崩龙（现称德昂）、回、白、阿昌、苗、彝、佤等10多个民族。在会上，经全体代表通过成立了保山区民族事务委员会。

各民族代表会议闭幕后，访问团即分为若干小组，分别前往潞西、陇川、盈江、梁河、莲山、腾冲等县进行访问。笔者当时与刘树生、彭林荣、韩态鹏等共5位同志为一组，返回大理地区的永平、漾濞、宾川、蒙化等回民聚居地，一方面调查访问，宣传民族政策，更主要的任务是向回族同胞们特别是伊斯兰教的主要宗教人士解释共产党的宗教政策，使他们对共产党有正确的了解。进入蒙化县（现巍山县）时，我们径直走进在当地宗教界颇有威望的纳运章家的大门。本着先从宗教上层人士开始工作的想法，我们就住在纳运章的家，反复向他宣传我们党保护宗教自由的政策，劝告大家不要相信敌特散布的"共产党毁教"，"共产党不准信教"等反动宣传。我们还根据回族历来善于商务的特点，鼓励他们学习科学文化知识，到内地学习、培训等。经过1个来月的走乡串寨，访问宣传，我们的工作，取得了广大回族同胞的理解和支持。1951年云南民族学院才成立，纳运章便将其子女送到学校学习，成为早期的民族干部。

1951年1月31日，访问团各工作组从滇西各地分别返回昆明汇齐。按计划分团将赴滇南继续进行访问，趁在昆明作短暂停留期间，分团领导进行了半年来的访问工作初步总结。之后，夏康农团长先行返回北京，分团由王连芳和张冲二位同志负责带领继续南下。

（三）普洱——建立第一个民族民主联合政府

1951年2月22日，访问团在王连芳副团长和张冲副主席率领下从昆明出发前往普洱专区进行访问。乘火车抵达石屏后，团员们开始徒步行军，向普洱专区前进。3月2日，我们一行途经普洱专区所属的墨江县城时，墨江城内外数千名各族同胞载歌载舞，以热烈的欢呼声来表达喜悦之情。当王连芳副团长和张冲副主席传达了中央对墨江各兄弟民族同胞的热爱与关怀时，人们纵情欢呼、鼓掌经久不息。3月3日，碧约、布都、补孔（均为哈尼族支系）、西莫洛、香堂（均为彝族支系）、回、瑶、汉等民族万余人举行了欢迎大会，在这次墨江自古未有的盛会上，各民族同胞接受了访问团的赠礼，并向访问团献花、献旗、献礼。次日，访问团到了磨黑，其时正在开农民代表大会，访问团的同志们受到了农民代表们的热情接待。由于当时正值云南刚刚解放，反动势力的残余还存在，社会情况不十分稳定，抵制中央政府，阻止中访团同兄弟民族的交流的少数坏分子，寻找各种机会进行破坏活动。在一次投毒破坏中，农民代表和中访团的40余位同志遭到伤害，经抢救全部转危为安。这次事件发生后，同志们总结了教训，提高了警惕性。

经过长途跋涉，中访团终于抵达了普洱县城。1951年3月24日，在访问团的协助下，普洱专区民族民主联合政府宣告成立。联合政府是本着去年7月，访问团初到西南时，西南军政委员会主席刘伯承、副主席邓小平、王维舟同志，关于少数民族应早日建立自治区和民族民主联合政府的指示，结合访问团在云南工作半年多的实践经验，特别是根据普洱区各族人民的意愿而建立的。3月17日至24日，为成立民族民主联合政府，有各民族代表1486人参加的普洱区民族代表第二次会议在普洱城举行。普洱专区各县的兄弟民族，当听到访问团将到普洱时，就纷纷派出代表，日夜兼程，奔向普洱城来聚齐。沧源县佤族头人用8天走完了12天的路程，星夜赶到普洱；傣族知名人士、车里县长召存信一行，也是用了4天就赶完了8天的路程，兴致勃勃地赶到普洱县城。会议期间，访问团举办了图片展览，进行了文艺演出，放映了电影《红旗漫卷西风》和反映我国各族人民大团结的影片，医疗组为当地各族同胞治疗达1200人次。会议通过反复讨论，各族代表一致认为：成立民族民主联合政府，是共同纲领中制定的民族政策的具体体现，是我国各民族人民真正平等、合作、团结的具体表现。24日下午3时，普洱专区各民族代表、各机关团体代表和普洱城区各族群众5000余人，热烈地举行欢迎中央访问团暨普洱区民族民主联合政府成立大会。在大会上，联合政府专员方仲伯、副专员召存信、罗正明、谢芳草率到会全体委员庄严宣誓就职。主席台前，兀立着一块巨大石碑，上面刻着“……团结到底，在中国共产党领导下，誓为建设平等、自由、幸福的大家庭而奋斗”的誓言。王连芳副团长、张冲副主席、中共普洱地委书记张钧以及各民族代表相继致贺词。访问团和各民族代表相互赠礼品。在献给普洱专区民族民主联合政府的44面锦旗上，写着各族人民的心愿：“联合起来，当家作主；团结起来，抗美援朝”“各族人民进步堡垒！”各民族代表还将一幅有1800余名各民族代表签名的锦旗献给访问团，展示了各民族团结一致、抗美援朝、保家卫国的意志。访问团在普洱专区的民族代表大会结束以后，即分为两组进行访问。一组前往澜沧、沧源，一组前往车、佛、南（即现西双版纳地区）。

（四）车里——攸乐山行

1951年4月上旬，笔者所在的小组徒步从普洱前往车里（现景洪县）。途经普藤坝（普文，即勐很）时，附近的兄弟民族同胞闻讯，背起干粮纷纷从四面八方赶来，到普藤坝3里路外的地方来迎接访问团。妇女和孩子们争着把一束束鲜花递到我们手里，傣族的佛爷也敲起铓锣，打起了象脚鼓，十分热闹。当我们行至离车里不远的时候，滚滚的澜沧江挡住了我们的去路。正当左顾右盼之时，七八个傣族同胞驾竹排顺江而下，将大家热情地接上竹排。同志们松了口气，登上竹排一面同民族兄弟攀谈，一面领略澜沧江两岸的奇景，悉心领略这第一次激流"放排"的兴奋感觉。……忽然，随着一声"不好"，竹排上的马驮子倾斜了，几个装着慰问品的袋子和行李随着叫声落到了水里，被一个浪打到离竹排几米远的地方。我们都被这突如其来的事惊呆了，盯着被江水愈带愈远的物品，不知如何是好。几个放排的傣族兄弟迅速脱去上衣，跃入江中。小伙子们像几条灵巧的鱼很快接近了那些物品。不到10分钟，物品就又全部回到了竹排上。我们激动地连声道谢，民族兄弟连连摆手示意不必客气。在一片友谊的欢笑中，竹排靠了岸。

在车里，访问团召开了各族代表座谈会。傣族人民为了欢迎访问团的到来，在澜沧江上举行了划龙舟比赛。人们还牵出了车里宣慰使（召片领）的坐骑——大象，在象背上架起了精致的彩亭，请访问团的同志乘象漫游。在访问团到达佛海（勐海）时，受到各族人民及当地驻军共万余人的热烈欢迎，队列竟长达5里。佛海地处车里与南峤（勐遮）间的要道。访问团在佛海期间，参加了在这里举行的车、佛、南第一届民族代表会议。会上，各族代表倾听了王连芳副团长和张冲副主席所作的关于民族区域自治和民族团结的报告，建立了实行区域自治的筹备机构。

之后，访问团返回车里，此间，笔者与王万春同志带两名警卫战士一道登上了攸乐山（现基诺山），成为解放后第一批进入攸乐山区的干部。在攸乐山上，经过7天的调查访问，对曼溧寨、窝专寨等几个典型村寨和十几户典型户进行了详细调查。了解了攸乐山的概况，并对其社会组织、经济生活、风俗习惯、民族关系进行了调查分析，对居住在攸乐山上的攸乐人、空格人、本人等几种不同的民族支系在民族特点上进行了比较分析。调查后整理成册，后收入《中国少数民族社会历史调查资料丛刊·傣族社会历史调查》一书中，由云南民族出版社出版。

三、胜利北归

5月中、下旬，访问团访问滇南各工作组先后回到昆明，聚齐在安宁温泉认真地、全面地进行了工作和个人总结，分团领导分别向中共云南省委、省人民政府作了详细汇报。

6月9日午后3时，云南省各族各界人民在昆明市人民胜利堂举行欢送中央访问团返京大会。云南省军政委员会主席卢汉、云南省人民政府副主席龚自知、云南省农民协会筹委会主席郑伯克、昆明市人民政府市长潘朔端及昆明县兄弟民族代表李长荣等相继致词。他们一致赞扬中央访问团第二分团全体同志为宣传、贯彻共同纲领的民族政策，为祖国各族人民大团结、为建设繁荣富强的新中国，不畏一切艰苦、辛勤奉献的精神。中央访问团云南分团从1950年8月6日开始工作，到1951年5月全部结束，历时10个月。在这段时间里访问了宜良（原有专署现已撤销）、丽江、大理、保山、楚雄、思茅、蒙自以及后来建立自治州的怒江、迪庆、西双版纳等几个专州。访问的县计有：路南、丽江、碧江、中甸、大理、蒙化（今巍山）、宾川、漾濞、永平、凤仪（现划归大理市）、保山、昌宁、腾冲、普洱、车里（现景洪县）、佛海（现勐海县）、澜沧、蒙自、开远、元阳、楚雄等42个县（设治局），往返行程近2万里。配合专署召开了4次民族代表会议，建立了普洱、蒙自两个民族民主联合政府，开办了两次民族干部培训班，接触了分别居住在60个县内的少数民族群众，做了20个村和10余个专题的典型调查，整理了70份近80万字的调查材料。访问工作的进行一般是：每到一地，首先请当地各方面的负责同志介绍情况，征求当地少数民族负责干部和民族上层人士的意见，再制订工作计划，并取得当地领导机关的同意，然后进行工作。工作时，大致采取以下几种方式：

（1）个别访问与群众有联系的领袖人物或各族各界代表人物。

（2）召开各种座谈会——依照民族划分或依照职业划分，参照当地情况而定。

（3）召开以少数民族为主体的群众大会，会后由文工队表演歌舞或放映电影。

（4）召开民族代表会议——专区民族代表会议，包括所辖县份各民族各阶层代表。

遵照中央的指示，通过以上4种方式与少数民族同胞接触并赠送了各种礼品，包括毛泽东同志、朱德同志、周恩来同志亲笔题词的条幅、锦旗以及药品、绸缎、布匹、盐巴、茶、糖、针线等物品。同时也收到了各地区少数民族向中央人民政府、毛主席以及本团献送的礼品，包括锦旗、土特产、民族文物等。访问团走到哪里，哪里就有欢乐，就有歌声。自始至终整个访问工作贯彻执行了中央“慎重稳进”的方针和周恩来同志关于“准备受冷淡，决心赔不是，一切听人家，耐心做工作”的指示。在人民解放军的大力帮助下，全体同志兢兢业业，勤勤恳恳，长途跋涉，不辞辛苦，以饱满的政治热情宣传了中央人民政府的民族政策，以虚怀若谷的态度听取了各族各界人民的意见，保证了访问工作的顺利进行。

6月10日，为感谢中访团二分团来滇辛勤工作10个月，胜利完成了任务返回首都，昆明市各族各界人民2万余人，满怀依依惜别之情，沿五华山下的马市口、正义路、金碧路列队夹道欢送。上午10时，卢汉、龚自知、郑伯克及省民族事务委员会副主任赵钟奇等党政军首长亲临欢送行列。中访团沿途所至，两旁男女工人、解放军指战员、少先队员及大中学生、文教、工商、妇女等各行各业的代表们鼓掌、献花、高呼口号。王连芳副团长在沿途不时被欢送的人们高高举起，团员们身上被撒满了五彩缤纷的彩纸和鲜花花瓣，团员们满面含笑、频频挥手，向云南各族人民告别。

为继续持久而有效地开展民族工作，访问团留下4位同志在云南：王连芳、刘树生、施泽旱和我，将长期继续在边疆从事民族工作。这决定了我以后所从事的事业，至今已在民族战线工作了40余年。作为光荣的访问团成员的我，现在又与边疆人民融为了一体，我感到非常幸福。同云南人民一道，我含着惜别的泪水，将一起共同战斗了300个日日夜夜的访问团同志们送上了远去的汽车。

云南圭山各族人民迎接中央访问团的盛况

（在1950年9月间）

（一）

“毛主席派来了访问团”的信息传到了圭、西山的各族人民。消息传开后，撒尼、阿西和其他各族人民日以继夜地盼望着亲人的到来。圭山的撒尼人民有的盘算着来到的日子，有的碰在一块就互相议论开来，有的激动地说：“毛主席他老人家管国家大事，是派人来访问，但也等于他老人家来了。”有的群众为表达他们对访问团热爱的心情，还特地进到山林猎取禽兽来作为献礼。如尾则管理区的群众（撒尼）积极捕捉麂子、野鸡、野兔等（活的），当访问团来到时便作为礼物送给他们。

这时圭山各村沉浸在歌舞的海洋里。男女老少一吃过晚饭就开始准备自己所爱好的歌舞，一直到深更半夜；青年人积极准备着跳《大三弦》《跳月》等舞蹈和练习演唱新编的带有民族风格的歌颂党和毛主席的歌曲，老年人积极准备着《跳狮子》《耍镲》等舞剧……不久前还沉浸在炮火中的圭山人民，一变而成为沉浸在欢腾、歌舞的欢乐中，他们在歌唱着胜利，迎接着亲人的到来。

圭山的撒尼人民和其他族人民，在中国共产党的领导下，他们在漫长的游击战中，顽强配合着部队消灭着国民党匪军，虽然敌人曾对他们施行过“三光”政策，曾有许多为了掩护我地下工作人员、掩护我游击队的活动而倒在血泊中，但是这一切并没有吓倒他们，相反只是进一步地激怒了他们，增加了他们对敌人的仇恨，增强了他们斗争的意志。现在他们已经经受战争的考验，胜利后又在党的领导下和全国人民一道恢复和重建着自己的家园……圭山此时一方面由于刚从战火中出来，另一方面因灾荒，群众口粮感到困难，党和政府为了大力扶持，曾发了一批救济粮。但是传于革命传统、传于革命情感的撒尼人民和他族人民，当他们听到党和毛主席派来了访问团，他们舍不得将粮食吃掉，还准备留着等访问团来到家访问时好作招待。

（二）

中央民族访问团来到的前二三天，离圭山公社尾则管理区70里外的圭、西山各族人民——特别是撒尼、阿西，他们担心自己路途遥远，去迟了见不到毛主席派来的亲人，因此就在这个时候三三两两地来到迎接访问团的地点——尾则。尾则有一个风景优美的长湖，这时一进入夜晚，远道来迎接访问团的人群就在湖边架起篝火，红绿色的焰火从湖的四面升起，使长湖也穿上了盛装。

有组织的圭、西山群众队伍，按照预定日期开到了尾则，这时在进入尾则的道路上，出现了穿起节日盛装排得齐整的群众队伍，远远望去活像一条条花龙，维持秩序和领队的同志，在招呼着“圭山大队在这边，西山大队在排头……”，但在锣鼓的喧闹声中被冲淡了，因此依然没有动静。源源不断的群众队伍继续蜂拥而来，队伍中有配上麻布花袋的撒尼和阿西的男女青年，有的背着大三弦唱着、跳着，分外地欢乐。中年人也并不沉默，他们吹奏着细乐，只见那横笛两边的带子摆动着。老年人也不示弱，手捧片镲，身背大鼓，正注视着雄伟的狮子，随着狮子的摆动而敲打着……这是他们晚年生活最快乐的一天。

一家子人，个个都不愿留在家中，无论如何都想亲自去看来自中央的访问团，迎接亲人，放牛羊的都不肯留在家里。当时为了解决这个问题，几户人家自动商议留下1人照料这几家人的牲畜，牲畜较少的人户，把它关在厩里，备足两天的草料，全家人把门锁后就出发。有的老年人行途不便，就骑着马来。野核桃树村赵万璧（党员，路南中学校长）的母亲（撒尼农民）赵毕氏，虽已71岁了，但为了迎接访问团，步行60里路来参加迎接大会。而他全家子也出动了。圭山像总动员一样，各个村庄除个别放牧的及有病不能出动的人外，男女老幼都全盘出动。圭山区是地广人稀，当时不过3万多人口，但加上来自弥勒、西山、泸西、路南等地的群众，汇集在尾则的人们就有5万至6万人。

这是一个空前未有的盛大集会。沿着道路的两旁，欢迎的人们队伍长达20里（华里），夹道等候着。

毛主席派来的亲人来到了，他们下车后，抬着毛主席、朱副主席的画像，向着夹道欢迎人群走来。顿时礼炮齐鸣，炮声、枪声、号声、奏乐声、欢呼声、歌唱声震动了圭山，热情洋溢……

在欢迎大会上，访问团同志传达了党中央和毛主席对各民族人民的关怀，并勉励他们继续发扬革命传统，和全国人民一道在中国共产党的领导下，为创造更幸福的明天——社会主义和共产主义而奋斗。

在欢迎会上演出了各式各样精彩的节目，其中摔跤运动吸引住了人们。运动开始，身强力壮的运动员出现在场上，等候着裁判员的吩咐，有两个村子的两个大力士手牵手地过来，先亲切地作了一下较量，然后各自准备。当裁判员一吩咐，顿时一场紧张的搏斗开始，所有的观众们被吸引住了，不时发出狂欢，摄影的人忙个不停，聚精会神地选择着精彩动人的动作……

（三）

访问团带来了毛主席的相片，迎接大会上将相片分发给了各地，撒尼群众得到了毛主席的相片，特别喜悦，带到家了，就把堂屋供桌上的“天地君亲师”等撕毁，把毛主席的相片放上供桌。圭山小团田村李炳忠（撒尼，雇农）把毛主席像放在供桌上后，他说：“毛主席才是我们的救命恩人。”群众这样的举动非常普遍。圭山宜政村贫农李茂文的父亲（撒尼）60多岁了，他和别的老年人议论时问道：“怪了，毛主席关心少数民族，他是不是大脚亲戚（即少数民族），大脚亲戚才会关心少数民族。”由于他们对我党的民族政策还不够了解，因此带有民族隔阂的因素，但也反映出了久遭压迫的民族，一旦解放并被他族人民尊重和爱戴后的心情，更突出的是表现了他们对党和毛主席的无比信任和爱戴。圭山海宜村一位已60多岁的撒尼老大爷金诚（中农），这次欢迎会上他跳狮子舞很出色，别人问他哪来的这股劲头，他兴奋地说：“有毛主席和共产党的领导，我才有精神来跳狮子。”

中央民族访问团的到来，对圭山区的工作起了莫大的促进作用。听了首长的报告后，就组织群众讨论，在讨论会上他们纷纷表示，要搞好生产来报答党和毛主席对他们的关怀。当时虽然互助组还没有开始正式建立，但各村都已出现了萌芽性的变工队互助生产，各村群众在上公粮时，将自己最好的粮食交给国家。如圭山海宜村的群众为了上公粮，把苞谷个个的两头籽粒去掉，仅用中间饱满的籽粒上交给国家。他们说：“如果没有解放军，就不能打垮蒋介石的军队。”他们为了支援人民解放军，为了支援国家的建设，自己宁愿吃次的，把好粮交给国家。他们在继续发扬光荣的革命传统，为国家的社会主义事业贡献出自己的力量。

［上述主要访问对象是赵万壁同志（党员，撒尼，路南中学校长）。］

1959年6月16日

中央访问团访问丽江区材料[①]

1950年

中央访问团访问丽江区材料

1. 丽江区各族各界欢迎中央访问团举行联欢大会，7万余人充满亲爱团结。

丽江区各族各界于18日在丽江县跑马场与中央访问团举行联欢大会，到会的有访问团、各族代表团、各机关、部队、学校和丽江县各区区长共7万余人。会场上红旗飘飘，锣鼓喧天，每个人都充满了兴奋愉快、亲密团结的心情。为了热忱欢迎和感谢毛主席的关怀，距离丽江城200余里的永胜、鹤庆及江边群众带着干粮、行李都赶来参加联欢大会。

执行主席在大会上讲话后，夏团长讲话："今天我们15个县25个民族欢聚一堂，是丽江区从来没有过的。过去国民党反动派挑拨离间，使我们互相仇视、互相残杀，不能团结，不能过平安日子。由于毛主席的领导，同胞们的觉悟和英勇善战的解放军，现在已经把敌人打垮了。在毛主席太阳光的普照下，我们更加亲密团结，谁再挑拨离间，谁就是我们的敌人……今后各民族要互相商量，努力生产，在共产党和毛主席的领导下，愿大家为建设各兄弟民族团结、平等、友爱、合作的大家庭和建立独立、民主、和平、统一、富强的新中国而奋斗。"……大会接着在悠扬的军乐声中，由访问团代表毛主席颁发纪念品和礼品，并由各族各界向毛主席献旗献礼。会场充满了欢乐的气氛，沸腾着掌声、歌声和欢呼声。丽江区伯黎村70多岁的老人和国长说："我活了71岁，也没有见过这样的团结。"三区本其瓦一个苗族农民说："过去受的压迫说不完，吃不饱、穿不暖，有了毛主席我们坚决团结起来，往后的日子就好啦！"

2. 兄弟民族大团结，永远不忘毛主席的恩情。

丽江区各民族代表（364个代表）会议电毛主席、朱德总司令致敬："毛主席，有了您，我们获得了解放，各族人民大团结。我们一定要永远跟着您，更加亲密团结，建立各民族更好的大家庭，建立独立、民主、统一、富强的新中国。"[②]

3. 欧专员在讲话中说："证明共同纲领中所规定的民族政策，已经在兄弟民族区域内逐步实现。"14日至20日的代表大会中各族代表挖出了兄弟民族间和民族内部之间过去不团结、互相歧视甚至互相仇杀的毒根——反动统治者的压迫挑拨和狭隘民族主义的危害，

① 标题为编者所加。本文的注释为原注。——编者

② 摘自《滇西北日报》，1950年10月。

认清了帝国主义和蒋介石反动统治阶级才是各民族的敌人。①

4. 充满了狂欢的宴会。丽江兄弟民族代表欢宴中央访问团，特别备办了一顿丰盛的晚餐，在人民中学礼堂举行了一项空前热烈的狂欢聚餐会。②

5. 会集丽江的各个兄弟民族代表，于11、12、13日3天中分别去拜访代表毛主席派来的中央访问团。3天中各族代表用不同的语言表达了同一意志："感谢毛主席的关怀，各民族要更加团结起来，永远跟着毛主席走。"③

6. 1950年10月14日，丽江区各民族代表会议在丽江中学大礼堂开幕，出席各族代表299人。大会主席张子明致开幕词，首先对中央人民政府毛主席对兄弟民族的关怀与中央访问团直接领导下，召开这个代表13个县、25个民族大团结的盛会表示感谢与欢迎。在党的领导下，人民解放军英勇善战，打垮了美帝走狗蒋介石的统治，去掉了压迫各民族几千年的枷锁，号召大家紧密团结起来，建设自由、平等、幸福的大家庭。

纪念品有"中华人民共和国各民族团结起来"锦旗一面，毛主席、刘少奇、朱德司令及中央各首长的题字，并向各代表颁发纪念章。

欧根专员答词：对中央访问团各首长亲临指导会议、颁发礼品表示感谢外，并保证丽江区各兄弟民族一定能够更加团结，永远跟着共产党，为建设民族友爱、合作的大家庭，建设独立、民主、和平、统一、富裕的新中国而奋斗。在《团结就是力量》歌声中宣布休会。

7. 毛主席爱护我们，我们永远跟着您。

祖国边疆的山城——丽江，今天沉浸在7万多人的狂欢里。纳西、藏等20多种民族代表各界从来没有过的兴奋愉快和狂热的情绪，欢迎毛主席派来中央访问团。

和煦的太阳照耀着，成千成万的人流从四面八方涌向会场，每个人的脸上都充满了笑容。丽江一区漾西村陈象贤说："我们听说毛主席派来访问团，大家真高兴，全村除了留看家的几个人外，都来了。"远在两天路程的丽江三区、永胜，背着干粮参加大会。联欢大会在跑马场上举行，庄严的主席团中间悬挂着毛主席像，会场周围写着巨大的"兄弟民族团结起来""感谢毛主席""拥护共产党"的标语，替每个人道出了心里的话。满场红旗，迎风招展，在秋风中飞舞飘扬。黑压压的人海和会场四面上层层站满了人群，充满了无限的愉快狂热。

震撼山岳的礼炮响了。大会在雄壮的军乐声中宣布开始，扩音器里不断播送访问团首长、各民族代表的讲话，暴风雨般的掌声和欢呼声一阵阵从人海中涌起。会场在沸腾着，千万颗心团结在一块，团结在毛主席的周围。

送礼开始了。访问团把毛主席亲笔题词的"中华人民共和国各民族团结起来"锦旗和各种各样的布匹、针线、画片、盐巴、茶叶送交各民族代表，热烈掌声响起来了，"感谢毛主席！"接着各民族代表把用各种文字写成的锦旗及自己心爱的东西和土特产送给毛

① 摘自《滇西北日报》，1950年10月。
② 摘自《滇西北日报》，1950年10月。
③ 摘自《滇西北日报》，1950年10月。

主席，各种礼品代表各族的特征，充分表现了对毛主席的关心和敬爱。中甸大寺喇嘛说："我们没有什么送给毛主席，只有两尊'铜宝'铜佛，一尊是长命佛，祝毛主席长命百岁；一尊是降妖佛，祝毛主席肃清蒋介石匪帮。"苗族代表陶文学、陶文光、汉盛高3人共送毛主席一个芦笙，"我们几弟兄都喜欢芦笙，国民党拴兵使我们离散六七年，今天沾毛主席的光，我们团聚了，把芦笙送给毛主席，告诉他老人家我们团结在一起了，永远跟着他老人家走"[①]。

8. 兄弟民族团结万岁！

丽江区各民族代表会议昨天胜利闭幕，各代表都表示必须加强团结、建设民族友爱合作的大家庭——标志着丽江区各兄弟民族大团结的丽江区民族代表会议，包括13县25种民族的代表，列席代表364人，会议于10月14日开幕，20日闭幕，历时6天。在中央访问团的指导下、各代表团结友爱的基础上，开得很成功。会议相继听取了中央访问团夏团长，王、张副团长的报告，会上共14个代表发言，共同挖出了兄弟民族和民族内部过去不团结、互相歧视、甚至互相残杀的毒根——大汉族反动统治者的压迫挑拨和狭隘民族主义的毒害，认清帝国主义和蒋介石反动派是共同的敌人。

代表说：嘴里要说团结，心里要想团结，做的要为团结，这样各兄弟民族才能有进步，才能消灭我们的落后。

这会是奠定丽江区各民族团结的基础，证明党的民族政策的正确，明确了过去不团结的坏处，现在团结起来的好处。有了党、毛主席，团结一定搞得好，各兄弟民族团结像金沙江水一样永流，像喜马拉雅山一样伟大坚强。

有的代表说：毛主席对我们照顾真周到，给我们盐巴、针线，还告诉我们团结好、过幸福日子的办法。我们今后要爱护工作干部，永远听毛主席的话。

① 摘自《滇西北日报》，1950年10月19日。

兄弟民族的欢笑

保山区各族代表们穿着自己民族的服饰，带着自己最心爱的赠送给自己领袖毛主席的礼品，以兴奋快慰的心情，从四面八方越山过岭地汇集到保山来。这是澜沧江以西各民族历史上第一次团结大集会。

由于政府的热情招待，和代表中央人民政府毛主席的访问团的慰问，在保山区各民族代表会上，兄弟民族代表们倾诉了过去在国民党反动政府统治下被压迫、被欺负、被歧视的痛苦后，回族代表朱光说："在今天的大会上，正象征着我们已由地狱走上了天堂，由禁锢下解脱了锁链，而这打破地狱、粉碎锁链、引导我们走向光明大道的是谁呢？就是我们伟大的人民领袖毛主席。毛主席关怀我们，这种无微不至的热情，太使我们感动了，不但以平等友爱的精神订立了民族政策，还派中央访问团不辞千辛万苦地到祖国边远地区来慰问我们。我们除感激外，要坚决团结在毛主席旗帜下，响应一切号召，建设新的大家庭。"莲山刀司官和山头族代表表示："我们得来参加这样伟大的大会，兴奋的心情是言语不能表达的。回家后，我们要到处宣传毛主席对我们的好处和英明的领导，打消民族隔阂，紧密地团结起来，努力学习、努力生产，建设祖国边疆，巩固国防。"

在访问团夏、王正副团长传达了民族政策和中共保山地委郑刚同志关于保山区民族工作的报告有关民族贸易、文化卫生、生产建设和培养民族干部等问题，会场中洋溢着一片欢笑声。芒市傣族代表发言时兴奋地说："我们从此在政治、经济、文化上得到平等了。没有毛主席哪能有今天呢？"

夕阳照在保山中学的广场上，25种兄弟民族的1000多代表在狂欢的气氛中举行宴会了。代表们一个个高兴地跳上板凳高呼："新中国各民族大团结万岁！"一时千万个喉咙齐声应吼，傈僳族女代表也站在凳子上带着喊"毛主席万岁！""感谢毛主席的关怀！"口号声未歇，掌声又起，一片爽朗的欢笑声，和为毛主席健康而干杯的欢呼声，交织成一个民族大团结的交响曲。昌宁土里族、苗族代表高兴地立即放下碗筷，欢跃地围着桌子跳着唱起《跟着毛泽东走》《团结就是力量》。勐卯（瑞丽）傣族代表们便打起他们的象脚鼓来边唱边跳。晚会上芒市傣族演出富有风格的孔雀舞，这在他们习俗上是非常隆重的，使代表们欢笑得合不拢嘴来。

最后访问团以放映《新中国的诞生》《苏联1949年5月1日大检阅》等影片欢迎代表们时，会场上响起了代表们称赞的啧啧声，一齐为新中国强大的陆、海、空军和新中国的远景——苏联而欢欣地鼓掌大笑，手舞足蹈地庆贺祖国的胜利成长。影片放映后，大家不约而同地微笑着，嘴里有力地哼起访问团教他们唱的歌曲："人民的领袖就是毛泽东，领导咱们翻了身，咱们的大救星……兄弟呀，民族一齐站起来，消灭那反动派……自由平等万万年，跟着共产党走……"

（此文为1950年欢迎中央访问团在保山开会时的情况。）

1959年7月30日抄自德宏地委

毛主席的礼品带到腾冲受到各族人民的热烈欢迎

中央民族访问团的一个小组，于12月23日抵达腾冲，全县各族人民两万余人前往欢迎。欢迎行列长达10余里，人群夹道，人们以愉快的心情迎来了代表中央毛主席的中央访问团。24日，全县人民在城内广场上召开欢迎大会，参加大会的有回、傣、卡拉、阿昌、山头、傈僳、汉等族及各机关、部队、人民团体3万多人。大会开始后，首先由刘县长致开会词，继由访问团的代表致辞："我们各民族都拥护和热爱领袖毛主席。毛主席虽在北京，但他的心随时和我们在一起的。这一次我们代表中央人民政府毛主席来看大家，并把大家的意见带给毛主席。"话刚说完，全场立即高呼"各民族团结万岁！""毛主席万岁！"接着由傣族代表讲话，他指出，毛主席就是各民族的太阳，我们少数民族一定要听他的话，永远跟着他走。另外，回族、卡拉族代表都讲了话。各兄弟民族代表讲话后，各单位开始献花献旗、表演节目，访问团亦将毛主席的礼品送给各民族代表。大会在快活、亲密的气氛中结束。访问团小组将继续在腾冲展开访问和宣传工作。

1951年1月21日

中央访问团到芒市法帕情况

1950年

潞西县团委书记 殷建德（傣族）

中央访问团到芒市法帕情况

1950年中央访问团到我们法帕寨访问，中访团带了电影队到曼蚌寨放映，群众很高兴，从未看过电影，都从几十里地赶来看。法帕寨来了10多个同志，他们待人很和气，一部分住在上层约老敢家，一部分住在我家。我后妈心中有些不安，顾虑住我家以后会有麻烦，就和中访团的同志说："我家地方小，招待不好，还是去上层家住吧。"我说"工作同志就住在我家好啦，别听我妈的话"。就这样，他们六七个同志都住我家里，可热闹啦！我家有祖母、母亲和我，由于国民党反动派造下的隔阂，村里的人恨透汉人，中访团初来时，不理不睬的，但是到中访团的同志帮我们挑水、扫地、种菜，见人总是笑眯眯、和和气气的，完全不像国民党反动派一来就抢，见猪、鸡就拉，见东西就要。那几个同志见到小姑娘就给丝线，见到老人就给针线和盐巴，他们和我们一起劳动、一起吃，吃了算钱，从不要一分钱或一颗针。由于国民党反动派造谣，又由于傣族仇恨反动派，反动派是汉人也就恨汉人。因之，开始见到中访团都是汉人都不愿和他们接近，但渐渐地看到这些汉人和反动派那些汉人不同，我们思想上有了个想法——"毛主席的汉族好，讲道理，不骂人也不打人，心好，国民党那些汉人是坏汉人。"在我们心里知道了汉人也有好坏，和傣族一样。

平时，我劳动回家吃饭，他们就给讲些新道理，如三大纪律八项注意啦、党的民族政策啦。"真的，他们执行三大纪律八项注意比傣族老大妈在缅寺里发誓还认真呢！"（这当然不能比）这是傣族大妈咪皇说的。有个老大妈来我家玩，她叫牙景罕，她和中访团的同志诉苦诉得哭起来了。日本人烧了她的房子，烧了谷堆，儿子被抢走了，她哭着说："要是你们来早些就好了，我的房子也不会被那些强盗烧了。"

白天，我和母亲都下田劳动，只有祖母一人在家，中访团的同志帮她挑水、煮饭，和她闲聊天，使她不感到寂寞。她老人家高兴极了，我们回家，她就说："这些人可好了，他们什么都做，他们就是为我穷人的。"我听后，也想一个人要有志气，要活得有意义。那时还不知什么为人民服务，我看到这些同志和我家就像一家人，我暗下决心跟他们走，他们到哪里我也到哪里。我知道他们专为穷人做好事，我也愿意。

不久工作队要走了，祖母心里扎实难受，她老连夜赶织了两条手帕送中访团。她说：“我没什么好东西送你们，只送我自己织的花手帕，表表心意。”中访团的同志不收，她说：“你们不要就捎给叫你们来的人——毛主席吧！”说罢她感动地看了墙上挂的毛主席像一眼，热泪满眶，中访团的女卫生员也哭起来了。祖母雅坦香说：“我从来没见过这样的好人。”至今，她老已80岁了，中访团访问的情况还深刻、清晰地铭印在她的记忆中，她经常和旁人谈到中访团访问的情况。

1959年6月23日整理

中央访问团在法帕[1]

1950年

中央访问团在法帕

1950年中访团来此，带来了各族人民的福音、党中央毛主席对边疆人民的关怀和慰问。中访团带来了许多物资，如布匹、医药、毛主席像、救济贷款、粮食等分送给各族人民。有些老大妈想起过去反动派把儿子抓去当兵，无依无靠，现在有人来关心自己，送来了物资，怎能不感动呢？老大妈感动得流泪。许多工作同志背了中访团的针线、毛主席像和纪念章，挑了盐巴，不远数十里爬山涉水到山区，把毛主席的礼物带给各族人民。山区人民在解放前过着凄凉困苦的生活，几天几月都吃不上盐巴，现在毛主席派工作同志把盐巴送来了，山区人民从心里感激毛主席。“毛主席真关心我们啊！”这是边疆各族人民共同的语言。

通过中访团活动的开展，边疆人民对毛主席、共产党有了进一步的了解，破除了以前反动派所传播的谣言。卫生员同志不要钱地给群众看病吃药，把许多人从死难中救活了，群众都感叹地说：“过去像我们兄弟民族有谁理我们？死了连鸡狗都不如。今天共产党待我们像自己人，不打、不骂、不杀，还给医病，真没见过这样好的人。”法帕寨的一位老妈妈，有80多岁，至今还记得中访团到法帕的情况，她说：“毛主席真关心傣家人啊！”

---

① 标题为编者所加。——编者

彝族人民热烈迎接中访团

毛主席派来了访问团，给彝族及各族人民带来了最大的幸福，武、禄地区的人民欢欣鼓舞、热烈迎接，都选择了自己最心爱的礼物和形式向访问团献礼，表达彝族人民对亲爱的党和毛主席的关怀的感激。有的彝族和苗族人民，想尽千方百计，上山抓回活的麂子来送给访问团。武定的德窝乡彝族人民做了一面锦绣大红旗，上面用彝文写着“毛主席的大恩情，领导我们大翻身”的字样，赠送给访问团。许多乡村的彝族人民都以有名的10多年的武定大阉鸡送给访问团。也有的挑选了自己最心爱的礼物，如禄劝县撒马宗德村的彝族人民把结婚时新娘戴在头上的凤冠银子，选了一顶最新最好的送给访问团。

在武定召开欢迎大会，各地彝族及各族人民，爬山越岭，为了迎接亲人，什么叫苦、累都忘记了。广大彝族人民，向访问团汇报了彝族人民的情况，要求党和政府支持彝族人民，迅速进行土地改革，摧毁封建统治，彻底解放彝族人民。

哀牢山上迎亲人
——回忆中央访问团到元阳县慰问的盛况
何庆文（彝族）
《云南民族工作回忆录》（一）
《云南文史资料选辑》第四十四辑
中国人民政治协商会议云南省委员会文史资料委员会编
云南人民出版社1993年3月第1版

哀牢山上迎亲人

——回忆中央访问团到元阳县慰问的盛况

“北京的阿波毛主席要派人来看望我们啰！”这是1951年春，传遍哀牢山村村寨寨最鼓舞人心的消息。各民族的男女老少都在奔走相告，到处都在议论，准备着迎接亲人，到时将自己最珍贵的礼品，送给各族人民的大救星——阿波毛主席。

永世难忘的这一天终于盼到了，这是1951年3月27日。中央访问团二分团蒙自区工作组的20多位亲人，在中国人民解放军一个连的护卫下，由分团秘书长聂运华同志带领，从蒙自出发，渡过红河、爬山涉水，行程300余里，进入新民县（现元阳县，下同）慰问居住在红河南岸哀牢山区的哈尼、彝、傣、苗、瑶、汉等各族人民。

这天，在水普龙新街后山（海拔1900米）的草场上，举行了欢迎中央访问团的盛大集会，也是中央访问团对各族人民的慰问大会。哈尼族人民背着糯米粑粑、哈尼豆豉来了，彝族背着大南瓜来了，苗族、瑶族扛着火药枪、抬着猎物来了，傣族背着团鱼来了……四面八方的男女老少穿着节日的盛装都来了。由于山高路远，有的走了两天路程，有的天不亮就匆忙赶几十里路，来参加大会，大家都怀着急切盼见亲人的共同心愿按时到达会场。谁也料想不到竟来了万余人，整个草场和四周的小山头上都站满了人，真是人山人海，盛况非凡，这是历史上从未有过的场面。

在大会上，中央访问团的亲人，传达了党中央、毛主席对各族人民的关怀，宣传了党的民族平等、团结互助的政策；号召各族人民团结起来，巩固边疆，建设新中国。在大会上，访问团向各区来的群众赠送了毛主席亲笔题写的“中华人民共和国各民族团结起来”的锦旗，以及盐巴、黄烟、丝线、针等礼品。各族人民也向中央访问团敬送了自己带来的礼品，礼品中有一面由阿花寨李秀英等彝族妇女亲手用银泡镶嵌了2个多月、反映各族人民共同心愿、用彝文和汉文绣着“共产党像太阳，照到哪里哪里亮”的锦旗；胜林高城村的哈尼族人民把精心制作的哈尼豆豉，装在一个竹筒里，用大红纸包好，写着“送给阿波毛主席”，亲自捧给访问团的秘书长，请他转交，聂秘书长当场表示“一定转送”，并打开竹筒盖闻了一闻，引得大会场上满堂欢笑。各种土特产礼品堆满了县政府的礼堂、走道，更想不到的是礼品中还有活生生的小熊、小野猪、猴子、麂子等动物，可以想象没有几天几夜的撵山是很难捉到活生生的野兽的。这种珍贵的礼品，反映了各族人民的真诚敬意。

大会期间，访问团的亲人，都纷纷走到各族人民中，问寒问暖。当时，我忙着给大家时而用哈尼语，时而用彝语作翻译、讲解。

大会上，访问团的文艺组进行了慰问演出。我记得很清楚，当时慰问团的成员中有现在很有名的艺术家，他（她）们演唱的《民族团结把家当》和《妇女翻身道情》等歌曲，深深地留在各族人民的记忆中。晚上，部队做好保卫工作，就在大山头上放电影，同时举行大联欢。此时此刻，在人们的心里千百年来的民族歧视、民族压迫的屈辱历史所造成的阴影被欢乐的喜悦所代替，联欢会上，哈尼族跳起了扇子舞、碗舞，彝族跳起了乐作舞，苗族吹响了芦笙……青年男女的山歌回荡在哀牢山间。这一夜，各民族都沉浸在欢乐之中。现在回忆起来，这种民族大团结的盛况和气氛真是令人终生难忘。

访问团的亲人，还于1951年4月17日，亲自帮助召开了新民县第一届各族各界代表会议，于22日，442名代表一致选举产生了以普照为县长的民族民主联合政府。在会上访问团向代表和工作人员赠送了1张毛主席像和1枚毛主席纪念章。当时我也得到一份，至今我仍然十分珍惜地收藏着。

这次中央派访问团亲自深入到祖国西南边疆的少数民族地区，传达党中央的民族政策，慰问、访问、调查、直接听取各民族的意见，对于疏通民族关系、增强民族团结、巩固边疆，意义十分深远。从此，党中央的民族政策，日益深入人心，元阳地区进入了一个民族平等、团结、互助，边疆巩固，共同建设社会主义民族大家庭的新时期。

中央访问团到西双版纳
《西双版纳五十年（1950—2000.2）》
中共西双版纳州委党史征集研究室编
云南民族出版社2000年11月第1版

中央访问团到西双版纳

（1951年）4月10日，中央民族访问团云南分团在副分团长王连芳带领下，千里迢迢到达佛海，受到了边疆各族人民的热烈欢迎。访问团带来了党中央、毛主席、中央人民政府对兄弟民族的亲切关怀和慰问，向各族人民赠送了毛主席亲笔题词“中华人民共和国各民族团结起来”的锦旗和礼品，放映了《开国大典》等影片。

访问团带来了边疆各族人民需要的盐巴、丝线、花边，对在边疆工作的各族干部，每人赠予印着“保卫边疆、巩固国防”字样的蚊帐1顶、油布1块、雨伞1把、背壶1个。

4月13日，佛海县城召开了车、佛、南三县各族各界人民代表大会，中央访问团在会上传达了党中央、毛主席对边疆各族人民的关怀和问候，宣传党的民族政策。王连芳副分团长作了“关于区域自治和民族团结”的报告。会议选出53名成员组成了车佛南区域自治筹委会。

5月7日，镇越县召开第二次民族代表大会，专员方仲伯代表中央访问团到镇越，传达了访问团对县内各兄弟民族的关怀与慰问，向各族干部赠送了慰问品。中央访问团在西双版纳期间还为群众看病，进行文艺演出，召开各种座谈会，走访群众，宣传国内外形势和民族政策，了解各族人民生产、生活和风俗习惯，使各族群众感受到党中央、毛主席的关怀，加深了对党的民族政策的了解，为实现民族区域自治打好了思想政治基础。

建立西双版纳傣族自治州的回忆[①]
余　松[②]
《云南民族工作回忆录》（三）
《云南文史资料选辑》第四十八辑
中国人民政治协商会议云南省委员会文史资料委员会编
云南人民出版社1996年12月第1版

建立西双版纳傣族自治州的回忆

解　放

1950年春，西双版纳全境解放了，各县相继成立了人民政府。在党的统一领导下，人民政府一面组织各族群众配合人民解放军清匪肃特，镇压反革命，稳定社会秩序，保卫边防；一面帮助人民恢复生产，重整家园，并明令宣布废除旧政府的一切苛捐杂税，只征收很少的一点爱国公粮，过去我正规军或游击队向人民所借的粮食都可抵交公粮。各族群众皆大欢喜，奔走相告："天亮了、天亮了，总算盼到了这一天！"人民政府还组织马帮、牛帮到内地去驮运盐巴、食物，解决民生急需，同时动员修桥补路，扎筏摆渡。在车里澜沧江渡口还成立了渡江所，把战争时期破坏了的渡船重新恢复起来，又扩大了运载量，方便运输。

西双版纳虽有得天独厚的自然条件，但在解放前，由于长期遭受帝国主义、封建主义和国民党反动派的压迫掠夺，又经受多年的战乱，各地区荒烟瘴疠，各民族贫困落后，它像一块未经琢磨的美玉被埋在污泥中，既不美丽，更不富饶。

中国共产党领导人民革命，建立了新中国，推翻了帝国主义和国民党反动派的统治压迫，各族人民才开始得到休养生息。人们陆续地把藏在深山里的牛找了回来，把养在丛林中的猪、鸡搬回家。小伙子忙着砍竹子，割茅草，修房屋，围篱笆。老波涛[③]急着斗犁耙，整农具，准备生产。妇女们织布做衣服。村寨里有了欢笑，田野上游荡着牛群，边疆从来没有这么安宁过，连老天也识趣，1950年来了个风调雨顺，西双版纳获得了建国后的

① 本文的注释为原注。——编者
② 余松：原中共景洪县委副书记，云南民族学院原党委书记。
③ 傣语：大爷。

第一个丰收年，各族人民踊跃交纳爱国公粮，车佛南成为云南省第一批完成公粮任务的3个县，受到了省人民政府的表扬。1951年、1952年连续获得丰收，边疆更加安定。各族群众开始尝到了解放的甜头，打心眼里感谢共产党，感谢毛主席给各民族带来了新生。

隔　阂

建国了，各族群众一致赞颂共产党好、人民政府好，解放大军好，但是由于历史上长期民族压迫、民族隔阂，他们仍然把党、政府和军队看作是汉人的，只不过这是新汉人，是共产党、毛主席教得好的新汉人。人民政府的许多工作，仍然要通过土司头人，才得以顺利进行。各族群众有事，总是先找本民族的头人或通过头人向政府转达。

原来，西双版纳直至建国初，仍保存着比较完整的封建领主制度。领主的统治机构——宣慰司署还在，各地土司头人仍行使着封建特权，山区各民族的政治经济虽处于不同的发展阶段，但也都从属于封建领主制度。由于历代统治者对少数民族实行“改土归流”和“分而治之”的政策以及封建制度本身的腐朽没落，宣慰的权力日益衰微，他虽然还保持着十二版纳“共主”的名义，但实际权力只及于其直辖版纳——景洪和勐罕。各勐土司头人各自为政，自行收取官租，摊派各种劳役和经济负担。封建特权操在各勐土司头人手里。宣慰司的宫殿也已陈旧。特别是解放前夕，宣慰司的“摄政王”刀栋庭由于不明党的政策，在国民党残部的胁迫下，带领一批土司官员外出后，宣慰司更是七零八落，残破不堪。建国后，土司头人固然希望保留土司制度，而在各族群众眼里，本民族的土司头人也正是防御外族压迫、保护本族利益、与外族交涉的代表和公众领袖。农村基层政权仍在土司头人手中，民族界限森严，民族矛盾掩盖阶级矛盾。

西双版纳历来就是中国领土，以历代土司都受“天朝”的封赠，这在民族上层和人民群众心目中是清楚的。西双版纳地界叫中国地，缅甸、老挝叫外国地，群众也是明确的。但是解放以前，西双版纳交通阻塞，政治经济文化十分落后。人们思想也很闭塞，对祖国情况知之甚少，对外国情况知道的也不多。且因旧政府不重视边陲，不管人民死活；许多商品多从外地运来，形成日用百货供给仰于外地的状况。虽然有些商品是上海、广州出产，由侨商海运到泰国、缅甸，也被当作“洋货”再转销西双版纳。人们就认为外边东西多，称道景栋、曼谷、米赛是“大地方”，对祖国地大物博反而不甚了解。有的头人还坐井观天，我们曾经参加过一个小坝子勐板城子的一次“开门节”。那天杀牛摆酒，附近村寨的群众都来庆祝，大家围着篝火，又唱又跳。头人问我们：“内地有这样热闹吗？”还不等我们回答，他又说：“这些地方都是我管完了……”旁边另一个头人抢着说：“我管的地方才宽咧，有几十个寨子，几架山，牛多，马也多，数都数不清，你们到我家去看嘛！”我们给他们讲昆明、云南、中国有多大，他们不相信，却问“比米赛大吗？比景栋大吗？”我们再解释，他们还是不理解。

面临这些问题，怎么办呢？怎样消除隔阂，使各族人民政府看作是各族人民自己的呢？怎样才能解脱套在人民脖子上的最后一副锁链——封建制度呢？又怎样教育各族人民，让他们进一步认识和热爱自己的伟大祖国呢？

访　问

1951年春光明媚的时候，中央派民族访问团，带着党中央和毛主席的亲切关怀，带着党的民族政策来到了西双版纳。

各族人民盼望着，北京来的“大官”是什么样的？他们一定是更好的人哪！因为共产党、毛主席教出来的大军和同志（指干部）都是好人，他们将会给我们民族带来什么新声音？我们又拿什么来招待他们呢？

干部战士期待着，在远离中央的边疆摸索着干了一两年，多么想看到党中央派来的亲人啊！有多少问题希望上级领导来帮助解决啊！

访问团终于不远千里，风尘仆仆地和各族群众见面了。访问团不是“大官”，不要“招待”，一到景洪就和干部谈心。找群众问寒问暖，一个个和蔼可亲，平易近人，和大家打成一片。“同志们！父老兄弟姐妹们，你们受苦了，党中央、毛主席和省委、省人民政府派我们来慰问受尽压迫剥削、坚守着祖国大门的各族人民，来看望历尽千辛万苦、战斗在边疆的各级干部战士，向你们问好！向你们致敬！”亲切的话语温暖了人们的心。

访问团带来了边疆人民需要的东西。他们赠送给各族群众的礼物是盐巴、针线和花边。旧社会里，边疆人民得到一块盐、一颗针，要付出多少代价！一块盐、一颗针凝结着多少汗水和泪珠。现在访问团亲手把盐巴和针线送到人民手中。从此人民政府规定以低价大量供应盐巴和针线。这一块盐、一颗针，又汇聚了多少党和政府的恩情。他们赠送给干部、战士的慰问品是蚊帐、雨帽和药品，这正是边疆干部战士渴望的东西。多少年来，白天日晒雨淋，晚上涂蚊油过夜。蚊蚋传染的疟疾夺去了不少同志的生命。一顶蚊帐，一顶雨帽，一颗阿的平，体现了党对边疆儿女的关怀。只有共产党才懂得人民的疾苦，党中央和毛主席才了解人民的心。

访问团带给人民最好的礼物是党的民族政策。在各族各界欢迎访问团的群众大会上，访问团副团长王连芳同志把绣着毛主席题字“中华人民共和国各民族团结起来”的锦旗赠送给西双版纳各族人民。在各种会议上，访问团向各级干部、各族人民、各界人士宣讲了党的民族政策和民族区域自治政策。“平等、团结、友爱、互助”八个字启发了人们的思想，“各族人民当家做主”震动了人们的心弦。

少数民族群众又是高兴，又是担心，也有怀疑。这是真的吗？那种一等洋人、二等汉人、三傣、四布朗、五哈尼……的民族等级不再存在了？各民族真的一样平等吗？少数民族也能当“官”吗？山区民族骑马见着汉人、见着傣人可以不下马吗？少数民族自治能行吗？我们不会做盐，不会做铁，人家不管怎么办？汉族同志、解放大军会走吗？汉族干部也有疑问，各民族都是兄弟姊妹，必须有本民族的干部事情才好办，但封建土司制度不取消能平等团结吗？让土司头人也来当领导吗？和土司头人握手言欢，岂不丧失革命立场？民族自治了，汉族干部可以回内地了吗？

民族上层心里七上八下，猜疑不定。自治是不是要恢复土司制度？共产党要搞改革，土司命不长了，汉人的话信不得，他们到底要搞什么？看看再说。

各民族、各阶层思想活跃起来了，民族区域自治好倒是好，但是不是真的？到底怎样自治呢？

启 发

在中央访问团的指导帮助下，地、县党委和人民政府认真贯彻了民族政策，做了一系列工作：

各级干部普遍宣传了民族政策，带头讲团结、平等，讲互助、友爱、尊重民族风俗习惯，检查“三大纪律八项注意”，帮助调解民族纠纷，开展“解疙瘩、消隔阂”活动。有问题通过协商解决，提倡识大体、顾大局，把有纠纷的双方找到一起来开团结会、吃团结饭、喝“鸡血酒”，握手言欢。

上级党委和政府先后派来西南服务团、昆明医疗队等分别到各县开办了邮电、银行、商业、贸易、文教卫生等事业，还贷款给当地民族商人到昆明去购买商品。

人民解放军增派了进驻西双版纳的部队，加强了国防力量，支援边疆各民族建设。

1951年10月，傣族的召存信和刀承宗分别被任命为车里县和佛海县的县长。同年11月在普洱召开的思普地区各族各界代表会议上，成立了普洱专区民族民主联合政府。召存信和思普区的其他几个民族代表一起被选为联合政府的副专员。西双版纳的哈尼族、基诺族、瑶族代表被选为政府委员。

1951年底，云南省民族学院成立，专门为边疆、民族地区轮训干部和培育民族青年，一批批兄弟民族的优秀子弟被选送到昆明学习。那时少数民族青年到内地可不容易，他们要过“三关”、克服“七怕”。一是家庭关：父母舍不得儿女远出，何况是到汉地，怕他们受异族欺负，怕遇到鬼邪，菩萨不保佑，怕他们“变汉”。二是生活关：到外地生活不习惯，怕不得吃糯米饭，怕苦怕病死在外。三是语言关：不会说汉话，怕听不懂，难学。另外，还有人造谣说：“去不得，那是汉人骗去做苦工，去了就不得回来。”可是在党的动员和鼓励下，这些傣族、哈尼族、基诺族男女青年们的革命热情终于冲破了“三关”，相信共产党、相信毛主席的信念战胜了“七怕”，粉碎了谣言。他们告别父母，背上背包，离开家乡，不怕长途跋涉，步行到昆明，进入民族学院学习。他们受到了学院的关心、爱护和殷切教导，学了文化，学了政策。他们又全部平安地回到了西双版纳，成为贯彻民族政策、实行区域自治的积极分子。

为了团结教育民族上层，变阻力为助力，党和政府组织了一批又一批的土司头人到内地参观访问，让他们开眼界、见世面。他们有的到昆明、成都，有的还到了北京、上海。

看到了祖国的伟大，山河之壮丽，幅员之辽阔，物产之丰盛，人口之众多，他们无不感慨惊奇，感到自己以往确是坐井观天，不知天高地厚。现在蛤蟆跳出了井栏，才晓得外面大得很，景栋、米赛算什么？和我们祖国相比，那是蚂蚁比大象。我们西双版纳也不过是大象的脚指头。他们观看了军事演习，更加佩服解放军的强大。各地热情的招待和欢迎，使他们感到祖国大家庭的温暖。许多上层人士看到了前途，有了希望，相信了党的政策，坚定了跟共产党走的决心。

各级干部经过学习和实践提高了政策和理论水平，逐步认识到边疆民族地区和内地情况不同，民族内部的改革是完全必要的，但在民族隔阂深重、民族之间的矛盾还大于民族内部阶级矛盾的情况下急于搞改革是行不通的。建国初期的边疆民族工作首先要疏通民族关系、消除民族隔阂、做好事、交朋友、培养民族干部；认识到在长期的民族压迫、民族矛盾中形成了民族上层在本民族中的特殊地位和作用，明确了必须长期团结教育改造民族上层的道理；认识到那时美蒋匪特还盘踞在境外对我进行破坏，帝国主义对我骚扰、封锁，必须团结各民族、各阶层一致对敌，守好祖国大门，保证内地搞好革命和建设，这是边疆工作的首要任务。边疆工作，必须服从这个大局。认识提高了，许多思想疙瘩也解开了。

干部思想明确了，心情舒畅了。各族人民心里踏实了，放心了，共产党的政策好，而且是真的。民族上层思想也稳定下来了，民族区域自治政策在边疆传开了。

…………

景颇族（山头族）情况[1]
李志纯
《西南少数民族资料汇编初稿》（一）
西南民族学院编印
1952年6月出版

景颇族（山头族）情况

① 此文目录与正文所述有所出入，为保持原貌，未做改动。——编者

附插图[1]

一、景颇（山头）族分布略图

二、景颇民族迁徙图（数字表示代数）

三、滇西地势略图

四、滇西北清代行政区划图

五、滇西及滇西北交通图

编辑者说明

一、这本小册子的内容，主要从“中央访问团”1950年冬季访问景颇族人民时得来，由参加访问的李志纯同志执笔写出。关于历史、地理和过去帝国主义侵略活动的部分，并参酌采用了下列几种旧时材料：1. 严德一著《边疆地理调查实录》；2. 华企云著《中国边疆》；3. 昆华图书编辑《云南边地问题》；4.《缅甸政府公报》；5. 美[2]人华金栋著《缅甸边地》、英人美特福著《中缅之交》等。

二、毕竟感性材料的整理能够说出一些实在的问题。本册中关于景颇族的分布，从分布和传说中看出这个民族的历史迁徙路线以及他在历史上和其他民族的关系等，要算比较有系统的材料。帝国主义入侵的情况却主要只记下了一些文献史实，缺少翔实生动的描述；至于景颇人民经济生活的深入了解和分析，则是受了工作时间的限制，尤其是感觉不足的。所以，本册只是初步的情况报道。

三、事实说明，景颇族是淳朴勇敢、不肯屈受英美帝国主义压迫侵略的民族。但是，英美帝国主义千方百计进行欺骗与威胁，60年来留给景颇族两件严重灾害：普遍种植并相当普遍吸食鸦片，和供应“殖民军”兵役，使得景颇族人民陷入更深的贫困，而且消磨了民族自信的感情。解放后的景颇族从国内各民族平等、友爱的新的民族关系中体验出祖国的亲切温暖，看见自身光明荣誉的前途，从而也就逐渐认出了帝国主义的真面貌，萌发了两条路线的思想和行动的斗争。美英帝国主义恰好在这种时候在北缅制造了傀儡的“喀钦联邦”，企图“饵诱”我们的景颇族，破坏我国日益壮大发展的民族团结。

四、在毛主席正确而伟大的民族政策的领导下，事实将更源源不断地说明，帝国主义的妄想和蠢动必然归于徒劳。他们侮辱、折磨景颇族的罪行，必将遭到觉悟了的景颇族人民更强烈的憎恨与反抗。他们在各民族平等、团结、友爱、合作的伟大祖国里，已经展开了民族生活的新纪元，一部分景颇人民第一次下到平坝子里从事更好条件的农业生产的劳动。

这一本小册子正好记录了景颇族旧历史的终结和新历史的开端。

西南民族学院研究室

1952年6月

① 此内容未收录于本《实录》中。——编者

② 据后文所述，此处“美”当为“英”。——编者

前 言

我国云南省西部的腾（冲）龙（陵）边区和滇西北角“中缅未定界”区域民族复杂。其在国境线内者主要为怒江流域的傈僳族和腾龙区的傣族；其处在边缘区者主要为景颇族（少部为傣族），聚居在滇西北“未定界”内及滇西腾龙区山地。

英帝国主义自清末（1885年）并吞缅甸后，随即侵占了原属中国八莫一带景颇族聚居的山地。民国初年，英帝国主义更逐渐侵占我滇西北角景颇族地区，原在我境内三四十万景颇族，今只余滇西腾龙区及迤南怒江以西地区八九万人之数。但在腾龙区七八万人，仍为仅次于该区傣族（十二三万人）的第二大族。

至少在700年前，景颇族由康藏高原迁居滇西北边，大约为由高原南迁比较后来的一支，与彝族、拿喜、傈僳同为汉藏语系的藏缅语族，彼此语言颇多相似。到滇西北后，又逐渐向西向南发展，成为介于藏、缅、傈、傣四族中间一大族。其社会似已脱离氏族社会末期，一部已跨入奴隶社会初期，包围于上四大族及汉族而不得发展。但已会使用铁器和简单纺织，其农业生产技术还是落后。英帝国主义侵入统治后，更推广种植鸦片，破坏景颇区粮食生产，推销洋货，进行残酷榨取，封锁其盐、布、铁器，使景颇族生活更加痛苦。

英帝国主义侵入景颇地区，不断遭遇坚强抵抗。英人使用各种屠杀、威胁、利诱、欺骗手段，没收其武器，而以小恩小惠收买“山官”及山头人民，以教育实行麻醉宣传，及挑拨景颇族与滇西边区的民族关系；又压迫利用景颇族组成军队，为其统治缅印殖民地的工具；更积极修道路、建营房，私立界桩，窥探我康藏滇边，曾多年企图由此打通缅印与长江上游的交通线，以实现其侵略野心。

滇西及滇西北自元时即开始成为中国一部。滇西土司与滇西北角的景颇“山官”，明初已被中国封建帝王委为土司。其传说中都认为同汉族是弟兄，而认为自己一向属于“日出东方”，是“天朝”的百姓。英帝国主义武力占领后，虽已统治了40多年，且多方破坏景颇族与中国其他民族的关系，但他们仍怀念“天朝”，珍藏中国帝王所赠的衣袍、印信（已多被英人强迫收去），江心坡的“山官”并誓言决不投降英国，英帝于其地图上也划为“未统治地区”。

滇西腾龙区景颇同胞，自1950年获得解放，开始走上民族平等与自由的愉快生活。滇西北角未定界以及腾龙边界的景颇弟兄，自1926年江心坡“山官”派代表到祖国乞援以来，无时不期望祖国帮助其解放。我滇西北角，即向为中国一部，英帝强占后，以其与缅甸政府无关，故初则由印度总督直辖，缅印分治后，又直接由英缅甸总督直辖。中国各民族现在已经站起来了，英帝国主义所侵略压迫40多年以来的景颇民族，自然更期待祖国的援助，重回祖国怀抱。

一、一般情况

名　称

山头民族，本族自称景颇（Jinghpaw），可能是“人”的意思。景颇老人喜欢说一句成语，就是“景颇都是人，但不是所有的人都是景颇”。“景颇”一词可能出自藏语的“新颇”（Sinpo），意思是“吃人的人”。因为藏族认为山头族在战争中也许有过吃人的事，故称之为“新颇”。但年久之后，山头族忘记了“新颇”的原义，就接受为族名。现在印度阿萨密山地住的山头族，还自称新颇（Sinpo），山头本部地区只有少数方言中景颇一词含有“人”的意义。

各地各族对景颇族称法很不一致，滇西汉族因为他们住在山上，就称之为“山头”人。但山上住的仍有其他民族，“山头”似应只是个地理名词，且有“大山”“小山”之别，都不适当。滇西景颇族自己用汉话时也自称山头人。过去大汉族主义者对江心坡一带景颇族也称之为“野人”，把他们住的山地称为“野人山”。傣族也自觉文化高些，称景颇族为“亢”Hkang（k‘ang），意思也是野人。镇康、耿马、澜沧、孟连一带汉人也跟着称景颇族为“老亢”。景颇族用“野人”一词称后来的傈僳族，而读成约人（Yawyin），又称其西部钦族（Chins）为亢族。缅甸人称景颇族为克钦（Kachin），可能也是野人（Ye-jin）的转音。景颇本族一支的拉系族（Lashi），简称他们为颇（Hpok）；而其另一支浪速族（Maru）称之为颇瓦，或普马、普满，因而称江心坡南部的山为普马或普满山；北部俅族，则称之为阿普，而称江心坡北部诸山为阿普山。这些都是从景颇的“颇”字来的。印度东部阿萨密人则称之为“新颇”。在民族复杂地区，同一民族被不同民族用不同的名称，在云南是很普遍的现象，常常增加我们区别一些民族的困难。这里称景颇或山头是总的名称，包括山头主要一支的“大山”，和开枯、高利、拉系、浪速[①]、茶山，甚至俅族也可以包括在内。

分布地区

景颇民族总的分布地区，大致在北纬27°23′以南至北纬20°30′与东经96°以东，至东经98°40′（镇康、耿马则可能超过99°）之间，即高黎贡山与怒江之西（镇康以南到怒江以东亦有少数），南北直线约700公里，北部宽处东西直线约200公里至300公里，均为景颇民族分布地区，而以北部的滇西北角未定界高黎贡山以西的茶山、小江、浪速地、江心坡、恩梅开江及迈里开江两流域、胡康河谷，北至贡山与西康边境（广义的景颇族包括恩梅开江上四源各支流的俅或怒族），南至缅境密支那为主要聚居区。其北缘与藏族及近支俅、怒为邻，东部则高黎贡山西麓近处与恩梅开江北段山上，有少数傈僳族及怒、俅族杂居，西北部坎底坝子有一部分傣族。西越胡康发展至印度阿萨密边缘，并与更的

① 浪速，本文又作“浪苏”。——编者

宛河流域的钦族为邻。这一广大地区约6.7万方公里，为景颇民族的主要聚居区，南以缅境密支那为大致分野。

缅境密支那以南至八莫南坎，与我滇西腾龙区的山地，为次一聚居区。东至高黎贡山西侧，西至北缅的孟拱与开泰，南至我龙川江（瑞丽江）与缅境科当（Kodaung）南坎。这一地区山地主要为景颇族（杂以少数傈僳、崩龙、汉族等），坝子则为傣族，两大族成立体分布，平分山上山下。这一地区在我滇西腾龙区傣族多于景颇，在缅境八莫以北则景颇多于傣族。

若从东经97°至98°40′与北纬24°至27°23′画一长方形，大致可包景颇族的主要聚居区。我境镇康以南的傣族、卡瓦地区，以至缅境的景栋山上，均散布少数所谓“老亢”族。缅境由南坎至腊戍山地，景颇仍居多数，杂以少数崩龙、汉族和傈僳。坝子的傣族较景颇为多。腊戍以南，则景颇很少，傣族愈多。最南远至景栋山地，尚有少数景颇族。

景颇族聚居区界于藏（北部）、傈（东部）、傣、缅（南部）4族之间，而于聚居区边缘与诸族杂居。其杂居者，则成立体分布状况。高黎贡山高峰与康藏边缘高山海拔在6000公尺左右。但高黎贡以西与康藏以南，地势下降甚速，高处不过3000公尺，一般则在2000公尺以下，景颇族住处不超过2000公尺，2000公尺以上为后来的傈僳族分布地区。景颇区与其分布区稍低处，有汉族、崩龙族散居，1500公尺以下则主要为傣族与少数汉族。这是景颇与各族垂直分布的大致情况。

人口估计

景颇族的人口，缺乏全面调查。我国境内腾龙区，估计在七八万（实际可能高些），加上分布在镇康、孟定、耿马、澜沧、孟连一带的，可能在10万左右。英人估计江心坡与胡康河谷约在20万以上，迈里开江两岸约三四万，恩梅开江一带包括茶山、小江、浪速地，估计亦在5万以上。若连恩梅开江上源俅族7000人至10000人计算，则整个滇西北角“未定界”内约30万人。缅甸境内密支那、八莫以南，英人在1911年调查已有约24万，合计中、缅境景颇族人数最低估计已约50万［英人华金栋（Kingdom Ward）估计到100万，拟过高一些，但以五六十万计，大致近是］。

我滇西景颇族散布龙川江、大盈江、橄榄江等河流中间的山地，以腾冲、陇川、莲山、盈江、梁河、潞西等县局辖境较多，龙陵较少。腾冲县西乡盏西、神护关等地，西北至尖高山，北接茶山地区，东西南北，各百余里，至少在2万左右；莲山的西北乡与缅界邻接诸山诸如戛亚、龙盆一带，南北亦近百里，东西宽处在30里以上，亦不下万人。梁河山区，主要为景颇族，保山专署调查约4000人；盈江包括干崖、户撒、腊撒3土司区1万余；潞西三台山以西山区为小山聚居区，亦万余；陇川、瑞丽合计两万余。这一地区共约七八万人。镇康、耿马、孟定、澜沧、沧源及卡瓦山区直至孟连与接近十二版纳地区的南峤，均散布少数景颇（当地称老亢族），保山专区的泸水设治局与片马间，亦有景颇村寨，合计或滇西国境内沿边山地，在八九万以上，可能接近10万之数。若将滇西北角“未定界”景颇计入，则约有三四十万人（见附表）。

滇西景颇民族人口估计表

区别	人口	分布地区
腾冲	20000	腾冲北乡与西乡，如古永、中和、鹤麟、明光、瑞滇、盏西、神护关等地
陇川	14300	陇川四周山区
潞西	13000	内猛板500人，遮放二三千人
盈江	12200	内千崖9000人（20%），户撒2700人（55%），腊撒500人
莲山	10000	莲山西、北乡山地与缅界相连的戛亚、龙盆等地
瑞丽	5800	瑞丽北山、西山（25%）
梁河	4000	王子树、盏西附近、小陇川、小猛弄
泸水	400（？）	登埂卯照山上
龙陵	200	几十户分布龙岗乡一带
镇康	不详	镇康，包括孟定均有景颇族
耿马	不详	不详
澜沧	1225	尚卡区约650人，孟连约500人，东朗区15户约75人
沧源	不详	不详
南峤	不详	约几十人
共计	80925	

滇西北角未定界内及缅甸景颇人口估计表

区别	人口	分布地区
茶山	五六千（？）	分布于片马、古浪、鱼洞、王克河一带，通称茶山十大寨
小江	数千人（？）	通称十八大寨
浪速地	五六千（？）	恩梅开江东岸由小江迤北、迤南地区
迈里开江	三四万	此区人口颇密，实际可能还多些
江心坡、胡康河谷	20万余	英人估计两地约20万人以上，此数字可能过高
俅江	7000至10000	主要为俅族
上缅甸	239953	包括密支那、八莫、精弄、瑞姑、南坎、开泰、乔塔隆、英密特、腊戍及南掸部，为英人1911年调查，人口已增加

注：合计未定界景颇约30万（内傣族、傈僳未计入），缅境内者亦约30万人。

民族简史

景颇族过去无文字，故无历史可考，但有一风俗，即人死后必念经送鬼回老家。这时由长老背诵其远祖迁移传说，路上经过许多大河、大山、渡口、桥渡，一程一程向后送，最后送到北方的高山，传说中称为平顶山。Majori Shingra Bum，便是传说中祖宗的发源地。从这个传说判断，他们祖先是由中国西部康藏高原大约长江、黄河的发源地区南迁，经过金沙江、澜沧江、怒江和康藏的高山及横断山脉诸大山，这个历史旅程还留传至今。又山头传说与汉人乃同祖先的弟兄，以及月食时敲锣鼓及种桑养蚕，显学自汉人。也可能表示从中国西部迁去的，然后越高黎贡山进入恩梅开江、迈里开江、江心坡、胡康河谷，并一部向西越中印边界的巴特开山脉进入阿萨密东部山地。胡康河谷的景颇族仍认今俅族住区为其老家，故或推测景颇族由迈里开江源头的高原南迁的。当景颇族南迁时，滇西及缅北傣族已向北发展到坎底坝子与胡康河谷新宾阳一带。景颇族沿迈里开江向南发展中，驱逐或包围了北部傣族及阿霍维族（Ahoms），今天“坎底弄”坝子及胡康河谷的傣族聚居区或村寨，就是残留的民族孤岛。约在14世纪，即明代，傣族势衰，景颇族就沿伊洛瓦底江向南迁徙，驱逐了孟拱、乔塔隆、开泰一带傣族；这一带坝子的林中，仍保留着傣族留下的佛塔和所植的大榕树。但越向南来，则傣族（江东）及缅人（江西）的抵抗也越坚强，所以只能占据山地，平坝则多仍由傣族及缅族掌握着。山头族沿伊江流域，直至瓦城南进，河东受阻于提尼（Thenie）及西泊（Hsipaw）一带傣族，停留于腊戍贵街摩哥克山地，沿途驱逐八莫一带大盈江北岸较古的土著民族崩龙及卡拉；一部发展至北掸部外的南掸部。南迁的山头族，后来把迈里开江上游的山头称为上江人或开枯。在景颇沿江南迁运动中，也遭遇缅人抵抗，大约在密支那一带，一部转向东发展。除一部停留在八莫一带，更侧面向滇西腾龙区发展，迫近怒江以西山地，驱逐该地山区较古土著卡拉、傣族及崩龙与汉人，而占有该区全部山地。其残留在山区小坝子的少数汉人和傣族，则沦为“山官”的属民——如盏西及莲山的散棚、戛独、棠梨坝等地。以后傈僳族也迁入，则只能占居高山顶上。镇康以南的“老亢”族是更在以后迁去的。据传说镇康老亢，是清末咸丰年间杜文秀事变，土司由勐卯、南坎一带招募景颇族作战留居下来的，一部还是土司长太爷的私庄百姓。澜沧的千余老亢，亦自称由龙陵及勐卯迁来的，大致可信。

我们再由山头能记得的祖宗世代，可略知其迁徙经过。居留江心坡一带大约已有40余代至50代，每代以20年计，约800余年。但山头结婚早，估计约700年，即可能在公元一千一二百年（约当南宋末？），景颇族已定居滇西北角恩、迈两江流域。按明初（约15世纪）即在茶山及江心坡设茶山及里麻长官司。在缅甸、孟拱、开泰约30余代，即明初（傣族势渐衰）。在昔董者10代，八莫区者8代，南坎、科当一带6代，腊戍一带仅4代。我滇西腾龙区无材料，但知莲山一带为大山，似与昔董及八莫一带同支（非北方的茶山、浪苏），则判断北部可能在10代，南路可能更近，孟定以南可能约在咸丰年间以后，多不过四五代。景颇族的历史，我们知道的材料大致是这样。

种族支系

滇西及滇西北景颇族分支很多，景颇为一总的名称，分支有大山（与小山对称，含义并不明确）、茶山（亦称小山、阿系）、浪速、开枯、拉系、高利等支。其中大山一支人数最多，分布亦最广，江心坡、迈里开江流域及胡康河谷，南至缅甸北部密支那。腾冲迤西、莲山一带主要为大山，是景颇主要的一支，也许是比较纯粹的一支。在潞西一带为大山一支的马里及一部茶山，详细分支及其分布不详。

除大山外，最多的支族为茶山和浪苏。茶山［亦称小山、阿系（Atsi或Ajii）］分布于腾龙区莲山、潞西及缅北等地。美帝传教士翰孙认茶山为浪苏与大山的拉派一支混血，茶山语亦为二者的合成语，而与浪苏更相近，他们自己亦认与拉派大山为同支。浪苏自称浪瓦（Lawangvaw），“速”或“苏”字，似为汉人所加；又以其为山头一支，又称蓝（浪）山。大山景颇称之为马鲁（Maru），茶山族称恩梅开江北段浪苏为曼瓦（Maingwaw）。还有其他称法。主要分布在恩梅开江东岸浪速地，沿江各支流小溪，直至岔角江，尤以拉卿开小江（laking Hka）和麦克（Mekl rame）及纳木尔（Namre rame）两支流。茶山区以西恩梅开江下游，亦为浪速所居，腾龙区与八莫以南亦有少数浪速寨。据说恩江浪速不下五六千户，当有二三万人。熟悉浪速情况的人认为浪速是在景颇大山支之尾后进入恩梅开江的。

景颇另一支为拉系，分布在恩梅开江最大支流小江区、茶山区西拖角一带，普通认为可能是茶山和大山的马兰一支混血。也有人说是茶山与汉族的混血民族的，则比较不太可靠。滇西汉人也称他们为茶山，他们又自称勒齐（Le chi）。茶山与拉系一般认为是景颇的新支或旁支。英人华金栋认为“大山”南移受孟拱傣族所阻，一部东徙，混血结果，产生浪速及拉系、茶山各支。

［附记：恩梅开江上游四大源流：独龙江（小江）、狄子江、狄不勒江、驼洛江（他落江）及迈里开江上源支流狄满江东部，均为俅族。据英人研究，其语言亦近景颇，与浪速为亲表兄弟，与山头为叔表兄弟，认为系广义的景颇族。自称阿怒，景颇、傈僳均称之为怒族。坎底傣族于“怒”上加“克”字称“克怒”，“克”即奴隶之意。印度语拼为“科怒”，英人用克怒；或以其居独龙河，因称独龙，汉人称之为俅子、曲子。怒、俅实同族异名。附记于此，以作参考。］

景颇各支名称对照表

拟各族称称法	自称	汉语	英语	景颇（大山语）	浪速语	拉系语	傣语	傈僳语	阿萨密山头	其他
景颇	景颇	山头 大山 野人	克钦	景颇	僕满（普马）	颇	亢	?	新颇	阿僕、老亢、开枯、颇娃
浪瓦	浪娃	浪苏 蓝山	马鲁	马如	浪娃	浪	马鲁	拉系	—	曼瓦
茶瓦	茶娃	茶山 小山	阿基（系）	阿基（系）	?	?	阿茶	?	—	
勒齐	勒齐	茶山	拉系		拉系		阿茶	?	—	

注：“？”不详，“—”无。

支系传说

据景颇族传说，其始祖瓦怯娃（Wahkyet Wa）为景颇王，有五子。由五子分成景颇大山的五大支，成五家，依长幼次序为马里家（Marip）、拉陶家（Lahtaw）、拉派家（Lahpai）、恩昆家（N'hkum）、马兰家（Maran），可能为原来的5个氏族，“王”者为其初的氏族长。今拉派一支人数最多，分布亦最广，江心坡、胡康河谷及尖高山以南中缅边界，主要为拉派一支（潞西一带有马里支）。拉派一支又分为若干分支，为克朗

（Krawn）、拉昆（Lakhun）、孙布朗（Sum-prawng）、沙当（Shadan）。沙当—拉派分布江心坡、昔马、昔董，为重要一支。

此外另有许多小的分支，亦均谓始祖是瓦怯娃，如颇鲁（Hpanlu）、拉景（Lazing）、定格林（Ding grin）、昌马（Changma）、亢达（Hkangda）、拉邦（Labang）、拉比亚（Labya）等，各支又与他支他族混合，名称更加繁多。

滇西地理

我滇西腾龙区景颇族分属旧治8个县局，该区内有大小10个土司。北路为腾冲县，及梁河（南甸土司区）、盈江（包括干崖、户撒、腊撒三司）、莲山（盏达土司区）3个设治局。南路属龙陵县、潞西县（包括芒市、遮放、猛板三司地），及陇川（陇川司）、瑞丽（勐卯司）两设治局。解放后旧设治局均组织各族行政委员会。

该区坝子由800余公尺至1000公尺，腾冲坝子较高为1632公尺，盈江为850公尺，莲山又稍低。南路芒市为1000公尺，陇川、瑞丽稍低。坝子周围为各山，一般不过海拔2000余公尺。

高黎贡山由泸水南来，至登埂土司区迤西，分支向西南，正支继续向南，经龙陵、潞西猛板入缅甸，成为怒江与龙川江分水岭。这条山脉直至龙陵以南才有景颇民族。龙陵以上至腾冲北乡中间为汉人，腾冲北乡以北为傈僳族，这条山脉是景颇族最多界限。高黎贡山分支，成为恩梅开江与龙川江、大盈江的分水岭，由腾冲山部起，有刁降山、狼牙山、尖高山，再西南成为英人侵入缅甸后的中缅界山。这些山构成腾冲北乡、西乡及梁河、盈江、莲山、户腊撒、陇川及瑞丽北部山地。愈西愈南则愈低。低处的山成较高的丘陵，中间只有腾冲坝、盈江莲山坝、芒市坝子、遮放坝子、瑞丽坝子，余则均为山地。山地占该区约十分之七八，除居有少数傈僳、崩龙、汉人外，全为景颇区。气候和暖，土地相当肥沃，山上多森林，有的为原始森林。三月至秋季为雨季，霜降后至清明为干季，有如北方春末。植物四季常青，稻、麦、苞谷、小米、鸦片及果、蔬都长得很好，山上将来可推广植棉、麻及茶树（片马一带已有茶园）。牧畜亦适宜，但滇西景颇并不注意牧畜。

滇西北未定界地理

滇缅北段未定界指腾冲西北尖高山的39号界桩（北纬25°35′）起，向西绕密支那北面至印度的阿萨密、那戛部落南端中印边界以北至康藏间地区。东部以高黎贡山与腾冲、泸水、碧江、福贡、贡山各县局相接，北部与西康的察瓦隆、门工、察隅相接，包括茶山、小江、浪速地、恩梅开江、迈里开江两江上下游两部与江心坡、胡康（户拱）河谷及更的宛河上游。这一大区域面积约30000方英里，或67000余方公里，大约相当台湾（36000方公里）1倍余，且较平原省（52000万方公里）大1/4。地势北部、东部高，南部及西部较低。康藏高原与高黎贡山均高至6000公尺，但康藏边缘下降甚速，坎底坝子只海拔500公尺，至密支那约130余公尺。东部恩梅开江流域高1000公尺至2000公尺，胡康河谷则平均三四百公尺。高黎贡山为恩梅开江源头所出，江心坡的阿僕（颇）或僕满（普马）山为恩梅开江与迈里开江分水岭。迈里开江西有一条山脉称枯门岭，即过去所指狭义的“野人山”，为迈里开与更的宛河分水岭。最西中印交界的巴特开山脉为更的宛河及布拉马普特拉河分水岭。

再分别略述未定界内各区地理情况：

片马一带，向称茶山，是恩梅开江主要支流小江南部山地，通常在2000公尺至3000公尺，山高林密，产松板售腾冲做棺料。近江地势较低，土质也肥沃些。

茶山以西以北称为小江，地势较茶山低。小江源出板厂山，成U形流入恩梅开江。小江和茶山均有小茶园、烟草场。农产品以苞谷、小米、豆类、麦为主，片马河谷有水稻田，特产有黄蜡、香菌、木耳、鹿茸等，销行腾冲。

茶山与小江以北至岔角江的渴郎盆[1]，与沿恩梅开江而下至石灰卡，沿岸各小溪均为浪速族，故小江以外每称为浪苏（或浪速）地。谷深山陡，平地甚少，较茶山低，亚热带气候。

恩梅开江，为伊洛瓦底正源，景颇语为“恶水”之意，“开”即江，亦称大俅江。发源于西康门工的大雪山（汉籍称担当力卡山）的冰川间。水量丰富，流经高黎贡山西侧纯为幼年河谷。岸高水急，支流多在东岸，西岸较陡峻，地多雨多雾，夏季炎热。浪速族沿江种水稻，山上种旱稻、苞谷、小米、荞麦、高粱，农产物不丰。马梗至岔角江一带，山势开展，物产较好，人口亦密。特产以黄连为主，另有贝母、麝香、鹿茸、熊胆、黄蜡、木耳、皮货等。怒江区福贡、碧江的傈僳族、怒族及汉商，每年携盐、布、牛、羊、铁锅交换黄连、皮货等特产，或自行采售。拉达阁（中英两不管地）一带产沙金，怒江区各族秋后入山淘金，偶发见大块自然金。近年在贡山属茂顶亦发现新的金矿。

恩梅开江上源有四，均为俅族区，独龙江尾有少数傈僳杂居。这一区为山岳地，有小平坝，主要为旱地。最东一支独龙江（亦称毒龙或小俅江，俅族称独龙汪洞）为恩江正源。上源直至北纬29°之南，入云南境的上中段现仍归贡山管辖，划为贡山第四区。江尾则已为英帝国主义侵占。独龙江西为狄子江，于江尾与独龙江相合。第三支为狄不勒江，为另一源脱洛江（他落江）相合，于“日乃”与独龙江合流入恩梅开。四江除独龙江较冷，余均相当温暖，森林茂密，耕地极少，但山势不甚高峻。农作物主要为苞谷，独龙江极少量苎麻。自康边沿恩江至其下游，千余里，步行需二十六七日。

江心坡为介于恩梅开与迈里开两江间地，景颇族称之为新朗（Sinlawng），意即两河间地，英人称之为三角地。北部江上游景颇亦被称开枯，故江心坡亦称开枯戛，即开枯地。南北直线约200公里，山道步行纵行约时一月，约1500华里。东西步行七八日，山路亦约三四百华里。除东部极少数傈僳外，全为景颇族，明时为我里麻长官司地。该区中间山脉纵贯全区，亦有东西支脉，北部被称为阿普山（俅族称景颇为阿普），南部被称为普马或普曼山（浪速称景颇为普曼），即景颇族聚居的山。山势一般在一二千公尺，最高不

① 渴郎盆，本文又作“温郎盆”。——编者

过二三千公尺，山脉位偏东，故西部倾斜较缓，山地较高，气候冷爽，人口颇密。多旱地，种植苞谷，亦产棉茶，与虎骨、象牙，金、铁矿亦有。

迈里开即“大河”之意，地势较恩梅开低，水势较缓，下流可通木筏。两岸亦较开阔，支流颇多。上游有三大源流，中间木里（即迈里）江为正源，亦发源于康边高山。东支为狄满江，土名为提苍溪（Nam Jisang），下游有罗门当平坝，大小不下大理、保山坝子。西部为坎底龙（大金地）坝，溪流甚多，主要者有南浪（冷不浪）江。坎底坝子大小相当昆明坝子，东西30余华里，南北约100华里，约2700方华里，除周围山上为景颇族外，坝子全为傣族。坝子土地肥沃，春、夏、秋多雨，印度洋水蒸气受阻于康藏高山，凝结为雨，故坎底一年多至200天下雨，平均雨量150吋，最多至343吋。一年分干、雨两季，11月至4月为干季，4月后开始下雨。六七月农民利用雨水种稻，秋末收获。冬季坝子无霜，但夜间高原寒风吹来，家家需向火取暖。迈江沿岸山头多种旱稻，为主食，种玉米做酒，亦种茶及桑树。铁矿颇丰，山头即以土法炼铁。云母矿亦多，未开采。

恩梅开以西为枯门岭（亦单指为野人山），山势不高，为原始森林地。越岭即入胡康河谷，仍为景颇族地区。只在通印度途中，散布少数傣族商人与汉族商人。西至中印边界，原为我孟养长官司辖地。全区为亚热带森林，林中亦有野象脚迹小路，过去由坎底有路通印度阿萨密，坎底傣族及景颇族由此向西发展。英人进入坎底后，封锁西去道路已40年，原路早被树木塞住。抗日时期，中印人民修筑中印公路，穿过胡康河谷百余公里大平原至印度雷多。胡康河谷以西，景颇族渐少，至更的宛河（伊洛瓦底江另一大支流），则为钦族，与景颇同属藏缅语族。更西则为中印界山的巴特开山脉，以彭冈（Hpwngan）山口与赵冈（Chaukan）山口与阿萨密相通。

二、经济情况

甲、生产部门与生产力

1.土地作物生产技术

滇西及滇西北角未定界景颇族聚居杂居地区，自然条件比怒江傈僳区及康藏高原较好。气候适于温带一切农作物，包括稻麦及所有杂粮均可种植。土壤因森林仍保持原始的丰富状态，及大部土地尚未开垦利用，土地肥沃性还保持着，荒地亦多。莲山、陇川、瑞丽的山上，土层相当厚，土壤为农业基础，全区农业发展极有前途。已有农作物除少量稻田外，主要为苞谷、苦荞，另有旱稻、小米、高粱、豆芋、红薯、黄瓜、南瓜及少量棉、麻、烟、茶。家畜有黄牛、水牛及羊，但数量少，非各家都有。养猪、鸡尚普遍。景颇族常剽牛祭鬼，推想原系牧畜的民族，但本区牛不足自给，须由怒江及坝子输入。他们由高原迁出，已放弃畜牧，专事种植。各家在房屋附近随意开辟两三亩地，以篱笆围起，各自耕种，远出大量开垦的少见。对土地要求不高，显然是初习种植的现象。俅族则似学习种植时间更短，其种植还不能解决基本生活，经常依赖采集自然植物为食料。景颇农村经济作物较少，主要为鸦片，另棉、麻、烟少许。茶山及浪速植小茶树。

景颇族已使用犁、锄等铁器，但水田与平地少，犁与牛并不重要。恩梅开流域，犁、锄由怒江及腾冲输入。滇西山区由坝子买，迈里开一带输入缅傣族农具。普通以锄挖土后，以木耒插洞，腰束种子篓，把种子放入洞中，任其自长，并不施肥，人畜肥均不用。种1年后，把根茎留在地上烧掉或任其腐烂，隔1年或3年再种，或另开荒。滇西山区种鸦片，已知锄草，鸦片生长还好，只是乱撒，疏密不一。收获苞谷，挂在檐下。谷子以牛践踏使脱粒，扬好置筐中。

工具除犁、锄、斧外，另一随身工具为长刀，其长约2尺，以竹及木片制成刀鞘，但一半裸露。贴身一边垫以薄木片，另以竹作圈挎肩上，斜挂胸前，圈上常置虎豹门齿为饰。刀为武器，亦为砍伐工具。滇西景颇的刀，购自户撒的阿昌族。江心坡一带，闻能自己炼铁打刀，其铁且销至恩梅开江下游。恩梅开一带铁锅出自澜沧江民家及汉族，经怒江傈僳及汉族输入。普通多用竹筒煮饭，江心坡并有用石锅的。陶器不能自制，闻或购汉人所做土瓷碗。普通用蕉叶包饭，以手抓食。饮酒以二三寸直径、五六寸高竹筒为杯，上有盖，置怀中或背囊中。基督教活动村寨及山官与英人所筑大道附近，已少数洋化，有茶壶、茶杯及玻璃杯。景颇族的武器还有矛及弓弩。男子好猎，自英帝国主义侵入后，火石枪、铜帽枪及各种新式枪已不少，山官且有卡宾枪。

2. 手工业及副业

景颇族无专门手工业，江心坡有铁匠，亦有石工，能做石臼、石锅。建屋只需刀与斧，无木匠和土石泥瓦工。妇女耳环及银项圈，不知来自何地。妇女颈、腰、腕、足所缠大小细竹漆圈，甚精致，由本族男子自制，江心坡做得最好。竹器相当发达，除建筑及家具用竹外，有竹席、竹筐、竹水桶、竹酒桶、竹饭盒、竹刀鞘，种类颇多。妇女为主要竹器编制者。

另一项重要手工，即妇女的纺织。常见妇女在山间背着筐子，一面仍用手纺线，左手捻线缠线，右手持棉抽纱。织时坐户外地上，将经线挂在距坐处丈余的柱或桩上，腰携木棍，以两手穿梭织入纬线，再以竹片压紧，将织的布卷在腰间木棍上。这种机所织的布很窄，不满1尺。棉花购自坝子傣族或汉商，或自八莫等地缅区输入英棉英纱。滇西山区不种棉、麻，但茶山、小江及迈里开种少量的棉，恩梅开浪速并种麻。此种简单织布机与云南山地各少数民族同。但山头妇女善织花纹，其所织“通爬”背囊，织以红、黑、黄、紫等色，×字及波形纹，色彩鲜艳。迈里开江流域种桑养蚕，以丝织头巾及美丽有丝穗的背囊。

3. 男女分工

景颇男子，多吸鸦片，影响劳动力。习俗上男子狩猎，常携弓箭、枪支出去打猎，过去亦常到山下或路旁劫掠。平常多抽烟、睡觉，耕种亦做，但不占主要位置。赶街子亦少去，去时亦只牵牵牲口，或只背着枪刀，东西仍由妇女背。英人侵入缅甸后，招景颇男子做工、当兵。其他所有种植、牲畜、收获、砍柴、烧饭、汲水、喂猪、纺织、育儿，以至赶街子卖菜、卖柴，都是妇女的事。妇女是主要劳动者，天方黎明，即起身舂米，黎明前即听满村捣米声，不食隔宿粮。舂米后即至泉水或溪旁以竹筒背水，洗米煮饭，饭后上山砍柴、种地、赶街子。晚上回来，天黑了，也得自己煮饭，男子即使在家也不烧饭。据说男的替她烧火煮饭，女的就认为丈夫不爱她另有所爱了。可能是过去男子狩猎畜牧，女子任种植习俗的遗留。

4.交易情况

所有山头区，自己均无市集街镇。滇西山头，下坝子到汉区或傣族及缅人街上的集日进行交易，主要是卖出柴、蔬菜、萝卜和木制猪槽。滇西北未定界，只有坎底（傣族区）有街市，商人主要为汉族。其余茶山、小江、江心坡均无市。这个区域主要靠自给自足，交易主要以货易货，如恩梅开江的交易，主要由怒江的傈僳、汉商输入盐、布、铁器、牛羊，交换本地土特产，如黄连、贝母、皮货等。商贩巡游各寨，当面交换，或暂时赊货，俟有了土产再来收回，故常经年无法收齐赊欠。茶山方面多与腾冲交易，输出杉板、木耳、蘑菇、竹笋之类。江心坡输入主要为牛、羊、盐、布，输出为药材，如党参、茯苓、肉桂、鹿茸、虎骨、蟒胆以及象牙、琥珀等。

这里的商人，主要为腾冲及缅甸的汉商，山头的山官及山头人民亦营商贩，主要为贩卖鸦片。恩梅开有少数傈僳族及少数怒族小贩，秋后翻高黎贡山巡行各寨进行交换，大雪封山前又翻山回来，否则须待开春折回。恩梅开江货主要在福贡的上帕为集散地，转销丽江、大理、下关。茶山、片马、江心坡主要为腾冲汉商，霜降后去，清明时节回返。迈里开及坎底为缅甸华侨，经常往来经商。过去交易，物物互相换，少用货币。自英人占领后，卢比输入，怒江及滇西各族亦用半开滇币及铜圆、铜钱。卢比有银币及钞票与镍铜辅币。滇西解放后，已开始在小量交易上使用人民币。

乙、生产关系

1.阶级情况

山头区土地属全村寨公有，而由山官分配。取得山官同意，人人得自由开荒，故无地主与租佃关系。开荒后即暂取得经营权，俨如私有，但不得山官许可，不得转让他寨。可以传给儿子，山官亦无权干涉变更此种权利。耕种者自己放弃耕种权，可由山官再行分配。山上的树林可以随意砍伐，竹林经某家圈定，取得占有权，即暂成为私有。山头族不与汉人杂居，故不似内地少数民族沦为汉族地主的农奴。

江心坡及胡康河谷、迈里开以西的萨纳（Sona）山地，有蓄奴制。蓄奴者据说多系山官，奴隶多系抢来幼儿，或劫来转卖。奴隶长大，其主人为之婚嫁，生子仍为奴隶。奴隶与奴隶主关系不详，但知奴隶可以赎身。奴隶主与奴隶同样劳动，生活亦差异不大，可能是初期蓄奴现象。1925年后，英人每年常派兵入山一次，强迫释放奴隶，或贷款30卢比，诱奴主释放，募去服兵役。与山头相近的怒族，亦有蓄奴的。怒江的傈僳族也有奴隶制度。

2.经济负担

滇西山头族，隶属傣族区土司，土司向山上征收鸦片，多的到产额的1/4，其他征派不多。片马一带，在英人未侵入前，由泸水登埂土司征收杉板1/10及若干岗银（即过境税），茨竹、赖派一带则分别由腾冲、明光等地土官征收少数礼品。山头本族山官，每年向各户征收少数粮食或年礼及猎物。山官一般与人民生活无甚差别，住草房，赤足，衣服较不破烂，多自己参加劳动。部分受英资本主义影响，至缅经商，习染享受。

英人占领滇西北角未定界，除独龙江及恩梅开温郎盆以北外，凡成年一律征人头税，每年1次。坎底附近收10元卢比，茶山、小江收两元，狄满江亦收两元，余则收1元。每年由英人"温斗"官巡行征收，拖欠即罚苦工，加倍交纳。片马及各地汉商亦须纳人头税，由10元、15元至50元卢比不等。苦力一律收两元。此种苛征，相当严重。

由山头族生产力与生产关系，根据不完全材料，看出山头族主要生产已为农业，但土地还是氏族公有，初步实行暂时私有的耕作权，表现公有制已开始崩溃。山官有土地分配权，并非领有土地，但取得一定贡献。山头中心区，已初期蓄奴，似已由氏族社会末期进入奴隶社会初期。山头区似无一处发展至封建社会，各地发展并不平衡。外来的影响，尤其英帝国主义影响，尚未瓦解其原有社会基层组织。

丙、生活情况

1.饮食

滇西山头自己种的粮食，主要是苞谷，故苞谷为主粮。但产量有限，经常砍柴、种菜到山下卖换米吃。普通吃3餐，用锅或竹筒煮，竹筒中加米和水，放火上烤，竹未焦米已熟。请客时饭菜包在芭蕉叶内，主客各2包，平均分配。饭包内除米外，或杂以山芋、芋头、苞谷、豆子、小米之类。出外时携带几包，饿时生地开吃，极方便。访问团到山头区山中请客200人，无碗筷，即用此法。团员在山区旅行，早起包了饭，中午打尖用，亦感方便。

山中无盐，盐贵轻易吃不到。恩梅开江的盐由怒江输入，滇西及江心坡均吃缅甸海盐。吃肉要到祭日剽牛、杀猪时分食，煮成半熟，或带温血生吃。因缺盐，一顿吃不了的任其腐臭，也照样吃，因此他族误以为山头好吃臭肉。蔬菜乏盐，吃泡菜，亦吃辣子，合拌饭中。

山头族喜好饮酒，普通以苞谷、高粱做酒，味似啤酒或椰汁，微酸而甜。山行饮用，清凉可口，自称水酒或"滋如"（Zru），以之送礼，盛2寸径新竹筒中。酒家家会做，做得好的认为主妇能干。过年过节亦买山下傣族做的米酒（称之为山苏酒），味较烈，痛饮至醉。鸦片盛行，亦自种草烟吃，喜爱云南烟丝（刀把烟）。亦学傣族咀槟榔。关于食物，有些迷信，以吃牛肉使人胆怯，吃虎心可使人勇壮。小孩吃鸡蛋，怕脚长不好，吃青黄瓜生肝病，吃猪尾使人迟钝，吃羚羊的脾使人多忘，等等。

山头族与以前怒江各族同，对客人很热情。旅客过家，无论识与不识，可以坐下吃饭。山官招待贵客，就杀牛。普通招待食宿，不肯简慢，对客人的生命亦负责任。有人迫害客人，就等于蔑视主人，保护客人是主人的责任。

2. 衣饰

男子衣服各地略异。一般男子不戴头帕，恩梅开、茶山、滇西山头缠青布，浪速或缠红布。上衣则在滇西的穿汉式短袄、短裤及膝，浪速裤长及胫。恩江上游贫苦区无上衣，披麻布毯，并腰系铜铃。各地男子均赤足，亦不穿草鞋。靠近八莫的山头，尤其受教育者，着缅式短褂及筒裙。滇西山头较富有者如山官头人或当过英国兵的，则着半身旧西服褂，或全副英军制服。江心坡一带山官，据说过去还穿旧日蟒袍，项挂珊瑚珠。保山山头跳舞时，男子亦着汉式绸袍。男子出外必身挎“通爬”背囊及长刀或背枪，持弩与矛，行走山林，以便自卫及打猎。对其长刀极爱护。有刀的传统，亦有“刀术”，善刀法者在深林秘传他人。跳舞时亦常持刀持枪，表示行猎或作战活动。人死必以刀殉葬或送葬。到英军当兵的，阵亡时刀仍须送回，以便安葬。

妇女在未婚前，蓄童式短发，前额齐眉，后才及颈。婚后始束头上，缠以头帕。耳戴大耳筒或大环，银制或琥珀制。项下悬许多料珠项圈或银制圆片或海贝。上身穿汉式短袄，腰脐部半露。除青蓝布外，有钱的买洋制黑绒布，配以银饰，鲜明美丽。下部着长裙，遮到胫部。裙多自织花布，自创花纹，色彩鲜艳。腰以及颈、腕、足戴竹圈，竹或藤制，漆以红黑色，闪闪发光。富有者腰缠数十。也有扎海贝串成的腰带的，海贝为重要衣饰之一，自缅甸八莫输入。普通青年有1套比较新的衣服，于赶街子及跳舞时穿起，故街期不见褴褛衣服。江心坡山官妇女，据说有穿花缎短袄及细花布短裙、扎花布护腿的。普通妇女外出亦缠裹腿布，裙内不再着内裤。滇西教会设校的村寨（如龙盆寨），妇女衣服半缅化，学擦口红、胭脂，发系彩带，亦学穿凉鞋。

男女平时只1套衣服，不洗亦不更换，烂了再制新衣。滇西山区偶有十七八岁姑娘无衣蔽体，但一般不甚褴褛。无棉袄、棉被，山上夜间及风雨中亦相当寒冷，靠烤火取暖。

3. 房屋

山头族无瓦屋，滇西除极少山官有瓦屋外，通常全是茅屋。其村寨多在水泉附近的山脊或岗头，由三五至一二十家零散组成，各不相接，故寨中显得零乱，并无街巷。在高处则就地势干爽，又便瞭望。

建屋时由主人先将竹、木料和茅草、稻草备齐。竹木由山上随便砍回，主要还是三四寸径的竹子。先由主人备好酒饭，请全村人来帮助，一两天就好。当日不论是否完工，主人必须来住，并由鬼师做法请鬼也同时入新屋。当日，以竹片摩擦生起“新火”，烧着正屋火塘，再依次传至儿女各屋火塘。火生好，妇女开始煮饭，请大家吃酒。立中柱须请鬼师做法，以所杀牛猪头骨挂柱上。屋架主要为竹，以篾捆扎而成，周围墙壁亦主要为整竹排起，顶上以草铺成，檐草下垂很低，向阳一面可挂农具、苞谷，或闲坐晒太阳、舂米，浪速族则屋檐留走廊联系各间，并作舂米及织布处。屋分两层，下层二三尺，以竹片及竹席铺成地板，鸡、猪住在底下，或底层相当高可放牛羊。上层高七八尺。全层成长廊形，长两丈至二三十丈不等，视贫富及人口多少而不同，尽量拉长，不似汉式建筑分几所。内部分成一两间至十几间，每间七八尺，以竹木隔开，各留一口为门联沟通。各间或有门以通光，并无窗。壁有孔略通光线。最头一间，不设壁，成敞厦，为闲坐及放置家畜。以粗木砍成梯形，进入第一间，为正门。客人须由此出入，如有客室即设于首一间。家长亦邻近客屋，其后各间或住人或放东西，亦有中间数间不设外壁，只以竹篾围作篱状。中置杂物，未婚女儿多放在另一头，浪速亦放在第一间。其墙壁则用泥涂好。厨房或置最后一间，或后间尽头外檐子下。儿女各有房屋，各有火塘，经常有火。故山头族论房屋大小常说有几个火塘，火塘多即房子多。各屋中重要一间为鬼屋，多置于稍后处，于其侧开一后门，平常关起，不得出入。家中有死人，客人可由鬼门入室。屋内无床与烟囱，墙壁黝黑，烟气满室，加以地板下猪粪污臭，因此常有住七八年后烧掉另建的习惯。屋顶草腐雨漏，修葺时须举行仪式，请鬼师念经。

屋内无陈设，有小凳、草席，不设床。屋角或置粗劣木柜、盛水竹筒、米酒缸之类。屋内一般多是萧然四壁，“空空如也”。依汉人看实不需许多分间。浪速族为防鼠，常于房侧立四柱架小屋贮粮，于柱上装倒圆锥架使鼠不得上。

山官房屋与普通民屋无异，唯选位置高爽处，门口置有木刀，两旁作日月标志，以表示其权威。亦有不设任何标志者。

山头村寨，因人口稀少，各家且不相连，又少鸡鸭家畜，寂静乏生趣。各家屋前后圈山坡地数亩，种植粮食蔬菜。寨中无树木，村周则森林茂密。滇西各寨间多见清楚小路，行人往来尚密。“野人山”区则除英人所修道路外，路径甚稀，行人亦少。

三、政治情况

甲、政治组织与行政区划

1.政权组织

山头民族有自己的政治组织，即以1个或1个以上的寨子为单位，每一单位有一头人或寨长，山头语称之为杜瓦（Duwa），意即大人，用汉语自称“大官”。汉人以其为山中统治者，称之为“山官”。山官所辖村寨数目多寡不一，有的只辖一二寨或三五寨，多的可至几十寨。各寨山官互不统属，彼此成独立状态，故滇西汉人有山头“十寨九官”的话。各寨亦有互相械斗之事，唯主要原因出于私仇，不一定侵占领土。江心坡一带，各寨寨上有部落首领，北部称“阿浪腊”，南部称“佑胆杜”，中部称“腾南滚扎”。滇西莲山的“早保”大山官管90余寨，其下亦有小山官及头人。英人对已有组织的山头，称之为“堪萨”（Kamsas），对无山官各户并无政治组织者，称之为“孔老”（Kumlao）。

滇西土司区统治傣族的土司，对山上各族，如傈苏、阿昌、崩龙，则派傣族头人为总管，有如坝子的傣族老皈（区乡长）。但对山头民族聚居区，则多依赖山官行间接统治。过去反动政府设立保甲，把靠近坝子边缘的山头寨，分别划入各保，但较远的亦仍由山官自理，或根本不问。明清时对山官常委以“长官”或“抚夷”“千百户”官秩。滇西山官历代均由汉官加委，原是大汉族主义者一种羁縻政策。山官都是世袭，常出身于大山的五大族，如拉派、拉陶等支。父死如有数子，则各分数寨，均成山官，亦互不相属。唯幼子多留守原寨，管辖附近各村，山官数量之多原因在此。山官及其家属，常于名上加“杜”字衔，意即“头目”，或加以“绍”“召”字样，意为“王”或“主子”。莲山及缅甸八莫一带山官多名早或绍，如早甘、早南、早保、早林、早学等。山官下的伙头、保民，则由族内人民选年长及能做事的人担任，协助山官，无特殊权益。

山官为山寨的绝对统治者，他负责分配山区的土地，及批准外来者加入本寨居住。对外族发生战争，由山官统属百姓各持武器帮助打仗。百姓发生纠纷，由山官或头人排解。两方息争时，以水泼灭火焰为誓。如不能和平了结，就实行械斗，以决胜负。杀了人要赔钱，不赔就亏了理，常因此打冤家，亲戚朋友都参加，有的打几代。偷盗东西，可以被杀，或被转卖为奴。人民对山官的关系似乎还好，人民见山官，亦无甚拘束，大家随便地站着坐着谈话。

2.政治简史

滇西与江心坡、野人山及缅北八莫一带山头，元时已属中国一部，明初次第设司或隶属傣族土司，统隶属云南西部各府道等辖治。滇西腾龙区土司均在明洪武十五年（1382）以后封派。缅北傣区如木邦土司，元时已设置，各司内均辖有山头族。茶山小江一带山头区，于明永乐二年（1404）设茶山长官司；江心坡一带于明永乐六年（1408）设里麻长官司；野人山及其以西则曾设孟养长官司。滇西自明时沿缅甸平原边缘山地，设天马、虎踞、铁壁、巨仞、神护、汉龙等八关九隘。这些关都设在山头地区。清时沿袭明制，除滇西划入腾越厅外，余恩梅开江下游茶山地，大部亦属腾越厅北部明光、大塘、滇滩各土官管辖。片马、鱼洞一带则由永昌府保山县登埂土司管辖，小江以北的浪速地则归大理府云龙州及兰坪州土司管辖。恩梅江上游原俅族区属丽江府维西厅叶枝土司管辖，恩梅开一带即分隶三府。各土官、山官即由所辖州府分别给委。《腾越厅志》《永昌府志》及滇省图志，谓其府“以西边野人山为界”。俅族区清代嘉庆、同治年间即委有俅管。菖蒲桶（贡山）俅管袁裕才任中自宣统二年至民国八年（1910—1919），每年至驼洛江以东收税，而菖蒲桶怒族俅管勒扒在迈里开江上源收税直至民国十三年（1924），二俅管家中均有清时封建政府所给委状。宣统二年（1910），阿墩子弹压委员夏瑚，曾奉命安抚恩、迈两江上源各族，直抵坎底，并分别重新加委，赠以牛、羊、衣袍。民国元年（1912）李根源亦曾派何泽远管理恩江中段，至渴郎盆，换发头人新照。江心坡头人蒙木罗扎山官及依空山官家，存有明时将军王骥及清时傅恒及李根源所发委令，并保存以前所赠枪矛衣甲之类。故英人入侵后强迫山官头人将汉官凭证交出，以灭凭据。

乙、英帝国主义侵占山头地区

1.军事侵略

英帝国主义吞并印度后，于道光三年（1823）借口缅甸侵犯印度，进兵仰光。咸丰二年（1852）灭下缅甸，光绪十一年（1885）上缅甸亦亡。随进占中国所属八莫，以武力镇压附近山头族，随时派侦探深入腾龙边区的盏达、茶山一带。当英人发动攻缅时，即于道光七年（1827）派威尔考克斯由印度阿萨密入野人山探测达到坎底。灭上缅甸后，更于光绪十八年（1892）溯迈里开江进测，亦到达坎底。光绪二十六年（1900），英兵侵入腾越属滇滩土把总及古永所属的茶山区浪速村寨。宣统二年（1910）12月，以步兵2000、骑马千余进占片马，大事修路，于我腾越属拖角寨设厅，并建营房。宣统三年（1911）3月，英公使米尔典向清政府正式宣布片马已为英国领土。由片马复沿恩梅开江直到拉打阁，掳去伙头松袜，通令将汉官凭证交出。片马曾短时被中国夺回，过18个月又被英人占去。民国元年（1912），英人在恩江支流岔角江与中国巡边部队发生遭遇战。是年11月，英人又进入坎底，侵占我维西属驼洛江一带，强收头人旧照，换发英人执照。1914年占领坎底，设葡萄厅。1918年于坎底坝子高地建赫尔兹营房。1915年，英人更进占野人山地胡康河谷，第一次欧战中，英兵大部撤退。至欧战结束，民国十一年（1922）又积极活动于片马正式设县，我全国人民及滇省各界均起反对，英人悍然不理，茶山、浪速各山头地区完全沦入英帝国主义统治之下。1927年，英兵又进攻江心坡，滇省人民亦起而反对，江心坡山头并派代表至腾冲乞援，至是滇西北角所谓未定界，已全为英帝国主义占领。英帝以密支那为统治山头的大本营，过去曾于拖角、片马、盗琪、罗孔各驻兵二三百人，而于坎底建赫尔兹要寨（营房），并于片马拖角及邻近我盏西边界那坎、昔马、昔董均设营房，大的可驻兵一团，小的可驻一连，各地有公路、大路，时常调防。部分营房年久失修，已废。闻片马营房已倒坍。

英人鉴于山头族机警善战，于进入山头之初，即思利用山头族组成军队，为其统治工具。光绪十九年（1893）即着手招收山头为北缅警察连，1896年成立。密支那、八莫、腊戌一带山头、浪速都被征募，逐渐扩充至3个连。第一次世界大战时扩充至7个连，1917年初调至美索布达米亚的巴斯拉作战，初为五六百人，战争中有7人得英帝奖品，一人并送到英国参加庆祝“胜利大典”。英人并在八莫山区精弄为山头兵立纪念碑。战后1919年，英人即续招山头兵，正式组为正规军一营，加入缅甸的混成团。英人利用山头兵统治缅印各族，例如1914年胡康河谷的康门山头的反抗英人统治，1917年、1918年钦族的反抗，以及1919年、1922年南坎傣族的暴动，英帝都利用山头兵镇压下去。1921年印度马拉巴人反抗英帝国主义，亦调过山头兵前往镇压。第二次世界大战缅北及未定界均被日兵占领，山头族不断与日兵作战。英帝国主义派一少将温盖特至缅北组织游击队，也利用山头族。山头兵以善丛林作战著名。英人认为利用山头兵，是统治山头及缅甸北部各族最好的制度。山头兵一个月发给30元卢比，滇西山头也相率前去。访问团在莲山，曾遇到一位山头青年，在缅甸当英兵15年，曾到过新加坡，并驻防过上海，第二次世界大战后才被遣散回家。这些山头兵，经过训练和教育，英帝国主义也利用他们做一般工作干部。

2. 教会与鸦片

帝国主义侵略，以教会为其特务机关，在山头区亦不例外。英并下缅甸后，即要求上缅甸王准其入山头区传教，尤其军事进攻山头反抗很厉害的初期，更利用教会来欺骗麻醉山头族。山头族迷信孔明，传教士捏造上帝生了两个儿子，大儿子孔明住东方，二儿子耶稣住西方，孔明、耶稣是弟兄，或捏造耶稣由孔明转生，因而劝山头族信孔明就应该信耶稣。山头也就不少受了愚弄欺骗。在山头传教的英美帝国主义教士，如翰孙（Hanson）、基尔霍德（Gilhodes）、哈帕尔（Harper）、比甘德（Bigandet）等人，有在山头区住40年以上的。美教士翰孙并以所制拉丁字母拼音文字翻印《圣经》进行传教。他们设学校、办医院，以小恩小惠引诱山头族，以上帝派他们来救山头族进行麻醉。通过教会的活动，介绍山头给英人修路、运货、守仓库、开矿山、开码头，直到给英人当武装警察和正式军队。我滇西及怒江各地教会活动也很普遍，为英帝国主义做内线工作。滇西山头区教会大本营在莲山小平原（地名），以梁河、莲山、陇川、腾西各山头为工作对象。过去受麻醉的山头，都抛开“天朝”，滋长崇英思想。据说，仅莲山山头在英缅做工、读书和当兵的，不下200人。英政府军官对这些传教士充分表示感谢，并予以支援。滇西传教士平时即往来中缅间，解放后更相率逃入英人占领的未定界地区了。

英人另一种毒化政策，就是推行鸦片。滇省与滇西、滇西北，可能在英人占领缅甸前，已由英人手输入鸦片。但英人进入统治山头，便有计划地输入并大量推广鸦片种植。五六十年来，英人确早已达到他的阴险目的了。山头男子几乎普遍吃鸦片（放在草烟里吸食），滇西山地也家家种烟。未定界区深入野人山，亦遍地种烟，使山区粮产减少，更损害了一个民族的健康。我们在滇西山区开会，坐不久，就好些人撑不住。英勇的山头民族已经成了病夫。他们吃烟或泡水或吃鸦丸，或蘸在布上吮咀，不用烟斗抽。近年英人因控制深入，又开始进行禁烟，也只是“猫哭老鼠，假做慈悲”，种烟并未减少。

3.敌人的交通网

英帝国主义未灭上缅甸前，即于1885年至1886年开辟伊洛瓦底江上游水道通至八莫，1899年铁路通至密支那，1902年铁路通至腊戍，三处皆进入山头地区。以后更积极以侵略中国所属的山头区为目的，修筑小公路、大车路及人行道，平时可使用牛马车运货，及英国军官乘坐小汽车巡查，紧急时可为军用道路。除与印度一方采取印缅分隔、封锁通印道路外，其余北、东两路，已四通八达。其干线一为由密支那东至片马，过高黎贡山即为我泸水的登埂，为八九尺宽小汽车道，长170英里，步行需15天。第二线由密支那通孙布拉蚌，路宽丈余，可通单行汽车，孙布拉蚌以北通坎底尚有6站路，为大车道，小汽车可通，全线共220英里，大车24站，步行全程约一月。由茶山沿恩梅开江东岸北通至上源崖阳，由坎底经狄满江、坎九、补脑登至崖阳（120英里）与恩梅开江大路相接，均为七八尺小马路。这几条路恰连成环形路，包围了江心坡，贯通了恩、迈两江上、下游全部。崖阳对岸为木刻戛寨，距我贡山县茨开只四五站路，北通西康门工地区约10站。英人又修有支线，一由补脑登沿驼洛江通至海地[①]，接近西康边缘，三几站可至察隅，海他距坎底150英里。另由坎底东南行，经拱路、渴郎盆至高黎贡山下的倪道底，为小马路，为另一横

① 海地，本文又作“海他”。——编者

线。由倪道底过高黎贡山即抵我福贡县上帕与碧江县。八莫方面，有公路线界山脚下通密支那，并有小汽车路通至盈江界古里卡。密支那经昔董通腾冲，原为通商大道，为抗日时中印公路北线，我国境内一段木搭桥梁已坏，不能通车。这些道路，是英人征雇民工，强行修成，不论晴雨，随时修补，沿路三五十里均设有官房，便利英官住宿。大小马路，坡度不大，干季均可通行吉普车。胡康河方面，向无大路，第二次世界大战中，修有中印公路，由印度阿萨密省雷多车站经过巴特开山，至未定界新宾阳、孟辟、瓦拉蚌达密支那，转八莫接滇缅公路。当时由雷多至密支那4天，至昆明10天。其中胡康河谷新宾阳以下一段，十分宽平，10辆汽车可以并行（新宾阳至瓦拉蚌即胡康河谷一段，约一百二三十公里）。另原有小路，由孙布拉蚌越枯门岭（野人山）西通胡康河谷，东越迈江和江心坡老阳卡到茶山、小江通泸水和腾冲，为古时老路，英人未加修筑。

4.政治统治

滇西北角山头区，自元明以来，与中国保持历史关系，从未隶属缅甸，故英人侵占以后，始终直接自行管辖。在缅甸为印度一省时（1923—1937），直接由英印度总督统治；缅印分治时则由缅甸总督（英人）代表英帝国主义直接统治。总督下于密支那设山头区行政总监督（Superintendent），将恩、迈两江区分为葡萄、拖角、琪路三厅（胡康一带似另有组织），各派1英人管理，名义为副监督。第二次世界大战前后，减政缩员，将琪路厅裁撤，并入葡萄。厅下设县，片马即其县治之一。此种厅县据说是保持中国旧制。县设一“温斗”，司民、刑、粮税及国防务。温斗全为英人。温斗下设“克利武”官2人，为缅人与傣族，约当我公安及建设科长，分担警务、巡边、侦察及道路修建等事宜。片马、拖角及坎底有医院，则加派医务人员。县以下分区乡之类，设“冬着”（相当区长）与“阿吉”（相当于乡或行政村长），为山头族或当地其他土著。崖阳以东及渴郎盆以上，未设县，只设“冬着”与“阿吉”，亦不收人头税，以示羁縻。

5.其他统治方法

英人对山头的统治，除前面说的利用武力镇压威胁、鸦片及教会麻醉毒化外，主要用利诱收买，送点针绳，伪装着设个小医院看点病，征用民工多少给点工资。更抓住头人、山官，请他们游密支那，故示招待，送钱送礼（对傣族土司亦全用此法），使山官受其愚弄。但对山官的权势，则尽力压制，并没收其枪械，不许其干涉行政，只许帮助英人统治。故愈近南部英人统治力愈强，山官势力亦愈弱。过去江心坡不服从英人统治，英人除以武力进攻及拉拢一部山官外，实行经济封锁，断截盐、铁、布匹的输入与鸦片山货的输出。

丙、未定界问题

1.未定界界务

当光绪十一年（1885）英帝国主义吞并缅甸时，清政府忙于中法战争。次年清驻英公使曾纪泽向英人争缅甸10年一贡与八莫一带领土权，订约4条，其中一条规定共同划界。1894年《中英缅甸续约》规定了尖高山以南界线，约中第四条约定：“今议定北纬25°35′

之北一段边界，俟将来查明该处情形稍详，两国再定界线。”英人留此话口，早有计划。此后即不断向北探测，及测探清楚，即实行先占后谈一贯侵略政策。英人调查后，即自定以恩梅开江与怒江分水岭即高黎贡山由腾冲的尖高山至西藏为界，尖高山以东附近以恩梅开江与龙川江、大盈江的分水岭为界。先试探数次，光绪二十四年（1898）无理提出中国军队侵入了恩梅开江，清政府未答复。英人即认华方默认高黎贡山为界的事实。光绪二十六年（1900），英人复以兵力侵入腾冲属茶山区山头村寨，清政府虽抗议，但弄不清楚，照会了英人应“以滇缅交界处小江为界”，盼“英兵仍守现管小江边界”。实则小江既非中缅界，亦非英人现管，现管者为腾冲各厅县。当时英方正式提出以恩梅开江与怒江分水岭为腾北一段“暂时从权之界”，清政府仍未驳斥，英方即作为中国默许。1904年，英方布置准备皆备，要求两国划界，腾越道石鸿韶奉命与英驻腾领事烈敦勘界，依1900年清政府对英所提“小江为界”照会，沿高黎贡山循小江勘至小江源板厂山。石某并荒谬照会英领小江外各寨久在“化外”，不知小江系腾越厅界并非国界，不但自动放弃高黎贡山以西腾越古永土官所辖笃草等寨，又放弃大理府所辖小江外地。清外务部亦对江心坡与野人山地一字不提，大概亦认为同属“化外”，而斤斤力争小江一带。石鸿韶亦只与英争茶山的茨竹、派赖几寨，谓系历来土官“现管”。英帝国主义照会更奸猾，谓愿意出洋4000元补偿土官，并缴印币1500元永租茨竹一带。清外务部后照会石鸿韶只争恩江溪流独木河一带少数浪苏寨子即足。至光绪三十二年（1906），英公使萨道义即声明英方不顾中国同意与否，决定以“分水岭”（指高黎贡山）为“天然界限”。清外部则认什么“高黎贡山”（非高黎贡山）为“天然妙界”，萨道义并通知英政府照旧令缅甸政府驻守治理一切。清廷要求派人前往调查，英则谓已设哨兵，有力量敢去调查就自己进去好了。清政府只答如强行占领，殊失公允的话。宣统二年（1910），英率骑兵1000人、步兵2000人进占片马后，翌年英公使朱尔典宣布久占之意，表示是实行以分水岭（高黎贡山）为界计划。1912年，英帝国主义即在腾北沿其所谓恩江与龙江分水岭设立界桩，直至板厂山一带。尖高山以南至怒江边滚弄渡，光绪二十三年（1897）已定有界桩，但我国亦损失孟艮、孟密、木邦、科干、精弄、猛弄、孟拱、孟养土司地、蛮暮及滇西猛弄、陇川、南甸诸司一部，计10余万方里。至未定界全部，英帝国主义先行占领，自己定界，自己单方设立界桩，但帝国主义占领的土地，不论其有界无界、有约（不平等的侵略条约）无约，均属中国反动统治者丧权辱国的标志，团结起来的中国各族人民是决不肯承认的。

2.民族关系

英人占领上缅甸后曾派员探测通中国商路，由八莫通过滇西山头区，首先遭遇山头族阻截，以武力始行通过。后英人进兵昔董一带，英尉官莫尔吞即被山头打死。这类事很多。1897年，英帝国主义派奥太尉与中国反动官僚刘万胜勘定中缅边界，刘万胜受贿，准英人插旗在陇川的景坎，深入内地六七十里。王子树（寨名）山头族山官早乐东为祖国力争，指出虎踞关、铁壁关均系中国领土，并拿出两关碑文为证，并率山头人民反抗。英兵杀害山头50余人，早乐东奋勇直前，捉住英官，拔刀欲杀。英官恐惧，不敢前进，因而争回国土60余里。

1911年，英人巴尔纳德进兵坎底，经过迈里开江山头区，山官质问未经许可何以入境，限英兵交出500卢比作买路费。英人宿营山头村，山头族于英官帐外用一铁矛插南瓜上并在旁插一竹矛，表示山头武力弱打不过英兵，但不屈服。英官通令撤去，山官大怒说："英人可以去坎底，路上山头不打他们，但山头决不屈服，决不给英人纳贡。"其坚强如此。英人占片马后，浪速族亦不服，拖角英官仆人因奸案被浪速族捉起欲处罚，英人干涉，村中头人即称此系中国地应依中国法办，彼无权干涉。

1927年，英人以精兵侵入江心坡南部，俘去山官15人，山头民族勇猛抵抗，于是年9月派代表董卡诺与张早札携带木刻信物，到腾冲请祖国派兵援助，并交涉释放英人所俘山官。

英帝国主义侵占我山头地区已40年，除江心坡内，各山官所存中国过去所发凭证，多被英人收去。但40年间，山头民族还记得"天朝"或"汉朝"，时常起来反对英帝国主义，他们还记得"过去只知日出那方来收税，从来没向日落那边的人交粮"，认为自己本是"天朝"的人。访问团到山头区开会放映电影，山官还清楚地指点给他的孩子看，说："这些年受英国人愚弄，认为八莫、密支那好，现在看天朝才真好哩。"据抗日战争时期到未定界内勘测中印公路路线的严德一说，这一带各族，听说天朝有大官来，都非常高兴，年老的人老远领着人来看看表示亲热，殷勤款待。连坎底傣族土司家里还保持着过去汉官所赠的袍褂，听说要从祖国修路通过，希望早日完成。

就滇西山头族说，自解放后，除在一两处同山官发生过误会外，一般山头不论山官、人民最感觉快乐。过去不大敢下坝子，因下坝赶街子常受人欺侮，晚上不论多远，不敢停留坝子。莲山早保山官个人12年不下山来，怕人暗害。解放初，请各山官开代表会，他们还怀疑恐惧。以后晓得民族政策，我军、政干部热情招待他们，街子的部队替他们赶街子的人预备茶水、看病，卖柴不掉给收买下，向街上坝子的民族宣传不要欺骗山头弟兄。山头民族结果成为最接近人民政府和人民解放军的朋友。他们的山官和人民矛盾也很少，也不像傣族土司怕人民接近政府。访问团到滇西访问，山头民族情绪也很高，家里有在缅甸当兵读书的，表示带信叫他们回来，龙盆山官在开会时高兴得大跳起来，喊出"以后各民族恋爱！山头翻身了！"有些山官参加专区的民族事务委员会或县局的行政委员会担任委员。随着民族工作的开展，山头民族将更普遍更深入地热爱祖国了。

附

英帝国主义侵略滇西北角大事年表

1823年　英帝国主义灭下缅甸。

1827年　英帝国主义派威尔考克斯自印度阿萨密入坎底探测。

1884年　英派渥德索普及马克依戈再探测野人山地。

1885年　英灭上缅甸。

1895年　法帝亨利王子由安南经云南入坎底探测。

1899年　英军上尉保廷格尔到恩迈开江岔角小江，被浪速族逐回片马。

1907年　英人威廉孙入滇西北探测。

1900年　英派兵侵略腾冲茨竹、派赖各寨。

1910年　英兵占片马，被中国夺回，9月后我又失去，翌年英人宣布久占。

1912—1913年　英派小股武力探测至坎底及恩梅开江上游，1914年正式占坎底，设葡萄厅。

1915年　英占野人山及胡康河谷一带。入江心坡失败。

1927年　英帝决心攻江心坡，被山头驱逐，失败。

四、文化情况

语　言

景颇族各支为大山、茶山、浪速、拉系等，都有自己的语言。其间以“大山”语流通较广，通行滇西、滇西北未定界、阿萨密及八莫、密支那各区山头民族。各小支族的语言，只是方言，差别并不大，一般彼此会谈，无多大困难。大山因为聚居的多，语言较完整而统一；但其他小支则分散的多，因之发展成为方言。总的说，会说大山话，可以在各山头区谈得通。

我们从下面的比较表可以看出，这几支山头方言，即使形式少有不同，但语根大致一样。尤其浪速、茶山、拉系3支，几乎可以说是一种语言。浪速与大山拉派支混血成茶山，故茶山语由浪速衍出。茶山与大山、马兰一支混血成拉系，语言仍出自浪速。故浪速、茶山、拉系语言基本上相同，方言差别亦不大。

大山与小山各支语言比较表（注）

	大山	浪速	茶山	拉系
空气	Nbung	La	Lai	La
臂	Lahpum	Law（pau）	Lawpu	Lawpau
竹	Wa	Wu	VVaw	Wu
血	Sai	Sa	Sway	Soi
身体	Hkum	Kaung	Knngdu	Kung
牲畜	Nga	Nung	Notsaw	No
猫	Lanyau	Lanyau	Lanyau	Lamyauk
牛	Dumsu	Nechyung	Noichyung	Lachyung
狗	Gwi	Lahka	Hkwi	Lahkwi

续表

	大山	浪速	茶山	拉系
耳	Na	Na	Naw	Noi
眼	Myi	Myaw	Myaw	Myaw（Kyit）
肉	Shan	Shaw	Shaw	Shu
鱼	Nga	Ngaw	Ngaw	Ngaw
火	Wan	Myi	Myi	Myi（Kho）
五	Manga	Ngu	NSaw	Ng
四	Mali	Pyik	Mi	Mik
我	Ngai	Ngaw	Ngaw	Ngaw
雾	Saiwan	Saiwan	Saiwan	Saiwan
蛙	Shu	Paw	Pu（Paw）	Pa（Hunt）
禽	U（Wu）	Raw	Ryaw	Kyaw
猪	Wa	Waw	Wa	Wu
房屋	Nta	Yam	Yum	Yawm
马	Gumra	Myaw	Myang	Myang
猴	Woi	Myauk	Myu	Myu
六	Kru	Kyauk	Kyu	Hkyauk
七	Sanit	Naik	Nyet	Nyet
水	Hka	Hkri	Wi	Hkyek
住	Nga	Na	Na	Nyi
听	Na	Kyaw	Kyaw	Kyaw
吃	Sha	Tsaw	Tsaw	Tsaw
喝	Lu	Shank	Shu	Shank

注：用翰孙的山头语材料。

山头语与汉语基本上同为单音语，一字一个音节，故为孤立语；每字即有一完整意思。但除语汇的1/4外，多发展为双音节的字，例如由单音节的ja（坚），发展成aja（金）、gumja（金制的）、kaja（好）、laja（难）、maja（顽强）。

山头语有5个声调，但现在声调不像汉语、傣语、彝语那样重要。由单音多调逐渐发展为声调变化较少与双音节的字，而趋向胶着性。据翰孙调查7000余字汇中，只有约200个字五声都有，1000多字只有二、三声，其余的差不多都只有一个声。又山头语纯粹，单音节的字逐渐减少，而双音节的字则逐渐加多，与汉语发展趋势相近；于单音字前加以变成新词新意。

山头语有字尾辅音，如鼻音的m、n、ng和破裂音p、t、k，但p、t、k已不完全读出，类似广东话的字尾转音。

山头的语汇约15000，相当丰富，普通人说话约四五千，一部分是宗教和诗歌的语汇。山头族和傣族接触多，吸收一部傣语语汇，另吸收一部缅语、汉语语汇。

文　字

山头族本来没有文字，据他们自己的传说是孔明阿公当初把字写在牛皮上，吩咐山头的祖先吃下去装在肚子里，说这样就可以忘不了，结果山头把文字失传了。云南几个没有文字的民族都有类似的传说。他们不论哪种形式的文字都没有产生过。过去使用木刻，以长两尺半、宽二三寸左右的木片以记时间和发生的事。大事大刻，小事小刻，一件事刻在一块木头上，重大的事如债务和冤仇一类事才值得刻。死了的人，用一个竹竿上刻其人年龄、子女之类。但详细刻法，还不清楚。

1890年，缅甸南坎医院在山头传教40年的美帝传教士翰孙（O.Hanson）用拉丁字母给山头族制造了一套文字，译新旧约全书［C yoi pra ai chyom Laika（山头文）］及天路历程，便利其传教及麻醉工作。英缅政府于1895年正式采用，编印山头课本。八莫、密支那、片马一带山头会这种文字的很多，滇西的教会也设立几所山头学校教这种文字。在帝国主义教士给我国少数民族所制的拼音文字中，山头文字还是比较适用的一种。现在英帝统治即以此种文字发布政令，并雇我懂山头文的山头族当兵、当机关学校教职员、乡村头人及担任传教工作。我滇西山头学校，亦使用缅甸英美帝国主义教会所编教科书，纯为殖民地化教材。

翰孙所制山头拉丁化拼音字母，声母30个、韵母14个，共44个音。

语法举例

（1）宾词在动词前，与彝文、藏文语序同，与汉文不同：

他杀我哥哥　Shi　ngai　hpu　sat　kau　ya　da　mi　ai
　　他　我　哥　杀　害

我吃饭　Ngai　shat　sha　nngai
　　我　饭　吃

我写信　Ngai　laika　ka　da　nngai
　　我　信　写

（2）形容词与名词相接时，通常在名词后，与藏、彝、傣文语序同，与汉文不同：

好人　lasha　kaja
　　人　好

小河　hka　kaji
　　河　小

数词作形容词亦在名词后，如：

一根竹 kawa yan mi
竹 条 一

一架牛 dumsa gap mi
牛 架 一

一双鞋 kyepdin man mi
鞋 双 一

二只狗 gwi lah kwang
狗 只 二

但亦可置在前面，如：

快跑的马 alawan gat ai gumra
快 跑 的 马

红的牛 hkyeng ai dumsa
红 的 牛

很长的屋 grai galu ai nta
很 长 的 屋

（3）副词置在所形容的字前面，与汉语、藏、彝文语序同：

他吃的很多 Shi law law sha ai
他 很 多 的 吃

慢慢地说 yat yat tgun
慢 慢地 说

（4）动词本身无语尾变化，但利用不同助字表示人称、数目、时间、语气等区别。这是汉、彝语都没有的，缅语也不用这些变化了，藏语尚少有人称区别。只举几个简单例子：

那是我的书 Nye a laika ra li ai（现在单数）
是

那是你的马 Na a gumra rai lit dai（现在单数）
是

那是你们的上衣 Nanhli a palawng rai mas lit dai（现在多数）

那可能是我的书 Nye a luika rai na li ai（现在假定）

这书已是我的 Dai laika nge laika rai sa li ai（过去时）

这书将是我的 Dai gumra nye gumra rai na ra ai（将来时）

我正写信 Ngai laika ka da we ai（现在进行，第一人称）
我 信 写

他正在读书 Shi laika hti wu ai（现在进行，第三人称）
书 读

（5）动词与副词有变声字或叠字，如：

取乐 Kabu gara	凌乱 Rasuk kasak
推翻 Gumle gumlan	服从 Madat mara

（注：关于文字的传说：

当上帝宁同娃玛甘创造了上面的苍天以后，又完成了稳固的大地，更完成了他的神居——在夏昌山上建筑了一所房屋，在松盘平原修好了一个跳舞场。

众鬼神看到他这样创造天上的工作平静下来，众鬼神看到他创造了大地就要安静下来。

宁同娃玛甘使众鬼神平静了以后，他说："现在我要回到王景宫，我要回到王德殿。"

于是人类的子孙和一切万物，说："啊！宁同娃玛甘！请别回到王德殿，请别回到王景宫，我们住在世界中央地方的人民，不晓得怎样自己生活。"于是他们挽留他。

因为人和万物都恳求他，宁同娃玛甘就给野猪长了厉害的长牙，给犀鸟长了美丽的羽毛。

然后对人类的子孙：给汉人一本纸制的书，给傣族一本折叠的书，给缅甸一本蕉叶的书，给外国人一些纸做的书。

但对中央地方的人民——景颇族，他给了一本羊皮书。中央地方住的景颇人把书嚼着吃了。

因此，这本书的字是留到人的肚子里——留在讲故事的人和鬼师的心里。）

宗　教

山头民族，除泸水的浪速，学着汉人供奉祖先，讲阴阳八卦，和泸水的茶山，及滇西一部大小山信基督教外，普遍相信鬼。这个鬼和汉人相信人死有鬼魂的含义不同，而是相信万物都有精灵，山川、天地、岩、树、鸟兽都有鬼。鬼都能祸人，关系个人生死、家族安否与收获丰歉，是一种多神教。山头传说恩光娃玛甘（Ngawn Wa Magam）创造天地，为世间大神。

过去亦信孔明和"王尚书"（明时王骥在滇西、缅北作战，缅北及江心坡有其所设营盘地址），经过封建统治的渲染，使他们认为孔明、王尚书是神。称孔明为阿公，为制礼法之神，故山头语称孔明为"王布底"（礼法之义）；信王骥给他们设营置寨，得到平安，称之为"王官独"。大祭时过去先请孔明、王骥，再及诸鬼。据说野人山有纪念孔明的"孔明墓"，至今当地人还加以爱护。英人灭了缅甸以后，传教士因为山头信孔明，就捏造"上帝生了两个儿子，大儿子孔明住东方，二儿子耶稣住西方，孔明、耶稣是弟兄，信孔明就该信耶稣"，或捏造"孔明转生耶稣，信耶稣就是信孔明"一类话。信了耶稣以后，自然对孔明也就淡忘了。基督教就替帝国主义作先锋，首先打进并深入了山头民族地区。

山头族相信每一个人都和一个灵鬼结合，入睡时梦里或当昏迷时，是鬼离身出游。突然被人惊醒，灵鬼可能不及收回，所以不愿人冲撞。又相信人死后，鬼即去北方祖先老家，必须举行送鬼仪式。人有疾病，就是鬼作怪，须请鬼师驱鬼，并视鬼大小，杀鸡、杀猪献祭。最后病不好，作祟者必是恶鬼、大鬼，就须剽牛了。妇女生男孩，认为有福，一生下妈妈就给他命名，免得被鬼认作鬼子。产后头3天在家，第四天请鬼师为儿祭鬼求福，抱出孩子向太阳。这以后孩子就可以常到户外。这一天，丈夫伴妇到泉水池旁沐浴，洗换衣服，产妇就可开始工作。如果产妇生育时发生难产，就有难产鬼（Sauns）作祟。这时全村人出来鸣枪、敲锣，向空中抛石及射箭；在屋周围及房子下面，及产妇身上，乱挥长刀，燃火把，并设法找来一把“雷公斧”放在产妇头上，相信雷公斧可以驱鬼。另在产妇旁烧树皮和破布，以臭味、烟气实行催生。如产妇死，亦以雷公斧置死者头上，以炮弹乱击空中及鸣枪四射以驱鬼。然后以火焚尸，尸周围绕以男性生殖器的象征物。已死产妇焚时，其子亦焚死。如婴儿啼哭即可保留。亦有弃婴儿于山林的。产妇死后亦成难产鬼（Sauns），须由巫师为其家清洁房屋与空气。方法即以杆头缚公鸡，各方挥动，请鬼受礼而去；或将产妇所住屋一间或全部房屋焚烧。

每家房屋，于尾端留一间为鬼房。鬼房内置鬼位，留一小门为鬼出入。平时非主人自己不得进鬼房与通过鬼门。如走鬼门，即认为不尊重主人，惊动了鬼神，家里会不平安。即是亲友亦须罚牛祭鬼安神。门前有的立长竹竿，上束棕扇叶，其上挂小竹管，风吹时叶动管响，亦可驱恶鬼，不使进门。

每一村寨，都有寨神，有如土地神，保护本村。村神住寨门外的神林（Num Shang）中。神林多为幽静密林，平时不能进入，亦不得砍伐，全寨每季献祭。村外入口有寨门成栅栏状，栅柱以粗木为之。上刻龙齿形锯纹，涂以黑色或红色，以驱鬼。生客入寨门，先投以石，驱开游鬼，免带鬼进寨。浪速寨门外立桩，房屋大梁头端作男性生殖器形，可能系受西藏本教影响。

鬼师（Jaiwa），各寨都有一人。江心坡一带鬼师，于祭日及婚丧日，能吟诵神话，数日不绝。滇西山头鬼师，多已不能记许多神话和祝词。鬼师能通鬼神，衣服与常人无异，在寨中颇被重视，专司驱鬼、主祭、禳病。祭时先低声吟诵，声音逐渐提高，最后到了疯狂状态，鬼即下降。祭物视情节情形大小：大祭剽牛，小祭杀牛羊或以牛头，牛腿亦可。山头寨中常见门前空地立双柱，腰系横木，或两柱交叉，即剽牛木架。神树旁及屋前亦有以竹竿上顶撑以鸟笼式竹龛（或做竹桌），中置所献礼物。用过一次即任其倒弃，故神树旁横七竖八的竹笼颇多。

山头亦有占卜，有事以竹筒投火使热，竹节爆开，视开裂纹路，察看休咎。出门见蛇与猫为凶兆，遇鹿与刺猬为吉兆。

山头已非畜牧民族，牛畜很少。常自外区购牛，为了祭鬼，用费很大，经济上、生活上蒙受损失。

山头一般信鬼，但沿迈里开江上游坎底傣族区迤南的山头，亦有学傣族以竹竿挂幡，或学做竹顶小土塔并撑以佛伞状物的，多少染了佛教风味。

婚　姻

山头族男女婚姻是自由恋爱。各家为未婚男女各置一火塘，独住一间。非本宗族男女都可到儿女的房间谈爱；女儿的房间墙壁特别用泥涂严，不使漏洞。儿女恋爱，绝对没人干涉。白天女儿情人来，父母多回避开，且以女儿情人越多，自己女儿一定美丽，引为光荣。山头青年对自由恋爱传统很重视。有一段神话，说天河的产生，原来就是因为一对山头男女爱人，因为不得结婚，两方情死，火葬时烟气升天，凝成一道天河。

恋爱虽无限制，但规定同宗族不能通婚。大山各支间，普通马里一支与马兰一支、马兰支与恩昆支、恩昆支与拉派支、拉派支与拉陶支、拉陶支与马里支，通婚的比较普遍——但现在这种规定已经不大严格。浪速族外甥须与舅父的女儿（表妹）结婚，舅家无女，另娶亦须征求舅舅同意，故舅父即岳父。山头茶山也有这种习俗，故舅父与岳父同样称呼（当地汉人对山头族有嘲以“丈人种”的话），可能系母系社会遗俗。

	山头	茶山	浪速
舅（岳父）	Kats’a	Jukt p’o	Jaukt po
舅母（岳母）	Ka-mi˧	Juk- ˧ mi˧	Jauk˧ mi˧

恋爱中，女儿可留爱人住宿，但如因此怀孕，则影响女子婚姻，男子须赔偿损失。如女方不止一个爱人，则生儿时视婴儿面貌，抱子认亲。男方愿意认亲，可正式结婚，否则必须赔偿。通常男女恋爱成熟，请求父母央媒人说婚。父母为子择配，亦有数女献礼至男家，由媒婆评定，选好即向女家求婚。这时女父必尽量索取彩礼，如料珠、项圈、琥珀、耳筒、衣、裙、黄牛、酒、大铓（铜锣，中有突起）等。婚礼一般很重，实质已为买卖婚姻。有因婚礼太多男方无力负担进行抢婚的情形。婚礼当时交不齐，可规定婚后还。有数代不清，孙子代祖还婚账的，亦有子孙仍还不清或不肯还而结成冤家的。山头婚礼注重大铓，傣族制品，为送铓而借债亦在所不惜。

婚时女家父母不参加，派妇女送至男家，并带一筐礼物。女至男家门外，男以草铺地，上洒鸡血，以驱除女子带来的鬼魔。脚沾鸡血即认为不吉，故女子行走须特别小心。女子由草上通过，踏上新制梯子进大门，婆母以项圈挂女颈上，就算成了男家的人。这时新郎、新娘见面，同坐合杯饮酒，同嚼一块烟叶，婚礼即完成。新妇首至附近溪泉沐浴，回来参加煮饭菜，男家即开始宴客。是日男家剽牛、设酒，青年男女围新郎、新娘嬉笑歌舞，夜深不散。女父霸道，可于婚礼中将女带开，勒索男家增加婚礼。婚后男家富有，女的也私自逃回母家，伪意不回，由女方亲友“代为觅回”送至男家，再敲索一次。这时别人亦可前来“认亲”，男方为留住女的，即按女方亲友亲疏一一送礼，不送就坐门勒索不走。女家认为这样女儿能干。

山头结婚早，或未婚先育及生育早，一般长子发育均差。山头重幼子不重长子。山头人民一般为一夫一妻，山官及富有者，亦可纳妾。父死妾即由长子继承；子先死，父亦接娶儿媳，以免“破坏亲戚关系”（凉山彝族有类似习俗）。

山头婚姻虽出自由恋爱，但实为买卖婚姻。故男女表面平等，实质并不平等。女子负主要生产劳动，女性须服从男性。男子绝不能爬楼底下，因为楼上可能有女子，降低了男子的身份。男子若穿女衣，习俗认为不吉之兆。妇女生产死去，认为不祥。妇女没有财产继承权，山官不得由女人担任。对外称呼，女的较丈夫要降一辈。但夫妇离异少见，亦无卖淫行为。

家　族

山头一般为小家庭，儿子婚后即分居，兄弟各自成家。亲属关系紧密：叔伯与父同样称呼，叔伯母与生母同样称呼，堂兄弟与亲兄弟同称，侄儿、侄女与自己子女同称。因此可能为血族群婚的遗迹，推想古时父与叔伯共一群女子为妻，故所生子女皆为自己子女，子女以诸父同为父，而以诸母同为母，诸子均为兄弟。子孙命名与藏缅语族的彝族、古代拿喜、民家均同，父子联名。罗常培记载片马茶山族孔、董两家，孔家记了46代，董家记了9代，都是父子连名制。兹录董家一例。

董昌绍家世系：

（1）杨绍　Yawn˥　Sau˧

（2）绍昌　Saud˧　Chang˥

（3）昌朗　Chang˥　Lang˥

（4）朗保　Lang˥　Bau˥ ＝（Lang˥　Gying）

（5）保中　Bau˩　Zang˥ ＝（Bau˩　Ying ＝ Bau˥　Taik˩）

（6）中英　Zung˧　Ying˥

（7）英绍　Ying˩　Sau˥

（8）绍昌　Sau˩　Chang˥

（9）昌绍　Chang˥　Sau˩

丧　葬

人死之后，即鸣枪击锣，以水洗尸，以布缚好，置竹架，抬至正火塘，然后出外选树做木棺。贫的即以整木为木槽，富有的棺木也很薄。树选好，杀鸡祭树鬼。做棺时，以树竿上端束竹枝作幡，并开始驱鬼。2人持矛先在屋内挥舞，后至房屋四周，每舞1周即绕竹幡作刺击状；夜间亦由2人持矛守灵。坟地在深林内。其地点的决定，以熟蛋2枚抛出，如两蛋相触，即在其处挖葬穴。死者于停尸五六日后，即埋葬。葬日，剽牛杀猪，亲属戚友在门前举祭后，即抬至坟地安葬。夜间举行葬舞，舞时由2人领队、4人敲锣，青年以及老人均参加。舞中姿势包括山头各种生活，如种地、收割、打谷、纺织等，直至夜深，始为礼成。山头相信，人死后其鬼魂仍在，故死后仍须举行“送魂”礼。由巫师在坟前把魂领起，抬至半路，将尸架毁弃，巫师持矛前行，频频叮嘱鬼魂早往鬼国，且行且嘱，语极恳切。其所谓鬼国，据说即其祖先原来的家乡，传说在平顶山（Majoi Shingra Bum）。人死后鬼魂都要送回平顶山和祖宗魂灵在一起。“送魂”礼不一定在死后马上举行，可以延期至几月以后。礼时并由族中老辈（Dumsa）背诵沿途所经过河名、山名、桥、渡，一程一程向后送，直送至老家为止。此种地名，如详细研究，可能发现其真正的故乡。山官则送魂至唐星康地方（Tawng sing Kawng Ga），亦在北方。凶死则送至拉沙（Lasa Ga）。产妇及婴儿死则送至恩当地方（地狱），并以猪、牛献祭，乞得解脱鬼祟，俾鬼神许其渡过“沙河”，登高山，与祖宗相会。

普通人死行土葬（浪速及山头亦多行火葬，以骨灰置棺内，火葬可能为其原有习俗），人直立，头上置碗，口含以钱。墓上搭尖顶塔形高二三丈之草屋，顶以木竹作中形，上作人头、鸟、蛇及有角动物装饰。茅顶下置棺，坟周围以水沟，棺盖一端常做成鸡、鸟或龙头。欠人债的不许水沟全围起，留有缺口，以示死者家属的耻辱，家人代还清始得把沟挖全。山头说孔明教他们，挖了沟子孙得以繁殖，故非常重视。缅甸精弄的高利支山头，坟用石板砌成汉人所用棺形，一头略高。昔董的山头坟成堆形，不用石砌。马堂地方的山官，以花岗石石板砌成汉式棺形，前门留一活动石盖，揭起可投入新尸。

墓前立竹竿，顶置竹篼，竿上刻图纹痕，表示生死年度、性别、有无婚嫁，女的有子女几人。又山头民族男子最重视他生平使用的刀和背袋，必须带至坟前，葬仪完毕或挂在坟山旁树上，或再带回家中。

山头族现在全用土葬，但从“天河”的神话，可能过去用过火葬。

禁　忌

（1）生人进入山头村寨，须向空打一枪，以示通知主人。主人还一枪，表示欢迎，即可入寨。这种规矩转变至丢一块石头进去，表示并非偷偷溜进去，不放枪亦可以了。

（2）寨外有一栅门，为鬼门，旁有空屋。屋门木桩上用红土画人头或挂牛头，此为鬼屋。生人对鬼屋须下马，否则犯忌。

（3）客人进屋，走步要放重些，使主人注意，否则主人疑心是来偷盗。挂刀时刀口向外，以示无恶意，否则主人疑来“行刺”。

（4）屋壁挂的竹篮，供着祖宗灵魂，不可放进东西，否则要罚鸡，甚至罚牛。

（5）主人送给礼物，通常为花背囊、水酒、鸡蛋，受者要用两只手接，以示敬重主人。送礼不可拒绝，但可以还礼。盐、布、针、绳之外，以烟丝及酒最受欢迎。如请客，除请吃酒外，客人所带竹酒筒，常给他装满带回。

（6）火塘旁放的小茶筒，制时须经过牛祭，但很薄，容易打破，破了即亲友亦须赔牛。

（7）在山头村，有一定地方大小便；倒水，要问明方向位置。亦不可乱吐痰，否则也犯忌神。

艺　术

山头民族唯一的图画，就是在棺上及鬼屋木柱用泥所涂的人头或龙形。寨门木柱刻画的龙齿纹，涂以红黑色。竹酒筒上也刻有简单花纹。最好的美术表现为妇女的精细竹器、花布和布背囊。花纹成斜“十”字等形，杂以红、黄、绿、紫各色，以鲜艳为美。

山头族也好音乐和跳舞。靠近傣族区的滇西缅北山头，也学傣族的象脚舞，用大铓和鼓声敲简单音节，围绕跳舞，和傣族完全一样，已成为其自己舞蹈的一部分。山头自己的乐器有箫、胡笙、口琴，声音没有象脚鼓和大铓响亮，所以对大铓尤其爱好。祭祀和庆祝，多用鼓及铓，而参以本族的舞法。山头的舞有太平舞（Sut Manan）、葬舞（Gu Manan）和胜利舞（Padawng Manan），人人都会，老年男女也参加舞。在重要场合，老者还领队。胜利舞，规模最大，有数人为领舞的队长，衣汉式长袍，丝制或有刺绣，头带孔雀翎，首鸣枪为开始仪式，大家男女即随舞。男的持刀或持戈、弩、枪，领队者持刀；妇女各执纸扇及汉式鹅绒毛花扇。持刀的、持扇的都作微缓摆动，随锣鼓的节奏摇晃身体；持枪的不时鸣枪，而舞众亦随呼啸，多学鸟兽声，情绪极为热烈。队形或圆，或成蛇形，或数重周旋。舞时附近诸山寨青年，闻声来集，山间枪声、鼓声、锣声、呼啸声、刀光旗影，与苍山翠树交辉。舞日，妇女均着盛装，衣黑绒或花红衣，佩戴银饰，常歌舞彻夜。男女恋爱，亦在此时进行，盖歌舞不常有，有一次就痛快一次，酒酣耳热，忘却疲劳。

中央访问团第二分团部分文稿汇编
《中央访问团第二分团云南民族情况汇集》（下）附录一
国家民委民族问题五种丛书之一《中国少数民族社会历史调查资料丛刊》
云南民族出版社1986年11月第1版

中央访问团第二分团部分文稿汇编

（按：以下汇编文稿，是当年中访团第二分团大量的工作简报、工作总结等文稿中仅存的一部分，括号内的话是编者加的。——编者）

在圭山西山区的工作简报（之一）

八月二十九日晨十时，我团七十六人（由昆）出发前往圭山区。因宜良附近曾有小股匪徒出没，军区派两班武装护送，晚八点到路南县城。车入城时，有城郊四村撒尼族五六百人列队，吹笙击鼓欢迎。我们下车徒步而行，呼口号、唱歌、挥手而行，夹道欢迎的群众约二三千。晚间举行欢迎晚会，由宜良专区主持，我团参加演出《兄妹开荒》等节目，演完后群众屡次要求再演。三十日午十二时到达圭山区尾则镇。沿途各村均扎彩门牌坊，常有村民三五十人站在风雨中热情欢迎我们。距尾则镇五里外有撒尼和阿细各族父老，在风雨中列队欢迎，四万余人。他们用各种歌舞音乐和语言来表示他们的欢欣。首先有撒尼代表向团员献上束束鲜花。五里路长的欢迎队伍就汇成了一片鼓乐歌舞欢乐的海洋。撒尼族、阿细族兄弟高呼口号，我团同志们一边走一边和两旁群众握手和慰问，伴随着歌声高呼口号，情绪极为高涨。

队伍进了尾则镇马上就开欢迎大会，人数近五万人。会场在长湖畔的松林小盆形洼地，各族姐妹头饰服装十分鲜艳夺目。据闻有的妇女是粜了自己粮食，赶做新衣服来参加这个盛大与愉快的欢迎大会。大会由主席和本团团长致词后就是我们赠送礼品，接着是圭山西山两区相继献礼。这时全场几千鼓乐合奏，三四百位献礼代表从山下走上主席台，不一会儿，后台上都堆满了民族形式的旗帜，麻织的背心等各色礼服（数目正编号登记中），此外还献了大量的山区果产品、菌类以及蛋、鱼，还有三十二只鸡、十六头山羊。

圭山区送给毛主席和朱总司令各一套撒尼衣服，并且希望毛主席穿了照张相片送给他们看看。访问团送群众的礼品，由代表们抬着绕场一周，他们说我们只送些土产，比毛主席送我们的布匹就太差了。大会献礼结束后，还有不少单人独户把鸡蛋、核桃等等送到主席台来，有一位苗胞把自家制的一大块花生糖送给访问团同志吃。献礼后紧接着民间文艺表演，首先是狮子舞，全场出动二三十只狮子，舞狮后，有"杆头舞"、"高跷舞"、"铁叉舞"，后面是上千人的笙箫齐奏，和百队以上的鼓号细乐演奏。然后圭山、西山全体舞蹈队大出动，参加者上万人，场内汇成了一片歌舞海洋，歌舞的种类总在百种以上。最后是摔跤比赛，优胜者大会各赠红蓝布一块。因为时间不够其他节目没得机会表演，斗牛也改在第二天举行。

圭山三乡的雨胜村，在三十日夜特来要求单独表演给访问团看他们的歌舞，我们文艺组也参加。两方都有精彩节目，最后大家舞成一团，互相慰问，完全打破了民族隔阂。

参加这次联欢大会的多从三五十里路和百余里外而来，有的露宿三天。师宗县沙人、白彝、甘彝和回族等民族二十一人，从三百里外来，走了七天，来到时大会已开完，很难过，我们专门布置招待他们。大会上兄弟民族群众反映：过去我们从来没有表演自己文艺活动的机会。一位老人反映：活了六十多岁也没赶过五万人的大会。有许多人特别来看毛主席的代表，觉得团长没在场子上走一圈给他们看清楚，真有点遗憾。海衣村老者说：我来看看村长有没有把我的礼品送给访问团和毛主席。

三十日下午，西山区、圭山区党团行政干部及民众代表三百余人，同我们开了一个座谈会，听了三位团长作了二小时的报告，代表都非常感动。这一天文艺组在广场露天演出，演出中下起大雨来，仍旧冒雨表演，群众两千多人很感动都静静地看着直到演完。服务组立即冒雨出动设立临时诊疗所，一天就看了一百多病人。一位急性胃肠炎的患者，抬来到时话都说不出了，吃下药两个钟头就好了，才知道并不是鬼在作祟。

展览会第一天，万余群众拥挤观看；摄影组摄了八百余尺新闻电影片，并照了一百多张照片，把大会活动记录下来了。

联欢大会前后收到致敬的信一百零四封，一致表示感谢共产党和毛主席，使他们翻了身。同时圭山区、西山区都希望能够实行区域自治。西山区阿细族人口占弥勒县三分之一，要求本族的昂天学同志担任副县长，该同志是游击战争时期的区领导干部之一，现任弥勒县公安科长。两区都因游击战争中惨遭敌人破坏，加之这两年雨多成灾，粮食困难，请求救济和减轻负担。西山区等乡要求能再准种鸦片烟三五年。两区都要求拨款办中学校和增设小学。苗族同胞全体的信要求施行土改和救济，彝族同胞也要求救济。这些信反映了许多情况，这是一种汇集意见很好的方法，现正在整理中，详情再告。这次到圭山访问，因为组织不够严密，刚一到就参加五万人大会，超过预计。群众对电影最感兴趣，有从二百里外来看电影，一直等到半夜十二点，由于我们没有带电影（因为秘书处对放映队没有交涉好）使他们感到不快，已决定将来设法放映。还有由于对情况不了解，对本区人口最少的黑彝没有照顾到，所以第二天一早他们就走了。发现后，圭山撒尼族全体代表作了自我检讨，为了照顾本区少数民族，就带了两只羊和礼品亲去那里道歉赔礼，以加强团结。

我团同志在访问中也热情饱满、不辞辛苦。文艺组在雨中坚持表演，办理行政事务的同志们在泥泞道路上搬物资、运行李，表现很好，三十日晨七时在县城吃早饭出发，直到夜间九时才吃午饭。三十一日晚上，大家一直忙到凌晨二时才休息。

九月一日至二日仍连续召开少数民族座谈会，下午各组分头出发至七个典型村进行访问和展开调研工作。准备八月[①]回昆明。

夏康农、张冲、王连芳（执笔）

九月五日

在圭山西山区工作简报（之二）

1.我分团在圭山区、西山区的工作，历时十二天，全部同志于九月九日安全返昆。八日这天，大部分同志先返，途经宜良、澄江两县交界草店时，遭遇小股匪袭，当由护卫之军区战士反击，击毙击伤匪徒各一人。我战士一人轻伤，即将痊愈。又在圭山期间，分组外出活动时，夏、张去路南、泸西县边界访问，亦曾有我军与土匪战争，据悉双方均有死伤，但地点距我团工作村八里至十里，故毫未受惊。

2.在圭西山区工作简报如下：

（1）在尾则镇五万人大会后，八月三十一日，我们向地方县区级以下党政干部及兄弟民族农民代表三百人作政策报告；九月一、二两日连续举行三次座谈会，广泛了解民族情况及少数民族要求。

（2）自三日起由五十余人分作五组，依专署及县选定之典型村赴七个村寨访问，夏（康农）、张（冲）并去各县边区访问两村，直至弥勒县向县城、区各方干部三百人及十三军干部随营学校学员、教师两千人作报告两次。王（连芳）留尾则参加区党干部会，并督促资料组工作深入了解情况。九月七日，全体同志集合路南县，八日大部先返昆明。团部率文艺、展览两组留宜良一日，夏、张、王并向县首届农代会及军分区、专署所属干部作报告。

（3）工作期间在尾则、路南、宜良作三次展览、文艺演出，除分组赴各村外，在尾则两次，路南、宜良各一次。医疗组接待诊治病号近千人。我干部工作情绪一般均积极，回昆明时，有轻病号五人。

① 八月，当为“八日”之误。——编者

（4）全部工作收获尚称丰富，我干部优缺点也借以显出，目前正定以一周期间（十一日至十七日）分段作工作及思想总结。

（5）在圭山时得云南省政府转周总理及中央民委会翰个电文如下："你们的工作和活动情形及当地少数民族的情况作为经验请电告。"我们仍拟请由省方经西南转一简报，并请西南区刘、邓、王将我分团来滇后四次工作报告整理转报中央。究竟分团以后工作如何由总团转报中央及以后分团是否应与中央直接联系，请速示。

夏康农、张冲、王连芳（执笔）
九月十三日

关于云南民族杂居区的租佃情况及有关工作意见

云南民族杂居区租佃情况及实行减租反霸，我们汇集各地片断材料加以研究，因减租工作正待开展，某些意见还未在实际工作中考验，错误之处很难避免，请总团指示纠正，以便继续研究。

于云南全省农代大会与圭、西两山区访问中，我们了解到云南少数民族种类既多，分布极广，边境地区多聚居，内地除少数聚居外，大部都是杂居，有的一地就杂居十几个民族。民族间地主、恶霸的政治经济压迫与剥削关系极为复杂，大约有四种情况：

1. 地主恶霸是汉族，佃农和被压迫者是少数民族，这种现象较为普遍。如汉族对苗、彝等族都有租佃剥削关系（也有高利贷剥削）。其租佃形式就圭山区来说，有老租新租之分，老租系汉族地主，所属荒山草地租给彝族开荒，租额多系定租制，原来很重，但经过多年的耕种经营，逐年增产的结果，致老租显得很小（一亩地欲合半斗或数升包谷的租额）。同时，还有抽佃加租和其他超经济剥削，但并不太重。新租制与汉族区相同，地质较好，租额一般是对半分，额外剥削很重。但这种租佃关系在圭山为数很小，在其他民族杂居区则甚普遍，如宁洱区汉族地主对倮黑族的高利贷剥削，实际上是高利贷的租佃方式（如青苗借款），利率高达100%至300%。这次访问团到圭山区，群众也有些要求，如师宗及圭西山区少数民族报来汉族恶霸事件就有四五起，彝族、回族要求反霸减租，苗族则要求土改。他们报告书上有这样的话：我们从来没有种过自己的田，年年给汉族地主缴租纳税，如一样没有。师宗县有些少数民族代表反映：地主、恶霸过去压迫我们，如今仍压迫我们，最近更勾结土匪杀害我们。这次参加欢迎大会都是偷着来的。他们要求政府不要宽大恶霸，赶快减租。

2. 地主和恶霸是少数民族，佃农和被压迫者是汉族。这种情况多是少数民族在政治上、经济上占优势的地方，最突出的是昭通专区彝族（人口一万余人）对广大汉人的压迫，这一地区土地高度集中，剥削方法花样亦多，年租、节礼、土产租、劳役、兵役（替地主打杂），甚至有逼迫当奴、强奸霸占和任意杀戮等情况，汉族人民也同样要求解决这个问题。如这种情况的地区很少见，他区虽有在程度上亦不如此厉害。这里还发现在回汉杂居乡村，由于两族政治上、经济上的势力在对峙相处中，互相吃亏，互争领导，多是以地主为首，群众相随，实际是各族矛盾的利害冲突，加以民族间的矛盾，解决后仍互相攻击报复告状，双方都说对方是恶霸，是非很难分明，处理需特别注意。

3. 各个民族互相之间存在着租佃剥削和政治压迫关系。这种情况在几种民族杂居区是很多的，如昭通彝族的恶霸不仅对汉族，而且对回族（五万人）、苗族（六万人）同样进行压榨。在边境如丽江区藏族上层对其他少数民族的额外征税，□□（原件字残，下同——编者）上层对彝族、俅（独龙）族的欺压；又如蒙自等地回族地主对苗族、土佬（壮）族的剥削等，都是这种情况。由于每个民族在政治上与经济上发展程度不同，在剥削方法上亦各有不同。藏族对□□、彝族与俅族多用武装镇压和屠杀方法，回族对苗族则主要是地租剥削和雇佣剥削。

4. 各少数民族内部的政治统治与地租剥削，即本族地主、恶霸与本族佃农的关系。这种统治与剥削的形式较复杂。边境地区如摆夷（傣）及佧佤、倮黑等族的土地是土司占有制，形式上大体是平均分配给农民。彝族则仍然残存着奴隶制度，而藏族则是政教合一，喇嘛寺操纵一切。在内地有的则与汉族无异，只是在方法上与形式上略有不同（如回族）。还必须提出一点，有的少数民族如圭山区、西山区的撒尼族、阿细族由于长期的民族压迫剥削和地理条件的限制（山地贫瘠），经济极不发达，内部不可能形成悬殊的阶级分化，多为自耕农民，基本没有地主富农；本民族内部也存在着一些租佃关系，主要原因不是土地集中，有的是为了换地与生产方便，有的是为了好地坏地相互调剂，其特点农民有租出也有租入，个别没有租入的大都是失掉劳动力的孤寡，这样的租佃关系没有超越经济的剥削，租额亦较轻。由于以上四种情况，各民族间在情感上和上下相互的态度上，表现了以下三个特点：

（1）各个民族之间都或多或少地存在着一些历史隔阂、成见和事故。解放后有了工作基础的，并对民族关系曾作过调整的地区，民族关系一般好转（如丽江区彝汉关系），在没有工作基础的地区则隔阂如故，民族间仍互相猜忌，生怕外族欺侮。有的地区干部处理问题不慎重，在反动地主恶霸的挑拨下，还发生了民族纠纷，甚至暴动等情况。

（2）各民族反动地主恶霸的统治手段，许多是既压迫剥削本族人民，又特别压迫与剥削其他民族人民。剥削统治的方法则各有不同，如汉族地主对苗族压榨特别厉害，不仅租额特别高和进行超经济剥削，而且对苗族在人格上侮辱，有的地主死后要苗族佃户戴孝抬棺；地主结婚要苗族佃户抬轿当下人。在宁洱地区汉族地主对阿尼（哈尼）、倮黑（拉祜）等族的高利贷高达100%到200%。在彝族和回族中的地主，这种特点亦很为明显。

（3）由于民族和阶级压迫相互交织，也直接影响了各民族人民的觉悟，虽然各族人民对各族的反动地主、恶霸存在着共同的仇恨，但仇恨的程度则有不同。少数民族的地主，过去在遇到外族压迫，损害到他相当利益时，常以民族代表的面目出现来维护斗争，从而更加模糊了少数民族人民的阶级意识。如在农代大会上，少数民族代表在诉苦中，对外族地主的控诉，在程度上多加重（汉族代表亦如此），而对本族地主的控诉则减轻或掩护。有一位回族代表偷偷对访问团的同志说："汉族代表在大会上控诉回族地主添枝挂叶，他们想打下我们头目好再欺侮我们，以后我们回族还依靠谁呢？"他表示不愿外族人斗争他本族的地主，自然这是不觉悟的表现。圭山区清算了几个撒尼族的恶霸（他这几个恶霸，主要是依靠国民党和勾结外族欺压农民，撒尼人很痛恨），在斗争时，有的恶霸分子喊："对外还对不过，为何整自己人？"结果群众很感动，他们主要顾虑是怕本族恶霸将来再勾结外族汉官对他们报复。在宁洱等地区征粮中亦发现此类情况，地方干部对各族劳动人民均能做到一视同仁（歧视现象是个别的），因而获得少数民族人民对我们十分满意。

对民族杂居区的减租问题在政府一再指示下，各地组织和干部已经很慎重，但仍有许多不足的地方，具体表现在：

（1）干部对民族杂居区实行减租反霸等项工作"必须依具体情况慎重对待"，这一慎重缓进的方针认识不足，在省农代大会上研究讨论还不够充分，仍有忽视民族特点与汉区一般对待的现象。没有注意在民族地区，首先要搞好民族关系，个别地区因为少数民族人数较少，或者是与汉族来往很密切，接受汉文化较深，因此就认为民族间没有问题，而发生忽视和不谨慎的态度。下级干部有的认为在减租中提出民族关系问题就是分地域，因而不适当地强调阶级关系而忽略了所造成的民族隔阂。

（2）我们干部还未注意策略，一般对少数民族上层分子所采取的团结改造的方针认识不足。有些地区如蒙自、宁洱，在政策执行上对上层不够耐心，争取团结不够。有的甚至采取利用上层之间的矛盾，促使他们互相削弱的方法，这显然不妥，这也是边境土司叛乱勾敌等事件发生的原因之一。

（3）个别地区、个别干部对少数民族仍有不正确的观念，亦应引起领导上的重视。如蒙自专区在检查民族政策时总结的八项经验有很多不妥之处，其主要弱点是不从历史上的民族压迫其本质也是阶级压迫的正确观点来看，而采取唯心的观点看待表面现象，例如他们说少数民族的特点：一是迷信多猜疑，翻眼不认人；一是认亲堂官，争权夺利不为耻等语，显然是极错误的。

（4）我们几点初步意见：

①省委1950年全区实行减租报告草案中，对少数民族问题的决定，我们认为妥当，即该地今年减租工作可依不同地区采取不同做法。

②在少数民族聚居地区不进行减租，但在群众已有觉悟有条件进行减租之地区（如圭山区、西山区），可根据具体情况酌情进行。

③少数民族与汉人杂居区，不需急于进行，必须慎重。首先发动群众减汉族地主的租，但某些地主过去已减过租者，仍按二五减租。若地主系汉人，佃户系少数民族的地区，

可与一般同样进行减租。总之各地应很好地调查研究，慎重地去工作，切不可操之过急。

④根据我们与几个专区领导干部的谈话，了解目前内地以及边境有关民族杂居区，均已确定减租，为了更慎重，能掌握主动起见，参照其他民族地区的经验和目前各地在布置减租工作所接触到的问题，我们有如下几点补充的意见：

甲、必须再三提起各级干部注意，我们在民族杂居区对减租工作必须紧紧掌握慎重缓进的方针，深入了解少数民族的具体真实情况，我们在调查方面的经验还十分不足，必须大量进行发动群众工作，强调掌握政策和政府领导作用，如果我们处理得不妥，不仅是徒劳无功，会出乱子，甚至发生武装扰乱。因之，不论边境或内地的民族杂居区，必须具备以下三个条件才能减租：

（1）民族关系已经开始调整并有好转，人民间相互信任团结（不是表面热情）。

（2）少数民族的人民对减租有普遍的要求，并已获得了上层多数的大体同意。

（3）不仅有对减租工作确有经验、懂得民族政策、确实了解少数民族情况的干部，还必须有本民族的干部和大批的积极分子。

这些条件缺一不可，否则宁可暂缓和不减。

乙、已确定减租的民族杂居地区，在领导掌握中还须注意如下的几个问题：

（1）如农民要求并已确定减少数民族地主的租，必须发动本族的劳动农民起来进行，要以本族农民发动为主，以外族农民帮助，千万不要外族包办。汉人与少数民族共同痛恨的地主恶霸，可以联合斗争，但要时时照顾和尊重少数民族的情绪和意见。

（2）对少数民族的地主实行减租时，一般应与汉族的地主分别对待，处理要宽大，方法要策略些，可多采取协商提议，甚至调解的方式。

（3）在反霸与处理公共的全部土地中，如有没收的恶霸土地或公荒、无主荒地等，由政府分配给无地少地农民耕种时，应照顾到各族农民，教育汉族农民兄弟，照顾无地少地的少数民族的农民兄弟。

（4）确定某一民族聚居或杂居地区是否进行减租，应根据该区实际状况和少数民族广大人民当前最迫切的要求确定。比如圭山、西山区的实际情况是山地瘦瘠，产量低，而现存的租佃关系老租租额轻，但新租很少；在我们访问中看到那里广大人民当前的迫切要求是发展水利，提高农业生产，办供销合作社和给予农业贷款，恢复学校教育等。那里的减租工作和调整农民之间的租佃关系，是可以在发展生产积极工作中结合解决的。因之，虽然圭西山区工作有基础，人民觉悟较高，但仍应重视工作方法和工作重心，注意人民要求的实际利益。

（5）在接近较先进地区的民族杂居区，如宁洱、保山，即使那里有租佃关系很需要减租，但我们应谨慎地考虑到该区减租是否会影响到边疆的民族聚居区，如有影响宁可暂缓，而着重进行民族团结和民族政策的宣传工作。

王连芳

丽江专区两周工作简报

1.十月九日晚，本来可到达丽江，为采纳丽江区剑川代表的意见，并为准备入城诸事计，就住宿距丽江三十里的拉市坝。当晚开团委会，决议进丽江的入城方式及如何参加群众大会等事宜。十日上午，至距丽江城十余里处，欢迎人群应接不暇，途中各种人民夹道掷花欢呼，丽江各族各界代表及群众一万人举行欢迎会，当晚我们即与丽江区欧根专员、张子明政委等一起参加丽江区各民族代表会议筹备会，并商讨在丽江的工作问题。

2.在昆明时即和欧专员商讨过来丽江的工作，故未来前一个月，地方政府即通知各县选代表参加民族代表会，自九月十七日至我团到达时止，全区十三县二十五种民族（人）称谓的代表均到齐。全区民族多而关系复杂，各族之间，藏、彝族内部上层之间与上下层之间隔阂均深。我们与地方干部商定：第一步以民族代表来看我们，我们通过接待会交谈的方式，进行宣传慰问并听取各代表的反映。十一日先接待了各县各族中的主要代表五十人。各族代表举行晚宴，在席间我团及地方干部大家一起狂舞欢歌，团结融洽之情，表现尽致。十二、十三日两天分别接待了各县全部代表，晚上，我团欢宴各族代表，并演出文艺节目和电影等。第二步开全体代表会，我们二人先后致词，着重宣传党中央、毛主席对兄弟民族的关怀，人民政府与反动政府本质的不同，民族间与民族内部过去隔阂和仇杀的根源，今后应互尊互让团结互助。少数民族今天已获得政治上的地位及宗教信仰的自由，并全面地宣传党的民族政策。十四、十五日两天完成这一工作。第三步由地方干部协同我们组织代表小组学习讨论，我派联络组的组员分别列席各小组旁听。十六日结束讨论后，根据各小组会议情况选定代表十四人，于十七、十九两日在全体代表会上发言。其间（十八日）开了丽江专区各民族各界四万人参加的群众大会，二十日由夏康农及欧专员（代表会执行主席）作总结报告，当晚专署及地委会与边防司令部合宴全体代表及访问团。

3.经地方政府准备酝酿月余至此次民族代表会的收获：

（1）丽江全区十三县二十五个民族（族称），364位代表及西康巴塘喇嘛代表，都受到宣传教育，进一步了解了我民族政策的精神。

（2）提高了共产党与人民政府的威信，各代表初到时多发生怀疑，会后均表现欢欣泰然。德钦、中甸、维西等各县代表誓愿牺牲一切，尽全力支援解放西藏。

（3）会议中发挥了批评与自我批评，初步消除民族仇恨和各民族内部敌对的情绪，使各族代表之间开始建立了团结友爱的感情和关系。如德钦藏族土司吉福，在发言时鞠躬向到会的维西、中甸、贡山、丽江各族代表承认罪过（此人曾经和反动派烧杀上述四县若干村寨），又如中甸东旺藏族上层阿坚，曾杀同族何其昌（共产党员）之父，并与汪学鼎（中甸上层最有威势者）有十余年不解之仇恨，而在此次会议期间，均求得言归于好，他们三人与欧根及我们一起合影留念。

（4）消除了基督教、喇嘛教徒的疑惧，并认清信仰宗教与热爱祖国是一致的行为。

由此次民族代表会，我们体会到：

①这次会议所以做到了上下满意，因掌握了政策和群众见面，并以群众教育群众的方针，对上层既照顾其相互关系及原有地位，对下层适当地提高其地位（例如主席团人选和接见答访各代表均对各民族及上下层全面照应）。

②少数民族上层很满意，我们与地方各级政府领导干部的言语一致、言行一致，如阿坚于会议中称："我在中甸见杨县长、廖师长，来丽江见到欧专员、张政委，这几天又听到访问团团长的指示，各首长的行动态度像一个人一样，各个首长的说话像出于一个嘴巴。"

③宣传时反复着重说明我们与历来反动统治尤其是国民党在本质上的不同，并以群众亲身经历或熟习的事实分析说明。

④接待少数民族上层分子，我们要随时留心语言行动与态度。

⑤民族经济、文化、生活较高者，其统治剥削手段较缓，文化较落后的民族杂居区关系复杂，隔阂很深，聚居区内部的统治残酷，阶级仇恨很大。

⑥民族与民族内部的隔阂仇杀起因，主要由生活困苦所致，加以反动统治阶级的挑拨所造成，而揭发此点并适当处理后，则可成为民族关系好转之开端。进一步工作的要点，仍系于领导，民族团结及发展的责任均寄托于我干部。

5. 展览四天，文艺演出五次，放电影六次，观众包括各县各族代表在内，共约四万人。医务组因丽江有卫生机关，着重通过卫生干部了解该区疾病、医药、卫生情况，并采集药材标本，仅在开群众大会一天中与地方干部联合诊治四百名病号。摄影组拍照片三百张，拍电影耗胶片七百尺。各代表极愿照相，并甚重视，我们将以县为单位的代表集体像，分别赠送代表后，效果很好。由于本区民族关系复杂，联络、记者二组故仅访问干部，进行调研工作，对该区民族情况已有初步了解，整理后即电告。我团在群众大会时赠送礼物多种，由筹备处负责同志分给各县各族代表。

6. 代表会闭幕后，二十一日，夏、张、王一起去访各族代表，在招待所作送别词，各代表情绪热烈，多流露惜别之意。二十二日至二十五日开干部会，由夏、张、王分别作报告，并由张政委总结，指出应检查执行政策的各要点，再由欧专员领导小组讨论及检查工作。

7. 自十月二十七日起，派聂运华带一组去怒江流域至福贡、碧江转赴贡山访问，重点为傈僳族，由王连芳带一组去中甸，重点为藏族上层，夏康农留丽江数日，主持整理这段工作所得资料，之后率领团部去永胜，重点为彝族、"西番"族。夏、王在二批工作完后，集中丽江再去保山。十一月下旬可达。张带五人于昨日去虎跳滩视察水利，十日可返。从现状考虑，颇感我团工作时间之迫促。

夏康农、张冲、王连芳（执笔）
十月二十五日

在丽江专区民族代表会议上的发言摘要

（这是一份向西南区军政委员会、中共云南省委的报告。——编者）

丽江专区召开的民族代表会议，经地委和专署准备月余，到会之三百六十四名代表中，一般皆具有民族的和群众的代表性。会议内容经团部与地委负责同志商定，以号召民族团结为主题，由我等三人作报告。夏康农、王连芳的报告作书面印出后，发给能通汉文的代表。报告时再用四种语言（藏、傈僳、摩些、彝）同时逐段翻译，务使到会代表均能听明白。张冲的报告未作书面印出，口头依据民族政策四课逐条讲解与发挥，着重在以自身体会说明克服狭隘民族主义的必要性，并声明解释可能有偏差，但政策条文则一字不能有差。

夏康农的致词约八千字，要点如下：

1. 首先对解放军、地方党、政府工作干部和各族革命人民的感谢，促使访问工作得到便利。继述在这盛会上讲话的喜悦；因为这盛会是历史上空前的大喜事，阐明这是因中国有了共产党、毛主席领导，全国人民奋斗几十年得来的道理，这是中国人民的根本的变化，这变化反映到民族关系上来（根本取消了民族压迫）。中央毛主席说，过去各民族不团结、歧视、仇杀、愚弄，民不聊生，若一层一层追问，应归反动统治时代那些皇帝官府及汉族地主负责。到蒋介石统治时其罪恶更大，这即共同纲领民族政策第五十条所要反对的大汉族主义。那些人一面压迫所有人民，一面挑拨各民族互相仇视，以从中取利。这样的例子在云南如杜文秀反抗清朝封建官僚的压迫，如民国元年汉官开辟怒江区清剿弹压傈僳、怒族，缴投诚粮，更加有蒋介石反动派在征粮税收逼粮苛杂中，致使兄弟民族不能过活。这些事各代表今天都还记得清楚。在大汉族主义反动统治下，各族不能团结，而对汉族也分不清谁是兄弟、谁是敌人，笼统地一齐反对，这种情况今天尚难分清。此外即民族政策所反对的狭隘民族主义，即在各族内部也有打冤家的情形，这也是大汉族主义统治者所造成的。这例子各代表都能体会得到，迄今丽江区内难免无特务潜存其间，进行暗中挑拨离间，各代表也会看得到的。

2. 自从有了共产党，有了毛主席，情形即根本转变了。红军经丽江至陕北，一路与兄弟民族平等团结互助的故事很多，陕北边区与抗战中各老区同样的事迹更多。不久前在滇西北发动武装斗争的边纵七支队全体指战员，即包括十七种民族。足见今天的胜利，是各族共同的胜利，毛主席是各族共同的领袖，而新中国亦是我们民族团结平等友爱合作的大家庭。从此，民族之间永远不会再互相歧视仇杀了，如今有毛主席、共产党、各级人民政府的领导，有解放军的保卫，有兄弟民族的普遍觉悟，谁还敢破坏我们的团结呢？

3. 但我们仍须留神残余匪特与帝国主义的阴谋破坏，还要留神狭隘民族主义思想的发展，这是长期历史中所形成，从今天起必须从根拔去。有了大民族主义的压迫，才造成少数民族的狭隘民族主义，这些今天都在克服，要互尊互让，各民族团结在一起，各民族内部更要密切团结在各级人民政府领导下，共同努力，这样，我们的困难定可一步一步地克服，生活定可一步一步地改善，从解放后的进步情况来看，我们的前途是光明的。中国的各族人民的大宪章共同纲领规定各族宗教信仰自由，任何违反宗教政策的行为，都是错误的。我们从解放军尊重少数民族风习，尤其尊重宗教寺院看，即明白民族政策的精神已普遍得到贯彻实施了。但亦有个别干部，政策体会不够，曾有不尊重的举动，应该郑重声明这是错误的行为，必须加以纠正。同时也要郑重声明宗教信仰与热爱新中国的精神是一致的，绝不能和危害新中国利益的行为混合起来。过去有的宗教与外来侵略势力有密切关系，也曾带给我们不少灾害。不过，今天的教徒中，既信仰宗教又爱祖国而与帝国主义断绝关系确有觉悟的人，是绝大多数的，但如有仍与帝国主义侵略有关系的事，则今天必须立即结束。总之，中国人的宗教信仰，是中国人自己的事，受到法律的保障，是绝对自由的。再说少数民族的社会制度与生活风习，也是各族自己的事，外族不得干涉。只要热爱祖国，服从当地政府法令，各民族团结起来，自己的事可由自己管理。

最后总结谓：有了毛主席、共产党的领导，使大家从各民族互相仇视仇杀的长期噩梦中清醒了。共产党领导的革命胜利，已经促成了各民族团结。今后各民族加强团结，必须巩固与发展革命的胜利，在这样的基础上，各族人民要积极生产、团结、互助，定将建立起一个独立民主、和平统一和富强的新中国，这新中国亦必定是各民族团结、平等友爱合作的大家庭。

王连芳致词约六千字。略称：

参加盛会受到热烈欢迎，感到高兴与荣幸。丽江区的十五种民族（族称）代表，以及欧专员、张政委、张副主席与我们访问团同志，都是从祖国四面八方而来，原本都是相隔千里万里。民族这样多，语言不通，而能聚在一起，犹如一家无顾虑地交换意见，这是千载难逢的大事。这表现了各民族伟大团结的意志。这是各民族人民和毛主席均高兴的事情，回想几百年来我兄弟民族受尽历代专制皇帝，特别是近三十年帝国主义与国民党的压榨，使我们过着极苦的生活，拉兵逼税抢掠烧杀，这是我们永不能忘的仇恨。现在不同了，国民党已被各民族兄弟组成的人民解放军打倒了，只剩下西藏、台湾正待解放。几个月来证明，我们丽江在共产党领导与各族人民的努力下，已换了个新面目，兄弟民族间从对立变为团结，民族内部从仇杀逐渐合作。人民第一次看到自己的军队与干部，大家能说话了，不再被人看不起了，谁也不能压迫谁了。政府实行合理负担，现在我们国家仅成立一年，今天还有困难，但大家的生活开始有了许多改善，相信我们虽有困难，但在共产党与各级人民政府领导下，各族人民共同努力，我们一定能克服困难，是大有希望的，我们应该向欧专员、张政委与全体干部、全体指战员及勇敢勤苦的各族人民致敬。

王的讲话还讲到各兄弟民族的政治地位问题，并将中央人民政府各族委员、民族事务委员会的任务及各族委员、干部与云南民委会情况等作扼要的介绍。并说明中央人民政府决定每一项政策都要请各族代表干部提出意见和修改，政府的政策是代表各族人民的利益的。最后强调要在共产党领导下，各民族团结起来，如有争执与意见，要互商互谅互让，多多检讨自己，由政府主持协商解决，民族内部亦应此方针团结起来，各族兄弟现在都是一家人，没有解决不了的问题，只有团结得好，才有好日子过，要团结必须信赖政府。共产党与各级政府是喜欢大家团结的，因此，大家要爱护自己的干部，听他们的话，帮助他们。干部有缺点也要多多批评，以使大家进步。同时为永远过好日子，还必须支援解放西藏，帮助军队完成修路及其他工作，军民团结起来共同完成解放西藏任务。

三人报告，历时一整天，小休息时在场共进点心，全场始终无懈容，当晚分别到各招待所听取反映。并随即在地委召开干部会，仔细研究，小组讨论会的代表具体分组，并决定小组会讨论务求围绕主题，要具体生动，不作浮文应酬，以便互相教育，并作选拔大会发言代表的根据。

会议进程中，配合群众大会和几次宴会，分别举行访问团送礼、献礼以及文艺晚会、放电影、举办展览各项活动，先后经过会期七天，临到辞别时，各族代表情绪依然饱满不舍，明确大会意义并留惜别之情而去。

我们渴待着上级的批评指示，俾作保山区工作的依据。

夏康农、张冲、王连芳（执笔）

十一月六日

中甸十二天工作简报

1. 与小中甸藏族上层汪学鼎（现已任我中甸县副县长）会晤情况及分析。本月一日抵象卡会晤汪学鼎，他主动邀留我们一日，并召开小中甸兽及浪都三个行政村的群众大会，演出文艺节目，反应颇好。次日他主动提出随我团进城，半途中仍召开群众大会，情绪颇高。汪跟我们每天的接触，以及我们和廖师长交换意见，对汪的转变和目前的思想动态汇报如下：中甸解放时，廖曾再三去信约见，汪始终避而不见，直到六月底才到大小中甸交界处，带人马数十与廖见面一次。此次廖师长未带人枪，言语恳切，颇使汪感动了。我方召开各界代表会，汪手下大队长鲁苟汪堆当选副主席，颇倾向于我。其仇人阿坚亦向我靠拢，准备进城，汪在此时始感不妙，恐他们因此而得势，即匆匆进城亲与廖见面。以后又来，先后来过三次，惟都是即来即去，不住县府，多去住寺庙。这次访问团初到时，汪十分小心，但又觉得光荣喜欢，曾私下和县长说："现在我们都是主人了，别再客气啰，要好好招待毛主席派来的访问团。"第二天我们吃饭，他也不作陪，开群众大会他首先讲话，但内容空洞，我们即送礼给他，并和他恳谈，指出不咎既往，今后要好好做事，及我宽大政策之真实性，汪情绪有显然变化，私下对我说："大中甸人太复杂，好说坏话，你千万别听他们话，我死也给毛主席办事。"到大拉村又主动召开群众大会（一百五十人），这次说话就多了，其主要点是：

（1）国民党对我们没有好处，我已经觉悟了，你们也改变改变脑筋；

（2）现在讲平等了，我们以后也要平等。

汪一路上到城里的情绪一直很高和稳定，大家认为这次汪表现还好。我们分析目前他的思想特点是：已靠近我们，唯恐我们不信他，故意流露思安情绪，曾向我们表示"现在好了，我能在家念经了，过去先打仗没有时间"（汪曾作喇嘛）。我们分析汪已有百万之富，年已六十五岁，只要我们政策掌握稳，不会有大问题。现在他对其仇人戒备，企图拉拢一部打击一部，曾向阿坚表示共产党对我们没坏处，他们得胜了，我们也不捧，他败了我们也不糟踏他，看他们不会待长久，我们三个区（小中甸、东旺、尼西）还是联合起来打击大中甸人们，大中甸人们"是无情的"。对县府里都是大中甸的人表示不满，对李烈山事件仍说李被杀原因（实际是主使）是由于李在丽江搞清算没收了乡城商人枪支被乡城人杀害的，一再表示李搞清算是不对的。另外最近他十分抓紧归化寺的喇嘛，他表示要整饬他们的清规，惟该寺最有势力之老僧阿垒已表示反对（他们过去有仇）。

2.七日去中甸的最大的归化寺，他们到很大草原欢迎，并演蹬跳舞节目。我们曾拜访阿卜活佛等，未分头（点谷）参观，即召开大会，参加的有喇嘛四百人，人民约二百余，活佛老僧大都到齐，王、廖、张、孙皆讲话，着重说明宗教政策，信仰自由及政策的真实性，反应尚好。对他们了解如下：

（1）从丽江到中甸谣言颇多，说："内地打仗了，解放军打西藏是为了逃跑，打开拉萨就不要宗教自由了。""佛经上已预言一百年后共产党出来宗教就消灭了，因现在心太坏，共产党就得出现了。"有的上层怕群众觉悟说："地方土官是树，大军是鸟，哪有鸟不离树，大军待不长。"这些谣言的来源，据说来自两方面：一是归化寺传出来的，一是这次到丽江开会的代表中听到丽江上层人说而带回来的。

（2）大寺的要求是过去政府给大寺的1225份口粮，求毛主席照发（每份七斗五升青稞），共合九百多石（年给），现在是政府照发，但没有中央的正式执照，这种口粮他寺皆无此例。为清室酬劳协助镇压滇西回族杜文秀起义所规定维持至今，我们在解放后维持这一旧例。中甸上四境（区）的公粮绝大部分用于此项口粮，喇嘛每年领取此项口粮后，多回家照常经商，甚至抢劫。归化寺是黄教，大中甸尚有红教一派，即承恩寺有喇嘛三十人，自己开荒生产并收一部分租子，每年所产要向政府纳赋税转给黄教。解放后提出“政府对黄教、红教对待不公平”，要求减租政府的赋税，这一问题尚未解决。

（3）归化寺活佛对喇嘛佛家不归寺有时经商和抢劫颇不满，要求政府帮助他们整理清规，具体意见要喇嘛归寺后，开办藏汉文学校，由政府主持指导。惟目前尚不识喇嘛对整个清规的反映，办学校倒很欢迎。这次访问团的重要收获是稳定了喇嘛们的恐惧情绪，进一步向我们靠拢，对特务造谣是一个有力的揭穿。最近活佛喇嘛中持“共产党政策与佛教教规一样”的论调者，颇有其人。

3. 与喜饶活佛已见面，并恳谈过三次，一般印象是赞助倾向我们，这一时期对我工作帮助颇多。

4. 我们到达大中甸后，廖师长及该县张团长即已布置召开一民族联谊会，代表共到二百二十人。德钦季土司之子桑千总、赵伙头等人都已到来，维西之王珊土寺及王浩活佛亦到达乡城，巴安亦派代表来参加会议。会议开得还很好，其中收获如下：

（1）季土司与赵伙头之对立已妥善解决。在丽江他俩关系未得解决，来中甸初期仍不好，我们深入了解之前知道季土司在解放前有对不起赵伙头之处；因此我们首先说服赵伙头，起初赵伙头表示“从前也调解过，也赌过咒都不管用，现在有大军在此，才有团结”，并表示“我们藏族非压迫不可，不压迫不服”。经我们耐心地向他说服，告知团结首先是对自己有利，压迫不能解决问题，冤家宜解不宜结。之后，他思想有些通了，他自己与季土司之子（季如果）谈过一次话；季如果表示愿有某些赔偿，以安赵方受害的群众，在喜饶活佛之主持下，双方终归和好，我们请了他们一次客，以示祝贺。

（2）中甸与乡城之历年仇恨和对立，已有初步解决。乡城代表表示今后不能像过去那样，今后一定和平共居。中甸人士颇感满意。

（3）使我党政策与群众直接见面，稳定了各土官情绪。我们先后与廖师长作了三次报告，并进行了大会发言，会议代表情绪始终很高，气氛热烈。代表会议中间还开过一次群众大会，到会三千人。这是中甸历史上最大的一次集会，各土官都说：“从古未有。”

夏康农、张冲、王连芳（执笔）

十月十八日

云南民族情况汇集草稿

中央访问团第二分团

1951年

路南圭山区材料之一
——第三乡调查报告
中央访问团第二分团
1951年2月出版

路南圭山区材料之一
——第三乡调查报告

编者声明①

这些材料是我们从1950年8月29日至1951年1月31日（其中大部时间是在行动中），先后在圭山、丽江、保山、大理、武定、楚雄等地区进行兄弟民族访问工作中，通过当地干部、民族代表及熟悉当地情况的人士所了解的一些情况。为应各有关机关之急需，仅将原材料加以整理，尽量避免主观分析与结论，在文字上仅要求念得通、看得懂。但由于是短期的访问与了解及仓促整理，情况难免不真实或不深入，观点难免错误，文字烦琐或不通顺。故仅能供各有关机关进行民族工作的参考或进一步考察的线索，并望于今后的调查研究，加以校正。

1951年2月　日

圭山在云南省宜良专区，路南县城的东面，是一个长方状的大山地。东西长50多华里，南北长100多华里。圭山的东南面和泸西县境接壤，西南面与弥勒县境接壤，北面邻接陆良县境。从圭山脚到路南城有80多华里，到弥勒城有60多华里，到泸西城有50多华里，到陆良城有80多华里。在国民党反动统治时代，整个圭山被划为三部分，分属于路南、泸西、陆良三县。现在已全部划归路南管辖，全区共分4个乡，第一乡辖9个行政村、37个自然村；第二乡6个行政村、18个自然村，乡政府在西街口；第三乡10个行政村、24个自然村，乡政府在尾则；第四乡12个行政村、24个自然村。自然村最大的有200户人

① 在《云南民族情况汇集草稿》中，路南圭山、丽江、保山、大理、楚雄、武定等区的材料，每册封面上皆印有“1951年2月出版”字样。每册前面都有“编者声明”，内容完全一致，签署的日期为“1951年2月　日”。——编者

家，最小的只有十五六户，其中以第三乡辖地最大。区政府在海彝，是在老圭山的西脚下。圭山区域以内平原少，多是些高、低、大、小的山峰，行走其间，颇有“万山起伏”之概。山势雄壮，道路艰险，最高的山顶要好几个钟头才爬得上去。

圭山区是一个总名，其中包括老圭山、小圭山、哑巴山等。老圭山在北面，小圭山在南面，两山当中有个垭口紧紧地接连着，有的还把弥勒的西山也算在圭山的范围以内，驰名全省的石林与尾则的长湖都属于圭山区的范围。天气较暖和，四季都没有霜雪，但雨量较多，夏季里晴天很少，有时一连下了1个多星期的雨还不放晴。土质瘠薄，水源缺乏，老圭山脚还蕴藏着丰富的煤矿，煤质很好。

住在圭山区的民族有7种——撒尼、阿细、黑彝、白彝、甘彝、苗青①、沙族（还有很少数的汉族杂居其间，仅占全区人口的4%左右），约27000人，其中撒尼最多，约16500人。苗族最少，只有几十家。撒尼分布于圭山一带，几十家沙族住在圭山东南与泸西县交界处。以下是圭山区第三乡的调查：

一、一般状况

全乡共约1100户，人口7000多人。

居民多是撒尼人，其次杂居着一部分汉人，为圭山区中汉人比例较多的一乡。摩舍祖村全是汉人，尾则、租应、蓑衣山、果衣里等21村均杂居有一小部分，仅有3个村全无汉人。另外蓑衣山还杂居有几家阿细人。除蓑衣山外，撒尼族与汉族相处的关系历来很好。

二、经济情况

从前土地绝大部分，甚至全部属于汉人地主所有，后来逐渐被当地撒尼人买下来，仅尾则、摩舍祖等村，尚有一部或一小部是属于外籍汉人地主的。前几代，本地有汉族地主，但早已降为农民（如尾则徐姓）。

租佃方式是把一个山庄分为若干份，叫作“租子份”，每份中有水田、山地、林地、房基地、菜地等。佃户过去是一家租一份，后为数家合租一份，有永佃权不得加租改斗。地主卖田必须卖给佃户。买田叫作“买租子”。地主只知租额，不知田地详细分布情形。佃户只知租额，不知地主，故去年滇黔边区所实行的“二五减租”（方法是总产量对分后，再减二五），在这里实行时很难计算。

① 苗青，疑为“青苗”之误。——编者

现全乡无富农，只有极少数的富裕中农。普通的中农也不很多，大部分都是贫农。撒尼族占有的土地，大都是自耕，另向汉人租入部分土地耕种。租出土地的多为无劳动力或土地离家太远者；也有在本村租入土地耕种，而把自己离家远的土地租给别村人种。没有完全靠卖工为活的雇农，有手工业者如铁匠等。

耕地有山地（玉麦地和荞麦地）、水田（仅尾则有长湖水田外，余则为靠天下雨的“雷响田”），主要的是山地，水田很少。除雨胜村、果衣里、宜普勒、租应、豆黑村、蓑衣山、太平村无水田外，其余各村都有少量的水田。

主要产物是玉麦，次为荞麦和稻谷，再次为麦子；副产物有菜籽、火麻等，但产量很少。

因土地瘦瘠，广种薄收，故人民终年劳动，不得温饱，生活极苦；一般人家，都是“一年只够半年粮”，最富的所谓“中农”，每年仍差三四个月的粮食。吃饭经常无菜，开水辣子下饭。衣服最多每人一套（妇女另有一套新衣），穿麻布、土布，仅遮身而已，全乡中以租应生活最苦。

抗日战争最艰苦的阶段，山区人民被蒋匪帮横征暴敛，生活最苦，很多人都吃树皮野菜。近二三年来支援战争消耗大，被匪军破坏惨重，今年生活特别苦，水塘铺一老人说：“活了这大年纪，从未过着今年这份日子！”

一般说来，山区汉人的生活比撒尼人更苦，因其好吃懒做，不爱劳动，还有许多抽大烟的。粮食不够吃，贫农普遍地常年靠砍柴草烧木炭过日子，坝子里农忙（春耕秋收）也下去卖工，路南坝子里的普子街和干海街上卖柴的，几乎全是第三乡靠坝子边缘上蒲草村和尾薄邑的人。

妇女除常年与男子一样劳动外，经常的副业是纺织麻布。

除种地外，部分撒尼族还养羊，春季挤羊乳做成乳饼。但产量不多，羊也不茂盛，因山地草地少。

三、政权组织

乡政府设主席1人，下设财经、文教、民政、军事4组，各组设组长1人，另外，本乡增设管仓员1人；乡政会议，每月开1次。

乡长徐景春，汉人，贫农，兼营小生意，在街上开有店铺，在旧政权时代，曾任保长，会说全部撒尼话。工作负责，很得撒尼民族人民的信赖，与全乡人无丝毫隔阂。

其余组长一级的干部，均为中农成分，据说很不负责，开乡政会议都不到，形同虚设。

政权工作，主要为党和民运的工作干部协助，他们几乎代替了乡政府的全部工作。

四、群众组织

乡农会设正副主席各1人，下设财经、组织、宣教干事各1人，规定乡农会每二月开会1次，成立时开了1次筹备会，后共开过3次代表会。全乡共有农会会员1132人，每家有一男性参加。

乡农会主席毕汝为，撒尼族，是尾则唯一的共产党员，工作最积极，为乡干部中最负责的一个，在群众中威信很高。副主席高文林，在征粮中，曾配合村政权干部，负责评议工作，起了一些配合作用和辅助作用。

村农会规定每半月开1次全体会员大会。

蓑衣山农会搞得最好，分配公粮，群众都说公平合理；去年减租，普遍实行，很有成绩。群众集体开荒，动员人工2000多。有一天，就发动牛工100多架。所开全部荒地，可种10公石荞麦。今年因灾荒无种子，只有一部分下种，未征粮时闹灾荒（春末），农会曾发动两次借粮运动，由富裕中农借出20多公石杂粮给受饥的贫农，保证了春耕下种。在借粮运动中，主要由贫农团动员起来的，作用很大。

全乡若干村子：蓑衣山、哑巴山、摩舍祖、小村及宜普勒等村，均有贫农团，除宜普勒无作用外，余均为农会之骨干。直到目前，尚未取消。

全乡有一民兵大队，下分4个中队，中队下为分队，共120余人。过去武器低劣，只有土枪，无作战经验，经常的工作是放哨、送情报和运输。胜利后组织更趋松懈。

今年夏，由军分区分发下轻机关枪1挺、中正式和高标尺步枪各2支，子弹缺少，由大队长保管。

民兵大队长名徐晏邦，尾则汉人，贫农。

乡妇女会作用不大，终日忙于生产和家务，无学习时间。蓑衣山妇女会组织较健全，曾在村中调解两次婚姻案件。水塘铺妇女会在今年征粮中，曾组织催粮小组，起了一些作用。

妇女会主任名普兰仙，五棵树（石林）撒尼族人，文化程度和觉悟程度为全乡妇女之冠，是圭山区唯一的女中学生。教过多年小学，在撒尼族妇女中颇有威信。唯因早婚，现有未断乳之小孩，出外工作多不便。

此外，各村尚有老人会、儿童团等群众组织，老人会时常在村中排解小的纠纷，儿童团战争时也会放哨，间或进行学习和娱乐活动。

五、征粮问题

原来全乡总任务为471792斤，调整20%以后，实负担377436斤。截至7月28日，已完成53.7%。7月28日以后，仍有陆续缴来者，未统计在内。估计到目前约完成60%。缴粮情绪，一般尚好。唯自调整负担后，即成僵局。因山区仅调整20%，坝子里有调整超过50%者甚多，故群众异常不满，尤其是撒尼族干部。夏荒时节，已是十室十空，毫无存粮。自调整后，缴纳者极少（原准备完全缴纳者，也观望了起来），最近发放农贷和救济粮，只有领出而无交进者。工作干部束手无策，使征粮工作完全停顿。

征粮的办法，大部分村子仍按旧规，分等级负担，采用民主评议、多分等级、三榜定案的方式和步骤。一般尚称公平合理，唯一缺点是上层不重，富裕中农占便宜，中农吃亏些，所谓“两头轻，中间重”。此外老母哨、小箐、五棵树用累进征收。因这三村事先有调查，群众能够照产量实报，更较公平合理。这次征粮以蓑衣山为最公平合理，共分十等，最高者为6公石，最低1.2斗。群众说：“从来没有过这样公平合理的办法了，只怪征得太迟，我们无粮缴不出，不然，一定要马上缴清。”一般反映：“现在无法缴清，只有等秋收后再缴了。”尾则民兵分队长李春文说：“我的粮一共上了7次，每次一升半升地上，都是挑柴草卖了买米来上的。”可见山区人民支援战争、拥护政府的热情。

这次征粮完成任务最多的是小箐，最差的是租应。

六、工作干部情况

全乡党的和民运干部一共12人，其中外来干部7人、本地撒尼族干部5人。两方共同相处，在工作上是完全一致的、协调的，在生活上也完全打成一片，只是在感情上还有一些区别：外来干部一般较热闹些，比较合得来些。

外来工作干部7人，有6人最近工作消极，想回乡或下坝子工作。说：“在山区学习少，进步慢，连报纸都看不到，上级不关心……”意见很多，主要是因为区以上才有供给，乡干部只供食米（每月60市斤米），不供其他，觉得“干工作，最苦是乡级以下的干部，却反而无供给，连衣服都没有，太不合理了！”另外，因为胜利后萌发了回家或者下坝进城的思想，又缺乏经常的教育、学习，所以思想上问题很多，影响了工作。

附：西山区法雨哨概况

一、户数：去年95户，今年98户。

二、人口：去年473人，今年480人（男220、女260人）。

三、地势：前临昆河路（昆明至河口），后靠石烂坡，东西约8里，南北约5里，在圭山南边，盘江山脉蜿蜒左右。

四、地质：沙土地，庄稼容易被大水冲掉，土地瘦瘠。

五、民族：多半是阿细族，汉族占极少数。

六、政治情况：蒋匪统治时期，政府下乡征收耕地税，先征后借，若稍有抵抗，县政府保安队就把人押起来，任意勒索。他们要米不要杂粮。征粮时要吃鸡肉鱼，没有就乱骂乱打，此外还下令组织村里壮丁队。保安队见着婆娘娃娃就乱抢乱要。1948年1月匪下乡烧杀抢粮，二十九团要谷子、票子、儿子，把房子烧了多少，牛羊也拉去抢光，受尽蒋匪的层层欺压剥削。跟着蒋匪军开8个团来回剿西山区，匪二十九团被段糟包（段有能是黄贤祺的走狗，脸上有一大肉瘤，人民痛恨他，取此诨名）引来时，想先把法雨哨包围住，游击队员刘会华带着弟弟到路南当步哨，发现敌人不足200人，他们已先打枪。当时昂同志在村子里，父老都跑到山后去躲避。刘会华忙派弟弟给昂同志送信，昂同志才突围把敌人打走，全村幸未受损失，更加团结一致抵抗匪军。老百姓对老黄狗（团长黄贤祺）的仇恨很深，骂蒋介石是“阿宜主多”（短命鬼）。“空钱空米有他们吃的，还不如拿来给游击队吃，钱米拿来买子弹，打死老黄狗。”

解放后，全村人民组织起来了，有饭各吃各，无饭合伙吃。要修路，农会说一声，大家都去了。寨子里人人都劳动。

群众组织有：

村农会：开荒征粮。

妇女会：经常每月或半月开会，讨论生产问题。

儿童团：拾刺[①]、催村里人早起。

民兵队：站岗放哨。

姊妹队：约20人。

艺工队：22人，男女组合，学习唱歌舞蹈，经常表演。

少年队：20人，开会日期不定，通信。

---

① 刺，原作“刾”，根据后文改。——编者

老人会：调解村中纠纷，村里有事出主意，提意见。

七、经济情况：全山区大半无水田，靠天落雨的占多数。没有什么特别出产，勉强自给。农会组织以后，村主席领导全体会员到白石岩去开荒，先由农会向大家说明：开荒为补助生产。组织会员40人为一组。各组互相帮助，有牛出牛，有犁出犁。男的挖土，女的割刺，儿童拾刺，老年妇女煮饭送水。太阳正午大家休息，开荒完了都跳舞唱歌。最近几个月连绵不断地下雨，秧苗和其他农作物都被水冲走。全村以贫农占多数。其次是中农，都是自耕自给，每家至少都有一条或两条牛，羊也是起码有两只的，多到十数只。中农大半都有织麻布机，是本地木匠制。织成的麻布有不足1尺宽，十分结实耐用，因为妇女们没有多余的时间，每天织得很少。

八、文化教育：95%的人都是文盲。中学毕业生在整个西山区不到20人（西山区人口约3万）。法雨哨村有小学1所，但仅有1位教员。他经常到别处开会，所以二十几个小孩平均5天才上1次课。师资十分缺乏。主要的问题是经济问题，地瘠民贫，无力给子女入学。同时孩子们吃不饱穿不暖，生活逼迫，大半时间都去放羊放牛、搞生产。在他们本村来说是很愿意培植人才的。过去曾动员全村人建立了一个学校，以后黄团来了，就把它烧得干干净净，现在学生就在公所里念书。

九、医药卫生：村里有草药医生。内科稍有效，眼科及外伤就无办法。卫生太差，全村无一厕所，遍地都是粪便、垃圾。很多轻微外伤，均能发出严重的发炎症。我们在这一天所诊断的30个病人中，就有9个是外伤感染而发炎的。其次是眼病，有在青年或中年时就变双目失明的。原因是整日在山间工作，被风沙刺激，用脏手揉擦，或是家里生火，房子无窗户，火烟非常大，这也是害眼病的原因之一，尤其以妇女为多。他们以食荞麦为主，不论生硬，只求果腹，喝冷水，吃生菜，病状往往是腹痛、呕吐，他们称为发痧。小孩都是面黄肌瘦，肚腹鼓胀。去年五六月间痢疾死亡占1/3。再次是皮肤病，不洗澡，生疥疮、疖疮，互相传染。这些疾病是非常严重的。

十、妇女生活和婚姻问题：全村大部分的妇女非常健康，心地善良，不会说长道短，能吃苦，勤劳且有耐性。做事行动都非常利落。每天除了到山间去耕种、找柴火、背孩子，回来还要喂猪、做饭，夜间还织麻布和做其他杂事。这些善良的妇女，担负着重重的苦难，远远超过男子和内地的妇女。遇到7天或5天一次的街子，背着柴、草、麻布和其他东西去卖，得了钱又去换取他们所需的青布、蓝布、花线之类和其他日用品。小孩往往在地里工作时就生下来，产后又不注意休息，而染上各种妇女病。有的在工作忙时，吃饭吃着苍蝇也不在乎。此外，她们做了不少革命工作，如去年4月开始，支持游击队，备粮食送军鞋、洗衣补衣等工作，有时还做情报工作。男女的婚姻自由而简单，利用过年或六月二十四日的火把节在山上“跳乐”方式而结合。在六月二十四当稻子出穗的时候，砍下很多小松枝或刺条，点燃拿着到田野中各处去照，烧死蝗虫或害虫，男女青年就在这时唱歌舞蹈，唱得越多越好，越为异性爱慕。结婚后丈夫死了，可以再嫁人。

十一、民族关系：以本村来说，阿细人与汉族之间没有什么隔阂，也通婚，私人感情很融洽。但是阿细族的男女去县城或附近的村镇赶集时，汉人都瞧不起他们，欺负他们，称他们为“麻衣相士”或“倮倮”“大脚婆”。卖柴给汉人，还要替汉人放整齐“码”（码即收拾之意）好了，一半天才给钱。对他们的跳乐也很轻视。

十二、个别访问：寇秉玉：年49岁，阿细族，贫农，祖先住在路南南区凤凰山，祖父是草药医生，会治内科外伤，来到法雨哨，结了亲就在此落籍。有田地5亩，7口人，牛2条，房子1。妻子也是阿细族，非常吃苦耐劳，生产好。但寇秉玉本人却抽大烟，不爱生产，唯一的劳动是拾粪，很轻便地提着一个粪筐在村子里转圈。他有一样特长就是会唱，唱法叫作“唱全”，他唱词中有一段是关于阿细族的生活故事：

……阿细婆，不快乐，
苦织勤耕在山腰，
地土浅薄又瘦削，
十五六岁二十岁，
不分春秋昼夜和四季，
七八十岁不放牛，还是找烧柴，
人活九十九，为了这张口。
不苦不累不得吃，
又苦又累还饿死。
别处倒是有坝子，
占有好田地，
一年春秋四季分，至少九成收。
我们阿细婆，成年苦山腰，
可怜可怜真可怜，
老天赏个脸，还能收对成，
不赏脸时种不成，
寒苦寒苦真寒苦。
吃的不如人，
穿的不如人……
老蒋清丈后，
从前上得一升粮，
更加两斗耕地税。
阿细最憨直，

鸡猪被杀尽，
什物被抢光，
屋子都烧毁，
人丁也散亡，
现在共产来，
人民大合作，
山区全翻身，
拿起锄头和斧子，
齐心打倒蒋介石。

昂天学：39岁，西山区法雨哨村人。曾任边纵一支队十二团一营营长，现任弥勒县公安局长。全家5口人，有1位残废的父亲、两位妻子、1个小孩。一大间楼房，有牛2条、5亩田地，鸡猪都有。本人在村子里很能团结群众。

去拜访他时，他谈到西山区的斗争经过时说："1948年农历正月初三日，西山区开始武装斗争，初时我们所有武器都是毛瑟枪、火药枪、土造七七步枪，及弯刀叉叉。披着蓑衣篾帽，杂色组织起来，向蒋匪展开武装斗争。我们不怕一切流血牺牲，坚持了1个多月。然后朱家璧同志前来领导，改编为云南人民自救军，转战到滇东陆良一带，从师宗、罗平打到贵州边境兴义县。四月末转回圭山区，在三家一带与蒋匪二七九团郑营战斗，歼灭敌人100多人。后又转战到河阳，得到胡志明同志的帮助，当时整训1个多月，才打回云南来。我们刚回来的时期中，敌人有两个团的兵力截堵我们，使我们不得回国，当时我们不怕一切牺牲，下定决心，沿途突破了很多封锁线。在广南属里达歼灭匪军40余名，一直打回弥勒、泸西、师宗、罗平、陆良、路南一带。后奉到上级党的指示，给我们改编为滇桂黔边纵游击队。这时我们部队渐渐发展。庄田师全部开往曲溪东山坝，听候朱家璧同志来整编。然后我们又向建水方面推进，在建水白大山碰上敌军黄贤祺团，被我们全体打垮，活捉黄匪郑润明及其他官兵500余，交人民解放军第十三军军部教育。其他还缴获步枪87支、六〇小炮4门、重机枪1挺、小卡宾8支、冲锋枪2支、各种短枪40支、步枪弹1万余发、其他弹药数百发、无线电台1座、通信器材一部分、骡马18匹，我们所缴获的东西，均交到滇南司令部。我们滇南任务初步完成后，又奉上级命令建制。我们从1947年到1949年3年与蒋匪武装斗争当中，黄团随时来西山区扫荡，烧杀抢掠奸淫无所不为。猪鸡都被吃光了，牛马抢去20多条，坛罐锅缸水桶被打烂，而且将冷饭都吃光，大小便屙在饭甑子里。杀了西山区负责同志杨志田（枪杀在弥勒县）及行政负责同志童绍尧。后来黄团又到我西山区把洋烟抢去近10挑，粮食放火烧了一部分，房屋被烧光的地方如石门坎、麦冲等地。烧毁半数的如中和铺、红万、额衣等地。烧了10多所、五六所者不一，如里路鸦、凤凰山、新哨，全部共烧毁20多寨。""我们西山区今年被水灾，在四五月内雨水很少，雷响田栽不上，在五月半以后才栽上一部分。可是雨水又太多，天天下雨，水涨把玉麦冲垮了，今年的收成不会到去年的一半。”

十三、我们体会到的阿细民族的优点：

1. 夜不闭户，村中无一小偷。

2. 劳动力强，尤其以妇女为最健康，没有嗜好。

3. 混子占绝对少数。

4. 团结互助。

5. 能团结，好帮助，所以尚能自给自足。

十四、群众的要求和希望：

1. 解决山区眼前纺织手工业的困难。

2. 请求中央帮助办学校或识字班，提高文化。

3. 希望替山区解决医药问题。

4. 对死难烈士家属要求抚恤。

惠国芳

路南圭山区材料之二

——冒水洞村民族关系及一般情况调查

中央访问团第二分团

1951年2月出版

路南圭山区材料之二

——冒水洞村民族关系及一般情况调查

编者声明

这些材料是我们从1950年8月29日至1951年1月31日（其中大部时间是在行动中），先后在圭山、丽江、保山、大理、武定、楚雄等地区进行兄弟民族访问工作中，通过当地干部、民族代表及熟悉当地情况的人士所了解的一些情况。为应各有关机关之急需，仅将原材料加以整理，尽量避免主观分析与结论，在文字上仅要求念得通、看得懂。但由于是短期的访问与了解及仓促整理，情况难免不真实或不深入，观点难免错误，文字烦琐或不通顺。故仅能供各有关机关进行民族工作的参考或进一步考察的线索，并望于今后的调查研究，加以校正。

1951年2月　日

第一部分：民族关系

冒水洞村位于文笔山西北脚，属南区板桥镇，为彝汉杂居村寨。彝人48户、汉人43户，共91户270余口人。彝人聚居村东，汉人居西头，以学校为界线。全村共有水田400工（即200亩）、山地有320工（即170亩）。据估计，彝族占总地数的60%。彝汉两族均靠农业生产为主要的生活来源，但彝族家庭副业较多，48户中即喂有400只至600只羊（彝汉双方的反映）、鸡千余只、水牛百余条，借此项生产解决灯油和盐巴开支。

该村是一个较有基础的村庄。农会、妇女会、民兵等组织均有，并可起一定作用。

据汉人张秀岩、彝人黄天福等谈：彝人迁来的历史远者80年、近者三四十年。他们都是被招佃户而来的，民族关系复杂。根据我们所了解的材料，可分以下几个问题：

（一）较大的历史事件

（1）远在乾隆年间，陆和村、尾则村、豆和村、戈色楚一带的彝族区连续发生两年旱灾及流行疾病，彝胞陷于饥饿死亡之中，而又在当时统治阶级的压迫下，彝胞为了生存，就下山来抢汉人的东西，因而引起了一次彝汉大烧杀。据老年人谈：当时“修柔息”（即现在的冒水洞）村，有130余户，经过这次的烧杀，仅剩下10多户，大部分被烧掉或者逃走。

（2）80年以前，当时尾则村的彝胞领袖名赵国，在“彝人要下山锄田”“彝人要做官”的号召下，发动了48村近两万人的大暴动。经过几个月的战斗，几乎将路南县全部占领。此次彝汉双方损失极重，烧毁了许多村庄，死亡数千人。仅舍山一战，就死亡200余人（张秀岩谈），但彝族在坝子里住了没有半年工夫，又被当时云南的所谓“道台老爷”陈公宝带大兵杀回。而彝胞在其强力的压制下，不得已而又退回山寨。当时的统治阶级为了更好地统治彝胞，又采取怀柔和“以彝治彝”的政策，对彝人提出“各居原地”“绝不再杀”的口号，并给赵国一个官职，而赵国也就在这种引诱下叛变本民族的利益。因此这次斗争彝胞虽一度胜利，但在清政府镇压与怀柔双面政策的攻击下，而又失败了下去。至今彝胞提起赵国事件说：“赵国忌妒不提拔人，我们彝家怕他，也赞成他，也对付他。他不是我们的真领袖。”（黄天福老父亲谈）

（3）民国五年，彝汉曾发生争公田的事件：该村有公田28工半，其来源据彝汉双方谈是绝产所积起来的（但据汉方讲彝人的绝产没入公田）。民国五年以前，汉人进士张玺霸占了这些公田达18年之久，不但彝胞不能享受，即连汉人也很少得到（彝族说汉边独有）。虽名义上说公田生产、兴办学校，但实际上大部为其自肥，并借以剥削压迫农民。租种公田的佃户（尤其是彝人）在交租时常三次五次地背回，说什么“米碾得不净不能吃”（黄国珍谈）。彝胞毕有才的弟弟，因从公田的树上砍下来一个树枝，就被他打了一顿耳光（黄天福谈）。在他这种压迫的情况下，是年彝胞就以黄国珍为代表，到路南县告发了张玺。经多方运动（如请律师等，彝人谈）、给反动政府运动费（汉人谈）等，才将公田判为彝汉共有，作为兴办学校的学田。但张不甘心于彝胞得到公田的权利，故又暗将公田契送给县府教育局，所谓“兴办中心学校”之用，而教育局借以敲诈彝胞。结果彝胞又拿1石8斗米将契字赎回来。此次争斗中，彝胞虽受国民党反动政府很大的剥削，但总觉得是出了一口气。正如黄天福的老父亲说：“我们彝家能管公田还是从那时起。”然而也正因为如此，彝汉之间，尤其是黄家（彝）和张家（汉）的矛盾更加尖锐。如至今张秀岩（张玺的后代）还说：“他们没良心，像黄玉玺的爷还不是我家养起来的吗？”

（二）解放前30年来的情况

近30年来，彝族同胞虽然受国民党反动派大汉族主义的压迫与剥削，但由于地主的没落和他们不断斗争及省吃俭用、努力生产的结果，在经济上已逐渐独立起来。不少户已摆脱了汉族地主的地租与高利贷剥削，并有个别的或集体的放给汉人高利贷。在5年以前约占全彝人48户一半以上的彝家，均放给汉人高利贷（黄天福父亲谈）。但他们这种高利贷多是集体的。其大概情况是：

当春季汉人没吃的时或遇丧亡白喜事，他们将剩余的粮食，一个户或几个户集中起来放给汉人，给5分利息。如至期不能归还时，就复利计算（汉人讲）。因此有些汉人因还不起账，就将地卖给彝人。像这种情形已成为彝人与汉人进行经济斗争的方式之一，同时也是至今彝人比汉人土地较多的重要原因之一，不过近两年已减少。据我们所了解，现在仍放高利贷的彝胞不过10来户（黄天福说），其原因据黄天福谈：因彝家在自卫战争中，将积粮全部花出，有剩余者也准备个人用（但据估计还可能因汉人穷了，怕还不起和怕斗争）。

另汉人的土地越来越少，又加不如彝人节省（婚丧灯油等），生活就越困难，因之所养的耕牛及占有的农具还不及彝人。48户彝人就有水牛114条、黄牛20余条、马20余匹。除3户二流子、1户极贫没有农具外，其余均有1架到两架耕牛及全套农具（黄天福父亲谈，与在汉方的调查）。而汉人43户，仅有耕牛11条，除富裕者外，农具占有全套者很少。因此也就又发生了一种雇佣关系，不少汉人为了生活和换用耕牛农具就给彝人去做短工。这种变化汉人一提起来就说："彝人是剥削我们，我们汉人光给他做活，大白米但叫那边吃了。"（张秀岩说）其雇佣情形大体是：

彝人1架耕牛、1个人给汉人做1天工，除人吃牛吃外，工资1升（18斤）。而汉人没粮给时，就拿人去抵工，一般汉人8个人工方能抵1架牛、1个人做的1天工（黄天福的父亲谈）。但个别因平素的关系尚好，3个工或5个工也可以顶换（黄阿珍说）。彝族内部的换工却不是如此的，不要工资。如换工也不过两三工就可换1架耕牛，多是白帮忙（黄天福说）。

彝族由于经济的上升，而在文化上也有了提高。几年来共出中学生4个，现在上高小者两个。但他们在动机上却是为了和汉人斗争才念书的。如李桢兴说："我们口才钝，受汉人的压迫，老人们才想法叫我们念书，村上也帮助。"（这几个中学生的经费，据说大家出）他们虽然在经济上占了优势，文化上有了提高，但没有摆脱汉人的封建势力的压迫与剥削。至今仍租种汉人地主杨汉章、罗世荣田地者还有14户，每年还要把打下的粮食一半交租，并要背送城里（因地主在城里住）。（近几年来也有少数彝人如黄国珍等向外出租田地，不过他一般的绝不租给汉人）在城里读书的学生，也遭到国民党三青团甚至老师的歧视，如说他们是从"山上下来的小猡猡"（李桢兴谈）。至于国民党反动派政府对他们的压迫更难尽述。派兵派粮时故意加重，借以敲诈，如少去1个兵就要拿8石谷子去顶（村子的代表说）。因而彝胞就认为是"汉人压迫他"，加深了彝汉人民的矛盾。

（三）解放后的情形

我党从1944年在该地就有工作，在我党领导与教育下，民族成见是在削弱着，基本上没有发生过械斗群殴的事。彝汉人民在反对国民党反动派的斗争中付出了很大的代价。共同组织护乡团、游击队、民兵等自己的武装，并能并肩作战。但国民党反动派为分化彝汉人民力量，就用各种方法挑拨彝汉人民的感情。如在东海子战斗中，有5个护乡团员被俘，其中3个彝人、2个汉人，反动派故意将彝人杀掉，将汉人放回，因而引起彝汉的不满与怀疑，认为“汉人向汉人”“光压迫彝家”（据村干代表发言反映了这种情绪）。由于这种反动的挑拨和极深的历史的民族成见，故在战斗中也曾发生过互相脱滑的现象：如在普子战斗时，彝人都跑光，仅剩下赵队长（彝人）率领汉人作战（据说赵感动得哭了）。到文笔山战斗时，而汉人又全部跑光，仅剩彝人作战。因此互相怀疑，互相攻击。彝人说汉人狡猾（普遍反映），如胡占林说：“他们（指汉人）在斗争中不出力，故意将粮食卖掉逃避负担。”汉人也说彝人“狡猾”，“和我们合不拢”。其次在农会、妇女会及各种组织中也反映了极深的隔阂。虽在名义上是一个村的组织，但实际上是各办各的。如这次迎接我们访问小组时，就光彝人。他们在召集人时说：“不要汉人参加。”（张秀岩说）如区乡布置工作时，彝人说：“咱们语言不通，各办各的吧！”汉人也反映“和齇鼻子弄不一块”。而儿童的组织，则完全起着民族斗争的作用。开会时彝人就光讨论如何对付汉人的儿童，汉人也光想如何对付彝人的儿童［李树华（汉）、黄天喜（彝）谈］。民兵的枪支谁也不肯说出准数。本村教员因为是彝人，汉人则怕孩子受气，就不去上学。过去汉人毕文华当教员时，彝人就说他有“偏心眼”将他挤走。他们之间的界限很清，连找访问团医生治病的人，彝汉都是分开坐。

另外在1949年8月间，在当地政府反奸反霸的号召下，汉人曾组织过反彝人上层的贪污斗争，几乎斗起大的乱子。其大体经过是：

彝人上层分子黄国珍在民国×年，曾被汉人张树林（当时的建设局长）委派为本村森林管理员。在其任职时期，对偷伐树木的彝汉人民曾进行过多次罚款（据汉人说罚的汉人多），确有贪污行为（彝人说），而汉人张秀岩等因长期对黄怀恨，此次借机外发，将汉人组织起来，在县府王秘书及金营长（汉人）领导主持下与黄进行清算斗争。斗争的方法是先让被罚的人谈被罚经过及被罚粮数（如若说不对也不准），后由黄照数赔款。但黄初不承认，因而王秘书大怒骂黄说“你这舅子”，并命令民兵说：“给我扎起来。”金营长这时就跟着对黄说：“你有的应该快点承认下吧。”黄国珍在王的威吓与金营长的说服下，才答应下来。共算出米1石5斗，归本村公用，款200元归县府。因而彝族就认为这是对他们的压迫，故当场就向主持会议人提出斗争森林管账先生李顺祖（汉人）。主持会议的人则说：“今天是算罗宝朝（汉人，已死了数年）管粮的那一段。”并向群众说：“李顺祖可有贪污否？”汉人则说：“没有。”第一次斗争就这样结束了。到第二次开会时彝人则全不参加（据说携带武器准备上山打仗）。王秘书看到情形不好，就未敢再开。由于这件事情的影响，使彝人认为解放后仍是“汉人压迫彝人”，如毕子新说：“他们还是借着汉官的势力压迫我们，光斗黄国珍，为什么不斗汉人呢？他们想把黄国珍托掉（弄死的意思），我们不参加，他们不可敢拉！”从这些反映中显然看出此次斗争客观上起着加深民族成见的作用，也就大大地影响了彝汉民族的团结。

（四）经常引起纠纷的基本因素

据我们了解，此地的民族纠纷通常是因为以下几点原因而发生的：

（1）山林——打柴的山是彝汉合有的，而彝汉的人都有看山的，所以互相疑惑和怕对方多得柴火。汉人说："彝家多靠山边，管山的人有偏心眼，他们得的多。"而彝人又说："汉人狡猾，不守规矩，常偷偷地去打柴。"因而就互相找毛病，彝人组织起来抓汉人，汉人又抓彝人，因此就常发生纠纷甚至殴打、诉讼事件。如民国二十几年时，汉人张树恒的亲戚偷柴被彝人抓住，要罚他款，张不服气，对彝人说了几句不好听的话，就被彝人集体打了一顿。后来彝人李占先偷柴，又被汉人抓住也要罚（据彝人反映，汉人打着李；据汉人反映是李砍着手）。结果搞到政府内打了一场官司。像这样的事年年皆有。

（2）放水——彝汉的土地是交叉占有的。洞水冒出时，有的要经过彝家的土地，才流到汉族的田里。也有的要经过汉家土地，才流到彝家田里。由于历史上的成见和水量的不足，水经某方土地时，均不痛快地放过。而此地的土地，多是土浅石头多，水渍地很快，如水稍一停放，田就要干，所以全想满足个人的需要而不放。有的个别汉人，故意偷将彝人的水给放出去。因此常常引起争吵。全村彝汉群众到三四月间，白天黑晚都在田里看水。当然彝与彝、汉与汉也有争吵的时候，不过其特点不同，本族内部的争吵仅及一二人或两户而已，而彝汉间的争吵，彝人则集体帮腔（据汉人说因以上两种事情彝人也常以武力对付）。

其他常有因一些小的问题而引起纠纷，如彝人放牛羊吃了汉家的豆麦，汉家小孩偷彝人的水果。不过因此而发生械斗和殴打的事还没有。

（五）关于要求划乡问题的分析

由于以上彝汉关系的复杂，彝族以上冒水洞为首，连同下冒水洞、大弯箐、上下新则村、小新冲、东海子，与白龙潭等共7村，迫切要求脱离板桥镇，划归圭山区。所提理由是：

（1）在1947、1948年，"游击战争时，何司令员曾将该7村划归圭山乡"（7村去尾则开会代表谈）。

（2）"路南武装革命，我们7村是开第一枪的"（7村代表谈），牺牲的同志，物质的损失，和圭山情形相同。

（3）7村实际上是半山地半坝子，"属于板桥镇"。在征粮与赋税上，"以坝子区看待我们"。"实则地瘠民贫""生活老实恶劣"［7村首席代表黄天福及大弯箐教员虎占林、东海子李树培（镇农会主席）谈］，情形与圭山区相似，但"对我们征的公粮很重"（新则村赵成章说）。

（4）7村彝族1600人、汉族300多人。"圭山区人民与我们同族，有密切的血缘关系，习俗一致，语言相同。"（镇农会主席李树培谈）"属于板桥镇，因我们口才笨，有意见说不出来。"（上冒水洞毕自新、大弯箐虎占林说）

（5）“板桥镇正副主席都是汉人，政府里没有我们彝族的人”（镇农会主席语），“今天管事的还是汉人，我们不得管事情”（曹汉镇[①]镇长谈有彝人对他这样说）。

（6）“以前属于板桥镇，受大汉族主义的压迫，怕以后还受压迫。”（上冒水洞黄四功谈，是该村二流子）

除以上彝族所提理由外，据所得情况，我们估计可能还因为：

（1）看到圭山区得到救济粮很多。划归圭山区后，可同样受到优待。

（2）部分彝族占有土地较多，在汉人区怕土改。故愿脱离板桥镇，加入圭山区。如黄政国曾问：“解放军复员后，每人可以分得几亩田？”总之，请划属圭山区，是彝族各阶层的一致要求，而以上冒水洞最迫切，下冒水洞（全为阿细族）较为冷淡。唯上冒水洞的汉族“宁愿在板桥乡负担重”（张宿镛语），都不愿划属圭山区。如彝族一定要划属圭山区，那么“一村势必分成二村”（张宿镛语）。分时彝汉皆有的公田、山林的划分，都将引起纠纷（段发语）。汉族不愿划的理由是：

①冒水洞村距板桥镇（10里）近，隔尾则（30里）远，“开会不便”（村农会主席段发、李世尧、逃亡战士等谈）。

②“他们说话我们不懂”，办公事困难［李世尧、彭兴祥（雇农）、李绳祖（汉族村长）、张宿镛谈］。

③“怕划归圭山区后更受欺。”（段发）“不敢划到圭山区，怕他们用武力对待。”（彭兴祥、罗石蒋谈）

④我们从来就属板桥镇［李世尧、张璧（汉族中最富有者）谈］，据我们访问汉人各阶层都一致要求不划归圭山区。

远在1943年，上冒水洞彝族李占先、毕占先、毕路、张文良4人曾召7村人民开会，议决请划圭山区，没有成功。以后各村分别呈请、联合呈请划入圭山区，有很多次，均被镇政府县政府压下，未转呈专署（7村代表谈）。1949年7、8月间，毕江县长为划乡事去上冒水洞开过一次会，会上问彝族划分的理由，后针对彝族提出的理由解释说服，要彝民仍属板桥镇。最后对彝民宣布：“等上级批示后，决定属哪里就是哪里。”（李世尧谈）此后板桥镇副主席张士忠又到上冒水洞，为此事开一次会，做法与毕江县长相同。可是一直到现在，也未曾批示决定。今年2月7村开联席会议，请求划区。中央访问团至，又开联席会议，请求改划。曹汉铮镇长和毕江县长、张副镇长一样地采用了劝说彝民不要划的办法，他见到刘树生同志就说：“如果彝胞必得要划，请你们解释一下。”彝族这个迫切的要求，未得满足，对县镇干部颇不满。镇政府请冒水洞等村长村干部开会，“他们也不来，来了谈起来就请划归圭山区”（曹汉铮谈）。

① 曹汉镇，本文又作“曹汉铮”。——编者

（六）对当地政府执行民族政策的反映

从我们这次接触的几个干部（正副镇长、区委）的谈话中，我们发现他们对民族问题的了解程度是这样的——如板桥镇的副镇长说：“我常和板桥镇的彝胞讲，今天我们不分民族都是一家人了，将来我们还要通婚呢。”结果碰彝胞一个钉子，彝人说：“还说一家人呢，还是你们汉人当官。”张同志当谈到彝人特点时说：“彝人就是野蛮，你要是得罪了他，几百人几百年都记着你，他们非常嫉妒，不和汉人通婚。”他说：“汉人的媳妇不行，你要讨彝人老婆一个，那是万难的。我要站在汉族立场上说，我想讨个彝族老婆，人家真会过日子。”当他发现访问团刘同志是回族时，他又说：“好，我们是亲戚。今天不是讲五族共和吗？”（当时被毕文华同志纠正）据区委的李同志谈：从乡到区并没有学习过共同纲领的民族政策。他们只口头知道民族平等，但对如何执行民族平等的政策没有研究过。他们知道上冒水洞的彝汉关系不好，但没有做过调查，所以也就不了解情况。他们经常不到彝汉的住区去，新则村的彝胞曾当面批判过镇长说：“你们当负责人的，连我们彝家村子都不走。”又如对彝族在上冒水洞的黄国珍的斗争问题，我们认为是原则上的不对。因为是表现在汉人干部领导的、以少数汉人的破落地主为核心，组织汉人群众，对少数民族的人展开了斗争，且又是干部用强迫手段取得被斗人的屈服。因为以上的这些行为或多或少影响了我人民政府在彝族人民中的威信，引起彝人的不满情绪。又如政府的干部到该村找村长时，彝胞说：“我们这里没有村长。还没有解放，哪里来的村长？”（镇政府谈）也有的反映说：“解放了讲民主自由，还是汉人当官。”这充分说明了彝族对当地政府的不满，尤其是对镇政府不满。

刘树生

第二部分：一般情况

（一）民族的来源及历史上的传说

相传在明末之际，这个原名“修柔溪”的上冒水洞村子，正是开采铜矿与金矿的所在地，名叫“母鸡厂”。因为运矿的马帮常来往，上下冒水洞之间的“小菜街”便建立起来了。后来圭西山区一带，因两年春夏都久旱无雨，不但庄稼不生，还有流行疾病。为了生存，一般彝族青年便集合起来，在一个除夕晚上攻进了“母鸡厂”。小菜街也就在午夜中烧起来了，90多家汉人就烧光或逃走了，矿厂也停工毁坏了。到了清初，村上又有伤寒病的传染，全村几乎给病魔抓去了一半。汉人劳动力少，经常招雇彝族长工。彝族忠实勤俭，渐渐地由戈色楚一带把家属接到村上来居住，而汉族雇主多给予协助。

康熙年间，有一牧羊的老撒尼人名叫李乔，舍身将地下沟水引出地面。地主纷纷辟山地为水田，由这依则一带招雇彝族三四家来挖。当时汉人认为“不假五丁之凿，则与夏禹治水之功无异”。遂改“修柔溪”为“冒水洞”，并建龙王庙，供奉李乔神像。后来禄丰村彝汉争林冲突事态扩大，波及冒水洞，汉人屋宇又毁去若干。汉人的田陆续转入彝族之手。以后，圭山尾则人赵发因任云南府四门总察归里，在冒水洞向杨、罗两姓收买水田数十亩，命管事黄荣率领同族七八户分别由尾则与豆黑村迁到冒水洞居住。可见撒尼族在冒水洞的聚居，至今不过80年的历史。其他各村的彝族，除下冒水洞的阿细族较早外，所有撒尼族都只有50多年或40多年的历史。（参考冒水洞口碑记）

（二）群众参加武装革命的略史

当1945年10月初的云南事变消息传遍了圭山以后，这地区已经开始“逃粮”“躲兵”。次年春，暗暗地由罗平一带，以1斗稻谷换回1升烟籽，种下后被反动派的爪牙来铲了一部分。1947年3月，圭西山的护烟队便宣告组成。初则布置地下工作，如小组联络、宣传，并整顿了自卫武装。然而力量薄弱，每一接触，牺牲很大。当时圭西山合并不过有长短枪200多支，大家都感到护烟队有扩充的必要，于是上冒水洞等7村，以东海子为首，便带头组成一个相当有力的护烟大队，后又改名为抗铲大队，有200多人，由普有策、黄振有等为核心，受东海子赵春景领导，当时石林镇长尹容曾用种种挑拨破坏，言行极端反动，在这年冬天，经路南城东一次游击战，便把他捕获。中间虽牺牲了11人及损失毛瑟枪1支，但为死者复仇之志愈强，遂分别以1升稻谷换2发子弹，4两烟换1支毛瑟枪。枪支不够，以镰刀、斧头、砍柴刀代替。7村的父老一致发动自己的儿女参加武装行列，又扩充为4个分队，直接与何现龙同志联系。1948年底，经东海子、小新冲、大麦地等处的遭遇战教训之后，次年春第二次大麦地被围，就只牺牲了3个彝族同志。而自上下冒水洞与大弯的拉锯战展开，就开始夺获匪军的屠杀人民的武器了，战略战术也转为主动了。当时牵制匪军有一团之众。后来在堡子一战，有村民的独子李阳臣、黄振有、吴学华、高学礼等4位同志阵亡，其中高学礼之妻至今生活无着，亟待救济。而4人之尸骨亦全未收回。又上冒水洞黄天寿等4个年未满20岁的彝族同志被俘后，遭匪军一齐捆叠，向背心开1枪而4人全毙，更是令7村人民伤心惨目。不仅如此，反动派还布告能捕获赵春景者奖稻谷20石，捉着普有策者奖10石。后来朱家璧同志进驻上冒水洞（现任村长黄玉金家楼上），统一指挥。半月之内，7村加入滇桂黔边纵队之组织，愈告严密。而本队的同志亦经常来往住宿，7村彝汉人民始终坚持，一致支援。在圭山几次战争中无论反动派压力如何强大，都能做到空室清野，以退为进，面面打击。总算协力周旋，以寡敌众。综计7村发动武装革命，3年之内共计牺牲彝汉青年26人，其中彝族19人、汉族7人。共补给中国人民解放军滇桂黔边纵队来往伙食合稻谷520公石，猪、羊共计各10余（头）只。上冒水洞等7村人民解放后的今天，他们随时追念着一幕幕的战斗的往事。当你去慰问他们时，他们定会很轻松地向你说一句：“云南人民闹革命，圭山响出第一枪。”

（三）彝族经济现状

基本上是以农业为主。织麻布、做乳饼、打草鞋、调换牛马等，在冒水洞来说，都是副业。家中的财产全部由男子掌握，所谓“男不搓线，女不当家”。全村彝族的公产则作修公房、祭神或济贫之用。

1.生产力与生产工具

彝族中壮年男女都平均地分担一家生活。每家平均养着耕牛2条，共有水牛110多条、黄牛20条、马21匹、羊500只。每年白露以后挤羊奶做乳饼，陆续地换取一年所需的盐巴。大约50只羊可以挤15斤以上的羊奶，做3斤乳饼换取10斤盐巴。汉人则不然，全村只养耕牛8条、马7匹、黄牛4条。不愿养羊而养猪的数量则比较彝族为多，约有120头。

上冒水洞全村中租田种的有31户，其中彝族10户。无田也未租田的有13户，其中彝族占7户，均为卖工度日。自己有一部分田，又租他人的田来耕种的有36户，其中汉族15户、彝族占21户。自己有田耕的7户，其中彝族占4户。自己有田种还出租田地的有4户，其中彝汉各2户。汉族有种田而无耕牛的，春耕农忙之际，只好向彝族雇耕牛。普通雇牛一天出米两升以为报酬，无米则以人工还价，可以5个至7个工换牛犁1天。这样常是栽秧平泥的时候，否则仅以3个至5个工换牛犁1天。

在文笔山腰上的山地，石多土浅，多种苦荞、苞谷。前面已说到冒水洞东面5里以内都是石头堆，而牧场又唯有向东发展，因而草场不能容纳更大量的牲畜，如彝族所养的羊，每年10月至次年2月都寄养到200里以外的禄丰村一带。这不免减少肥料的累积，影响庄稼的收成，又为了顾及过冬的牛草，每村都划分了堆草的范围。就是在石峰中间一块块的草地，各村互不侵犯，到秋收完了，才各自去割回，但各家割的，亦有划分。在上冒水洞汉人应分峰堆草，每家总是以3个工或5个工换给彝族。

肥料既少，就不得不集中在水田上。山地只好实行轮耕，山地庄稼逢年雨大，则“广种薄收”，遭遇天旱，则“三年两不收”。山地在这村并不占主要地位。

2.生产关系及出产品

彝族向汉族租田种，必须先付佃银，数额约值田中总产的1/2。至秋收时，“谷熟登场，主佃平分”。彝族出租水田，则不收佃银，但随便可以在春耕前退佃收回。在彝族中有毕绍新租汉人张璧的水田2亩，每年约收入庄稼1石。1941年春付佃银120元，约值谷5斗，至秋收又交租谷5斗，即1941年的全部收入尽归田主。次年起即照旧平分收成，不得增减。彝族中如黄政国每年均卖稻谷二三石，放高利贷，本年借汉人李世尧半开银币10元，约值谷1公石，议定秋收还谷1石5斗，但同样借给彝族张发瑞半却议定只还1石2斗，甚至有不加利息的。在生产的收入上，略举下列两例加以说明。

A.彝族毕绍新为全村中上等户。全家7口，可以担任主要劳动力者4人。自己有田1亩半、山地2亩，租张璧水田约1亩，今年总收入稻谷约2石、豆麦约2斗。除纳公粮谷子1斗、缴租5斗之外，其余可供全家7口人吃8个月。现养猪2头、鸡10只、马2匹、羊25只、耕牛4头。今年有4个月的生活是卖工代耕、织麻布、卖草鞋以及卖鸡、猪、乳饼等作为添补。在反动派统治时间，田地中收入仅够半年的生活，牲畜几乎要卖光了。

B.汉族张秀杪为中上等户。一家5口，可担负主要劳动力者2人。有田7亩，全年总收入庄稼有3石，今年纳公粮2斗5升，其余可供全家人10个月的生活，不敷两个月以杂粮补充。养猪2头、鸡20只、牛马各1头（匹）。未解放前每年均卖猪、牛、鸡、马等以维持4个月以上的生活。

（四）群众组织情形

1. 农会

主席李世尧（汉），副主席张发有（彝）。会员汉族36人、彝族48人，分别领导，各分4组。集会日期不定。为照顾贫雇农，常排解雇农借贷上的纠纷。全村开大会时李可召集。整个农会尚有部分彝汉不团结事实。

2. 妇女会

彝族负责人黄阿珍。组织上分3组，每组10人，设组长1人。开会由黄天福（教员）通知召集。工作上互相换工。

汉族负责人徐容莲。组织上仍分3组，每组10人，设组长1人。在组成初期则每周集会1次，最近七八个月大家为家务忙，不易召集。

3. 姊妹会

彝族负责人黄桂珍。组织上为1组，共计9人。每周可以集会1次。工作上即学习歌诵，召集上无问题。组成初期由城里刘凤珍同志联络指导（现在路南县委会，领导全县的妇运工作），至今已8个月未到村上，已成中断状态，全体会员均不得读书。

汉族负责人张月仙。组织上分为2组，每组5人，互推组长1人。年纪稍长的已离本村，组成初期共有会员16人。每周均集会2次学习歌诵，最近两月没有开会，不易召集。初是城内工作同志李勤芳负责指导，已有10个月没有见过面，两个月前则共同换工薅谷草。

4. 儿童团

彝族负责人黄天禧。组织上分为生产与学习两组，人数共11人。集会时间不定，有时1周或3天1次。每个组员都读小学，在城内读高小的有2人，大家团结得很好。集会时常讨论如何对付汉族儿童的欺侮。召集没有困难。经常由南区工作队长韩伟指导，对于团员以后还可以发展25个人。

汉族负责人李树华。组织上分两组，每组5人，互推组长1人。仍于1周集会1次，多讨论如何对付彝族儿童的殴打。平时即换工薅谷草。过去曾因团员和姊妹会同志谈话，误为"恋爱"，由城内张树林同志来调解，开除了团员3人。韩很少来指导。读小学者6人。

5. 变工队

彝族负责人黄光明。组织上分3组，每组11人，互推组长1人，每周可集会1次讨论工作。二月前共同开荒2亩，耕种所得作为补助本族贫雇农民。

汉族负责人张秀杪。组织上原分3组，每组11人。每3天集会讨论工作工资，后因加工资纠纷解散，现在正筹划恢复。张秀杪已预垫组员粮食一部分。

6.民兵队

彝族负责人毕自新。组织上分为4个分队，每分队11人，互推分队长1人，共计45人。其中两个分队，由下冒水洞村组成。每周均有1次分队长会议，讨论工作。现有枪支数，据5个队员反映各说不同，比较相近的如独响、毛瑟枪20多支，五响七九枪约12支，铜炮枪约10支。我们去访问时已全部动员，星夜警戒。其他武器则不愿谈出。

汉族负责人童国栋。组织上分两分队，每分队11人，互推分队长1人，共计20人。最近两月召集过1次。多为家务负担重，天天卖工换工。分队长张秀昆说：“现在已经解放了，不必天天开会了。”武器的情况，据反映综合的有独响、毛瑟枪各4支，五响七九各2支，三八枪有4支。又据童队长说：“彝族过去在下冒水洞与匪军打了一战，还拾着七八个手榴弹，至今还藏着。”而汉族的则避而不谈。

马守先

路南圭山区材料之三

——蓑衣山调查

中央访问团第二分团

1951年2月出版

路南圭山区材料之三

——蓑衣山调查

编者声明

这些材料是我们从1950年8月29日至1951年1月31日（其中大部时间是在行动中），先后在圭山、丽江、保山、大理、武定、楚雄等地区进行兄弟民族访问工作中，通过当地干部、民族代表及熟悉当地情况的人士所了解的一些情况。为应各有关机关之急需，仅将原材料加以整理，尽量避免主观分析与结论，在文字上仅要求念得通、看得懂。但由于是短期的访问与了解及仓促整理，情况难免不真实或不深入，观点难免错误，文字烦琐或不通顺。故仅能供各有关机关进行民族工作的参考或进一步考察的线索，并望于今后的调查研究，加以校正。

1951年2月　日

一、区划与人口

蓑衣山属圭山区第三乡，距尾则乡约25华里，汽车可通至距村口外约10华里处，车路无大坡度。

全村146户，保姓汉人13户，苗姓汉人3户，余为撒尼族。故本村基本上是民族杂居的。全村共851人，男423人、女428人，劳动力501人，残废12人。

二、民族关系

（1）解放前彝汉关系的一些反映（彝汉双方口述）：

A.保天然的祖父，在抗日战争时期当乡长，在征兵上欺负彝人，对有点粮食又有壮丁的彝家说："出粮食可以请人。"彝家不愿子弟当兵，就出了粮食，但他随便抓一个人

（出不起粮食的彝家）充数，粮食自己吞了。过年节时，必须送他礼份（大块牛羊肉或多少松子），不送的人，准遭额外麻烦。

B.本村开展革命斗争以前，保天然任过保长、中队长，没收过彝家的枪支，彝家当时敢怒而不敢言。圭山别村发动了革命斗争，保天然威胁彝家青年到他处集中，不从的罚50发子弹和1支枪。保天然说："不投国民党，也不投共产党（当土匪）。"某次，他带着青年们到外面去，看见路上有几个小商人，保天然说"是国民党保安队的警戒"，就把小商人抢了。部分彝家青年敏感到这是搞土匪勾当，不愿干，便散了伙。就是这次，彝人李金高的儿子也在内，同时也是散伙回家的一个。被抢的小贩到大麦地报了抢案，该地保安队即出动，正巧碰上李金高的儿子砍柴回家，不由分辩，硬说他是"小共产党""小土匪"，一枪打死掉。解放后，李家和一些彝人要求保天然对死者负责（据说已逃往路南城内），首先要求赔偿李家的丧事费用。彝人们说，如果不是胁迫他们的人去抢劫，保安队不会来打死人。保家说，人是别人打死的，不能负责。4月前李家告到路南县府，但一直还没回响，死者的姐姐等得不耐烦，李金高说："望政府把这件事断一下。"

C.蓑衣山对敌武装斗争中，我工作同志住汉人家时，彝人方面没有什么特殊反应，但住彝人家时，汉人妇女就说风凉话："你们爱住那些倮倮家。"称彝人为"倮倮"是彝人们最痛恨的。

解放前，彝汉一般不来往，姑娘们都不喜欢在一起，嫌人家脏。彝人姑娘嫁得汉人，汉人姑娘"不嫁倮倮"。彝人有时也说，汉家姑娘懒惰，他们彝家不要。

（2）解放斗争中，彝家就翻了身，保家势力渐渐垮了下去。但民族隔阂又表现在另的一面。

A.蓑衣山村的干部都是彝家（革命斗争也是他们出力最多），去年收黄豆时，村里开干部会，会后准备会餐，村干们向一家汉人豆腐店赊豆腐，先赊过1次，待第二次去赊时，这家汉人说："前搭后，把前次赊的豆腐钱拿了再赊。"村干们大不满意，私下号召不准到那家再去买豆腐，敢违反的罚1斗粮食，结果豆腐店就被迫关门。

B.本村革命斗争中组织起来的舞踊[①]队，是用以鼓励斗争情绪的，但直到去年底都不让汉家姑娘参加，借口她们姿势不灵活，学得慢。

C.据韦方成同志说，本村大部分汉人虽然成分不好，也有好的成分，但以彝人为主体的村农会，一概不要他们参加（最近才有两家加入）。农会里有变工组的组织，保家不能参加农会便自己组织起一个变工组。村干们说，汉家有吸鸦片的二流子，和旧保甲人员，不能参加农会，也不能参加变工组。保家的变工组，农会看来不合法，所以农会开会也不叫他们。

D.今年工作同志号召开荒，村农会每次打锣集合彝人，垦出了一大片荒地（估计可收两大石粮食），保家自组的变工组一面也跟着在附近处开了一小片荒，一面提出抗

---

① 舞踊，疑为"舞蹈"。后同。——编者

议，说彝家（指农会）开的地是他们的产业，有祖传的字据作证，接着就到乡政府告了状。彝家说，保家的字据是他家从前当公事假造的，他们开垦的是“公地公荒”，地上还埋有彝家张姓的坟都有二三十年了，保家从来没说过话，就是证据；彝家老人活了六七十岁，还没听说这块地是保家的。乡政府依照字据，判定地的所有权属于保家，但农会开荒出了劳力，已开的地，各种一半，农会不必向保家纳租，3年后地由保家收回。这判决双方都不服，保家说，地有主，彝家不能凭人强势众，要开就开，不能各家种一半；彝家坚持地是公荒，他们费了力，为啥给保家种一半？不久，保家在地上挖回一大牛车树根，农会要罚保家的粮食，并放口要打挖树根的人。前妇女会主席（彝人）李大妈说：“打是打不得，彝家人多，把人家剁成肉酱也办得到啥！”又说：“人家有字据，彝家只凭口说，埋个坟在这里，就说地是自己的，道理说不克（去）。”但李大妈是口说心不服的，她曾说：“彝家心好，保家人厉害。”她说“保家占得人”（意指保家是背靠政府的），还担心真闹起来彝家斗不过，最后还是吃亏，和从前一样。这样一来，已开好的地好久双方都不去播种，保家去问工作同志，工作同志说：“种你分内的，迟了会误时。”不料保家把判给彝家的一半全点了种。彝家很气恼，立刻也到乡政府告了状。乡政府又叫收割时先赔出种子的一半，然后均分，彝家不同意。现在的荞子快熟了，保家怕彝家不准收，又到路南县府告了村主席和农会主席。保家和彝家单方面向访问团都说，赞成均分，但都说对方不肯。

E. 保家事实上现已没有力量，他们向访问团同志诉不平，说彝家处处排斥他们，村妇女会汉人主席说：“人家说什么，我们就是什么。”说彝家人多，开会表决问题汉人的意见总是被压倒。他们直截地说：“彝汉关系不好。”但他们仍旧看不起彝家，对访问团同志一开口就是“倮倮婆”。知道访问团同志是汉人，显得特别亲热，女同志到他们家，小姑娘喜欢得跑来拥抱。汉家妇女做着鞋，同志们问：“做来干什么？”她们轻蔑地说：“卖给倮倮！”又紧接一句：“她们不会做。”

文艺组的同志和汉家青年男女在一起，那些姑娘们愉快地毫无顾忌地一个连着一个唱出她们的情歌，这时彝家青年们正来找同志们玩，刚到门外，一下发觉里面有本村的汉人，便停留在外边不进去，叫也叫不进去；但也不走，他们从门缝里向里瞧，发嘘声捣乱。相同地，只要同志们和彝家青年们在一起，汉家的小伙子和姑娘们又不拢来了，而且在旁边冷笑。

从上面可以看出，保家与彝家的隔阂，即使在漫长的岁月，双方从联合对敌的斗争中走了过来，都没有彻底消除。但这是有转变的，民族政策的教育正加强中，尤其在当地政府、解放军和工作同志许多实际行动的影响教育下，新的民族关系正在不断滋长。

在我们到蓑衣山以前不久，前面说的汉家豆腐店被迫关门的事，经过工作同志的解释说服，改正过来了，豆腐店复了业。

从前不让汉家姑娘参加舞蹈队，这次我们到蓑衣山，亲眼看到彝汉两家的年青男女们歌舞在一起，在欢迎访问团的联欢晚会上，同志们还特别用彝语欢呼：“古杂，比杂，杂杂呀！（唱得好，跳得好）”

同志们问到彝汉生活情形，许多彝人一面诉说自己如何苦，一面以同情的口吻说：“汉家也苦得，今天一样了，吃一样的饭。”

访问团同志这次遇有机会即宣传民族政策，强调民族团结，揭发过去影响团结的因素等，现在彝汉双方都比较明确了：“不团结不对。”同时，同志们对彝家的热情、诚恳，对双方的影响都比较大，在我们离开的联欢大会上，彝家的村干们一再高呼：“中华人民共和国各民族团结万岁！”彝家老人说“彝汉一家”了。

卢　军

三、经济生活

雷响田与山地

蓑衣山除村边有极少的雷响田可以种稻外，其余是只能种杂粮的山地。山地分高处与洼处两种：低处的地比较湿润，土质细软而肥，可以种苞谷、麦子、山芋，收获量较大，但易积水将庄稼淹没，变成一片水塘；高处的地，面积比洼地大，含有多量沙砾，不易储藏水分，土质瘠薄而干燥，只能种苞谷与荞子，且生长很坏，苞谷高两市尺左右，荞最低仅数几寸，辛辛苦苦地犁地播种，收获量极有限。很多山地还是在石头间隙中开出来的，远远看去只见石头不见土。这种地不能用牛犁，全凭人力锄。撒尼同胞的生活主要就是依靠这些高处的、土质瘠薄杂着许多石头的土地。人家流一滴汗便有一分收获，他们的汗水往往会白流，因为高处的地土干燥，天不下雨，种子播下去长不出来，不但没有收获，劳力白费了，连种子也白白损失了。

本村百多年来没有一个撒尼族的地主富农，土地分散各家，自己种，自谋活路。耕种方法与内地无大差别，牛、犁、锄头都使用，也知道用粪草施肥（因四周不远就是汉人，多少受些影响）。比较若干边地的兄弟民族来，耕种方法及使用工具的情形已是很进步了。由于土瘦的关系，山地又荒凉广远，大多耕种着很大的面积，以便多得一点粮食。有许多人家的地都距离很远，早上吃了饭出去到晚上才回来，中午带些煮熟的杂粮疙瘩到地里去吃。做活累了，就在地里躺下休息。妇女们为了方便，把小孩也带到地里去。

一般的生活

与附近若干村子比较，本村是最穷的，生活过得最苦。全村仅有二三户中农，绝大多数人户收的粮食不够吃，最苦只能吃三四个月便断了炊。各家经常吃苞谷荞面疙瘩，不过节，无特别重大事件，不能吃米饭，更没有肉吃。不够的月份，到坝子里汉人家去卖工，男女有劳力的都去，每天可得半开3毫到5毫的工钱。妇女们多半到山上打松子，打得多每天有半升，少时只有1合。1升松子可卖半开1块左右，3升松子可换得1升苞谷。弄到的钱便拿去换粮食。除卖工打松子外，还割柴草赶街子卖，最大一挑柴草只能换半升苞谷，力气小的挑得少，只能买1合苞谷，有的还不能解决吃的问题。在冬天和春天，多少人家只好弄些山茅野菜，摘些嫩树叶，吃吃活命。全村除几家汉人稍好外，撒尼家多数穿得破烂不堪，他们主要是靠织麻布卖，或缝成麻袋卖了，买棉布穿。撒尼妇女们在晚上休息时便要齐麻，有的在牧牛羊时，让牛羊吃草，自己便忙着齐麻，在路上走也常边走边齐。差不多每家都有一架极其简陋的织麻布机，撒尼妇女们都能够织。大概麻布换棉布是3与1之比，每件棉布只可做两套中等身材的衣服。全村只有30多床被子，是供老年人使用的。其余的人家床上只有一床草垫，无被褥。天暖盖一点麻布，天冷穿上老羊皮背心，在屋内生火取暖，以抵抗冬夜的寒冷。他们住的一般都是一排3间的破旧房子，草顶土墙，室内桌椅板凳大半人户没有。

从上面可以看出，他们生活的困苦，妇女们更苦，男人们白天累了夜晚回家来可以休息，妇女们就要忙着齐麻。除在地里与男人一同做活外，打松子、割柴火、挖野菜、放牛羊、烧饭、担水、带小孩全是妇女的事。从早到晚，一直到死，她们总不得闲。在维持家庭生活上，妇女占着很重要的地位，但在家庭中，或社会上，妇女比男子的地位低，在家庭里妇女是没有财产继承权的。

全村现有牛80头、羊600只、马10匹左右。

简单的交易行为

撒尼族对外没有大的交易，他们卖出去的，只有麻布、松子、柴草、核桃。有牛羊的人家，有时将牛羊卖出去，或用羊奶做乳饼卖，他们换回来的是盐巴、棉布、针、线和一些工具。撒尼们说，他们没有本钱，又不甚识字，不会做生意，只是拿土产的东西去换回一些必需品。从前他们在交易上常常受汉商剥削，汉商拿狡猾手段对付他们，他们卖牛多半不自己下坝，汉商来买，是用不等价交易的，昆明1斤乳饼可换两斤盐巴，汉商只给他们1斤盐巴。

汉人会做豆腐，撒尼人还不会。他们穿的鞋，要从汉人妇女那里买来。

赵锡庆

变工队的情况

变工队开始组织是去年（1949）7月间，由韦方成同志、吴同志（县工作同志）搞起来的。头天晚上组织起农会，第二天就成立了变工组。当时正是收麦子的时候，就开始换工，彼此帮忙，因在游击时期，环境比较艰苦，大家团结互助的精神很强。

妇女们见男人们组织起来了，于是妇救会、姊妹会两个组织也就合着成立了变工组，一共组织起了6个小组，每组有10个人左右（人数不定，在忙时人参加的多，闲时人参加的少）。

男的一共分为7个大组，每大组又分成两小组，每大组二十几家，小组10家左右。到春耕和秋忙时，斟酌情形，以大组或小组（多以小组）动员全组的人力畜力。每家轮流种1天，不吃他家饭，也不拿工资。妇女也参加地里劳动，做一些比较轻的活路，如男的变工队拔荞子，她们就收荞子秆，工作一会儿，玩一会儿（跳跳舞）。晚间参加变工组的姊妹会的姐妹们，以组为单位，这组到公房去跳舞，那组就在家齐麻。第二天调换。

后来就一天不如一天了，到今年麦秋时，各收各家的，一直到现在因没有什么活做，组里的人彼此也不怎样联系，就像垮了台一样。据调查原因有下面几个：

（1）农民阶级思想的本质、狭隘、保守，“能共患难，不能一起享太平”。过去环境艰苦，春耕秋收时，大家齐心合力，种上一家是一家，收得一点是一点，否则敌人来了，什么也搞不成。今天环境变好了，所以都不再考虑大家，而斤斤计较自己的事。

（2）农业技术上的问题：下春雨以后，大家抢种，若靠变工组，种到最后要差十几天，庄稼收获要差很多，因此不如自己种自己的好，虽种得少，但比晚种强。

（3）最主要的一个原因就是没有照顾到贫雇农，贫雇农和中农富农一起变工，富农中农要几十个工，而贫雇农有几个就够了。若一贫农参加变工组，他要给大家做十几天，大家给他家做一天也用不了，自己做，用不了几天就做完，其余时间可以卖工赚钱。还有一个吃饭问题，若给谁家做，就吃谁家的，贫农管不起；若不吃人，贫农给人家做十几天，回来吃自家饭又亏不起。“帮富家吃富家，帮自己不供食不是很好吗？”他们说：“那多不好意思，到人家做就吃，到我家做了一天连顿饭都不给吃。”因此，许多人对变工队就不感兴趣了。

胡鸿章

群众负担问题

本村户口实数有146户，解放前对外一向严守秘密，对及县乡上均只报56户，村里的户口册上也只记载的56户。过去隐瞒户口，可以减轻负担，直到现在人们还是不能打破这种顾虑。

1950年全村公粮数是158石（公石）9斗4升4合，1公石合圭山秤160斤，合昆明140市斤，现在本村已完成负担总量60%（包括1949年武装部队及干部所耗公粮在内）。分配方式是由居民小组抽出1人组成评议委员会，负责分摊，评议会分全村人户为十等，三榜定案。各等户数及负担数如下：

等第	户数	公粮数（公石）
一	3	4.5
二	8	3.1
三	5	2.8
四		2.1
五		1.1

续表

等第	户数	公粮数（公石）
六		0.28
七		0.41
八		0.2
九		0.05
十		0.00

除负公粮外，还有村小学的教员薪金，每月计粮食1斗，合160斤，全年计1520斤。最好的人家负担2石，最穷的人家负担2.5公升，按三等九级分摊。此外开大会，村干会、农代会吃的粮食，及公房内点灯用的煤石费，都是全村分担的。但这些费用多少没有一定，用多少摊多少。

以上各种负担合计起来，负担最多的人家为6.6公石，最少的为8公升（以上均为约数）。

这次村干部曾反映，本村公粮担负太重，实际上是值得研究的。

群众反映，反动派统治时期征粮数量最高，相当于现在的4倍，而且只分贫富两等分派，极不公平，穷人吃亏很大。那时各种税名既多又重，如买卖牲口有税，屠宰有税，烟酒有税，还有各种门户摊派，县政府及乡公所官员、差役下乡的旅费、草鞋费、饭费，层出不穷。当时一头牛卖130个至150个大头，合人民币80万元至100万元左右，税额是3%到10%，所纳税相当于人民币3万元到10万元左右，以当时物价可买苞谷1斗至2斗，两三口的人家勉勉强强可以维持一两个月生活了（按蓑衣山生活水准）。

从前清丈土地有毛病，不按地多地好的多出，现在是合理负担了（评议会不许各家隐瞒实收获量，隐瞒的没收，因此做到了按等分摊）。从前保甲长不出税纳款，现在任何人都要出，特权分子没有了，同时贪污现象也没有了。解放前借贷上利息很重，借10块钱要还15块，利率要高到50%。现在经人民政府领导，减低了20%，借10块钱只还13块了（在减租减息上，因为没有保证交租交息，今年在借贷上产生了困难，穷人们反映往时生活难，还可以借钱、借粮，现在没处借了，与此即有关系）。

根据上面的情况，群众负担显然已大大减轻。村干们所以反映负担重是另有原因的。最主要的原因有下面几个：

（1）本村人民生活的穷苦，在附近各村寨中是最典型的，根据这次的访问调查，如一等户普金存家，每年收入粮食也只够10到11个月，其余1至2月靠打松子、卖羊来换粮食（后又了解一架牛可收苞谷1斗到2斗，即普家的收入数不十分确实）。又如最贫户的王有文家，粮食收入不足4个月食用，要靠打松子、卖柴草、下坝到汉人家里帮工赚钱，买粮食养活一家人，而且一年中有很长的时间，全家必须吃树叶。蓑衣山不够全年吃的人是很普遍的，他们的负担能力本来就很低。尤其经反动派长期敲诈、剥削，受害很深。

（2）去年全年本村耗费军公粮600小石左右，这个数字在他们的负担上是不小的。

（3）几年来的革命斗争，大家不能好好种庄稼，土地收入已经比从前减少。

今年圭山区的水灾较大，蓑衣山产粮较多的低地都被水淹没了。我们曾实地去看过一大片水淹地，苞谷秆的尖尚露出水面。据彝家谈，单是这块土地就可以收100小石粮，约可供全村维持两个月的苦日子。

目前很多贫苦人家都没有吃，从地里取回尚未成熟的苞谷在火上烤着吃。我们去访问的几户彝家说，苞谷只能吃两个多月，收完也就吃完了。因此他们反映公粮重，不是别的，是他们实在没有公粮可交。他们未完成的40%准备在新荞收后完成任务，他们虽穷，但一般贫雇农成分的人家在完纳公粮上显得很踊跃。据工作同志谈，别的乡为公粮还关过人，只有他们村里还没有关过人。

（注：上面的数字多半出于估计，群众没有计算数字的习惯，访问时他们说不出来，村干部思想又有顾虑，已有的数字不肯实谈。根据各方面谈话资料的对证，对蓑衣山群众负担只能做上面粗糙的概况的了解。）

赵锡庆

四、文化教育与医药卫生

本村人口851人中，受过教育的仅113人，而且没有一个人上过正规的中学。

村里有五年级小学校1所。原有学生70余人，现仅有48人，男生39人、女生9人。学生减少的主要原因是由于生活困难，孩子上了学，家里做活的人就少了。另一种反映说，进了学校孩子们就懒了。现有教员1人。学校经费分为三等九级，由全村摊派。教员薪金每月给粮食1斗，合160斤，全年计1520斤。

从识字人数上说，汉人比彝家多。参加村里舞踊队人数则彝多于汉。舞踊队很多是将内地流行的歌曲配成歌舞（也有自己创作），如《南京到北京》《团结就是力量》《垦春泥》《插秧谣》《兄妹开荒》《东方红》等。

村里的环境卫生很差，到处是牛马粪，低处还积污水。关牲口的屋子差不多是与人在一起的。喝生水，吃生冷东西，这是疾病的主要来源。普通的病患有疟疾、肺病、疥疮、沙眼及麻风等。由于性行为的随便，还有患梅毒的。

治病是找本村的中医，这个医生治病半求神半用药。有人病了求他，他便去山神庙求神，杀鸡或杀羊求神保佑，然后由他去山上寻草药给病人吃。医好了病当时不要钱，过年过节送他礼份，如肉、酒、鸡等物。如有大的传染病便要村里举行“跌跤”避灾，“跌跤”日期由村中头人率领全村人民到山神庙求神决定。“跌跤”规模大的，外村也赶来参加，甚至有四五十里赶来“跌跤”的。

赵锡庆

附录一：本村革命斗争概况

1947年，边纵进入圭山区工作，与敌人展开了斗争，影响及于蓑衣山。1948年，李立珍（女）同志受昆明市敌特威胁，经介绍到了蓑衣山，她一面在村小学教书，一面不断对群众进行宣传鼓动，提高了群众觉悟。她耐心地教学生，有时对一些不好好学习的学生由于诚恳爱护边教边流泪，村里人有事，她都尽力帮忙，出主意，群众深受感动，大家都喜欢她，又尊重她。

不久，李立珍同志被敌人发觉了——起初怀疑她是一个单身姑娘，又是都市里住惯了的知识分子，怎么会对蓑衣山这荒凉贫苦的地方感兴趣，与群众关系又搞得很好？……后来反动派遂要当时负责村政的李文良同志（撒尼族，现系民兵队长）交人，群众和李文良同志都竭力保护，对反动派不理睬。反动派便想迫害李文良同志，打算骗他到城里开会，乘机逮捕，但李同志识破了敌人的奸诈，不肯下坝子，除了乡公所（在山上），别处开会一概不去，敌人也无可奈何。直到后来情况更恶化了，他们才派人把李立珍同志送走。1949年，圭山区普遍与敌人展开了激烈的武装搏斗，村里即主动与边纵接头，要求派人来组织和领导斗争，边纵派韦方成和一位姓吴的同志到了蓑衣山，这时他们才开始有了各种组织。1949年7月以后，村政权、村农会（内有贫农团、变工队等组织）、民兵队（包括战斗组、联络组、情报组）、妇女会、姊妹会（限未婚的）、儿童团（包括青年团），都陆续组织起来了，还有老人会、妇女变工队、舞踊队等。

在敌人对圭山区的几次残酷扫荡中，他们与别乡别村的兄弟姊妹们同样有组织地对敌人进行了坚决英勇的反"扫荡"斗争。他们的每一个组织，都起了它应起的作用：村农会下面的变工队在敌人随时都可能到来的突袭扫荡的情况下，做到了抢种抢收，保证了全村的军民食粮；民兵日夜巡逻放哨，想出在山头上以丢树叶作传递敌人行动信号的办法；情报组在最危急的情况下，不离开村子，保持与别村联络的畅通；妇女变工队除帮助男人收割外，她们轮着日夜齐麻、做活、跳舞唱歌，鼓舞全村的斗争情绪。

他们的民兵是没有一支好枪的，有的都是火药枪和少量土炮，但敌人则是以近代化武器装备起来的。民兵们却一点也不惧怕，他们远远地放出尖兵，在每一个山口要隘、石堆背后守望着，用火药枪准确地射击敌人。他们从不离开村子四周的山地，在敌人最疯狂的时期，也在四周的石头山上、荆棘中与敌人团团转，使敌人在每一个山头、每一条路口都不断遭到伏击。圭山区别的村寨，敌人的脚步差不多都到过了，但敌人不敢轻易进蓑衣山。

他们的空室清野工作做得很彻底，敌人将来了，全村的男女老幼，牛羊、用具、粮食，完全带上了山，连带不走的大石磨都藏起来了。敌人到了村里，每一个房屋都空着四壁，找不着一口水喝，连找人问路都没有，除了与他对敌的民兵偶然闪出放枪外，人影子也看不到，想住在村里又怕袭击，因此敌人在这里就不敢多踌躇了。

从斗争开始，村里只牺牲了一个何田喜同志，因为他太勇敢了，他端起土枪往敌人阵地猛冲，想夺取敌人正咆哮着的机枪。

整个蓑衣山就是在这种有领导、有组织的万众一心、坚强勇敢的对敌斗争中得到了解放。

卢　军

附录二：4个家庭调查

一、王有文

30岁，撒尼族，贫农，村农会副主席，文盲，未婚。母亲已75岁，眼快瞎，但能看家，摸着齐麻线。妹妹28岁，未婚。另有一个小外甥。王有文兄妹俩是全家主要的劳动力。

没牲口。农具只有1柄镰刀。自己有小块土地，年成好收苞谷1斗4升多，不好收不满1斗；另收荞子4升多，洋芋5挑到6挑，只够吃4个月。将苞谷荞子磨面蒸疙瘩吃，以辣椒、南瓜或嫩荞叶作佐食的菜，没油，煮熟拌盐巴吃。从1月到6月掺吃树叶（拌面），主要是酸枣树、秋木和棠梨花几种。平常无肉无米吃，六月二十四日火把节和冬月密枝节（很隆重），才跟全村一起吃点牛肉或羊肉，五月端阳买点小粉挂面，八月中秋节吃点土糖饼。

不够吃，靠卖工弥补。山上少人请，偶然有工价也低，他两兄妹每年都下坝子去。三月挖田，四月插秧，五月拔草，七八月掼谷子。每天可得一两合粮食（每合重2斤），或半开两毫到三四毫，妇女比男工要少1/2或1/3不等。他妹妹还打松子，通常每天打1合（8合1升），每升约值半开1块；或上街卖柴，最大一挑可买半升苞谷，柴少只买两合。

自己织麻布（宽约4市寸），拿麻布换棉布穿。从生麻到搓麻线、织成布，要费10多道手续，很麻烦。为了交换容易，还要缝成麻袋（坝里汉人收稻谷用，销路好），35卡长做1个，3对麻袋换1件棉布，可缝两套衣服（上衣短到臀股以上）。现在一家穿的小洞大洞，破烂不堪。

房子和一般穷困的撒尼人一样，一排3间，土墙草顶，已很破旧。进门右手关牲口的一间空着，正室内除一盘石磨外别无家具，客来坐在地上，仅灶房内有一架木棍绑的床，是他母亲睡的。冬天来了，全家都挤在灶房里，因为没有棉衣，没有被子，披上蓑衣或一件老羊皮背心，抵不住寒，冬天灶房里昼夜都烧着火，尤其在晚上，没有火冻得睡不着。

未解放前，旧政府派款派粮，有时连一碗粮食都出不起，被乡公所关了好几次，关起来也拿不出，又放了出来。此外别无负担（村里本族的人照顾他，上面派下来大家不给摊）。解放后，1949年的公粮自动出了1碗，王有文说，他是贫农团，要起带头作用，但多负担没有力量。

反动统治时期，他和妹子可以下坝卖工，赶街子卖柴草，生活还勉强过得去，从村里展开了武装斗争，他参加民兵，坝子和街子都不敢去，有时家都不能回，庄稼也丢荒了，一家人全靠他妹子苦撑，生活困难得难以忍受。

现在家里每天吃着尚未成熟的苞谷，收完也就吃完，王有文只嗨嗨地叹气发愁："莫得吃，比（没）有办法！"

王有文在解放斗争中认识提高了，虽然他活了30多岁就没走出过圭山，对外面知道得少，但他对反动派痛恨入骨，对同志亲热得很，外面和他谈话，发觉他敌我界限是分明的。

但他曾向我们说，他们贫农团的人，都养不起牲口，没有粮食，没有本钱，不识字，没人会做生意，现在贫农团已经组织起来，但只有几个人，想开荒，又没粪草，庄稼还是盘不好，现在连播荒的种子还没有。王有文向我们说："把困难跟你们说了，带去给毛主席，叫毛主席想个办法。""我们贫农团比得办法，从前能够借，现在大家比得，彝家比得，汉人一样比得，都穷了。"他计算到明年的种子就没有问题，他说："我们今年收了荞子，各家把种子留在一起，不然都吃了，明年又比得种了。我们贫农团想这个办法。"

解放了，不拉兵，没有苛捐杂税，村里的事是自己人管，在这方面他很高兴，现在愁的是生活。

卢　军

二、普金存

撒尼人，现在70岁，本村中农，因年老力衰，已不能劳动，文盲。有3个儿子，大的42岁、二的35岁、三的30岁，都在家里种庄稼。另外有3个儿媳妇、5个孙男、5个孙女，全家合计17个人吃饭，有两个孙男上小学，其他几个年龄还小，既不能参加生产，也没有进学校。

自己有山地30架牛，今年因水太多，靠近湖泊的地已被水淹了。7架牛的地全年收入杂粮，共14.95公石，仅够9到10个月食用，其余几个月就依靠打松子，或织麻布，卖柴草或小羊来换取粮食弥补。家里有耕田黄牛4头、山羊24只（每只小羊值银币三四元）、大小鸡5只、小猪2头、石磨1盘、双牛木车1架、木犁2架、锄头6把、木耙2架、镰刀5把。妇女们闲暇时搓麻线，积存相当数量，即用最简单的木机织成麻布，或添制衣服，或缝成口袋到街上换棉布、盐巴。每年冬春雨季榨取羊奶，制成乳饼，每头乳羊平均一年出产1斤零二三两，每斤可换盐巴1斤半。也要到山上采松子，平均每人每日可采得半升，每升零售价半开银币8角，或换取盐巴斤多到2斤。

本年公粮评为本村一等户，已交4公石5斗，比较反动派统治时代已减轻2/3。

除老弱外，终日勤劳操作，尚不得温饱。因地土瘦瘠，石头又多，农产不丰，主要食物为荞、大小麦、苞谷、洋芋等。多数山地为休耕地，每3年分种两次，水秧田仅占全村耕地的1%，为一季田，肥料不多，故田地多不施肥。蔬菜也很少，每年仅雨季得少许绿菜吃，干季无绿菜可吃。

本乡解放后，革命政府照顾穷人，已把苛杂门户摊款完全取消。很感谢毛主席和中央人民政府。在解放战争中3个儿子都参加了武装斗争，现在一家人也是靠三弟兄勤苦地干活，才有吃的。

吴静山

三、张有

撒尼人，现年72岁，贫农，身体强健，尚能劳动。妻，张李氏，年65岁，亦是撒尼人。儿子张福生，9岁，家境困难，无力供他读书。女名张姑娘，11岁，未读过书，帮助家务，捡柴、剥松子、剥麻。长甥女一人，26岁，早年出嫁，后因丈夫嫌她笨拙不能做活计，被遗弃4年，依靠老人生活。另一甥女，3岁，因她母亲死了，自己接回抚养。全家人口共计6口，能参加生产劳动者仅3人。主要依靠自己耕地挖田，其余的只能做辅助工作。所以生活很苦，衣服褴褛，饮食极为粗糙，一年到头只有全村祭密枝神那天，才分得点牛肉吃，此外就没有机会吃到肉食，大米饭也不易吃到（因为自己没有水田，只有两块山地，土薄地瘦，收成不好）。

家里耕地仅有两架牛，全年总收入仅够维持半年，其余不足之数，用松子、麻布换取苞谷等杂粮吃。每年中最困难是四、五、六3个月，借贷不着，只有吃山茅野菜，如荞叶、蕨、薇及嫩树叶等。自己有老黄牛1头（尚可耕田地）、母鸡1只、小鸡2只、磨面石磨1盘、锄头3把、镰刀2把、斧子1把。

老妻近来眼目昏花，只有在家搓麻线给大甥女织麻布，添制家人衣服，或缝成口袋到坝子上汉人家换点粮食及盐巴。七月间全家出动到离家五六里远采摘松球烧出松子，最勤苦的每天一人可以得半升，不然只有几碗，自己舍不得吃，常用来换盐巴。本村办事人尽都晓得他的生活很苦，所以一切公款公粮都没有让他负担。

吴静山

四、杨佩仙

撒尼族，女，30岁，本村新寨人。丈夫叫黄有才，30多岁。小孩年3岁。前些时村里选她做妇女会主席。据说她过去是一个巫婆，专门替人家治病。附近很多人来请她，解放后还是否在做，详细情形就不得而知了。她本人很精细干练，对人很和蔼，在家庭中她占主要地位，丈夫是服从她的。例如她说："娃子她爹什么也不会说，来客也不会招待……"持家很有条理，家中屋子里面比一般老乡住的要整齐干净得多，她在群众中很有威信，曾到过很多地方。

家里有两块山地（亩数不详），还有一块小菜园子。有耕田黄牛1头、山羊20余只、猪1头、鸡七八只、狗2条、纺麻机1架、石磨1盘、火枪1支。丈夫耕田，她在家纺麻或牧羊、养鸡、养猪。有时丈夫也去牧羊。家里还有3间带楼土房、小型场院1个。一般说来，在本村是比较富裕，除一样地吃苞谷饭外，间或还拌大米吃，这是旁的人家办不到的。据说今年因水太多，在低洼的苞谷和杂粮全被水淹，恐怕收成不会好。

她说因为这个村很不封建，故男女都一样地劳动，一样地享乐，有时女的是比男人多劳苦些，例如"男子在休息时，我们还在手不停地做家务，搓麻线和织麻布"。女子的婚姻主要是自由恋爱，旁人不能干涉，"可惜我们读书识字的太少"。

吴静山

附录三：群众要求

（一）山地石头多，土又薄，不长庄稼，同时在坝子上，每年下雨多了，地上就会冒出水来，把庄稼泡掉，生活非常苦，望政府能帮助改善。

（二）现在农会发动大家开荒，荒是开出来了，但是没有种子，望政府帮助6公担的种子（玉米种、荞种、麦种）。

（三）村中学校的经费很困难，还打算把这个小学扩大到六年级，还想请上几个比较好的老师，这也需政府照顾。

（四）民兵的枪支，都是火枪、土枪，非常笨重，可能的话望政府给4挺机枪和十几支子枪，土匪来也就不怕了。

（五）前年闹霍乱，村里死了20多口子。还有肚子痛死的也很多，害眼痛的也不少。希望政府给拿点药来治一治。

路南圭山区材料之四

——尾则村调查报告

中央访问团第二分团

1951年2月出版

路南圭山区材料之四

——尾则村调查报告

编者声明

这些材料是我们从1950年8月29日至1951年1月31日（其中大部时间是在行动中），先后在圭山、丽江、保山、大理、武定、楚雄等地区进行兄弟民族访问工作中，通过当地干部、民族代表及熟悉当地情况的人士所了解的一些情况。为应各有关机关之急需，仅将原材料加以整理，尽量避免主观分析与结论，在文字上仅要求念得通、看得懂。但由于是短期的访问与了解及仓促整理，情况难免不真实或不深入，观点难免错误，文字烦琐或不通顺。故仅能供各有关机关进行民族工作的参考或进一步考察的线索，并望于今后的调查研究，加以校正。

1951年2月　日

一、一般情况

尾则村位于圭山区最西南角，距滇越公路10里，有支路通达。又为路南到泸西之交通孔道，第三乡乡政府所在地。据说在500年前为彝胞聚居区，300年前汉人地主下乡，始成杂居村。后经清末回彝事变，汉人逃徙死亡，又一度全为彝胞聚居。最近汉人陆续移入，今则彝胞139户，汉人仅13户，不足全村户数的1/10。彝胞纯为农民，汉人则兼营商业。

二、民族关系

（一）解放前的民族关系

尾则撒尼族与汉人杂居的年代，传说不一，约达300年之久。最先尾则由汉人金士司统治，之后被徐老官继承土司位。土司对平民有生杀予夺之权，撒尼族人民受尽其压迫和剥削。徐老官死后土司制度在圭山即归消灭，但其后代子孙仍为尾则的地主。全尾则的土地尽属其所有，分为18份——“份子租”，租给撒尼族耕种，比土司统治时的经济剥削减轻了些。现今徐乡长的祖父那一代，仍是尾则的地主，但已趋向没落了，土地已经逐渐入撒尼族之手。撒尼与汉族之间的关系已逐渐改变，但还不是已接近平等。徐景春乡长之父徐保仁这一代，开始由地主下降为农民，对撒尼人经济上的剥削更趋下降，政治上则已不是统治地位了，但还不是完全平等的关系。徐保仁之弟曾命佃户黄一民（撒尼）去为他盖房子，黄不去，徐就派人去杀他，伤他的手臂，至今黄一民已82岁了，伤痕犹在。徐士林曾把佃户李八（李凤书村长之父）打昏过1次。现李八已去世，但李凤书还记得这回事。这些都是距今50年以前的事，可见汉族地主虽已趋于没落，但仍存在着一些残余威风。到徐乡长这一代，已降到贫农地位，保有土地极少，尚不及撒尼族的贫民了。汉族压迫撒尼族的事已完全消灭，过去的已成为历史上的遗闻。在这里的汉族都能讲撒尼话，生活无上下，平时互相不歧视，仅在风俗习惯、宗教信仰上有区别。从前夷汉两族互不通婚，近年来已有汉人娶撒尼女子为妻的（如徐乡长之哥，先娶一撒尼女为妻，死后又娶一阿细女为妻）。同村和相熟识的汉人，只要会说撒尼话，都可以到撒尼男女青年社交和恋爱的场所——公房里去玩，并不受排斥。此外，在各种场合集会中两族打成一片，感情融洽得很。

尾则是个小市集，所以才有这些经商的汉人住在这里，他们的交易对象是撒尼族人民。经济上要受汉人的中间剥削的，但撒尼人还不能认清楚这点关系，并不因此嫉妒汉人。他们说：“我们种庄稼，他们做生意，各会一行，各守本分。”同时汉人经常也以必需品赊给撒尼，互相尚能调剂帮助。对撒尼人来说，是给了他们很多方便的，至于汉人的生活则一般不及撒尼族。

解放前乡政府里主要的是撒尼族负责，但汉族也经常有人参加在内。撒尼族在政治上不欺负汉人。过去保甲长之类的公事，有时是撒尼族有时是汉人担任。

至于在历史上撒尼族是受够了城里和坝子里汉族统治者和地主阶级的压迫、剥削和歧视的。如撒尼人进城上街受白眼，受欺骗、捉弄，甚至被辱骂为“死俘俘”，进学校受汉人师生的白眼、轻视。所有这些，直到路南城解放前，都还是普遍存在的。所以，撒尼族对坝子里的汉人是存在着仇恨心理的。他们怕下坝，怕与汉人接触，正是这个原因。

（二）游击战争中的民族关系

1947年冬，地下党派了许多干部进圭山来做民族工作，为他们服务。朴实的撒尼族感动了，他们说：“从来就是汉人欺负我们的，读书人是做官的呀，怎样会来和我们一样吃苦，帮助我们想办法呢？天下真是要变了！”撒尼族已经接触了新的汉族人，开始转变其几千年仇视愤恨汉人的观点了。

接着武装斗争展开了，尾则一些先进的撒尼族青年参加了滇桂黔纵队。汉族的知识分子干部们和撒尼人一道吃苦奋斗，开始用政治工作来消除民族间的隔阂，并不断努力培养撒尼族自己的干部。尾则村从东北蒋匪军退役回来的杨国忠（人称他为“东北”）被提升为护乡团某中队长。女知识分子李希龄当政治指导员，中下层干部尽量用撒尼族人，教育他们克服落后的封建意识和狭隘的民族主义观点。在地方上也培养了许多本地撒尼族干部。尾则唯一的一个共产党员，第三乡农会主席毕汝为就是在党的教育下，在艰苦的对敌斗争中锻炼出来的。几千年来汉族欺压敲诈撒尼人、撒尼人仇视汉人的传统思想和关系，从基本上转变了。

（三）解放后的民族关系

解放后，撒尼族的干部被提拔得更多了。山区的事务大都由撒尼族干部负责领导。就说徐景春乡长，他是汉人，祖先是地主，在旧政府时代也当过保长，但因他为人正直、刻苦、负责、有威望，与撒尼族无隔阂，开店铺还时常赊欠给撒尼人，所以撒尼人并不把他当外人看，而是像对自己撒尼干部一样拥护他。

解放后发生变化较大的是城乡之间的汉夷关系：现在下坝子进城已不再受汉人的歧视和欺骗了。前路南护乡大队副队长金映光（圭山撒尼族）对我们讲：“有一天路南县城街子上，一个撒尼族人去卖木板，卖给一个汉人，说定要半开或人民币，不要银圆（大头），因为拿回圭山用不掉。但汉人反口，偏说只有大头，没有半开和人民币，强迫撒尼接受大头，撒尼不受，汉人把木板拉上车要走了，撒尼没法，找了金映光，金与汉人讲理，汉商仍想愚弄撒尼（因为大头在乡下不值钱），硬说无半开和人民币。金生气，但仍竭力压抑，决定把木板拉回不卖给那个汉商了。后来汉人答应换半开给撒尼，金说：‘你反复无常，太狡猾，想欺负我们撒尼，如果不是在今天，一定要揍你！现在我叫他到别处宁可贱卖，也不卖给你！’”从这事可以看出城乡汉夷人民关系的变化。撒尼族已经有了觉悟，不再害怕汉人，也懂得讲理说法，不对汉人采蛮横无理的态度了。

当然因为经济上的不平等，城乡之间有矛盾，彝汉在各方面也有矛盾。现在尾则的田地，至少还有1/5以上还是属于城里徐姓地主所有。虽然经过减租，但还须交租，撒尼族还受着剥削。这剥削存在一天，撒尼人民就仍仇恨汉族地主一天。对一般汉人还不是完全相信的态度，思想上还有一些分歧，认为今天革命胜利了，“从前卖柴的是撒尼人，今天还是撒尼人”。“我们总是及不得汉人啰，不如汉人啰！”“别处革命成功啰，圭山区还没有成功！”这就是要求经济上的平等。

对于解放后所发展的民族关系的变化，一般撒尼族人民是认识不到的。只有个别才知道“今天确实不同了”，“我们同汉人是平等了，共产党一样看待我们！”

联络第一小组

三、政治情况

（一）政权组织

1.组织系统

早在1948年冬天解放以前，尾则村就废除乡保甲制度，成立了村政府，设正副村长各1人，下设6个居民小组，每组设组长1人，辖24户至27户。此外，沿着以往的旧规，设火头2人至4人，负责伙食招待杂务工作（即总务兼伙夫的人员）。

村长去年系轮换制，每月轮换1次。山区人民因生活太苦，终日劳动不得温饱，所以最怕“当公事”和“当头人”。当了公事就要负责，负责就要耽误庄稼，以致影响生活，所以村干部大多是轮流担任，而且换得很快，这是普遍现象。

2.干部情况

现在的村长是李凤舒，相当于中农成分，撒尼族，接任半年，工作积极负责，解放后曾当过两个月，这次改选又选中他，也不推诿。尾则为第三乡乡政府所在地，同时又是交通孔道，事情最麻烦，一天到晚仅送信一事就很多。如果村长不负责影响工作就很大。李村长很得群众的信仰，大家都说李村长好。只有李凤林（李凤舒之堂哥）不满意他。副村长李汝安，撒尼族，贫农，很负责任。居民小组长（现6个居民小组），都是贫农成分，中有1人为汉族，其余均为撒尼族。这一级干部因系轮换制，觉悟低些，工作也少些，是一推一动、不推不动的。

（二）群众组织

1.农会

尾则村的农会是普遍参加的，撒尼族除群众自定的4家“富农”外，全部参加。汉族除1家纯商人外，也全部参加。会员每家限男性1人，孤寡不参加。农会设正副主席各1人，下分6个小组，基本上按居民小组编成，仅小组长不是居民小组长而已。去年夏季和冬季，农会曾以小组为单位组织过开荒，用变工队互助方式，牛工换牛工，人工换人工，主人只供给中饭。基本上是按“自愿结合，等价互助”的原则的。同时对无牛者，则由有牛者义务代耕，但未造成普遍运动。每家都多少开了一点荒地，今年有部分小组也开了一些。但因粮荒，生活无着，更无法搞运动，干部忙于征粮，未做组织领导。去年和今年，征粮时的农会主席是杨××，据说很不负责，在征粮展开评议中，曾偏袒亲戚普维兴（中农），暗地通风报信，叫普转移隐瞒粮食，被群众检举罢免。改选毕开忠、毕汝德为正副主席。两人为中农成分，在征粮中曾与村干部共同负责评议，起了配合的作用。汉族虽参加农会，但主要是做小生意，很少参加活动。农会本身组织不健全，一切工作都陷停顿状态。

2.民兵

第三乡民兵队大队长徐晏林，汉族，本村人。管着新发下来的轻机枪1挺、步枪4

支，全队战斗员120多人，下分3中队，每中队战斗员40余人，尾则与其他几个村合组为1个中队。

尾则有一民兵队，共60余人，全村青年、壮年都组织在内，下分3组：战斗组18人，都是勇敢的青年，可惜无好枪，只有土枪；余编为情报和运输两组，分别负责跑情报和送粮草。过去战斗组是负责放哨的，去年曾配合他村民兵在蓑衣山一带阻击过敌人。在反"扫荡"中敌人常进扰尾则，民兵无组织，故比较散漫，解放后只担任通信工作。分队长李春文，撒尼族，贫农成分，觉悟高，工作负责，敢说话。

3.妇女会

妇女会在农会成立不久即组织了，但仍不健全，领导上没有重视，故无具体帮助。极少开会，不做工作，未并入农会。现任妇女会主席李一倍妻（撒尼），副主席徐乡长妻（汉族）。妇女无论撒尼、汉族均参加。觉悟比男子低些，不易组织起来。

刘杰、叶永镇

四、经济生活

尾则村的经济大半是自给自足的农村经济形态，仰给外来的只有盐和布。贸易的情况仅具一点雏形，村民全以务农为业。

（一）土地分配情况

从整个圭山区看，95%以上都是贫雇农。所谓田地大都是雷响田，靠天下雨决定收成。真正利用到水利的只有占极少的洼子。

尾则村的洼地靠尾则长湖灌溉的有435工，其余是靠积雨水、死水灌溉的有200多工。总共本村稻田700多工，山地有一百四五十架牛（以牛耕计算）。水田1工，年出1斗[①]谷子（合160斤）。山地收苞谷每架地1斗4升（有时只收到三四升），种稗子年收1斗2升（稗地3年只能种两季），苞谷地可种1季菜籽。

本村田地的所有权原属路南县城汉族徐家的。现在地主还有徐子久、徐景怀、徐大理（住城内），另外徐景春（现任乡主席）、徐大显、徐大光（皆住本村，已成自耕农或贫农），都是地主的后代。四五十年来，徐家子孙繁衍分了家产，先后卖掉本村4/5以上土地。全村水田、山地、屋基地、墓地，原系分成18份租出的，后来分成42份。现在已购买零碎，成为150多户的自耕田地了。

种田最多的现在是李宝成（24工）、李凤林（22工）、毕汝成（20工）、普维兴（17工）、李凤鸣（16工）5家，是本村第一等。5户占全村总人口3.3%，占有本村土地的

① 斗，按其重量看，疑当为"石"。下同。——编者

14%。一般农民都是种三四工田，最少1丘地，没有半工的人也有，此外尚有4人种半工水田的。

根据本村水利簿子记载，靠尾则长湖灌溉的435工水田分配情况如下：

1工至3工半田80户，占户数的66.7%。

4工至8工田32户，占户数的26.7%。

9工至12工田2户，占户数的1.6%。

13工至15工田3户，占户数的2.5%。

16工至20工田3户，占户数的2.5%。

现700多工田内有1/5是地主的。每工田的租子原来看田土出产的好坏定的，一般农民反映“租子都还轻”。根据村主席李凤舒租徐家较好的水田4工，一年的收成6斗四五升（160斤一斗的量），年纳租2斗5升。过去的一切公粮、杂款都归田主出。一般的比例都差不多，大约田主得三成，佃户得七成。山地的地租很少，且有休息荒期，地租也各不一律。

本村农民租地没有转租、招小佃的事，都是祖上遗租下来的。每年照纳租谷，不种了就退给田主。租田时订有永佃权，田主不能随便收回田地，田主卖田只有原佃户才能买，除非原佃户不买才能卖给其他的人。过去田主要卖田佃户一时又没有钱买，即以田作价，佃户交出一部分钱，其余作为向地主借贷，加利分期偿付。租田时没有押金，承佃人空手佃来，按年纳租。田主住本村者，租谷送到他的家。住在城内的，派人下乡卖去租谷折价带去，或送一部分碾好的米进城。水灾天旱，佃户向主家要求减免一点租子。

关于本村四周山林的运用是这样的：东南西三面的交界山上可放牛羊到2里光景，北面过长湖1里半就不能放了。这是多年来的公约。外村人可到山上来放羊，但不能砍树。长湖的水利纯运用在本村，外村不能引导去。435工长湖水田是本村的主要水田。

关于减租退押的事，一般农民对此不感兴趣。主要是自己的田，旱地租子较轻微。地主的水田只有百多工，租地的人并不多，而且是无押可退的。

（二）换工互助

在本村解放前，就有自由结合的换工，解放后农会小组领导，成绩更好。

1.人工换法

农忙时人手少，可以请邻家来帮助耕锄、收割，将来他家耕种又由我照样还工，伙食每天供3顿。农会主席和6个小组长是管换工互助的事。如看见村中某家收成没有人工，可以指挥小组长找人换工。要是被帮助那家太穷，伙食就由各人自带。

2.牛工换法

没有牛的人家要犁地时，可以找人换牛工。借1架牛（即来1个人、两头牛）要归还3个人工。1个牛工抵1个人工，因此没牛的人家并不困难。

3. 借债抵工法

本村借债有借半开的，有借粮食的。利息行年利，如不能出息，可以用工代，没有一定的交换比例。借债者看债主的需要而定，大都做下田掘地工作，伙食由债主供给。但只是抵还利息，本金必须照所借的如数归还，不能短少。如凑得出利息的，不能用工抵利。

4. 公地互助法

本村有块3架牛的公地，每年由农会主席等主持，轮流选出村民来耕种。被选者自己带伙食，穷苦的也可由公家供给。收成归公，作村镇经费。

（三）副业

全村出产的粮食平均一年至多可吃三四个月，可以够吃全年的只有10多家，够吃半年的不过五六十家，其余只够吃两三个月，不够吃的就靠副业维生。他们的副业有以下几种：

1. 烧炭

村界内的山上，森林茂盛，根据村民反映，“现在的树木要比二三十年前多得多了”。村里有公约，两里路以内山上的青松、果松、刺板，这些树木不能砍伐。其余杂木，村民有半数以上掘出树根来烧炭，挑到路南城去卖。专烧炭的，一年可烧七八百斤。冬季炭价高，百斤炭可换六七十斤谷子，平时百斤炭可换三四十斤谷子。本村每年约烧炭万余斤，百斤炭卖5元半开。

2. 帮工

做短工混衣食。二三月下坝子（附城各地）割蚕豆、掘地。七八月女人下去割谷，男人下去打谷或挑运。

3. 织麻

家家种火麻在山上，妇女们白天都在田地工作，有空两手就绩起麻来，每天绩麻到深夜。男人用麻布做衣裤，妇女们用自织麻布换青布来穿着。以前销个旧锡矿工人，现在销路不好。平均每年每家可出3个（每个3丈）麻布。如种麻过多，可将麻交别人代织，织好各分一半。八九月挂谷子要麻袋，村里要出200多只。一双麻袋卖6个半开，好麻还可作底线。

4. 牧畜

利用山荒牧牛羊，全村约有水牛50余头、黄牛百余头、母牛小牛百多头、300多只羊、百多头猪。每年要卖出三四十头猪，猪油拿去换盐。鸡和蛋零碎赶街子时卖掉换粮食。年出百多斤乳饼，二三月价高，1斤可换1斤盐。

5. 其他

山上长的松子、核桃和瓜子卖来换粮食，每年可收2000多斤（10月份才收），卖后大家平分。

（四）一般生活消费及负担

本村人民生活勤苦，天亮下田工作天晚回。大多盖着草席，冬季烤火塘，住瓦屋，但很破烂。一年四季吃杂粮，四、五、六月吃芋头，七、八、九、十月吃苞谷，以后吃稗子，没有菜，用一点盐水拌食。

都不习惯种蔬菜，只在山地种萝卜，其他瓜类、豆荚种得很少，青菜白菜都向外买。腌菜从路南城买青菜来做，野蒜（糯黑、雨胜、沃春衣村野生）向外拔回用盐泡。老花菜是用菜籽没出头开花时的叶晒干做成，棠梨花菜是用摘下的花煮成半熟晒干捏紧。

过去借债很多，并向外村借债（如糯黑村），现在放债的人没有了，但村民还有少数借了债没有还清的。过去借债借半开1元年利半元，粮食1斗年利5升。现在政府规定借银圆的利息照旧。借私人粮食1斗，年利不得超过3升。公家利1升。

每年每家人平均要用河西的青布及粉蓝布两个多（一个布8页，一页用手指量14拃，一页1块8角半开）。大多用自织的麻布去换，3尺麻布换2尺青布。毕如成的家庭生活较好，种田20工，一家六七口人，每年买或换六七个布。麻布机村民能自造自织，不能造也不会用土布机，所以洋纱在本地无用。

村民生活简朴，无浪费的事。婚事不铺张也不需要外人帮忙。丧事大家自动来帮助，并带来需用粮食，以表示慰问。

家主死后继承是这样的：一切土地房屋什物儿子平分，女儿无份（可以得一点私房），不能平分的东西及其他物按值均分。没有儿子的，女儿就得招赘，可以继承一切。无子也可以由兄弟侄儿继承，但生前得好好服侍供养，否则老了无人管，就自己卖光不给人继承。

抗日战争前，一般生活较好。抗战后，反动派官吏压迫，土豪恶霸逞凶，天灾人祸，生活苦，村民多吃老母猪菜、苦刺花、节二菜等。反动政府还不断抽丁。抗日结束后，一切稍好转，减了些公粮，生活稍好。

就负担来说，在国民党统治时，土地没有丈量的很多（黑田），不上粮税，其余丈量过的都纳粮。派款也很多，如乡公所的伙食费、门户款、兵用款等。耕田税一项，李凤舒家7工田3架地就要出1公石12斗。乡保长杂款，平均每户在10元半开左右，另外村内修路筑堤开会平均分摊。解放后杂款是完全没有了。公粮较原额多了。李凤舒的7工田3架地要出2公石2斗（李只上了5斗，其余一时交不出）。全村公粮共负担283公石9斗，分成14等（1949年度的。以后调整为221公石），已交的约1/3或1/4。只有乡长李凤鸣家交齐，其余还有两个较富的李家交齐。一般群众对解放后的公粮反映：认为现在各户都要负担了，过去的黑田和没有土地的都要负担了（按户分配负担，最高14公石8斗，最低1公斗，赤贫也有免的），普遍比以前重，头等出收成1/5，次等1/8，三等1/12，末等1/20。

（五）小手工业情况

本村小手工业所制造的都是日用必需品、工具等。就调查所得，全村仅有几户做手工业的，且都是由汉人在本村经营者。

1.铁工

在尾则村街子上，只有一家铁店，老板名李国柱，和两个工人，都是单身汉（其中一个是李的儿子），工人的月薪8元半开，供食宿。店铺是租的，年租米32斤，共5间屋子。从路南城买生铁或废铁回来，一年要打4000斤。15里内的少数民族，都找他打工具，甚至20里外的人也找他。

从前本村有一位姓陈的汉人打铁，已搬走，李国柱来本村已七八年了。

打得最多的是锄、镰、弯刀、斧子4种，其余的铁器也打。从他买来的铁价和制成品对看，获利是很大的：一把2斤重的锄卖5元（买铁3毫一斤），镰刀、弯刀、菜刀不及1斤重，2元一把，除煤及铁损耗、人工伙食外，每件物品有对本利润。

撒尼人不会打铁，也不愿学，一切生产工具必须从这个铁店买或换。

2.木工

本村现有1个木匠，名张家富，专门在本村做一些用具。撒尼人建屋大多自己动手，先筑墙，再立柱、砌土砖。石灰从陆良绿水潭运来，大木板从糯黑村运来，陶器由摸摸村运来，瓦砖自烧，瓦工从陆良来。村内彝人也有两家能做粗木工。

3.豆腐店

撒尼人不会点豆腐，本村头有李姓汉人开豆腐坊，街子上徐姓汉人也点豆腐。撒尼人用豆子来换或买，点1升豆子的豆腐，给1升豆子的工钱，生意很好，尤其在八月间豆子下来的季节。

4.烧酒坊

汉彝人做烤酒的都有，用玉麦烧，过去有9家，年出数万斤，现在只有三四户，合并用一个灶，轮流烧酒。白水酒值六七毫一斤。

（六）贸易关系

尾则村市集（街子）在村西小坪上，两旁有稀落店铺八九家，6天赶一次集（即7天赶两头）。本村赶集的日子，从天亮就来了，卖盐、布、油及零星食物如糖、黄烟、针线，小贩转卖鸡蛋、羊皮、麻布，二三月有乳饼，正月有猪油。这些商贩9/10是汉人流动做买卖的。开店铺的必须把他的货物从店里搬到街心去，一般少数民族不习惯到店里去买物或换物。来此赶街子的，最远有40里。

少数民族不会做买卖，他们到街子大多不买也不卖，只是东西换东西，任便商人给他多少（此地交换情形较好，商人按照等值加上自己的利润）。有的商人换东西后，又转手卖给其他收购的商人（如鸡蛋、麻布等）。

这个市集交易很小，据一般村民反映：日子过得好的年岁，交易比较好些，赶一次街子总需盐百多斤、香油（菜油）七八十斤。本村每年需盐1万斤到2万斤，河西土青布每年需用三四百个。村民反映："希望设立贸易公司收购麻布及运来盐、布。"

本村及其他村镇还在使用半开、银圆、铜币，原因是国民党反动统治时钞票急剧贬值，币制东变西变，少数民族受骗太多，害怕纸币，到今天还不愿用，即硬币也不大肯用，能交换还是交换的好。所以，从本村贩运鸡蛋、羊皮等的商人，卖了货不能将人民币运回，只好买盐回村，货多了盐价较低，与昆明市价差不远。

在闲日街子上没有大交易，只二三家店铺打开，供附近人家打酒、买黄烟及一切必需品。此外就是往来路南、泸西的马帮经过本村，在此打尖吃饭（杂粮）、宿店（有两家小饭铺，又是夜店子）时买些东西。

在街子住家的都是汉人，共9家，不种田，专靠做小买卖维持生活。汉人来村住较久的是徐姓一家，其余几家都是近20年内迁居到这里的。

街子上最大店铺一家，卖日用必需品。老板刘国光，江西人，三四年前来，娶妻后，住下开店。乡主席姓徐，在其对面开有一个小店，刘徐两人是郎舅关系，所以货物是互卖的，其余有卖凉粉、碱粉、卖饭的和卖铁器等。

刘国光店铺打开不上3年，本钱约合谷米五六石。他卖的货物，可略分类列出：

（1）卖与学生和干部用的粉笔、钢笔、纸、墨、电筒、电池、煤石（点灯用）等；

（2）必需品：盐、布、菜、油、针、线、黄烟、酒等；

（3）一般日用品：香烟、肥皂（彝人不用肥皂，用白泥洗涤）、毛巾、泡菜、火柴、神香、迷信纸、鞭炮（彝人过年、祭神、死人用）、糖饼、茶叶、绳索及一些治急病药品（如十灵丹）等。

刘国光本人有时到昆明办货，有时贩鸡的人没有本钱，他借本钱给他们在集上收鸡到昆明去卖，回村给他带货，不出脚力。

本村街子过去生意还好，由于马帮经过，一天总有百多人。自从公路通了后，马帮过得少了，所以街子的生意也就冷落下来。

李志纯、李尧东

五、文化教育及风俗习惯

（一）邓神父和天主教

尾则（Veit Tsay）虽然是一个撒尼（Nij）族群居的村落，在文化教育方面受天主教影响很大。撒尼人目前还保存他们自己的语言，但认识撒尼文字的只有两种人：一种是职业宗教家——毕牧（Bem），他所精通的只限他们自己的经典；一种是天主教徒，他们能认识的也只有用撒尼文印成的小问答。很显然，这两种人都是依靠两种绝不相容的力量而生活着，因而他们所保留下来的文字也绝不是一般撒尼人所需要的。尾则的学校教育和法帝国主义的入侵有血肉相连的关系，而圭山学校在解放战争中所起的骨干作用，也绝不是法帝所能预料到的。

邓神父，法国人，名字叫作Paul Vial，到中国以后，起了一个汉人名字叫邓明德。这是他为了接近当时的小资产阶级的学者们而倾向儒家的第一个明显的标帜。1880年他到了云南路南，这时他手里所捧的不只是一本《圣经》，而且还有两个法宝：一个是宣传民族“平等”，一个是办学校。尾则村的老年人，至今还记得他的话：“你们叫汉人欺侮成这个样子，还不赶快念书。”邓神父首先在路美邑办了一个学校，54岁的李凤鸣，那时才13岁，同毕印斗一块到路美邑去上学。李凤鸣说过：“邓神父有钱，贴得起，供饭，还供衣裳。”后来他还在青山口、海彝、尾则都办过学校。

1909年，他带着27岁的毕印斗去到了香港，由毕读音，他注音解释，出版了唯一的撒尼文字的字典。这本字典他给它取了一个名字，叫作*Francais-LoLo*，并且还制了一套撒尼文的字模带回来，放在青山口经堂内；同时还出版了用撒尼文写成的小问答。这是教友读的经书，也是邓神父“忠实”于他的信仰用来欺骗撒尼人的法宝。至今尾则村的老人们还称赞他：“只有邓神父印过我们的书。”

邓神父在尾则村时，天主教的活动是一个权威时代，全村信教的户数达2/3以上。现在尾则村居民152户，信教的49户，占全村户数的1/3弱，全村居民800人，信教的共339人，占全村人口的42%强。1950年领洗的只有3个小孩。

有一个现象值得注意：我们曾访问过几个教友的家，他们都不承认是天主教徒。另一方面是以尾则村长李凤舒为代表，他不仅承认自己是教友，而且斥责毕牧是“他们异端的端公”。他说他也不参加“异端”的密枝节。

现在尾则村天主堂负责的神父姓云，据说1950年的全年经费是550个半开，由昆明总堂发给，而总堂的经费来源则仰给于罗马教皇。尾则经堂现有神父1人、用人2人，经常的工作是：

（1）弥撒——每天早晨云神父做弥撒。

（2）礼拜——每星期日早晨举行，吹牛角集合教友。今年做礼拜的人不很多，通常只有三十几个人，并且是女子多于男子。

（3）治病——天主堂内经常备有阿司匹林、奎宁、消炎片、泻盐、碘酒、红汞、硼酸粉、眼药、纱布等。每天来医病的总有三四人，医治的病症以眼病、疥疮为最多。神父不只在经堂内门诊，而且还到外面治病。有人从山上摔下来，他就背着药包到山上去医治，并且经常地到病人家里探问病况。

（4）参加婚丧礼节——凡是教友结婚，必在经堂内举行，并且由神父主持结婚典礼。非教友结婚，神父也参加庆贺。遇有丧事，神父必亲自前去祭奠。

（5）家庭访问——家庭访问多半在夜间举行。神父到他们家中去，大家围在一起谈话。在这个有意无形的座谈会上，除了团结撒尼人以外，还给他们讲些《圣经》里的故事。

（二）学校教育

73岁的毕宽老大爹说过：他们这一辈人，只有3个人认得字。李凤鸣、毕印斗都是在路美邑学校念过几天书的。1916年，邓神父在尾则村办了一个小学校，校址在今乡政府。全校有八十几个学生，分作4班，有两个教员：一个叫杞如柏，是一个天主教徒；一个叫沈光先，是一个汉人。学校里的功课有两门：一门是国文，一门是天主教义。经费全由天主教付给，学生上学不要什么学费，清寒一点的还给他们缝衣服穿。1917年邓神父死后，这个学校变成官学，由尾则村来办。哪家的孩子去上学，就得负责一部分学费，因而上学的人数大减。村里人看到这情形不对，就决定不收学费，改由门摊户凑，学生又增加了。这是尾则学校教育创始的一条曲折的道路。

1937年，张冲副主席倡办圭山学校，9月间开始建筑房子，当时的开办费是滇币2000元。1938年春开学，把村里的小学并在一起上课。开学时共有3班学生：五年级一班，三、四年级一班，一、二年级一班。校长叫张世合，会泽人。教员5人，学生约120人，其中有女生5人。汉人占全校人数的10%，教员中只有李凤林一人是撒尼族。不几月，开始创办师资训练班，一年毕业，学生的年龄有30岁左右的。师训班后来改为师范班，3年毕业。这批人对圭山区的乡村教育起了很大的作用。

继任校长曾飞庆，是天主教的神父。1942年前后，是圭山学校的兴盛时期。师范班2班，高级班2班，初级班2班（复式教学）。教员11人，共有学生320人，女生占1/10，其中以撒尼、阿细的学生最多，其次是汉人，再次是黑彝、白彝、阿哲等族的子弟们。他们都穿戴着本族的衣裳、说着自己的语言，彝汉之间没有一点隔阂。老师们对他们都是看作自己的子弟，不分什么彝人，也不分什么汉人。只有曾飞庆对教友们子弟特别照顾些。

全盛时期的圭山学校的全年经费，目前无法调查。只知道校长每个月的薪金是140斤大米，教务、训育两主任的月薪是126斤大米，级任教员每月120斤大米，校工每月60斤大米。云南省教育厅给师范班的同学每月发有副食津贴，但每班只有20名。学校处理这件事很谨慎，为了防止引起民族间的裂痕，把副食津贴全部平均分配给师范班的同学。这时候学校的设备也很完备：有1个小型图书馆，藏有《万有文库》1部（现在天主堂内）、《辞源》1部，有留声机1部、收音机1部、风琴1架、印刷机1部、挂图2幅、挂钟1个、课桌150张、黑板7个、床板20张。

应该特别提出的是在全盛时期我党和团的活动：这时候，毕恒光和赵佩兰都在学校教书，他们发动学生组织新民主主义政团同盟。毕恒光来往昆明路南之间密运枪支，建立武装，对圭西山区的武装斗争建立起广大的基础，对群众的教育和干部的培养也尽了很大的力量。

圭西山的武装斗争暴露以后，毕恒光被敌人枪杀了，大部分的师生都离开学校，参加革命。国民党反动派对圭山学校更是视如“寇仇”，起先只是不给钱，1948年的下年度就下令给路南政府停办这个学校。由于客观现实的转变、敌人的迫害，这个富有革命传统的学校就在1949年春季宣布停办了。3月间国民党反动军队二十六军“扫荡”尾则，对学校的破坏极大。老校工毕文林说，“样事都搞光了”，“门敲下来烧”。

1950年3月间，尾则恢复圭山学校，有学生30余人、教员2人。

尾则村能看报纸的只有十几个人，随便认得几个字的有百人的样子。认识撒尼文字的有二十几个人，扎实精通撒尼文的只有毕印斗、毕基光等三四人。现在保存下来的撒尼文字的文献只有放在毕牧家里的经典。全村妇女高级小学毕业的只有1个汉人，撒尼姑娘识字的有五六人。中学生3人，都是撒尼族的子弟。1939年李有义先生在尾则调查，统计受过中等教育的学生有两名，11年了，中学生只增加了1名，这个增加率足以说明反动统治对兄弟民族的愚民政策，同时也可以清楚地看出在国民党的横征暴敛下的撒尼弟兄的困苦生活。“饭都吃不饱，哪里有钱上中学？”年老的人经常把这句话挂在嘴上。

对于恢复圭山学校是全村人的一致要求，73岁的毕宽老大爹说：“以前很是困难，认几个字得跑到海彝去。”学校办起来了，“大家方便多啦！”“可是学校叫黄团搞光啦，很要几个钱才能办起来。”

（三）风俗习惯

尾则撒尼族的风俗习惯正在蜕变中：一方面受了大汉族主义的长期压迫，一方面受经济环境与自然基础的限制，另一方面还受了天主教的影响。3个力量加在一起迫使着撒尼族在内容上、形式上，逐步地有意无意地改变着自己的风俗习惯。这主要地表现在两个方面：一个是礼节的日趋简单，一个是极力地倾向“汉化”。这情形可以从下面几件事上看出来：

1. 婚姻

撒尼男女的婚姻是非常自由的。青年男女满了10岁以后，大都离开家庭，到公房去住。有的家庭，儿女长大后，父母特别收拾一间屋子，让儿女同他们的朋友们住在一起。1939年，李有义先生调查尾则时说有4所公房，现在只剩下3所了。公房和普通房子一样，里面有几张床、几张草席。公房的修补和设备是由使用的男女家庭负担的。一般说来，汉人和已婚的撒尼男女都不能到公房里来，只有未婚的青年男女才能在这里享受他们快乐的生活。白天，他们跟着父母下地干活，晚上回来，青年男子就到女子的公房去找她们玩，唱的唱，舞的舞，谈话的谈话。就在这样一个男女社交非常自由的场合里，他们让感情尽情地奔放，无拘无束，选择他或她喜爱的对象，于是，一对青年男女开始接触到结婚问题了。

结婚的首要条件是男女双方的同意，他们俩互相满意了，接着由男方的父母央请媒人到女方家去求婚。按照他们的习惯，第一次去求婚，一定不全答应，原因是女方的父母要争面子。第二、三次媒人去时，带着酒和肉，就在女方父母表示答应的那一刻，拿出来同女方父母一块吃，喝几口酒，谢谢天地，这叫作“喜口酒”。喜口酒吃过以后，男方选定日子，由媒人带着酒、肉、米、面到女家去办酒席给女家吃。除了女家的全家都来参加外，还请有亲戚。这一次叫作吃“小酒”。小酒吃过后，男女双方都准备结婚。由男方选定日子，媒人、新郎同陪郎带着酒菜、布、糖、钱、几件银器到女家去，大伙都在女家住一夜，办酒席给女家同女家请来的客人吃。第二天，女方办早饭请男方吃，吃完饭以后，新娘同陪娘、新郎同陪郎，还有媒人，都一块回到男家来，在男家住一夜。第三天新郎送新娘回娘家去，第四天新夫妇在女家整住一日，第五天一块回到男家，这一夜，新夫妇才开始同居。

因为他们的社交范围是限于几个公房，所以他们结婚多限于本村和邻村的几个村子，结婚时不坐轿，不坐车，也不骑马，完全靠步行，女家没有陪嫁的东西，等他们的女儿生了孩子以后，才把私房给他们女儿送来。

离婚和寡妇再嫁都是非常自由的。不过寡妇再嫁以前，一定要祭奠她的先夫。一般说来，尾则村的人，大都是一夫一妻制，只有个别人才有“多妻”的现象。“父母之命”的婚姻不是说完全没有，但青年男女所对付的对策是逃婚。

近年来，因参加革命的男女很多，同时，又受了经济条件的限制，结婚的手续简化了许多，只要男女双方同意就可以结婚了。至于由神父主持的婚礼，近年再没有一个人去“请求”过。

2. 丧葬

撒尼族不是一个实行火葬的民族，人死后都用棺材。所不同的是人死以后把头发剪下来，用丝线捆起，装在一个木匣子里。木匣刻上死者的姓名，放在神主上祭奠，然后选择一个好日子，把木匣送到山上石洞里去。这个石洞，每一姓人家都有一个，每年七月十五日，男人同小娃去石洞祭奠一次，祭后打开木匣晒一晒，并且把石洞打扫一遍。只有天主教徒例外。

撒尼族没有停丧的习惯，人死了，立即向亲戚朋友报丧，亲戚朋友得到讣闻，就立即赶来。来时按照亲近疏远的关系，带着不同的礼物，有的拉着一只羊，有的提着鸡、有的背着粮，还有拿钱的。他们来了以后，他们的亲戚朋友也跟着来做客，什么也不拿，白吃三四顿。客人到齐了，请毕牧念经，念经毕就送丧。如果一家人死了小孩子，亲戚朋友们都带着东西到他们家里来，陪着死了小孩的父母一块吃，表示安慰。

3. 节日

撒尼人的节日和汉人大致相同。主要的有：

（1）正月初一、二、三日，大家都过年，杀猪请亲戚、老人、医生来吃。正月十五或三十日，大家抬着酒去慰问在这一年内死了人的家庭。

（2）五月五日，有钱的人家吃挂面、吃包子，穷人就吃麦面粑粑。大家不下田干活，休息1天。年轻的人穿上新衣裳，在一起跳舞唱歌，年老的搭平伙吃酒。

（3）六月二十四日是火把节。这一天，全村的人摊钱买一条牛，把牛拉到村头的杀牛山上去，拴在树旁，由毕牧念经。经念完了，由这一年该班的头子来杀，不论贫富每家都分一份吃。二十五日夜，全村人合做一个大火把抬到山上去点，和附近的村子比赛，看哪一村的火把亮。这两年，没有这样做了，只是每家点一两支火把在门口烧烧而已。

据说，很古很古以前，撒尼人有一个大敌人，叫作木汉森，住在山上，很强悍，乱杀人。他手里有一口宝刀，念起咒语，谁看见了刀，谁的头就掉下来。这时，撒尼族有一位最聪明的人，他把几百只羊关在房里饿了3天，到第三天晚上，他给每只羊角上都捆起火把，把火点起，打开门，饿慌了的羊子出门就直往山上找草吃。木汉森在山上看见一片火光，却看不见羊，因而他念起咒语："杀火！杀火！"认不得杀羊。羊群到了他的跟前，他吓慌了，认为"气数已尽"，遂拔刀自杀。从此，撒尼人认为火能消灭强悍的敌人，所以每年在六月二十四日这一晚点起火把来纪念。

（4）八月十五日每家都买或做饼子，很少有人买得起从城里贩来的月饼。大家休息一天，到了晚上，把饼子放在簸箕里抬出去向月亮叩头。

（5）密枝节是撒尼人最隆重而热闹的节日，在每年冬月的鼠日到马日举行。鼠日这一天，由大头子两家、小头子4家，把毕牧请来，全村人买1只绵羊，把羊拉到密枝林里，由毕牧诵经，把密枝神接回来。经念完以后，把羊杀了，每家分1份吃。祭时不只是不准妇女参加，而且妇女们连密枝林也不准看见。第二天（牛日）由大头子两家合在一起请客，把全村人都请来，由毕牧诵经，吃酒吃羊肉。第三天到第六天（虎、兔、龙、蛇日），由小头子轮流请客，还是先由毕牧诵经，吃酒、吃肉。第七天夜（马日）趁着天不亮，由大小头子同毕牧到密枝林去，把密枝神送走。在这7天里，青年男女自由结合，欢喜哪一家就在哪一家搭平伙做东西吃。青年男女在白天成群结队地带着鸟网上山去打鸟。打着的鸟完全都送到大头子的家里，大头子给他们准备好一大锅一大锅的稀饭，鸟多的多吃稀饭，鸟少的吃得少。

据传说尾则村的密枝神是一位姑娘，村子里的清静全是她保护的。

4. 摔跤

在尾则村摔跤是一种迷信，也是一种娱乐。村子里不清净，死牛死马，他们就向密枝神许愿，保佑全家平安，大家来给神摔一次跤。摔跤时先是两人在一起角力，谁的背被摔在地上，谁就算输了，连输两次就再不能参加比赛。谁接连胜了两人，就算胜者，给他挂红色的或蓝色的布，布的长短不一。

一般说来，撒尼人借粮借钱，都不写借据，只凭说一句话就行了。他们的服从性很高，崇拜偶像。虽然大家都穷，但没有人要饭，饿死也不做贼。白天下田做活，大都不锁门，但也没有遗失过任何东西。至于他们的性格，有一句话——"宰一下不痛，划一下就疼"，这是最好的写实。

宋伯胤

附录一：群众要求与希望

（1）目前干部和撒尼民族，对公粮征收意见很多，有一个老人曾对区委说过：“我活了这大年纪，今年是顶难过的一年了，比抗日战争时还难过。”一般都说：“革命闹起来我们受够了敌人的罪，今天革命成功了，但是生活更难过。”对于征粮政策，几乎是完全一致地说：“合理的，应该交的，就是这两年游击队吃空了，敌人糟蹋多了，又是天灾歉收，今年在青黄不接的五黄六月来征，实在是交不出来。”

特别是在征粮中调整负担时，山区只得调整20%，而坝子里却普遍调整35%左右，他们认为不公平，“太不合理了”。他们说：“这不是照顾圭山区，而是要整死圭山区，不是照顾少数民族，而是故意加重我们的负担。”金映光说：“圭山打出第一枪，打错了。”

乡和村的干部现在已经不是“十室九空”，而是“十室十空”了。

（2）要求在圭山设贸易公司，供给盐、布等必需品，收买麻布、土产品，进行小股贷款，解决种子、肥料和其他生产资金。调剂食粮，尤其在五六月青黄不接的时候。

（3）恢复圭山学校。

联络第一小组

附录二：恶霸李凤林调查

李凤林，尾则撒尼人。现年40多岁，其父原为贫农，酿酒致富发家，买田地，生活渐裕。李凤林自幼读书，路南小学读完后，到昆明读初中，回家后即当学董（管理圭山学校及学田），从1940年起，当圭山乡（即今圭山区的大部）副乡长，至1944年升任乡长，直到1948年圭山解放。在这段时间，曾贪污四五公担，借征兵欺压人民。尾则村被勒索敲磕的有几家，人民切齿痛恨说：“李凤林是山区的妖怪。”李曾捉了杨国忠及其亲叔、堂叔3人去当兵，其堂叔因途中重病返家死亡，李就霸了他的遗产。李凤林先娶一妻，生女儿4人（大女儿今年已15岁），但因没有儿子，李遂在宜政村勾引一个寡妇，其妻不满，乃请村人黄炳兴到寡妇家去闹。李借乡长之势，派人杀死黄炳兴。抛弃原妻，遂与宜政村这个寡妇结婚。不久又娶了一个小老婆。现大老婆已回娘家生活，两个小老婆在家。李在他当乡长时修了一所四合头的新房子和在圭山学校门口的楼房。现有水田22工，10多架牛的山地，为尾则最富裕的人家。这些财产大半是当乡长时贪污的。

1948年冬圭山解放，李仍任圭山区长。到1949年7月群众检举告发，才由县府召集全区代表清算了他的贪污恶霸的罪行。分别具结限期赔出贪污积谷及抚恤黄炳兴之妻，赔出霸占杨国忠堂叔的田地、房财，并撤其区长之职，闲在家里。因对他很宽大，故威风未打倒。1949年冬，李调到泸西干校学习，后派到宜良专区做收发员，回家常带武器摆架子。贪污积谷未赔清，村里群众仍怕他，以为他又在人民政府当官，仍不敢说话。

尾则村比较富裕的有4家（李凤林、李凤明、李宝伐、普文兴），在今年征粮时企图拖延抵抗，不满政府的合理负担。李凤林经徐乡长多次说服交清，李凤明等至今仍未交清。本年他的大老婆提起婚姻诉讼，传李到案，仍背着枪来。

尾则小寨26家，全是毕姓撒尼族，其中毕忠亮和毕忠义为李凤林的心腹。本年五胜寨撒尼族受端公谣言说："山神位置不好，大寨人不茂，牲畜不发达。"就把山神庙搬到小寨的后山上。庙门仍向大家，位置也不重要。小寨多数人也不反对，但以毕忠亮兄弟为首的走狗们向政府（县）控诉说"自从山神庙搬来小寨后山，压着小寨的龙脉，闹得小寨鸡不叫，狗不咬"，要求搬回。两个月前李之走狗毕忠亮等造谣说："李凤林已当了宜良分区的专员了。"由上面这些事情看来，李凤林在尾则还有其潜伏的势力，保留一部分顽固的群众基础。

刘　杰

路南圭山区材料之五
——雨胜村·宜普勒村·水塘铺·宜政村调查
中央访问团第二分团
1951年2月出版

路南圭山区材料之五
——雨胜村·宜普勒村·水塘铺·宜政村调查

编者声明

这些材料是我们从1950年8月29日至1951年1月31日（其中大部时间是在行动中），先后在圭山、丽江、保山、大理、武定、楚雄等地区进行兄弟民族访问工作中，通过当地干部、民族代表及熟悉当地情况的人士所了解的一些情况。为应各有关机关之急需，仅将原材料加以整理，尽量避免主观分析与结论，在文字上仅要求念得通、看得懂。但由于是短期的访问与了解及仓促整理，情况难免不真实或不深入，观点难免错误，文字烦琐或不通顺。故仅能供各有关机关进行民族工作的参考或进一步考察的线索，并望于今后的调查研究，加以校正。

1951年2月　日

第一部分：雨胜村调查

（一）一般情况

雨胜村属路南县圭山区第三乡。这是在18个石头山的中心，有200余亩地山窝中的一个村落。村的中心有一水池，四周是起伏的山丘。贫瘠的红沙土质的地上，出产物和产量均极少。

全村所种的田地，水田极少，大部是山地、小山坡和各山间形成的小盆地。在这些田地中，青黄的石英还侵占一部分面积。到雨季时，各小盆地的四周涌出洪流，汇集成了水塘，淹没农产物到1/3，水塘共有8个。被淹没的田地有300多架牛所耕的面积。据当地干部说：这村实际人口约有100余户，其中汉族3家，约15人，余均为撒尼族。据圭山区第四乡草藏村毕庆星先生谈：撒尼族在明朝初期是住南京，因战争变乱，至清乾隆末年迁到云南大理。咸丰年间回族领袖杜文秀起义，后受清政府镇压的战争影响，乃于光绪年间迁居陆良。到陆良后又时常受到汉族统治阶级的压迫，才迁到现在的圭山区。

（二）政治情况

1.反动统治时代的政权形式及其剥削

国民党反动统治时代，实行保甲制度：每10户以上20户以下为1甲，每80户以上150户以下编为1保，满150户以上的村编两保。过去雨胜村和宜普勒村合编为1保，分11甲。有正副保长及甲长，由政府布置，两村老百姓推举，受政府委任。任期1年半或两年。保甲长不可怕，乡长就可怕了。这乡（第三乡）的乡长李凤麟（撒尼族人）是个恶霸，霸占过人家的土地和女人。他在圭山的革命与反革命斗争中用两面派，一面依靠国民党，一面又讨好我们，群众觉悟起来把他清算了。

表现在反动统治的剥削形式上的是“三征”：

A.征壮丁：有兄弟二人便抽丁一丁。抗日战争以来开始抽丁，到解放前共抽去30多个人。1个死在昆明，跑回来1个。现在有1个在广东（解放后已参加我军），有6人写信回来，有10多个已十几年无音信了。有的被抽时变卖土地、牲口（马、牛、羊等）以钱顶替，有把家务顶垮的，有的被抽走了，他家不能生产劳动，便由大家来互助（帮助），帮他家做活。

B.征粮：名目繁多，有a.征实（即征收实物），b.征借（向人民强借），c.征购（强迫买），在民国二十二三年，每亩中上等征6毫，中下等4毫，下等二三毫。每年上1次，逐年增加，例如：毕学书家有50亩地，1932年上80块银圆，至1944年上了2石粮（全年收获量共3石）。其他各家负担也一样重，如征不出，便扣押保长，后以粮赎。有时老百姓逼得逃上山去，被发现，便捆起来，求情取保，等收庄稼上粮，才放出来。

C.征税：有屠宰税、买卖税、牲口税、摊税、落地税……例如：杀一只牛，要上落地税，由几家分食，要上买卖税，故杀一只牛要上3个税，即买卖税、屠宰税、落地税。

2.反“三征”运动与武装斗争

反“三征”，即反对征兵、征粮、征税的斗争。本村的反“三征”的革命运动开始于1946年间。由本村镜得支与毕正才领导，镜与毕为圭山民兵组织委员（镜任过大队长，绰号“老圭山”）。组织护乡团，号召反“三征”斗争。开始是秘密的，晚上在山上秘密召集大家开会，放哨。当时的秘密组织有：A.情报组——侦察敌人、送信等；B.武装组——组织民兵；C.民运组（搬运组）——运东西、藏东西；D.食物组——管伙食。

每村有一个情报站，十几个人做情报员，送情报，把信放在衣服补丁处。若遇敌人，紧急时便把信吃下去。

圭山武装斗争暴露后，便用土炮（三四支）、鸟枪、土步枪参加和黄团打，敌人几次扫荡，只来过本村两次。

1948年4月间，黄团第一次来，把鸡、腊肉、麻布、衣服抢走了很多，本村人逃避到

10多里外的山上去了。

1949年9月，黄团第二次来，抢走了圭山藏在此村的游击队的公粮若干石，吃不完的便喂马或倒在泥沟里。抢了老百姓的油、鸡、猪、羊，杀了吃不完的也带走，打烂了许多锅。大家逃在山上去有半个多月，把牛都牵进山去了，故未被敌人抢去。白天不敢煮饭，有时挨饿，有时回来拿些吃的再回到山上去。在山顶上有放哨的。

3.解放后的政权组织

A.村政府，设村主席2人。看能力定任期。由大家选。B.有一个民兵分队，人数无规定，自十四五岁以上至45岁以下都有。看情况调人，可多可少。

4.群众组织

A.农会，有正副主席，由全村开会选举。担任调查贫富，组织互相变工。B.老人会，主要是调解纠纷，会长由大家选。C.妇女会，帮助纺线、织布，调解妇女纠纷。会长1人，由会员中自选。

此外还有姊妹会、兄弟会、儿童团、舞踊队等，主要的工作是文娱活动。

（三）经济生活

1.土地分配与阶级关系

A.土地所有权的变化——以前此村土地属李、赵、韩、徐等4家地主所有。李、赵、徐先后没落。从光绪年开始，已全卖与本村各户，撒尼人买这些田是用卖工、卖柴等集钱或向亲友以3分利息借钱凑数来买的。现只剩韩姓1家地主。韩本为汉人，三兄弟，居路南城内，共有地的亩数不清楚，本村还有10多家租种他的地，每年收租9公石（1公石合10市斗，等于140斤）。现按二五减了租。

B.租佃关系——地主可更换，佃户不可更换，即甲地主可将地卖与乙地主，但乙地主不得另租于他人，仍须继续租与甲地主原有的佃户。现每家都有点土地，最少者二三架牛的地，最多者七八架牛的地（两头牛一日所耕的面积称1架牛的地）。

2.生产力

A.生产工具——有犁铧、镢头、锄头、镰刀和牛车等，犁铧亦似方的犁头，制造比较粗劣。其他农具与内地都差不多。铁质的农具均向外购置，木质的如犁柄锄柄可自制。犁地主要靠牛。没有牛的人家耕地时，借牛来犁，等到收苞谷后，以谷秆偿还牛主。肥料多用牛羊粪，不用人粪。因肥料少，只有种洋芋、苞谷才施肥。

B.劳动力与劳动时——老人除了实在不能做活时，才不种地。小孩10来岁就放牲口，十四五岁就参加地里劳动。女人上山做活，除了不犁地、挖地外，其他下种收割均与男子同样负劳动。家庭内打柴、做饭、捻麻、织布、带孩子均由女人负担，故女人劳动比男子多。一年四季，只有过年节及密枝节才各休息六七天。每天天未亮就上山，在地里休息两三次，太阳落了才回来。农忙则相互换工，一工换一工。

3. 出产品及产量

A. 出产品——a. 洋芋，二三月种，五六月收。b. 荞子，三月种，七八月收。c. 苞谷，四五月种，九十月收。d. 黄豆，杂种在苞谷地里与苞谷同时收种。e. 小麦，九月种，明年三四月收，种大麦少。f. 菜籽，在荞子收后下种，收菜籽后要让地荒一二年才能再种荞子。荞麦地中要垫黄色小土，须到弥勒当甸村（离雨胜村约80里）去买。小土每升（七八斤）值四五毫（一说：小土每升16斤，值1毫钱）。又因地土太硬，须犁两三道才能下种。g. 麻，四月间种，七八月收割。h. 菜蔬，只种青菜、青瓜、豆子、洋芋、辣椒；种白菜很少，因缺水种不好。

B. 产量——每架牛的地，好则可收荞麦一斗五六，最好可收一斗八（但很难得），坏时（像今年雨水不调）只能收四五升粮。火坑地（用树枝干草烧在地里作肥料）可收1斗7到2斗。全村所有土地收获只能供七八个月的食粮，超过的很少，有的只够吃半年左右。

4. 副业

A. 畜类——a. 鸡，每家都养有三四只或10多只。b. 猪，喂野菜，养来自食，取油供四季使用。有2/3的家喂有猪。每家养一二头，多者3头。c. 山羊，有十二三家养羊，最少者七八只，多则有七八十只到100只。主要是取其羊粪；其次是取羊乳做乳饼，拿到城里换盐（乳饼两斤换盐1斤）或自食用（但很少）。山羊每月要喂两次盐，每次约1两。每年到秋冬季，本地山上的草枯了，还须赶到有草的地方（弥勒）去放牧。d. 牛，这是主要的财产，依靠牛来种地，本村还有十几家无牛。耕地靠换工，喂牛要用山草，本村无山草，要到三四里外去找。e. 马，喂的人家少，只用来驮东西或推磨。f. 蜜蜂，有十二三家养蜂的，多者养有十几窝。蜂蜜每斤才能换1斤盐。（他们认为土命、木命的人才能养，火、金命养不住。这种迷信对养蜂是个障碍。）

B. 果子类：有梨、柿子、桃、李、核桃、茄子等，出产很少，大半自食，少数拿去卖来换食粮。

5. 手工业和商业

A. 手工业——主要的是织麻布。每家种麻，但产量少，搓麻、织布均由女人做。要经过剖、拣、纺、煮、洗、织等过程，每天只能织几尺，1年多才可织1套衣服的布。二三尺麻布换得1尺蓝布。较简单的房屋自己能盖，其他打铁、编竹器及比较细的东西都不能自制，必要的用品全靠外来。

B. 商业——不善经商，也没有经商的人。金钱来源，全靠自己劳动的所获去换取。如卖柴、草、麻布、乳饼与菜籽等，以换取盐巴、布匹和其他生活必需品。需要钱时将不够的粮食也拿去卖。没吃时，就到别村有吃的人家去帮工换饭吃，或者借来吃，等有活计出时还借主。如收成差，可拖下缓还。均无利息。与汉人借，过去要5分利息，现在只需3分利息。

6. 一般的生活

解放后的生活比解放前较为好点，但今年雨水不调，收成不好，只够吃半年。

吃的主要是荞面疙瘩、苞谷饭、洋芋、大小麦等。食粮不够则在山间去挖野土瓜、野山芋（白色薯）掺在杂粮内吃，其次吃棠梨花叶和嫩树叶等。吃菜很少，只有青菜、青瓜、洋芋、豆子、辣子等。平日在家吃两顿饭，做活忙时多吃一顿晌午（午饭）。晌午就是将多余的早饭带到地里去，中午休息时，用火热一下就吃了。到天晚才回来做晚饭。

饮水要到5里外的山边水洞（洞有1尺5寸宽的直径）去挑。到夏秋季水涨，淹没了庄稼，到冬季水低落数丈，取水困难。洞口处只能容纳1个人，避免拥挤，还需排队，直到晚还不断人。有时因人多迟取得水，以致家中锅烧红了也无水。到地里做活，也得把水背去。

男人的衣服样式与汉人差不多，质料多是麻布的。女人身着绣花边的衣服，长及膝部，腰束带子，前面拴围腰，宽宽的裤子，远看如裙。头戴一顶圈帽，叫“阿结”，用各色的丝线绣成花纹。包装着一块弓形木板，以使帽子整齐美观。未婚女子在帽后束一束青缨，发辫卷在帽下额前。丈夫死了装束与未婚同。

本村房子，都用红色土砌壁。房屋正面，多半有一层楼房，两边是平房。也有草房，楼上盛物，楼下一边住人，一边关牲口，猪栏也有修于墙外的。室内一床，一些草或一床席子，有羊毛毡的即算很好。一般人家很少被盖，用草席、蓑衣等代替。孩子们不分男女，一起睡火塘边。到冬天各家屋里都用石头砌成凹形的火塘，烧柴取暖。总之，生活都普遍的贫困、简朴，无特殊的富有现象，但没有衣不护体的穷人。

家庭经济的管理人是男子，女人不当家。一般女人没有财产继承权，出嫁时也无嫁奁。土地由弟兄分。但独生女子招赘女婿后可以继承财产。

7.公粮负担

解放后的公粮，照政府规定，全村合理分担，多者多出点，少者少出点，有些生活困难的全免。去年（1949）全村共238公石，最多的如毕学各（？）家上9公石，但他家收获额有30公石，将近1/3，比国民党时代负担是重了点。

（四）文化教育与医药卫生

撒尼族的文字是单音语文，与汉族古代的篆体文字差不多一样。大半是一字一音一义，也有同字异音、异义的，如“GWO”是“九”的意思，但又可读作ie，当作圭山的“圭”来讲。据说，撒尼文字是在明朝时代一个名字叫“苦根”的人（撒尼族）创造的。因为长期处在大汉族主义的影响下，懂得的人逐渐减少了，又因这种文字还没有统一的音标，这村的人读来那村的人也不懂，使用不方便。

在民国前二年，本村就商议盖学堂。因为材料困难，法国传教士就借机以帮忙收买人心，把学校盖到天主堂里。直到民国三年才独立。

学校每日平均上课5小时，课程有国语、算术、作文、美术、习字（小楷）、音乐等，还出有壁报。学生23人，其中有4个女生。教职员2人：校长兼教员1人，管理员1人。学校的经费由全村（82户）平均分摊，全年1个教师的年薪是1石1斗杂粮。

现任教员冯家先（汉人），据说不接近群众，不会团结人，雇佣观点很重，下课后就不管学生。

女孩子不准念书，家里也不关心，男孩子也有七八岁不上学的。原因是家中人少，七八岁就要放牛羊。有的读了几年，生活穷困，要参加劳动又中途失学。即使要升学的也没有高小可上。汉人来授课，语言不通难学。小孩们学彝文容易，学会汉文要几年功夫。

村内各家门口都有泥沟，室内的牲口和人居住得很近，炊烟和牛粪气味很大。七八岁的孩子不兴洗脸，衣服也不清洁，成年男女较讲卫生一点，但也少洗澡。女人们洗衣服没有肥皂，只用些火台上的灰来搓搓就算了。顾得吃就难顾得穿。

村内女人的疾病比男人的较多；因为人少，生活忙，生小孩子后不到七八天就要去做活，所以得妇科血痨病的最多。一般流行的病是疟疾（摆子）、痢疾与眼病，其他的如肺痨、肚痛（可能是肠胃炎、盲肠炎等）患的也不少。

有5个“草药医生”（即中医），其中有一个老医生毕正强，62岁（现在老人会的会长），不识汉字，一般内外科都能医，只有眼科不会。在村中的威信最高，每逢年节给他送礼的终日不断。

一般人病了都请医生看病，或者求神问卜，但都是吃草药。当地医生是不取钱的，也不要药费，把病人治好后，由病者自动送点东西就行了。

漆锐夫

家庭访问之一——毕正才①

解放前曾参加过龙云部队，退伍后在该村领导组织本村的护乡团，现任民兵队长。家里5口人吃饭，妻20多岁，大女儿5岁，二女儿3岁，三女儿1岁半。种地8亩（国民党时期丈量数字）。种荞麦1亩多（3年两发，轮种地），可收获1斗（140斤）。苞谷4亩，可收4斗（560斤）。冬麦6亩，可收两斗（280斤）。麻两碗籽，可收获1车（十几斤）。养1头小猪，没有牛。

每月吃的要1斗粮食，现公粮全免，尚差5斗粮。收的麻够织麻布2丈5尺，可换粗棉布8尺，只够1件大人的短衣服。须卖一部分食粮，靠炭来添补。吃的不够，也只有采些山茅野菜和吃面，并向村邻借些粮。

在民兵队工作，没有脱离生产。有匪情时临时召集武装。

家庭访问之二——毕振义

是毕振春的兄弟。家庭人口：本人36岁，妻30多岁，长女14岁，次女6岁，耕地无数字。

---

① 本访问中的“斗”，按重量看，当为“石”之误。——编者

今年种苞米籽1升多，可收获2斗；种荞麦3升，可收获2斗；种大麦1升多，可收获1斗多；种小麦2升，可收获2斗；种洋芋2升，可收获40斤。

家里养着猪1口、鸡2只。养的鸡、猪，过年自吃。养牛2头（1架）、马1匹。麻1分半地，收麻30多斤，可织布2丈多。

每年需要食粮12斗，现尚差3斗左右。五六月粮食接不上时，则到山上去挖野土瓜吃，三月间吃棠梨花和树叶子。

范景宇

家庭访问之三——毕正强

62岁，小学校管理员（校董）。不识字。妻子年岁不详，长女15岁，小女3岁。自种了一些旱地（从来没有计算过），可收苞谷约2斗（约260斤），种了一点麻。主要劳动力是妻子。自己行医，很少下地。大女儿除帮助母亲做些庄稼活之外，还齐麻织麻布。粮食不够吃，靠着向村邻借。自住的3间草房已破旧不堪。

20岁时，因为有个堂兄（前年死的）行医，自己喜好这件事，便拜堂兄为师，拜师时还叩头请客，之后便经常跟着师傅去各村医病，先学脉理：自己先摸脉，然后师傅讲脉理，辨病症。下药时，师傅拿药给自己看，什么样，名字叫什么，治什么病。一切病理、药理全凭口授。这样，一天天凭记忆，记着这些道理及药草形状名称。

25岁出师，开始自己行医（出师的年限没有一定，看自己的学习成绩来定）。过去自己家养了一匹马，每逢到别村行医骑。用的药物都是到山上去采的。每年上山1次，走得很远，要在野地里住好几天。用的药200种左右，在村子里自己是最老最有威信的医生（其他还有4个医生，都系初学晚辈）。每逢过年，谢医的终日不断。收的腌肉140多斤。除行医之外，还会很多的技艺，如耍狮子、耍铜叉、打木棒、飞鼓等，在村里老年人中最活跃，每次群众会都到，和一些青年人一起表演。

除内科并兼医外科、骨折、小儿病症（不会医眼科）。

有一种治疟疾的草药名叫“茶桑”（读音），得病者吃上三四片叶子便会痊愈。这药出在宜良老竹山回子塘寨，草本，叶尖。

折骨的，立即寻找数条蚯蚓捣烂，于伤处先撒一些象牙粉（真象牙，以小刀刮些细粉），然后把蚯蚓敷于伤处，外裹以纸布，三四天即愈。

血痨病药方：石夹夹根、九吉利树根、绿升麻、独根、红升麻、血三七、芍药根、牡丹根、化血丹、生龙根（后8种，药铺可以购得），以烧酒斤把泡叶，温一下，放胡椒砂糖，开始少吃一些，逐渐增加（初吃下去身子发麻，肠腹疼）。

范景宇

群众要求

（1）吃水要到5里外的山洞去挑，此洞里的水到雨季即泛滥成灾，春冬季时则落下数丈难取，希望政府帮助修水沟。

（2）学校的经费希望政府补助，并望在尾则办中学。

（3）织布方法希望政府帮助改良。

（4）盐巴、布匹问题：盐是从昆市运来，很昂贵。布匹自己不能织。本地麻布要二三尺才能换1尺棉布，希望政府设贸易支公司。

（5）公粮负担问题：今年有灾收成不好，政府在调整公粮时，坝子里减为30%至50%（路南），但本区（圭山区）本村才减了20%，反比坝子里的负担多些，希望再调整，做到合理负担。

漆锐夫整理

第二部分：宜普勒村访问报告

（一）一般情况

1. 人口及土地

全村都是撒尼族，共有39户，约200人。其中，有35户是出门户的（拿公粮的），有4户是鳏寡孤独，不交公粮。全村水田很少，大部是旱地。本村的土地过去都属于一家汉族地主——赵子衡（现在路南县城内东正街），从清光绪年间到解放前这一段时期内，地主的土地逐渐地以购买方式转入到撒尼族的手中。现在全村每家都有土地，但是贫苦的居多，甚至比雨胜村还苦些，但和第三乡的其他村子比较起来还算好的村子。过去减过租，现在租子很轻。

2. 群众组织

有农会、妇女会、姊妹会、儿童团、老人会（调解委员）、舞踊队和细乐队。

3. 行政组织

有村人民政府及民兵分队。

（二）生产概况

1. 栽种日期及产量

正月种洋芋，六月收获。三月中旬种荞麦，至八月中旬收割。四月中旬种苞谷，至十月收割。八月底种大麦，九月种油菜至明年三月底收割。夏季和秋季地里加种些黄豆，但收获很少。菜蔬只有青菜、辣椒、白菜，但种的也很少。因山地石头多，每年的收成都不够吃。去年被匪军糟蹋，今年遭水灾，苞谷、荞子收成都不好，半升种子最多可收3升多粮，3架牛耕的地可收1车苞谷。

要栽村里仅有的一些水田，必须到两三里地以外去买秧苗。100棵秧苗，要卖10多块半开，今年收的谷子连买秧苗的钱都余不下来。

全年产的粮食只够半年吃，所以只好采些山土瓜、野菜、棠梨花来吃，甚至把荞糠与苞谷混合起来吃。另外砍柴、割草到城里卖了补充生活。

2. 生产工具

一般说来有犁、耙、锄头、粪箕、镰刀、钉耙、斧子等。

3. 男女老幼在生产劳动中的分工与地位

成年的男女都参加主要的劳动，70岁的老头子也到地里去做活计，小孩子们放牛和帮助母亲做饭。妇女们不管钱财，不上街，一切用的都是男人上街去买。妇女们的劳动负担很重，由早到晚在地里做活，晚上还要捻麻，招呼孩子。妇女生产，要碰到农忙时，两三天就下地劳动。营养又不好，所以妇女得血痨病的很多。

4. 副业

手工业——主要的是织麻布。撒尼妇女不分老幼随时随地都捻麻线。每家种的麻都很少，又因为工具不好，要一两年（？）才织出一个麻布来。

畜牧业——养牛的人家只占全村人家的1/3，两家合养1头牛的很多。本村有6家养羊，羊奶可做乳饼，大部分是拿到城里换盐巴。此外，还有4家养蜜蜂。

商业主要还是采取以物易物的形式。

（三）文化教育和宗教信仰

1. 文化教育

认识撒尼文的有十几个，会写撒尼文的有两个。认识汉文的有四五个。很多小娃念上两年小学，因家庭需要参加生产就停学。日久不用，就把所学的忘了。学校的经费是由村子里的人凑粮食来维持。教员每年的薪水是1石荞麦。课本和文具由学生自备。汉文比撒尼文用起来方便，因为撒尼文一个老师一个念法，在这个村子学的，另外一个村子的人就不懂。并且，撒尼文只在读经文或读结婚时颂诗用，不如汉文的用处广，所以撒尼人愿意叫小孩学汉文。

2. 宗教信仰

在本村两边虽然有密枝树，但他们不祭密枝神，不过密枝节，这是和别的村子不同的地方。他们只是祭祖先，但不像汉人供祖先神位，只是向空遥拜。

（四）民族关系

在近几十年内，没有什么冲突。来往生意买卖都还公平。过去汉人有些歧视他们，把他们叫作“羊皮裤裤”或“倮倮”。解放后这种情形已消除。

（五）国民党统治时代的苛杂情况及革命斗争情形

1947年7月参加圭山斗争，由邻村（雨胜村）镜德有（现任路南县军事科长）领导，组织民兵队。

1949年9月14日第二十六军黄团扫荡圭山区时，到过本村一次，把村子里的碗、筷、锅都打烂了，鸡、猪都杀吃了。牲畜牵走了一些，苞谷粮食都拿去喂牲口，损失无数。人们都跑到离本村四五里路的山洞里去躲避，一部分东西带到山里埋藏，学校的洋号洋鼓都被抢走了、打烂了。

国民党时苛杂项目繁多，死人或过年杀猪自己吃也要上税，除鸡狗外，样样都要上税。耕地税非常重，催粮人员常下乡扰民，更是厉害。

（六）群众要求政府帮助解决的问题

（1）在附近办一所中学堂，解决学生升学问题。

（2）办织麻布厂，解决穿衣问题。

（3）教给农民怎样种好庄稼，以便增加生产。

（4）水井只有靠4里外的泉水，五六月天干旱时，水泉干竭，吃水非常困难，希望政府帮助打井解决水源问题。

李　凯

第三部分：水塘铺调查

（一）位置

水塘铺位于圭山区东北，距路南城30里，西南距尾则35里，西北距堡子15里，东南距大哑巴山15里。

（二）民族来源及民族关系

本村的居民有撒尼族和汉族两种。撒尼族有61户374人，汉族有20户110人，合计全村户数为81户484人。唯据村主席徐真说：本村有门户人家只有65户，鳏寡孤独有5户，尚有11户为黑户（隐瞒户口者）。

根据一个60多岁的老头毕诚（撒尼族）说：水塘铺原为黑彝居住，后来路南城姓徐的汉人，把土地收买了，黑彝便迁到别处。在水塘铺附近还有一座黑彝坟，前些年还有黑彝来上坟。徐姓汉人渐渐没落，土地被撒尼人收买。撒尼族中姓昂姓毕的较多，昂姓有22户，毕姓有10户。据昂顺才讲：昂姓是从海宜村来的子君族，因为有一家邻居的牛踏在他家的田里，他们的祖先就用镰刀砍断了邻家的牛脚，后来他们的牛一不小心又踏在邻家的田里，邻家便又要砍断他家的牛脚，他家不能忍受，因此他们的祖先就搬到水塘铺来居住。

本村虽然彝汉杂居，然民族之间的关系还好，唯汉人多系没落地主，性较懒惰，不如撒尼人勤劳，故经济情况不如撒尼人好，读书人也较少。撒尼人中有看不起汉人的现象存在，但不严重。

（三）政治情况

在国民党反动政权统治下，水塘铺也实行保甲制度。保甲长多由汉人担任。苦不堪言，正如妇女会主席所说："乡约下乡，百姓遭殃！"人民出钱出力出物，还要出命，反动政府的征兵是保长发财的机会，也是穷人的死关头。举个例子说吧：1939年，水塘铺的昂家和便是被保长绑去代替本村王治宏当兵的。保长由五（？）处吃了10公石米的钱。

1948年，圭山区掀起武装斗争，本村由东海子人赵春漫（共产党）领导民兵，配合别的部队，于10月间攻打路南城。次年3月，第二次进攻，前年12月11日解放路南。这次战役中，本村撒尼族昂正科光荣牺牲。

1949年冬月，蒋匪二十六军二百二十七团扫荡圭山，先后经过水塘铺两次。据估计，本村损失粮食150公石、马1匹、鸡约350只，衣物被抢去很多，留在村子的人被迫去做苦工，躲在山中的人好几天都没有吃东西。

解放后建立村政府，设主席1人、副主席1人。下有6个组：5个组是每组11户，另一组是10户。村主席徐真，汉族。副主席昂映福，撒尼族人。他们都是由村人民选举出来的，本村75%是撒尼族，照理说当选村主席的应当是撒尼人，据了解因为一般的政治水平低，大家都认为如今当村主席麻烦多，无利可图，又处处得罪人，真是出力不讨好。大家都抱着"明哲保身"的态度，结果徐真就当选了。大家认为"徐真这个人，平时话多，好批评别人，尚虚荣而狡猾"，他当村主席，大概有点报复的心理。

本村群众团体有5个：

（1）农会：主席是张禹霖（撒尼族），副主席徐有清（汉族），共有会员65人，曾组织过开荒组、变工队，进行过生产工作。

（2）妇女会：主席王大妈（汉族），副主席王杨氏（撒尼族），有会员60人，曾进行过劝粮、除草工作。

（3）姊妹会：主席王兰珍（撒尼族），副主席昂子秀（撒尼族），会员11人，主要的活动是歌咏、舞蹈。

（4）儿童团：主席昂世忠（撒尼族），有团员30人，曾办过识字班。

（5）老人会：主席王永生（撒尼族），副主席张德云（撒尼族），会员6人，负（责）调解纠纷。

（四）经济生活

1. 饲养牲畜

A. 猪——全村养猪的人共有49户，共有猪61口。汉人养猪的有8户，有12口；撒尼养猪的有45户，有猪55口。

B. 牛——全村养的57户，共有牛214头（水牛123头、黄牛91头）。汉人养牛的10户，有牛28头。

C. 全村养羊的有11户，羊211只。汉人养羊的有1户，养20只。撒尼人养羊的有10户，有羊191只，平均每户有羊19只。最多的一户有80只羊，也是撒尼人。

2. 挑柴

每年收获不够吃的人家，均靠挑柴卖过日子。

3. 织麻

本村撒尼人，多穿麻布，有几家有织麻机，能自织麻布。每天一人能织麻布四五尺，宽8寸，产量很微。

4. 制乳饼

养羊人家经常挤羊乳制乳饼卖，对象多是坝子中的汉人。汉人是以借贷方式贱价收买，然后高价卖出。

本村人民普遍都有锄头、钉耙、镰刀等工具。铁器工具都是外来的，木器工具自己会造，没有石头的平地，多用牛犁。山头地多用人挖，土地很瘦，多采用轮耕，有的3年耕一次，有的两年耕一次，上等田才能每年耕种。肥料奇缺，多数土地无肥可施，致生产力薄弱。据说1亩田至多能收谷子1公石，许多苞谷地收获寥寥无几。土地不集中，无地主富农，大都是自耕农。计算土地以1架牛为单位，土地广种薄收，产量很弱，生产多靠勤劳耕作及施肥。本村每年收获够吃且略有剩余的只有6户，系撒尼族。且有一小部分自己耕种不完的土地，租给贫农，租子极轻微，多是由贫农帮几个工或送一只鸡完事。本村每年收粮够吃半年到10个月的人家有39户，其中汉人13家、撒尼人26家。每年收获不够吃半年者有36家，内有撒尼人29户、汉人7家。每年收获不够吃的人家，多靠挑柴过日子或“拉工钱吃饭”。拉工钱多向坝子中的汉人富农或富裕中农家借贷。有的借5斤米就要做三四个工，有的借山芋1个工只能得7斤芋头（平时做1个工，可得10斤芋头）。

（五）文化教育

本村有初级小学1所，有初一上下两级及二、三、四年级，共5班。有学生26人，内撒尼族学生21人、汉族学生5人，无女生。

夜间补习班1个班，有学生30多人，因无灯油现已停办。教师1人，系本村撒尼青年昂士宗，曾读过圭山师范4学期，年薪1石谷子，由村人摊派送给，现尚未领得颗粒，但服务精神并未稍减。

本村上过中学的青年有10人，高中毕业者1人，皆系撒尼族。粗识字者36人，文盲

438人。

（六）群众的要求

1. 筑堤

本村东南有一水塘，周围约5里。雨水多时，塘水积满下流，常将下面的田地淹没，损失甚大。希望在下面筑一长堤作为储水池。预计需工4000，需米4石。人力不成问题，唯吃的成问题，希望政府帮助。

2. 公粮

公粮调查数，别村都在百分之40%至60%，水塘铺只到30%，很不公平，希望能另调整。

李乔、王万春、谭森、宋文治

第四部分：宜政村调查

宜政村属圭山区第四乡，由3个自然村组成，中间大海子，南边相距1里处为干塘子，向东边将近1里距离处山脚为老寨子。

3村共有100余户，其中除寨子住有26户汉人外，其余皆为撒尼族。

村中所有的土地在过去皆属于姓李的一家汉族地主所有，撒尼皆为李姓的佃户。旧时除去粮赋租税，逢年上供，按节送礼，杂差劳役，嫁女抬轿，亦为常事。

现在李姓大户都分居了，老寨二十几户中，都是李家的后代。因为吃喝吹烟，不勤生产，已经坐吃山空。而撒尼的佃户，由于勤劳节俭，积蓄发家，很多人都购置或租得了田地，李家也已降为破落户。

村里的土地较近处的邻村稍微肥沃一些。但由于丛山起伏，占有半数的低地，常遭水患，天旱时又缺乏水吃。

村中有一完全小学。民初成立，地方上的人，对于这所学校非常地重视，但由于田地淹没，收获很少，经费很成问题。

现该村亟待政府扶助解决的有以下几个问题：

1. 土地纠纷

李家的地在民国十九年以前都租给或卖给撒尼的农民，押租的占3/10，出卖的占7/10。但李家收的租子不敷消费，暗地里又把租出去的地转卖别村，甚而卖出去的一部分也转卖他人，因而引起纠纷，后经高等法院判决地主有权收租而无权出卖土地。之后地主仍时常发生盗卖土地的事，于去年（1949年）经我地方政权王洪光同志（县府秘书）调解，为了照顾民族团结，说服农民每户让出一半土地，给李家（26户）耕种，当时群众深明大义，服从了这个决定。可是李家并不耕种，而竟然把农民让与的土地私自出卖别村。

这次村子座谈会上再三地提出要求，希望人民政府重新处理，收回出卖的土地，情愿向地主交租，不愿卖给别村人。并望严禁吸烟，改造这些不好好生产的没落地主。同时，提出王秘书当时强调兄弟民族团结，但至今汉人不送自己的子弟到本村学校读书，不缴应分担的教育粮，还不是与撒尼人同心的。这样一方讲团结是不行的。

另外在奴黑地方原有一块草坪（牧场）也是宜政村公地，是学校收入的一部分，现在地主私自转卖给别村一部分，影响学校经费收入。请求政府制止出卖草坪。

2. 雨季水害问题

在大海子西南山脚下，有一条小平坝，有3000余亩旱地，几乎占全村土地一半。由于每年秋收时节，常常遭到水灾，影响村中农民经济生活甚巨。今年依然为水吞没，再加上六月间一场冰雹，伤损了很多田苗，整个村子歉收一半，很多人家粮食仅够半年食用。

村子里有人提出，只要政府能帮助解决吃粮问题，本村子可以出工疏通河道。据村干部估计，开1丈宽、1丈深、长七八里的河道，1万多人工，两个多月时间。但河道必经干塘子村的前面，过去提出开河，干塘子农民曾提出影响该村风水问题，需要很好地说服，才能顺利地进行此项工程。

3. 调整公粮问题

由于今年水灾，致秋粮收获减半，分配的公粮数300多公石58000余斤。在调整时仅减免20%，仍然过重，要求调整50%（过去支援军队的供粮折合在内）。

4. 旱季吃水问题

村里没有井（这一带村子，像雨胜村过去曾打出井来），只靠吃村西南一个水塘里的水。二三月间便涸竭了，吃水成大问题，需要到离村8里外尾则近边的长湖汲水。请求政府协助解决水源问题。

以上4个问题是目前亟待解决的，尤以开河道问题更为群众所急切要求的。

［这份材料是以一个下午3个小时当中同该村干部座谈所得，时间短促，不能全部了解该村的一般情况，只根据会上提出的一些希望政府帮助解决的4个问题（地、灾、水、粮）整理如上。］

范景宇

丽江区材料之一

——华·永·宁·凉山区彝族情况汇集

中央访问团第二分团

1951年2月出版

丽江区材料之一
——华·永·宁·凉山区彝族情况汇集

编者声明

这些材料是我们从1950年8月29日至1951年1月31日（其中大部时间是在行动中），先后在圭山、丽江、保山、大理、武定、楚雄等地区进行兄弟民族访问工作中，通过当地干部、民族代表及熟悉当地情况的人士所了解的一些情况。为应各有关机关之急需，仅将原材料加以整理，尽量避免主观分析与结论，在文字上仅要求念得通、看得懂。但由于是短期的访问与了解及仓促整理，情况难免不真实或不深入，观点难免错误，文字烦琐或不通顺。故仅能供各有关机关进行民族工作的参考或进一步考察的线索，并望于今后的调查研究，加以校正。

1951年2月　日

彝族情况汇集共分3部分，为了阅看方便，分成3个专题。因为我们到达凉山，并未做较长时期的考察，故许多材料很不完整，整理得亦不系统，我们曾经力使材料保持原状，避免片面的主观分析，但恐仍难避免在观点上的错误，特此声明。

第一部分：黑彝统治与打冤家

（一）概况

1. 民族

彝族自称noh，在中国历史上的名称很多，周时称“卢”，汉时总称“西南夷”，晋时称“爨”，彝族在云南境内的种类很多，散居在滇西北的，汉人称之为“老盘”，或“倮倮”，或“独立罗罗”。

2.迁来历史

华、永、宁3县的彝族多由西康大凉山迁来，年代很近，至多不过100年。至于何时迁入大凉山，或是大凉山的土著，他们不知道，无从可考。至于迁来小凉山的原因，有的是为打冤家立不住脚迁来，有的是找亲戚迁来。

3.人口分布

据过去国民党不正确的统计，分布于华、永、宁、凉山区者，有5000余户，如以每家15人（包括奴娃）估计约8万人（凉山办事处的估计）。

宁蒗30000人，占全县人口66%。

华坪5000人，占全县人口15%。

永胜8000人，占全县人口6.5%。

（二）黑彝

（1）华、永、宁、凉山区一共包括余、胡、米、章、刘、马六大家族。余家又分大余家、中余家、小余家3个系统。章家分大章家、小章家两个系统。其分布区域大致如下：

大、中余家主要分布于永胜一带凉山。

小余家主要分布于永胜、宁蒗交界处一带。

胡、米二家主要分布于永胜（宁蒗南部）一带凉山。

马家主要分布于西康盐边一带。

章、刘二家主要分布于西康盐边、盐源及华坪一带。

该区原有土司制度，全凉山过去由一个土司（芝摸）统治，现在大凉山还有冷土司的名称。土司下有通官（称徐颇），每一个黑彝统领为一个普通官。后来土司渐渐失去其统治力，形成几个黑彝家族分散统治、各自为政的形式，各个黑彝头领统治各人的百姓娃子，没有一个固定的政权机构，也没有官署或机关。

（2）平时，每一家黑彝各自管理自己的百姓，有了事再由许多家组合成一个较大的单位，即家族中的一房，假如关系再扩大，就变成家族中的一支，甚至于成为一个家族组织。

黑彝的家庭是小家庭制度，子女成年后必须分居，父死则由各子均分财产，而百姓也是财产之一，同样均分。族中的一个房，对外共同战争，对内是处理纠纷。普通一个房的黑彝亲系包括八九代内的关系。以余国栋家来看，其亲属包括7代（亲系表另附），百姓有1000多户。在一个房的体系内有一个统领，其统领的产生并非以世袭或选举的方式，而是平时战争中的战功和在群众中的威信。在一房中，谁最能打仗，发生战争时无形中就成了统领（？），百姓发生事故，就请他解决。在一房内的统领与百姓，平时没有什么联系，除他自己的百姓外，别家的百姓对他没有什么义务。

（3）六大家族中，除马家与余、胡、米3家成为冤家互不通婚外，其他各姓支系中，都是互为亲戚，互为冤家，关系非常复杂。例如余海清（大余家小房）与小章家有姻亲关系，而余国栋（大余家大房）与小章家又是冤家，其中的冤家虽然是大章家章天成发动，但余国栋又与大章家别房有姻亲关系。

六大家族的关系，马家与余、胡、米3家冲突较大，其次是余国栋与小章家的冲突，大余家与小余家也有一些意见，不十分和睦。

彝族的亲属关系也是黑彝间政治上及军事上的一种主要联系，虽然黑彝是以家族中的一个房为单位，但每逢互相间发生冲突和事件时，其中的互相牵涉就会扩大而变成几个房或几个亲属的事情，何种情况下结合，何种情况下分离，须视利害关系的大小、亲属关系的深浅而决定。如大余家与小余家基本上是冲突的，但与马家打起冤家来，则大小余家又是合作的。又如余海清与余国栋，均属大余家一个支系内，平时合起来对付马家，对付小余家，但余国栋与小章家打冤家，余海清则抱中立的态度，原因是余海清堂姐嫁给了小章家，打冤家无论打到何种程度，只要不打死余海清的外侄，他是不管事的，但假若不幸，余海清外侄被余国栋一房打死，则余海清一定要帮助小章家打余国栋，顾及不了关系。（这是余海清本人谈的）

（三）黑彝对白彝的统治

黑彝对白彝的统治方法，除用传统关系来维持，最主要的还是因为凉山各个黑彝拥有自己的武装。平时互相之间常常是欺压抢劫（打冤家），并掀动百姓之间打冤家，对付其他的集团，防止别人的侵害，黑彝也通过这一斗争巩固其统治。此外，黑彝对百姓的剥削程度不十分厉害，除了一些特殊的义务外，百姓对黑彝经常没有什么负担。

黑彝、白彝的权利义务关系：

1. 百姓对黑彝的义务

百姓对黑彝按传统的习惯有下列几种不固定的负担：

A. 黑彝结婚，每家负担白锭（重9两5钱）1个。百姓嫁姑娘时，必须出白锭1个给黑彝。

B. 黑彝死人，百姓必须出牛、出羊、出酒（四五百家百姓合出一牛，两三家合出一羊）。

C. 百姓帮助黑彝打冤家。

D. 百姓之间发生纠纷，请黑彝解决，必须宰羊招待，并出1个白锭作为规费。

E. 黑彝破产可以卖自己的百姓，但不能剥夺其财产，仅只是出卖统治权。（这种情形，很少发生）

F. 劳役：耕种时期黑彝附近百姓有空暇时间必须帮助黑彝耕种。其他的一切零碎劳役，如帮助黑彝建屋、到黑彝家中帮忙等。

2. 百姓享有的权利

A. 黑彝保护百姓不受外人欺压，百姓杀了人赎命时，黑彝必须帮助。

B.百姓发生经济困难，可向黑彝借贷。

（四）打冤家（彝族内部的武装冲突叫打冤家）

打冤家的起因形式上常为了一些小事情（但不是每件小事情都能引起打冤家），但本质是由于阶级压迫与民族压迫而造成。最易引起打冤家的有：

1.争夺土地

打冤家虽不一定是为土地，但以华、永、宁、凉山区而言，打冤家绵续得最长、结仇最深者，都是争夺土地的因素。在其中，如盐边马家与余、胡、米3家的冤家关系（详细事实另述），冲突原因虽然是为了一些小事故，但主要因素是余、胡、米3家有意驱逐马家，余海清曾言："我们余、胡、米3家都看不起马家，平时就不与之开亲，故被我们赶走。"结果马家战败，被赶到盐边，而余、胡、米3姓占据了马家土地。余国栋原住在阿比力一带，与章家打冤家后，被赶到沙力坪。胡丹同志也说，小余家与大余家不和，他常听大余家人说，要把小余家赶走，占据其土地。

2.争夺奴娃

某些奴娃不堪某个黑彝的压迫，便跑到另外的黑彝家去，黑彝之间常因此互相打冤家。因为奴娃跑到另一黑彝家可以升白彝（百姓），逃跑是奴娃争取自己少受压迫的一种方法。

3.互相抢夺是巩固黑彝地位的最好方法

冤家就是抢的对象，每打一次冤家，胜者必抢战败者的人、财回来，最明显的是抢财物为参加打冤家者的一种鼓励。照理说起来，百姓娃子虽然有帮助黑彝打冤家的义务，但应该是被动的，可是事实恰恰相反，百姓娃子有的自动去打冤家，而且是合股经营的方式：一支好枪占两股，5钱大烟占一股，一个人占1股，大家出物资出人去打，打败了大家损失，战胜了按股均分，其中黑彝也占几股。还有一点，就是打冤家较出力者分的东西也较多，因此，白彝甚至娃子更加依靠黑彝。

凉山现在的冤家有下列几家：

A.马家与余、胡、米3家打冤家　起因是小余家嫁胡家姑娘在路上被马家把骑马抢去，因此小余家与胡家认为是耻辱，而与马家打起冤家。马家平日为人不好，常欺压米家，因此，米家也非常怀恨马家，因此，冤家一打起来，余、胡、米3家都出动人，并把马家赶走（现马家住棉花地、冷水箐一带）。余海清与马家也有仇恨，原因是余海清父亲过去在永胜给汉官办公事，马家抢人，余父就被利用过去办案，因此结下仇恨。现在马家的主要领导人为马元发、马葛和、马阿荣。

B.余国栋与小章家打冤家　余国栋原住盐边县（属西康），与章家打冤家后，势力不支，被迫搬到沙力坪，故结仇甚深。直到现在为止，还继续不断地打着。自从打冤家以来，余国栋损失较大，余国栋家被打死的人已有60多个，比章家多好几倍，余国栋的亲兄弟也是被章家打死。现在双方均是希望和解，但事实上是互不退让，没有诚心，在开代表会时，小章家曾给余海清一信，上言余国栋无信义，不能真心与他讲和，他不敢来开会，怕余国栋暗算他；在余国栋方面亦说，小章家不肯与他和解，希望访问团出来调解。事实上双方都不肯退让，在两月前余国栋把小章家百姓杀死，在开大会时余国栋到了永胜，小章家又把余国栋一个得力百姓杀死。余海清很希望能和解两家冤家，因余海清堂姐嫁给小章家，其二子媳均为章家姑娘，如再不能和解，万一余国栋杀死他的外侄，他将势必陷入冤家旋涡。

C.大余家与小余家不和气　据反映，小余家行为不十分正派，过去曾与大余家打过冤家，原因是在前数代小余家曾杀死大余家人，调解后又未按诺言偿命，因此大余家与小余家打起冤家来。经过长时间后关系已较前淡，但民国三十四年小余家又杀死余海龙堂兄弟（大余家小房），故与小房冲突甚烈。3年前小余家又赶去余海清牛100余头（30多头为百姓的），后来跑回六七十头，事后小余家曾杀牛1头向余海清赔礼，由余从龙和解，小余家赔马1匹认错，并承认以后赔还所欠牛数，但至今仍未赔还，故余海清对小余家有相当的成见。

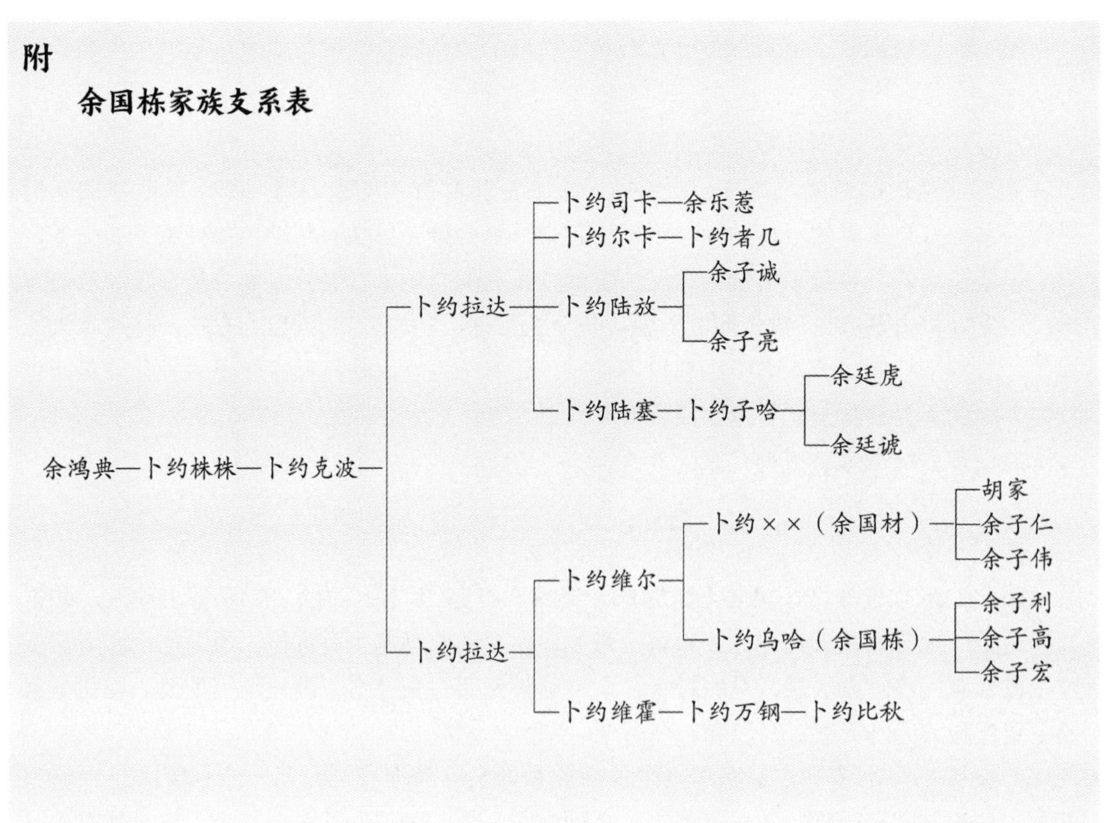

附录

（一）婚姻制度

（1）彝人的婚姻多是一夫一妻制。偶有多妻者，原因是：

A. 原配不育，目的在接宗。

B. 妻寡嫂或娶弟妇：在凉山风俗中，哥哥或弟弟死后，嫂嫂弟妇由弟弟或哥哥妻之。谓之转房或上门。

（2）黑彝绝不能与百姓通婚，尤其是黑彝娘子绝不能与百姓通奸，万一有此种事情发生，社会的制裁就是活活地烧死。过去曾发生过这样的事，余子哈（黑彝）的妹子与其百姓发生关系，被他的叔叔发现，约了亲属中的人去拿，结果两人活活被烧死。

（3）在男女关系上禁止17岁以下姑娘与人恋爱，社会制裁非常厉害。17岁以上的姑娘（由头发的形式可以看出）或已婚妇女，只要是不生孩子，关系可以随便。

婚姻必须通过父母允许，或是一定的手续。在凉山严禁同姓婚姻，同姓恋爱亦严格禁止，否则烧死。

（4）婚姻过程：先是合八字，然后说价钱。在黑彝中一个媳妇需要很多银子，数量不定，有的到三四千两银子。百姓较少，但有的也要千多两银子。价钱说合，下定礼，然后择日结婚，其婚姻仪式据说很隆重。

（二）文化教育及医药卫生

（1）文化教育：彝族是有文字的民族，他们的文字只有“鼻麽”知道，普通能识者很少。至于汉文，安纯三民国二十七年曾办过两年小学，但收获很少。以现在华、永、宁、凉山区而言，能识几个汉字者很少，其中仅有1个中学生，自凉山办事处设立以后，在羊坪设立1个小学，仅有学生30余人。

（2）医药卫生：彝人行巫术治病，故对医药来说，根本没有，凡有病痛，就是请“鼻麽”来做法驱鬼，打猪打羊，一个不好，再打一个，有的打上几十个，病还是不能驱逐。有一个“鼻麽”的儿子骨节发炎，已经1年，自己打了许多猪羊，还是不好。

凉山彝人平日多不洗脸，不洗衣服，饮生水，因气候寒冷，疾病尚少。

——第一部分完——

尹寿铭

第二部分 经济生活

（一）概述

彝人生产为农业、畜牧，而其中以农业为主，生产方法由于山区环境所限，比较落后，还应用刀耕火种方法。因缺乏肥料，一般都是开生地，应用休耕方式。第一年开生地时，把所有林木烧毁作为肥料，第二年以后，再以牛羊粪为肥料，二三年后，必须放荒，另耕别地。生产工具与汉人差不多，有犁及柄锄两种，先用牛犁，然后再用锄弄平。

其农产品只有苦荞、洋芋、燕麦、苞谷、鸦片。而其中以苦荞及洋芋为主要食品，菜蔬有蔓菁、青菜，蔓菁为春冬二季。以整个凉山生产的农产品而言，尚不够供给自食，在青黄不接时，荞麸、荞茎都成了奴娃的食品。

畜牧主要的为牛羊，其次为马，家畜中有鸡、猪，一般说来，牛羊比较多，亦为他们的主要食品之一。据说彝族不知挤牛羊乳，他们养牛羊主要目的在食肉，虽有繁殖，但消耗得较多，故牛羊数不十分多。凉山养马，完全是用以坐骑，平均每家黑彝或有钱百姓都有二三匹马，每年单是饲马的粮食就需要很多，猪、鸡较少，主要也是自食。

手工业，主要的手工业有两种：一种是羊毛披毡，一种是羊毛布，其生产技术非常原始，纯粹是手工制造。披毡出产数量较多，每家均能制造，为其主要御寒之物，很少出卖，多为自制自用。羊毛织布，因技术落后，故生产力很低，一般用以做裙子。主要的还是向汉人购买土布，其他还有木盒木勺，但不十分普遍，仅只是供给自己用。

贸易，彝族人所生产物品，虽然有许多可以勉强自给自足，但有一些东西要依赖外面供给，最主要的生活必需品是盐、布、酒、农具，过去是以羊皮、大烟交换。但有时大烟收获不好，羊皮价贱，就要产生问题。据说去年就有这种情况，一般黑彝都用马匹下山来卖，现在唯一的就靠鸦片交换，将来鸦片价贱，或是根本无出路，或该区生产工作不能更好开展时，彝族同胞的生活，恐将是一个很大的问题。

（二）黑彝的经济生活

一般黑彝在青年时代男女都参加农业劳动，家庭富裕一些的到了40岁左右便大部分不事生产，饱食终日。

女子未出嫁时随时同“丫头”下地收割打场，在家里纺毛织布。背水打柴、推磨之类的事情，一般被认为是奴娃的贱事，黑彝妇女是不肯做的。余海清以前家里穷，没有“丫头”背水，只好把家迁到近水的地方去住。

女子出嫁后，一般还是亲自下地劳作的，只有做了母亲之后，姑娘能代替自己下地时，才能不事劳动。

黑彝“主人”不肯亲自与奴娃同时劳作，只是为了监督生产而已，但也有个别黑彝是真正勤俭刻苦、终年劳作不倦的，像余石堵老黑彝60多岁了，夫妇俩还是终年随着娃子下地的，他家里并不穷困，据说地下埋的银子有两大铁锅，经常放债给百姓（浪里青的佃农们），他依旧是刻苦地生活着，这恐怕也是极少数不吹鸦片的一家黑彝，被称为守财奴的老人。

黑彝一般经济收入不外下列项目：

（1）娃子生产、耕种、收获的荞子、洋芋、苞谷、烧柴。

（2）部分出租土地的租粮，一般租额很微。

（3）放高利贷利息。这在黑彝当中较为普遍，大部分放给自己的百姓、奴娃及一部分坝子里的汉人。

（4）保头钱。在彝人区及其附近居住的汉人、傈僳及其他民族为了求得不遭彝人抢掠，按期向该地黑彝上保头钱或粮食。

（5）“卡八”。近似一种调解费，族内的百姓、奴娃发生争端，请黑彝出面调解，按事的大小要给黑彝一些“卡八”钱。

（6）贩卖人口或牲畜所获利润。人口主要指抢劫到的娃子。

（7）打冤家或抢掠分得到的股子。一般黑彝出枪支子弹或鸦片烟算股子，出人时较少。

在消费上一般说正当的消费比百姓娃子并不超过太大。吃食平日与娃子同时吃洋芋、荞粑粑、碎苞米饭、酸腌菜汤，只是当春季青黄不接的时候，娃子吃荞麸子稀粥，黑彝依旧有荞粑粑吃。服装上一年或数年换一套衣服，冬季也只多了一身披毡，情况比一些单身奴娃当然好得多，但有时比一些较富的百姓穿得更坏一些也是常事。居室一般也都是黄板房，阳光、空气、雨都能从板缝中钻进来。有些黑彝房子也是柴棒子插的篱笆，十分简陋。

但在另一方面的浪费也十分可观，普遍吹鸦片，老的吹，年轻的也吹，一家两三支枪并不为奇。像余国栋家每年要七八十两到近百两鸦片供夫妇两人吹，儿子十八九岁也吹上了瘾。另一件事便是待客打牲口，凡黑彝远道而来，不管是上门有事或路过借宿，都要打羊宰鸡待客，每年平均也得五六十头羊子、鸡。羊子在山上是解决冬季披毡及妇女衣裙的唯一来源。像有些人家因本来草场不肥、养羊不多，常因此而一些娃子在冬季严寒的天气中赤身露体，得不到一片毡或一条毛布。

再一件浪费便是生病打牲口，请“鼻麽”驱邪，有的人家不到一年打掉一百几十个牲口，因而陷入穷困。例如胡金山家因胡本人患风湿，1949年7月到1950年4月不到一年杀掉一百八十几个牲口，病未见愈，但坚持不请医生医治。

吹鸦片在黑彝也是最普遍的嗜好，因而普遍种植，同时用以换布、盐，青黄不接时换粮食，因而在土地及劳力上一部分便浪费在鸦片上。

还有一种普遍的习俗，便是家家养跑马、猎狗，一匹马日喂荞子三两升，毫不吝惜，狗必食生肉。

每家黑彝皆以家藏白银为荣，像余国栋家的内室地下，据说埋有白银500锭（约4250

两）、1万个半开，这些钱从不动用。而且平时只有增加，说事情均常收入白锭。既不放利，也更不做生意，只作为应急的保险金，逢到必须取钱赎命的祸事或万分急用时才肯取用。

经济生活个别调查——余国栋家庭经济生活

<table>
<tr><td rowspan="8">财产</td><td rowspan="6">不动产</td><td>武器</td><td>大小枪支50支</td></tr>
<tr><td>百姓</td><td>400家</td></tr>
<tr><td>娃子</td><td>百十户，使用娃子70余人</td></tr>
<tr><td>马</td><td>30匹</td></tr>
<tr><td>羊子</td><td>50余只</td></tr>
<tr><td>土地</td><td>数目不详</td></tr>
<tr><td rowspan="2">动产</td><td>白银</td><td>4750两</td></tr>
<tr><td>半开</td><td>1万个</td></tr>
<tr><td colspan="4">每年收支状况</td></tr>
<tr><td colspan="2" rowspan="5">收入项目</td><td>苦荞</td><td>62石</td></tr>
<tr><td>苞谷</td><td>20石</td></tr>
<tr><td>大米</td><td>10石</td></tr>
<tr><td>大烟</td><td>500两至1000两</td></tr>
<tr><td>其他</td><td>不定</td></tr>
<tr><td colspan="2" rowspan="8">支出项目</td><td>粮食</td><td>收入不够支出，每年不敷大米10余石</td></tr>
<tr><td>酒</td><td>1200斤</td></tr>
<tr><td>猪羊</td><td>不定</td></tr>
<tr><td>布匹</td><td>不定</td></tr>
<tr><td>盐</td><td>100斤</td></tr>
<tr><td>灯油</td><td>240斤</td></tr>
<tr><td>辣子</td><td>240斤</td></tr>
<tr><td>宗教支出</td><td>猪羊各20余头（只）</td></tr>
</table>

上表有一部分不能统计确实数字，多为估计，故仅可作为了解彝人生活参考之用。

（三）百姓的经济生活

在社会关系上百姓与黑彝之间存在着绝对的从属关系。据传说，百姓富有财势时可以转为黑彝，在小凉山还未听到例子，因为小凉山上的黑彝系有数的几家，大部分都有姻亲家族关系。所以百姓都世代相传地网罗在这些家系当中，没有自由迁徙的权利。因打冤家逃到别家去，但亦逃不出这些家族的范围去。在华坪有一部分百姓，长久地远离黑彝，也没有出现“新黑彝”。张思孝是当地比较大的一家，至今尚属余国栋百姓。

在阶级关系上分划很严，但在经济上则各有私财，各自发展。有一些先迁来的百姓占有的土地，另一家黑彝尚须向他租种。黑彝也有时向百姓借钱，假如是直属的黑彝经常是不偿还的，租地当然都是族外关系，按例交租，债务亦同样付息。

百姓亦分许多等级，大头百姓即历史较久随黑彝迁来的基本百姓，一般是被尊敬的，黑彝对这些百姓也很尊重。有的财产相当富裕，其经济生活不低于黑彝，奴娃成群，跑马、吹烟、居住、服饰一如黑彝，为了增高自己的威严，在服饰上常常胜过黑彝。百姓全部是参加生产劳动的，也有少数仿黑彝的样子，在壮年时便不事劳动。

这些上层百姓是黑彝的支柱，社会地位很高，黑彝在一般劳役上很少支夫派差，但遇到困难时，经济上便全仗这些百姓的资助了。

新百姓，刚刚由娃子升成的百姓，一般人都较轻视，生活也较贫苦，黑彝还是一样常派差，唤去帮忙做事的。

随身的娃子有的钱少，只赎自身的自由，家族的人依旧做娃子，但一般这些娃子比其他人是稍被优待一些的。

百姓不管是哪一种，平时是不给黑彝服劳役的，黑彝有时因缺少人力请去帮忙时，照例还是以自己的儿女或奴娃去还工的。

娃子在两家打冤家的当中逃到另一家也可升成百姓，一般是被优待一些的。

百姓对黑彝的义务，除应召出丁作战外，在经济上主要是临时摊派。黑彝婚丧大事按户分摊银子，有时黑彝遇到祸事，官府罚款或需以钱赎命时，则多向百姓分摊，甚至有时黑彝被官府清剿毁家时，百姓凑银子、牲口替黑彝恢复家财。余从龙家曾数次为军队清洗一空，都是依靠百姓恢复起来的。

另一种惯例便是按年节向黑彝送猪头、鸡、羊、酒、肉。余国栋春节收的猪头，一直可吃到四五月间。

百姓遇事请黑彝调停时，需向黑彝出“卡八”银子。

百姓一般善理财，勤苦劳作，有的在农闲时赶牲口去西康等地贩卖牲口或皮毛、驮盐巴，像余国栋的百姓贾芝家（杨），家庭经济不下于黑彝。据说阿西家有100多娃子。

有些贫穷的黑彝，家族死绝了，坐吃山空，潦倒到无法生活时，便轮流到百姓家去寄食，百姓必须供养。

黑彝有买卖百姓的权，一般价钱较娃子为低，因而买卖的事实也很少见。

（四）娃子的经济生活

黑彝称之为奴娃，在娃子当中也分几个等级，生活上也相差很大。黑彝的娃子和百姓的娃子一般情况大致差不多，社会地位上都是被人轻视为最下层的人们。

锅桩娃子是黑彝奴隶的通称，但又有一种解释便是专门在黑彝身旁招呼做饭、招待客人的随从娃子，这当中有一种领头的娃子，又可以称作管家娃子，由于历史较长，办事精明，为黑彝所信任。大部分的事情都委托给他办，像收租、收利息钱等家里的事务都靠这一些娃子去做，陪客人陪主人吃鸦片。平时黑彝对这些人都很尊重，有时老黑彝留下的管家娃子，少黑彝要按家系的辈数称呼他叔叔或爷爷。像余从高家的娃子金谷三梯在余家已像大管家一样，有些小事他可以独自处理，余从高对他很信任，生活上很自由，不劳动，不受什么人的约束，收租时可以经常出外，在外面人家招待得很好。像余国栋的娃子郭抓手原是自小被掳上山的汉人，现在已成为余国栋的亲信，对于这种散漫生活已养成习惯，已不愿回到汉区来。

其次便是一种半独立生活的娃子，有家室子女，有自己的房屋、小块土地，羊、猪、牛、鸡一部分，私有财产为自己所经营、所享有，因而也有些娃子，常年勤俭积蓄起一部分财产来赎取自身，甚至赎取整个家庭，还是可以经常留下一个人为自己家耕种土地、招呼家事的。这种娃子是按例吃自己穿自己，黑彝有事多少也要摊些份子钱，但在青黄不接没有粮食吃的时候便可以向黑彝要粮食吃，或借粮转年还。这种娃子有的是祖上承袭下来的，有的是掳来或买来的。娃子养成年，主人配给一个丫头，帮他起一间房子，给他一部分土地，使成为一家人家，这样便部分脱离主人家庭，开始半独立的生活。

第三便是单身娃子，新掳来的或刚买来的娃子，成年之前便住在黑彝家，做些杂事，放羊、砍柴、喂猪、背庄稼，但按例大部分只管吃不管穿，因而直到冬天都是赤身露体，披一张生羊皮的很多，像这样的娃子，黑彝是可以随便打骂的，但很少有杀死娃子的事，因为这也是黑彝的财富的一部分，黑彝杀死娃子是无罪的。余海清因为娃子吃醉酒拔出刀子行凶，以手枪打死，像打死一匹牲口一样，一点反应也听不见。

最悲惨的一种是自幼被掳上山的，长年在孤独精神的压迫下生长起来，结果体格粗短，精神痴呆，动作迟钝，成年后形成白痴状态；只能做一些简单的劳作，砍柴、喂猪、地里的事做不成，为此结不成婚，终身便度着一种孤独的猪狗般的生活，冬季没衣穿。十四五岁的姑娘赤露着身子在打着抖也不为人所注意。

丫头的情况与娃子大致相近，只是工作上有些分别，这当中也有一种管家丫头，管理家事及其他丫头，吃穿上主人稍有照顾，但在地位上并不高，而且经常因为事情做不好，被黑彝娘子斥骂、挨打，而且不准结婚，和娃子乱搞养孩子可以，但不许成家。

丫头的工作是收割打场、推磨、背水、做饭、纺毛、织布、喂猪、牧羊。

丫头到成年由黑彝做主配给娃子，这样便组成半自由的小家庭了，生了孩子到十几岁时便送给黑彝家里去当娃子，这种有父母有家的男女奴娃生活会较好一些，穿的由家里给做，吃的黑彝管，同时黑彝也会待得比较好一些。

百姓所养的娃子普通称为三道娃子，生活情形与黑彝养的娃子相同。

娃子家里有的也养娃子，数比较少，生活情况要看娃子家的经济情况而有所差别，但大致都是很苦的。

黑彝有权买卖娃子，价钱十几到几十锭不等，主要看劳动力强弱而定。

百姓和娃子所住的屋子，都是黄板顶柴桩篱笆墙，食物都是以洋芋为主，一部分荞麦、玉蜀黍、菜蔬，盐巴吃得很少，但也有少数娃子家生活较宽裕，吹大烟的。

由于奴娃的无酬报、无计划的生产状态，生产效率及技术都非常低。

范景宇

第三部分　民族关系及政策的执行

（一）民族关系

1.大汉族主义的反动统治者对他们的压迫

过去凉山彝族从来是深受反动统治阶级，尤其是国民党贪官污吏的压迫剥削，现在提到国民党政府，每个彝胞都能说出一些被迫害、被敲诈的事实。现在永胜凉山脚下还有民国九年永北县知事禁止汉、彝来往的永禁碑，上面刻着这样的字：“举凡盘彝所到，闾阎均不安宁，东山西山各地，山势最为险大，禁止招佃盘彝，防止地方后害。倘有违禁招佃，即以招匪同论。”民国二十七年，安纯三曾治过彝，办过两年小学，其办法是在凉山拉拢一部分人，培植其势力，攻杀别一部分彝人（以大余家攻打小余家）。兹据彝胞口中所述迫害事件列举于后：

A.民国十六年事件。盐边县马家原与凉山余、胡二家为冤家，马家常到永胜南区抢汉人的东西，永胜汉人感到非常痛恨，胡家住东山区，为南区高土司家地方，故南区付托胡家阻挡马家，不让他们下山打扰汉人，但胡家不耐马家经常的打扰，决心彻底打垮马家，发生了较大的战争。马家死20余人，胡家拟趁胜追击，邀南区民团帮助，但因联络不好，民团被马家打死2人，南区认为是胡家勾结马家搞鬼，故意不救，致使民团吃亏，就收回东山坡胡家所种山地，双方发生战争。民团并动员全永胜军队，拟剿灭胡家，屡歇屡战，胡家不得不迁到余家去住（永胜正东与东北）。现在胡家要求搬回东山住，已得政府允许，但南区人民隔阂犹在，不愿胡家回东山来住。

B.马鞍山事件。民国十七年，永胜剿匪指挥万菘田（与余海清父打亲家），把余海清（在凉山有号召力）的牛40余头赶走，假以还牛为名，把余海清诱下山来扣留，以1000余人进剿凉山，在马鞍山决战，结果汉人死100余人，彝族死10余人。万与另一指挥王自安（傈僳）被虏，后以余海清交换。

C.民国三十二年，工兵营到凉山铲烟，烟未铲着，强迫要白锭（每个9两5钱）10个、烟捐200两、跑马1匹，彝族无奈，只好照数奉送。后来又反悔，把余国栋侄子（15岁）抢走，指定还要白锭10个、大烟200两来赎。孩子赎回来时，腿部也被打伤（因逃跑被打），彝人非常气愤，双方发生战斗，各死二三人。

D.民国三十四年，何、郑二县长到马介铲烟，彝人得知，事先已把烟铲去。何、郑到时硬是说彝人种烟，要收烟捐，彝不纳。扣留1人，后以跑马3匹、白锭若干始赎回。

E.民国三十三年，白彝中最大富户张思孝四叔（62岁）下山赶街，因脾气较刚，不让工兵营搜查身上，被枪杀，马、物全部没收。

F.红军长征时，经过丽江，国民党郭军长恐怕彝族趁机下山，便要剿凉山，后来虽然没有剿，但带走了20多个青年。

G.民国二十多年，陈中驱到了永胜，假言要使凉山的人受教育，把彝人骗到手，就扣留起来，要用钱去赎，据彝人说这一次使他们的损失很大。

民国二十七八年，安春山为永宁独立营长时，对彝族施行一面怀柔、一面武力镇压的政策，其办法相当狡猾，直到现在山上的彝族及坝子里的汉人都还念念不忘安春山的“德政”。

安本人为彝族，对彝族的社会情况较熟悉，他首先拉拢大余家，主要是余海清、余国栋，委余海清为凉山治安大队长，通过余了解凉山家族情况，及主要经常进行抢掠的黑彝情况，然后利用余海清做向导，进行武装镇压。但他并不是以清剿逮捕的办法去开兵上山，例如余从高的哥哥当时是出名的“做罪”最多的一家，当时安春山并没有直接逮捕，而竟以两名士兵携枪假逃上山，投奔到余从高哥哥家，结果余从高杀死两个士兵，把枪窝藏下来，安将余第一次逮捕下山，问余是否杀死逃兵、收窝枪支，余当时畏罪隐瞒事实，安当着另外的彝人面前让余起誓，余只好以抵命起誓，当时便将余释放回山，紧接着安之后便派人化装潜随至余家，包围余家搜出失去的两支枪，有了物证，当时便杀死余从高的哥哥，把余家房舍焚毁，牛羊赶走，后来把掠去的牛羊送给余海清。结果没有人怨恨安春山，反说余是“应了誓”，“罪有所得”。

另一件便是余中南的弟弟余老二，当时在山上也是喜“做罪”的一个。安亲自带人上山，借名余老二不来亲见安营长，畏罪逃跑，结果罚了余老二600元钢洋、600白锭，钱被安吃了，银子被安的部下龙队长吞了，还把余老二家的牛羊赶走，洗掠一空，余老二本人被捕杀。

安春山因为拉住余海清等人，对彝人的情况了解得很清楚，因而时常命士兵化装捕人，另方面所杀害的都是黑彝，互相矛盾中的所谓“做罪”的人，结果从来没有受到过阻挡和损失。其次在永北虽办了两所小学，免费收容彝人子弟读书，把余海清、余国栋这些人带到昆明去亲见龙云，获得黑彝多数人的信任。

在安春山任内，据说凉山上彝人抢掠事件已绝迹。

2. 彝族与各民族之间的关系

如上所知，彝汉间有很深的隔阂。汉人称彝人为“老盘”或“盘匪”，彝人下山到永胜赶街，汉人就诬以抢匪罪名，向他们要人要马，拉到县府，不分好坏就关起来。反之，汉人上山，也须找保头，否则就发生问题。因此，彝汉间形成一种隔绝的现象，汉人不敢上山，彝人也不敢轻易下坝，互相警戒，互相仇视，直到现在彝汉间还有很深的成见。彝族尤其怀恨永胜的汉人，汉人也鄙视彝人。解放以后，关系较好，彝人下山赶街的也逐渐多起来，但仍有一些流氓地痞，利用过去彝汉隔阂，从中敲诈或为非作歹。

至于其他少数民族是较受彝族压迫的，彝族因有枪械，常常“抢劫”其他少数民族孩子或牲口，故对彝族都十分仇恨。在这次永胜代表会中，傈僳族曾提过这样的意见：“假若凉山彝人再不赔还他们的孩子，他们将合起来攻打凉山。”在小组会上，彝族代表也承认这是一种不好的行为。余国栋曾言：“彝族过去是很好的，后来四川来了个雷云飞（失意军阀）造反，联络四川张、刘二彝家，鼓吹彝人到处烧杀汉人，一般穷彝人跟着他造反，到处烧杀抢掠，因此搞坏了我们凉山人的脾气，常常有抢人的习惯。”张思孝也跟着说：“这是真的，毛主席共产党对我们好，才坦白地说出来。”解放后，据凉山工作同志徐国秦说：抢上凉山做娃子的共有300多人，其中以凉山彝团下山来参加解放战争时，抢上去的较多。十一月二日，胡塔尔子及胡五斤（住兰坪）把马鞍山摩些族的牛赶去8头，摩些族人少，无枪械，故终不敢抵抗。至今彝人对永胜汉人亦不相信，警戒心很强，他们欢迎其他任何地方的汉人到他们那里做官，但不欢迎永胜的汉人。

（二）几个执行民族政策的实例

解放初期，一般彝人对我们有敌意和误解，故在大军到时，盐边张刘二姓曾受郭家挑拨，希望抢到枪支马匹。与解放军打了一战，结果彝方死伤20余人，现在谈起来承认是他们的错误，自己承认知识不够，受特务的煽动及利用。现在他们对人民政府很信任，尤其是对解放军的印象好。他们具体的表现是在过去见了单身军人，一定要把枪抢去或杀害，但现在看见了解放军单独在山脚睡觉或休息，枪挂在树上，他们并不抢，只是望望就过去了。

我们在文河的一个老百姓家住时，曾听到他们在赞扬解放军，据说曾有几个大军数日前住在他们家里，不像国民党军队一样，一来就要他们的东西。解放军不但不拿他们的一针一线，而且他们拿东西给解放军吃时，都受到拒绝，客气到最后，解放军向他们解释了军纪，而且有一个解放军的腿被他们的狗咬坏，他们心里很过意不去，要用马送，但也受到拒绝。一般说来我们干部对民族间的事情处理非常细致，下面几条事情的处置，可以说明一部分民族政策执行的情况：

（1）数月前曾有两个彝人下山偷汉人的稻谷，被守田汉人发觉，开火药枪射击，一枪就打死1人、带伤1人，事后由大军解决，先把死人送回，然后请他的家属及黑彝主人到场，当面解释及安抚，招待非常周到，煮饭给他们吃，给了死者家属一些安葬费，带伤者（自己跑回山上）给他医治，结果收效很好，他们并没有说什么言语，认为自己也有错误，事后对这件事从没有提过。

（2）前不久，有永胜地痞文善恒拐到两个小孩带至凉山向彝人换取牲口，假言是自己的孩子，彝人不信，要卖身契，后为公安局发现，把文善恒拘捕，两个小孩交还原生父母，该文善恒招认过去曾假穿彝人服装捡过5个汉人卖给凉山，杀过5个人。

（3）数月前，有余家黑彝要到丽江做生意，有汉人谭其栋（住东升街）拟借此机会，从中敲诈一笔，假言在路途上不易通过，要到公安局领取护照，而彝人无知，平时又不敢见政府，就请谭其栋代领。谭到公安局后，又巧言说：“彝人要到丽江放心不下，怕不许通过，请给护照一张。”公安局很细心，觉得很奇怪，就说要彝人亲自来取，谭其栋无奈，只好带着彝人来，不知谭其栋说些什么言语，彝人总不开口，一切由谭某代言，后经公安局细细解说，打酒给他吃，顺便向他讲解人民政府的性质与国民党不一样，叫他安心到丽江，不用护照，也不用出钱，彝人才恍然大悟受了谭某的骗，非常高兴，开口说起话来。

（4）解放后不久，余海清女人到永胜赶街，骑着一匹黑马。经过第一区灵云村时，恰巧遇一姓赵者在前不久也失去一匹黑马，样子很相像，起先不敢认，后受汤姓者（有特务嫌疑）挑拨，一把抓着马就到公安局来，硬说是他的马，声势很大，有人证物证，幸好遇到公安局周副局长知道凉山习俗，轻易不能侮辱黑彝娘子，当场就把证人嘘垮，然后再把赵某（失马者）压倒、拘留，用好言安抚余海清女人，在县府以酒肉相待，派人送之回山事情才了。据说当日余海清在山上，听到他的娘子受辱（胡丹言，黑马实在是余的，完全是样子相像），非常气愤，马上要带人下山，胡丹也急得要命，一方面派人找周（副）局长，一方面阻止余海清下山，直到他的娘子回山为止。

（5）永胜民族代表会中，彝族代表中有个别的拿了汉贩的糖果不给钱，被别的彝族看见了当时制止，并说："现在民族团结了，再这样做不合了。"据汉人说："这是空前未有的事！"

尹寿铭、范景宇

（三）彝族和凉山办事处的要求

（1）希望提高彝族政治地位。

（2）改善生活，尤其要求开荒和救济，彝族代表希望政府能改善生活，余海清说他们过去打冤家、抢汉人主要是为生活所迫，故以后若要讲民族团结，必须使每人的生活不成问题。

（3）扩充经费办学校，这也是彝族代表的要求，认为办学校有很多好处。

A.教育彝人，可作将来训练干部的基础。

B.以教育彝人子弟可联系其家长。

C.作为群众工作的据点。

（4）要求更改凉山办事处名称，扩充干部，改变组织，必须实现彝人工作有职有权。

（5）要求领导。整个丽江区民族工作机关，只有凉山办事处一个机关，现直属永胜县政府领导，以一个区看待，但县政府一般工作重点都是集中在减租、退押、清匪、反霸上面，对凉山这个特殊的单独区缺乏领导，因此使凉山的工作不能更好地开展。凉山办事处主任胡丹同志在谈话中向我们表示，有时他非常苦闷，没有人与他商量工作，要求专署加强领导。

附录：凉山地区民族间“保头”制度的初步了解

一、“保头”的来源

“保头”就是保护人的意思，也可以说“保镖”。在民国十二三年之前，华、永、宁接近凉山彝区一带地方是不用“保头”的，在永胜有大道通到西昌，商贾来往不绝，自从贺二麻子、雷应飞、罗树昌等事件之后，劫路事件时常发生，大路不易通行。但商人为了利润，许多人便从私人头上想办法，于是找一些彝目做“保头”，以保护路的安全。（“保头”也斟酌某些地区有冤家关系，不敢保。）“保头”费则看贸易的大小抽收，于是“保头”制便产生了。

二、“保头”的发展

到了民国十八九年（社会秩序极乱），各边地人民深觉危险，便找附近黑彝做“保头”，后来治安混乱到砍柴、放牲口都感困难，于是该地人民又加请一些彝目出来做“保头”，在山上放哨，每个砍柴与放牲口的人经过那里时都需出“哨钱”。这样，“保头”便发展成3种形式：1.保护贸易行商；2.保护居民；3.保护砍柴割草放牲畜（季节性）。

三、各地请“保头”的情形

这里的材料都是永胜的。

自民国十八九年开始，前后与彝族接近的地方都请了“保头”。

他们怎样保法呢？最初双方订条约，杀鸡狗盟誓，有什么事情发生，“如失盗、被敲诈勒索时”，“保头”负责，大家每年出给多少“保头费”。并且，“保头”出事，大家负责。各地的“保头费”不一，一般保区约斗米左右或者二三十两烟，保柴山的是“放哨钱”，多数是五抽一，如一背柴在街上值得半元就交1角，这种收入不轻，如长坡哨一日收入的“哨钱”常达半开55元至100元左右。行商的“保头费”就不一，没有什么定例，看感情说话而已。

“保头”的剥削并不老实照条约履行，“保头”人到被保的地方，要受格外的招待，甚至招待差一点还会发生枝节。

有时在保区内失盗，“保头”还要失主出报口、出赎钱、报酬等，有时竟至人财两空，还清不回失物来。

尤其是彝族头目，为争“保头”界，使被保地方受到损失，这里可以举一个典型例子：

帕罗王村以前是余鸡克做“保头”的，后来胡家自来山村回来，对这地方想插脚进去。胡家的主要百姓谷有臣本来是麦地河的“保头”，因为势力大，对帕罗王村也想侵占，帕罗王村的人民胁于威势，也出些“保头费”给谷有臣，另一面对余鸡克就冷淡得多（因余鸡克势力小）。1947年，余鸡克家的百姓拖了帕罗王村的1条牛、两个小孩子（自己保、自己拖），帕罗王村的人民聚集起来追赶，同时通知麦地河在前阻挡，果然贼到麦地河，就被麦地河的武装打死了，并割去一只耳朵。余鸡克家本来要出谷有臣的气，正没找处，这回子是他的保护地区出事，就来麦地河要人命，结果由麦地河赔了一些白锭（其实帕罗王村负了主要的担子），但余鸡克还不满，还要退耳朵，耳朵当然早就丢掉了。最后余鸡克家于去年便请药山的家门来帮其打麦地河，谷有臣也调了人相抗，结果双方各死2人，余鸡克家被打败，谷有臣领人追赶，在树林中遇到余鸡克娘子，谷便打了她一巴掌，并拖她的裙子（这是对娘子的最大侮辱）。后来余鸡克家把药山的家门和余海清搬出来，要谷有臣赔礼，又请中间人胡大秋、胡务纪说和，先是1200个白锭，最后说成400个白锭，这些钱现已全部赔完，但事情到现在还没有结果。这些负担大部分落在麦地河、帕罗王村人民的头上，这400个白锭不但赔余鸡克娘子的礼，而且谷有臣还要从中取利，中间人也要报酬。

像从这样事情可以看出“保头”的实质，以及剥削的厉害。不过有些地方还好，主要是家族关系不太复杂，“保头”也好保，便使人民少受些额外损失。

四、解放后“保头”的状况

解放后，在柴山及汉人众多地区，大部分停止了，但较接近于彝区中的地方，还是继续着，家族间的钩心斗角，敲诈勒索还时常发生，这对被保护的地方、人民是莫大的痛苦。

凉山办事处　高泽阶

丽江区材料之二
——宁蒗的民族及民族工作情况
中央访问团第二分团
1951年2月出版

丽江区材料之二
——宁蒗的民族及民族工作情况

编者声明

这些材料是我们从1950年8月29日至1951年1月31日（其中大部时间是在行动中），先后在圭山、丽江、保山、大理、武定、楚雄等地区进行兄弟民族访问工作中，通过当地干部、民族代表及熟悉当地情况的人士所了解的一些情况。为应各有关机关之急需，仅将原材料加以整理，尽量避免主观分析与结论，在文字上仅要求念得通、看得懂。但由于是短期的访问与了解及仓促整理，情况难免不真实或不深入，观点难免错误，文字烦琐或不通顺。故仅能供各有关机关进行民族工作的参考或进一步考察的线索，并望于今后的调查研究，加以校正。

1951年2月 日

这份材料是根据该县几位同志所谈，由范景宇、和才两位同志整理而成，是该县一些情况的反映，我们未加更多分析，不妥处在所难免，特此声明。

一、民族和土司简况

宁蒗位于滇西与西康的边际，为摩些族聚居区。摩些人自称为吕顿，其意为摩些族居住的中心地带。

宁蒗旧制分为两个土司区，一为永宁土知府，一为蒗蕖土知州（国民党时代宁蒗设治局设于蒗蕖，解放后县人民政府设于永宁）。据传说两地土司皆为元世祖南征留下的蒙古族，现已自称摩些族。永宁土知府阿民翰已故，其弟阿米竹现任其职，蒗蕖土州官为阿洪钧。据传说随元世祖南征的有一部分西番族，皆为随军有功者，现多任伙头、中下层首领。这两个民族在历史上就形成一种统属关系，摩些族为土司贵族，掌握政教的统治权，居于坝子的中心，西番为其护卫部分，分居坝子的周围山脚下，前者性较“柔弱”，后者性“强悍”。其次另一个主要的民族是由西康大凉山迁入的彝族3万人左右，多居于山上，向土司租地。历年来，彝族因国民党反动政府军队借坝子为根据地，向凉山区进行压迫、剿杀，以及内部的打冤家，和生产的不够吃，常下山抢掠，尤其是抢人作娃子，以致与摩些、西番等族造成隔阂和仇视，双方面的仇杀事件累累。解放后情况稍有好转，但边境上，还时常发生彝人抢娃子的事件。

除以上3种民族外，还有一些为数很少的民族，例如仲家350人、栗粟400人、藏族100人、苗族100人、傈僳60人至70人，[①]这些民族多为佃农、贫农，社会地位很低，在一些风俗习惯上、生活上多受摩些的影响而变化，很少特点，与摩些、西番之间亦无隔阂，与彝族关系则因过去遭害而形成畏惧和仇视。

土司编制是在土司之下设大总管，助理土司办理内外事务，有时代理土司执行职务。大总管属下有1总管，下分24管，为小总管分掌。管下有一二总火头，分掌若干小火头。每一自然村为一小火头，下又分设若干排首，分管数户。总管下面设有若干把司为参议性质。

大总管为土司从贵族（阿姓）中派定。总火头多为总管中有能力者代理。火头为轮流担任，一年轮一次。

改设治局后，这些制度未废除，名义上改为保甲。解放后改为县治，划为4个区，永宁划为两区（即宁江区、巴翠区），蒗蕖亦划为两区（即兴元区、卫宁区），现仍为两土司分掌政权，但土司的威权已趋衰落。

蒗蕖土司区。自道光年间铜银矿场兴盛，汉人逐渐移入，兴商营贾，重利盘剥，矿产土地逐渐流入汉人手中。初土地皆为土司所有，因土司不善理财，花费虚空，即向汉人借贷，其方式为白押认账、黑押抵租，简言之，即以200元贷给土司，租到一块地，其中100元为白押，写明契约上，作为押金，另100元即作为黑押，不求归还，但必须在租粮上减去若干，经过数次借贷后，地租全部为黑押抵消，土地即转为汉人所有，这种土地名“红照田”。原来的西番佃户，渐渐被排挤到山脚下去，蒗蕖的良田多为汉人二道地主所占有，现在有两三个汉人地主年收三四百石至七八百石租子，较土司收租尤丰，经济上已超过土司，后复因山上彝人下山掠财抢人，土司无力保护属民，威信下降，逢事尚须向二道地主的汉人商量，解放前的区长、参议长已为汉人任职。

永宁土司区。该司亦没落，俗云“木里的王子，永宁的总管”，若干年前土司的威权已为总管所代替，现任我人民政府副县长阿少云即永宁的总管，已为当地的权威者。解放前阿少云声明起义时，便同时宣布废除土司制度，现土司本人已有名而无权。

宁蒗信奉的是喇嘛教，其宗教的最高权威者“坎普”（系喇嘛的首领）亦为土司的家族，如土司弟兄中，大的做土司，二的便做“坎普”，例如永宁土司阿米汗的二弟阿米其即为现任的“坎普”。

① 此段文字中的“栗粟”和“傈僳”当指不同的民族或民族支系。——编者

在阿姓土司周围居住的这些百姓分为两大类。一种类似农奴，例如永宁皮匠村的背后有一个村名“嫖子村”，即奴隶村的意思。农民除去种自己的庄稼外，即须按时给土司轮流挑水、扫地、喂牲口，妇女则做饭，侍候土司家庭，按时给土司耕种田地，收割庄稼。土司给予一部分嫖子地，按年送一些土产给土司，例如柴、鞋子、酒、扫把、水果、菖蒲（药）之类，当缺粮时可向土司讨粮吃。奴隶可以以金钱赎身。

另一种便是一般百姓，平时要向土司上钱粮（数很轻）。淘金的向土司缴金税。大大小小有十五六种税。满山的野果无人敢收，否则又加上一种税，甚至树死了还要继续上税。放羊也有山税。百姓不准盖瓦房，若盖了须向土司上税，每片瓦要几钱银子，一般人都是木板房子。百姓不准穿绸缎，骡马不准装饰。不准种稻田，解放后才取消这一条，种了部分稻子。

二、解放后建政过程

1949年丽江起义后，第八区曾发动过减租减息，有些小商人来往丽江永宁间，讹传谣言，土司不安，曾于二三月间闹着“假减租”。土司对“组织”名词感到畏惧。

我方干部尹少白（旧共革盟的队长，后为我收编）在当地曾搞过武装“民主联军”，与阿少云结识。1949年10月尹去与阿少云接洽，未去前，阿即成立人民代表会，宣布取消土司特权。尹去后，接专区指示，于1950年1月成立政务委员会，阿少云任主任，委员有“坎普”阿米其、王克敏（汉人，旧教育科长，旧国大代表，蒗蕖地主）、陈学贵（汉人，入摩些籍，旧把司，现为宁江区长）、王都志（西番人总火头）。政务委员会成立后，曾办过一班军政干部训练班。

四月间我一二五团到永宁，纪律很好，后一二四团路过永宁，更加强对我之认识，上层与群众当时都很对我们表示欢迎。

五月间专区派和冠五、杨凤鸣（现县工委）等同志去宁蒗组织人民政府，和冠五同志任正县长、阿少云任副县长，另委任当地人木世贞为民政教育科长、王克敏为工商建设科长、阿米其（老坎普）为法院院长、李昌（旧设治局秘书）为财政科长。秘书和兰轩、税务局长牛翠礼及粮库主任皆为我派去的干部，公安科为解放军分下去的部队组成。

政务委员会除保有原来各单位外，又扩大名额，吸收了一些各民族（除极少数的民族外）上层人物，及青年、妇女代表，部队中连以上的干部参加。但由于多数对我政策不够了解，及受特务谣言的影响，除旧有人员及外来干部之外，被聘的人多未能到会议事。

区乡干部多为旧人员，工作推不动，县长及工委经常分散下乡推动工作。由于外来干部多为丽江人，工作上与地方干部商量不够，使得地方干部感到外来干部盛气凌人，有人发牢骚说，宁蒗是丽江人的殖民地（？）。另外由于尹少白同志在当地工作时间短，临走时又没有交代情况，使得后去的干部在工作上发生一些困难。和冠五同志曾在丽江做过地下工作，解放后曾任鸣音办事处主任，尚能联系群众，威信很高，但由于与阿少云有些问题缺少商量，阿对他有些不满，感到“出头讲话找到他（指阿），用不着便丢在一边”。

县府设于永宁喇嘛寺内，党、政、军、教、民统一工作，专署工作指示是：“保持政委会，第一接收，第二建设，第三武装，第四建立群众组织，原则上缓进勿急。”

三、两件较大的工作

1. 征粮

六月份成立政府，开始征粮工作。当时专署给的任务是200万斤，后经县根据地方困难情况，要求减至80万斤，由阿少云提出名单，组成各地征粮小组，每一区分担12万斤，当时曾拟定14条注意事项，中心强调团结，另有几条是“遇事不要动感情，多灵活运用策略”“扩大团结面，缩小打击面”“是执行政策，不是耍威风”，因解释不够清楚，结果是分配数量太重，干部态度不好，集中地打击一些地富成分，引起西番人的不满，从中鼓动，造成群众的反抗，在蒗蕖大会场上，提出：“要不要老百姓？皇上登基还要大赦3年，不要百姓交粮，为什么毛主席还要百姓交粮？”在大会上甚而有个别的人大声问群众：“交不交粮？”群众答：“不交！”“咱们走！”结果群众一哄而散。当时把情况反映给专区，回示“减轻数量”。后来和土司在一起细算用途，只需20万斤左右便够了，第二天县长副县长到村子里又召集大会，重新解释，结果群众很满意，觉得公家要吃粮是应当的，而数目又不大，一致同意把本来打算闹事情用的一条“誓牛”，拉来大家杀吃，表示团结，拥护政府。从此后，我们有一些工作便交给当地人员全权办理，派去的干部则光下去帮助做一些技术工作。

2. 救济

西番人居于山坡，地瘠民贫，时常断粮。解放初期，听到外面清算分财，便有些人自动纠合，向富人索取粮食，有的一方面向政府写状控诉地富罪恶，同时便自动分财分粮。巴翠区的傈僳族，平常没有粮食便吃仙桃（仙人掌结的果子），无力劳动光睡觉，其状甚惨。彝人亦因生活常常下山抢人，我们当时便动员人民去永胜驮粮，结果因路途远，不好走，每区1匹马，发8块钱作路费，驮的粮抵不上路费花销，马在路上死了一匹，引起很多人不满意（但通过此次运粮救济，组织了10个彝人村，组织了村政权以后，很少发生事故），一些出牲口、有粮食的住户，对这事很不满意。又发动人民开了3000多亩“二荒地”，一般穷人反映很好。

四、各民族的一个迫切要求

据了解事实上彝人中间也并非皆以抢掠为生、以抢掠为荣。抢掠的原因有一大部分为打冤家，或因受到反动军队的勒索，遭到损失，无法取得补偿，借着历史上的怨恨，下山抢到一些娃子、财物，以偿损失。以抢为生，因而致富者为数甚少，因此调解其关系，并非不可能。

故山下的一些民族，其中并包括其他各少数民族，提出一个迫切要求是：要政府协助调解双方关系。

五、该县的农产与矿产

当地生产除农产中有燕麦、苞谷、稗子、大麦、麻之外，副业有织麻布、赶马帮、牧畜牛、羊、猪等，因山边有一些草坪，宜于放牧，故牧畜很发达。

土地面积很大，土质较肥，但由于没有沟渠常遭水淹，不会施肥，多采取广种薄收轮种方式。

另外在蒗蕖曾于清代开办过不少矿场，后皆因采矿方式落后、交通不便而停办，现据调查如下：

（1）铜矿：铜厂河铜厂，清光绪十年开办，已停办，最高产量日出铜6000斤。

米依河铜厂，清末开办，已停办。

香塘潮铜厂，民国十二年开办，已停办，最高产量日产铜3000斤。

（2）银矿：白牛厂银矿，道光二年开办，十八年停办，每日最高产量400斤。

三坪银矿，开办于白牛厂之前，因白牛厂兴旺而停办。

（3）铁矿：金子沟铁厂，道光年间开办，现仍有3个炉出铁，每天出铁800斤。

（4）铝矿：麦架坪铝矿，是现天矿。

（5）锑矿：于库脚曾有放羊娃拾取一块石，被带到外面化验为锑矿，后无人开采。

（6）煤矿：普定中一带曾发现煤矿，但无人开采。

（7）石膏：矿量蕴藏很丰，亦无人经营开采。

（8）金矿：在永宁的附近，尤以木里交界处的无量河内产金矿砂，有一些农民零散地淘取。

六、一个特殊的婚姻制度

摩些族的男女关系比较特殊，贵族按例不与百姓通婚，其制度与汉人同。一般百姓，无婚姻形式，成年后可自由选择对象，发生性关系，男女各居自家，有情的可结成长久对偶，如有一方发生破裂，可自由分离，另择配偶。因而一般亲属称呼中无“父母”一词，一般称呼年长的男人为“舅舅”。据说有的学者称其为母系社会，但实况是女性在家族中并无地位，非主系继承权，家长仍为男子，因女子不出嫁可分享遗产，老死母家。孩子的名字：第一个字除族姓（如阿）之外常带本村地名，例如“阿吉兹利”的“阿”字即族姓，又如“依曼杜吉”的“依曼”二字即为村名，近年来亦有一些人家受汉人影响，在演化为对偶婚姻。

附录：宁蒗土司总管阿少云（摩些族）谈民族关系

［这是土司总管阿少云在丽江民族代表会小组会谈话记录（现阿任我宁蒗县副县长）。从他的谈话中，可以看出，过去蒋匪帮对少数民族的压迫和分裂的一些情况，但整个谈话中，阿对自己极力夸耀表“功”。为了保持他的原来思想情况和意见，我们未加任何修改。

按：阿现年50余岁，烟瘾很深，至今对我们仍有顾虑，公开表示反对组织农会。自己还曾取消了人民见土司总管叩头的礼节。］

一、民族情况：宁蒗是一个多民族的县份，以前是两个（永宁、蒗蕖）土司的地方。有摩些、西番、彝族、苗族、仲家、傈僳、藏族、汉人等民族。在民国十三年之前，是很团结的，所以没有发生过民族间的大问题；自民国十三年后，由于汉族中的统治阶级的挑拨与压迫，便产生了严重的彝汉间、彝族与其他兄弟民族间的问题、自己民族内部的问题。

二、在民国九年，棉花地（滇康边界）有一个叫雷应飞的，是一失意军阀。民国十三年，想造反（？），便发动附近彝人动乱，他自己也到处抢杀，称雄称霸三四年，这样永、华、宁的边界上，到处动乱起来（当时雷应飞的鼓动是抢物得为己有）。那时，大理镇守副使罗树昌，率兵一连和200名中甸的马队，到宁蒗镇压，同时进行清剿。那里汉族居民，当时被迫做向导和运输工作。不久，罗树昌为筹划反对当时云南的执政者，到永胜去了，留下的兵被彝人打败了，当时，彝人对汉人向导运粮的工作感到仇恨，便引起对汉人的仇恨，这一来抢杀的事件便逐渐多起来。

三、在以前，宁蒗兄弟民族中间，不爱闹事的，大事化小事，小事化无事，一般说来，团结得很好的，人们都过着太平日子。自民国十三年后，宁蒗虽然有了彝汉纠纷，但永宁地区是平静的，但由于汉族统治者的离间挑拨，出了一件永世难忘的惨痛事件。

在民国二十五年宁蒗设治委员程文景（汉）来宁蒗办理设治的事，借修大门的名义，向当时的永宁区长阿少云逼向人民派云南半开洋6000元，那时阿少云说：“要怎样盖，把图样拿来，由人民自己来盖。”便拒绝了程的命令，给程文景碰了一鼻子灰。

民国二十五年冬月二十三日，西康藏族东尼人来抢永宁坝子，烧抢3日，把永宁内部的牛马牲口全部抢走。因为区里不抵抗，当时的人民都起来反对区长阿少云，后经多方面奔走，算是没事了。自被抢后，有些走不动的牛马，被东尼人丢路上，那时有个西番族喇嘛七里，拉回来7条牛，这些牛都不是他的，到了二十六年正月，有一条牛被失主清着了，告到阿少云那里，当时阿少云说：“永宁被人抢到这样，都只为个人只顾自己。”一定要七里把牛还给失主，七里心里怕7条都被清出来赔不起，于是把牛杀了，请了他的同伴，同时喝血酒盟誓反对阿少云。

本来事情是小的，但经人挑拨便闹大了，程文景听说有人反对阿少云，就派一个卢云涛（汉，宁蒗的绅良）专说阿少云的不是，大肆挑拨，于是在正月尾（二十三日），老百姓暴动起来，把阿少云的家搜抄空，形成西番与摩些族的仇恨。当时阿少云是有力抵抗的，但终觉得不好，便跑到泸沽湖的一小岛上（那里有房子），派人到永宁说："我们被人骗了，不要上当，我个人没有关系，但地方要遭祸。"可是人们被程文景、卢云涛鼓得大大的，哪里肯听这些话，只加添了他们的愤怒，不得已阿少云便跑到宁蒗来。

阿少云家被抄后，他们仗着人多势众，把附近的彝人米家也抢了，把彝族家的娘子也给拉来，普遍地激起彝族的公愤，各处调集彝人，双方在草地场上接战。永宁的百姓被打败了，死了48个人，除了一个人是俗人外，都是比较为首的喇嘛，这一件事变成彝族和西番、摩些和宗教间的重大仇恨，彝族于是大肆烧杀永宁坝子。

阿少云看到家乡烟糜，事情越闹越大，对于永宁没有好处，于是冒险回到永宁，劝走了一部分彝人，一部分彝人（属于西康的）还在永宁烧抢，于是他自己领导了5个人、4支枪，拼命同彝人打，把彝人打走了，但是还是得不到人民的谅解，人们反而在程文景等挑拨之下说阿少云带领彝人来报仇，盗窃民意。在丽江请来高振鸿（第十督练分处长）与永胜的十团的张宗祥营到永宁弹压，程文景又盗窃民意，请求高振鸿赶走在永宁的阿姓一族（土司族）同一些他本人痛恨的人。在这种情形下，阿少云等只好逃避木里，随后，阿少符也到了木里。

部队在永宁没有替老百姓做一件事，反而增加一些仇恨，如联合西康吴晓东部，剿办彝人，结果是给彝人把吴部全部缴械，声势更大，对其他民族仇恨更深。永宁的人民，经过被西康藏族东尼人的抢、自己的变乱、彝人的烧抢、部队的糟蹋，非常贫困了，牛马牵走了、人也被拉去了、房子被烧了、粮食给部队吃空、银钱更是没有了，到那时才知道是上了人家的当。

事情过去了，善后怎么办，程文景没有办法，高振鸿没有办法，千方百计把阿少云请回来，委他做区长，把乌烟瘴气、糊涂的善后叫他处理。

那时各处严禁大烟，永宁人民也不敢种，但高振鸿表面怜悯人民，就说："我尽量向土司要求给你们种三年大烟。"这一来一件惨痛的事件刚结束，另一件无形的祸患，在汉人统治阶级怜悯之下，又放在永宁人民的头上。

四、民国二十四年，第十团的任营长，派一个欧连长来，剿办彝人余了打家，拉回来很多的牛马牲口。回来时，歇宿马顺祥家里，在抢余了打家的时候，欧连长又向余家说：马顺祥告诉我们了，这里最坏的是余了打，所以才来剿办等等。部队回去之后，彝人逼迫了两个缅棉的西番领路，把马家抢了，打死两人，被捆去6人，后以一人100两银子赎回5个，1个人因赎不起还是在彝人家里。

这事出了之后，马家到设治局去告，程文景说："你们自己的事情自己去搞，自己把领路的西番人带来。"马家（西番）即约了几个亲戚到缅棉来抓替彝人领路的人，但到了缅棉，马家的人反被村里人围住，双方械斗，马家的人从黑夜突围，缅棉村方面被打死了两个，也不明是哪方打死的。过后，双方说和，赔了安葬费半开600元，那时程文景不答应私下了结，又向马家敲去半开800元，但事情还没有解决，一连4个局长，都要根究一下敲一些钱，到现在还是没有解决，请求政府解决。

五、处理彝汉纠纷团结各民族的方法和意见：

（1）严格取缔无赖（据了解是指汉族农民）假借名义，组织团体（据了解是指农会）进行压迫小民族和有碍民族团结的活动。

（2）开各民族团结会，和彝族头目“钻牛皮”（彝俗）。

（3）办教育。

（4）邀请得力黑彝到政府工作。

（5）普遍禁烟。

（6）人民政府成立后，还在抢劫的彝人和汉人应予以适当处分。

六、团结才能有幸福的好日子，要团结好，有两个意见：

（1）把以前的（国民党）旧账不算，既往不咎，愿屈辱来争取团结。

（2）旧账里烂账不算，有眉有目的账要算，人民政府成立后的纠纷，一定彻底处理，彝人是畏威的，为了以后更好地团结，也要摆必要的威风。

丽江民族代表会小组讨论，宁蒗县工作干部杨春霖记录

丽江区材料之三
——怒江区“开辟”历史与民族关系
中央访问团第二分团
1951年2月出版

丽江区材料之三

——怒江区“开辟”历史与民族关系

编者声明

这些材料是我们从1950年8月29日至1951年1月31日（其中大部时间是在行动中），先后在圭山、丽江、保山、大理、武定、楚雄等地区进行兄弟民族访问工作中，通过当地干部、民族代表及熟悉当地情况的人士所了解的一些情况。为应各有关机关之急需，仅将原材料加以整理，尽量避免主观分析与结论，在文字上仅要求念得通、看得懂。但由于是短期的访问与了解及仓促整理，情况难免不真实或不深入，观点难免错误，文字烦琐或不通顺。故仅能供各有关机关进行民族工作的参考或进一步考察的线索，并望于今后的调查研究，加以校正。

1951年2月　日

一、传说时期

远在新石器时代，怒江沿岸可能有人类居住过。这里，老百姓常在沿岸拾着磨光的小石斧，视为传家致富之宝，一代代珍藏着。

据说怒族是怒江的土著，他们早期的生活状况不详。后来，有一部分傈僳族由丽江逃来这里，他们的领袖叫木必扒。

据说很早以前，傈僳人是住在金沙江边，那时藏人很“强悍”，丽江的木天王害怕他们，遂挑动木必扒去打。木必扒上了木天王的当，领着兵杀死不少藏族，等藏族的报仇队伍到了后，木天王撒手不管，寡不敌众，木必扒只好带着弟兄们和老小开始逃跑。一边跑一边和后面追来的藏族打。最后，木必扒渡过澜沧江，请本地人帮助了他100只山羊，不然的话藏族杀过江来，大家都完了。木必扒就在每只羊角上捆上火把，等藏族赶到江岸的那一夜，把羊角上的火把点着，藏人隔江一看，遍地都是火把，都是人声，藏人胆寒了，把兵退回去。木必扒打了个胜仗，趁势爬过碧罗雪山，征服了怒族。

按照以往的惯例，木天王每隔一年要派人到怒江这边收一次门户钱。就在木必扒占领怒江的第二年，木天王的代表来了。他住在哨房河的那一岸，送信来叫木必扒去见他，木必扒到了哨房河，木天王的代表有心要试一试木必扒的武艺，故意把酒摆在骑马后，叫木必扒跳过来吃。木必扒一跃而过，一点难色都没有。恰巧这时有一只雁从天上飞过，在代表的酒杯里撒了一泡尿，代表很气愤，叫木必扒把雁射下来，木必扒顺手拉开弩弓，一放手，雁就落在地上。这一下可叫木天王的代表佩服了，问木必扒要什么，木必扒说："什么我都不要，把你们吃剩下的汤水给我喝一口就行了。"代表懂得他的意思，回去给木天王说，把怒江流域就赐给木必扒了。

据说木必扒有7个妻子，丽江婆、日涧婆、怒扒婆、老姆婆、金沙江婆、漕将婆等。怒扒婆生了10个儿子，九子寡赊的后代，分住在上帕、俄马底、泸水老窝镇、碧江碧兔区一带。木必扒死后，葬在辣红乌都。现在碧江县人民政府副县长裴阿欠、福贡县府富阿伯科长都承认是木必扒的"十七世孙"。

…………

二、"开辟"时期

清朝末年，怒江流域是大理、丽江二府的辖地：泸水为六库、鲁掌、登梗、卯照、老窝五大土司所分治；碧江第一区及兰坪所属之怒地乡为兔峨土司领地，贡山为维西之桥头、叶枝二土司所辖；福贡第四区以下是傈僳人的聚居地，不从属任何土司。

…………

宣统三年（1911）九月六日，昆明辛亥起义后，国民党云南陆军第二师师长李根源在大理发起"开拓怒俅"。成立"怒俅殖边督办公署"于营盘街，委任宗熙（四川成都人）为正委员长、景绍武为副委员长，调大理七十六标学员80人做干部，分两路进入怒江：一路40人由任宗熙率领走维西；另一路40人由景绍武率领，从营盘街到知子罗。景绍武一行腊月间到了兔峨，受到土司罗凤岗的热情招待，在衙门里过旧年，并且土司兄弟罗丽全（罗星叔父）认景绍武做义父。正月十一日从兔峨出发，土司衙门还派了几个人去做协理和翻译。现在留在碧江的田月辉就是土司衙门派来的一个。二十七日爬过碧罗雪山，当时雪深及腰，一下山就和傈僳族接触，打了好几仗，前后杀死傈僳族、怒族200多人。到达老母登，老母登的人全跑到怒江对岸山头上去了。景绍武一面饬工造土城驻兵（城在今老母登上村学校所在地），一面准备往上打。二月一日打到上帕，一路上杀人放火，烧了两个村子。景绍武和他的士兵们是不能走山路的，从知子罗到上帕路上，活捉了不少傈僳和怒族，强迫他们背人、抬人、掮行李，背的人嫌傈僳、怒族汗臭，伸手就打嘴巴；抬的人不叫他们休息，歇一下就拿鞭子抽。国民党就是这样用钢枪、铁刀、皮鞭打开了怒江的大门。

…………

三、国民党反动统治时期

景绍武被杀以后，李根源又派鹤庆杨志远来当队长。杨在上帕盖了一个很大的营房，据说这个营房周围有4个大堡垒，盖得很神秘，“外不见房，内不见墙”。同时又在知子罗办了个汉语学校，强迫附近的傈僳、怒族来学习汉文。教师叫崔振声，富川人，学生三十几个。凡是上学的学生，都给他们一个汉人姓名，墨文卿、墨文彬就是第一班学生。

民国四年（1915），殖边队有3个士兵，到俄马底去催“投诚费”，被傈僳人捆起来，丢到怒江里。官兵来了，杀死一个头目，拿住另一个逃往俅江去的头目的妻子做人质。就在这一年，殖边队的官兵们开始把他们的家眷接到怒江来了。

民国五年（1916）九月，殖边公署改为行政公署。知子罗行政委员是董廷芳（鹤庆牛街人），上帕委员是杨葆光（鹤庆牛街人），并设警备队，队长由行政委员兼。上帕公署编“江东西为上中下三段，十二保，三十甲，一百七排”。知子罗则划全区为5段：中段、东南段、西南段、东北段、西北段。每段设团政（全是汉人），之下辖保董、甲长、排长等，“使其相互管束人民”。也就在这一年，开始向傈僳人征收公粮，每户2斗，收团费，每户3毫。而理悟底一带的“投诚费”还是继续征收。

董廷芳带来了汉商2人，一个叫刘子明，一个叫刘选卿，都是鹤庆人。他们官商合资，在知子罗设立天宝号，主要的生意是卖布、煮酒，一升苞谷可煮6碗酒，但卖时只换1碗酒。喜欢吃酒的傈僳人，一年被天宝号搞去的苞谷不知有多少斤。

民国六年（1917），兰坪三区石登地方，傈僳领袖阿孟扒因受不了县佐旃大老爷的压迫，联合崔大人、胡大人，率领傈僳、那马弟兄百余人，杀了旃大老爷，正月初八日攻入喇井，接着打进马登街、江尾塘，被剑川派来的官兵杀死了3000多人。阿孟扒又分兵攻兔峨土司，六月，阿孟扒的弟弟到了怒江抗鲁村，与勒墨恒带的600多人，在某天鸡叫的时候打到知子罗，烧了汉语学校和天宝号，进而包围老母登的营盘，9点多钟，董廷芳率领官兵出击，把傈僳人全部消灭在知子罗河边。

第二年，福贡又发生了傈僳人反抗斗争的事件。打普洛村有一个傈僳领袖，人们都喊他“瓦策”，很有本领。这一年他率领傈僳弟兄百余人“叛变”，杀死团政和5个官兵，但后来也被官兵消灭了。

也就在这一年，知子罗行政委员换了老头子莫域衡（四川人），一样事也做不成，他的“无为”统治，换来了怒江沿岸暂时的表面的平静。值得一提的是，在他任内，了结了一件碧江与兰坪两县间的辖地上的问题，即是把罗土司辖地内的怒江以西由样培至托托，江东由色德至拉是底划归知子罗行政公署。

民国九年（1920），段文奎接替莫域衡，为加强“汉化”，开始在各区（共5区）设立学校，教授汉语汉文。

另一个鹤庆商人张文彬，这一年到了知子罗，帮刘选卿经营天宝号，这时天宝号的生意，已经扩大范围，开始收买药材土产——主要是黄连、贝母、狐狸皮、水獭等。天宝号既是官商合办，刘子明就一面经商，一面在衙门里做事。后因出去铲烟，被傈僳人杀死。

同年，英帝国主义悄悄地把界桩偷立在高黎贡山上，正对着知子罗的是第四十八号。

民国十七年（1928），上帕公署改为康乐设治局，局长葆维德，知子罗改为碧江设治局，局长董芬，改团政为区长，下辖保长、甲长，团费增加到每户1元2角，公粮仍是2斗。同时，董芬开始在知子罗盖衙门，叫老百姓送木料、做土墼、搬石头，每户派建筑费3元，傈僳、怒族很不满意。

继之，民国二十二年（1933），美国传教士杨思慧来到怒江，民国二十三年（1934）在理悟底租了一块地建立教堂。这个租约现在还保存着：

立租约文约人系美国杨思慧，任中华基督教内地会牧师。因来潞江之碧江传福音，特在江西理悟底村央请中人说合，租得攸面子干地一方，作教堂住址传教之用。地之四至：东界友昧欠及鲁夫欠之地，宽十一丈三尺，西界大家之地，宽十二丈，南界路，长十四丈，北界本地主攸面子之地，斜长二十二丈五尺。定议租期七年，每年租金大洋五元，先交一年之租金，其余于每年前十月初一按年照交，彼此情愿。空口无凭，特立此租约为据。

文约人　杨思慧
出租人　攸面子
凭中人　所面家　阿夫聂　阿弱
代字人　杨雨楼
民国二十三年九月二十三日

民国二十四年（1935），史国英任福贡设治局长。他一面做官，一面做生意，派上帕附近的傈僳人从营盘街把百十背货背进来；又叫老百姓把他在福贡以低价收买的棺材板背到腾冲去卖，百十几个人，一来回就是两个月。老百姓恨在心里。史国英对他的卫兵（汉人）很不放心，每人虽发了五六粒子弹，但都倒去火药，装上土灰。不料这个秘密叫傈僳人知道了，在三月十八日天亮时，上帕、一块坪两个寨子三十几个傈僳人，拿着弓弩、大刀，打进衙门杀了史国英夫妇和他的师爷、舅老爷、伙夫等9人，烧了档案和“昭忠祠”。这一次傈僳人是有了自己的组织，并占领设治局达20天之久。最后还是被兰坪杨团副（希曾）带来的兵赶走了，杀了3个头目。杨希曾到了怒江，很垂涎这块地方，压迫地方人士给大理史华举荐他做设治局长，史不答应，他就带上兵走了。傈僳人又占了衙门。不久贡山赵队长带了三十几个人下来，在俄马底附近打了4仗，打不过傈僳人，向大理请援兵，史华才派张营长（名字不详）带一连人来“痛剿”，杀了不少人，1个月后，这一次斗争才被镇压下去。张营长返回时，带走腊乌寨傈僳族青年霜耐冬。

民国二十五年（1936），怒江人民的负担增加了，政费增加到每户4元，粮仍是2斗。

民国二十九年（1940），国民党开始在怒江设立党部，党费每区每年50元。第二年碧江设治局重新划全县为4个乡：普罗乡——六保；嘉禾乡——八保；理悟乡——六保；金满乡——八保。

每一个乡长，每年有60元办公费。划乡以后，又增加了人民的负担，政费增加到每户5元、学粮每户3升，公粮仍是2斗。

民国三十二年（1943）冬天，国民党开始在怒江征兵，抓走8个傈僳人，在怒江引起了很大的不安与恐惧。抗日战争胜利后，福贡、碧江先后成立“参议会”。天宝号的汉商张文彬以及跟着景绍武来“开辟”怒江的兔峨土司的小吏田月辉都做了“议长”。

这一时期，汉人是备受优待的。不纳政费，不应夫役，和设治局有关系的汉人，设治局还可以给他们派民夫。傈僳、怒族、勒墨都不敢得罪汉人。

民国三十年（1941），设治局长赵聘九夫妇来到碧江。他们的生活是这样：他的妻子烟瘾很大，身体很坏，每天吃过晚饭后邀几个汉商来打麻将，一面打牌，一面抽大烟，烟是由传令兵烧好端到桌子上。牌一直打到天亮，白天睡觉。不吃五谷，只喝牛羊乳，衙门内养了一头牛、两只羊，都是供她一人享用。后来她不吃牛羊乳了，赵聘九便在知子罗街上给她雇了一个妇人，每天挤给她两碗人乳吃。赵聘九一天什么事也不做，只是替太太看小孩。

四、反动统治时期的民族关系

在国民党“开辟”后，怒江区内部的民族关系渐渐改变了：傈僳、怒族、勒墨人之间的矛盾逐渐减少，对国民党的矛盾日益加深。但初期民族之间或民族内部仍然继续打冤家。主要的例子有：

（略）

宋伯胤

五[1]、福贡民族关系

福贡民族有傈僳、怒族、汉人、民家和拿喜（后3种当地其他少数民族一概看成汉人）。过去怒子是受傈僳族压迫的，如10月17日丽江各民族代表大会中，傈僳族代表节马登发言时所说的“以前怒江区的傈僳把怒子抢的抢、杀的杀，牛马钱财被抢，人也被抢去

① 本文序号“五”“六”为编者所加。——编者

做娃子，怒子、俅子无地可住，被赶到树上居住，还被傈僳们把树砍了，要怒子、俅子投降”。这是很早的事，有这种传说而已。现在怒族已被傈僳所同化，风俗习惯、宗教信仰，与傈僳族一模一样，彼此交往也用一种语言——傈僳话。

现在傈僳话在怒江区已成一种通用的语言。在福贡只有6个村还保存有怒族话，但这6个村所说的怒族话又各不相同，所以他们的话又只能本村与本村的谈，或者在家内谈谈，离开了村子就不通用了。就在怒族中，若不经他们说破，外人即使是傈僳人也看不出来的。

在汉商方面，他们从前与官府勾结，狼狈为奸，经营商业，又放高利贷给傈僳和怒族同胞。苞谷成熟时，价很低，汉商就大量收买，1升苞谷可以煮酒6碗（每碗重4两），每碗酒要放苞谷2升，或卖2升苞谷的价格。在好卖的时候，一个月可以煮3次，每次煮1斗，除去了一点烧柴、酒药、工资外，得利很多。傈僳爱喝酒，有钱时就向汉商买酒喝，无钱时就借来喝，记着账，一碗酒两升苞谷（现减为1升）。在三四月青黄不接时，向汉商借半开1元，到新苞谷成熟时还1斗6升，或借1斗还2斗（现苞谷价半开1角2升，十一月价）。

傈僳好诉讼，常为一件小事，双方起讼多年，在经国民党的官审问时，要送官一些钱。无钱打官司时，就要向汉商借贷。

雪封山时（每年旧历十一月至次年二月），有些傈僳同胞无钱无粮，所以也要向汉商借钱或粮食。

汉商有很多是空手到那里，不到几年就变成了有钱人。如在上帕的喜洲商人杨会计、赵升堂二人，都是空手到那里，二三十年，就有二三万元半开的资本，傈僳人谈起这些很痛心。十月六日，在丽江各民族代表会小组讨论会上发言说，要回去清算汉商，经解释后，才知道是国民党所造成的。

傈僳与汉商间互不通婚，汉商喜欢傈僳女子可以讨，而汉商女子就决不嫁傈僳。

过去国民党派到福贡的官，对地方上没有一点建树，只是剥削够了就走了，然后又另换一个来，人民负担一年比一年加重。民国二十四年时，设治局长史国英（鹤庆人），一个案件要罚款几十两（半开一元半算一两），并加重其他税款。另外兼做生意，无钱买的让你赊，限期付款，到期不能付款的，就被拉到县府扣押追缴，人民为此而出卖田地、儿女的很多，激起了公愤，再加上史国英部下的煽动，人民就联合起来杀死了史国英和设治局中的一些科长及街上的汉商。以后国民党兵来剿办“招安”，事情才告了结，但是人民对国民党的仇恨并没有因此而平息（参看“贡山民族关系”）。

杨树谷

六、贡山民族关系

［贡山县长和桂芳（傈僳族）、傈僳族代表节马登谈话记录］

约150年以前，贡山几乎全是怒族和俅族，仅少数藏人。他们通过喇嘛寺统治着怒人和俅人。150年前大概是乾隆年间，傈僳陆续迁入，直到三四十年前，福贡改设治局以后，迁入的数量才减少。

最初，傈僳少数迁入时，曾给怒族纳税。后来迁入日增，力量强大，不唯不纳税，反而欺负怒人、俅人，压迫他们上税，或抢掠他们的财产，或把怒人和俅人抢去卖给藏人当奴隶（娃子）。看到哪个姑娘漂亮，就强迫抢去，或者强奸。怒人和俅人（俅人比怒人还弱，傈僳对待俅人的压迫与怒人无例外，以后提到怒人的遭遇同时也就是俅人的遭遇）的牲畜放在牧场上就会被赶走，关在家里，四面栽上大木桩，仍会被傈僳搞走。他们用偷窃、抢掠、强迫上税种种办法来压迫和剥削怒人。怒人受不住就纷纷往北迁移，或者跑到高黎贡山的西面。

俅人则大部移入坎底平原和俅江（即恩梅开江）流域。余下的怒人只好离开地面，搬到树上住，但傈僳还是不放过他们，用刀子把树砍倒，把他们整下来，怒人为了防止傈僳人砍树，常常准备些石头在树上，傈僳来砍树即用石头往下打，傈僳人就用木头在树根周围搭起棚子躲避石头的攻击，继续砍树，等到怒人把石头打完，连锅桩石也打下来时，傈僳就在下面说：“你们石头也打完了，该下来了吧！”这样逼得怒人向他们低头认降。

傈僳用武力侵入，不仅和怒人作战，也同藏人作战，因为藏人是怒人的统治者，如果傈僳侵入，他们的统治就要垮台，所以站在怒人一边抵抗傈僳，但屡战屡败，没法抵住，傈僳也就慢慢生根变为贡山的主人了。

怒人慢慢受傈僳同化，有的甚至只会说傈僳话，不会说他本族的语言了。政治、经济各方面都逐渐同化，似乎是分不出彼此。但傈僳依然不太看得起怒人，怒人的记忆里也还认为傈僳人坏。有一个怒族同胞（丽江民族代表会代表），在他单独和我谈话时常常说：“傈僳人最不好。”不过近几十年来，比较明显的冲突是没有了。

在七八十年以前，傈僳、俅人和怒人还受察瓦龙和沧江上流的藏族压迫……这是贡山民族关系的第一个时期，这一时期还没有头人和土司。

自光绪三四年以后，叶枝王家鹿土司侵入后，秩序比较安定，这个阶段傈僳和怒人的冲突已很少了，藏族的势力也渐渐减弱，但又来了汉人（这里所指的汉人包括汉人、那喜和民家），他们用不等价或欺骗手段残酷地剥削当地少数民族（见《经济生活》），使傈僳、怒人和俅子的生活，一天比一天艰苦。

第三个时期，从20世纪初期（约光绪二十八九年）天主教进入以后，引起教案事件，接着清政府的力量来了，先是派兵进去屠杀，同时又引起信教与不信教之间的彼此屠杀，有些妇女被追逼抱着孩子跳下江去。烧杀不算，还要赔款9000两银子，差不多每家都得出，而且自此以后即设立菖蒲桶行政委员会，汉人开始去直接统治了。总起来说，自帝国主义和汉人政府进去以后，事情就越来越多了，日子就越来越不安宁。

汉官统治，不替老百姓做事，而是去剥削老百姓，节马登说："官员们下乡之先，什么都捆起来了，只有一条链子放在外面。临走时把链子往柱子上打几下说：'这一回去，希望碰到老百姓彼此相杀。'他们的意思就是好借此敲磕，乘机发财，剥削老百姓。"

而且汉官还挑拨民族间仇恨，或民族内部的分裂，民国二十四年（1935），鹤庆人史国英到福贡做县长，与他部下×××不和，部下想杀害他，同时他对傈僳人的敲诈剥削也很厉害，他的部下即煽动傈僳人杀县长。暴动一开始，即占领福贡，大杀汉人，并继续往贡山进兵，打算去杀贡山汉官，但贡山汉人早知消息，就征集人民（大多是傈僳人）把他们武装起来，杀向福贡，到福贡后，杀、烧、奸、掠，无所不为，此次傈僳死伤不下数百人，损失财产无数。自此以后贡山与福贡的傈僳彼此不和，几乎有10多年不相往来。这个事件说明两个问题：第一，是汉官和汉商对傈僳人的剥削，引起对汉民普遍的报复行动；第二，无论是汉人与傈僳之间的屠杀，或是傈僳自相残杀，主要原因是汉官的挑拨和鼓动。

民国三十二年（1943），国民党军队进去，要这样、要那样，一晚上就要36样东西，"变也变不出来"，各族人民就联合起来，把他们杀了5个。1946年，县长带了几个人进去，在贡山奸淫妇女（节马登的儿媳也被奸污），还要这样要那样，大家忍无可忍，就集合起来，把他们杀了，把尸体丢下江去。这两个例子是贡山的少数民族因受不了大汉族主义者的压迫而表现的反抗行为。

1949年贡山解放之后，由于我们干部没有把政策执行好，德钦国民党特务乘机钻空子，鼓动德钦藏人进攻贡山（带领武装下来的就是国民党的特务，100多人里有五六个），在贡山驻扎了几个月。……

贡山傈僳与藏人（包括德钦）本来就有历史的隔阂，在人民政府和大军未到之前，百分之七八十都准备搬到未定界去。幸好人民政府和解放大军及时赶到向他们宣传解释，但之前已迁走二三百家了（藏人下来以后不久，大雪即将高黎贡山封锁，因而未走成）……经过干部解释之后，再听了访问团的报告，他们了解罪魁是国民党反动派而不是藏人，"藏人和傈僳之间本来没有仇恨"。

由于语言、风俗、习惯、宗教信仰、经济生活的隔阂，民族与民族之间本来就不易了解，再加以历史上彼此仇杀、抢掠、压迫，解放前国民党大汉族主义的挑拨离间，所以贡山的民族关系是不好的。

施泽早

丽江区材料之四
——福贡贸易情况·经济生活与贡山阶级划分
中央访问团第二分团
1951年2月出版

丽江区材料之四
——福贡贸易情况·经济生活与贡山阶级划分

编者声明

这些材料是我们从1950年8月29日至1951年1月31日（其中大部时间是在行动中），先后在圭山、丽江、保山、大理、武定、楚雄等地区进行兄弟民族访问工作中，通过当地干部、民族代表及熟悉当地情况的人士所了解的一些情况。为应各有关机关之急需，仅将原材料加以整理，尽量避免主观分析与结论，在文字上仅要求念得通、看得懂。但由于是短期的访问与了解及仓促整理，情况难免不真实或不深入，观点难免错误，文字烦琐或不通顺。故仅能供各有关机关进行民族工作的参考或进一步考察的线索，并望于今后的调查研究，加以校正。

1951年2月　日

福贡经济贸易调查

（一）概况

福贡全县人口18640人（包括傈僳、怒子、民家、汉人、麽些）。除少数种稻田外，山地多轮种，位于山坡雨水不易调和，雨量少不生长，雨量多，庄稼被冲掉，高山土壤虽好，但气候寒冷（主要粮食为玉蜀黍），因此，能够喝10个月稀粥的人家不多，普遍仅能维持五六个月的生活（有的4个月），其余的日子则靠副业收入及找吃山茅野菜。大部田地均用人力耕作。农具简单，均由本区自制及澜沧江流域的几个地方运来，因山地斜坡，稻田狭窄，所以很少利用畜力耕作。

本区商业中心为上帕街，“开辟”（所谓开辟即汉人进入该地）于民国二年，“开辟”之后汉人与当地少数民族之间发生了初步的贸易关系，互相买卖货物，开始赶集，至民国二十年，加开街道，政府招商来此，给予指定地面建屋，盛极一时。但赶了三五个集之后，即渐渐冷淡，竟至中断，其间衰落13年之久，至民国三十五年才逐渐恢复，但情况仍不正常。又经过两年的工夫，上帕市场才稳固起来，汉商亦陆续来此，有了一定的集期，每月赶两集（初五、十九）。来赶集的，除了坐商及流动小贩外，多为当地的少数民族，上帕街共有60多户人家，坐商（汉人）占70%左右，约40家，集中于街子上，其余20多家皆傈僳，散居于街子四周，坐商95%主要营业是煮酒，另外兼做吃食生意及收售山货药材，买卖零星杂货。流动小贩（包括傈僳商及货郎）中，傈僳多经营盐巴，货郎则包罗万象，只要有利可图，什么生意都做。

（二）在此集散的货物（包括进口、出口物资，等价、产地、流动方向、经营过程及与少数民族的关系）

1. 出口货

A. 黄连　全区年产量约1万斤，其中一部分向南流，在营盘街集散，另一部分在本集集散，俅江亦流入本区一部分，所以每年在上帕街集散的黄连仍在1万斤以上。集散后经维西、丽江再转下关出口。价钱最好在民国十四五年间，上好货色每斤半开6元，普通货色每斤5元，至抗日战争爆发后，因无甚大出路即逐渐衰落，现每斤仅值半开5角，由于黄连价的低落，一方面影响到产量的锐减，一方面直接影响到人民的生活。举个例来说，过去黄连价每斤半开5元，土布每个半开1元5角（3个布可做两套衣服），1斤黄连可以换3个布，尚有剩余，所以有一个时期，老百姓几乎全部都穿上了布衣，现在呢？土布要五六元1个，十几斤黄连才可换1个布。一个人大约4天可挖到1斤黄连，脱手后所得代价尚不够供一个人4天的伙食。因此，除野生的黄连外，无人栽培种植了。据福贡汉商的反映，在当地如果能售2元半开1斤，黄连的经营就可趋向于正常了。又据碧江负责工作同志谈，只要能售1元多一点的话，他们就乐于栽种了。

B. 金子　淘金为本区少数民族的主要副业，全区1/3的人口，他们在秋收以后，三三五五，每人背上10多天的粮食，翻过高黎贡山到俅江去掘金（主要地点在拉达各一带），顺江淘去，看所带粮食的多少而决定挖掘日期的长短，每年去一趟，春耕前后回来。现在每人去一转，所获最多不会超过1两，大部分带至密支那出售，每两（老秤）可得400个卢比（以11月15日上帕行情，约值半开200元），金子成色为九成，称为瓜金，亦称桂花片。金子出售后所得卢比再买成毛毯、大衣等带回上帕出售，如果价钱不合适，他们就将金子带回上帕出售（以11月15日上帕行情），每两可得半开160元。据上帕商人说：每年在上帕交易的金子，在80两左右，除到俅江掘金之外，也有在本区（怒江）淘金的，但为沙金，掘取过程与瓜金不同，初时为粉，必须以水银黏之，然后把水银烧去得净金，但产量有限，品质亦差，每两价值与瓜金差10元。

C. 灰鼠皮　产于本区山上，爱闻火烟，捕时烧起火以诱之。产量没有一定，看销路好坏与价之高低而猎之。1948年每张半开2元，现在每张仅值5角。

D.火狐皮　年产约200张，价好时每张4元，现每张约值1元5角。

E.水獭皮　水獭皮多由俅江来，价好时每张到过半开20元，现在每张5元至6元。至于评定货色的好坏，在本地只看皮之大小与皮之厚薄，一经出口至昆明、下关一带，人视之为上品，评定货色非常精细，大小以尺寸计，名贵可见一斑。

F.牛皮　年产6000斤左右，多系小者，七八斤、五六斤不等，现每斤约半开三四角。

G.麂皮　麂皮多由俅江来，大部分在上帕买卖，过去价好时每斤半开6元，现在1斤以上一张者，每张2元，1斤以下者，每张1元。

H.贝母　贝母大部分产于俅江之托罗哥。每年火把节（旧历六月二十四）前后，福贡少数民族至该地去掘取，每人每日可取2至4斤（来回里程需时半月），过去价好时每斤半开30元，现每斤仅半开3元至4元。

I.麝香　产于福贡第三区，年产量10多两，价好时每两到过30元。民国三十四五年间，商人多由此贩至腾冲售卖，1两以上一个者与1两以下一个者，其价值相差1倍，现在中等货色每两价20余元。据商人谈：本区所产麝香较德钦为佳，因为德钦多系掺假做成，福贡则为真正货色。

J.茯苓　年产约3000斤，价好时每斤到过5角，现在每斤2角。

K.香菌　产量随雨量多少而增减，每年全区约产1000斤。

L.其他物产　本区漆树很多，惜采制方法落后，无甚大经济价值。铁矿仅有小部分开采，供给制造小部分的农具。核桃油仅够供给自食。其他黄蜡、草狐皮、野猫皮也有，但产量不多。

2.进口货

A.盐　盐，在本区少数民族中是拿它当香料看的，所以盐的进口是他们最欢迎的。每个集可销30背左右（每背以50斤计），约1500斤。一部分转进俅江（在俅江，两斤盐可换1分金子），一部分转进贡山。现在喇鸡井所产块盐每斤在福贡售半开2角5分，少数民族说“共产党什么都好，就是盐巴太贵”，所以希望政府减低盐价（过去一斤盐仅售半开1角）。总之，盐是他们最必需的。例如在俅江以内，虽有价廉的缅甸盐，但不合他们的口味。至于目前他们说盐价高，主要是山货无出路，再一方面是半开市场波动很大。现当地政府正着手推行人民币，不久半开市场消灭，盐在该地将会降低价格（因为产地的价格是稳定的）。

B.土布　他们最喜欢的是大理喜洲所产的黑蓝土布，因为稍长颜色好。但由于近年来山货无出路，他们的购买力是非常低的，如果俅江金场兴旺，山货价钱好转，土布在该地的销路是有前途的。

附：

麻的说明：麻现在是本区少数民族的主要衣着原料，自从黄连出路衰落以后，他们大都是穿自种、自纺、自织的麻布。麻树一人多高，由于纺织技术落后，旧的破了，新的还未做成，所以产量仅够自用，不肯多植。

C.茶叶　本区饮茶的多为基督教徒，食时加盐。上帕街年可销100驮左右，约1万斤，一部分销本区，一部分转销贡山、俅江。过去他们习惯饮小饼茶，近来尝试散茶较小饼茶好，所以渐渐改饮散茶了。

D.其他货物　纽扣、棉线、针、饰品（例如化学珠子等）也可销，但销量不多。

3.币制问题

截至1950年11月15日，人民币在上帕市场尚未通用，半开为主要货币，它的辅币是盐巴，其次还有卢比，每集交易在2000元左右（其实不止此数，确切数字不详）。据福贡各民族代表座谈会上一位傈僳代表的讲话："人民币因为我们不识字，所以不会用，另外，我们这里还有现金（半开），如果政府可以再让我们用半开，那最好了，如果有关国家经济的话，非用人民币不可，那么请求政府定出一定的比率，要不涨不跌。"总之，他们对半开、卢比相当信任，国民党的法币、金圆券欺骗了他们，他们曾经接到手后愤恨地将它烧掉，这亦是一个主要的原因。

4.交通条件

由营盘街至碧江这一段，畜力尚不能充分利用，主要是依靠人力搬运，但仍有3个多月与外界隔绝的时间，即旧历腊月至三月雪封碧罗雪山的时候。虽有泸水可走，但道路不好走，由碧江至福贡虽有较好的道路，但现在尚未见有马帮运输出现。由碧江到福贡，每个背运夫子除供给伙食外，工资半开1元（走两天），每人背50斤。由上帕[①]至密支那约8天路，6天抵六库，2天乘汽车。

赵锡庆、杨秉葵

福贡人民的经济生活

（一）服着

衣着方面很简单，他们自己在田间隙地栽种一点大麻，收了以后浸水，把大麻皮剥下，大麻秆就可以烧火，麻皮由妇女们纺成麻线。一有闲就纺，行路时，甚至于背上背着四五十斤重的东西，只要两只手空着，都在纺。纺麻线是用一个纺锤，一手放麻、一手转纺锤，把麻扭紧，绕在纺锤上，这样一个人一天不停地纺，最多可以纺4两麻线。麻线纺好后，再用最简单的织机织成麻布，宽四五寸。一人一年所织成的只够夫妇二人各缝1套衣服；最勤苦的，也不过能再供一二个小孩子缝一身而已。

织麻布的工作，都是妇女担任，她们在没有工作或闲暇的时候织，织机很简单，左手把梭子丢到右边，再用一根竹片把织了的纬线压紧，又再把梭子丢到左边，这样一梭梭地

① 上帕即福贡。（原文注）——编者

织起来，当然很慢，又因为在闲暇才能织，所以也只能供自己穿用，很少出卖。

很少有穿棉布的，在福贡缝一身棉布衣服，要半开5元到8元，要出卖黄连10斤至16斤（每斤半开5角）才够买1件布（每天一个人挖黄连最多挖得4两，要挖40天至60天的黄连才挖得10斤至16斤），所以穿棉衣的简直太少。从前黄连1斤可卖半开5元、1件布只卖2元时，很多是穿棉布的。

衣服的式样男的是长袍（长襟在膝盖稍下一点），对襟而无纽，略按体形裁剪而成，穿时把左边的衣襟拉了压在右边的衣襟上，把衣服略向上提高，用一条带子扎起。裤很短（在膝盖下面一点点），男的有的也穿对襟短衣、短裤；女子则上穿短衣，有大襟，下穿裙，裙上有很多直条皱纹，不穿裤。

衣的颜色在从前是白的，现在因为有人从未定界买来蓝色棉纱，或将内地到此的蓝布买几尺，把棉纱一根根地抽出来做纬线，织成有蓝色横条麻布，衣服上也就有蓝色条纹。

麻布衣服穿起来并不暖，每人只有一二件，穿久了，身体上的汗把衣服变硬，衣服更加不暖。又因为缺乏衣服，穿脏了不洗，所以最多八九个月就破了。

有的到未定界替英国人当兵，或做矿丁，或经商，积了点或赚得点钱，就在未定界买一些破旧毛呢质料的军衣回来出卖或自穿，因为质料比麻布好，又温暖，与棉布衣的价相比较，也不为太贵，所以在福贡穿这种衣服的也不少，只要是生活比较好的，都有这种衣服。

（二）食

福贡人民相传在从前汉官未来时，他们的生活过得还不坏，每年种的苞谷、荞子吃不完，穿的虽不好，是麻布衣服，但人人都有衣穿、有饭吃，等到汉官汉人来了之后，对他们压迫剥削，生活就一天天不好，他们谈到从前的生活，很是怀念。

福贡地处怒江两岸山上，粮食都栽种在很倾斜的山坡上，没有平坝子，水田很少，只在怒江两岸稍平的地方开辟成梯田，在全县，水田占耕地面积约25%，所以主要的还是山地。在山地所能栽种的只有苞谷、荞及少数的鸡脚稗。水稻很少，价也贵，不是一般日常所能吃到的，只能过年过节时吃一点，也不多，并且有一部分是用来煮酒，所以福贡人民日常主要的粮食是苞谷，其次是荞。每年所出产的粮食不够一年吃，傈僳同胞又喜欢酒，有的每当苞谷成熟还未收获时，就在地中摘了下来就地煮酒，这样的吃上几日才回家，等到苞谷收到家时，又尽兴地煮食一些。招待客人亦用酒，两个要好的亲友见面时，一碗酒或一壶酒，两人嘴挨着嘴一齐吃，这样表示亲热（我曾在福贡看见两个人的嘴拼在一处，头抬起来，在一个葫芦口吃酒，酒同时从这两个人的嘴角、脸上流下洒到衣服上，吃了一会儿，一葫芦酒吃完了才拿开了葫芦，一个看着一个大笑）。所以他们一年产的粮食，本来就不够吃，煮了酒吃后更加不够吃，有的一年最多够吃八九个月，少的只够吃五六个月。他们吃时也很简单，把苞谷舂碎，在土砂锅中煮成稀饭，随时饿就随时吃，不分次数也不管冷热，早晚围在火炉旁，把苞谷炸花生吃上一些，喝上一些冷水，有的已吃成瘾。

米、麦很少吃，有的就从来没有吃过，菜没有，油也不吃，盐也很少吃。吃盐时把盐舔一舔，一小块盐够吃很多时，有的甚至把盐当作奢侈品。富的有时也宰杀羊牛吃，或者在山上放牛羊时，因为山坡太陡，牛羊跌下山跌死了，主人就把牛羊切成块，村中邻近人家都可以分得一块，剩下的牛羊角挂在屋中壁上，作一种纪念，有的甚至把吃的鸡蛋壳也挂在墙壁上。他们身体很瘦弱，营养不良。

粮食不够吃的几个月，就以野菜（如野荞、野百合）、地瓜、山药蛋等充饥，把野荞切碎在锅中煮，放上一点苞谷面煮熟后充饥，或在山上找黄连，或割漆出卖。但现在黄连价不好，没有多大的帮助；漆价也不好，每斤半开二三角，一棵漆树能割得漆一二两，无大裨益。

（三）住

住的也很简单，因为福贡是在高黎贡山与碧罗雪山的峡谷间，没有坝子，比较平坦的地方，都已辟成耕地，所以居住的地方都是很倾斜的山上。在建屋时，选山上没有石头滚下的地方，先把木桩、木板砍好，择好日子，准备好酒，请些亲朋帮忙盖房屋。房屋要在一天之内盖成，盖不成就认为不吉利。村中人都有帮忙的义务，主人供吃的喝的，没有工钱。

盖时先计划好房屋的长宽，在周围钉好木桩，再钉简单的梁柱，房屋因是建在倾斜的山上，所以在柱的中部钉上横木桩，再铺上竹席，以作地板，周围也围上地竹席，顶上盖木板，木板上压石块，以防落地。楼下用来养家畜。屋中光留下一火坑地位，然后再将房屋分成二三进。门开在房屋的一头，很简单，用一整块或数块木板合并起来，用绳绑起，又厚又重。在大门下有一小梯，用一块很厚的木板刻成深槽，成为梯。门与楼接近处，有一小平台，作为冷天烤太阳或夜晚大小便之用。

屋内无床无被，全家人夜晚都围在火塘边烤火或闲谈吃苞谷花，疲倦了就在火塘旁盖上张麻布被睡，火熄冷醒了又加柴火。

一般情形，每一对结婚的新夫妇，就脱离家庭分居，所以房屋要在先盖好，结婚后才有房子住。子女长大，也要建一屋给居住。

（四）交通

福贡全境被怒江分为江东江西两部，人民散居在两岸高黎贡山与碧罗雪山山坡上。每一行政村所在地相距一二天的路程，所谓的自然村是散居在半山上东一家西一家，来往都是山。怒江两岸的交通也不方便，河身最狭处有10多丈，宽的地方有20多丈。水流很急，无舟楫之利，两岸居民互相来往，雨季水多时，只能用溜索（用竹皮扭成很粗的竹索系在两岸的树上或木桩上，用一个溜板把人或货或牲畜绑在溜板上，从这岸溜到对岸）。溜索有平溜、剪刀溜两种。平溜又称单溜，只有溜索一根，在人过时，用足一蹬，可以溜出几丈远，就停止在中间，再用手或脚交换，拉着到对岸。剪刀溜又称双溜，有溜索两根，一根专供过去，一根专供过来。溜索拴在两岸木桩上，地位有高低，过时，人畜从高的一边可以不费力地溜到对岸。溜板用硬木制造（用硬木桩1棵，凿空成筒瓦形，顶上留一个眼，把带子穿过眼），溜索由各村共同建造。

在秋冬时，有几处水流较缓的地方，可以用船只渡过。船是用粗木凿成空槽（很像民间喂猪食的槽），所以叫作猪槽船。另外一种是木筏，过渡时都很危险。

杨树谷

腊乌村调查[1]

腊乌是福贡县人民政府所在地——上帕南五华里的一个村子，属第一区（算是福贡4个区中经济条件比较好的）。腊乌村在第一区中不算太好也不算太坏，了解腊乌人民的生活也就可以了解第一区人民的生活，从而也可推知其他几区人民的生活情况。

全村20多户都是傈僳人，外国人到福贡传基督教即以它为根据地，所以腊乌人信教的很多。他们以农为生，只有少数于农闲时做点小本生意，比如到兰坪县营盘街背点盐巴回来卖，或是赶几头小牛，背几头猪、几十斤盐巴到俅江去（翻过高黎贡山即到）卖了，买金子或黄连回来（目前因黄连无价生意不好做了），到上帕或营盘街出售。

全村没有一户地主，只有富农，雇农也很少，大多是中贫农。我们请副县长霜耐冬介绍了四五个家庭，通过这几个家庭调查可以知道当地人民的具体生活情况。拉哥家算是全村最富的人家了，像他这样的门户还不多。怒爬德是全村最穷的人家，而且只有这一家。约阿富与法尔赫是中等户，可代表腊乌一般人民的生活（附简免欠家庭调查，简为挖普人）。

全村进学校读汉书的不多，能够说汉话的也很少，我们访问的没有一家通汉语，说话全用翻译。副县长霜耐冬是腊乌最出色的人物，读过省小，进过国民党军官学校，能说流利的汉话，能读能写。另外一个名霜芬，是霜耐冬的侄子，被保送到剑川、鹤庆一带读中学。他们俩能读书，不是自己家有能力供给的，霜耐冬是别人雇去读，霜芬是公家保送。

懂傈僳文的很多，一般都能看《圣经》，有一部分还能写。

施泽早

家庭调查之一——拉哥（L-Go）

拉哥，属牛的，约50岁。妻50多岁，有3个儿子：大儿子结婚后分居了；老二在3年前

① 原标题为“附：腊乌·知子罗家庭调查”，本标题为编者所改。——编者

病死了，遗有40多岁的儿媳1人，孙子10岁，大孙女6岁，三孙女3岁，现都和拉哥住在一起；老三已经结了婚，前年村子里有人到密支那淘金，老三跟着去，死在那里，其妻改嫁到同村人，退回来3条牛的礼物（原聘礼是5条牛、两件布）。拉哥的女儿，是“民变年”（1935）生的，今年16岁。长孙和女儿都奉教。原因是家里人害病的太多，人家说信了上帝就会得到保佑。妻终年腰痛，不能干活，家里的主要劳动力是拉哥自己和二儿媳及她的女儿。

家里有两块4架牛的田。干地4架牛。每年收谷子5石多、苞谷4斗。每天吃两顿稀饭（天亮吃早饭，晚饭在太阳落了以后吃），勉强够吃。前几年盐巴便宜，还经常买来吃，如今太贵了，隔两三个月才买十两半斤。

有1条牛、1头母猪、1头小猪、5只鸡、4个锄头、1个耕犁，犁耙是自己做的。一座板房，分作两间，里外都有火塘，火塘上各有铁三脚架1个。屋子里有木质粮柜两个、大小竹囤5个、铁锅2口、白酒罐3个、纺线车1架、背篓7个。竹墙上挂着纺成的麻线20捆，没有纺的生麻三十几捆。还有两只小猫、3棵胡桃树、3棵漆树。自己不会割，只收漆果来熬油，每年可收3斤多。每年种二三升种子的麻，够他的二儿媳和女儿织1年。母鸡下的蛋很少拿到街子上卖，大部分给孩子们吃了。吃饭用的是瓷碗。

火塘旁铺着草垫，是他们睡觉的地方，盖的是用粗麻线织成的毯子。整年不点灯，不会擦火柴。洗衣裳时用脚慢慢地踩，没有用过肥皂。洗脸没有毛巾，五十几天剃一次头，剃头刀是自己打的。没有秤，没有尺子，量布是用手量。家里有1个升子，也是自己做的。人病了，吃点草药。

在国民党统治时代，他每年要交1斗4升公粮、6块钱的政费。那些“当官”的人，一看见他们带着腰刀或弩弓，就说他们是坏人。没有钱，进不了衙门。以前上帕街上的汉商一个秤有3个秤锤，两个大小不同的升子，“换来换去欺侮人”。他不常赶街，原因是怕上汉商的当，没有办法才背点粮食去换盐巴。年纪老了，不到营盘街赶集了。自己家里每年还做两三斗米的白酒，但并不出卖，只是用来招待客人，和汉人请客吃茶一样的。拉哥有时还换一点高粱酒吃，但吃得不多。

解放以后，政府很好，工作干部也好，“我们现在也不怕他们了”。去年交了1斗6升公粮，两块半钱。他说：“不轻不重，很合理，我们这地方没有官就不得了！”

拉哥家里的劳动力很缺乏，隔壁邻舍有时帮他耕地，拉哥给他们一点粮食，每年大概要送给他们三四斗。他的大儿子叫Lu-y-jw，已经30多岁，家里有4口人——妻和两个男孩，住在拉哥的屋后。结婚后分居时，拉哥分给他田地家具不少，因为他最喜欢赌钱，又不爱劳动，卖了干地两块、荒地1块，家具样事都卖光了。现在只有苞谷地1块、水田1块，收的粮食不够吃，每年拉哥要给他们三几斗粮食。

宋伯胤

翻译者：碧江县人民政府窦桂生

家庭调查之二——约阿富

福贡县第一区腊乌村傈僳族，6口人，约阿富年37岁，妻30多岁，大姑娘十四五岁，小姑娘十三四岁，大儿子8岁，小儿子三四岁（年岁不大清楚，他们也只是估着说）。

约阿富种庄稼，有时帮助保长办公事，如随着去催粮、跑腿等，可是从来没有担任过任何职务。妻也是种庄稼，料理家务的时间比较多些，女儿能帮着砍柴草、背水、收苞谷等，重活还做不来，两个男孩也只能做点零碎事情。约阿富是全家最重要的劳动力，也是家长。

全家信基督教（神召会）已10年之久，信教的原因有二：一方面是“信了教，生病祷告一下就好了”，一方面在“信教之前祭鬼耗费很大，生活很苦，信教之后，不用祭鬼，积下钱来可以置家业，日子比较好过”。

全家没有一个进过学校，只是礼拜天到教堂里祈祷时能学到点傈僳文。约阿富和他的老婆勉强能读《圣经》（书里的字懂得一半），能读简单的傈僳文信件，写比较困难。大女儿略识几个字，其他年纪尚小还不识字。汉文不懂，对内地情况一点不了解，只晓得解放了，毛主席领导大家了。

祖上和赫卖读买了一块水稻田，土地没有分开，两家合种，各得一半，每家年得5斗（每斗约50市斤）。自他信教后，不祭鬼，省下钱，三四年之后就跟李富得买了一块田，也是两家合种，每年各得5斗左右。此外自家还有1石谷子的水田。种苞谷的旱地1架牛，年收苞谷六七斗（今年种这块，明年又换种，否则虫多收不起）。另外还有两三小块旱地种糯苞谷，一熟就可吃1个半月。总起来，每年收水稻两石、苞谷六七斗。吃青苞谷1个半月，煮稀粥掺野菜勉强够吃，差月把半月就向政府借积谷或到山上找山茅野菜，要是干饭就更不够了。

此外每年还可收芋头两筐（约六七十斤）、洋芋1筐（约三四十斤），有黄牛1头、猪1头、鸡1窝。

工具（主要是农具）有斧子1把、锄头3把、镰刀两把、砍刀两把、菜刀1把、砍柴刀1把，锄长4寸、宽4寸，砍柴刀长1尺5寸、宽1寸，镰刀长1尺左右、宽1寸，菜刀长1尺2寸，有的从内地来，有的从缅甸来。锄头每把买价1元，砍刀每把1元，镰刀1块钱可买4把，斧子1元。买这些东西的钱主要是靠米。每升米价1元（五六月），现在秋收，1块半开3升。

房子一间两隔，四围为圆木头叠成，上为草顶，楼为竹笆编成，每隔有一个石砌的火炉，楼上住人，楼下为牲畜厩。

屋内家具不多，一目了然，三脚1个、小锅3口、旧木柜子2只、木桌1张（借来）、凳子1条、木桶1只、木碗五六个。此外，有旧竹筐三四只、破篾家具数件、织麻布的简单织机1架（我们没有看到）。

整个怒江区都是吃稀饭，约阿富家也是一样，而且没有菜佐餐，洋芋、芋头大多当粮食吃，有时放点盐巴。解放前5毛钱可买三四斤，解放后盐巴贵了，5毛钱只能买两斤。所以“盐吃不起了”，三四斤要吃一两个月。油很少吃，要吃也只能吃漆油（漆子结得多的一年就多吃点，结得少就少吃点），咸菜除豆豉之外，什么也没有，这种咸菜也和内地不一样，做法很简单，将豆煮熟晒干，有油有盐煎了当菜吃，有盐无油可将它捣碎掺盐下饭吃。吃肉的机会更少，有钱时5毛钱买两斤吃一两顿，没有钱就不吃了，圣诞节、感恩节、复活节，教徒们出米出钱可吃一顿肉。旧历年节他们是不过的（他们用阳历）。

一年每人织麻布衣1套，均为自种、自纺、自织、自缝，都是妇女的事。一面工作，一面接麻线（休息时、走路时），很少坐下来专门做衣服的。一套衣服，整做的话也要八九天（接线八九天，织也要八九天），很费工夫。约阿富上身穿麻布衣，下身却是半新不旧的大道生布裤子。

晚上睡觉没有被褥，大家围着火塘烤火，砍烧柴很远，所以往往不能烧到天亮。

解放前出公粮1斗1升、学粮3升，一共1斗4升，征兵费1元，屠宰税2元，门户钱1元，枪支费5毛，每年出4元5毛，上公粮时每一斗要给党部交2毛5分。初解放，只收粮5升，钱2元5毛。今年出公粮9升、学粮4升，一共1斗3升，钱不知道要出多少。

解放后负担减轻了，这是满意的一点。解放前国民党过路派这样、派那样，还要抓夫，稍不合意就要打骂，解放后这些都没有了，这是满意的第二点。第三，国民党政府公粮收不起就抓人，现在不是这样了。第四，国民党官员来往要人抬，现在的工作人员自己走路，不要人抬了。解放后不满意的就是盐巴贵。

“希望毛主席可怜我们，少收钱粮，而且来帮助我们钱（津贴当地），帮我们办学校，教我们傈僳识汉文，学汉话。”

“毛主席领导我们，关心我们，很难得，希望你们回去告诉他，我们感谢他。”

施泽旱

翻译者：李兴义

家庭调查之三——法尔赫

法尔赫，傈僳族，50余岁，不信基督教，信鬼。全家8口人，妻1、子2、女儿3、媳妇1，子女都未成人，年龄最大的14岁，媳为童养媳。原有父母及3个弟弟，现父母及其两个弟弟已亡，只剩法尔赫及其弟哦夷。法尔赫讲，他父母在世时家里生活尚好，在腊乌村中日子算是最好过的，当时田地中的出产每年可以够吃，并喂养着黄牛1条、猪1头。一次，虽遭水灾把部分田地冲流倒塌，致使生活稍感困难，但总觉日子还可勉强过得去。自父母与其两个弟弟相继死亡，为埋葬父母、弟弟即把家产大部卖尽。家产卖后，法尔赫与其弟便只能分居各自为生。分居后法尔赫辛辛苦苦为汉商来回至未定界营盘街背了4年背子，才稍有一些积蓄。法尔赫以其积蓄买了可收1石谷子的田1块，并以3条牛、两口锅、1个三脚铁火架的代价讨了一个老婆（是一个结过1次婚的寡妇，所以付出的代价不高），老婆讨回后，他与其妻共勤苦劳动的结果又添买了田、地各一小块，现每年共收谷子与苞谷2石余。因家庭人口多，缺乏劳动力（法尔赫现腰部有病不能直立，能参加生产劳动的仅其妻与长女，其余子女仅能拾柴、放牛或不能参加生产），所以谷子、苞谷一年只够吃4个月，不够吃时吃洋芋、瓜、水果、野菜。法尔赫现有黄牛1条、小猪两头（1个是与邻家共养，猪长大时再平分）。有宽约1丈5尺、长约2丈5尺的木房1间，有三脚铁火架1个（为其女订婚时男方送来之订礼）、木柜1个、麻布2张（作被盖用）。法尔赫家因编织麻布者仅其妻一人，而其妻主要的还是从事耕作，所以法尔赫家中各人衣服都破旧不堪，较小的儿女便无衣可穿，赤着身子。法尔赫说："我这一生肚子里3斤肉都没有装进去，上辈先人我是不知道，从我出生起，我没有见过我家杀过一头猪。""猪肉隔年背点洋芋、苞谷去换一小块来全家人共吃。""每年煮酒二三次，每次煮苞谷八九升，一次可煮酒50碗左右。""盐从来没有买过，仅过路客商歇宿时给一点吃吃。"

在国民党统治下的负担：初来"开辟"时，每年上粮5升，后来除上5升外加上半开5角，继又改为粮1斗、半开1元。解放前负担最重，粮2斗、半开2元，还加一些法尔赫也说不出名称来的派款。解放后已感到日子比以前好过了。不派兵，不派夫，只上粮1斗以外就什么都不上了。但希望政府把粮再减去一点，那就更好了。

宋文治

家庭调查之四——怒爬德

怒爬德，傈僳族，福贡县腊乌村人，约60岁（因傈僳多不记自己的生日，故无法问出确实年龄），家庭只本人1人，非基督教徒，从未到旁的地方去过。其妻于3年前病故，生育过子女8人，子1、女7，现仅有女2人，其他均在未成年时夭亡。大女儿已出嫁，并育有子女；次女儿也于5年前做了童养媳，现年15岁，尚未结婚。

无田地，有竹篱笆草顶房1间（为当地最小者）、大小瓦瓮各1个、破铁锅1口、破口砂锅2个、旧麻布1张（作垫盖用，仅及麻布衣1件大）、席子1床、竹背箩2个、竹篮2个、盛筷盛碗竹篓各1个、羊皮1张、干苞谷300多包（个）、高粱1堆（加工后可得纯高粱米5升，即25斤）。

其妻未死时，有山地两块，每年可得苞谷300斤，妻死时因无钱埋葬而卖。5年前一所两间的房子被火烧毁，现住者为族人帮助建筑的。本人现劳动力已极微弱，如推磨、砍柴均不能做，现有的一点苞谷、高粱，系帮助别家收割的劳动代价。每年八、九、十、冬、腊、正、二、三8个月，是比较好的日子，卖工打马有活做，替人家做点轻便活计或照应照应，得点粮食，间或留吃饭。虽然他两个女儿的婆家都很贫穷，但对这个孤苦的父亲，是极力照顾的，她们都瞒着婆家偷偷地送一些粮食给父亲，尤其是第二个女儿，回来的时候还带一些柴来，她能体会到父亲的年老衰弱。更为动人的，父亲的衣着问题也是由她来解决的，她每次到父亲这里来，都带一点麻来，积少成多，然后抽空纺织，做成衣服给父亲穿，所以现在他房里挂有未齐的生麻及齐好的麻线。他最苦的日子是四、五、六、七4个月，因为这些日子大部分的人家都感到粮食缺乏了，有劳力卖不掉，只好到山上去找些山茅野菜、野山药来充饥，一年四季没有钱来吃一碗酒或一斤肉，多数日子喝稀饭。冬天因衣服单薄全靠柴火取暖，但烧柴是勉强挣扎着去找，数量也就有限了。据他说："火也不能畅快地烧一烧，自从老伴死后，连个谈话的人也没有了。"火塘里连个三脚架也没有，煮食时以3个石头支之。代人饲养母猪1头、小猪8头且长大后可得两头小猪（其实很不容易长大，年老病多，伤风咳嗽就把它祭鬼杀了。根据他们的治病方法，病时若无牲口可杀，母猪腹内未生下的小猪就许给鬼了）。

国民党统治时候，他还要出半个门户（一个门户每年要给反动政府5升半谷子，1元3角5分〈半开〉的兵费，不管你是否养猪，一律是半开7角5分的屠宰税）。因此，在未解放的时候，他一方面要找自己吃的，一方面又要找给反动政府的。解放后，他已没有任何负担，只专心找他的生活了。

杨秉葵

附

挖普村家庭调查——简免欠

姓名：简免欠

人口：家长简免欠年约50岁，妻约45岁，子1，年约12岁，都不识字。

阶级成分：雇农（傈僳族）

家庭经济情况：家中有方约1丈的地1块（是他用坟墓地改成的），及自建的房屋1间，方约1丈余。有几件竹制用具（是向旁人要来的），有的已经坏了。锄头1把（是从坟墓上拿来的），已坏，长刀1把（是他朋友送的），镰刀1把，柄长约1尺5寸，刀叶宽约1寸。麻线10多束，约重2斤，苞谷1斗（帮工得来的），烧柴1捆（自己砍的），以及七八件已坏的竹编用具，3块石头（烧饭垫锅用）。1张粗麻布被，以及简免欠所穿的一身单麻布衣裤（短裤，距膝盖有七八寸）。简妻的衣服已褴褛成条，儿子的衣服是向旁人讨来的，也很褴褛。

夫妻二人都是帮工过活，简免欠帮邻近的农人耕地或挖地、除草，简妻帮人挖地、种地、除草等，每天每人可得1升谷子（解放前帮工没有吃的，解放后得吃一餐饭，遇有比较好的主人家，得一点酒喝），如果不要谷子，帮3天工得半开5角。夫妻二人，一年可以帮工10个月（旧历冬腊月无工做），可以得工资苞谷8斗，磨成苞谷面，夫妻二人每天要吃3碗（1升有8碗）。8斗够吃7个月，不够吃5个月是靠拔野菜，同方约丈余的地栽南瓜、芋头来补充。再不够吃，就向他们帮工的主人家预借，等到以后帮工赔还，或到山上找野菜充饥。

盐很少吃，都是由简妻背柴到上帕街换得一小块（约二三两）回家吃一些时候，吃时用舌舔一舔，其他油菜肉等就从来不吃。他的儿子现在帮人放牛羊，衣食可以自给，夫妻二人穿的衣是由简妻在亲戚处新开垦土地的周围种一点麻，自纺、自织，但丈夫今年穿新衣，妻子就穿破衣，丈夫今年穿破衣，妻子才得穿新衣，因为一年内只有两人中的一人能增加一身新衣服。

简免欠本来还有个大儿子，在前些时生病死了，生病时简把锄头1把换得1只小鸡祭鬼（那时本有两把，现在只有1把了）。长子死后，向人借了一副木板装殓。邻居亲戚们一家送了他一点苞谷，共计有5升，他做成酒，借了一个罐子装了，准备最近请人帮他到山上砍树，做成板，还从前借的木板。

在国民党时代，他所负担的公粮是3升，还有其他摊派、门户钱等。解放后1949年度的公粮，因为他很穷，村中人公议没有要他负担什么，只要他在公益事，或修路时多尽点力，其他的负担就一样没有。

我们去访问简免欠的时候，他很高兴，很早就在腊乌等着我们（因已事先通知）。见面后，就带我们到他家中。他的家在离腊乌约六七里路的一个山头上，共有15户人家。到他家时我们说明了来意，宣传民族政策，以及说到加强团结、共同努力建设新中国，使中国能够成为富强、康乐、人人能够过自由平等舒适的生活时，他很兴奋地叫围在他房外的邻居们说："你们还不进来听听，父母也没有这样教给我们，说给我们这样的话。"我们把礼物送给他，但他不收，他要等甲长来了，通过甲长后，他才接受。等甲长来了后，他收了礼物，他说他很穷，没有什么东西送给毛主席。

他说："现在的政府，减轻了我们的负担，是实在的好。如果能够再使我们的负担减轻，就更好了。从前的政府，只会欺负我们，要我们的钱，一件事也不会帮我们做。我们赶街，衙门口也不敢去，站在那里就要被他们打。现在副县长霜耐冬，就是我们傈僳族，他教我们道理，他代我们办事。现在的政府确实是好的，从前我们的人，哪里会有县长当，连话都不敢说一句，现在我们有什么话都敢说了，共产党对我们的恩情太大了，我们以后只有好好听毛主席的话来回报毛主席。"

杨树谷

贡山县阶级分化与经济生活

（一）阶级分化

贡山开发迄今不过百年光景，无论哪一方面都很落后，阶级分化也不甚明显（但贫富之分是有的）。不过各族情况也不一样，有的差得很远，有的差别较小。分别叙述如下：

藏族没有私人当地主的，但因藏人（不过五六十家）多入普化寺为喇嘛，而普化寺又是贡山唯一大地主，每年收粮食300多石，三四十个喇嘛可不劳而食，吃得还不错，但大部分藏人仍然是靠辛辛苦苦地耕作以谋生。

喇嘛寺出租土地租额较轻，平均为总收入的百分之四五，如5石粮食的土地只收2斗左右，除粮食之外别无负担，没有劳役，亦无其他剥削。佃户多半是怒族和傈僳。

汉族富农12家，地多租给傈僳，租额比较重，无论土地上的粮食、蔬菜、果品，都要对分，但除此之外，也没有劳役和其他剥削。出租土地最多的一家，为鹤庆人袁之光，出租50架牛（每架3亩，共约150亩）。

傈僳富农6家，土地全由傈僳人租耕，剥削情形与汉人一样，全数对分。出租土地最多一家，仍为50多架牛。

怒族和俅族无地主、富农。土地大部分为火山地。

（二）生产工具、技术与农作物

贡山各民族的情况不一样，生产工具、技术和农作物也不太一样。傈僳人主要以农为生，副业为挖药、挖金子，打猎的不多，无畜牧业，故生产工具最主要的是农具。农具共有4种，即锄头、犁、镰刀和砍刀。锄头长4寸、宽1寸半左右，犁长1尺4寸、宽6寸，镰刀长7寸8分、宽六七分，砍刀也不大。

这些农具均为铁质，多来自维西，很少自制。1949年古宗下来以前，农具比较丰富（？），平均以镰刀来说，种旱地的每个成年妇女均有1把（种其他地的没有），锄头每个成年男女都有（砍火山地的没有），砍刀每个成年男女都有，其中以砍火山地的最重视它。犁头很少，平均三四十家人只有五六张，主要是因平地少，而山坡地与火山地都不能用牛耕。

1949年前牲畜较多，每家平均三四条牛（其中有耕牛两条，而且绝大部分都有两条）。耕牛都是两条并用，犁夹在中间，1人在后掌犁把。用1牛的也有，用法是牛在中间，有两人在牛的左右，两边帮着拖犁，1人在后掌把。耕畜全为黄牛。

耕地有3种，即平坝地、山坡地和火山地。其中以火山地最多，平坝地最好，但最少，山坡地居其间。火山地种法最简单，秋来用砍刀在山上将树林砍倒，晒着，次年四月雨水来时放火烧掉，隔一二日即下种，不犁不锄，只用竹木棍在地上插一个洞，放上三四粒种子即可。

山坡地不能用耕牛，三月（阴历）挖起来，四月又挖1次，五月初下种前又挖1次。下种方法与火山地一样，中间拔草两次，最多3次（但很少这样做），七月尾收割。

不论哪一种土地均不上肥料，所以土质虽好，由于无肥料，影响产量甚巨。

作物以苞谷最多，占80%左右，多为细白苞谷，黄的很少。每个只结一苞，两苞的很少，平均每苞长四五寸、短的为两三寸，六七寸的非常少。其次为荞子，占10%，多为甜荞，苦荞很少。旱稻、小米、黍子、麦子总起来占10%。此外还种蔬菜，如芋头、洋芋，而且有一部分人以此为主食。在工业作物方面有烟草，低谷江边种甘蔗，不过数量太少。

傈僳主要穿麻布，所以他们也种麻，自纺、自织、自缝。棉花还没有种过，但据专家说，气候及土壤均适宜种棉。

怒族的生产情形与谋生办法，与傈僳人一样。

藏人也以农耕为主，不过牧畜副业比较发达，打猎的很少。他们用的农具与傈僳一样，就是数量多一些。生产技术较精，比如种苞谷多点种，知道用肥，也知道储肥。他们割些野草放在牛马厩里，给牛马踏，以增加肥料的产量和肥力。他们主要种青稞，小麦、旱谷种得很少，芋头和洋芋也有。也穿毛毡，但穿麻的占多数，一般都种两季（其他民族只种1季）。

牲畜每家平均20条左右，所以耕畜也比较多。

汉人和藏人的生产办法差不多，不过汉人兼营商业的很多。

俅人以农为主，而且都是砍火山地，行“粗放制农耕”，“刀耕火种”，不用锄头、犁头、镰刀。仅有的农具就是砍刀，更不知施肥，牧畜业几等于无，副业只有挖药和淘金子，没有兼营商业的。他们的农作物主要为荞子和苞谷，也有种麻的。

藏、汉、傈僳、怒、俅，以藏族和汉族的谋生办法最多，农耕技术较精；傈僳和怒人其次；俅人最差，无论生产工具与技术都十分落后。

（三）生产组织——变工队

贡山无论哪个族的生产都有一个共同特点，就是集体生产，很少个体活动的。比如哪家种田种地，事先煮好几罐子酒，做活之前到村子里请大家帮忙，到时，大家就拿着生产工具到土地上工作，到晚上吃一顿、喝一顿，就散场了。如果次日哪家有工作，在散场之前说好，就不必再叫了，一般地说，不记账、不算账，不过如果土地面积悬殊，习惯上是要弥补的，比如你家土地很多，自己种不了，你帮人家的少，人家帮你的多，那么就要以粮食、盐巴和茶叶弥补。据说这办法自古皆然，不知从何开始。

1950年4月，政府在集体生产的基础上组织变工队，其实可说是给原来的生产组织加上一个形式而已。每村组织一个变工队，有一个变工队长，每队下依人户之多少，分若干变工组，每组10家左右，每组有一个组长。情形与已述变工习惯差不多，不过比较富裕的要供食，比较贫的不供食；富的不供食大家就会提意见：“你家有得食，为什么不给食？”若贫的想出办法给食物，大家就会说：“你家没有，为什么要这样？”

不同性质的工作也可变换，普通1个手工可换3个普通工，1个木工可换1个或2个普通工，1条牛顶1个工。

（四）贸易与货币

贡山虽生产落后，但也有东西输出，最重要的输出品是药材，如贝母、黄连、茯苓、熊胆、麝香；其次是皮毛，如羊皮、灰鼠皮、牛皮等，但以野兽皮为多，家畜皮较少。此外还有金子，有沙金、瓜金，据说最盛的一年单单输出维西一带的就有二三千两，还有一小部分粮食出口，但数量较少。输入最重要的是盐巴、茶叶、粗布和农具，此外如针线、锅、三脚铁及其他家具杂货都需要输入。

贸易路线多经维西到丽江，只有盐巴由德钦和查瓦龙运来，有一部分杂货经福贡来，但数量很少，经未定界的更少。

怒江从横断山脉间流过，东边是碧罗雪山，西边是高黎贡山，两山都很高。自阴历冬月尾、腊月初至次年三月均为大雪封闭，沿江千多里只有至保山一线，虽尚可通，但由于路太长，特别是贡山南下要二三十天工夫，来回要五六十天，所以简直等于没有出口一样。这种交通状况和自然条件就形成贡山贸易的季节性，所以贡山输出多在雪化之后的阴历六七月，以七月为最多，八九月的很少，十月也有；进口为八九月，十月也有，总之是在大雪封山以前一两个月抢进去的。

贡山没有市集，经商的把货物背进去，到处跑，哪家要即拿出土货来交换，或者挂账，到时多出一定数量的土货。换句话说，多半是以物易物，很少利用货币，不过货币还是用的，国民党时代用过货币，由于通货太烂，使老百姓不信任，后来又恢复用银币。今年大军进去后，由于我们带很多盐巴、茶叶，把它换回，不致影响市场，所以人民币价值比在丽江、维西还高，信用很好，大家都喜欢用人民币了。

在那一带做生意的人，多为汉人［实际上包括那喜人和民家人，民家人以鹤庆县的为多，汉人以四川人为多］，不过并非专业，他们主要是种地，商业仅是副业。汉人进去不过是七八十年的事，进去时对当地人剥削比现在还残酷，正如傈僳老头节马登说的："当时我们不识戥子、不识秤，背一背贝母只算我们五六斤，或者七八斤只顶一斤，现在我们知道一背起码是二三十斤。"借1块钱，每年给5斗粮食，可能二三十年还还不清，问问他就拉出账本来说"你看账本上还有"，甚至和你算倒账，说你欠多少多少，弄得你倾家荡产。赊一碗酒要还二三升粮食，一斤牛肉要二三斤或五六斤贝母。一个鹤庆人赶几头牛到俅江杀了卖给当地人吃，先说是送吃，吃了又和人家算账：一斤肉要二三斤或五六斤贝母。

当地少数民族很少做生意的，最多背点粮食到德钦或查瓦龙换盐回来自己吃。不过近来渐渐学会到俅江一带买药材出来卖了。

（五）各族生活情形

占贡山最多数的傈僳人的生活，可代表一般生活情形。傈僳人生产落后，农耕技术粗糙，工具简单而且短小，再加上不知道用肥料，所以土质虽好，但产物不多。不重视副业，大块山地，养牲畜的很少。又不知道储蓄，再加上外族的压迫和剥削，这就使得傈僳人的生活很苦。他们的粮食只够八九个月，其余三四个月以树皮草根为主。主要的有下列几种。一种为"莾"或野山药，没有真山药嫩，也没那样好吃，阴历三月就要挖回来，过时的不能吃，到五六月吃了毒人。另一种叫"阿默"或野地瓜，皮厚肉硬，很难吃，而且不易消化，不习惯的人吃了会肚子痛。还有叫"勒几拍"的一种藤子根，有面盆大小，白色，切片放水中泡十天半月后，取出晒干、捣碎煮稀粥吃，不习惯的也难以下咽。此外有种树心，他们叫"阿特"，捣碎后煮吃。

吃盐的机会不多，食肉更不容易，平时菜蔬里根本不放油，他们吃肉都是“打伙”，哪家养得一只肥猪，杀掉即邀全村的人共吃，一次吃完。近来也有仿效汉人腌腊肉的了。

穿麻布衣，每个妇女一年顶多能做两套。麻衣不暖和，冬天烧起火从旁取暖。没有被子，穿的盖的都是那身衣服。蓝布衣他们便视为奢侈品了，只有有钱人缝得起，而且也要做客才穿。

他们的房子很简单，多半是一间竹笆房或草房，分两层，上层住人，下层关牲口，但就是这样的房屋，他们也不易建造。

怒族的生活，与傈僳差不多。

藏人和汉人生产技术较进步，农耕较精细，而且还有牧畜和商业辅助，再加上他们会算计，知道储蓄，有的还剥削别人，所以生活较好。粮食比较充足，吃肉的机会也多，特别是藏人养很多牲口，有牛奶喝，有酥油吃。汉人有蓝布衣服穿，藏人有毛衣保暖。住的也比较好，有几家汉人建筑有相当漂亮的住宅。现在的贡山县府即驻在一个汉人的家里（人已不在了），据说是除教堂外最好的房子。

俅族的生活最差，因为他们只砍种火山地，生产技术最落后，谋生办法较少，再加上种种的剥削和压迫，生活非常苦，穿衣服的只有百分之三十几，其余只能披一张毯子，妇女加一个裙子而已。吃肉吃盐的可能绝少，有的人甚至一生没吃过盐。

施泽早

丽江区材料之五

——碧江县家庭调查

中央访问团第二分团

1951年2月出版

丽江区材料之五

——碧江县家庭调查

编者声明

这些材料是我们从1950年8月29日至1951年1月31日（其中大部时间是在行动中），先后在圭山、丽江、保山、大理、武定、楚雄等地区进行兄弟民族访问工作中，通过当地干部、民族代表及熟悉当地情况的人士所了解的一些情况。为应各有关机关之急需，仅将原材料加以整理，尽量避免主观分析与结论，在文字上仅要求念得通、看得懂。但由于是短期的访问与了解及仓促整理，情况难免不真实或不深入，观点难免错误，文字烦琐或不通顺。故仅能供各有关机关进行民族工作的参考或进一步考察的线索，并望于今后的调查研究，加以校正。

1951年2月　日

知子罗村家庭调查

知子罗是国民党“开辟”怒江区的根据地之一，解放前为碧江设治局所在地，解放后的碧江县府也在这里。全村20多户，多为怒族，此外有少数“客户”。怒族以农为生，也有一部分往来营盘街和上帕做盐巴和黄连生意，不过本钱很少。还有一部分贫雇农给客户背东西，当苦力，阶级分化不十分大，没有地主，只有中贫雇农。

“客户”是1916年设知子罗行政公署时才进去的。第一任行政委员董廷芳带去汉商两人，一个叫刘子明、一个叫刘选卿，都是鹤庆人（董的同乡），官商合资，在知子罗设立“天宝号”。“天宝号”主要业务是煮酒、卖布。一升苞谷可以煮五六碗酒，但卖时是一升苞谷只一碗，现在知子罗最阔的张文彬，就是当时“天宝号”经纪人之一。他一方面经商，一方面当官府的“导师”，解放前当参议会议长，他的儿子当国大代表，利用职权，肆行敲诈剥削，是碧江县有名的高利贷者，所以窦桂生（怒族干部）称他为“官僚资本家”。以纯粹商人身份进去的还有几家，主要也是煮酒和买卖黄连、布匹。这些“客户”包括民家和汉人，一般说生活都比较好。

知子罗（和老母登）由于接近政府所在地，遂造成它的两个特殊情况。

第一是劳役负担，别的村子纳税纳款，而知子罗人则经常替县府舂米、磨面、挖粪、扫地、背东西或者抬轿子。像张文彬一类与官府勾结的商人，则往往利用职权强迫他们无代价地替他们背商品，像拉多家每年要出七八十个至少也要出五六十个夫役。背东西、抬轿很辛苦，却不给吃，不让休息，动辄鞭打脚踢。解放后依旧出夫役，但比以前已轻松多了，每月一家只替县府舂两三次碓，还供一顿饭吃。

第二，因为与外边去的汉人接触频繁，“汉化”程度较深，能说汉话的不少，进碧江省小读书的人数也比较多。田映辉说：“本来怒族是最弱的，但因这里挨近政府，进学校方便，人才越来越多了。”勒墨族本来很强，看不起怒族，因为在得远，上学的少，所以落后了，赶不上怒族。

下面5个家庭调查是碧江县府经过选择介绍给我们的，菜级和拉多代表比较好过，普阿赤[①]和子奎是最穷的，拉都是中等户。知子罗一般怒族人的生活与拉都差不多。

家庭调查之一——拉多（LA DO）

拉多，碧江第一区知子罗村怒族，该村最富户。

7口人，拉多年已66岁，为一家之长，妻纳菊60岁左右。拉克为长子，34岁，长媳名霜阿嫡，30岁。次子胡汝英，年30岁，次媳妮玛子25岁，自胡出门后她即回娘家，迄今5年一直没有回来过。赛米13岁，拉多之三子。赫赛谊[②]约7岁，为拉克之（四）子。拉多两个女儿，大女名霜阿縻，年37岁，已于10年前出嫁，已嫁两次。次女名吉玛瓦，约25岁，已出嫁7年了。

以务农为生。拉多夫妇，均下地种庄稼。胡汝英在知子罗省小毕业后，到丽江读简师，又被送到南京进国民党办的边疆学校，后又到北京入蒙藏学校，北京解放前因生病回到南京，据说现在北京中央人民政府民族事务委员会第一司服务。赛米读过3年小学，今年因父母年老力衰，需要他回家参与劳动，所以辍了学，只能做些轻活，如放牛、砍柴、背水、收苞谷等。赫赛尼年更小，只能喂鸡、喂狗、抬水（小桶），别的什么也不能做。

全家均信基督教（内地会），已18年。信教的原因一方面是信了后“生病只消祷告就会好”，一方面“信了教不祭鬼、不喝酒、不吸烟，可以节省很多靡费，生活可以过得更好些（不信教时生病多宰鸡，不好再打猪、打牛，而且要招待亲戚邻舍来吃肉、喝酒，所以费用很大）。不信教时苞谷稀饭都吃不起，现在信教日子是比以前好过多了”。

① 普阿赤，本文又作“朴阿慈”。——编者
② 赫赛谊，本文又作“赫赛尼”。——编者

种苞谷地3架牛，每年收苞谷三四石，有时也砍火山地，但种火山地时就不种旱地，苞谷收起之后，可种点大麦、荞子、芋头，洋芋也种，不过数量很少。旱谷也只能收七八升，每年收的有半个月或1个月不够吃，如果煮干饭就更不够了。此外还有几株漆树、核桃树，另有葵花子、甘蔗、西瓜子等。

工具（以农具为主）有锄头4把、镰刀两个、砍刀3把、斧子两把、犁头1把、织麻布机两架、脚碓1张、猪两头、黄牛（能耕田）1条、鸡1只、狗1只。

茅草房3间（与傈僳人的住宅一样），家具有一大一小铁锅两口、土锅两个、三脚1个（约二三十斤重的大三脚）、木柜3个（两大一小）、装碗筷杂物的木柜1个、竹编囤箩9个、桌子1张，木凳两条、背水竹筒七八只、木碗七八个、陶土碗四五个、永北瓷质茶杯四五个、针两颗。

衣服仍为麻织，自种自纺，自织自缝，搞得勤的每年人可得1套，懒一点的就穿不上了。

睡觉用的麻布毯有两张（睡在火炉边、地笆上），可以挡挡风，这可算是这一带最好的了。

吃的是稀饭，菜很少吃，一年全家用盐五六十斤，每月可四五斤。吃油的机会很少。肉一年最多吃10多次。圣诞、感恩与复活节一定吃肉。平日每天两餐，农忙时3顿，早饭时吃得很早，晚饭在日落后才吃。

理发用剪、用刀，年轻的留洋头，一两个月一次，勤快的一两星期一次，没有理发师，彼此帮忙。“自从汉人进来后，我们就开始洗脸了。”现在每天都洗脸（用水桶或木碗倒出来洗，用衣服作面巾擦），不穿鞋，三四天洗一次脚，有时十几天或一个多月才洗一次。洗衣不用肥皂，加灰水用脚搓（不论洗脸洗什么均不用肥皂），牙齿一概不刷。地每天扫一次或者两三天才扫一次，扫帚用高粱（秆）扎成。

知子罗和老母登在县府附近，解放前不出公粮、不出钱，应夫役给县府扫地、挖粪、磨面、舂碓、背东西、抬滑竿等等。每年他家要出夫八九十个，至少也得五六十个，单单以抬滑竿来说，他们抬过的次数数也数不清，抬不动也得抬，稍不合意就打骂。有一次，他们被派去给一个委员背东西，到营盘街一个夫役在哨房被打倒爬不起来，就活活地给冻死了。其他几个一面挨打，一面挨骂，还得快走。快到碧罗山顶他们实在忍无可忍，大家团结起来说：枪毙也可以，一定不去，委员没办法才放他们回来。

现在还是给县府应夫役，不出粮，但比起解放前大不相同了，每月每家给县府舂碓三四次，别的夫役一概没有（据县府负责同志说，本来要取消这个办法，但群众不同意）。

“现在的政府不但不压迫人，而且还召他们开会，有事和百姓商量，可以和县长随便谈话，在县府做事的和百姓一样艰苦。国民党时县府的人员天天都要吃白米。”

“共产党的缺点就是盐巴贵，比解放前贵多了，以前1块钱可买10斤，现在只能买三四斤。”

“要求毛主席好好地培植我们，帮助我们，否则我们毫无希望，毫无办法，可惜我不识字，要不然可以一样样写出来给毛主席看。”

施泽早

家庭调查之二——菜级（FA CI）

知子罗怒族人，7个人吃饭，自己63岁，腰杆痛了六七年，重活不能干。妻42岁（后娶的），儿媳40岁，是村长的姐姐。大孙女10岁，二孙女8岁、害杨梅疮。孙子6岁。侄子30岁，从小腿残废了，走路不方便。

自己只有1架牛的田1块、3架牛的干地两块，每年能收1斗多谷子，1石2斗苞谷，七八个吃，吃到四月间就没有粮食了。不是向人借，就是挖树根野菜来充饥。每天两顿稀饭，有时客人来才煮一顿干的吃。盐巴吃不起，买点回来碾成细粉，混在辣子里吃。平时不吃肉，吃油的日子很少。

家里喂着1条牛、2头猪、3只母鸡。有三四株漆树，一年只能收3斤多漆油。胡桃树1株、梨树1株，收下来的果子只供小孩子吃，不卖钱。种着一小块地的麻，够一个女人织1年。有4个木柜（一个木柜上有洋锁）。有3个竹囤，过去都装粮食，现在空着。1口铁锅、两口土锅、1个铁三脚架、1个弩弓、3个背篓、3把锄头、1个犁架（没有犁头）、3把镰刀、1个纺线车（已经坏了）、3个簸箕、4顶斗笠（其中1个是全新的）、1个杵臼。7个人住着两间竹席房，一床麻布单，自己上了年纪，受不得冻，自己盖着，其余的人都盖蓑衣。

没有欠人家的钱，去年借了女婿3斗苞谷，借县政府积谷3升半，利谷半升。过去借过打洛地寨3背洋芋，今年还了3背苞谷。

在国民党统治时代，没有给他派过什么款，只是经常派他到衙门里去舂碓、背东西，自己背不起出钱雇人应付差事。解放后，还是不出粮和款，县政府特别照顾，也不要自己去舂碓、背东西，心里很感激。

自己从小信神，不吃肉。儿媳妇因为丈夫死了，信基督教。

一辈子没有到过上帕，年青时到营盘街去过3趟，去时背点黄连，回来背盐巴，那时候雪山上的路只有5寸宽，很是难走。

父亲原来住在罗伯伊哈地方，自己才搬到知子罗来。景绍武到碧江时大儿子已经很大了，时常背他们下乡，替他们舂碓，一不对头他们就打人。

原来有儿女8人，死了7个，家里没有人干活，生活远不如以前了。

宋伯胤

家庭调查之三——拉都

拉都，年30岁，怒子族。妻亚底，30岁。有子2，长子8岁、次子3岁。拉都略识汉字。

用具，有砂锅2个、铁锅1口（已坏）、竹水筒4个、瓷茶壶1把（已坏）、木碗4个、土碗1个、矮桌1张、木柜1个、木桶1个、装物用竹筒2个、木床板11块、竹簸箕大小6个，竹篮3个、刀1把、锥1个、弩弓1张、纺车1架、斧1把、麻布被2床、羊皮1块、矮木椅1个、织麻布机1架。麻2捆另12束，黄豆2升，苞谷1斗5升，老南瓜6个，柴一小堆，生长在地里的甘蔗10多根，菜一小块，草烟20多株，漆树7株（五年生，还不能割漆）。锄头1把（帮助出外做工3天得1把，原有两把，今年亚底生病卖去1把，买了1只鸡祭鬼，现在只有1把）。

自有房屋1间，长有1丈5尺、宽约1丈，隔做两进，盖了已3年。山坡地一小块，种草烟、甘蔗、菜等。另向傈僳人腊普分租得地一块种荞，正收获中，估计可收得4斗，交腊普租一半，自己只得2斗。在种苞谷时分得2斗，但都用了交借款的利息。另外帮工，除每天供给一餐中饭外，每两天得工资5角，一年帮工可得10多元，夫妻二人都可以生产，每年的收入能吃7个月，不够吃的5个月的粮食就向人预借，以后帮工赔还。他因吃的不够，在1948年向鹤庆张文彬（住知子罗）借了半开5元，一年要去3斗苞谷的利息，现还欠了2年的利息（6斗）未付，张文彬要拉都帮他工作，或卖柴给他来赔还。另外向郑玉楼借了半开2元5角，欠2年的利息（3斗）未付。又向叶炳清借了半开5元，还欠2年利息（3斗）未付。上3项共欠利息1石。

穿的衣服是妻亚底所种的麻，自纺自织，一年每人只能缝得一身（亚底所穿的衣服，现已破烂成条）。平时吃的是苞谷稀饭，菜油都没有，就连盐都很少吃。都是背柴一背，到街上换得盐一小块，吃一些时（我们送给他的礼物有盐1斤，全家吃两个月）。

解放前没有公粮负担，但要代设治局长或科长们到营盘街背东西，有时局长、科长们到营盘街做生意也要派他们背东西，每月要背两三次，每次得半开1元5毛（在民国二十四年时因福贡设治局长史国英被人民杀死，反动政府派去镇压的官在镇压后自碧江回去，他的父亲被派去背东西，到碧罗雪山走不动被反动派打死）。另外，还要代县府背粮，也不得钱或吃的。解放后，仍旧不负担公粮，代县府背东西来回于营盘街，但次数已减少，自解放后（1949年5月28日）至现在只背过1次，并且钱也增加成2元。舂碓的工作次数虽多，但每次县府都供给一餐饭，比较起来，解放后的负担比解放前已减轻不少。

拉都说："从前反动政府就不把我们当作人，我们就好像一些猪狗，他们向我们要钱要兵，我们不敢反抗。现在共产党使我们翻了身，把我们当人看待，我们有我们的县长（裴阿欠）、科长，他们对我们都很好。现在的政府比从前的官真不同，我们随时都可以到县府找县长，从前我们哪里敢去，县长对我们很好，很慈善，我们有什么话要想说的都敢对县长去说。共产党是我们的大恩人，毛主席是我们的大救星，请你们转去告诉毛主席，我们以后一定好好地团结。""生也跟共产党生，死也跟共产党死。"

杨树谷

家庭调查之四——朴阿慈

朴阿慈，怒子族，年49岁，妻、子1、女2，共5口人。

结婚时尚有山地两块，后因妻死而出卖，遗子女3人，子现年22岁，未婚；长女现年26岁，亦未婚；次女现年16岁（在11岁时，因欠公家积谷无力赔偿而卖与当地富商张文彬为使女，得半开30元，15元赔偿积谷、15元自用。卖后1年被张家人带至鹤庆，去年返碧江，其女因受不住虐待而跑回家中，时值解放，闻共产党不准养丫头，所以张亦未曾追回，只嘱咐说：此女可以回家，但不能出嫁，声言手续未清）。续娶一妻，但婚后两年又死去。现妻为第三房，年29岁（据当地工作同志说，为朴阿慈之堂妹），为一缺嘴，双眼患角膜炎，结婚已6年。

只有一间小草房，房内睡觉木板两块，旧竹箩两个，箩内盛有漆子半升，朴说："俟五六月间生活困难时，漆子可以炒后充饥（捣碎煮食）。"无铁制三脚架，煮食以3个石头代之。无铁制农具，砍柴时向别人借刀。所有草房一间系其夫妇二人居住，子女则宿于公房，吃饭在一块，以破口砂锅煮之，全家每日需苞谷1升，掺青菜煮稀粥。租有山地1块（1架牛），因土质不好，年可得苞谷2斗，与地主（汉人）平分，净得1斗（其实并未交给地主，因贫穷而不管一切地边收边吃，不能积成趸数）。主要生活来源靠卖工，帮汉人挖田、犁地，每人每日可得半开2角5分（不供伙食）。全家均能劳动，有时帮助同族收割，全家分散在别家吃上一两顿，兼之砍柴售卖，每人每日可得一背（约50斤），卖得半开1角7分（可买苞谷1升），其他副业为砍竹子、割草卖。全年吃不到干饭。五六月间吃野菜、树根。欠政府3斗苞谷（解放前借者），穿不上布衣服，衣着主要靠妻女以麻纺织缝制。

杨秉葵

家庭调查之五——子奎

子奎（女），怒族，约35岁，最穷苦。全家3口，有2女，一为11岁、一为9岁。

丈夫已死，自己患恶性疟疾已四五年，不能耕作，所有耕地由可诺（自澜沧江逃荒来，子奎收做义子抚养的民家人）耕种，平分所得的产量。其耕地每年可产苞谷2斗2升左右，平分后子奎与可诺可各得1斗2升左右。另外租得麦地1块，租金为平分租，此租得的土地也由可诺代其耕种，所得全部粮食，除上租外，又由可诺与子奎平分。子奎一年所得全部粮食，够煮苞谷面菜汤吃2个月。其余不够吃的月份，一部分找野菜吃，一部分由邻居送赠，一部分由其长女帮村人家做零碎小工，村人随便送一点带回家来吃。子奎全家住宽约1丈、长约1丈5尺的木屋1间，土锅1个，煮饭用3块石头做灶。盐每年与亲戚家吃一两次。肉自其夫死后，就没吃过。睡觉用3块破麻布，全家垫盖。牲口全无，连鸡都没有一个。生产工具用锄头1把、条锄1把、小刀1把。衣着全家都破旧，因仅子奎间或病好可以起床时织布。子奎之丈夫在世时就欠一汉商石姓半开5元，每年要上利息苞谷1斗5升，此利息每年都要向亲戚处“生方设法”地要求赔还。

负担过去现在都不纳粮，仅有时为公家服劳役，解放后感到政府中的干部很好，常常教导与安慰他们穷苦人。

宋文治

碧江县理悟地[①]调查

理悟地是碧江人民政府工作做得比较多也比较有成绩的一个村子。参加政府工作的比任何村子都多，碧江司法科长茨阿加即理悟地人。此次访问团到怒江去访问时也以该村的情绪最热烈，不论欢迎会、代表会，都踊跃参加。我们由碧江去福贡的第二天，理悟地村男女老少从二三十里地外跑到路旁列队欢迎，并烧水倒茶，而且一定要我们由福贡回来时到他们村里住一晚上。福贡工作完毕，碧江的大会又等待着我们，所以只好派3个人去。这些材料就是到理悟地的第二天晚上访问所得。

理悟地村离碧江（知子罗）90华里，在怒江西岸高黎贡山山腰，是怒江内地会最早的根据地。全村72户472人，不信教的只有5人。在历史上这个村子又是一个斗争性最强的村子，国民党“开辟”怒江的先锋景绍武等20多人就是死在此地的。

全村以农为主，但商业也占相当大的比重，全村70多家人里面，每年至少有三四十人到未定界拉达角（俅江边）、坎木拉（江心坡）和密支那去，到前两地的主要是经商，进去的商品主要是盐巴、牛、猪、狗、肉类、粮食等，出来的多为金子和黄连，到那边经商，不像外面马上可以换到钱，把东西卖了直到金子、黄连挖来才能取到代价，所以很不容易收回，有的拖好多年还收不回来。这几年黄连无价，金子也少了，所以当地人民生活很苦，进去做生意也赚不了钱。理悟地最大的富商，资本有2000元半开，解放后怕清算跑到未定界去了（解放初期他还是三区区长），别的人家不过80元，顶多百元的资本。

到密支那去的多半当兵，初做轮船码头的苦力，或给人家砍柴、看仓库，其中以当兵待遇最好，每个月可得30个卢比（缅甸币），当官的还更多，当苦力的每天可得1个卢比。有的去了好多年还不回来。

下面5个家庭调查是十一月十九日开了5个钟头的调查会得到的材料。

施泽早

（一）沙阿苇（X-A-WE）

沙阿苇是第四甲甲长，贫农，家里有6口人，妻64岁，儿子属猪的，儿媳和儿子同

① 理悟地，本文又作“理悟底”。——编者

岁，女儿16岁（参加妇女会）。小孙子才两岁多，他自己65岁。家里主要劳动者是他的儿子同女儿。全家都信基督教，饭前都做祈祷，不吃酒、不吸烟。不认识傈僳文。

没有田，有3架牛的干地，地在山腰，石头多，火烧后锄种苞谷，每年可以收8背苞谷，每背有1斗2升，全年吃稀饭也只能吃5个多月。没有东西吃，就到山上采野菜来充饥，有时还向邻家借点吃的。

家里没有牛羊，只喂着两头小猪、1只母鸡。有1个土锅（即陶罐）、半个铁锅，没有犁和锄，只有两把镰刀（1把快烂了）。有1株漆树，每年收两斤漆油，家里人都穿着破麻布衣裳。

去年交了1斗公粮、两块钱，5毫钱是向邻家借的，现在还没有还清，他感觉负担重了点。

他对政府是满意的。不过他说过这样一句话："共产党样样都好，只是盐巴太贵了。"

宋伯胤

（二）富阿崔（FI-A-CYA）

富阿崔，贫农，家里有6口人：父亲77岁，母亲69岁，两个老人都不能劳动，连背一背水的力气都没有；他自己37岁，妻28岁，是继娶的；大女儿13岁，小女儿3岁。全家信教。他认识傈僳文，但不会写，解放后参加文进会（傈僳人叫作W-Ko-Su-Su）工作（信教入会）。

自己有1架牛的干地1块，另外租了普迈恰1架牛的干地。他们两人并没有租佃关系，种时大家种，收下粮食两家平分。每年收5背苞谷。把苞谷磨成粉，做极稀的稀饭，再加上野菜。这样吃1年，还有6个月没有粮食吃，除了拔野草菜根以外，还向亲戚要一点粮食。去年区委杨得俊同志曾送给他一点粮食。

家里没有牛羊，只喂着1头小猪、1只母鸡。没有核桃树和麻，去年才种了1株漆树。有1个土锅。没有犁和锄头。买不起盐巴吃，杨德俊同志曾送过他两团盐巴。

前妻死后，他借了两条牛的债，债主是他的舅父车普尼和他的叔叔普阿尼，没有利息。到现在还没有还。

田里石头多，种起来费工夫，没有时间干别的活。父亲老了，时常咳嗽，他不能离开家，没有到未定界去过。

他家的公粮政府免了，他非常感激，老父亲拿了一只鸡跑到知子罗送给张旭县长，张不肯接受，父亲回来说："共产党真爱我们穷人。"

政府对待他们一家好，区干部时常照顾他，村子里对他也很好，这些他都记着。只是地太坏，缺少劳动力，希望政府能解除他这个痛苦。

宋伯胤

（三）施阿茨（SI-A-F）

施阿茨是国民党党员，做过村公所的卫生员和内地会的教员，解放后，参加文进会工作，现任村政府的调解员。今年43岁，家里有6口人：妻25岁，继娶的；男孩16岁，大女儿13岁，都是前妻生的；二女有5岁；三女3个月。施阿茨22岁奉教，认识傈僳文，会念会写，儿女都没有进学校念书，但都认识傈僳文。

有1架牛的水田1块，每年收谷子1斗5升（每升有昆明瓷碗6碗半），3架牛的干地1块，收12背苞谷。天天吃稀饭，可以吃10个月。

家里有板房1座，3间大，耕牛3头、猪1头、鸡2只、犁头1个（连架）、锄头1个、镰刀1个、脚舂1个、铁锅1个、小铁锅1个、土锅1个。胡桃树两株，种的麻够他妻子1年织。（注）

以前是天天吃盐巴，解放后盐巴贵了，5角钱只称斤半，吃不起，也就不吃。现在欠人家5块钱，没有利息。

到过俅江和营盘街，每年冬天到俅江去一次，去时背着盐巴，回来带些黄连、黄金、黄蜡、灰鼠皮等。去一次好一点能赚到五六十斤盐巴，运气不好还要赔本。

他希望政府把盐巴价钱减低，并且希望派医生到他们村子里来。

（注：1人1年织的布最多只够夫妇二人各有一身衣服，最勤苦的也不过多能供一二个小孩的一身衣服而已。）

宋伯胤

（四）陆福奇（LU-FU-CY）

陆福奇现任第六甲甲长，国民党党员，做过区公所的卫生指导员，解放后参加文进会工作，很积极。全家信教。今年43岁，家里有7口人：妻和他同岁，害着E-cy病（是理悟底最流行的一种可怕的病，仅在1950年10月以前全村就死了40多个人。病症是腹部正中生一个小疙瘩，日子愈久，疙瘩愈大，最后发烧发冷咳嗽，腹疼膝盖骨发酸，咽头肿大，不能咽东西，吃土药无效，西药没有，外国传教士也治不好），不能起床；大儿15岁，在理悟底人民小学读书，四年级；二儿8岁，读二年级；三儿5岁；大女儿11岁，没有上学，读傈僳文，参加妇女会；小女儿才1岁多。

家里有田3块（其中两块与人合耕）、干地2块（3架牛），每年收苞谷十三四背、谷子1斗多，顿顿吃稀饭，够吃10个多月。

有牛两条、猪1头、母鸡2只。胡桃树两棵，漆树两棵，每年收漆果1背篓。种的麻够一个女人织1年。有犁1个（连架）、锄头3个、镰刀1个、铁锅1个、土锅1个。一座板房，隔作两间。

在没有信教以前，为了小孩的病祭鬼，借了人家10块钱3斗苞谷，没有利息，现在还没有还清。

以前他做过生意，背盐巴和布到俅江去卖，回来时背点黄连，每跑一趟可以赚1条牛，值十几块钱。过去他们家里每年要吃二三十斤盐巴，现在太贵了不能天天吃。有客人来，杀鸡招待。自己喂的猪并不杀了吃，拿到街子上去卖。

因为是现任甲长，没有公粮负担。

对我们的政策，他是了解一点，他说过："国民党把我们男人当作牛，把女人当作猴子，共产党来了，我们都变成了人。"

他希望政府多办几个学校，好叫小娃娃读书。

宋伯胤

（五）岳卖福（YO-MA-FI）

岳卖福是第五保保长，国民党党员，做过政府十几年的甲长、保长等。属鼠的。识傈傈文，全家信教。家里有6口人：妻48岁，大儿子18岁，发育不健全，读过3年书，现在在家里砍柴，干点轻活；二儿16岁，在人民小学读书，四年级；三儿8岁；大女儿属蛇的，精通傈傈文，没有参加妇女会，现在害着E-cy病；二女13岁，亦读傈傈文。

家里有地6块，可以用牛耕的只有两块，3架牛，那4块石头多，用手来挖。每年收60多背带皮的苞谷，打净有3石2斗多。吃稀饭的时候多，一年勉强够吃，来的客人多，往往就差一点粮食。

有4条牛、1头猪、3只母鸡、4棵胡桃树、2棵漆树（1年收漆果1背多）。有耕犁1个、锄3个、铁锅3口、土锅1口。种的麻够他的妻子织1年。他自己脱离生产，家里的主要劳动力是他的妻子和大儿。没有公粮负担。

前几年赶牛到俅江去过1次，解放后没有去过。

随碧江参观团到过保山、下关、丽江一带，参观过1次，他感到很满意，也很高兴。只希望政府派医生来给他们村子治好这种怪病。

家里借人家谷子4斗，50多块钱，是死了女儿欠的债。

（以上5个家庭调查，翻译的是木春生同志。）

宋伯胤

怒江奴隶情况

20多年前，怒江奴隶占全区人口的1/4（碧江县长张旭调查），国民党"开辟"后，历年来逐渐释放。据说，民国十五年行政委员刘宝章“开笼放雀”，明示释放奴隶，他任内放了千余人，其后各任也放了不少。现在碧江仍有奴隶残余，傈僳、勒墨区内，起码还有二三百个娃子，然其生活不似凉山奴隶之苦，有的收为义子成为家人。泸水老窝镇的第八、九、十等保，奴隶占全人口的1/3以上。第七保督督罗村的阿恒扒父子就是最著名的奴隶主，有奴隶14家，家庭男女和单身娃子28人。

怒江区奴隶的来源，主要的是抢掠来的。花钱买来的只占少数。抢的对象大半是江外的汉人、民家，有的也有傈僳、勒墨和怒族。一般都是终身奴隶，但奴隶可以自由买卖，譬如碧江县第一乡乡长田映书的男娃子，已经五易其主。在奴隶主的家庭里，他们的地位各有不同：有的视为义子，替他娶亲，可以继承财产；有的则如同牛羊，备受虐待，无论男女，长大后，另找一家的娃子配合，生下小孩也做奴隶。怒江区奴隶的一般工作是服劳役，但主要的生产者不全是奴隶。

解放以后，碧江县人民政府先后发出释放娃子的命令，并且抬高奴隶的政治地位。碧江县府的一个科长就是当了30多年的娃子。工友何贵宝也是娃子出身。奴隶在衙门里“做官”做事，在历史上还是从来未有的。

碧江四区现在的“娃子”数目，调查如下：

奴隶主姓名	奴隶人数	备注	奴隶主姓名	奴隶人数	备注
维扒乍	3		戛扒舍扒	1	
舍扒瓮	1		舍扒舍	1	视为己子
肯堂	1	视为己子	舍茅泥	2	
肯撒纪	1		叁阿鸡	1	金满村人
妹金乍扒	2		墨阿乍	1	金满村人
给舍	1	金满村人	戛金瓮	1	
慨金富	1		荷阿比	1	金满村人
开既乍	1		给八舍	1	
怒阿利	1		四季妹	1	已分田有家室
邓获	1	金满村人	共计19家	共计奴隶23人	

为了了解娃子的一般生活，特和何贵宝开了一次调查会，下面就是这个调查会得来的材料。

何贵宝，民家族，15岁，奴隶主喊他“基子卖”（FI CI MA），原是兰坪喇井北山“西斯美”（音）的人（这是听旁人说的，今年张旭同志过兰坪时曾去打听，人家都不知道贵宝的家在哪里）。五六岁时被人偷来，卖给碧江四区光利登村葛蒙子（G-MO-FI）做娃子，身价是1串项珠。

葛蒙子，民家，富农，5个人吃饭（大儿、二儿分居，大女已出嫁），自己有十几块地，一年收两排苞谷（两石多），家里养着5条牛、5头猪、两只母鸡、3只公鸡、8只小鸡，有漆树林3块，每年收漆四五十斤。种一块鸦片烟地，收大烟二十几两。种的麻可以织3卷布。

贵宝在葛家，白天下地、砍柴、背水、舂碓、放牛、喂猪，没有一刻闲工夫。同村里有3个娃子，晚上有时出去找他们玩一会儿。不常到村子里的公房去，原因是人家欺侮他，看不起，说他的怪话。回去迟了，主子就骂他："回头闯下祸，你就认得。"贵宝比主子的三儿子小三四岁，他要贵宝时常给他做事，贵宝不愿意，他就指着贵宝的脸说："我把你卖掉。"这句话让贵宝很伤心，说时流下泪来。

主子虽然把贵宝也喊儿子，但他们不带贵宝赶街，不带贵宝走亲戚，一点点小事做错了，主子夫妇就打他、骂他，并且还咒他"不得好死"（说到这里贵宝又哭了）。好的衣裳给他三儿去穿，坏的烂的才给贵宝。晚上贵宝和主子的三儿子住在一间小屋子里，三儿子盖四五张麻布毯，贵宝只有一张，冷得睡不着。火塘里烧柴，三儿子从不动手，不管天多晚，雨多大，都要贵宝去拿。

1950年2月，他在地里划烟，听说要解放娃子，心里很高兴，当天晚上跑到工作同志住处去问，回到家里，主子打他一顿，吓他说："你走到半路上我杀你。"隔了两天，他出来种苞谷，趁空就跑了。路上碰见县府的女工作同志，把他带到知子罗。后来听说主子咒他："走路要掉下岩子里。"

贵宝现在是穿上了一身新灰布工作服，同干部们在一起吃饭，一起玩，他从心眼儿里感谢共产党，感谢毛主席。但贵宝还有一个苦恼，就是找不到他的家。

宋伯胤

丽江区材料之六

——碧江贡山政权组织

中央访问团第二分团

1951年2月出版

丽江区材料之六

——碧江贡山政权组织

编者声明

这些材料是我们从1950年8月29日至1951年1月31日（其中大部分时间是在行动中），先后在圭山、丽江、保山、大理、武定、楚雄等地区进行兄弟民族访问工作中，通过当地干部、民族代表及熟悉当地情况的人士所了解的一些情况。为应各有关机关之急需，仅将原材料加以整理，尽量避免主观分析与结论，在文字上仅要求念得通、看得懂。但由于是短期的访问与了解及仓促整理，情况难免不真实或不深入，观点难免错误，文字烦琐或不通顺。故仅能供各有关机关进行民族工作的参考或进一步考察的线索，并望于今后的调查研究，加以校正。

1951年2月　日

碧江县政权组织

（一）开辟以前时期（传说）

那时当地没有统治组织，傈僳未去该地时，当地的怒族是属营盘街的那马族拉圾加乌的管辖。当时每年每户要向他纳1对箩、1只鸡和1头猪（其他则不曾了解）。

最后一个统治者名叫蒙毕。蒙毕是傈僳人，原籍丽江，移到碧江的原因是：与中甸下来的古宗族打仗，战败到兰坪县属的兔峨（当时为拉圾加乌属区）。到兔峨后他用“古宗要杀到兔峨”的谎言团结拉圾加乌，要求和拉圾加乌合作。当时拉圾加乌为了防备古宗的惨杀，就答应与他合作了。并且还考试他的武功（打鸟考试），蒙毕一箭就射中了一只鸟，赢得拉圾加乌的钦佩，并把碧江区让给蒙毕去统治了。

碧江与拉圾加乌的统治政权所在地营盘街距离太远，中隔180华里的碧罗雪山，统治不方便；加之碧江经济条件落后，人民生活较苦，无钱可收，此为分让统治权的第二个原因。

蒙毕在碧江统治，官名自称“白色”（据现在碧江县副县长王荣才解释，“白色”是土司下面的一属官，意思是“天生贵族，由生以来就应当统治别人”）。当地人又称他为“伙头”。

（二）国民党反动统治时期

国民党在碧江设立设治局。民国三十七年到解放前的局长是魏英白。局以下依自然地形划分为4个乡，以怒江为界，江东划两个区，江西划两个区，乡以下设保甲。局长由汉人担任，乡长由汉人和个别的少数民族担任，保甲长全是当地的少数民族。

那时老百姓的负担相当重，每户公粮2斗，各种经费（包括党部、设治局的经费和兵役费等）每户半开8元，其中仅兵役费就是半开8角至1元。换一个局长或乡长，每户也要送二三元的礼品，另外还要给他们三四元的养家费，打官司告状也要钱。总之，各种苛捐杂税加在一起，每年每户平均要缴十五六元半开。

老百姓忍受不了，跑到未定界的很多，据说有五六十户、二百四五十人。解放后听说新政府不抓兵，而且负担也减轻了，回来了10多户。1949年每户负担公粮（苞谷）1斗（40斤，值半开2元）、现金（半开）2元，共计4元，比国民党时期减轻了3/4。1950年又减轻了一点。

现在碧江县的第一副县长裴阿欠（傈僳族的上层分子，这次曾到北京参加国庆大典），就是解放后从未定界搬回来的一个。

另有参议会的组织，会内共有6个人。所谓参议会，也是反动派的爪牙，特别是议长田月轩（民家族）在该区少数民族中更是臭名远扬，当地人民只是敢怒而不敢言。那时压迫人民最厉害的就是设治局、乡长和参议会。保甲长因是本地人，只是替大官们跑腿，大部分都是站在人民方面抗兵抗粮，故在群众中有一定的威信，因此我们解放后的村主席和村干部有50%以上是旧的保甲长。

（三）解放时期及经过

该县是和平解放的，当时是由王荣才同志（现副县长）与局长魏英白接头，接洽好后由李如松同志带队接收。

那时我们提出：“其他县已解放，解放大军已快到了，你只要交枪不抵抗，可以保证你生命的安全，不然我们要打进来，你们的一切由你自己来负责任。”结果他提出：“可以接受这些条件。”又提出：“保证生命，并且要将我送到昆明（那时昆明还没有解放）。”我们答应了他的条件，他就完整地交了枪，没有什么破坏。交接后，我们把他送到剑川和大理的交界地去了。

碧江于1949年5月28日解放。到6月中旬，张旭及王荣才同志才进去建立政权。初进去因具体情况不了解，工作也无法着手，只好通过旧参议会暂行维持社会治安。

张旭同志在思想上掌握了一个“不出事，不出乱子”的原则，所以在工作上是比较慎重的，这是一方面安定社会秩序，一方面了解当地的具体情况和旧人员的情形。

1949年9月25日，召开了扩大会，为的是选举政务委员会，其原则是：第一，在行政上我们不参加工作，也不参加选举；第二，照顾到各民族人数的多寡不同，参加一定的代表人数；第三，有意识、有布置地保证当选人和取消坏分子。参加选举的共有2000余人（包括由各个行政村召集来的代表、基督教代表及各民族的上层分子），用“投豆”选举的方式。

候选人的数字约在当选人的1倍以上（确实数字张、王二县长已记不清），为了照顾不出乱子，连有些根本不能当选的（如田月轩）也吸收他们参加了候选之列，我们的干部没有参加候选。整个选举由张旭同志领导（当时不在此县），另外由王荣才同志以特派员身份参加工作，但只是领导选举而不参加选举。

这次当选的共12名：傈僳6名、怒族3名、那马2名、汉人1名。先是由张旭、王荣才两位同志研究出名单，与裴阿欠商量，做了一般的了解，再经过小组讨论才开始选举。

为了不让坏分子当选，也曾布置了一下（其中最重要的是田月轩），当时宣布当选的汉人必须任过军事职（？），而且能打仗的才可以，田月轩没有具备以上条件，所以就落选了。田月轩在各民族间臭名远扬，初解放时期因为我们对当地的情况不了解，所以曾通过他了解一些情况，受到群众“换汤不换药”不满意的反映，如果这次再当选，会引起群众更大的误会。

这次选举是比较成功的，比如：保证了应当选的人当选，和不应当选的人落选。再者，参加选举的全是当地人，没有外来的干部，其次是真正采取了民主选举的方式。

同时，也有它的失败之处：

第一，张旭同志的思想上，认为经过这次选举后，就让他们自己来办理自己的事，他们的干部不准参加政权工作（张旭同志过去是怒江区的工作负责人，而这次选举前没有和领导上取得必要的联系）。但事后丽江专署正式宣布了张旭为碧江县长、裴阿欠为副县长。之后，引起了群众和上层的不满，对我们的政策产生了怀疑，他们反映说：“衙门的官不是我们，又是汉人了。”基督教上层分子问：“你们（指共产党）对我们究竟怎样办（他们的意思是：基督教徒是否有政治地位）？”由于有了以上的情况，所以，张旭同志对这件事更加慎重了。在他去了之后，原来的干部和机构完全不动，同时又多加解释，这样做没出什么问题，慢慢地就好了。

第二，在个别录用是不够好，选出的干部有的不能任职，例如财粮科长不懂会计，账目才建立起来1个月，账就结不起来了，收支了多少现款、征收了多少公粮，吃了多少，都弄不清楚，钱多了10多万，粮多了几石。又为了照顾整个的工作情绪，人事也不好调整，直到今年（1950）四月才将财粮分为两科（增加了一个我们的干部管理财政，原来的干部管理粮食）。

第三，对被选人之间的摩擦了解不够（被选人之间是有派系的），这次的偏差是多数派当选了，没有照顾到少数，比如那马区正副区长的问题，现在的副区长史某（解放后的表现不错）原来是准备他当选的，但是因为他过去当过乡长，得罪了几个人（其中有一个姓陆的就是他的仇人），贪污了一些钱，在选举中，陆某在背后活动了几个人选他自己，而不选姓史的，结果陆某当选，史某落选了。

陆某当选区长后，就发动群众来斗争姓史的，说姓史的过去当乡长吃了群众的钱（事实上也吃了几个钱），要和他算账，叫他拿出200元半开来，姓史的没办法，就答应了给他，但要分期给。

张旭同志知道后发觉问题很大，才开始处理，将他们两个人约到县府，吃酒调解，说明了我们的政策与过去不同，不能互相夺权，并说明了不团结的害处。这时，姓史的已纳交半开70元，张旭同志向他解释说："纳70元也是不对的，其他未交之款也不要纳了。"同时又共同商量叫姓史的任副区长，问题才解决了。

第四，选举前考虑干部之政治条件不够，另一方面是没有适当的参加领导干部，所以在裴阿欠当选后就将过去的保安队全部下了枪，并且要求把当地的汉人（民家在内）赶出去，其实保安队的旧人员有些是可以留下的，又由于汉人少，所以未出什么大问题。

（四）行政区划

碧江县的行政区划是根据过去的4个乡改为4个区，保甲改为行政村和自然村，另外又由兰坪县罗星土司地区划来一个区（即现在的第五区，又称碧兔区），现在的碧江县——共分5个区：普罗区（一区）、嘉禾区（二区）、理悟区（三区）、金满区（四区）、碧兔区（五区），共有31个行政村（自然村的数字不太明白）。

1.碧兔区划归碧江的原因和经过

1949年7月初解放时，碧兔区的人民就到碧江去要求划归碧江，他们的理由是：

A.当地经常有土匪（傈僳人），经常地抢劫人民和来往客商，生活无法过。

B.距兰坪县府远（160华里），政府管不着他们。

C.受不了土司的压迫，因为该地农民大部分是土司的佃户，租子是总产量的50%（平分）。据杨得清同志谈，该区全年要交1000多石租子，另外还有劳役剥削，土司盖房子去当工，土司家娶妻、嫁女，要去抬滑竿，再者是过年过节还要送礼。由于没有政府管辖，就是汉商（民家）路过此地与当地人民有了纠纷，土司也开堂审问，处理是非，事了后就要四五元的费用，所以当地人民受此压迫，生活极苦，每年多数日子吃树皮草根。因此，他们要求划归碧江的愿望非常迫切。虽然在反动时期，人民也如是要求过，但因当时受了土司的贿赂，反动政府只应付了事，不解决实际问题，人民也无可奈何。

我政府考虑到具体情况和地理环境，该区划归碧江是必要的，不然仅土司就是个大问题，但是又考虑到罗土司方面，他是不是愿意呢？所以张旭同志亲自跑到兔峨去找罗土司商量，提出该区划归碧江的原因，并且提出他可以派一个儿子去当区长，我们任副区长，当时他不表明态度，张旭同志说："你考虑，你不愿意，我一定不派人接管。"等了两个多月的时间，他还不答复，张旭同志又去找他，他还是不答复，但答应我们派一个老师去教学。由此我们才派了一个教师去教学，同时做些宣传工作。直到丽江召开各民族代表会，罗土司也去参加的时候，张旭同志又和他谈，这次他才答应将碧兔区划归碧江，同时他也准备让他的二儿子去任区长。至于他肯答复我们的原因，主要是听到了中央访问团的报告，对我们的政策有了一定的认识，并且张旭同志对他是很尊重，由于各方面的影响和事实证明，并无其他意思，他才答应了这件事。

自从碧兔区划归碧江县以后，群众反映是很好的：第一，土匪没有了，而且是以政治方式解决的；第二，今年负担减轻了，和其他地区一样，只纳1斗粮和2元半开；第三，土司的劳役没有了；第四，最高兴的是他们不出钱就有了教书的教师，而且经常有人给他们开会，例如这次碧兔区到碧江开会的代表说："我们可活啦，能到县府来了，过去我们做梦也做不到，纳的粮也少了。"

2.自治区的划分

在国民党反动时期，为了便于他的统治，所以就按自然地形划为4个乡，怒江上游分江东、江西两个乡，下游分江东、江西两个乡（以知子罗为中心），第一没有照顾民族居住情况，第二没有照顾到民族之间的历史感情，因为各民族在历史习惯上是江东和江西人民的感情比较好，来往也比较多，主要原因是："过江容易过山难。"

再者是使得每个区都成为民族杂居区，而且旧职员除了外来人员外，全是傈僳人，怒族、那马全没有在公家做事的。例如丽江各民族代表会小组会上怒族窦桂生（基督徒）的发言，他说："过去我们怒子连一个当保长的全没有，解放后我们能够当乡区长了。"如此看，怒族、那马人是有政权的要求的。傈僳亦然，如傈僳基督教上层人物说："你们共产党对我们傈僳怎么办呢？"（意思是否给他们事情做，见前）

根据以上情形，有重新划区的必要，这次拟划分的原则是：

A.按民族居住情形，划5个区为4个区（即2个傈僳区、1个怒族区、1个那马区）。

B.本族用本族干部，正副区长由各区人民自己选举，我们的干部不参加区的政权工作，只是派几个教学老师协助领导。这样一方面可使各民族都能参加政权工作，再一方面取消了反动时期的分化区划，增加和恢复各民族之间的历史感情，并缩小机关，集中干部。

此计划在今年（1950）2月开始拟定，11月本县各族代表会开始实行。所得到的反映是很好的，如第一区老乡说："这样我们的感情又恢复了，心里可好了。"再如那马民族反映说："这一来就好了，再有什么事，我们就和我们自己的人来讲了，你们要相信他（指张旭），他是我们的代表人。"

赵锡庆

1950年11月

贡山政权组织的演变

约在清乾隆年间，正是傈僳族由福贡进入贡山县前后，就已开始有了管辖贡山的喇嘛寺。喇嘛寺管理该地的办法是不分区、不分乡，也没有头，只是每家每年纳5升粮食。光绪初年，叶枝（今属维西）土司王家（麽些族）和桥头土司一齐侵入，渐渐夺取喇嘛寺政治上的权力。这两个土司统治贡山之后，并非各据一块土地，而是各委派一些头目替自己做事。头目的名称有两类："里甲"与"白色"。"里甲"与"白色"没有等级的差别，但职务不同，"白色"大概是管民，"里甲"负责收贡赋。全县共有十几个"白色"和"里甲"（多半是傈僳，大多数是生活比较好过的"有钱人"），土司委他之后，每人给1顶有顶的帽子。每年人民给土司纳若干黄连、黄蜡和灰鼠皮，土司每年赠给他们每家若干盐巴，如果"白色""里甲"到土司家里，土司还要杀牛杀羊款待。土司每年只收1次东西，来时人民必须到路上去迎接，除贡赋外每家要出两斤米、1只鸡、5碗酒的负担。当时人民不满意的就是"打人"：老百姓发生纠纷告到土司衙门，审判时跪在地上，何时问完何时才能起来，败诉的还要挨"屁股"，打得很重，所以在见官之先，大家都有准备——穿长袍，下跪时可垫膝头；穿3条裤子，挨打时可减少痛苦。土司还常常用链子拴人。

光绪二十九年，教案发生后，贡山开始设有"菖蒲桶行政委员"，土司统治就渐渐被削弱了。行委会下设教育、公安等局，全县则分为4个单位，由4个保董管理，每一个保董约管三四百户，俅江由公安局直接统治。保董下有甲，甲下有排，每甲管几个排，每排10家左右，各级负责人均由上级委派。这些官吏和大大小小的头人，任务就是收钱粮，调解纠纷，找空子吃钱。老百姓的罚款，名义上归公，事实上"都落在烟斗里边"（当时做官的大多数抽鸦片）。

光绪二十九年到民国五六年，是土司、喇嘛寺、行委会共管时代，土司与行委会共管第三乡，喇嘛寺与行委会共管第二乡，使三方都管得着，第四乡则为行委会单独管理。民国五六年土司退出贡山。

民国十九年（1930）改设治局，下设公安、行政、教育三局，行政区不变。乡下分保，全局20多保，各级负责人全由上边委派。

1950年5月，人民政府成立，行政区划没有变动。第四乡乡长仍然照旧，“因为他是当地俅族中比较有能力有声望的，准备争取他”。县府下设秘书、文教、财政、经建、民政5科，另外有个公安队。

贡山政权组织的演变可以分为政教合一时代，即由乾隆初年到光绪初年的110年；第二是土司统治时代，即光绪初年到清末的30年左右；第三是行政委员时代，由清末到1930年约20年；第四是旧政设治局时代，由1930年到1949年整20年；第五是1950年5月4日以后。当然，其间还有较短的过渡时期。由第一时期到第四时期有一个共同点，就是上层统治者都是外边去的大民族，第一时期受藏族统治，第二时期受麽些统治，第三、第四时期受汉族的统治。每一个时期在地方上办事虽然大多数是本地人（不过后来也渐渐由外来的汉人、那喜人、民家人所把持了），但都是委派的，就是说：“一般是能服从统治者的命令，为统治者做事的。”

二、三两时期又有一个共同点，就是行政区划完全依照内地的，目的只是分若干单位，比较好管，并没有考虑到民族问题，当然更谈不上民族自治。

解放了，行政区划没有变，当地负责同志最初也没有考虑到是否要依民族聚居或杂居的情况，另行划分行政单位，搞民族自治区或民族的民主联合政府。人民政府的负责人，也大多是外边派去的民家人，或是本地生长的外籍人。

各村政府主席已经开始民选。

（贡山县政权组织的演变，系由丽江区各民族代表会议期间访问所得。）

施泽旱

附录：福贡县情况综合报告
——福贡县各民族座谈会上的报告

福贡县人民沿怒江两岸居住，东有他念他翁山，俗称碧罗雪山，西有高黎贡山，北接贡山，南连碧江，全县自南至北约300华里，是我西南三大山谷之一。现属怒江特区的一部分，山势陡峻，岩石林立，土地贫瘠，物产不丰。气候具有三带气候，江边酷热，山腰温和，山顶极冷。全县18440人，包括傈僳、怒族、麽些、勒墨、汉人5

种民族，麽些、汉人在福贡第一区上帕街有48户、乡下7户，共55户，第二区18户，第三区24户，第四区25户，计122户514人。95%以上都煮酒，兼营小生意，傈僳、怒族统称他们汉商。傈僳族、怒族虽然是两个民族，但怒族绝大多数已为傈僳同化（怒族现在能操自己语言的仅有6个村子），风俗习惯、宗教信仰完全一样。福贡旧名上帕，清属丽江府，年纳漆油、黄蜡、麻布等以当租税。民国元年，云南筹办边防委员长，任宋熙以兵力开辟，设殖边队于上帕村，还以村名名全境。民国五年设上帕行政委员，二十一年改为康乐设治局，二十四年改为福贡设治局。去年解放后，设县人民政府。全县4个区，29个行政村，346个自然村。

人民生活以种植为主，农暇则渔猎，或当背夫，近几年渐有经营小生意者。福贡没有地主富农，富裕中农也很少。自纺自织，穿麻布衣裳。全县水田只占耕地面积的1/4，苞谷地大都轮耕，种一年休闲几年，田地虽多，但广耕薄收，种一年只够吃四五个月，甚至不满两月，就没有粮食了，采野菜、吃树皮草根。傈僳族、怒族多以酒为命，粮食缺乏，亦向汉商赊酒，三四月间赊1碗酒，秋收则起码赔1升粮食，受剥削很大。有黄连、漆、漆油、黄蜡等特产，但近几年来，没有价钱。怒江有沙金，冬上有人淘金度日，但仍不能解决生活。今年正月间，我三、四两区又被藏人抢掠，烧了房子，杀死了人，粮食牛马抢光烧光，人民生活极为痛苦。

傈僳、怒族迷信很深。一生病则祭鬼，初则用1碗水、1炷香，念起咒，不行则用鸡，再不行则用小猪、大猪，甚至有人杀黄牛的，有的病几天好了，有的竟人财两空。

傈僳、怒族还信耶稣教，民国十九年，美牧师马导民来传教，现在全县有教徒3437人。教堂建设不大，但遍布全境，第一区有20个，第二区有4个，第三区有6个，第四区有7个，计37个教堂。福贡教会有内地会、神召会。自第四区腊夫夷之以上为内地会，归贡山方面美牧师莫尔士领导，腊夫夷之以下为神召会，归马导民领导。这些牧师，解放后先后到俅江去了，现在在俅江苛辣铺附近。福贡神召会，教徒307个，他们都很好，不吃酒、不吃烟、不赌钱，行一夫一妻制，不买卖婚姻，不骗人，不偷人，不杀人，不信鬼，讲求清洁卫生。与我们各级人民政府一向都很合作，对我们帮助很大，而且我们人民政府里面也有教会“马扒”和“瓦枯扒”（教会内之讲道人、负责人）参加工作，我们县政府里的财政科长傅阿伯、粮政科长余泽中、建设科长杨开之、工商科长邓阿冷、区政府第一区区长胡德清、副区长阿迪都是，村级的则比区级县级的更多一些，而他们在人民政府里，都有职有权，对工作也很负责、积极，大家一向是合作的、团结的，他们对人民政府，对共产党、人民解放军，是拥护的。傈僳和怒族没有自己的文字，自耶稣教传入怒江后，英国传教士傅能仁等才创傈僳字，宣传宗教，傈僳、怒族“瓦枯扒”识此种文字者，用其写信、记账，年深日久，读者渐多，今天傈僳、怒族“瓦枯扒”很少有不识此种文字者。傈僳字用拉丁字母拼音，子音11、母音29，外国传教士制有此种文字的铅字版，现用此种文字出版的，怒江有精装本《赞美诗289首》《福音精华》《福音问答》《卫生课本》等书，文字本身比较汉字简单易学，傈僳、怒族都感到非常方便。

在国民党统治时期，曾经办过汉语学校简易师范省立小学，但完全失败，傈僳、怒族结果把受教育和对国民党服兵役一样看待。30多年了，只培植出7个人，而其中只一二人稍可做事，其余都没有内地四年级学生的成绩。解放以后，在我们人民政府帮助之下，积极恢复和创办，现在每个区有两个初级小学，县有完全小学和妇女夜校，全县学生324人。上学期有3个学生保送到内地升学，这学期增加2个，同时有本地教师2人派出受训。这样下去三年五年培植出一批干部，福贡地方工作是可以改观的。福贡地方干部区以上48人，而在全部干部中，本地干部占22人。外来干部多负责文教、宣传、组织工作，区以下的行政人员全部系地方干部。我们互相帮助，互相学习，一向都很合作，都很团结，工作是有成绩的，尤其在团结各族上，是有成绩的。当然，在工作中我们的缺点及错误还很多，还需要我们更加努力。

福贡县长李世荣

1950年11月

丽江区材料之七

——怒江区执行政策情况与干部问题

中央访问团第二分团

1951年2月出版

丽江区材料之七

——怒江区执行政策情况与干部问题

编者声明

这些材料是我们从1950年8月29日至1951年1月31日（其中大部时间是在行动中），先后在圭山、丽江、保山、大理、武定、楚雄等地区进行兄弟民族访问工作中，通过当地干部、民族代表及熟悉当地情况的人士所了解的一些情况。为应各有关机关之急需，仅将原材料加以整理，尽量避免主观分析与结论，在文字上仅要求念得通、看得懂。但由于是短期的访问与了解及仓促整理，情况难免不真实或不深入，观点难免错误，文字烦琐或不通顺。故仅能供各有关机关进行民族工作的参考或进一步考察的线索，并望于今后的调查研究，加以校正。

1951年2月　日

一、民族工作中的经验和收获

1949年9月，滇桂黔边纵七支队怒江特区负责同志（现碧江县长）张旭根据共产党的民族政策精神，在碧江理悟地村宣布：（1）宗教信仰自由，（2）条件成熟即实行民族的区域自治，（3）成立贸易公司，（4）减轻人民负担。怒江区是宗教（喇嘛教、基督教、天主教）影响相当大的区域，一般说教徒占总人口的20%以上，有不少地区高达30%，有个别村寨几乎全部是教徒。在解放战争时期，人民对共产党不十分了解的情形之下，对宗教信仰能否自由，是他们最关心的问题，宣布“宗教信仰自由”，对安定人心争取和团结教徒上起了很大作用。同样在大民族主义压迫下的傈僳和怒族同胞，对政权也是很关心的，他们所了解的“翻身”意义，就是以后不再受汉人（汉官）欺侮和压迫了，可以自己管事了。因此，“民族自治”也是迫切需要解决的问题。成立贸易公司和减轻负担，是针对着贫乏和窒塞的经济情况（参考各县经济情况调查资料）必须采取的措施。所以，我们认为张旭同志所宣布的这4条是符合怒江各民族群众的要求的。怒江特区的工作，一般能够相当顺利地开展与这4条是分不开的。

从怒江区域的解放到现在，各地人民政府在民族工作中已积累了一些经验，同时也获得了一定的成绩。

（一）争取和团结基督教徒

宗教在怒江区域既然有相当大的影响——它有群众，有物质基础，单单用空洞的“宗教信仰自由”几个字是解决不了问题的，要让他们放心，让他们体会到共产党和人民政府的政策是真实的、可靠的，具体的办法就是争取教徒参加政府工作。1949年碧江刚解放，张旭同志就从喇井写信来邀怒族基督教徒窦桂生出来工作（翻译民众政治课本和约法八章），碧江和福贡人民政府中吸收了许多教徒，福贡7个科长就有4个基督教徒，而财政科长傅阿白则是当地教会中有威望的人物。碧江县副县长裴阿欠、司法科长茨阿加，也是不负众望而拥有群众的基督教徒。教徒能参加人民政府工作，充分地证明了“信仰自由”不是空话，而且由于参加工作的亲身体验到人民政府是与过去国民党政府不一样，通过他们的宣传，使教徒更容易了解和靠近我们。

组织参观团和每次开会都有意识地安排一定比例的教徒代表，使他们直接与外界接触，会更加明白共产党和人民政府对他们的政策的真实性，福贡“马怕”（意思是先生，是比较有地位的教徒）马蒂说：“我们信的是上帝，不是高鼻子……我们也是中国人。”许多教徒说：“解放前后，他们说共产党不准信教，并且要杀信教的，所以大家都很怕。”现在他们已经不再怕了，见了我们表现得非常亲热。

（二）试行民族的民主联合政府和民族区域自治

1949年张旭在理悟地讲话后，不久即筹备选举政务委员会，参加选举的代表2000多人，都是由各村召集来的各族代表，外边去的工作同志一个也不参加选举，只有王荣才（现碧江县副县长，民家族）以特派员的身份领导选举，按照民族人口协商结果的候选人中有12名当选，其中有6名傈僳、3名怒族、2名勒墨和1名汉人。十月一号成立政务委员会，得票最多的傈僳族同胞裴阿欠为主任，各族人民都很兴奋地说：“现在可好了，县府里面有我们的人了！”不巧因筹备时没有和专署联系好，政委会刚刚成立不久，专署就任命张旭同志为碧江县长，使得当地少数民族同胞，怀疑“选举”是否在欺骗他们，十一月中旬张旭同志接任县长，一方面接着宣布裴阿欠为第一副县长，王荣才为第二副县长，别的一概不动；一方面又把联系不好的情形解释给他们，才慢慢消除了怀疑。

这件事情虽然没有和上级联系好，以致引起怀疑，是工作中的缺点，但也就是这件事情告诉我们，张旭同志他们是在民族工作中迈进了一步，虽然没有“民族的民主联合政府”的名义，但实质上是这样做了。

碧江的民族分布，北段为傈僳，中段为怒族，南段为傈僳，其中有一部分为勒墨。过去国民党统治时代根本就没有考虑到民族问题，他们只是为了统治的方便才分为4个区，各个民族是被割裂开来了，比如江西的第三区一部分是傈僳、一部分是怒族，江东的第一区、第二区也是同样情形。解放初期，行政区划不变。1950年碧江县人民政府根据民族分布状况，计划分为4个区，北段和南段的一部分，划为两个傈僳自治区，南段一部分为勒墨自治区，中段为怒族自治区，这个计划，专署已经批准，1950年11月碧江各民族代表会上已正式讨论并付诸实行，老百姓对这个计划很拥护。

（三）组织参观团

由于交通条件的极端不利，又加大民族主义的压迫，给他们造成“汉人都是坏人”的印象，不敢与汉人接触，更不敢到汉人地方，出门做生意的一般也只到营盘街。为了增进民族间的了解，加强民族团结（特别是对汉族），1950年秋天，碧江、福贡组织参观团（福贡代表到晚了，所以没有走成）到保山、大理、丽江一带参观，沿途受到我党政军民的热烈欢迎与招待，团员们都非常兴奋和感动。这次参观团的收获：第一，消除了（至少是团员）对汉人无分别的惧怕和不信任的心理；第二，“共产党”“解放军”“人民政府”对他们真好，提高了他们的民族自尊心，同时使他们更加靠拢政府；第三，看见外面样样都好，感觉自己落后，因而启发了他们的民族进取心，要求进步。碧江贫农妇女普阿四说：“大家都不敢去，我丈夫也不让我去……我从来没有去过，这一次硬着头皮，死也要去。……回来后我给他们讲……”大家都非常羡慕她。经过参观之后，她变成了村里边最积极的分子了。差不多每个出来参观的团员，回去之后都成了积极的宣传者。

（四）每次会议尽可能地派大批代表参加

丽江各民族代表会议，福贡、碧江每县都有代表40多人参加。福贡、碧江各县民族代表座谈会的人数就更多了，福贡18000人口中有150多个代表，碧江20000人口中有350多个代表，差不多50人里即有一个。这些代表除听了报告、了解民族政策之外，还受到访问团和人民政府的热烈招待（请他们吃饭、喝酒、看游艺节目），每次会后代表们对人民政府、毛主席的感激和爱戴是难以形容的。

以福贡、碧江来说，代表会前的群众大会都发动千多人参加，以全县人口计算，十七八个人中就有一个。

总之，当地人民政府是尽量争取机会使群众与政府接近，使人民政府的民族政策尽可能地与群众见面。

（五）结合实际利益宣传政策

滇西北游击战争时期，张旭在喇井领导怒江特区工作，不仅宣传共产党政策如何好，而且还给人民以实际利益。当时喇井出的盐，因销路困难，积存数万斤，而怒江区少数民族又视盐为宝贝，所以凡是由怒江出来的，只要他愿意，就送他一背盐，这个措施对于怒江区的解放起了很大作用，碧江财政科长本来想拥兵顽抗，他叔叔告诉他：“张旭再用几十背盐巴，你的头就保不住了。”结果他只好把武装交出来，使碧江能够和平解放。

解放后，每家只出一斗粮两块半开，比起国民党时代是轻多了，并且说明，人民政府为了照顾怒江区少数民族，所以由专区津贴，也才能减轻人民负担，老百姓知道了都很感激。

1950年11月访问团送给碧江、福贡15石盐巴，地方上也买了100石，张旭同志计划等裴阿欠回来之后，分成两路，到各村寨结合着送盐巴宣传民族政策，而且他也建议福贡县这样做，这个计划实行之后，怒江区的民族工作又将更深入一步。

二、民族工作中的教训

（一）贡山事件

有个剑川人，名叫杨少忠，是旧政府的“国大代表”，在贡山有一个家，他的儿子在第二乡任乡长。1949年4月，剑川在共产党领导之下，武装起义，开辟滇西北解放区，杨少忠逃出剑川，但已认识到国民党没有办法了，遂写信给他的儿子赶快“起义”，儿子接信后，即奉父亲之命搞起来了，随即带着部队去攻打第二乡，不巧人家早有准备，到半路上杨乡长就被杀掉，同时设治局长（设治局在第二乡，局长是鹤庆人）带着10多个武装来镇压，吊死几个人，烧了几间房子，在群情愤怒、民怨沸腾的情况下，设治局长只好交出武装来缓和局势（约在七月光景）。

就在这个关头，和桂芳（贡山傈僳人，在丽江参加七支队工作）回到贡山成立政务委员会，召开群众大会斗争登珠兹力和一批有势力的藏人。……斗争之后，普化寺的大喇嘛腊错连连写了18封信到德钦喇嘛寺请救兵，同时被斗争的藏人和登珠兹力的儿子也逃到德钦去了。

阴历八月二十九日，百多个德钦的藏族武装，挟着五六十个国民党特务，在登珠兹力之子和其他逃到德钦藏人导引之下，向贡山进攻。藏兵从阴历八月二十九日到腊月一直住在贡山，腊月中才有七支队进去，重新建立起革命政权。

到贡山的七支队干部，把大喇嘛腊错、两个管事和另外两个主要人犯解到碧江，原意是来碧江批准后即枪毙掉，这时碧江方面的负责同志已意识到贡山事件的复杂性，不主张杀他们，用书信向贡山负责同志说明道理，打通思想之后，分两批把他们放回去了。

（二）福贡事件

福贡基督教的势力相当大，20%是教徒，当地负责同志已看出他们的潜力，在革命政权建立之后，就请几位有声望的教徒参加政权工作。

贡山县长和桂芳路过福贡，在县府吃饭，进餐时教徒用傈僳话祷告：“请上帝保佑我，吃饭下去，肚子不痛，肠子不痛。”和桂芳懂傈僳话，听了之后即哈哈大笑，并说：“我不祷告上帝，看我的肚子痛不痛？”教徒听了很不高兴。饭后他们在一起聊天，教徒讲耶稣复活的故事，和桂芳顺口开个玩笑说：“把你们的头割掉，看你复活不复活？”他们以为真的要割他们的头（当时谣言又很多），第二天就逃走了七八个，大多是有声望的教士，一直到现在快一年了还没有回来（住在未定界那边）。此后教徒们接二连三地往未定界那边逃走，幸而当地政府发现了，及时展开宣传，在半路上劝回来了一两批，以后逃的人就少了。

三、干部情况

（一）碧江、福贡、贡山、泸水4县干部情况[1]

碧江县长张旭（剑川民家），第一副县长裴阿欠（傈僳），第二副县长王荣才（剑川民家），文教科长彭维祺（鹤庆汉人），财政科长李子坚（鹤庆汉人），民政科长和品福（傈僳），司法科长茨阿加（傈僳），粮政科长和世生（傈僳），建设科长麦露（傈僳）、秘书罗赞元（民家），县府里一般工作同志也是傈僳和民家。张旭、王荣才为专署委派，文教科长本来是窦桂生（怒族），因解放泸水时犯了错误，停止工作反省，所以由彭维祺替任；财政科长原为当地少数民族，因无理财能力，由李子坚替任。

福贡县长李世荣（剑川民家），副县长霜耐冬（傈僳），7个科中有两个科长由正副县长兼，余5个科只有一个外边去的，余4科均为本地傈僳干部。

贡山县长和桂芳（傈僳），文教科长尹乐娱（民家），财政科长叶六顺（那喜），公安队长李定国（民家），秘书王维五（汉人）。

泸水设治局长沈锡荣（剑川民家），副局长段承经（六库土司），其他干部或是剑川去的民家，或是留下的旧人员。

碧、福、贡3县的区村级负责人差不多全是本地少数民族，泸水4个镇长由土司兼，下边保甲人员都是土司的人。

纵观4县干部分配，本地民族干部不算少，而且区以下几乎全是本地民族干部，不过由于大多未经锻炼，政治水平低，显得“有职无权”（窦桂生的话），如碧江县人民政府里面虽然大部分为本地民族干部，可是没有张旭和王荣才事情就推动不起来。1950年春季，张、王二人到外面开农代会和丽江区民族代表会，直到11月才回去，在这期间，县府就没有做什么工作，和桂芳也说：“在怒江区能够打几个转转的人没有几个。”意思就是说真能办事的干部很少。

而外边进去的比较有能力的干部却又不大安于怒江区的闭塞环境，或多或少有“往外走”的思想。在丽江区民族代表会后所开的检讨会中，福贡县长李世荣说，当他被发表为福贡县长时，思想波动很大，以为是处罚他，所以才把他搞到福贡，提了几次意见，不生效果，才硬着头皮进去。贡山县长虽然是本地人，但因为在外边读书几年，对于贡山“县长”也是不感兴趣，他也反映出派他到贡山时，以为是故意整他，很灰心，在丽江民族代表会议期间情绪一直低落，“好像没有学到什么”，并且表示如果可能的话他打算脱离政

---

① 此标题为编者所加。——编者

界去搞工矿业。碧江县长张旭是比较老练、稳重而且算是怒江特区最强的干部了，但在闲谈中，也偶尔透露出“到外面工作”的思想。外边去的干部还有一个共同思想情况，就是“害怕落后”，大家发言时首先声明了环境闭塞、学习条件差，很多东西都不知道，接着又说，如果不想个办法，以后不知道要落伍到哪步田地。张旭同志也说：“以后怒江区干部应该换班，今年这几个在里面工作，另外几个出外学习，明年又对调。”简而言之，外来干部（包括本地人在外面时间长的）是“嫌闭塞”，怕落后，想到外面工作。

本地干部对外边去的干部有排外情绪。福贡县副县长霜耐冬在检讨会中反映：“当时我一听到剑川人说话，就躺在床上，不想起来。”和桂芳也反映他有狭隘民族思想，厌恨汉人（包括那喜、民家和汉人），“稍不满意就把他们扣起来”，“即使有能力，也不愿意让他们工作”，“老觉得上级配备干部有问题，此次派去的干部又全是丽江人（那喜人），更引起我的怀疑”，他自我检讨根源于小时候受人欺负，别人常叫他“傈僳娃娃”。

碧江怒族干部窦桂生的思想情况更复杂，对剑川民家人有很多意见（见下），泸水杨庆云和寸玉轩（均为留用人员），也批评在泸水工作的剑川人“小圈子”“狭隘”。

（二）碧江怒子族干部窦桂生略历和他的思想情况

他的祖父母早死，父亲幼小时生活很苦，20多岁将一个已经和别人结婚的女人拐带起走，跑到“一乡”住了七八个月。在他逃走之后，家里的财产全部被当作赔礼，剩了一点点，也被别人骗走了。回来后告了一状，搞回来了几块荒地，回来时住在知子罗村，两年后，又搬到老母登，地基房屋一概没有，连养鸡也只能养在很陡的坎坡上。后来做生意，赚了几文钱，母亲养鸡，也有点积蓄，买了几块地（在老母登下村），又搬到老母登下村居住，直到现在。一共生了3男2女，长男35岁，老二32岁，桂生是老三，今年31岁。长女妮马子26岁，6年前嫁给知子罗胡汝英，自胡出门后，即回娘家了。二女15岁。母亲多病，不能太劳动了。

桂生出生于1920年，童年时帮助家务，上山砍柴。11岁左右入基督教（全家信教，因拉多的劝告，信教的原因见拉多的家庭调查）。16岁时，听说泸水麻栗坪有一个汉文学校，下去读了两个学期，即回到知子罗省小，读了6年，时间虽然不短，但学不到多少东西，原因是不知道读书有什么好处，最多只想学几句汉话，数学一类觉得毫无用处，所以不用心。还没有毕业，即被保送到丽江师范简师第一班，因程度差所以很吃力，又加上碧江去丽江交通不便，寒暑假返家，回学校时，往往缺席几星期，虽然读了3年，也学不到什么。据他自己说，原因是他小学还未毕业，即结了婚，因他在外读书，老婆常常跑回娘家，久而久之，两亲家就闹意见，所以逼迫把他两口子分出去，因此不得不退学了（分家后，还读了一学期）。据碧江县府负责同志说，他未毕业，知子罗省小请他回来教书，他就答应下来了，别人问他为什么不读毕业，他的答复是“毕业不毕业，薪水还是一样多”。到省小服务了一学期，“因校长经济不公开，我们准备告他，因而关系搞不好”，又离开学校，接受当时设治局的委任，到四区做了两个月的禁烟宣传。回来后借了百多块半开，到未定界俅江一带和保山做黄连、金子生意，“钱是赚了几文，但解放后，还有两百多元收不起”。金收元任设治局长时，又在省小服务直到解放，这3年当中两度教书，一度经商，还做了两三个月的禁烟宣传。

“我们由丽江回来时，因敢为人民争取权利，所以老百姓对我印象很好，先选举参议会时，他们都选举我与和昌福当议长，不幸因乡长田映辉（外来的民家人）和县长勾结把选票压下，不送到县府，因而选举作废，中途莫名其妙地由张文炳（外来的民家）、和世俊（怒族）当议长。不久田映辉把张文炳斗下去，他自己当议长，副议长还是和世俊。和虽然是怒子，但一方面没有能力（不会利用时机，白白让张倒下去、田上来，要是他聪明些，正议长不会让给田映辉），一方面他又不和官吏勾结剥削老百姓，不替少数民族做事。”

据碧江负责同志说，窦桂生本人正好用他批评和世俊的话批评他，虽然是少数民族，但并没有替少数民族做了多少事，相反地还借官府的便利剥削老百姓。据说他常和当时的设治局借钱，转放给老百姓，借入是年利3分，放给老百姓每百元每月要10元或8元利息。这种高利贷生意使他发了财，买了些水田。解放后，他怕别人不还他，亲自去债户家要，没有钱就把人家的小锅、三脚、小猪、小牛等拿得动的东西都拿走，还有200多元收不起（向县府借时多到2000多元，少也有几百元）。

1949年碧江解放后，张旭（怒江专区负责人，现碧江县长，怒江特派工委书记）和王荣才（现碧江第二副县长）写信来约他到兰坪喇鸡井用傈僳文译了一本民众政治课本，回到碧江后，又译约法八章，不久又和木春申一起下乡宣传，回来后，又在碧江知子罗小学服务1个月。1949年秋，选举人民政府主席，“裴阿欠得25票，我得24票”（据碧江负责同志说，此话不确），裴当副县长，他担任文教科长。两月后，办了一个训练班（20多人）。1949年12月解放泸水时，他担任指导员，“因情况不确实”打了败仗，牺牲民兵两人，其余一概逃散，几个负责人仅以身免。

碧江负责同志说他到泸水正事不干，马上去找外国牧师（和他很要好，他的老婆自13岁起即帮着牧师煮饭，直到出嫁）闲谈，明知道段承恭的武装要袭击咱们的部队，但又听信外国牧师的话“不要紧”，因而贻误戎机，打了败仗。

从泸水回来后（泸水终于接受和平解放），上级叫他反省，并停止他的工作3个月，又在小学服务两个月之后，丽江开民族代表会议，又才把他请到丽江做代表，直到我们谈话时还没有发表他担任什么职务。

他说：“现在我有5石谷子的水田（据碧江负责同志说还要多些），苞谷地1石，老婆、小孩和我3人，生活不成问题，去年又请了个放牛娃娃……叫我办事，我就办事，不叫我办事，我就回家种田，没有关系。”

他对碧江县府和解放后的感觉：

A.好的方面：

a.负担减轻。解放前，每年要出五六元、八九元，解放后只出2元，而且今年减到1元了；解放前交粮2斗，现在只交1斗了。诉讼费也少了，以前要七八元，草鞋钱还在外，现在只要半开1元，穷人还免费。

b.本地少数民族可以来人民政府办事，还有当科长的，在解放前是做不到的。

c.老百姓可以发表意见，“民意得申”。

d.组织参观团到内地参观，第一次到保山、下关、丽江，第二次到昆明参加农代会，第三次到丽江参加民族代表大会，使老百姓增加了不少见识，对外面也有些了解了。

e.在县府工作的干部，刻苦耐劳，和老百姓生活一样，即使没有薪水，也是积极地干。

f.民族平等。在解放前，民族不平等，特别是我们怒族分别给别人来管，最受压迫，现在大家一样了，而且还要提高我们少数民族的地位。

B.不好的方面：

a.常常换人，隔几天换这个，隔几天又换那个，好像小娃娃玩耍。

b.今年做户口调查，清查土地、牲畜，结果使老百姓很害怕（有些因为害怕就搬到俅江去了）。

c.县府工作人员随便说信教的和外国人勾结，说教徒一切规矩都是外国人教的，要不得，以后一切都得依共产党做，所以信教的很害怕。

d.还有民族压迫的事实存在，如今年一月间，一个民家人和怒族人一同送信到泸水，回来后，王副县长给民家人两元，给怒人半元，经过要求之后，又从民家人的手里扣除半元给怒人，但怒人还是不愿，就到县府吵闹，王（副）县长发起脾气用棒棒打，跟着来的也被打，腿子都打肿了。这件事使老百姓非常伤心，非常不高兴，都说：“我们怒族还是受压迫。”

e.解放泸水打了败仗，好几个负责人，不是停止工作，就是反省，唯独剑川人例外。同时选举县长时裴阿欠得25票，我得24票，裴阿欠当了副县长，我却东调西调，没有给我好好工作的机会。县府重要职务都是剑川民家人，本地怒族、傈僳即使有，也是在不太重要的职位上，使我们有——还是不一样看待的感觉。

C.以后政府应注意的几点：

a.民族团结要好好地搞，否则工作就会成问题，因为老百姓现在都知道大汉族主义要不得，如果表现出来就会引起麻烦。

b.说了就要做，能做到的才说，做不到的就不要说。

c.继续并扩大合作社的业务。

d.介绍外面的生产方法，比如织布纺纱等，使老百姓生产提高、生活改善。

e.在教育方面要多多帮助书籍，还要派教员来和本地人配合着教（本地人懂民族语，但程度低，外边来的程度高，可是不太懂民族语，所以必须两方面都用）。

f.多组织参观团到外边参观，并且多给他们发言的机会。

g.要确实实现民族平等，以安定社会秩序。现在的案件以婚姻案件为最多，原因是男女不平等，男人常讨两个老婆，或者遗弃一个，又讨一个。平等了，一夫一妻制，结了婚不能随便离婚，案件就少了。

h. 命令禁止种鸦片、吸鸦片，以提高人民生活，同时也可收安定秩序之效（做坏事的多半是抽大烟的）。

D. 对民族自治的意见：

因能够办事的还没有生出来，还没有培植出来，像我们这一代，什么也不懂，已经不行了，恐怕再过10年，也未必能实现。同时自治虽好，还是要人来领导，没有领导是不行的。为了实现区域自治，在人民方面，第一要自己主动地办学校，来受教育；第二要自己主动地修路，以发展交通。政府方面要做的事，是第一要领导和帮助发展生产，以改善人民的生活；第二要发展教育以提高文化。

E. 接触访问团后思想上所起的变化：

a. 以前以为一切错都是别人的，听了访问团报告之后，知道自己也有错处，同时，我认为访问团说的没有一点不好，没有一点老百姓不能接受，照着访问团说的去做就很好。

b. 了解了外国传教士不全是好的，也不全是坏的，有些确是来传教，但有些是帝国主义。

F. 请访问团带回给毛主席和中央人民政府的意见：

a. 我们宗教方面学得还不够，39本书还没有来，所以老百姓希望在泸水的杨志英或毕牧师来教，据说一个已到碧江了，因为没有省府和专区的证明，所以县府不让来，以后是否许可他们来？

b. 将怒江区的少数民族困苦的生活转达毛主席及中央人民政府，尤其不要忘记最受压迫最弱小的怒族。

c. 希望多多保障我们的教会。

据碧江负责同志说，上面窦桂生谈的一般都正确，不过有几点不够全面，有几点是过甚其词，批评碧江县府的第一点“常常换人”，其实并没有换人，主要是换他，因为开始他是文教科长，犯了错误才换了；第二点“政府工作人员常说教徒勾结外国人”，主要也是他的毛病，事实上他确实与外国传教士搞得很热，他老婆从13岁起，一直为外国传教士（现在泸水）做饭，所以大家一提到“与外国人勾结”，他心里就难受；第三点批评王荣才（副）县长打人，打人的确不对，不过这并不是说那个怒子有理，他没有把信送出去，以致耽误了事情，处罚是应该的，问题在处罚的方式不好；第四点打泸水失败后对他的处置是对的，因为他不听命令，而且不干正事，而去和牧师闲谈。

碧江负责同志表示：“窦桂生有其一定的群众威信，而且在怒族中也算个能够办事的人。问题就是他的思想有毛病，不老实，比如在翻译宗教问题时，往往与原意不符合。我们不能不用他，否则他就会和我们捣乱，我们打算留他在县府工作，具体的职务还未确定，可能叫他做秘书（设两三个秘书），做些翻译工作，一方面可以改造他，一方面也不致使他出多大毛病。”

施泽早

1950年11月11日

丽江区材料之八

——怒江区文教卫生情况

中央访问团第二分团

1951年2月出版

丽江区材料之八

——怒江区文教卫生情况

编者声明

这些材料是我们从1950年8月29日至1951年1月31日（其中大部时间是在行动中），先后在圭山、丽江、保山、大理、武定、楚雄等地区进行兄弟民族访问工作中，通过当地干部、民族代表及熟悉当地情况的人士所了解的一些情况。为应各有关机关之急需，仅将原材料加以整理，尽量避免主观分析与结论，在文字上仅要求念得通、看得懂。但由于是短期的访问与了解及仓促整理，情况难免不真实或不深入，观点难免错误，文字烦琐或不通顺。故仅能供各有关机关进行民族工作的参考或进一步考察的线索，并望于今后的调查研究，加以校正。

1951年2月　日

碧江文教现况调查

从汉语学校到省立小学，25年（1912年至1936年）当中，表面上设立过不少徒具形式的学校，可是给地方上培养的所谓人才，据碧江县人民政府教育科长彭维祺调查，“不过六七人”。反动政府强迫傈僳、怒族子弟上学，他们只得雇用别家小孩去顶替。今年雇这家，明年雇那家。“能继续就学三五年的十中无一。”（彭维祺语）同时雇去的小孩，战战兢兢，好像送上战场。现福贡霜耐冬副县长就是那时替人念书的一个。傈僳、怒族甘愿一年掏30块钱雇人顶名，而不把自己的子弟送去读书。

省立小学于1936年设立在知子罗村，并在一乡果课村、三乡寄秀果村、四乡金满村设有分校。校长尹泽春，据说很负责任。现碧江县副县长王荣才、教育科长彭维祺，就是过去省小的教员。窦桂生、李政才、和品福、胡汝英、和世生等都是省小毕业的学生。他们毕业后，有的到内地继续升学，有的参加旧政府工作，傈僳、怒族见自己的子弟可以做事情，才开始送子弟入学。但到1941年，省小因“学风不好”被停办了。以后碧江的学校教育“实只形式而已”（彭维祺语）。

1949年10月，人民政权建立，组织工作队下乡，一面进行政策的宣传，一面和各族士绅商量恢复学校。先后在第一区普罗、俄罗、罕古图、色碟等4村，第二区老母登、亚各、架弩、俄科罗、南安甲、阿打等6村，第三区寄秀果、俄充、理悟底、察拉答、勒墨咱卡等5村，第四区俄戛、托拖、挂利登、亮塔等4村，碧兔区甘本、又岩等2村，各分设初级小学1个。知子罗设完小1个。全县共有学校22个，学生600余名。上学的学生没有负担，学粮是按户分摊，每户3升，所有教师皆由县府供给，经费在学粮开支。可是一年来因外来教师不安心山地工作，久假不归，或因没有校址，现在开办的只有17所。

学校的设备很简陋，有的学校没有黑板，学生上课没有桌凳，站着听讲。课本除了利用旧政府编的短期学校课本外，教育科用傈僳文编了一本政治课本、一本文化课本。加强学生们爱祖国的意识，此外还灌输给学生们一些普通常识，像为什么要洗脸、要刷牙等。据说这两种课本内容很受欢迎。因用麻纸油印，学生不很喜欢。

不论碧江、福贡，教育另有一教育系统。碧江理悟底村好多信教的女孩都在家里读傈僳文。保长YO-MA-FI的大女儿是数一数二精通傈僳文的妇女，但她没有进过一天学校。老母登上村教堂附近，办过短期（半月）的唱诗班，教傈僳文，一间草房，一个教师，学生们拿着“洋装书”，带着铅笔，整天念赞美诗。

宋伯胤
1950年11月

碧江卫生情况

（一）环境卫生

水源即怒江之水，用竹筒来背，一年四季都是清的。厕所：家中及公共厕所均无，随意大小便，人畜同居，人住楼上，牲畜住楼下，人死后简单地埋葬。

（二）个人卫生

信教与不信教不同，信教者知道洗脸、漱口、梳头。脸盆一家只有一个，手巾是麻布，或用衣服揩。漱口有用牙刷的，有用指头搓搓。不信教者有一生只洗过3次脸的。有被褥的人很少，多盖麻布或毯。冷时全靠烤火。

（三）妇婴卫生情况

（1）孕期及产前无一定的休息及营养，有钱的人家，在孕期准备1只羊，产后即将羊杀掉，将羊血煮成半生半熟的给产妇吃。羊肉也煮吃，直到羊肉吃完时，产妇即下床做家务或上山工作。穷家最多吃两只半大鸡。

（2）接生及生产姿势：自己接生或由接生婆及丈夫帮助。多跪生，在高处拴两条绳子，拉着用力。

（3）初生儿处理：脐带用剪或瓷瓦片割断。不擦油，不洗澡，直到产妇有乳汁时始喂食。婴儿就背在母亲背上，一同上山去工作。

（4）婴儿及产妇死亡率：婴儿多死于脐风，产妇因难产死者有之，数目不详。

（四）疾病情况

（1）地方病很少，没有麻风、甲状腺肿。但浮肿者较多，据说是水寒。

（2）流行性传染病：每年五六月都有痢疾流行，疟疾一年四季都有人患。10多年前大流行过一次天花，死亡甚多。最近几个月有烧热病流行。

（3）患病后的处理：去年有卫生院的设备，患痢疾的去打针、吃药。也有专靠求神祭鬼而误死的。患疟疾大多数人都知道吃奎宁，病后的贫血，无办法。脾肿他们将肋骨附近割破，或割破后用竹筒吸出血来，用麝香贴上，再到热水塘去泡，可治好。对天花知道种痘能预防，烧热病则无法医治，死人很多，其症状是发高热、头痛、口渴、大便秘结，只有县委会的一个同志是注射了一瓶盘尼西林、吃消炎片好的。大便不通是用生葱与蜂蜜由肛门注入，五六分钟即排出。

（五）帝国主义在医药上的侵略及影响

传教者初来时，看病给药不要钱，到人民对西药有了信仰时，则要钱了。而且教会里杨慧英[①]的第二个老婆会用机器缝衣服，又会治病，一到碧江就会说很流利的傈僳话，因此，使当时的少数民族都非常信赖她，以致对卫生院长都不大相信。

（六）过去医药卫生设备

过去有卫生院（院长王根天），设备不全，群众反映，手术不高，不是正式医生，只在昆明做过几天护士，就来当院长。

（七）现在的医药卫生设备

自解放后卫生院撤销，现尚未成立，只是县府买了一点普通药，如阿司匹林、奎宁、磺胺等。只能照顾工作同志，不能照顾到群众。

（八）群众要求

要求设一较好的卫生院，有好的医生。

（九）关于此地的医务人才

以前和现在都没有一个正式的医生，中医、草药医、兽医都没有。

唐迪芳

1950年10月

① 杨慧英，疑为“杨志英”之误。——编者

福贡文教现况调查

福贡县长李世荣在福贡各民族代表座谈会上说："在旧政府时期，曾经办过汉语学校、简易师范、省立小学，但完全失败，傈僳、怒苏（怒族）把受教育和对国民党服兵役一样看待。30多年只培植出7个人，其中一二人稍可做事，其余都赶不上内地四年级学生的程度。"这就是解放前福贡的一部教育史。

解放后，我人民政府积极恢复，现在每乡有两个初级小学，上帕有一个完全小学。全县有学生324人。其中傈僳最多，怒族次之，汉人最少。1950年上学期，保送3个学生到内地升学。这学期又增加了2名。同时还派本地教师2人到昆明学习。

上帕完全小学有学生86人，高小五年级一班23人、初级63人。教员4人。

去年每户出学粮荞子或苞谷5升，供学生伙食。上帕完全小学去年收到三十几石粮。教员的薪金由县府发给，每月每人2万元。吃粮由学粮拨给。学校里也没公杂费，需要时到人民政府去领。上学的学生吃住都在学校内。学校雇了一个做饭的，每天两顿。粮食也由学粮拨给，学生自己背柴，盐巴和菜金由县府供给，汉人的子弟不出学粮，回家吃饭。

乡小、完校里的课程和内地一样，但因经费困难和民族的习惯不同，程度较低。乡小里大部分没有黑板，缺乏文具，教师只能口授。学生很多能读不能写，完校的学生，没有做过算术练习题。一般教师讲课时，用的傈僳话，而学生看的都是汉文课本，在接受上距离很大。现在用的还是旧政府编的短期学校课本，书是讲的飞机、火车等，学生根本就没见过，教员反复解释，学生还是不明白。而他们最熟悉的一切事物，课本里没有，这是教师和学生最感困难的一件事。

教会里印的《赞美诗》，红布面烫金字，而我们用的课本都是黑土纸，图画模糊，相较之下，学生颇感不满。

在这里教书的老师们，大部分是江外人，因为交通阻塞，经常看不到书报文件，时刻担心自己会落伍，因而对于本职工作不安心。

一般人如今对送子弟读书觉得很需要，有5个到丽江参观回来的人，自动把儿子送来上学："念点书，好到北京去看毛主席。"

宋伯胤

1950年10月

贡山卫生情况

（一）卫生情况

个人卫生方面很不讲求，无洗脸、洗澡、洗脚、刷牙之习惯。因衣服少，故亦无法换洗。公共卫生更谈不到，无厕所，随地排便。水源用泉水或江水。

（二）疾病情况

无详细调查或统计，约分下列几种：

（1）瘴摆。

（2）痢疾。

（3）寒症（伤寒病）：高热，重者3天致命，轻者可延至1个月或较长，不易治愈，死亡率达十分之七八。于民国十年或二十年曾因此病死亡全四村之人口100多户。今年四、五、六月流行伤寒肋痛，3天内致命者十六七人（4村共计）。

（4）痧病：突然死亡者不少。

以上4种疾病多发生于夏季。

（5）天花：近来患者极少，曾于民国十八年或二十年，及二十八九年大流行过两次，蔓延至维西、福贡。

（6）麻风：由沧江转来1人，住在布马隆村，独居，与他人隔绝，自足自给。

（7）甲状腺肿：多患于老年四五十岁者，占2%至3%，其中以怒子最多、傈僳次之。

（8）胃病（心窝痛）：傈僳占大多数。

（9）寄生虫：6岁至12岁小孩多患。近7年因此病死亡89人（当采村）。

（10）疥疮、疖脓疮。

（11）不明原因之下肢浮肿，50岁之老人多患，或成周期性，或致死亡。

（12）肺病：患者少。

（三）妇婴卫生

产妇于产前后无休息及营养可言，最多补充一点鸡蛋，至多休息两三天，故妇科病不少。产后生乳腺炎者亦有，敷草药，或死亡者均有。婴儿亦无营养品补助。婴儿死亡率多为脐风，约占40%，哺乳期为1岁至2岁或较长。

（四）群众要求

（1）医药救济，设立医院，无西医，中医中药亦可。

（2）希望政府培养当地医务工作干部。

于3年前，该县有卫生院，负责人是省卫生处派来，带来药品不少，但全归其私有，用来榨取人民的血汗，当地人民无力购买。该人（不知姓名）不能再待，于去年离开，剩下少许药品，解放战争时，全被焚毁，至今无医药设备，亦无医务干部。

包　信

1950年10月

丽江区材料之九
——怒江区概况（怒江区半年工作报告）
中央访问团第二分团
1951年2月出版

丽江区材料之九

——怒江区概况（怒江区半年工作报告）

编者声明

这些材料是我们从1950年8月29日至1951年1月31日（其中大部分时间是在行动中），先后在圭山、丽江、保山、大理、武定、楚雄等地区进行兄弟民族访问工作中，通过当地干部、民族代表及熟悉当地情况的人士所了解的一些情况。为应各有关机关之急需，仅将原材料加以整理，尽量避免主观分析与结论，在文字上仅要求念得通、看得懂。但由于是短期的访问与了解及仓促整理，情况难免不真实或不深入，观点难免错误，文字烦琐或不通顺。故仅能供各有关机关进行民族工作的参考或进一步考察的线索，并望于今后的调查研究，加以校正。

1951年2月　日

怒江区概况与各族人口分布

怒江区一般指贡山、福贡、碧江、泸水4县（泸水属保山专区）。其中除贡山第四区外自然条件基本上是一样——西边是高黎贡山，东边是碧罗雪山（他念他翁山），怒江由两山之间流过，形成一个V字大河谷。东西相距一二十公里至二三十公里，南北（由西康边境至保山上江乡）长约500公里，“山势陡峭，岩石林立，土地贫瘠，物产不丰，气候具寒、温、热三带，沿江酷热，山腰温和，山顶寒冷”。冬天，两边山上雪深及腰，路途阻塞，交通断绝，怒江区就变成一个死胡同。雪封山时间多到三四个月，至少也有个把月（云龙漕涧以下雪不封山）。

人民居住在河谷两边、陡峭的山坡上，土地有火山地、旱地和少量的水田（江边沙坝）。生产技术落后，人民生活贫困。

在这个大河谷里住着傈僳、怒族、勒墨（民家）和少数的藏人、浪速、那喜、俅人和汉人，其中以傈僳最多，傈僳语成为怒江区流行语。生活方式除了藏族和少数汉人之外，几乎全部傈僳化了。傈僳是怒江区的大民族。

各民族分布情况如下：

贡山各民族人口分布情形

地区 人口 族别	昌达区（一区）	茨开区（二区）	普安区（三区）	茂顶区（四区）（俅江流域）	合计
傈僳	122户 1003人	518户 2304人	521户 2287人	无	1161户 5594人
怒族	419户 1622人	199户 896人	无	无	618户 2518人
俅人	无	无	无	149户 686人	149户 686人
藏族	53户 337人	无	无	无	53户 337人
汉人	27户 254人	116户 776人	60户 291人	1人 6户	204户 1327人
共计	621户 3216人	833户 3976人	581户 2578人	150户 692人	2185户 10462人
男人 女人	1617人 1599人	1549人 2427人	1293人 1285人	382人 310人	4841人 5621人

（贡山人民政府调查材料，1950年）

福贡县各民族分布情况

民族	人数	备考
傈僳	11844人	除第四区（普利区）外，其他3区均占绝对多数
怒族	4498人	第一区（上帕，接近碧江县）和第二区（骡马区）各有3村。第四区全部是怒族
汉商	2101人	4个区都有，其中以第一区最多
合计	5016户 18443人	

（福贡人民政府调查资料，1950年）

碧江各民族人口分布情况[①]

碧江各民族人口分布简略表

造报者：碧江县人民政府
造报日期：1950年10月18日

族别 类别	傈僳族	怒族	勒墨族	汉族	俅族	总计
户数	2731户	843户	487户	20户	4户	4085户
人口	14067人	3800人	2026人	86人	15人	19994人
男 女	7635丁 6432口	1911丁 1889口	1100丁 926口	41丁 45口	7丁 8口	10694丁 9300口
备考	第一区（怒子区）内有傈僳2村，现已划归碧兔区，计7个村 第二区（傈僳区）由前之二、三两区之第三、四、五、六、七等保合编而成，计15个村 第三区（勒墨区）为前第四区之二、三、四、五、六等五保合并而成，计5个村 第四区（碧兔区）为前兰坪县，兔峨土司所属，怒地乡之三个保与前第四区之两个保，与第一区之两个保合并而成，计7个村为纯傈僳。真正的怒族只9家，其余为民家族					

泸水各族人口分布情形

详细数字还没有，据1946年设治局调查，全县有3100多户，约15000人。但据现在估计为4000多户，20000人口左右，傈僳占80%，约15000人，以老窝土司区最多，登埂最少，六库占第二位，鲁掌第三，卯照第四。此外有山头、民家、勒墨（民家一支）、浪速（20多户）和彝族，还有少数怒人。

老窝与卯照全为傈僳，六库除一部分傈僳外，均为民家，浪速住登埂，鲁掌除浪速外，各族都有。

四县合计

总人口68000多人，其中傈僳有46000多人，占总人口70%弱；怒族10000左右，占16%；勒墨有几千人，藏族、俅人、民家（外边去的民家）、那喜、浪速各数百或数千人。

（附注：贡山、福贡一带的汉人，实际是那喜、民家和汉人的总称。因为民家和那喜都是外边去的，汉化程度又很深，所以当地少数民族一概称他们为汉人。）

① 标题为编者所加。——编者

怒江区边务半年工作报告

（怒江特区调查报告） 1950年4月

（一）地理环境

怒江区为横断山脉，西南三大峡谷之一，东有他念他翁山，山峰高峻，每年有4个月的雪封山，山高水深，鸟道萦环，交通极感不便。

地形像V字，上段终年积雪，中段温和，江边酷热，具寒、温、热三带气候。泸水之六库沿江一带尚有"瘴气"，近年来死人很多。唯地势悬陡，耕作不易，除苞谷外，谷物出产极少，近年来福贡、碧江一带，大肆开凿水田，不过为数甚少，故碧江、泸水一带，傈僳人绝少吃米，喝苞谷稀饭。菜蔬亦少，其肉食更不容易，盐巴是奢侈品，也有少数吃不起的。

翻上高黎贡山，便是英人所竖立伪国界桩，过去就是俅江（即恩梅开江，那里雨量很多，农人常为雨水太多，无法火种而多饥饿，俅江区域即是滇缅北段未定界区，下面还要谈到，此处不赘）。

（二）民族分布

本区以傈僳族为主，约2.2万人，由泸水之称戛、大兴地以上，一直到贡山之二乡止都有他们的村寨。称戛以下，直到暹罗边境沿怒江两岸也有傈僳民族散布，唯不若上段之密集。俅江以前没有傈僳，现已搬进很多，傈僳语已在俅江成为通行语。其次如怒子约1万人，下段渐与傈僳同化，上段则与古宗同化。第三为勒墨（民家人），在碧江约4000人，原先很多，现已同化于傈僳，今只余碧江之金满区尚存有古代民家人风气。第四为俅子，1400多人，只贡山第四区俅江流域有300多人户，余则悉数在未定界内居住。第五为古宗，贡山第一、二区有一二百户，共500多人。第六为僰僰，在本区有239户957人，住泸水之鲁掌土司区域内的多为茶、郭、熊三姓，鲁掌土司茶家即属此族。第七为山头，本区山头为数极少，只有百余户住登埂与片马接界处，通称他作浪速或茶山。

怒族及民家由外面迁入本区，在泸水约250户，碧江80户，福贡约计100户，共3000人。这些多是亡命之徒，不是为逃仇，就是为拐带女人进来。国民党时期，还加上逃避兵役，总之来到怒地的汉人或民家人绝大部分是被迫而来的。但到了此地后，他们与官家是同种同语，有些还高低读过几天书，于是出进衙门，吓唬乡民，半官半商，发起财来乐不思蜀了。

怒江区少数民族分布表

贡山县	傈僳	1160户	4752人	住茨开、萨拉二区
	怒子	647户	2587人	住达拉区，与古宗杂居
	俅子	351户	1406人	住俅江沿岸孟顶区
	古宗	116户	464人	住达拉区
	共计	2274户	9209人	占全县人口96%
福贡县	傈僳	2725户	10899人	分布全县各区
	怒子	1021户	4085人	住上帕区第二、第九两村
	共计	3746户	14984人	龙马区第一村，普利三区第六村，普利区第二、四两保，与傈僳杂居，占全县人口95%
碧江县	傈僳	1500户	6000人	全县各区俱有
	怒子	875户	3500人	住理悟、嘉禾二区第一、第二村，普乐区之第一、二、三、四等村
	民家	900户	3600人	住金满区之第一、二、三、四、五等村
	共计	3275户	12100人	占全县人口97%
泸水县	傈僳	2510户	10041人	全县各区俱有
	那马	932户	3727人	住六库土司境内，老窝境内亦有多数
	僰僰	239户	957人	住鲁掌土司境内
	山头	30户	120人	住登埂和鲁掌与片马接界山中
	共计	3711户	14845人	占全县人口94%
总计	傈僳	7895户	31592人	
	怒子	2543户	10172人	
	那马	1832户	7322人	
	僰僰	239户	957人	
	俅子	351户	1406人	
	古宗	116户	464人	
	山头	30户	120人	
	总计	13006户	51637人	

附注：

（一）此外在泸水还有少数浪速人、茶山人居住山上，亦名之为山头，但为数极少。

（二）本表根据《云南省边民分布册》[①]所列，内有许多数字与事实不符。

（三）语言文字

本区除那马语外，傈僳、古宗、俅子及其他各少数民族语言，完全属于藏缅语族。

①《云南省边民分布册》，参见本《实录》第十卷。——编者

傈僳语——自贡山以下直到泸水以及俅江流域，傈僳语为通行语，发音清晰易语。傈僳民族因为同勒墨（民家）民族接触频繁，互相“同化”，因此傈僳语内有1/3的勒墨话，与麽些又是弟兄民族，因此傈僳语又有很多麽些语词。

怒子语——不大通行，也同样夹杂着很多勒墨语与麽些话。但因发音不清晰，同属怒族而村寨稍隔远就无法相谈，必须借用傈僳语来通意。

古宗语——只限于贡山第一乡，亦夹有许多怒子语。

勒墨语——只限于碧江之金满区，及泸水江西之少数村寨。其他如六库、老窝及兰、剑、鹤等，属客籍民家语，也与本地没有很大出入，可以交谈，只是发音上稍有不同。

俅子语——只通行于俅江流域，与怒子语很接近。

麽些语——只限于贡山、维西、丽江居民中间，其他地区不通行。

汉语——在知子罗、上帕、茨开、鲁掌、六库及所有客籍商民居住地区均通行，唯本地人会讲的极少。

本区文字除汉字为官家及汉人与客籍之民家人通用外，少数民族则有以下3种文：

1. 傈僳文

傈僳文字系20多年前英国传教士傅能仁所造，字母系拉丁化，母音11、子音29，共40个，现已通行傈僳中间（怒子之崇奉耶稣教者，亦读傈僳文字）。远之如永胜、龙陵、维西等县之傈僳区，亦有传教士宣传讲授，已经通行。未定界之俅子早已有耶稣教之传布，现由美籍马道鸣牧师由福贡迁往南铺，积极宣传，影响很大。其他如密支那、八莫、麻栗坝等地之傈僳，则早已认识此种文字。怒江区之耶稣教及文字也先由此等地区之牧师及“骂扒”上来传布者。

最近内地会在称戛及茨开两地，调集各地“骂扒”开办短期训练班，由杨志远与木约比二人分别主持，为期1个月，茨开方面尚未结束，称戛训练班早于三月尾完结，现受训“骂扒”已回到各村寨，积极办理儿童识字、拼音、教育，收效很大。

傈僳文字拼音简单，学习二三个月即会读会写，据驻称戛之内地会负责人杨志远谈，识此种文字约有7万人，在怒地者约3万人。

2. 西藏文

藏文用之记述经典，只通行于寺院及寺院间，一般藏人绝少会写会读的。

3. 开钦文

系美国传教士汉森所创，字母亦拉丁化，共25个，山头族内一般已通行，唯本区山头无识开钦文字者。此外其他不信教之各少数民族如那马、怒子，则刻木记事，全凭口述，尚未脱离野蛮状态。

未定界内通行阿濮文，怒江区之傈僳其久住于俅江流域或江心坡一带者，也有多数会读会写的人。

（四）宗教

（1）基督教、天主教（另见《怒江帝国主义活动与宗教问题》[1]）。

（2）喇嘛教——贡山之第一区菖蒲桶藏人多信奉喇嘛教。有红教喇嘛大寺1座，名普化寺，系叶枝土司王家、乐家所建筑，距今已200多年了，有田一二千亩，僧侣三四十个，每年收租谷三四百石。

寺产原来很多，喇嘛有二三百人，1905年因焚毁法国教堂、烧死法籍教士，赔偿了10万两银子和百多亩田地，因此就衰落下来，远不如从前了。

按喇嘛教分3派：一为黄教（新教），由达赖喇嘛领导；二为红教（旧教），由西康之德格的红教大喇嘛所领导，菖蒲桶及丽江各喇嘛寺属之；三为黑教，领导、喇嘛不详，西康察隅属之，查凹隆喇嘛寺属之。

（五）社会情况

本区各少数民族还过着自给自足的自然经济生活，除铁、盐二者外，很少仰给外来的，穿麻布，吃苞谷稀饭，住的是竹房茅舍。长子一结婚即日“海桶”新居，自耕自食，父母不管。幼子继承产业，有抚养父母之责。很少有三代同住一地者，祖住此山，父住他山，儿子则迁往别处。

傈僳搬家容易得很，猪牵起，狗领着，锅背上，锄头之类拿起就走了。

20年前本区还是奴隶社会，奴隶数约占人口1/4。

碧江自民元开边以后，陆续释放，至民国十五年行政委员刘宝章“开笼放雀”，明示释放，在他任内共解放了千余人，其后各任也解放了不少。唯现今勒墨区及傈僳区内还有二三百男女娃子，泸水老窝镇之第八、九、十等保，则奴隶尚占全人口1/3以上，而第七保独独罗村之阿恒扒，为最著名之奴隶主，有奴隶14家，男女单身娃子28人。

奴隶主对娃子从前非常坏，自政府明令释奴后，各奴隶主畏惧奴隶告发，待遇多与奴隶主一样，甚至还为奴隶办理婚嫁，分给土地，待同亲生子女一样，一家男女操作衣食，无分奴主，已无有20年前之主闲奴做、严格好坏之分。不过买卖予夺还是唯主人命令是听，如碧江第一乡乡长田映书之男娃子，即五易其主今始解放，则不识其家居何地矣。

奴隶来源，民元以前则多从外沧江边抢来，或掠夺怒子贩卖。现在所存之青年奴隶，则是民国二十九年外沧江大饥荒被其家庭买入，或被偷盗卖入本区的，掠夺之风，则未之闻矣。

以本区的少数民族而言，无地主亦无富农和雇农（或很少富农、雇农），以碧江而言，汉人地主占百分之×，本县第二区五、六、七、八等村，富裕中农比例为30%，贫农比例为67%，富农、雇农没有。

---

① 参见本《实录》第二卷“保山区材料之十二——耿马情况调查”。——编者

又如前属兔莪土司管辖之碧兔区之幼稚村，全村人口65户，贫农30户，占46%，没有耕牛，耕地少，鸡猪也少。有些人家甚至一只鸡也没有。中农27户，占42%，食粮自足或卖一小部分，耕牛每户都有，还养着老母猪，鸡也多。富裕中农8户，占12%，耕地多，常雇着长工一二个，农忙时请短工，牛每户平均5条，猪鸡也多。猪的产量很大，常被商人贩到腾、保去卖。养猪在本区的经济上有重大作用，养得起猪的也就是上户。

再如该区五里培村，共24户，计中农6户，占25%；富裕中农5户，占55%。中农和富农，猪、羊、牛很多。同幼稚村一样，副业是纺织棉花、布和毡子，一部分自用，一部分出卖，在农暇的时候，还到营盘街、泸水做点小生意。

这两个村子在本区是非常富裕的，俗称兔莪土司之“肥猪”，同样也没有地主、富农、雇农。其他很多村寨是非常穷困，有饭吃的很少。如果以全区而言，则富裕中农所占比例将更少，贫农所占的比例则将更多。

福贡、贡山也差不多是同样情形。

贡山之藏区，寺院土地占90%，农民租地耕种，每年纳收成一半的香租，居民有田地的极少，绝大部分是佃农。

俅子区内无私有土地，土地属各民族，只要是民族成员可以自由耕种，甚至因为土地很多，外人只要得到许可，可以无条件地自由耕种。俅子虽有自己的家，但不论宰鸡、杀猪、杀羊，左邻右舍，甚至外来客人，也不分大小，每人平分一部分，绝无例外。

也同傈僳区一样，俅子内无大富户，亦无乞丐，贫穷孤独，大家有扶养之责，甚至来往客人也同样热情招待，不接受任何报酬，而以怠慢客人为莫大耻辱。故往来俅子、傈僳区域内不必携带旅费，到哪家吃哪家，他们吃什么你也吃什么，不消拿什么礼物或饭钱，也可以不谢一声地抹抹嘴走开，主人也绝不会责备无礼，彼此都认为是权利义务，理当如此。

本区工商业又不发达，手工业在碧江之第二区五、六、七、八等4村，所占比例仅7%。做生意的也很少，有一二百元资本就算是很阔气了。

由沧江里面进来的客户，95%以上是煮酒做生意。现在酒生意比较差了，在前几年一斗苞谷（34斤半）可煮酒60碗，1碗酒换1升苞谷，就是1斗苞谷费上柴和酒药，不到10天就变了1石2斗，好卖的时候一个月可煮3次。一对新进来的夫妇，只要有10块现金，就可以过得很舒适的生活。

少数民族以酒为命，在新粮登场的时候，甚至还在田里就就地煮起酒来，喝上几天就背空锅回去了。新谷到了家里就拼命地煮酒喝、换酒喝，到二三月间青黄不接的时候，就要问客户借粮，借1元到新谷成熟连本带利还1斗6升，或借1斗还2斗。因为少数民族很贫穷，所以借钱很少超过10元，贷方也无30、40的借贷，借方无力赔还，贷方也不放心。贷方只求普遍地借出，不愿重多地压在一二家头上，借户也不敢多借，因为他们最怕坐牢，一坐牢就要破产。

其次还有不等价的交易，举一例：剑川商人黄老板在上市口买五六碗的东竹粉（共值

5角，一碗重1斤多），出营盘卖2元一斤，他买了50多碗，两个街子（1个月）就销完。其他用针线、火柴之类换取猪毛等土产物，也无一不是利赚10倍。

上帕的喜洲商人赵升堂和杨会计，他们都是空手进来，十多二十年工夫，手里就有二三万元的资本。鹤庆、喜洲的商人们就这样在此大发其财，四川有一句话说："凉山遍地是金银，打回凉山世上无穷人。"

（注：此系根据1950年碧、福、贡3县人民政府调查报告，及12月访问团联络组访问泸水代表后整理出来的。）

施泽旱

丽江区材料之十
——中甸县情况调查材料
中央访问团第二分团
1951年2月出版

丽江区材料之十
——中甸县情况调查材料

编者声明

这些材料是我们从1950年8月29日至1951年1月31日（其中大部时间是在行动中），先后在圭山、丽江、保山、大理、武定、楚雄等地区进行兄弟民族访问工作中，通过当地干部、民族代表及熟悉当地情况的人士所了解的一些情况。为应各有关机关之急需，仅将原材料加以整理，尽量避免主观分析与结论，在文字上仅要求念得通、看得懂。但由于是短期的访问与了解及仓促整理，情况难免不真实或不深入，观点难免错误，文字烦琐或不通顺。故仅能供各有关机关进行民族工作的参考或进一步考察的线索，并望于今后的调查研究，加以校正。

1951年2月　日

一、一般情况

（一）历史

中甸藏族一谈到他们的历史，就说他们第一度归丽江木天王管辖，第二度归青海管，第三度归西藏，第四度归汉。明代属丽江府，清雍正五年改属鹤庆府，乾隆二十一年设中甸厅，仍属丽江，民国以来始改为县治。

（二）地理状况

中甸为滇西北角的一个高原，系康藏高原边缘一部，海拔11500呎。江边地势低，气候与丽江同，温暖可种黄米。过江岸狭窄谷地，爬上雪山及哈巴山，即进入中甸草原，纯属高原气候，草原周围小山环绕，稍远均为雪山包围，冬季严寒，积雪很厚。阴历二月以后才较温暖，开始耕种，只种耐寒的青稞（类小麦，较粗）、小麦、苦荞、蔓菁，玉米因热力不足不能成熟。八九月青稞、蔓菁收割后，即不能再种任何东西。由大中甸向周围行一二日，地势渐低，气候温暖，可种玉米、稻谷及小米。

中甸坝子，东西向二三十里不等，分为八九个小坝子，中间小山，坝子南北百余里，为昌都以下最大草原。地势平旷，树木极少，遍生短草及刺栎。土壤肥沃，石砾极少，中甸河由大中甸坝子山脚发源，流贯草原中间，入金沙江。小中甸附近山谷，有小峡谷，水流湍急，水力可利用。

雨量六七月较多，三月间下种需雨水，但恰很少雨，夏季每下冰雹，为害农作物。中甸藏族最恐惧这一天灾，常请喇嘛诵经驱除冰雹。秋后气候干燥，早晚寒冷，中午温热，风尘扑面。

金沙江自西康来，入尼西境，流经中甸、维西间，至石鼓镇东北折流入永宁。除石鼓以下的“虎跳江”一段，流经至龙山谷之间，水势湍急外，多平稳可通舟筏。大的渡口有两三处，小渡口有四五处。

尼西区地势比大中甸稍低，可种小米及玉米（近年试种颇成功），但山多平地少，无大坝子，土地不及大小中甸肥沃，土下二三寸即见石砾。格咱区接近大中甸处有些平地，东旺山多土瘦，缺乏草地。

金沙江边介峪间，两岸坡度不一，有三五里长的狭窄小坝子，气候温和，为中甸产米唯一地区，除米外以玉米为大宗，胡桃、栗子、梨、桃都出。

中甸草原四周的高山，松柏等针叶树及实心竹很多，仍为原始森林。雪山上三四人合抱巨树，高一二十丈，自生自灭，被野火烧毁情形很多。

三坝乡在中甸县东乡哈巴山与金沙江之间，地势亦较中甸低，可种稻及玉米。

（三）区划

中甸全境过去分为五境：上四境及下一境。上四境即中甸高原，分大小中甸、尼西、东旺；下一境即高原以外金沙江左岸一带。国民党统治时代划分为6个乡，即全甸乡（大小中甸合成）、尼旺乡（尼西、东旺合成）和江边的凤美、吾车、木笔、三坝4个乡。1949年，江边的吾车、木笔乡及石鼓以北至巨甸一带先得解放，设金江特区，组织人民政权。1950年春，大军解放大中甸后，又依过去的区划，把上四境分为大中甸区、小中甸区、尼西区，东旺与格咱区分开，另设东旺办事处，三坝乡仍照旧，而原金江特区为上区，在下桥头的七行政村则称金江下区。全县划成五区一乡，过去保甲一律废除，组成行政村。

全县长546里，宽360里，由大中甸东至丽江界230里，西至维西界130里，南至丽江界284里，北至西康界280里。

（四）民族及其分布

中甸在清末原有人口70000余，现仅35000左右，其中包括8个民族。人口最多的是那喜族，聚居金沙江边金江区（约3000户）及三坝乡江边，约17000人，占全县人口50%。次为藏族，聚居上四境，约12300人，占全县人口的36%。汉族在江边与那喜杂居，城内有一百四五十户，尼西上桥头有18户，下桥头约50户，共3200人。傈僳住江边山腰一带，约1500人。彝族也住山上，约1000人。回族45户：大中甸城内4户，乡区11户，三坝乡龙王边村30户，约230人。另外，马厂有四五家苗族，江边有少数民家。合计人口约34650余人，实际恐比这还多。

总看其分布情况，上四境几全为藏族（古宗），下一境绝大多数为那喜族。大中甸城区人口300余户，汉藏各半，这些汉族及极少数回族均完全藏化，回族只是不吃猪肉，也信喇嘛教，念经信佛，穿藏衣，吃酥油糌粑。汉人亦藏化，城内汉话可行，江边虽以那喜为主，但汉话亦同样重要。各族为垂直分布，高原全为藏族，高原下山上为彝族，再下为傈僳，到江边则为那喜与汉人杂居。藏族来源，据中甸藏族自称系青海移来，语言至今仍与玉树一带藏族相似，而与西藏本部拉萨语大不相同，中甸语拉萨人听不懂。少部藏族系清末赵尔丰进攻“草原”（指西藏）由西康巴安、理化逃难来的。城内汉人是明清以来守边汉军落籍中甸，其中有原籍江西、南京的，一部系张献忠入川时由陕西逃来经商，与藏人通婚居此，部分系鹤庆汉商留居中甸的。三坝汉人则自四川及西昌来，一切已彝化。小中甸彝族多为宁蒗一带迁来，为期不久，40年左右。

中甸各族人口比较表（解放前县府统计数字）

族别	人口约数	百分比约数
那喜	17000	五十
藏族	12300	三六（一）
汉族	3200	九（十）
傈僳	1500	五（一）
彝族	1000	三（一）
回族	230	〇.七
苗族		
民家		

据《云南全省边民分布册》，中甸彝族1771人、傈僳1874人。

附

中甸回族调查

（一）人口分布：全县共45户，人口230左右，三坝乡龙王边村有30户，大中甸城内4户，城边一村11户。

（二）来源：100多年前由陕西来，因回民马华龙为首冲突，被赶到滇西北鹤庆、丽江一带。杜文秀起义，又逃到中甸江边区的安×村来开金银矿。开矿生活较富裕，藏人常来抢，每年都有一两次（从民国六年起抢光了的就有8次），十几年前又搬到龙王边村。大中甸的回民，在杜文秀起义前即在城内做生意，由于杜文秀的起义，有的被杀，有的被赶到城外，现城内4户是后来偷着搬进去的。

（三）经济生活：大中甸15家，城内4家都做生意，有地很少，最多一家有3亩，最少的只1亩。生意主要是卖杂货（茶、盐、酒、烟等），有的还做豆腐、凉粉谋生活。自己有牲口的，到丽江去运货，每两三月运1次（两三匹牲口），生意可供全家吃穿。吃糌粑酥油，间吃麦面、大米。穿布衣，比藏族较整齐些。其余11家是靠种地，最多一家有20架牛地，少的只6架。最多一家有6头黄牛，没有牦牛。生产主要是青稞、小麦，这11家都够吃穿。三坝乡的30户主要靠牧畜，也种地（牧畜占2/3），土地都是租来的。生产主要是荞子、洋芋、小麦、燕麦，还有少部玉米，租额较轻，打10石交租1石5至2石。牲畜中牛最多，共60多头，马10匹，最多人家有牛六七头、马两三匹，在经济上占相当大的地位。

二、政治情况

（一）解放前的政治情况

1.政权形式与土官

中甸自清代沿袭下来的旧制度，并未因民国以来设县而改变，过去反动政府虽派去县长（汉人），只是虚设，他的任务也只是去当“太爷”找几个钱，地方的事情他问不了，完全操在土官手里。民国八九年，中甸混乱了以后，县长常驻江边，留一个秘书驻城。清末以来，县长下面设土守备2人，当地称为营官，一为刘恩，一为陈延年，原系汉人，住居多代，现已成藏族。他们名义上辅助县长，大门上挂着“副府”的牌子，实际上老百姓打官司、告状全找他们。尤其是刘营官，势力最大，老百姓到他们那里先跪在门口，等他大烟吸够了，才起来处理。

营官之下有5个千总，算是营官的助手。千总各守一境，过去有七、农、松、田、杨诸姓。杨姓系丽江商人买了土官职位，余系清时满人封此（全名原有4字，以第一字音作汉姓）。语言生活均已藏化，自民国以来，千总已迭有死亡。解放前5个千总，在江边的杨汉清，被江边觉悟群众所不满，已毫无实权。大中甸千总松荫奎，小中甸千总为汪学鼎之侄汪曲批，尼西千总七友盛，格咱千总七耀祖，虽各有封土，但经常驻在城内，上四境各境的事，都要通过他们。

千总下面共设把总16个，每一千总下设3个把总，唯大中甸有4位把总。把总无固定辖区，仅帮助千总管理本境内的事情。把总下有群众头目，分3级，最下一级为火头，由千总按年指定，地保性质，跑腿送信都是他，好像通信员。当了火头，做得好可以升为乡约，乡约做得好可升为老民（老民即村长）。例如大中甸17个村就有17个老民，城内及近城两村有乡约，没有火头。千总有事找把总，把总找老民，老民支配乡约、火头，老民是本地藏人，但不一定是本村人，由千总指定。老民、火头、百姓见了千总、营官，都要跪拜，小心服侍。上述土官，均有官俸。营官年俸原有100余石青稞，民国以后，令其捐出100石办学校，只余12石5斗。千总年俸17石多青稞，把总折合2150斤（原为7石5斗，每斗30余斤）。土官除领官俸外，主要靠打官司吃私及人民送礼为最大收入，刘营官据说每月收入600余元半开。

土官死后，制度上并不世袭，由土官中互相保举，再由政府加委。但土官中互相通婚，互相维护，故事实上不是土官子孙即为土官亲戚其中尤以陈、刘二营官及松、七两家关系最多，实际就是中甸统治上层四大家族，把持中甸的政治。计22位土官中，与刘营官有亲戚关系者7人，占1/3，与陈营官有亲戚关系的也7人，与松千总有亲戚的7家。

自民国初年中甸秩序混乱之后，又一新兴势力起来，这就是非分封土官阶级的实力派，如东旺的阿坚、小中甸的汪学鼎。阿坚由喇嘛挣扎到把总（后被汪学鼎取消）。汪学鼎以武力起家，盘踞小中甸，初令其弟当小中甸千总，看他不会抓钱，又换其侄汪曲批当千总。实力派的起来，却并没有破坏土官政治形式，只是加上一新的成分。

2. 喇嘛寺在政治上的关系

除阿坚、汪学鼎以外，另一种成分就是喇嘛寺，其名义上虽不在政权机构以内，但其自始就是精神上的统治者。土官的孩子又常常是活佛的候选人，或参加到喇嘛寺里担任重要位置，例如汪学鼎之侄（汪曲批之兄）就是归化寺内重要分子之一，汪曲批的儿子已布置了将来继承活佛。所以在统治作用上，土官同喇嘛寺是互为表里的二位一体。又因老百姓家家当喇嘛，这个喇嘛又是一家之主，故喇嘛可直接统治各家。加以喇嘛寺在经济上占垄断地位，全大中甸只有几家不借喇嘛寺的钱或粮食，人民用的布匹、烟、茶主要由大寺贩来，他以高利贷及大批发商操纵着中甸的经济和人民生活。

汪学鼎同阿坚诸人厮杀当中，因为喇嘛寺拥有枪支，常拉拢大寺助此击彼。大寺僧人，无事念经，有事骑马作战。大寺武装，以阿垒为首的喇嘛成为最善战的一支军队，差不多大规模的武装冲突都有大寺参加。

所以在政治、经济、军事上拥有这样深厚力量的喇嘛寺，虽表面不参与政权，实际上是在幕后策动政治，是左右政治统治很有力的一个成分，一切都要通过它。

（二）解放经过

1949年丽江由边纵七支队解放后，中甸的上层及喇嘛寺不了解政策，多有疑虑，时中甸我革命同志组织自卫队以防中甸实力派汪学鼎杀害他们。青年何其昌同志劝汪学鼎靠拢革命队伍，汪即在1949年7月在城内召开大会，宣布中甸解放，并率大队绕城1周，又约我工作同志李烈山、王以中由丽江到中甸面谈。这时中甸县长张作军态度不明，不知从哪里弄来由大理转来卢汉的电报，委汪学鼎为副县长，汪见电后即变了卦，3天后李烈山、王以中赶到中甸与汪接谈，回来时李烈山同志在箐口被汪杀害，汪就挟持大寺和各区武装，进攻金沙江边，打到石鼓，大抢大烧一番而返。后见解放大军进入剑川、丽江，就又派人到丽江去“欢迎”，我们在江边也竭力宣传要团结中甸的汪学鼎，汪也勉强写信欢迎大军到中甸。1950年3月间，先派一位指导员去小中甸，走错了路，从山后小路下来，汪本人逃走，留下侄曲批欢迎，这时也怀疑起来逃走了，留下几个亲信的老民欢迎。我大军在小中甸住一天，即进至大中甸，城内土官和人民在城外欢迎。5月18日县人民政府成立，仍委汪学鼎为副县长，但汪不肯见面，先由孙县长到小中甸同汪面谈，汪亲信问孙：“究竟大军杀不杀人？”孙答不杀。又问：“能不能保老汪的头？”孙说绝对保证。后几次约见面又延期，最后他请四十二师廖运周师长单人到大小中甸之间箐口的草原上会面，见廖师长只带一个警卫，很感动，才表示相信大军和我们的民族政策。争取了汪，中甸的解放才算告一结束。后来东旺的头目阿坚请求大军去一趟，我们又派一位参谋和喜饶活佛进去，宣传政策，中甸北部也正式解放。

（三）解放后的政权组织

解放后，5月18日成立县人民政府，主要以我干部及吸收大中甸城内藏族青年为骨干，除我县长外，派藏族汪学鼎为副县长，下分民政、财政、文教、经建4科及公安局，外来干部一半，大中甸一半，相处还好。但上层为汪学鼎，觉政权为鹤庆及大中甸人把持，不满，联合东旺、尼西及小中甸，想孤立大中甸。另外成立一政务委员会，委员30余人，两位营官，5位千总，喇嘛寺掌教8个，康千代表和把总、老民、头目代表，都参加为委员。县长为主任委员，刘恩营官是副主任委员，遇有重大的事，由政务委员会共同商量处理，这些人主要代表上层及实力派。通过上层，解决问题，收效很好，如大军到后没粮食，先向喇嘛寺和人民借粮，又发动千余匹马翻雪山到金沙江边运粮，以及征粮工作，都通过了政委会的讨论，藏民上下都满意。

全县现分5区1乡，区长由原千总担任，或配合一位外来干部帮助工作，大中甸以松荫奎（千总）为区长，小中甸以汪曲批为区长（千总），格咱以七耀祖为区长（千总）。另成立东旺办事处，由当地头目阿坚为主任，尼西区以七友盛为区长（千总）。江边设金江特区，因原千总杨汉清为人民不满（只在政委会担任委员名义），该区长由我派干部担任。三坝乡杨把总任乡长。

区以下各划分若干行政村，固定以该区把总数人分任村长。江边把总2人，解放战争中被杀1人，旧千总把总制在江边完全废除。县人民政府下，另设人民法院，以陈延年营官担任法院副院长。这样全县大小土官及实力派都有了安排，一方面保留其原有地位，又各有一部实际权力，有职有权，都表示满意，各土官除照领其原有官俸外，还发给供给制干部应有的一份供给。

…………

三、经济情况

下面所述经济情况，主要指上四境（高原气候，藏族所住地区）的情况。

第一，本县粮食主要靠自给，仅由金沙江边运来一部分稻米和其他杂粮。衣服靠自养牲畜的皮毛做成，并输出一部分牲畜和皮毛到丽江，换来土布。主要靠外来者是盐（来自西康盐边）、茶（下关等地）、土布（丽江等地）、铜器（永胜）及糖等必需品。

农业占主要地位，人民都以种地为其主要生活来源。

上四境（包括大小中甸、东旺、尼西）的平原坝子共5个，可耕面积很大，唯因地势较高，属高原气候，冬春积雪。又因过去常年战争，烧杀抢掠，人口稀少，荒地很多，耕地面积仅占平原坝子1/3弱。每年只种夏天一季，出产主要是青稞（相近于紫麦），另有少数大麦、小麦、玉米、蔬菜，主要种蔓菁，另有极少数辣子、青菜等，其他作物则不易生长。无水田，不出稻谷。全年产量不够吃。

次为畜牧业，农民都兼养牲畜，主要是养牛，有土地者皆有耕牛，牛有黄牛、牦牛、犏牛等类，无水牛。牦牛、犏牛为高原地带之家畜，毛长力大蹄坚，能破雪耐寒，价值黄牛之2倍，一般中贫农只养黄牛，富裕中农、富农则大量养牦牛和犏牛，有一家畜养数十至百条者（产乳饼，价高；产毛，织布，亦可输出），春夏秋放在山上，秋收后下坝在家中养。养骡马者也很普遍（多为富农），可做外出经商运输。养羊的不多，且多瘟疫。

商业也占相当地位，养骡马多的均出外游居，往返丽江及盐井，甚至进西藏拉萨做运输生意。过去因盗匪多，出外须成群结伙，解放后各路平静，运输更发达，尤以往返丽江者众多，自运经商少，多代客运货。

中甸本地因交通不便，地点也不适中，本地商业不发达，城市小，市集不多，无大交易，直到现在还使用着特殊落后货币，名为“甸市币”，乃清朝和民国军阀时代，四川、西康所造之铜质小币，有2角、3角等种，以之为本位币，5元折合滇铸半开银币1元。人民币尚未大量输入，仅城市中可用少部，商民都不喜欢。半开在此亦非本位币，基础不稳。

第二，生产关系（包括社会组织和阶级关系、剥削方式等）主要有下列几个特点：

1.租佃关系

农民一般都占有土地及耕畜，自己耕种。富农占有土地较多，贫雇农土地较少或无，向富农或土司、喇嘛寺租地耕种，租额不高。哈母谷村17户均自有土地，占有耕畜者15户，其中有租佃关系的仅3户、有雇佣关系的4户。所以说上四境是以自耕为主的，租佃关系和雇佣关系都很少。下境的土地关系则复杂，如金沙江特区上江区农民自己只占有土地1/3，丽江地主约占有1/4至1/3，而中甸的土司和喇嘛寺占有最多，约在1/3以上，租额一般在40%至50%左右，有额外剥削，如租喇嘛寺的田地就须先送“水礼”，少部分有押头。

土司为封建领主，并直接占有多量土地，自己不劳动，全出租，租额多不超过40%。额外剥削很多，如季节送礼、服无偿劳役等。百姓中间或也有点地，但极少。

2.娃子和富农

在土司家庭中都有娃子从事耕地及一切家务劳动，每一土司有三五个至10个、20个娃子不等。百姓中的富农也都有娃子1个至10个以内，为主人耕地、牧畜、砍柴、赶马及一切家务劳动，很少休息，不得温饱，甚至冬季仍无鞋穿，赤脚行走在冰雪上。娃子是买来或作战抢来，或霸占，或自由农民因家贫而出卖者，可自由买卖、打骂、使唤。娃子不得与自由民恋爱或结婚，仅可同娃子相恋或姘合，亦不得公开同居或结婚，娃子之子女仍为娃子。

藏族社会中，富农经济占很重要的地位。富农都有多量土地与牲畜，且有兼营商业者，主要就因占有娃子为其主要劳动力，故能世代富有。富裕中农和中农有的也有娃子，娃子多的即可上升为富农，富农的娃子减少，也有下降为中农的。

3.喇嘛寺与农民

喇嘛寺在藏族人民中有无上的威信，男孩以送入寺当喇嘛为荣（家如有3子即送2或1；富农有子，除留一传代外，均送入寺）。喇嘛寺除由县府发口粮1225份（一份为7斗5，是一个喇嘛一年的口粮）外，百姓尚供奉香火灯油，亦由家庭供给喇嘛之生活费。喇嘛不劳动，故大大减少了劳动力和生产，且使人口不发达，一家永远是一家，且多绝嗣的。富农之子当喇嘛可逐步升级，升级时由家庭请客送礼品。哈母谷村17户即有8户有喇嘛，共11个，占全村人口1/10。全县上四境共有大小喇嘛3000多人。

喇嘛寺本身占有多量土地，分散各区，租与农民。额比土官、地主、富农出租之土地较低，且部分可享有永佃权，但须在租地时付出重额的水礼（用银钱送礼），一部分且有押金。

喇嘛寺普遍放债，哈母谷村17户中，仅有1户富农不欠。放债分两种：“麦债”是春借秋还，一般是年年去借（年年还或还利留本）。麦债年利15%（一斗20筒，年利3筒）。银钱债则是月利2分，年利24分，向寺借债一般不要抵押品，有子在寺做喇嘛易借，时间、数目都无问题。贫雇农须担保，或以土地、子女为押。喇嘛寺除在上四境放债外，每年至江边放债，或以田租放债（放银钱、粮食、酥油等）。凡属其统治区百姓，无有不与其发生借贷关系的。

喇嘛寺近有两种放债：一种是借酥油、茶叶，作价很高，合成银钱，明年还时按钱数依常价还酥油、茶叶；一种是借钱折成物品，借契上写的东西价很低，以少量钱折成很多东西，明年即还实物。

喇嘛寺除放债外，经常派人外出做大生意，到丽江或直接到拉萨。在寺庙内什么东西都买得出，最多英、印货物。

在大寺的附近，有一个村，现为大中甸区第五行政村，300多户，全为其佃户，实际是农奴的性质（？）。此村土地绝大部分为寺所有，租与佃户耕种，佃户除交租外，也须向土官衙门负担各种大粮（酥油粮、钱粮、银子等），且行政上直属喇嘛寺管辖，每年经常向大寺出各种定额及不定额的负担，计有下列几类：

（1）每年全村交给大寺约厦（粮库）的“念经柴”20万斤、草1万斤，交给“克模”（总管事）柴3.5万斤。

（2）每年轮流12户，每户派1人至2人，专为大寺背水。

（3）每年大寺粉墙刷壁1次，全村每家出白土1驮、染刷工1人。

（4）每年寺内一切泥木工及杂工均派村人负担。

（5）每年冬季下雪时，派村人轮流去扫雪。

（6）寺里僧侣公出或运输往来，常派夫马，无定额，随要随到，村长轮派。

4. 负担

上四境各区人民，经常有3方面的负担：

（1）每年向衙门交一定的钱粮，自古不变，绝户亦由村人代其负担。有4种：“大粮”，即交青稞每户数斗至数十斗不等；“酥油粮”，即交酥油每户2块至4块（每块2斤）；“柴”每户交1驮至数十驮；“钱粮银子”则是皇帝时代主要负担，那时收白银，后改收“甸市币”，每户数元至数十元。

（2）每年向喇嘛寺交柴、麦、酥油、茶等。柴是每户都负担（至少1驮），其他有负担的，有不负担的。

（3）“念经费”是一种经常的迷信负担，每年或以县、区、村为单位至少念经1次，由百姓平均负担经费。

据哈母谷村调查，全村全年的负担总值为甸市币3733元，占总收入的6.9%。各阶层的负担与总收入的比率是富农占7.5%，富裕中农占4.3%，中农占5.8%，贫农占7.8%，雇农占28%。

此外，过去尚有两种不定期、不定额的负担：一种是国民党军队驻防时摊派的各种粮食、枪费、柴草等；一种是本地土官上层争战时摊派的“防匪负担”，有枪费、子弹费及派夫马、壮丁等。

四、文教情况

（一）学校数

现在全县共有完全小学8所、初级小学53所。分布情形，因下一境金江区物产丰富，经济条件好，学校较多，全区有完全小学5所、初级小学44所。多的为三坝乡，计完小1所、初小8所。上四境生活较苦，教育不发达，四境1万余人口，仅大中甸城内有完小1

所、初小1所，且大部为汉人子弟。东旺、格咱、尼西一所学校也没有。现全县8所完小，共有学生676人，教师31人，初小平均每校40人，全县约计2000人。

（二）教师

60%为高小毕业，中学毕业的占30%，私塾出身的占10%。教师待遇：完小教师每月大米100斤，大中甸除米外，并由县人民政府供给制服。

（三）教材情况

现全县小学一律采用新华书店所编印小学教材，由县人民政府发给每一完全小学新华版高初小学教科书各1部，金江区多发1部。尼西、小中甸现尚无学校，亦各发1部初级小学教材，作识字活动使用。原计划人民企业公司红息项下拨款添购30部，金江区分配13部、三坝两部、上四境15部，尚未发下。

（四）学校历史

中甸县学校办得最早的金江区的梧竹完全小学，光绪年间成立，称“蒙养”学校，民初称第三区高初两级完全小学，民国十三年改为梧竹乡中心小学，1949年解放后改完全小学。上四境大中甸民初有私塾七八家，后成立“蒙养”学校与私塾并存，民国十二年改成第一区高初两级小学，二十五年设省立小学。自民国二十八年到三十五年中间，省小经费常停，民国三十五年，省令停办中甸省小，前后办了11年。民国三十六年把省小教师及学生合并到县小。国民党办的省小是强迫学生入学，各区摊派。藏人认为上学就是拉去当兵，害怕，雇人上学，负担其学费、伙食，还给工钱，当校长的只要每家给他些钱，就可以虚报了事。第二任校长陈禹，拼命拉了男女200多学生。民国三十二年，校长剑川人罗叙甫抽大烟。民国三十五年，校长和鉴尧挂名不问事，因此学生越来越少，只剩下五六十人，省府看到越办越坏，就下令停办。现在县小改为完全小学，七世昌同志任校长，学生117人。

（五）文化程度

中甸上四境虽只有学校两所可学习汉文，但喇嘛寺及藏族家中可学藏文，识汉文的江边相当普及，在大中甸城里县立小学，培养出一批青年知识分子，现多为工作干部。东旺、尼西、小中甸藏族无一人识汉字、会汉话的。大中甸城内粗通汉语的还有些人，城内汉藏青年是中学毕业的有十几个，金江区四五十人。全县只何世昌一人曾在云南大学修学1年。全县干部有30余人不识字。文化程度高小占30%，初小占40%，初中占20%，高中占10%。喇嘛多少识得藏文，但只念经典，不学应用，大中甸还有十几人能应用，城内四五人。尼西、东旺粗通藏文的也有少数，懂藏文的干部只四五人，能教藏文的只两人。能任藏文秘书工作的，只县府和归化寺各有1人。土官中以尼西千总七友盛藏文较好，阿坚、汪学鼎藏文也好，但都不会汉文汉语。

解放后，一般藏民（尤其城内）学习汉文的要求很高，县小和大中甸区署办夜校，学习很积极，有的早起用木炭在地上划字，学汉字成了青年的风气。县人民政府已决在小中甸、东旺、尼西都办一所学校，大中甸乡也办两所，预备请千总教他们。他们也要求学藏文，即以村中会藏文的老民教藏文。喇嘛寺也想办一所学校，教小喇嘛汉藏文字。过去县城的小学不教藏文，所以该校出来的青年，很少会藏文的，他们也还没有学藏文的要求。藏文教材根本没有，除经典外，也很少有藏文书籍可看。普遍学藏文，教师、教材、读物都极困难。一部分上层还希望有藏文小报看，帮助学习和了解时事。

丽江区材料之十一

——中甸解放前后及几个典型人物

中央访问团第二分团

1951年2月出版

丽江区材料之十一

——中甸解放前后及几个典型人物

编者声明

这些材料是我们从1950年8月29日至1951年1月31日（其中大部时间是在行动中），先后在圭山、丽江、保山、大理、武定、楚雄等地区进行兄弟民族访问工作中，通过当地干部、民族代表及熟悉当地情况的人士所了解的一些情况。为应各有关机关之急需，仅将原材料加以整理，尽量避免主观分析与结论，在文字上仅要求念得通、看得懂。但由于是短期的访问与了解及仓促整理，情况难免不真实或不深入，观点难免错误，文字烦琐或不通顺。故仅能供各有关机关进行民族工作的参考或进一步考察的线索，并望于今后的调查研究，加以校正。

1951年2月　日

一、张团长谈下甸情况及工作经验

我们刚来也不了解情况，何其昌等在中甸，但也不了解政策，想消灭汪学鼎，后来地委指示要团结上层，原封不动，不缴枪支。老汪到过江边打过我们，特别害怕，他写一封信送给我们，表示欢迎我们，我们对来人招待很好，但是汪本人却走开。我们先派一个指导员到小中甸，走错了路，从山后小路下来，汪曲批留在家里，看情形也怀疑逃走了。后来老百姓对孙县长说："我们派去的代表，原来准备挨骂，不料大军招待很好，使我们疑惑起来。"另外汪说："上面（指刘营官）有人挑拨，劝我抵抗，其实是上面打下来，下面往上打，两面夹攻，小中甸就垮了，所以我就跑了。"刘营官同汪学鼎买一批枪，吃了40两金子。汪学鼎如果同大军打，打垮了，他就可以当副县长，所以劝汪打。汪本来想和，后来卢汉委他副县长，他的心活了，就打江边。这里也发现我们丽江当时策略太慢了，如果我们先委汪当副县长，情形可能不同。当时保安团在大理，中甸隔着剑川、丽江，都已解放，电报怎么来的，晓不得。

大军来时，小中甸一个人都没有，老汪逃走，只留下几个亲信老民。老汪相信孙县长，因为孙县长是云南人；不相信喜饶俄热活佛，因为活佛是西康人。老汪的亲信对孙县长说："你家在中甸做生意，和我好，你是云南人，又是县长，将来和汪副县长一起办事，大军和活佛究竟是外边人，不可靠。"又问孙县长："究竟大军杀不杀人？"孙县长答以不杀，又问"能不能保老汪的头？"孙县长说，他可以担保不杀他。他们说过去国民党来总要杀几个人，共产党来了一定会杀老汪。汪早已派便衣队到江边来打听，我们曾在江边宣布是来团结他，但是到小中甸，他的屋子里什么都没有了，我们把他的房门扣好，我们告诉他过去的事一概不谈，只请老汪出来见面，老汪不肯，推辞以后再说。到小中甸，因为没有粮食就只住1天，来到大中甸，土官千总都跑了，刘、陈营官也想跑，好在有点地方基础，未走，但是怕得很，松千总和喇嘛寺贵重的东西都搬走了。

我们根据指示，组织政务委员会，土官大喇嘛都当了委员，共30多人，刘营官是副主任委员。初来时最大困难是粮食问题，老汪给孙县长只留下3天下马粮。同喇嘛寺和老百姓借粮，老百姓认为，军队借粮要还是历史上没有的事。后来向营官解释政策，勉励他们以后要办好事，过去的错误人民才能原谅。他们说"共产党来，首先叩头，以后点头，最后杀头"，总不相信。等到粮食运来了，就赶快把粮食还清，人民觉得共产党太好了，但大寺觉得这样"太好了"，就不敢相信，怕是先甜后苦，谣言多，说"大寺要驻兵"，"东旺和小中甸要打仗了"。我们向大寺解释："毛主席的政策，今天是这样，将来也是一样，将来更甜。"后来廖师长在箐口同老汪会面，解释了政策，七月一日开中甸各界代表大会，老汪还没有来。会后政策更广泛传开，许多上层都来了，老汪考虑到自己的地位，才同我们接近。

但老百姓还不敢接近我们，有事都找刘营官，没有来找政府。

以后把千总安好区长，也不出公粮，不纳税，大寺的口粮也照样支给，土官的俸粮也依旧，这样第一步安定下来。这是一个经验。

第二个经验是耐心，大军来，汪跑了，写了许多信请他来，还是不来，颇急，以后不来算了。后来觉得还是要争取，否则小中甸和大寺就不好办，于是仍耐心争取。初来时，千总下乡，老百姓都要叩头，活佛摸老百姓的头，都看不惯。我们接受过去"陈谢大军"过黄河在河南工作的教训，决心依照上级指示，耐心工作，不急不躁。比如喇嘛寺有一个佃户来告状，因为他欠喇嘛寺的租子，被喇嘛用刀砍头、胸部，用脚踢身，我们"既要照顾喇嘛寺，又要为群众撑腰"，所以只好把喇嘛代表邀请来，共同商量。双方商量，由大寺出医药费，告诉喇嘛打人是不对的，这样双方都满意了。过去喇嘛寺打死人都无处申冤，现在人民政府可以申冤了。

对老汪我们也很耐心，他要廖师长一人去会他，我们也容许，他多次推辞才见面，我们也耐心等待。廖师长同松千总见面就谈政策，经过许多次，松千总慢慢了解了我们的政策。

我们做了一次户口调查，群众很害怕，家家推辞说太穷，何必调查，老太婆说她年老登记有什么用，青年妇女怕捉去当“慰劳品”，青年怕当壮丁，总说三四十岁。登记时用的旧表册，上面有“兵役年龄”，群众怕征壮丁，我们觉得不必再调查，立时停止。

娃子们，一部分觉悟，急于要翻身，上层又害怕了。松千总老婆不敢吃肉、吃米，天天吃糌粑，向廖师长叩了6次头，向张国兵叩了1次头，请求不要清算她，即使斗她也不要打她。松千总表示愿把土地分给奴隶，情愿只靠牛厂。我们向他做了解释，才不害怕了。

开人民代表大会，把上层分子编成一组，解释政策，没出岔子，都是耐心争取、说服的经验。

另一经验为尊重风俗习惯。人民代表大会上，群众要求开山挖药材，增加生产，喇嘛寺不准百姓上山挖，说药材是魔鬼的老师，挖了会有魔鬼作乱，下冰雹。初时，我们还讲了些科学道理，喇嘛寺还不答应，就决定不挖药材、不开山。青年群众不满意，但喇嘛很满意。

部队的行动，很多使群众满意，军队借粮，说还就还，群众非常感动，说从来没有军队借粮食还的，认为还了是意外之财，代表们各处宣传，各处都传遍了。

五月端阳节，七月十七，此地风俗是男女讲恋爱的日子，女人抢到男人的帽子，就请到家里讲恋爱，今年不敢做，怕我们禁止；过节照例送礼物，也不敢送，我们出布告说：只军队、机关不准送，老百姓之间并不干涉。

开始人民政府还未做事，许多事都表现在部队上，军队用了人民币，后来都兑给半开，战士给家家背水、扫地、做劳动服务，帮助秋收，好得老百姓都不敢相信，都感动了说“毛主席万岁”。

我们的困难就是政策不能下乡，几次考虑军队下乡，但下乡即须带粮食，增加运输负担。政策宣传主要靠几次大会，如“各界人民代表大会”和去昆明的参观团、北京参观团、丽江区各族代表会议。这些会的效果很大，我们体会这种会对政策宣传和团结工作都有帮助，多花几个钱也很值得。

这次丽江开会回来后，各代表顾虑打消了。对少数民族主要是诚恳，闹花头的是城里汉人，藏人信了你，就不会变。这次从丽江回来，感觉从上到下，从军队到地方，从官到兵，全是言语一致，从此都安了心。马家少爷和刘营官都放心了，一致相信我们的话。

此次军队下乡去帮助秋收，带着5天粮，先向群众宣传，然后去帮助。过去请人收割，必须送1块牛肉、1块盐巴、1个梨，看见军队来收割，怕供给不起，就拒绝，后来军队什么都不要，就家家欢迎。

收割后吃“太平锅”，一定请我们去，我们就加入股份，大家同乐。人民太感动了，都说“难为了”，高呼“毛主席万岁”。小中甸人说：“过去夜里不能安睡，今年真太平了！”今秋又值丰收，小中甸一牛青稞收到50担，比过去多20担，过去蔓菁架装不满，今年架子装不了，老百姓都说：“毛主席的恩典，现在人解放了，天也解放了！”

还有小本借贷，人民也很感动。小中甸一家屋子倒了，区政府我们的干部就背着粮食借给他，秋收再还，他感恩不尽。

二、喜饶俄热活佛谈中甸解放前后情况

凡是我们由内地来的大军和共产党员，我都非常信任，愿意谈一些情况。

在很久以前，我的家乡瞻化，都一贯是土官们争权夺利，有找活佛为背景，有找刘文辉为背景。在二万五千里长征时，国民党欲统治、利用康藏，派瞻化的罗那活佛返康。罗到西康后，实行3种政策：第一，扩展势力，联络甘孜一带黄教喇嘛；第二，抵抗长征红军；第三，消灭刘文辉势力。罗那本人是白教，一面给钱，一面给枪与甘孜一带喇嘛寺，宣传红军是毁宗教、杀有钱人的，并想方设法削减刘文辉势力，消灭刘的一些政权。

罗那由康定一路北行，长征军在后挺进，罗消灭的刘文辉下的一些县长都参加到长征军，并将罗的情形报告。红军缉捕他，罗那逃到瞻化，土官（名其果·巴颠夺德）与他意见不合，罗那不得已央求救他，土官没收其四五十卫士的武器，活捉了罗那。红军到后，土官将人、枪交给红军，与长征军合作。红军在当地住了3个月，要离开，将伤兵、病兵托付其果·巴颠夺德土官照顾才走。后刘文辉部队回瞻化，责土官帮助红军，收留伤兵，敲诈土官大宗财产和罗那的武器，土官吊胆吊心年余，以后刘文辉才维持其至死。

在瞻化的人民生活比德钦、中甸还苦得多，刘文辉部队的压榨，终年要支乌拉，要柴草，加之土官剥削很重，人民能维持生活生存者不及1/10，痛苦之极，他们盼望红军再来，但无一点红军消息，我这时深感众生痛苦，无处可诉，遵奉师父之命，各处去建塔消刀兵，解除人民痛苦，才到内地来。

最先到康定，为建塔事见刘文辉，发生问题，因当地黄教势力大（喜饶活佛是红教），刘助黄教，看不起红教和花花教，加以黄教挑拨，我拟去内地事，刘文辉恐其出康后暴露一切，多方留难，对建塔事不置可否，留难5个月。

我过后见事不成想到四川去，有帮达多吉（即帮达昌）告我，刘拟在雅安对我不利，不能去四川，只得口头说入川，而实际到云南大理鸡足山修塔，受国民党势力压制遇困难很多，经年未修成。听说外边发生战事（解放战争），自己从不敢说是瞻化的人，怕国民党知道过去家乡曾经红军到过。来往大理、下关，听到很多谣言，如解放军要毁灭宗教，有钱人要清算没收，不久当地边纵解放，一切如谣言（曾仇视喇嘛寺，清算地主恶霸，寺庙田产充公，每个和尚留3亩地耕种，不耕种充公，杀戮也很多）。我怀疑解放大军不是这样的，否则不会解放了全国。在下关困了7个月，一句话不敢讲，时寺庙没收，有钱人财产也没收。到了正月（？）大军到了。李军长（十四军）到的次日，我就去见他，只想要求发护照回家乡。见李军长，提到长征时他也到过甘孜，非常投机，李说这是缘法，留谈了10多天，我把西康情况及宗教情况告诉了李军长、王副军长、朱主任，李军长也把政策详细告诉了我，我觉得很高兴，觉得政策只有好处而无坏处，是千真万确地为人民的，就把大理、下关初解放一切目见违反政策的情况报告，这好像公路上车没有来拉了一路的屎，打扫一时也扫不干净，我

当时不顾李军长高不高兴，为了人民我得把一切情况诉出来。

大军未来时解放的一切作为，已经引起一切少数民族害怕得很，怕丢性命，怕没收财产清算，这对于今天民族团结的影响也很大。那时执行政策的缺点太多，可说是分为上、中、下三等，上层政策好，不厉害，中层缓和，下面不知政策，吊打也有，报私仇也多，当时更无从说团结的事。大军的宽大政策既往不咎，自然很好，但犯了错的不知自己的错，佛法说，忏悔过去不是用钱和刑法忏悔，而是用心去忏悔。以后过去的部分人员也知道犯了错。李军长问我所想是否达到目的，我答复本人所想是与政策符合的。李军长希望我到边区去宣传政策，我就想，一为国家，二为人民，三为宗教佛法六道救众生，必须去做，我就很感动答应去工作，但自己对政策不深切了解，唯恐有误。

由大理起身，本拟去西昌，时西昌有六土司认识，要求尽力去宣传，李军长答应，时西昌贺国光匪部正与我发生战事，到了鹤庆接到命令说，西昌战事已解决，令去中甸，到丽江会着由昆明回来的廖运周师长，我就召集丽江宗教中人，用佛法印证宣传政策，各寺喇嘛均参加听讲。

我起身先去中甸，廖师长等后来，时江边、中甸正在乱中，有人劝我勿去，我记得佛说“善心的人不会得恶果”，我抱定不偏之心，决去中甸。在小中甸住了两天，见着汪曲批，我告诉他真实的政策，汪尽谈的假话，对我很怀疑，说谎几点都露出了他的马脚。第一，他说打死李烈山烈士不是小中甸干的，是乡城人干的，因为李在丽江提了乡城商人的枪，自己无责。我就告诉他，将来我去代乡城人说好这件事，你可无责，汪曲批害怕。第二，汪说大军来可以，但粮食不足，我就问他公粮何处去了，汪谎称县长用掉（实际是汪攻打江边用掉）。第三，汪说攻打江边是奉卢汉两次命令，我告诉他，这样卢汉负责，他现在昆明，汪更恐惧，因他并无命令在手。我越用善意对他，汪越怀疑恐怕。

在小中甸住了两日，汪留我等廖师长来再走，我唯恐大寺（归化寺）有变化，急于去宣传政策。即去到大中甸时，土官们正在箐口开会，汪学鼎也在，借口迎我入城。

他们开会内容决定大军来汪学鼎藏起，土官们看形势，不好汪就在外面活动。我入城向土官老民们传达了政策，又去大寺向活佛喇嘛解说。

大军到了小中甸，部分在山前烧水，部分错走往汪家，汪学鼎在家以为来捉他，急逃走。过后汪不见我，也不见大军面，我不断写信给他。以后在箐口见了廖师长。

本来边疆之地“到蛮不汉”的人很多，他们两边倒。中甸城里的青年对汪学鼎很不好，说汪在招兵，廖师长掌握政策，才安定了下去。起初汪与我方见了面，口是心非，还认为国民党又要打回来，我未到中甸前，有国特（西康行营情报主任孙某带特务5人和1部电台，孙是国防部第二厅情报要人，拟由此到拉萨，到印度去台湾，遭我方逮捕）到归化寺，与汪以金钱诱之，汪心动，所以口是心非，想准备乘机而动。阴历×月初八，我方召大寺喇嘛谈话，大寺有堪布活佛为汪之亲信，随口造谣，说大军要住寺内，丽江已到许多国民党军队（时我军在丽江正换夏季帽子，造谣说这是国民党军队来了）；又说腾龙18土司变了，我们部队已撤退；又说英国已出兵助国民党，我们在中甸的队伍就要撤退；

等等。当时大寺里有钱的喇嘛都跑了，因此初八的大会很受影响。在这段时间内，我住喇嘛寺，廖师长住城内，谣传外边有人要刺杀我。这时在丽江有些宋希濂遗留的国特，在丽江做买卖遭我公安部队逮捕，逃到中甸来的不断造谣，加之此时征粮工作很急，押了江边杨千总要粮，何把总被江边干部吊打，又有要鸡、要物事件发生，所以喇嘛都恐慌了。乡城的喇嘛传出话来——“中甸的大军提他们的枪”，盐井喇嘛又派人来联络汪，被我们捉住，我军这时也戒备起来，认为得动一动。

这次工作很感困难，一方面由于过去丽江过激，土官们恐惧喇嘛们彼此又残杀，又有钱，所以工作较难。

在中甸时期，我曾用书面联络拉萨、昌都等喇嘛寺。时谣传东旺有行动，阿坚在东旺来信请我上去谈政策，我请示廖师长带一排人去，有人劝我勿去，汪又恐我与阿坚联合。我去后与阿坚谈得很投机。过去东旺上下8村，上下仇视，我去做团结工作，召集各村老民开会，阿坚亦化除私仇团结，这也是毛主席的政策处处可用。我用宗教去解释政策收效更多，一面我又请示廖师长，所以东旺老民一致表示要团结起来。

本来东旺地邻康边，平时最多事，现在必须联络土官活佛，团结才有办法，我就到桑敦寺（在理塘和中甸间），约集理塘、巴塘（2万多人）、乡城（2万多人）、德荣（数千人）的十几个土官、活佛开会3天，他们表示都相当好。我的意见是以后盼在桑敦寺设立一个我们的政权机构，便于管理，因过去国民党时期对此各境毫无办法，地方抢劫风盛（连老婆都抢），后来拉萨派拿瓜活佛住乡城上皮寺管理，国民党亦委他为三县宣教士，又兼乡城参议长，才不抢人。去年有500名乡城娃（乡城娃即呼为蛮匪者）抢中甸，抢得后平分，七月（今年）乡城商人又有打死喇嘛的事，赔200元半开了结（我们处理）。现乡城只有县政府，而无县人民政府，乡城、德荣都无大军驻。乡城县政府开会，拿瓜活佛先不来，以后才来。我在桑敦寺会后认为，初步工作还不错，以后可成立我们的政权机构。我在会后约阿坚来中甸城见廖师长，汪学鼎使人先在东旺破坏，但没有成功，所以去见廖师长。

我以后到了丽江，又去德钦，因贡格活佛约去西康商谈。

德钦也是残杀太久，困难也多，原因由于汪学鼎助一面杀一面，我这次去了，把政策解释很多，他们也懂得了（近日他们代表就要来此开会见访问团）。

最近消息：汪学鼎本人很寒心了，他过去斩杀自由，为所欲为，近已不能，但他的野心仍很大。由各方面知道：汪联络尼西，又想抓住东旺，联合阿坚，专门对付大中甸，因大中甸及城区对汪已不齿，汪虽副县长，县府人事多大中甸人。阿坚把此事询问我，我告诉他答复汪要团结，一致团结，绝不能分。

汪向阿坚说：“共产党的成败未知，成功我们也不捧他，失败我们也不须糟蹋他，因为他并没有糟蹋我们。”

最近代表们（多上层）从丽江开会回来，带来了不少谣言，说内地战事又起，美国已经出兵，所谓解放西藏是我们找退路的问题，又说我们的宗教政策是暂时的，将来一定要变。在我未回（四日与廖师长回来）大寺，谣传我在西康已受伤，管事的打死了。这些谣言有部分人存观望，有部分人认为国民党还要抬头。其来源主要是土官们去丽江开会的多，现在他们不能耀武扬威，但心犹未死，他们在丽江多与帮他们做生意的商人来往，带来不少谣言。至于一般人民很希望我政策能维持永久，的确现在他们的痛苦已轻了不少，都认为现在政策是真的为人民做事。

城区刘营官（名恩，藏人）与汪学鼎狼狈为奸，刘的次子参加青年团，故意两边靠拢，计划非常周密。德钦吉福土司与汪靠得很紧，与贡水赵伙头相敌（赵言行很为人民，解放后为人民政府工作很积极，土官都恨他，现在来开会，吉家最近也要来）。阿坚与吉福感情好，可以团结他。现在吉、赵二家表面已团结了。过去挑拨他们的是李升平（鹤庆人？），系汉商，因挑拨不敢回，在维西教书。这次由印度回来参加我工作，主要想抓县政权，利用吉家。李升平过去是三青团员，未办手续，工作表现很积极，但破坏政策，他批评别人只会说不会做，自己会做，杨润县长很迁就他。

齐世昌家是江边大地主，廖师长曾建议不要他参加昆明开会，恐因减租问题有所顾忌会一步一步到少数民族地区。他在昆已了解宋政委报告少数民族地区不减租的政策。

土官们在昆明各地做买卖，有钱人家唯恐早晚会及其身。目前我们不能再让其为非作歹，土官们仍作恶，例如我们给他们运粮5元运脚，他们扣给3元。

此地代土官们藏民们做买卖之周如奇、周石奇弟兄，他们净赚两成。对地方挑拨也多，周如奇在解放后，公然向江边要投降银子，我政府知道了，汪学鼎才把他叫回。

关于中甸团结的事，他们自己说的话，我们是听不到的。

廖师长曾向汪学鼎说："我们是人民的政府，人民要我们怎样办，我们只有答应去办的。"

关于减租退押的事，土官们因为有亲友在外，加之代为做买卖的商人随时给他们通风报信，甚至带很多谣言，所以他们对此很恐惧。

据我看，汪学鼎整个思想是改变不过来的，他做副县长的事，仍用一套老方法去做，很有问题。

汪学鼎现在想抓喇嘛寺，因为民枪他现在已抓不住了，在县事中汪抓不住大权，一切科秘工作人员都是大中甸的，他很嫉妒，廖师长曾指示县府一切公事均需给他看，以团结他。

至于大寺，汪是抓不住的，并且大寺很有好转，他们认为汪曾杀人，喇嘛是没有杀人的，汪要参加大寺筹备欢迎访问团工作，他们认为是侮辱大寺，现在咱丫康千准备下月初四以阿垒为香证，汪势力更不行了。

但汪也有些转变的地方，可以看出，如喇嘛听谣言跑了，他就说："毛主席的大军政策这么好，你们还要跑，我不会念经，我会杀人的。"县府开会民主决定补征1949年度公粮1/10（江边区），汪很满意，当时大寺因收成不够，还要要求，汪发急，摆手制止。

大寺现在认为必须依靠政府，才能得到保障，汪之权是间接的，依他无用。在大寺中阿补活佛人很清楚，他是尼西人，听说访问团要来中甸，他向我表示愿意欢迎访问团来陈述一些意见。

汪学鼎之侄（汪曲批之兄）在大寺为喇嘛，人还不错，可以团结。

关于汪之想联络尼西、东旺对大中甸，也就是他主要看到自己在大寺和大中甸已无能为力了，他曾说："老百姓我管，喇嘛你们来管。"

三、小中甸代表反映零星资料

1. 民族历史隔阂

A. 民国九年，东旺人马和尚率四五百土匪到小中甸抢劫，杀死安朗参杨家父子。民国十一年又去楼得鲁刚巴杀死70多人。十四年大理的罗司令来中甸招安一度。十五年又去抢巨甸（上江），汪学鼎（时为指挥）调集人攻打之，造成东旺与小中甸第一次历史隔阂。

B. 民国二十四年，渣渣简等为匪作乱，当时驻军是李营长，他受贿不剿，为害地方很大。民国三十年，渣渣简又联络乡城人下来抢劫，到大宝寺，小中甸区人民曾同渣渣简大打一仗，以后小股常常来扰小中甸。

C. 1950年2月，朗多日来抢糯吉河，以后大军到了，才平安下来。

D. 民国三十八年，有龙巴（尼西）商人（也是和尚）5个人去保山，去后音信渺无，有七八十头牲口和几万半开都损失了，有人说是国民党军队想他的财物杀掉的，地方上对这件事很关心注意。当报国民党政府，请求根究，国民党也不管。又有人说是到保山路上被某民族抢杀了，一直到现在，还未得水落石出。小中甸人民对此，心上总是一个疤。

E. 几年前龙巴有一个队长在鹤庆牛街被杀，地方上对此很愤，由于语言不通，常遭压迫，人死了也不知是怎样一回事，这个队长从未得罪过人。

F. 过去安南厂藏民可以去做工生活，由于阿坚等来抢，安南厂也被抢停工，断绝了小中甸人民盐茶生路。

G. 小中甸朱连千体青在尼西被抢500多元。

H. 去年十一月有多巴教喇嘛被杀山头，牲口被抢，以后阿坚出面调停。

关于这些事件，代表们认为例子还多，举不胜举，有民族内部的，有民族与民族之间的历史隔阂。他们认为别人对小中甸的看法是"太懦弱了"，所以随时抢劫，小中甸人也只好出来打斗，不予讲理了，所以发生许多民族纠纷。

2. 小中甸（五区）副区长根蒂主反映几点希望

A. 小中甸每村都有几千斗积谷，过去由政府转交喇嘛寺保存，逢到水旱年辰，喇嘛寺又发下给人民，希望现在政府仍继续维持。

B. 希望和平解放西藏，即使西藏人民还有受特务谣言影响对政策不了解，他们一定愿意去藏宣达政策。

C. 宗教信仰照旧。

D.租粮照旧。

3.从小中甸代表看上下层关系

汪学鼎及汪曲批在小中甸统治势力，由于长期的影响，一般人民是怕他的，另一面又这样认为：过去东旺、乡城来抢，要不是汪学鼎这些23员土官出来领导自卫，小中甸人民受害必然更深。

这次小中甸代表来开会，主要还是受汪的亲信根蒂主把持，代表们对访问团陈达意见的是很少，尽都这样说："我们的意见已告诉副区长，他会完全说出来的，我们没有什么意见了。"

小中甸彝族代表卢老三等8人对于藏民代表是不大满意的，但没有意见说出。他们对访问团似乎也不大能认识，开口闭口称"军事科的同志（访问团同志），我们沾光不少了"，对于政策也不大了解。在最后访问团送他们东西（如盐巴等）后，他们表示非常高兴。

在小组讨论中，一般代表发言的都力说汪学鼎的好，普旺、乡城的坏，但也接受了团结教育的启示，认为要团结不争夺，才可以过一些"过去老人们讲的康熙时的好日子"。

本区民族有藏、麽些、彝、回、汉等，藏族在他族人的心目中是有些被仇视的，他们有人表示受了藏族的压迫，或因藏族斗争受过不少害。

解放后汪学鼎还派他的买办汉人狗腿子周如奇去江边收投降银子，后遭我发觉制止，汪不好意思，便说："过去江边的头目，向群众要钱成习惯了。"汪的亲信根蒂主现仍暗地做一些坏事，人民怕他。

四、喜饶俄热活佛访问记

1.出身及经历

喜饶俄热生于西康省瞻化县红龙区，父亲是红龙区的世袭把总，本区为土守备阿鲁阿乍管辖。父亲为人忠厚，故取信于地方人士，所以千总的一切大小事务均先取决于他。

2岁时即离开家庭，被格桑喇嘛寺接回寺中；6岁开始学习佛经，聪慧，最大特征是在刚学会爬即自行爬到火塘边学佛家趺坐，因此被称为圣童。

10岁时正式研读经典，暇时常独自入山采药，炮制煎熬，为人治病，且不拘贵贱贫富，有求必应，活人无数，受众称誉。相传先师活佛亦颇娴医术，故沾先辈之灵光。并兼习美术、绘画，如描绘佛像及设计图案，均出自心裁。

17岁时，红军长征，经过西康，全区土官人民纷纷欲逃避，独父亲帮助巴颠夺德千总尽力解释，使民心安定，更进而积极帮助红军，柴草粮秣，尽量供给，使大军安全通过，并帮助收容落后及伤病兵80余名，俟病好伤愈又另给川资赶上队伍，因此一般评为西康红军长征时最出力的四家中之一家。现刻尚有几名红军战士，因时间较久无法跟上队伍，特为其隐姓埋名学习技艺在本区内生活。

因此在国民党统治期间，特务们深知此情，常密报刘文辉，迭欲加害，一夕数惊，故避难于母良乡之曰古寺，同时向曰古寺活佛专门学习经典3年。外传渐少，事渐平淡，众喇嘛又接回寺住持。先师有遗嘱，拟在中国五大名山建造10轮金刚宝塔，永消兵患，为完成遗命，故拼挡简单行李先到云南。

民国三十六年腊月初自康定动身，四月间到达大理，认识董干臣先生，传给他居士法，因此当地人渐渐熟悉。遇保山人杨茂春到大理买药，遂接到保山，恰值保山六月间遭干旱，秧苗无法栽种，众人要求祈雨，并限于一周内见效，至六日下午果降甘霖，因此信士知我者愈众。此时国民党特务认为我有什么政治活动，常欲磕索，结果我有蒙藏委员会及云南佛教会等证明文件，遂免注视。

民国三十七年九月间到下关，正筹备建塔工作，西康盐源县九土司之一——那宝成（刘文辉曾委任为彝务团团长职）来信请我回西康，在本寺3个月，九土司偕来皈依为弟子。当时并获得两部很宝贵经书，带到鸡足山来装入新修塔内，此时永胜罗英叛乱，行至鹤庆之彭屯，恰与罗部散兵相遇，遂遭洗劫一空。困居鹤庆半月余，罗部失败，始脱险到大理，一面筹款，一面修建，于三十八年九月始初步完成。返下关正值全省解放，革命秩序尚未建立，故不敢行。今年正月适逢李军长西上，驻节大理，拟请求发给护照准予还乡，殊李军长原为当日红军长征时老将，曾经过我西康，遂邀我参加做民族解放工作。

2. 对工作的希望和要求

A. 深感今日喇嘛教派太多，互相倾轧，拟在中央人民政府民族政策及法令许可下，重行整顿佛教，综合各派系，成为真正的人民信仰的中国佛教。

B. 应李军长命参加工作到现在，深感到名不正则言不顺，言不顺则事无成，我们出家人对功名利禄本早已置之度外，但由于工作上的需要，我请求还是定相当名义较好，因为今后的工作，不仅局限于滇边一地，可能康边藏地也得要做工作，与其做一个随军和尚不见效，不如让我做个政治和尚，有主义——在共产党领导下，有步骤——按照中央人民政府民族政策逐步做，比较有效得多。以前在大理时，虽然李军长说要我以民族事务委员会的名义工作，可是没有证件，我也不能乱用，因此我要求最好由中央或西南局方面给予相当名义，以便尽力工作于滇、康、藏边。

五、中甸典型人物汪学鼎

汪学鼎，他住的村子名汪学，村在小丘，藏语为“顶”，因呼之为汪学鼎巴，即汪学村顶人之意。现年60余岁，中甸格咱境“六十户村”的人，在清末做了喇嘛，民国初年为匪，最初单枪行劫，以抢水磨起家，伙了很多人抢，时为害地方。

民国十一年，丽江区有罗树昌司令前往中甸招安，时中甸境有汪和阿坚、吴姓、杨丹里4股匪，康边乡城匪也下来抢东旺，东旺很乱。汪等4股被招安后，汪被任为归化大寺的百长，僧兵80余由他统领，当时民兵团总是何千总统领（何其昌之父），在小中甸境两人都做了实力派人物。

罗树昌走后，中甸股匪又时常抢劫，阿坚和杨丹里、吴姓匪招安后，势小不满，同谋派人刺杀汪学鼎（没有成功，但何其昌之父则被刺死，时民国十八九年事），汪逃往拉萨。另一原因是乡城匪与东旺匪勾结往抢巨甸，过金沙江时汪何联合攻打，东旺匪降，乡城匪败走，击毙20余匪众，汪获得所抢巨甸的东西，又杀了东旺匪2人，阿坚等衔恨，并认为汪是东旺人，不该打东旺匪，所以谋刺汪等。

民国二十二年，乡城匪又下来攻中甸城一年，汪学鼎赶回仍然做大寺百长，并代何其昌父职做团总，统僧俗民兵于一身，集大小中甸人枪还击乡城来匪，凡作战汪都亲身率领攻打，一直数年。

民国二十五年，红军长征过丽江境，安恩溥时做国民党的旅长，追肖克、贺龙将军到丽江区，汪与安联络调集僧俗民兵在空心树、大雪坡上恃险堵住，攻我红军，汪地势占绝对优势，但红军奋勇突上，牺牲很大。汪抵不了逃跑回青橡树、向卡（小中甸境），以后安恩溥委以“鹤（庆）、丽（江）、中（甸）、维（西）、阿（德钦）、永（胜）指挥官”，实际汪的势力仅及于全中甸境。

汪的下面有3个队长，是他最得力的实际带兵的，即鲁宝汪兑[①]（号召小中甸境）、夏根泥娃（号召大中甸境）、麦泥娃（号召格咱境）。3人虽直接带兵，却很服从汪，所以“汪指挥”从此浩大。地方上的小乱在此时期还是常有的。

抗日战争，阿坚随时写信向汪学鼎挑衅，麦泥娃与阿坚稍有感情，约阿坚到小中甸调解，实际想杀阿坚，阿坚与汪、麦会面时，发觉汪谈话眼红脸青（汪有此习惯，即翻脸谋杀人时要变脸），阿坚借故逃出格咱境。麦泥娃不久回格咱，修建房屋落成，阿坚派二人前往送礼，麦领此二人到三层楼上参观他的新屋，被二人刺杀在上面。

民国二十九年，阿坚领人马打到大中甸，时汪之队长夏根泥娃已下丽江朝山，汪开始疑惑夏与阿有勾结。汪写信到丽江求救，夏根泥娃同何其昌等赶回，阿坚撤退20多里，烧毁大中甸一个村子，大小中甸民团队伍进攻阿坚，大打一番，汪之下死1人（尼西喇嘛），阿坚处打死4人。夏根泥娃向汪报告了他在大理去朝山的情况。

夏到大理时，身插有枪，被当地驻扎的国民党宋希濂队伍中的“谍查”看见，把他抓去见宋希濂，宋见夏毫无惧色，想利用他来管制中甸藏族，就给了夏10多支好枪、几千发子弹，并给他一个大队长名义。夏接受了枪支，对于大队长名义他向宋说，他上面有汪学鼎，自己不敢承当。以后听到阿坚攻中甸，就赶回救援的，枪支夏自得了，没有交给汪。

汪学鼎眼红枪支，又派鲁宗汪兑到大理去见宋希濂，鲁宗汪兑曾向宋表示，他比汪学鼎有实力，宋希濂又给了鲁宗汪兑十几支枪，鲁回中甸后，枪弹也自得了。

汪学鼎想枪支，只好自己到大理见宋希濂，时宋不在大理，汪悻悻回来。第二次又去大理，看着宋，但宋并没有送给他枪弹，汪失望败兴而回。他疑心宋不给他枪支，一定是夏说了他的坏话，使宋看不起他，加以疑心夏与阿坚勾结，他就有杀夏之意。

---

① 鲁宝汪兑，本文又作“鲁宗汪兑”。——编者

时中甸县府秘书杨某向夏透露此消息，嘱夏注意。夏人最直爽，一听此话跑去找着汪，拔出手枪要汪说出要杀他的原因，汪学鼎情急，就把护身符顶在头上盟誓，说他没有杀夏之意，是别人挑拨。夏是一个喇嘛，一见汪顶符盟誓，深信不疑，不再防范汪。民国三十一年，汪派人将夏刺死。

夏是大寺阿垒的徒弟，大中甸人对夏根挺信任，听说他被刺死，很多人痛哭，说要给他报仇。咱丫康千（小寺）十七村人谋刺汪学鼎不成，汪逃掉，领兵与十七村坝子打仗，烧了70余家，从此“汪指挥”之名除了小中甸和格咱一村（汪出生的地方）外，在大中甸等地不起作用了。当时曾有松千总出来，请大寺阿垒出来镇压，阿垒本来也恨汪杀他的徒弟夏根，所以也逼得上山了。

汪学鼎看见自己势力单薄，信誉已失，号召不起作用，大中甸之乱无法对付，他就买通丽江专员史华，派张震东带领一营人去镇压，借口调解，张以咱丫康千输理，要赔偿汪的损失，咱丫康千畏惧军力，只有将一切值钱什物都赔出，汪与张震东各分其半，但大中甸的人更仇汪，时拟报复。

以后乡城管事瓜地玛与阿垒相好，也与汪友善，受汪嘱托出来调停，汪赔出四五百元（民国三十四年），但仇恨还是未解。

解放前，中甸有许多藏族青年开始参加革命工作，汪学鼎造谣“咱丫康千的共产党很多活动”，他想用“共产党是破坏宗教的”来联合7个康千攻打咱丫康千，咱丫康千的人一听，觉得也无法辩说，与汪对抗，汪不敌，从此逃回小中甸。

我革命工作同志何其昌等曾往游说汪学鼎，并宣传我政策。何其昌并劝汪联络土司领导中甸青年人组织自卫队，与十七村联合准备解放，边纵七支队骑兵中队也有汪学鼎六七人，汪本人也不知道应该怎么样。在1949年7月，他在城里召集人民开会，宣布解放，绕城一周也说不出一个道理，并约我工作同志李烈山、王以中由丽江去面谈。时中甸县长张作年态度亦不明，拿出卢汉由昆明来的电报，委汪学鼎为副县长，在这时候，汪得悉他已当副县长，立刻变了脸，约土司们在小中甸开会，在欢迎他就任副县长会上，他说“要大杀青年学生，这些青年学生就是共产党”（时江边青年大贴“打倒汪学鼎”的标语，汪已知道）。3天后李烈山和王以中赶到中甸，汪伪与接谈，在李、王归途中，汪派人把李杀死在箐口，王以中逃回。汪领兵攻打江边，县长张作年见事态扩大，又假造卢汉电，命汪勿乱动，汪已不听，张就逃跑。汪以县长名义要挟大寺出兵，他说大寺不出兵，喇嘛1225份口粮从此不给，大寺出了一半兵，会同汪打下金沙江到石鼓，大抢一番而回，汪就宣称：“敌人已打走，还有一半敌人是中甸青年”，中甸青年都戒备起来，知道他要大杀了。时咱丫康千欲攻之，阿垒亦扬言要趁势打汪，汪才不敢动。相持到我大军下剑川，才来想法与我靠拢。

汪学鼎在东旺有一个老家，即“六十户”村，为其弟管业（汪曲批之父。原系千总，汪以其不会弄钱，才把千总给其子汪曲批当）。小中甸向卡有一个家，汪经常住此。

汪的财产据估计当有百多万元半开的现金，经常做藏、康、拉萨的生意。8个康千有7

个借有他的债，小中甸300多户，至少有200多户借他的债。他有两个麦仓经常放麦利。江边他也有土地，佃农每年要将租谷亲自送到他的家中。

汪的势力在目前只及于小中甸和“六十户村”，中甸对他都很怀疑，认为他善变，不相信他。

六、中甸东旺区阿坚访问记

1.东旺一般情况

本区内没有大平原，全都聚居在山沟内，依山靠水，进出口处有3道夹谷，俗称“石门关”，形势异常险要，邻近和西康的理化、德荣、乡城、稻城等地接壤。过去在反动政府统治时代，这一地区为盗匪巢穴，经常须通过东旺区才能进入中甸或内地扰乱，如果本区治得好，全县即可免除股匪抢劫之患。

本区现隶属于格咱区，区长为千总七友盛，所辖地有那格腊、泽雍地等11甲，户口总数约七八百户，一般人民多以农业及畜牧业为主要。

阿坚，现任东旺办事处主任，每甲推选出代表性质的老民1人，由11老民中再互选5人经常住在办事处协助主任。武装民兵15人，由各甲轮流，担任保护办事处责任，每甲另有常备武装民兵5人，遇有事可随时召集。

A.民间武力——约有五六百支步枪，必要时阿坚可由附近各地区号召3000人。

B.出产——青稞、荞麦、燕麦、豌豆、蔓菁等。

2.阿坚述本人经历

我生长在东旺，现年45岁，当6岁至10岁时父母送我到映顶寺红教喇嘛寺内专学藏文经典。11岁至12岁这段时间，回家在牛场上过放牧生活。13岁时国民党反动政府时代苛捐杂税奇重，生活痛苦不堪，因此逼上梁山，跟随地方中浪人到处抢劫，因此常住乡城一带。20岁时回到东旺，群众推选我任泽雍地下四甲把总职。年幼无知，常帮助地方各派系互相砍杀，结果与地方当局妥协，减少捐税苛杂。接着又担任东旺区团总职务，但有名无实，又无薪金待遇，纯地方义务。这样直到33岁，均在家过平淡生活，自己念经修法。

33岁后，约在民国二十三年，东旺人当贞泽仁在中甸做营官，被中甸县长和殖边督办李氏弟兄无理由地伙同杀死，我为其义愤不平，即率领东旺人民替泽仁报仇，当时与我对抗的就是伙官害民的汪学鼎，一直周旋了多年。

36岁时，中甸派代表与东旺人民讲和事毕，我很消极，便留在归化寺念经忏悔，住了一个相当时期。

杜县长到任，仍要我回地方维持治安，委为民兵队长。中央委员格桑泽仁到中甸，又加委为民兵大队长。

38岁时，县府改委为东旺下四甲把总，待遇每年60斗青稞，只实收过两年。因为公事常到中甸开会，不知什么地方得罪了人，汪学鼎和他的侄子麦泥娃两人密谋杀我，事机不巧又被我发觉，立即逃回东旺，不久遇麦泥娃我即用人把他刺杀，因此与汪结仇更深，汪即派人来攻打我的泽雍地，被烧毁了民房数十间，我当时也召集乡城、理化、巴塘所属地区民兵1400多人来反攻大中甸，双方不分胜负，坚持在承恩寺附近，结果我暂退东旺。

42岁时，常为调解汪学鼎我两人的仇，汪又把他的大队长——我的好朋友夏根暗中杀死，使我愈加痛恨汪的为人。后来阿垒我俩计划要报汪的仇，在黑夜里暗烧汪住的房子，结果没有把他烧死，汪逃脱了，调集中甸十八村民兵来攻打我俩；我也调集乡城附近500多骑兵帮助阿垒。在这次纠纷中，咱丫康千的6个村庄被汪学鼎烧毁了70余间。阿垒最后抵抗不过，结果请人讲和，赔汪学鼎2万余两银子，阿垒的力量从此消失，我也只好暂退回东旺。

理化区钟多确瓦和乡城的冷竜达瓦，亲到归化寺来调解汪学鼎我俩的纠纷仇隙，地方僧民也希望我们能解开仇怨，团结合作，莫再使地方遭害，我遵依大家的劝说，带40余骑兵来大寺和他们商谈，结果由我赔偿麦泥娃人命3000两银子、大中甸的人民损失赔3000两，另外还加酬谢汪学鼎银子几百两，因此暂告息事。这时汪同我对面赌咒，以后再不相害，如此我自认为今后或可相安无事，哪知才安静了1个半月，我两个弟弟在归化寺做喇嘛，有一日突然在寺附近被汪派人来刺杀，一枪把我二弟击毙，三弟也腿上受了一枪，幸好他很机警地一面负伤逃跑，一面开枪还击，结果把凶手打死了1人。

我知道这事很愤激，认识已死的那凶手是汪学鼎的随员，所以我把凶手的家用火烧了。这时汪做好做歹地出来调解，一则否认死了的凶手是他的人，另方面说，双方各死1人，命抵命不再赔偿，但我把死凶手家烧毁，硬要我赔汪学鼎3000两银子，这样有强权无公理的事，始终在家是朝不保夕的，因此我只好又逃到巴塘之冷卡石地去学佛。过了相当时间，因为想家，仍折回泽雍地，在分别前师父要我发誓“以后绝不杀人”，因此又在家闭户虔修1年多，可是在这段时间，汪随时还打算用人来暗害。

在去年年底，西康方面邦达昌写信来告诉我，要拥护共产党，帮助解放军，以后才会有好日子，我很赞同。这时恰是汪学鼎派人抢掳江边人民的时候，还杀了江边无辜的百姓八九人。

今年三月，我有几位重要头人在泽雍地接连被汪派人暗杀了3人，我因力量薄弱，也不敢再反抗报仇，只好忍气吞声的。不久听到喜饶活佛已到中甸，并且听得不久大军也会来，我很高兴，认为翻身的日子已到来，立即写信去迎接活佛来商量我们地方的解放事。活佛到后，在六月间召集泽雍地上下四甲老民，先行宣布解放，这样也才算达到我早日的愿望，同时对中甸全区的解放，影响也不小。

后来又陪同活佛到滇康边境理化县桑登寺召开民众代表大会，拥护和平解放，附近参加的代表有巴塘、德荣、稻城等，均闻风而来。开会7天，专讲民族政策、加强团结友爱和政府的宽大政策，因此一致赞成拥护解放，当中仅有极少数的一部分顽固分子不满意我们的行为。

折返大中甸，会见了廖师长，委我为泽雍地十一甲办事处主任，召集所属老民组织办事处，一直工作到格咱区成立人民的区政府。

3.解放动机

A.我认为共产党是为人民大众谋幸福的，在中国共产党中央人民政府领导下，不分贫富强弱，一律享有平等待遇，只有赞成解放，才能过安乐日子。

B.我过去受官吏们和恶势力的压迫，只有赞成解放，才能得到保障。

C.在长征时代，红军经过我们地方，我早就对共产党有信心，因共产党的作风与红教的教义相同，都是舍己为群的，目的也一致是为促进世界的和平幸福，而且所标识的红色也与红教相同，所以我真诚地拥护，赞成早解放，早得到自由和幸福。

D.我另外原有点不纯的目的：解放前一切无保障，还受人压迫，希望这次自己参加解放后，有机会好报复别人。但共产党的政策是不究既往的，经几次被人说服和个人的思想斗争，我才打通思想，要巩固团结，加强团结，才会有好日子，所以我今后诚心诚意地拥护团结。

联络第一小组

1950年11月

丽江区材料之十二
——中甸归化寺概况
中央访问团第二分团
1951年2月出版

丽江区材料之十二
——中甸归化寺概况

编者声明

这些材料是我们从1950年8月29日至1951年1月31日（其中大部时间是在行动中），先后在圭山、丽江、保山、大理、武定、楚雄等地区进行兄弟民族访问工作中，通过当地干部、民族代表及熟悉当地情况的人士所了解的一些情况。为应各有关机关之急需，仅将原材料加以整理，尽量避免主观分析与结论，在文字上仅要求念得通、看得懂。但由于是短期的访问与了解及仓促整理，情况难免不真实或不深入，观点难免错误，文字烦琐或不通顺。故仅能供各有关机关进行民族工作的参考或进一步考察的线索，并望于今后的调查研究，加以校正。

1951年2月 日

一、历史情况

据本寺甘举活佛谈：归化寺系于五世达赖时代修建，距今约300年。最初时期仅有喇嘛300人，当时为云南方面第一红教大寺。沿至七世达赖，蒙古兵进入西藏，武力压迫其他各教，扬言要清一色黄教，不许其他异教存在，本寺遂于极端压迫之下，改为黄教大寺——约在清雍正年间全归汉化，因此遂名为归化寺。喇嘛名额也从300人增至1225人，历来由政府供给定额口粮，每人每年给予青稞7斗。

二、内部情形

中甸县过去分为7区，每区于归化寺内建筑一座大寺为本区喇嘛虔修、祈祷所在，藏名“康千”。另外7区合建一座大寺于中央，故总计8大寺，每寺最少有一活佛主持。

大寺活佛：松浦活佛，现年60岁余，修持最好，正闭门修法于私人静坐堂内。

甘举活佛：为松浦弟子，人很精干，比较活动，现主持大寺一切。

康千活佛：为卡遮活佛，现在拉萨修法。

阿布活佛：为尼西区康千活佛，修持最好。

小活佛：为大中甸康千活佛，现年12岁。

彭祖活佛：

卡斯活佛：为东旺区康千活佛，现在东旺。

三、组织系统

（1）活佛——化身转生，不操俗务。

（2）堪布——为全寺掌教者，讲经说法，地位仅次于活佛，通常每3年或7年选举改换一次，连选可连任。

（3）格喜——为资格最老者，考选到拉萨，为本寺总管，地位仅次于堪布，为堪布候选人。

（4）翁者——念经时带头念经，任期依各寺习惯规定，通常随堪布同时更换。

（5）革规——可称铁棒喇嘛，为寺内执法管事。

（6）老僧——年龄较大、德高望重者，专管寺内外事务，归化寺有8人，以地区为单位互选出。

以下另设小职员4种：

A.祝以——秘书之义，管理文书来往。

B.乡准——会计员之义。

C.捏以——总务员之义。

D.德瓦——收借租贷管理员之义。

四、喇嘛

归化寺喇嘛有定额限制，归化后钦定1225名，每年照此数由地方政府发给口粮。若以实有人数，则超过甚多，因此原有可领公粮的1225名，成为世享特权，即使这个喇嘛死后，无人继承，也要保留他的名额特权。有在寺内为预备，喇嘛一生也无法顶补为正式喇嘛，因此须等待机会，喇嘛死后向其亲属买缺额，始能升为喇嘛。有买一缺额喇嘛须付给半开银币二三百元者。

五、葬礼

（1）火葬：为藏族最高贵的葬礼，须喇嘛寺活佛、堪布、格喜等死后才能用这种葬礼仪。其法用干柴油脂把尸体烧成灰烬，在高山顶上扬弃之。

（2）天葬：一般喇嘛死后的葬礼。

（3）水葬：为一般贫苦喇嘛或藏民的葬礼。把尸体投掷进大江河中，任其随波逐流，饱鱼鳖之腹，故一般藏民忌吃鱼虾，视其为秽物。

六、归化寺度牒

（1）"理藩院为发给度牒事，照得大律开载，喇嘛班弟事，未给执明，私为班弟者，将本人入官，若家主知情，将家主交部治罪。其寺庙大喇嘛格萨格素称班弟等无执明，私为班弟及人民子弟一家之不及三丁，或16岁以上，私为班弟者，俱按律治。扎萨克大喇嘛、扎萨克喇嘛、大喇嘛知情不报告一并治罪。凡喇嘛班弟须敬守清规，恪遵定制而行，违者按明律治。为此发给度牒。须至度牒者喇嘛安翁洛甸，年31岁，身长脸红无须，云南鹤庆府中甸人。度牒云南鹤庆府中甸归化寺喇嘛安翁洛甸准者，乾隆十年十月初一日。"

归化寺以前清规条例：

A.全寺喇嘛不准可外出，有事外出必须向堪布及僧官请假，必须限期回寺。

B.不准饮酒卖酒。

C.不准偷盗。

D.不许放厚利。

E.不准留妇女在寺内。

凡犯罪之人须视其轻重治罪。较重者开除喇嘛籍，最重如犯人命案者，送交县府治罪。

据上面度牒指明：一家之不及三丁或16岁以上，私为班弟者，俱据律治。

（2）归化寺堪布格登慈呈称：自大清乾隆及五世达赖起，所赐青稞限领喇嘛1225名。实领青稞，每年由县府分4次领取，第一次2000斗，第二次3000斗，第三次3000斗，第四次2777斗7升5合。又由县府每年腊月二十九日取白银330两，中秋节80两，由尼西境五村要铁274斤12两，折合白银8两2钱8分，盐巴合粮52斗4升7合，皮纸费18钱又皮纸45刀（每刀百张），酥油239斤，由小中甸境每年应上酥油274斤7两6钱，大中甸境每年应上酥油681斤8两6钱。

以上合计1170石7斗7升5合，白银418两2钱，现折合甸市银（每5元合旧洋1元）418元2毛，酥油1330斤零2钱，盐巴52斗4升7合、皮纸费18钱又45刀纸。又东旺应纳1149斤72两，山羊毛毯共1334尺5寸。

七、现有9个活佛

（1）吃巴——乡城活佛，佛法最高，现在拉萨达赖老师掌教主师。
（2）松谋——杜克康千，现为教主。
（3）根觉——扎雅康千。
（4）崩竹——东旺康千。
（5）克师——东旺康千。
（6）阿布——乡城康千，威信好，不爱钱。
（7）打郎——乡城康千，贵重在藏，有名声。
（8）克展——东旺康千，小孩。
（9）觉直——杜克康千。

八、喇嘛制度之一例

大中甸扎雅康千，规定是180多个喇嘛，6个村（共200户），每户要摊1个喇嘛。

但穷人当不起喇嘛，一般喇嘛为中农以上人家才能当，穷人即有喇嘛职（世袭的死去一个顶一个，如他家无男子，可卖此职，而富人又可以多买）也当不起，因为男子当喇嘛入寺，其家仍要照常地供给他的衣食住，家中无男子耕种。富人如有3个儿子、1个女儿，则将三子都当喇嘛，一女招女婿，儿子当了喇嘛，则原来俗家财产仍为他管理，女婿只能耕种，不能当家主事。如喇嘛死了一个，则又由女子之子继承当小喇嘛。

当了喇嘛回到家来，母亲父亲（外姓招婿）及祖父母要向他叩头，他要坐上座。一个喇嘛的用费相当于一个大学生（？），初送入寺带3斗青稞、银子5钱为入寺礼。他的生活如衣、食、住［自己要盖房子即喇嘛的静室，每天念经到经堂（诺康）3次，其余在自己的静坐室念经］、行（如富家有马也要带去骑）都由家里负担（因为家中主权是他的，要什么拿什么）。家中无男子耕种，则只有靠女子及雇穷人。

小喇嘛（班桌）当上10年才有入藏资格，要想提前入藏必须花钱（送份子全康千每僧至少1毛），入藏衣服穿藏人的便衣（楚巴），路费自备。到拉萨至少6个月才回转，这样只见达赖（富人的喇嘛即在拉萨学习10年、30年考学位），并在自己的康千属（住藏各寺的寺院）散份子投师，学习清规，有3条清规即那（女人）、昌（酒）、革（偷盗），回来即升格隆。要想在藏投师学习经佛可不限定时间，看程度如何，有七八年至30年的。考取格西，回寺即升格西，有此资格，可当选为堪布（掌教），但看他佛法好坏。堪布可投生转世为活佛（现在寺内的松堪活佛即由堪布转生为松谋十三世）。

九、归化寺行政管理制度

各康千主持日常经理交际事务，则设管事（格干）1人、念哇4人。管事由大小喇嘛可委派，看他原来俗家经济情况如何决定，因为过年要散份子，至少需要3000银圆。家中贫穷之喇嘛绝不能担任此职，而康千也不会委派这样的喇嘛充当。管理1年即交代。他家钱不够可向亲友借钱，借进为1分利，放出为2分利，净得1分利，本钱可以慢慢还（按道理说喇嘛当管事则必倾家破产，但据说当了管事家财兴旺，则必无须限制借钱放利，形成现在的喇嘛高利贷）。当过管事在寺里阶级地位高一等，故虽然贴钱还是人人希望当一次管事（实际说是赚钱）。4个念哇的产生，是每年由拉萨回来的格隆在活佛前（活佛坐在大佛前）掷骰子由内中选4个念哇。他们也要散一些小份子，家境再穷，骰子掷中当了念哇，借钱卖产业也必须应付这光荣的差事，实际康千的管事有权管理全康千的事务，而念哇只是为管事的跑脚，等于机关通信员而已。康千还有老民，看俗家属于康千的有几个村子，每个村子选1个老民，与俗家行政村同样组织（如扎雅俗家6个村原有1个甲即有1个老民，而这村的喇嘛们在康千里也有一个老民喇嘛）。

康千的组织形式：

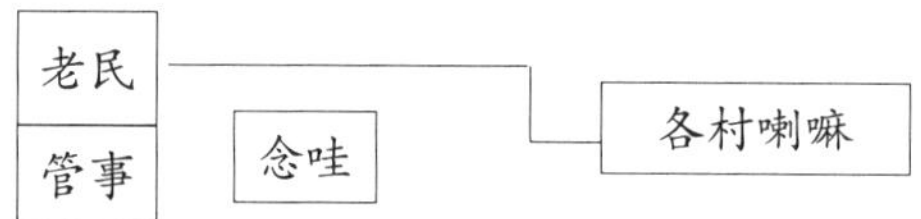

念哇的资格必须是格隆，故穷人喇嘛借钱卖产业甚至替商人赶马脚子也要到拉萨一次。

大寺组织系统：

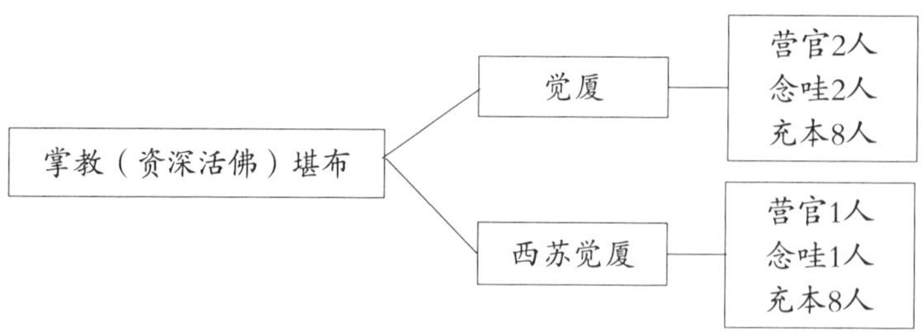

以上人员均由八康千选举产生，仍管理八康千的事务。

（1）觉厦是大寺财政收入机关。业务是：

A.百姓酥油税。

B.大寺庄户粮。

C.每年充本纳酥油8支，念哇每年纳4支，另外并纳青稞、荞及少数钱，为他们自己生活（大寺不供给生活费）开支；大寺每天各个康千喇嘛聚会念经，酥油3次、糌粑汤1次。念哇、充本因为要纳上项开支，准用大寺基金（觉厦基金）经商，另外准向百姓亲友借钱，入为1分利，借出为2分利，以弥补他们的津贴。任期3年，新旧交代要6年，每人总要津贴若干（1000元至数千元）。

（2）西苏觉厦——为大寺管理财务机关，人选如上表。充本每任纳21支酥油计525斤，念哇每任纳10支半酥油，以上用于全大寺每年聚会念经之用。他们也得享受用基金，借钱经商，营官及念哇在大寺内日常办公，充本则轮流值月办公，不值月办公者仍在本康千住。

（3）上两个觉厦人选——营官在由八康千票选，如二人票数相同，则在大佛座前滚东西，看谁滚在前谁当选，营官产出再派念哇，营官、念哇再派选充本。

A.康千的管事（格千）可以向亲友放茶，每一圆茶（1银圆左右）要收麦1斗，借钱1分利，放2分利。

B.念哇可借钱（借1分放2分）。

C.大寺的觉厦里，念哇、充本均可借钱放债（入1分出2分）。

D.西苏觉厦里的念哇、充本均有借钱放债的特权。

以上统计借轻放重的人数，每康千5人，共40人，大寺有20人，总计60人无限制地借放（借则必须借给他，放时不得不要）。

联络一小组

附一

归化寺小组讨论总结

一、以后怎样才能团结得更好

讨论：全中甸的喇嘛和老百姓，是非常迫切地希望团结各民族，在政府领导下安心地从事生产。解放以后，在各方面努力下，团结工作已有了基础，我们为了要巩固和加强各民族之间的团结，须：

（1）彻底消除以往私人间的误会和猜忌，要在毛主席和中央人民政府领导下搞好民族团结工作，实现民族政策的基本精神。

（2）保持原有各级土官的地位和喇嘛寺的口粮，这种政策的措施，我们认为非常正确，希望一切照旧，这是对团结方面有很大的帮助。

（3）把以前旧的思想逐渐清除掉，接受新的思想，一切要从老百姓的利益为出发点。

（4）今天社会秩序安定了，我们为了要加强团结，决不听信特务匪徒们的造谣，并且要协助政府彻底地肃清匪特。

（5）我们念经时也在祈祷团结，永久地巩固团结。

二、怎样看出毛主席的政策是长远的

讨论：毛主席是各民族的太阳，阳光照到哪里，哪里就有温暖。我们相信毛主席，我们更相信他所领导执行的政策是为我们的长远利益打算的，所以我们坚决拥护。

结论：

（1）现在所实行的事项，都是实际地切合人民需要，我们非常欢迎，所以我们相信是长远的。

（2）各级政府人员的话都是言行一致的。

（3）今天所实行的事，都经过大家商量后决定做的，我们相信这样执行下去，一定不会有错。我们也愿长远地这样做。

三、生活怎样才能逐步改善

讨论结果：

（1）现在社会秩序安定，我们可以从事各种生产，喇嘛们主要是虔诚地念经，祈求风调雨顺、庄稼丰收。

（2）希望政府给我们织布机器等，提高我们的生产。

（3）改良本地原有的生产工具，和改良品种，加强繁殖牲畜，不随便杀害。

四、希望和要求

（1）从前贺龙将军在长征时期，经过我们大中甸，当时我们归化寺全体喇嘛热烈地欢迎和慰劳他们。贺将军见到我们生活这样苦，曾经和我们说过，以后共产党执政，要增加我们喇嘛口粮，改善我们的生活，到今天全国解放，在共产党领导下，从事建设，我们全体希望实践贺龙将军的诺言。

（2）我们要求政府土司制度不要废除，喇嘛们的口粮照旧发给，不要变更。

归化寺喇嘛代表：阿垒、香尊、阿马、银巴、克注、桑白、尊追、结衣、宗恩、向巴、拉桑培初、者戛、觉苴、春菊、鲁桑多当、鲁桑格当、古占。

记录：吴静山

翻译：七世昌

附二

喇嘛寺调查资料

一、历史沿革

据经典记载：释迦牟尼佛于距今2920年前，降生于印度，自幼修行，年25岁即成佛，面部有1肘长，两耳垂肩，创佛教，广流传于印度、缅甸一带。

这时社会化，为争夺利益，时常发生战斗，互相残杀，人民生活极端不安，这时有一位不知姓名的印度太子，来到西藏游历，态度很和蔼，但不通言语。人问从何而来，仅以手指西方，因此皆以为从天而降，群众拥之举在肩上，迎之为西藏王，称为仰此折魔——又名肩上王之义，从此人民遂得安居乐业。

其后传五六世至拉托日额则王，人很英明，雄才大略，颇有武功。忽一日有一部天书为五色彩云环绕，降落于国王的楼上。当夜，梦中有一位神人指点国王说："五世以后有人能理解这部天书，须好好保存，切勿遗失。"因此传到第五世王松贞杠布时代，到印度聘请来许多佛教学者专家，到西藏来研究这部天书，首先便知道念天书内六字铭：嗡、嘛、尼、贝、美、嗡——即南无阿弥陀佛之意。

藏王松贞杠布统一国内，武功最盛，便向中国大皇帝求亲。中国把文成公主嫁给国王为王后，在许多妆奁中，有一尊金身的释迦牟尼佛8岁时的塑像。同时尼泊尔国王也把公主嫁给藏王为妃，同样地也带来释迦牟尼佛6岁时的塑像一尊。因此派大臣伦嘆加达在拉萨海面上建筑一所规模宏大的佛寺，供释迦牟尼佛于寺中，朝夕礼拜，点灯敬香，另外供一尊观世音菩萨，从此风调雨顺，国泰民安。

松贞杠布王朝，为西藏极盛时代，创造西藏文字、历史文化，从此开始，其后再传两世，在许多佛教徒中，很有学问的7人，能运用神通的9人，创别于普通佛教、另成一宗派的"彭布教"，所祀神灵为顿巴协热，敬神以杀牲献佛为敬礼。

1. 红教

藏王赤松德贞从印度请来高僧宝特萨托，传显宗法，同时又请来一位莲华祖师传密宗法，当时两法在印度都极盛行。有一部经典名《刚久》，计100卷，另一部经典名《典久》，计200卷，这时期的宗教乃释氏真传的红教，距今有1201年的历史。

红教兴盛于340年，这时的西藏王仰此藏布传红教33代后，国势渐衰，红教也因此逐渐衰败。

红教衰败之原因：藏王竜达麻妄毁谤佛教，攻击异己，杀戮喇嘛，最后他也被人刺杀，红教因之一蹶不振。

2. 花教和白教

帝鲁叭从印度请来高僧传花教，但与红教无显明差异，在印度原只分显宗和密宗两种修法，传到西藏后才演变为两教。

花教——藏名萨迦，教主为萨迦葛麻，传花教25代，传播不广。

由白教——戛举承继。

白教——藏名戛举，又称迦马，教主为帝松泉布，传白教33代，后藏有一国王，在白教衰败后，又单传3代。

在白教盛行期间，西藏政教权统一由国王掌握，同时有中国皇帝暗中帮助，故流传比较顺利，教徒分布也很广。自五世达赖罗松降楚时代起，形式上虽传白教，但同时也尊重红教及其他各教，至六世达赖聪翁降楚——又称为风流达赖时代，只偏重红教，故受其他异教的攻击最烈。

白教衰落原因：内部腐化，只重视财物，不深研经典，后被黄教势力压倒。

3. 黄教

大宝法主第四世弟子宗喀巴——藏名格鲁叭，为黄教教主，距今593年前降生于贡布寺。当时为争夺政教权，引蒙古兵进入西藏，压迫红教和白教，例如西康巴塘、里塘一带红教寺及云南中甸归化寺原为红教，受压迫强行改为黄教。

至七世达赖甘总降楚时，距今243年，执掌政权7年，仅重视黄教，限制其他各教派活动，当时申言要清一色的黄教，曾多方摧残红教和白教，故直至近百年来均为黄教势力占优势，其他各教仅维持原状，并逐渐衰落。

4. 黑教

黑教为彭布教的流传分支，是西藏原有的旧教。自莲华祖师及宝特萨托两人到西藏传播佛教后，极力反对杀牲献神，认为极不合佛家慈悲宗旨，遂失去广大人民的信仰，逐渐自行消灭，现仅残留边远山区一小部分。

二、达赖喇嘛世系

达赖一世　根敦直巴——只有教权而无政权。
二世　根敦降楚。
三世　斯蓝降楚。
四世　云古降楚。
五世　罗松降楚——政教权合一，尊重红教，其他各教也一般尊重。
六世　聪翁降楚——又称风流达赖，偏重红教，故受异教攻击。
七世　甘总降楚——偏重黄教，压迫红教和白教。
八世　觉巴降楚。
九世　隆朵降楚。
十世　持逞降楚。
十一世　克鲁降楚。
十二世　此来降楚。
十三世　土登降楚——政教极英明。
十四世　丁真降楚——恐已逃亡印度。

三、喇嘛寺分布状况

寺名	教派	喇嘛人数	地址
德波寺	黄教	7700人	拉萨
戛登寺	黄教	5500人	拉萨
塞拉寺	黄教	3300人	拉萨
上密宗院	黄教	500人	拉萨
下密宗院	黄教	500人	由西藏政府供给全部用费
哆吉召（又名金刚寺）	红教	400人	拉萨
彭卓林	红教	500人	拉萨
萨迦寺	花教	500人	拉萨
叭崩寺	花教	800人	西康德格
彰喜庆	黄教	1000人	青海玉树
贡布寺	黄教	1000人	为宗额巴降生大寺

每年朝西藏拉萨的喇嘛，按所在地区属于那一大寺。另外同一大寺内部又细分为各地区小寺或禅院，依照各自教派引进，秩序井然，不容许紊乱。

四、喇嘛教清规戒律

佛法五戒：杀、盗、淫、妄、酒。

身三孽：杀、盗、淫。

心三孽：贪、嗔、痴。

口四孽：妄言、巧语、两舌、恶口。

详细规定有戒律253条，由铁棒喇嘛执法，出山门须向他请假，准时回来销假，否则即受处罚。

五、活佛的来由

宗喀巴获得黄教及全部西藏政教权后，欲巩固权势，创活佛化身转世之说——实即世袭不为外人侵占的统治思想。

当活佛在生时，常巡游各地，暗中调查聪慧敏异的儿童，默记于心，等到临死前或预留遗嘱，或生前预言便明白告知他所需要的继承人姓名、年龄及详细地址，让喇嘛们遵嘱迎回寺中照常供养，继承活佛的地位。

因此弊端丛生，当时蒙古王公大臣要他们的子弟能转生为活佛，用以扩大他们的势力，增加个人财富，平日多有贿赠金、宝器物给达赖和班禅，希望得到他的欢心，所以后来转生的多半为蒙古族的子弟，这样自然也和世袭没有差异。因此所谓圣童，纷然群出，互相竞争，无法分辨真伪。直至七世达赖甘总降楚时代，清政府为防止流弊与争端起见，于乾隆五十六年，对喇嘛教的选举活佛定出抽签办法。制造同样的金瓶两支，一支存留于西藏拉萨大昭寺，用来决定达赖活佛的继承人；一支存留在北京雍和宫内，用来决定蒙古的呼图克图。

从许多“圣童”中，选择活佛死后10个月内诞生的12个儿童以普通活佛的生活习惯试验，逐渐剔除，最后剩下3人，为活佛的候选人，写这3人的姓名在签上，插入金瓶内，在佛前读降圣经后，由大喇嘛抽出一签，中名的便决定其为活佛。

联络一小组

丽江区材料之十三
——中甸尼西区、格咱区、哈姆谷村资料
中央访问团第二分团
1951年2月出版

丽江区材料之十三
——中甸尼西区、格咱区、哈姆谷村资料

编者声明

这些材料是我们从1950年8月29日至1951年1月31日（其中大部时间是在行动中），先后在圭山、丽江、保山、大理、武定、楚雄等地区进行兄弟民族访问工作中，通过当地干部、民族代表及熟悉当地情况的人士所了解的一些情况。为应各有关机关之急需，仅将原材料加以整理，尽量避免主观分析与结论，在文字上仅要求念得通、看得懂。但由于是短期的访问与了解及仓促整理，情况难免不真实或不深入，观点难免错误，文字烦琐或不通顺。故仅能供各有关机关进行民族工作的参考或进一步考察的线索，并望于今后的调查研究，加以校正。

1951年2月　日

一、中甸尼西区资料

（一）一般情况

（1）民国初年时本区人口有六七百户，因多年来内外相互打杀及到喇嘛寺当和尚——归化寺中尼西区的人最多，几乎每户均有1人。现该区仅370来户，内有汉族18户。

（2）经济生活：

A.土地：尼西区地势比大中甸稍低一点，山多土地少，不若大小中甸有大坝子，本区乃中甸县土地最贫瘠之一区，一般土下二三寸即见石头。本区无地主，每户多少均占有点田地，唯大多不够种，全区除四五户每年收获足用外，余均不足，只够四五个月吃。在近金沙江的地方才有些水田。

B.农产物：以青稞为主，其次为苞谷、苦荞、甜荞，再就是小麦、小米。蔬菜只种蔓菁，不产洋芋、白菜。各种作物每年只能收一季，有的好地种小麦后可种苦荞，但好地不多。每架牛地每年可收苞谷约2石（每石约350斤）。

C.农具：犁为铁质，自制，十分简陋。山地多用锄，亦有本区自造者。畜力以黄牛为主，尼西因少水草，不养牦牛，黄牛每户均养，山羊每户养数十不等。

D.副业：本区因可耕地少，人民只靠农业不足过活，要以副业来补助生活：

a.陶器：本区有3个自然村，即木苴古、细奔古、都细古，3村共有30余户，差不多每户都做瓦器，出品销往德钦、维西、中甸，少数销往丽江、西康及西藏等地，每年收入占3村总收入50%以上。

b.木器：造木碗、糌粑盒及别种用器。桥头、行多二村均造木器，此二村共39户人，几乎全做。出品销往西藏者多，次则销往丽江、大理、保山一带。

c.经商：到丽江、大理买茶及盐，销往德钦、拉萨等地，回来买呢子及布匹。尼西人做盐生意的最多。

d.借贷：缺钱少粮者都向喇嘛寺借，有时也向个别的有钱的和尚借。人民不欠喇嘛寺的钱粮者极少，例如区政府所在地之尼西村有18户人，2/3以上都借喇嘛寺钱或粮食。一般借期均为1年，唯利息以月计，月利2分。借粮算年利，利为15%。借钱、粮均要妥当的保人才能借到，不要押头，保人有代债方负完全偿还之责——如借债人无力偿还时。

（3）男女在劳动中之分工：

田地中的工作男女皆做，女人也会犁田。女的较男的在田中之劳动多，因男子须出外经商。

（4）财产权：

喇嘛在社会中占有特殊地位，家中如有喇嘛，则财产之权操在喇嘛手中；如无喇嘛，则操在女子手中，继承权亦属女子。

（5）文教：

尼西区无学校，懂汉文者无。90%以上连藏文也不识，学习藏文也由家中长辈教，目前正筹划设一小学。

（6）干部：

区政府共有5个干部，其中1人为共产党员，人少事多，干部有增加之必要，尤其无女干部，妇女无法动员起来。

（二）民族关系——几件纠纷事件

（1）有一次（年月述者遗忘），东旺和尚（归化寺）梅牛娃（国民党时代中甸民团大队长）率东旺百姓到尼西格咱村劫去珍贵佛具、财物及牛羊，并焚毁房子1所，牛羊后来被追回。

（2）1947年，东旺人翁扎领兵到尼西哈拉村将义杞杀死，劫去牛马40余匹，尼西后来邀集喇嘛寺人追击，索回枪1支，杀死了翁扎，此事经双方谈判后马匹也收回了，义杞及翁扎均死，一命换一命，各不再赔偿。

（3）1949年11月，尼西区和尚毕羊格龙由中甸驮茶往德钦出售，行至查不拉头，被东旺人劫去，毕被杀死。

（4）1948年，尼西有一民团队长冯六五到朝山（鸡尾山）去，于牛街附近为人杀死，劫去手枪2支及半开万余元，曾请专署追究下落，因使尼西人对汉人仇恨在心。同年有12个尼西和尚到保山、腾冲一带做生意，带有驮马三四十匹及半开两三万元，途中均被劫去，人被杀死11个，余1人逃回，为了“报仇”，1949年10月，由汪学鼎为首率人马160余人，经江边到达石鼓一带焚杀抢劫。

（5）民国十九年，乡城及东旺人到江边抢劫，途中被大小中甸及尼西会合之兵截住，大打一次，前者抢得之财物又被后者劫去。

（6）1944年，大中甸6个自然村配合东旺阿坚的人马，到小中甸来刺杀汪学鼎，焚屋6所，汪逃脱幸免于死，后回小中甸召集该地各村及尼西人合击大中甸6个村，焚毁房屋90多间，此事后由国民党营长何汝英出面调解，令6村向汪赔罪，并赔款2万多元，但6村被烧房屋却一字不提，6村人民至今犹怀恨在心。

上述刺汪的缘由，是汪的手下有一大队长名夏根，因购枪与国民党宋希濂有往还，汪疑其不忠于己而杀之，夏根和尚是阿坚之徒，在6村又有声望，阿坚为徒报仇，故集6村人合谋杀汪。

（7）1939年，东旺之梅牛娃新建房屋落成，阿坚派人假送礼往贺，用计杀死梅（梅是汪手下人）。

（8）尼西与小中甸也有隔阂，1939年至1940年，尼西区的人拉查加曲带了二三十人到丽江之外塔城村抢劫，汪不满，乃向尼西村进攻，劫去从丽江劫来之财物，并将尼西人的财物劫走，由此尼西人与小中甸之间也种下仇恨。

（三）反映的意见

（1）由中甸上桥头到奔子栏，经西康到德荣县属的40多里一段地，传说是西康的“借地”，但无任何可靠证据。这段从中甸到德钦间的路是比较难走的——以往土匪最多。目前为支援解放西藏，这条路已重要起来，这段路属尼西修筑，但历来人民都是向西康上粮的，因此尼西人以为应归西康来修筑，而西康人则以为这路界属云南，因此应由云南尼西人修筑，故此路不能很快动工。

（2）上桥头之木桥是滇、康交界上之重要桥梁，现该桥已破烂不堪，倾斜将倒，要求以民办官助之方式将此桥改为石桥，以求一劳永逸之效，并利交通。

二、中甸格咱区材料

（一）一般情况

（1）人口：全区共600余户，全为藏族，上八甲（东旺）约占全区人口2/3。

（2）经济生活：

A.土地：本区除格咱村有些平地外，余均为山地，尤其东旺，山多土不肥，且缺少草地，不能多养牛马，又因多年来彼此打杀，人民涂炭，逃往江边丽江一带谋生者不少，是故本区田地荒芜很多。

慈庸念哇为本区最大地主，其他地主不详。

B.农业：

a.作物：出青稞最多，小麦次之，再次为苦荞、洋芋、苞谷、蔓菁等。青稞在三月下种，七月尾收割（小麦亦同）。耕种土地面积以“架牛”计算，一架牛地约出青稞2石5斗，不好时产1石5斗，小麦每架牛地比青稞少收1石。此地以20筒合1斗，每筒约市斤1斤半，每架牛地年产青稞约750市斤。

b.食物：以糌粑、酥油、荞粑为主，缺少蔬菜，只有蔓菁及洋芋。

c.农具：铁犁由永靖来，木犁可自造，锄头也有铁、木两种，十分简单。

d.男女劳动之分工：女子在土地上工作一般比男人多，男子于犁田后多上山打猎或牧牛，因此田中事多由妇女担负，打柴、喂牛、背水等也由妇女做。

e.租佃关系：地主少，佃户也少，一般租额秋收后将种子与草留给佃户，然后平分剩下粮食，佃户得替地主放牛。

C.副业：

a.家家造酥油，吃不完的便出售，换回需用什物。本区阿文夏村产麻布，但不够供给全区使用。所造酥油贩往丽江后，买回盐、茶、布等。

b.农闲时男子上山打鹿及其他兽类，可得麝香及其他兽皮。

D.借贷关系：缺钱、粮的，多向喇嘛寺借贷，借粮年利15%，借钱月利2分，均不要押，但得有妥保。也有向有钱户借贷的，如翁山村共有70多户，几无不欠该村大户慈庸念哇家钱、粮的，有时利息比喇嘛寺高1倍。他势力很大，这次派代表到大中甸开会（中、德、维联谊会），代表即由他指定。

（3）文化教育及干部情况：本区无学校，只有一二人懂汉话，小孩读藏文者有七八人，两三人合请一个会藏文者教，逢年、节送点礼品给先生。

区政府只有干部4人，地区辽广，一逢有事便忙不过来，又加干部水平不高，许多工作无法推动，因此希望多培养干部。

（二）民族关系——过去发生过的一些纠纷

（1）民国元年，乡城之哇扎率人马抢劫，经格咱到中甸，次年来抢格咱，烧杀一番。原该区有108户人，事后只余96户，这次东旺也受大害，被烧房屋700多间。

（2）民国十九年，东旺及乡城联合到江边一带打劫，返途中被大、小中甸及县政府截住，在大中甸打了一次。

（3）民国二十八年，西康之东尼及甘格林两村，到格咱抢劫，焚毁房屋无数。

（4）1946年九月，乡城匪首呱地马拉到咱格杀人3个，劫去牛74条；同年8月，乡城有11人来格咱（经商过境），内中3人为上次来劫之匪，并赶有骡马42匹，格咱人为了报复，乃攻打之，结果乡城2人被打死，9人逃回后即召集民团数千人准备来杀格咱，一面派人来威胁格咱赔偿，否则武力解决。经喇嘛寺调解，决将夺乡城之马退还，并赔出人命钱86000元，格咱区人民出60000元，其余由中甸人分配赔偿。

（5）今年（1950年）七月，乡城人到本区来劫去7匹马，八月又劫去5匹，格咱区人追击，双方互有伤亡。

（6）没落村代表说："几十年来受过不少抢劫之害，报县府县府不管，过去本村有三十几户，现在只剩十六七户了，东旺八甲人过我村时常任意拿东西，我们人少力弱，忍气不敢反抗。"

翁山村代表齐里皮楚说："过去我村有50多户人，现只剩30余户了，这些（少了的）户不是给乡城俘去便是逃亡到江边去了。乡城人过村子时，任意住吃，不出钱，做生意回来路过时还常拉马去，我们也反抗过，但没有一次不被杀败，本区又在东旺人出山口之处，因而常受双重灾难。"

（三）要求

（1）在本区办一学校，提高文化。

（2）请政府派部队驻格咱区，以免乡城人来作害。

（3）因多年劫杀，本区逃亡丽江江边的人很多，土地荒着无人种，希望政府帮助把这些人召回来。

（4）过去纳粮税是每斗合半开7角计的，即每斗青稞的粮上7角钱，如今希望县政府照旧例办，即上钱不上粮。

联络一小组

三、中甸县大中甸区第二村（哈姆谷村）调查

哈姆谷位于大中甸坝子的西山脚下，前临一草泽（人称海子），背靠山，属第二行政村的一个自然村，据说这是大中甸坝子最苦的一村。

从前本村共有30户，生活一般都还好过，后因连年遭匪祸，人口减少，生活下降。有一个火头叫起皮的说："我家的房子被烧了3次。"在距今30年前被乡城土匪（匪首瓦渣）来抢烧了全村，仅剩1家未被烧，人民东逃西散，有5家逃亡未回。接着又害了一场大瘟疫，共死30多人，全村死绝的有5家，只剩下20家了。在距今20年左右，东旺匪百余来抢，村中民兵曾与之抗拒一日夜，不敌，全村逃往尼西区躲难，匪尽掠全村牲畜财物，洗劫一空。此后数年"耕田无牛用人挖"，又有4家完全破产，"抬不起门户"，只剩16家抬门户（但直到如今，全村每年仍要出30家人的负担），之后仍年年有小股土匪出没，或偷牲畜，或拦路抢劫，有些年头，"走路都走不通"，人民始终不得安居，生活日益低落，以致没落破产。

据我们调查，全村现有17户，其中一家已完全破产（无房无家无地，家人分散出外卖工游居），居民均藏族，自称"蛮家"，均一夫一妻制。主要以农业为主，畜牧居次，不会出门做生意。土地瘦薄，出产少，生活很苦，都是中等以下人家，尤以贫户居多。

男多做和尚，家中有子大多送到寺里去做和尚，大多数人家都有和尚，有的甚至一家几个和尚，做和尚是最大的幸福和荣誉，儿子做和尚，家里多招女婿接嗣。女亦有在家做尼姑的，但不及和尚多，故代代相传都只留一根后代，永远不分家，人口不发达，劳动力少。和尚全年的伙食需自家庭负担。

土地均沙地，豆类很多，土质低劣，出产微。"2架牛才抵得城边的1架半地"，草泽边因洪水泛滥，荒地很多。又因气候寒冷，不适耕种，地里只夏季种一季，主要产物为青稞，次为荞子，小麦、燕麦极少。又因劳动力少，土地荒废。本村破产了的10多家土地至今仍无人耕种，仅由村人共耕6架，用来代他们负担一部分"大粮"。

牲畜也不十分旺盛，羊在此地养不活，易死。"人太穷了，没有一家养得起牦牛的。"副业只有砍柴卖，砍柴需翻山去，用牛驮回，贫农连砍柴都砍不起。村后有山林两块，但不准砍伐，"有山神，砍了人马会死"，也不准打猎，说"打了人马不安"，护林不需禁令就搞得丝毫不犯。

负担的名目很多，且畸轻畸重，"大粮"最重，其次是"酥油粮"，再次是"钱粮银子"（全村46元甸币）以及柴（一年每家上1驮柴），都是交给县府又转给嘛嘛寺的。本村特重，因16户要负担30户的，年年不变，如交大粮除了16户的正额外，还需代没落户负担246斗。此外，每年上县府20斗，上大寺32斗，"不知是什么粮，不知为什么上，别村都没有，光我们村有"，还有每年上大寺的"断黐"费1斗米（每家1个，共30个），上给格咱区道师层层"断冰雹"费6斗。

因村前有草泽，泽口的落水洞太小，夏季洪水泛滥，冲走泽两面相通的桥梁，阻断了进城的道路。水大时，只能划渡船，秋季水落，但河沟纵横，路仍不通，故每年要搭一次桥。桥共计有100多道，修时每家出粮出人工，费时约二三十天，消耗很大，群众感觉太苦了。故目前迫切的具体要求是：（1）减轻负担，按实际户口数上，由30户的负担减为16户；（2）请政府治水利补助修桥，防堵水患。

村里有一公“经堂”，亦为集会公房，雇有邻村一瞎眼老妪看守，每日早晚烧香两次，年给伙食青稞6斗，由村人负担。另各家各有一经堂，富农的经堂修饰得庄严华丽，供佛，为一家最清洁肃穆之地。女子不得入，和尚始可自由出入，俗客不得进，贵客始得进。

阴权家　钱冷扎啥

阴权家是本村第一家较好过的富农，前几代即富有根基，历代有娃子，不欠债，是全村唯一的一家。

现在只有3口人。钱冷扎啥65岁，家长。31岁起做火头，做了3次，61岁起当老民（今年儿子死了，请假不管公事），每天在家烧火做饭。有一独子今年死了，原有儿媳，讨了16年不生子女，貌美，好吃懒做，后自行改嫁了（改嫁时还要走甸币1500元）；再续娶，这媳妇最能干，下地领工做活，好劳动，生有1女（6岁）。

原有和尚2，为钱冷扎啥之兄。大和尚经典高明，赚钱多，均已死，儿子也死，无孙。老头懊伤说：“儿死后无希望做和尚了。”

有老男娃2人，是兄弟，其母即为钱家娃子，“不知其父”，兄50岁，弟40岁。从前兄在家做各种劳役，弟会做木匠，常在外卖工，为主子赚钱，现兄因操劳过度，已不做重活，仍可算半劳动力，弟代兄做重活，不出外卖工，下地、砍柴。

老娃子（兄）从前与本村甘满家老女娃子姘居（娃子配娃子不能公开结婚），老女娃子生一小男娃子，今年18岁，在村里上一贫农家的门（入赘），去时制一套衣帽鞋袜给他，女家出了甸币150元（合30元半开）的身价。

二娃子与本村孤驴家寡妇恋爱姘居，不敢公开承认。

有女仆2人，均是本村贫农家女子，儿死后才雇来的，每年每人工资甸币150元，另供粗衣1套、鞋1双，下地做活均由媳妇带工，终日劳动，无闲暇。

全家共7人吃饭，4个半劳动力。

有地28块（即28架牛）自耕，今年以21架种青稞、6架种荞麦、1架种蔓菁，产量是青稞约250斗（老头说150斗，娃子说180斗）。荞麦产量据娃子说是130斗至140斗，老头说100斗。去年遭水灾歉收，只有今年的2/3，去年仅够吃，今年有余。

农忙季节，春耕、夏耘、秋收时均需雇短工，全年共约雇100个，给钱或用麦折（春夏季每工付甸币2角，秋收4角。目前麦价甸币1元买两筒半——每筒1斤4两）。

有乳牛6条，4天可出一饼酥油，夏季两天一饼，吃不完。

有耕牛3条，驮牛1条，马4匹，羊4只，母猪、小肥猪共12头。

砍柴卖，去年由儿子去砍卖，今年由二娃子上山砍，儿媳妇驮进城去卖，农闲季节10天去三四天，一天两驮，可换1斤盐或1坨茶，冬季卖时多，其余季节少。

每年上县府“大粮”30斗青稞、酥油2饼，“钱粮银子”甸币1元2角，另替没落户上大粮3斗。每年上大寺粮1斗半，给第一村的层层（道师）青稞1斗。

民国二十二年，“大理独立营”驻中甸，派了1次枪费交90元，原说买枪发下自卫，后被李营长和夏根队长吞了。民国二十六年，派出了1支独子枪，后又派出了1支码子枪。

3年前松耀魁四总盖新房子，派了一大车木料。

生活情况：住房很宽大，有正楼1大间、耳房1间，有围墙、大门、天井。主人穿的较好，有毛衣、布衣。娃子穿破烂粗布衣，无鞋，冬天脚被冻裂，娃子终年终日不得休息。

平时全家每天吃十四五筒青稞面、1筒荞面（包括牲畜在内），每日1餐酥油糌粑、1餐荞面粑，农忙季节加1餐酥油糌粑。全家每6天吃1饼酥油，4天吃1坨茶叶，五六天吃1筒盐巴。一天烧二三驮柴。每月需青稞15斗、荞麦6斗、酥油5饼、盐5筒半、茶7坨半、柴75驮至90驮，全年需青稞180斗、荞132斗。

匪祸情形：距今30年前被东旺匪烧了1次房子，17年前被乡城匪抢1次，抢去牛两条、马4匹及什物衣服等甚多。

康角家　独鸡

（1）人口：家有8口，家主独鸡，63岁，当过3次火头，今年起当老民（此刻去中甸开代表会了），他已不能劳动。大女儿42岁，家庭中主要的劳动力，招女婿3年前到维西做生意，拐骗了人被杀死了，生1女4男，女16，已得力，天天挑水，也可下田做活，长子当和尚，次子13岁，可放牛，三、四子尚幼。婿死后，大女儿与克松村道师私姘，8个月前生1女（村中又有说是与家中男仆）。二女儿40岁，在家做尼姑，下田最苦得，好劳动力。

（2）和尚：有和尚2，一为独鸡之子，45岁，进西藏朝大佛，已9年未归；一为长孙，20岁，当了5年，今年进藏去了，不做生意，伙食由家庭供给。

（3）仆奴：有一男仆，即三女婿，第五村人，年32岁，来当长工已7年，家里很贫，因是亲戚，未讲工钱，只供衣服，有时自家短时可赊借些，故全家有9人，4个劳动力。

（4）土地：有地10架半，6架种荞麦、2架种蔓菁、1架种小麦，去年水灾，只收青稞160斗不够吃，今年约收青稞220斗、荞麦150斗、蔓菁3架、小麦20斗，自称“够吃无余”。今年播种时打土雇工10个，收割时雇工20个。

（5）家畜：有奶牛4条，5天可出1饼酥油，夏季3天1饼，仅够吃。有小牛4、驮牛2、耕牛3，羊（大、小）共18只，骑马1匹、骡马2、小马3，有老母猪2、小猪8、肥猪5。

住屋很新，有一正楼、一耳楼，很宽大，但男仆不得住屋内，睡在走廊上或火炉旁。

（6）匪祸：据大女儿记忆所及，她年轻时家里曾被抢3次，房屋被烧1次。

拉呀家　罗梯

（1）人口：家有6口，罗梯33岁，本村人，于11年前上门，当过3次火头。妻29岁，老岳母54岁，有2男（14岁、9岁）1女（6岁），刚又生一男孩。仅夫妻为劳动力。

（2）和尚：有和尚1人为妻弟，20余岁，进寺已9年，农忙时归家帮忙，伙食由家庭供给。

（3）土地：有地10架牛，但很零散，共20多块，6架牛种青稞、2架种荞、1架种蔓菁。今年产青稞115斗、荞25斗（10袋，每袋约2斗半至3斗），另可喂猪的红荞10多斗。去年青稞被淹4架牛地，荞1架、蔓菁1架。

（4）家畜：奶牛3条，小牛3，9天至10天可出酥油1饼。耕牛2，驮牛1，老牝马1，小马1，骑马1，羊7只，肥猪2，老母猪2，小猪8头。

（5）副业：10天中卖柴三四天，每次3驮，每驮经常价旬币1元，两驮可换1坨茶或1筒盐，其余“喝一碗酒”。去前年卖柴大多上了税。

（6）负担：年上大粮11斗、酥油34两；钱粮银子1两9，后改为旬币1元9角；过去柴草负担数不清，说不完。

当火头3年，每年春耕秋收时都为土司服无偿劳役。

国民党军队派夫马无数次，记不清，有两次被拉去背东西，不得吃还挨打。负担和尚伙食每月面3斗、酥油1饼、柴10驮，全年共需麦10斗、酥油12饼、柴120驮。

（7）生活情况：每天需青稞7筒、荞面2筒，全年需青稞126斗、荞麦38斗；四五天1坨茶，六七天1筒盐，10天1饼酥油。住屋是新盖起的正楼1座，很宽。

（8）债务：因房屋从前被匪抢烧，后又盖，去年借独口康参家旬币600元（年利20%）、青稞33斗（年利15%），钱、麦都还不起，只能付麦利，钱利都无法。

丽江区材料之十四
——中甸县人民团体初步了解
中央访问团第二分团
1951年2月出版

丽江区材料之十四
——中甸县人民团体初步了解

编者声明

这些材料是我们从 1950 年 8 月 29 日至 1951 年 1 月 31 日（其中大部时间是在行动中），先后在圭山、丽江、保山、大理、武定、楚雄等地区进行兄弟民族访问工作中，通过当地干部、民族代表及熟悉当地情况的人士所了解的一些情况。为应各有关机关之急需，仅将原材料加以整理，尽量避免主观分析与结论，在文字上仅要求念得通、看得懂。但由于是短期的访问与了解及仓促整理，情况难免不真实或不深入，观点难免错误，文字烦琐或不通顺。故仅能供各有关机关进行民族工作的参考或进一步考察的线索，并望于今后的调查研究，加以校正。

1951 年 2 月 日

一、妇联

（一）七世昌领导的妇女工作

1. 妇女会的组织

中甸妇女会是共产党领导的地下组织，开始由七世昌同志负责组织，当时是以打倒封建势力、解放妇女为号召。妇女会的正式成立在今年（1950）“三八”妇女节，当日有未婚女青年8人，宣誓入会，编成了一个小组。经过了4个月（3月至7月）的发展，又吸收7个会员，小组由1个增加为4个，分别由七世昌、潘锦云、陈唐恩、刘沛成4人领导4个小组生活。每星期开一次会，学习及讨论文件，如整风文献。但据七世昌同志说：大家并没有好好地学，主要这些文件对刚入会而大多数不识字的妇女来说，不能体会文件的内容，故都厌怕开小组会。再者会员入会的动机不纯正，有的为了解决自己的婚姻问题（例如：会员何凤仙在入妇女会后即向会里提出请求组织帮助她解除婚约）；有的则视妇女会为神秘而有权利可享的，认为解放军一到中甸，便有出路，再加她们都是觉悟程度不高，学习不努力。

2.妇女会的工作

妇女会开始是地下组织，以妇女识字班的面目出现。妇女会成立后，即办妇女识字班，通过识字班来吸收会员，但是识字班的妇女，不完全是妇女会的会员，开始办识字班时有35人，其中包括失学儿童5个，以中甸城分为4区上课，由七世昌、陈唐恩、刘沛成、潘锦云等4人（4人都是中甸人，人民完全小学的教师）各负责一区的课，识字班的课有政治常识（丽江区编的）、珠算、国语、歌唱，上课时间是晚间。分区上课至六月止，七月后4区又合拢在人民小学上课，将4个班以文化水平分为甲、乙两班。

3.中甸群众对当时妇女识字班的意见

入妇女识字班的学生，都是未婚姑娘，或已订婚的，她们最大的是22岁，小的十三四岁。这些未婚姑娘，在国民党统治时，有极少数是入学读书的，大多数是一字不识，群众突然看到姑娘们入识字班，又是晚间上课，教课的老师全部是男的，反应很恶劣，骂入识字班的姑娘不要脸，黑夜里出去干什么。就是入识字班姑娘的父母也竭力阻止她们入识字班。由于群众对识字班的反应不良，妇女会工作的展开非常困难，且领导妇运工作的都是男同志，无法深入了解妇女情况，人事上的纠纷又很多，会员与会员、领导与会员间也有人造谣，拨弄是非，所以领导妇运工作的七世昌同志，最后对妇女工作做了如此结论："妇女工作实在太难做。"

（二）何秀清（女）、何兆兴（女）领导的妇运工作

1.何秀清接办妇女会时的情况

何秀清是丽江县金沙江边人，25岁。她早何兆兴1个月到中甸，她到中甸正是妇女会混乱无人领导时（因七世昌也到昆明开会了），此时妇女会会员既不过组织生活，也不照常到识字班上课，且此时，正当青年团扩大吸收团员，妇女会一部分会员就集体转团，青年团也很需要女团员，很欢迎她们，转团很容易地就被批准了，已转团的妇女会员对妇女会就不感兴趣了。一部分不转团的会员，也有的退出妇女会（2人），有的认为加入妇女会既不能解决自己所要解决的问题。如七友胜（千总）的继室是七耀祖的妹子，她是被七友胜用抢婚的方法抢去为妻的，她与七友胜感情并不和，提出离婚，妇女会考虑到七友胜是土官有势力，若要解决此问题，牵涉团结上层的问题，教她暂时忍耐，以后再说，但她对妇女会很灰心，抱消极的态度。且大军已到中甸，妇女会也由地下公开出来了，但并没有给会员以多大的出路和希望，所以使她们对妇女会抱消极的态度，既不提出退出妇女会，也不过组织生活，在观望彷徨。

2.何秀清领导的妇女工作

何秀清是中甸县人民政府派她搞妇运工作的。她到中甸后，第一步做访问工作，个

别访问全体旧有的会员（转团或未转团的，退出或未退出的），了解情况。第二步向她们宣传妇运工作的重要性，会员在她们访问和宣传后，对妇女会有了新的认识，重新提起兴趣来。何秀清在妇女会旧有的基础上，扩大吸收新会员，新的会员一共有38人，整顿妇女会识字班，也以文化水平分为甲、乙二班，甲班有12人，乙班有35人（其中有男孩子3人），老师除何秀清、何兆兴二人外，还有潘锦云、曹建勋、雷振坤等共5人，上课时间和课程与原来旧识字班同，她们做了1个月的准备工作，正式上课是8月12日。

妇女会除了办识字班之外，还发动支援解放西藏工作，开荒运动，具体的工作表现是割草，每星期一、三、五整日到城外10里路上割草，草卖给来往运粮的马匹作冬天的食料（每15斤草可换大米1斤），现已割了500斤干草。……

3.妇女会工作的计划

何秀清、何兆兴二人说她们对妇女会的工作计划，目前工作的重点是城区，把城区的工作做好，基础稳固之后，再搞乡间的妇女工作，一点一点、一步一步地做。一方面是中甸的封建势力很大，另一方面是干部缺乏，客观条件很坏，所以妇女会不容易向农村开展工作。过去妇女会会员多是未婚的姑娘，只是妇女之一部分，没有重视家庭妇女，这是错误的。今后妇女会应多做家庭妇女工作，家庭妇女应是妇女会基础分子，也就是妇女会工作的对象。由于过去的未婚姑娘会员转入青年团后，她们既是妇女会会员，又是青年团员，应该负起双重责任，但相反地，不但不负起代会员的责任，而且轻视妇女工作，在某些工作或处理问题时，青年团的妇女会员，还站在与妇女会敌对的一方面，如此次访问团至中甸召开民族代表会，妇女会因照顾家庭妇女（因过去开农代会或丽江区各民族代表会的代表都是未婚的青年妇女会员被派出去，家庭妇女因家事太忙不能去），所以只派了两个家庭妇女为代表，结果引起妇女会青年团员的不满，而提出重新选举女代表，结果又选出两个未婚的会员。

这事使何秀清很伤脑筋，她说："家庭妇女认为妇女会的工作要她们做，代表妇女就没有她们的份，所以很消极。"何说："这些原因主要是家庭妇女会员太少了，若用民主选的方式选代表，家庭妇女人数少，就竞争不过未婚的青年会员，今后应多发展家庭妇女入妇女会，青年团员又是妇女会会员，她们的工作力量分散，而使她们常常搞青年的工作，而不搞妇女会的工作。"

（三）中甸妇运工作的困难

（1）妇运工作政府没有经费供给，工作需要用费时，都是领导妇运工作的干部自己拿出钱来，如妇女识字班的纸墨，都是教识字班的老师们捐钱买给学生。

（2）负责搞妇运工作的同志都是金沙江边人（如何秀清、何兆兴），她们不懂藏语，不能到乡村展开工作。

（3）中甸封建势力很大，一般群众及父老轻视及阻碍妇运工作。

二、商联

（一）商联会的组织情况

中甸城有316户，其中业商的有96户（酿酒45户、杂货35户、豆腐7户、食物店9户）。商联是中甸人民团体中较大的单位，开始组织于本年五月，由旧政府时的商会改变而来，商联的负责人蔡文生（旧政府时的会长）、陈禹、吴建国、林国钦、牛崇（旧政府县党部书记）、陶子盛等6人，也是原商会的负责人。商联自成立至今还没有什么工作表现，连商联全体会员大会也没有召开过。内部组织与分工也没有明确的规定，名义上虽有商联会，但内容还需充实。

（二）与商联有关的中间城区商业状况

商业种类及各业营业状况：

A. 酒业：

a. 中甸城里酿酒的有45户，约占全城各业1/2，其中42户是汉族、3户是藏族。300多户的小城，为什么有这样多的酿酒商呢？酒的销路不仅是城内，主要的还是整个中甸县的乡村，藏族或夷族等少数民族，很喜欢饮酒，但他们缺乏酿酒经验，会酿酒的很少，都到城里买酒，或城中酒户将酒背到乡间去卖，喇嘛寺就是主要的销售地。

酿酒的主要原料是青稞，也有极少数用小麦的。普通都是35筒（1筒不到1市斤）青稞酿酒1缸，每缸酒45碗。酿酒的利润是35筒青稞，约人民币14000元（每筒400元），酿出酒45碗合人民币22500元（每碗酒500元），一缸酒可赚8500元（包括人工、酒药、燃料在内），所以煮酒的利润并不高，其所以有这样多的人家煮酒，原因是中甸每家至少养一二头猪，喂猪料除了蔓菁就是酒糟，故中甸酒户主要不在酒的利润而在酒糟上，且酿酒并不是家庭专业，而是副业，多数酿酒人家还兼耕土地或兼做小贩。

b. 酒税：中甸人民政府的税收有酒、交易、屠宰，其中以酒的税收为经常及主要的收入。酒税共分3等：甲等（每月每户煮酒12缸以上者）税收为总产量的13%，具体的即每缸酒收5400元；乙等（每户每月煮酒6缸以上者）收总产量25%，即每缸酒收4500元；丙等（每月每户煮酒6缸以下者）收总产量15%，即每缸收2700元。

B. 盐、茶、布、糖（杂货）业：

盐、茶、糖、布等商户，中甸城中有35家。这4种物品是人民生活必需品，尤其是盐、茶，是每户每日不可缺乏的。茶在藏族生活里不同于汉族仅当其为饮料，而此地有把它看待成菜，吃糌粑可以不吃茶，但必须喝酥油茶，而酥油茶很少放糖的，大多数人都放盐，故茶、盐是家庭生活的主要开支。三口之家每月需茶3圆（3块），也有多至5圆的，平均每人1月需茶1圆。每圆茶在中甸的价格是2000元（中等的），即每人每月需茶费2000元，以全中甸人口计算则茶的消耗即可观了。

盐是盐井来的，盐井距中甸约有8日路，盐色红，呈颗粒状。盐中砂极多。

糖、布较盐、茶在藏族生活中是次要的，故中甸的糖很少成为高贵的食物。至于布，穿布的人很少，差不多仅限于城里的人，乡下的人都穿自织的毛呢衣。

C. 山货：

并无专门收山货的商户，只是卖杂货的兼带收买。中甸的山货种类有以下几种：

a. 虫草：野生产于高山，夏末秋初，有专门找虫草为业的人到高山去挖找虫草。寻找虫草并不容易，一日最多能找到八九百个，算是顶好的，虫草的价格最高为一斤8元半开（合人民币4万元）。

b. 贝母：野生药用，产于高山，中甸属之东旺区，出产较多。

c. 麝香：正二月下雪时，山林中的獐子都下山来寻找食物，猎人就用枪或狗打它们。獐子皮可作皮衣，肉可食。雄獐身上有麝香，药价额每个至少可卖五六十元半开（约二三十万人民币）。

d. 皮货：有狐、牛、羊、豹、虎、獐等皮，其中牛皮产量较多。

e. 酒药草：酿酒的酵母。

f. 竹叶菜：五六月时产于雪山附近，供食用，可晒干菜。

D. 豆腐：

做豆腐的有7户，都是汉族，豆腐原料为大豆，中甸不出产，都由金沙江边运来的。

E. 食品店：

共有9户，食物包括糖、饼、果物等零食。中甸城区附近不产任何果子，如梨等都由江边运来。

（三）中甸对外的商业情况

中甸对外的商业主要地区是丽江与西藏拉萨。

1. 丽江

往丽江出的有山货（皮货，尤其牛皮、麝香、酒药草、竹叶菜、虫草、贝母等）、酥油（乳油）及羊毛。由丽江输入的货物主要是茶、糖、布及粮食（米）。货物的出入口都不上税。商业利润：在丽江1筒茶（7块）买进12万元，在中甸卖出14万元；糖1盒（2块）2000元买进，在中甸卖2500元；酥油（20两）在中甸卖出需2元半开（1万元），在丽江卖12000元；羊毛1斤在中甸约8毛半开（约4000元），在丽江卖1元半开（5000元），利润约20%（包括运费、马脚在内）。

2. 西藏

西藏输入中甸的货物，还有咔叽布、香烟（黄十字，印度产）、氆氇（西藏毛呢）、毛毡、藏帽，主要是藏盐。由中甸出口往西藏的货物主要是茶，其次是松松（一种银币，1元约值半开一二元）、火腿、素粉。经商利润：一顶藏帽在中甸卖出20元半开（10万），在拉萨只需六七元半开；茶在中甸约5毛半开，在拉萨卖出需4元半开，利润最少在4倍以上。

3.喇嘛寺控制了中甸对外的商业

中甸往丽江、西藏经商的人，多数是喇嘛寺的，少部分是小中甸的人。喇嘛寺有大批经商交通工具——骡马（最多有100匹的），及雄厚的经营资本，在中甸只有他们及土司才够得上往丽江及西藏经商，多数中甸的小商人（有最大的本钱是蔡文生，也不过20万半开）在治安不好又没有骡马的情况下很少到拉萨去的。中甸城中的商人办货不是向喇嘛寺批发，就是向来往的马商购货，所以喇嘛寺是中甸进出口货物的集散地，如酥油的出口是先集中在喇嘛寺里。铁及盐也只有喇嘛寺大批地有，尤其是氆氇与毛毡城中商店没有卖，非到喇嘛寺买不可，就是鸡蛋也只有喇嘛寺才有大量的。丽江商人若买酥油、山货，都到喇嘛寺去才能买到多数的。喇嘛寺是进出口中甸货物的零趸批发处，因此它可以操纵物价，控制市场，虽然中甸进出口货物不收税，但经喇嘛寺转卖，就可以把物价抬高或降低。

（四）中甸是丽江与西藏商业往来的要道

中甸是丽江与西藏商业往来必经之要道，也是云南人入藏必过的地区，对西藏做大宗贸易的不是中甸人，即是丽江、下关、保山的大商人。当滇缅路封锁后，跑滇缅路的大商人，如茂恒等大商号，要继续做国际贸易，就不得不取道丽江过中甸至拉萨购买英国货，所以中甸顿时变为国际贸易线上的一个要站，它的作用是供给交通工具——骡马（商人向他们雇用马匹）及管理马匹的人。因中甸的人及马常跑西藏，对西藏的地理及人事方面熟悉，雇马及雇人工资是每人来回一转除伙食外得半开80元（约40万元人民币）、衣服1套、靴子3双，除此外，还可自带42圆（块）茶，工作是每人管理30匹马，每日上下30匹马的驮子（货物）4次。每匹马来回一次，除马料外得80元或90元（半开）。虽然一次，但就等于去了半年的时间，来回一次约需四五月，一年只能做一次生意，即夏初去、冬初回，春季与冬季这条路是非常难走的，雪堆积在路上，没有草，马没有食料。

来往的货物，入西藏的主要是茶，由西藏带回的是咔叽布、灯草绒、香烟等外国货，在贸易最盛时，1驮茶（约360块）换来咔叽布1驮（4匹），这利润之高是可想见的。

来往的马队有多至三四百匹马的，中甸在这条贸易路上也兴盛了起来，但日子并不长，昙花一现。中甸的上层你抢我杀，治安不好，最后一二年来往西藏的马队就不敢冒险过中甸，而绕路取道维西、德钦入藏了，这事至今在中甸商人（牛崇）反映中还叹息那样好的机会，中甸人自己放过了。

（附注：上面调查材料，根据雷振坤及牛崇所谈。）

联络一小组

三、职工会

（一）职工会的组织情况

中甸职工种类包括木匠、铁匠、皮匠、银匠、裁缝等5种。职工联合会开始组织于本年5月底，当时县委会将中甸手工业工作者普遍地登记入职工会，计有银匠4家、铁匠13家、皮匠24家、木匠13家、裁缝15家。但职工会的组织并不健全明确，直到我们到中甸止，只有名义上的职工会，且在过去一般将职工会与商联会混淆不分，故职工会的组织及负责人还没有明确选出，仅由和其伟（银匠）、苗后生[①]、杨文正负责，职工会全体会员大会也没有召开过。

（二）与职工生活有关的中甸手工业情况

1. 皮匠

中甸城区的皮匠共有24家，都是汉族，有的是鹤庆人，有的是丽江人，全是自己制革而又用以做鞋及靴的，故他们是制革匠，又是做皮鞋工人。

A. 制皮的原料：牛（牦、黄牛等）皮、山骡皮、麂子皮，其中普遍而主要的是牛皮。

B. 制皮的过程：先将生皮放在石灰水塘中透泡，透泡的时间，干皮与血皮不等，干皮（已晒干）须泡2周，血皮（刚剥下皮上面还有血）只须泡1周。然后将泡透于石灰水中的皮拿出，于熏皮的灶上熏，燃料是竹枝，须熏10灶的火。其次将已熏的皮，用柴枝抻伸晒于空气中约一二日，即成普通做鞋底的皮。但麂皮的制法除了上述的手续外，还需用手揉，再用刀削去内皮的一层，加上染料，染料是皂矾（德钦产）及猪刺（一种树木叶，中甸产最多）混合而成，先将猪刺煮透至烂，将它的水倒于皂矾中即变为黑色，用之染皮。

C. 制皮的利润：制皮利润，中甸的皮匠不直接计较。他们计较的是一张生皮变成熟皮，能再做多少双鞋子，每双鞋子除手工外能找多少。因为他们很少是专做皮卖的，普通一张大的生皮，买进约需16元半开，小的约需12元半开，由生皮做成熟皮，每张皮最多可赚二三元半开（包括手工、原料在内），所以皮匠都说制皮并不赚钱，主要是做鞋卖。

D. 做鞋的收入：一双鞋买进是2元5角或3元半开，除了原料、手工外，可找6毛或7毛半开，每天一工人最少可做鞋1双或1双半，应该每人每日可找进1元半开左右，将这1元半开在中甸生活，勉强可以过去，其实不然，顾主少，中甸购鞋人数有限，多做了卖不出去。所以订一双做一双，没有客人订就不敢做，生意最好的每户每月可卖20双鞋，由此看来一个皮匠做皮与做鞋加在一起也不过月入二三十元半开。

皮匠每月收入不多，其生活水准在当地说来是中下。制皮做鞋并不是家庭的专业，家庭中还需兼做小生意。皮匠生意的旺月是冬春两季（天寒每人都需穿鞋），夏秋季时他们就兼做小贩，丈夫做鞋，妻子做小贩，这样一家生活才能过。

---

① 苗后生，本文又作“苗复生”。——编者

2. 木匠

中甸城的木匠共有13家，除4家是汉族外，其余皆为藏族。他们纯粹是受雇工人，没有一个是自己开木店铺的，工作随雇主的有无而决定，因此他们一年最好能工作10个月，不好的空9个月、工作3个月。工作既是被动的，所以木匠不是他们的专业，在我调查的3个木匠家庭中都是兼耕田地，务农为主，木匠为副业。

A. 木匠之工资：木工分大工与小工，大工建筑房屋、雕刻，小工是修补桌椅及家庭用具。大工每日工资（除伙食外）至多1元半开（5000元人民币），至少7角半开（3500元）；小工7角半开，也有三四角半开，主要看工作决定，且学徒与师傅的工资又有分别，学徒只能拿师傅工资之一半。

B. 木料：木料多为杉木、松木及白松泡木，一大根松木只值5000元，且因缺乏锯子工具，一根木只能做一材子。

3. 铁匠

中甸铁匠有13家，有3家制犁、1家专打马掌，其他9家打鞋钉、刀子、火钳。中甸的铁由西康的木里运来，是熟铁，每斤铁价2000元，一斤铁可做100个或800个（最小）鞋钉，每24个鞋钉可卖100元[①]，一斤铁打成鞋钉可赚2000元。一个铁匠每日最多能打200个，最少80个，平均每日可得工资2000元到4000元人民币。

中甸打鞋钉的铁匠与皮鞋匠是分不开的，有直接的关系，皮匠生意好，打鞋钉的铁匠生意也好。1000元可买鞋钉24个或28个。

4. 银匠

中甸银匠共4家，3家汉人、1家藏族，其中手工最好的是和其伟家，他承接的工作是打手镯、戒指，镶木碗、枪头、子弹袋及护身符等物。一般说来，他们的营业对象是藏族及彝族，尤其藏族，身上最喜装饰银制物件，他们宁愿少吃，而愿花钱做装饰。一个木碗镶银，除银是自己的外，手工钱是3元半开（15000元），一只粗工手镯就需1元2角半开的工钱，所以比较起来银匠的每日工资较其他职工为高。但和其伟说：近年来因生活比较困难，藏族也很少来购打银器，一个月最好的生意是做15日工，有时七八个工都不到，尤其去年也没有做上4个月的工。最近3个月以来生意又较好，原因是藏族来城里开会，购打银器的多些。

5. 裁缝

中甸裁缝有15家，其中开店的只有7家，8家都是受雇裁缝，流动于城里城外工作。使用缝纫机的只有1家，而且也仅有1架缝纫机。9家是汉族、6家是藏族，汉族多承接汉衣，藏族做藏衣，一件藏衣工价2元5角半开，一件汉衣1元半开。

①100元，当为“1000”元之误。——编者

（三）工匠的家庭调查

1. 皮匠

张儒能，38岁（原籍丽江），自称汉人，祖先由南京搬至丽江，已五六代人，到中甸做皮匠有20年了。有两个男孩、3个女孩，最大的孩子12岁（女的），最小的8个月，他的妻已死了6个月。妻未死之前，是做小贩，背酒至喇嘛寺卖。全家6口人，生活自妻死后完全靠他个人做皮鞋养活，他说他有200个半开的本钱，没有田，只养一头过年猪，生活很困难，他唯一希望政府能办免费学校，让他的失学小孩能读书，他自己只识几个字。

2. 铁匠

朱学章，44岁，汉族（没有嗜好），全家7口，有80岁的老母1人（回族），妻40岁（汉族），有女孩3个、男孩1个，最大的是女孩，有11岁，小的2岁，全家文盲。没有家畜，不耕地，生活靠他打铁及妻贩卖梨、豆腐、酒为生。朱学章近年来身体有病，每日至多能打100个鞋钉，仅能每日找2000元，他妻做生意也每日找一二千元，可是每日全家开支，也需三四千元，收入仅够糊口。有时朱学章病倒，连做生意本钱都会吃光，然后又向喇嘛寺赊铁。一斤铁若用现钱买只要2000元或1800元，若赊借铁价就会要2300元或2500元一斤，这就是等于放债的利息。

苗珍，45岁，没有嗜好，略识字，汉族，祖籍南京应天府，雍正二年至此，现已200多年。家有7口：妻，42岁，汉人；女儿3个，大的18岁；儿子2个，大的15岁、小的7岁，两人都上学。家有黄牛3条、大猪3头，还自耕5架牛的田（年可收青稞1000多斤，蔓菁七八百斤）。苗珍专打马掌，每日可找工资5000元，生活过得还好，且自己有房屋1所。

3. 木匠

孙知什，父53岁，家有母黄牛2条、大猪3头，耕6架牛田。全家不识字，也没有嗜好，做木工还可以，可雕刻粗花。他常下乡工作，春耕农忙时帮助人家耕种，做木活只是他的副业，有时一年只有一两个月的工作可做，收入不能预算，也不能靠以为生。自己有房屋2所。

王有义：汉族，祖籍山西，红白旗乱征守此地，现已四五代人。略识数字，有2个儿子，也上过小学。家有2头大猪，耕2架牛的田，大儿子19岁、小儿子15岁，耕种地，租人家房屋住，每年付租金15元半开。虽是木匠，但也兼做屠夫，没有工时，他就帮人宰牛，每条可得2500元，或者自买一只羊来宰卖。

4. 银匠

和其伟，48岁，汉族（吹大烟），鹤庆人，中甸居住已2代。家有7人，妻系那喜族，50岁；有男孩3个，最大24岁（在丽江县干地方工作，在国立师范学校读过书），最小12岁（都在小学读书）；女孩2人，大的28岁，在人民政府工作，小的10岁。除母外全家识字，不种地，家有大猪4头。全家靠银匠为生。

5. 裁缝

宝财，32岁，汉人，红军长征时掉队留此。有1妻（鹤庆人），有两个男孩、1个女孩。缝工很好，开始往来城中及城外缝衣，后赚钱租铺开店。家有1马，业余往来丽江、鹤庆经商，运药材下去，买回杂货。有1架缝纫机（全中甸只有1架）。此外还有猪1头、6只鸡。

扎西定主，36岁，藏族，有1妻（藏族，34岁），有1子1女。耕3架牛田，有乳牛2条、房屋1所，专缝藏服。

由上面工人生活及家庭情况可以看出几个特点：

A.工人多为汉族，尤其皮匠，全是汉族，证明汉族手工业较藏族进步。

B.工人不是专业化，而是多业的，家庭生活不能单靠一种手工业为生，还须兼耕土地，或兼做其他生意。如：铁匠苗珍家耕5架牛的田，木匠王有义，兼做屠夫。由此可见，中甸手工业不发达是客观条件限制它。

C.手工业是定货制，还没有到市场交易的情况，生产完全被雇主限定。

D.工匠生活普遍是困难的。

（四）学徒制

中甸手工业的学徒制没有内地的严格，不是定型的制度，没有拜师的习惯，也没有学师的年限时间。如木匠收学徒手续很简单，学徒的父母向木匠师傅说："愿将自己的儿子送来做学徒。"经木匠师傅允许后，学徒就到师傅家来认识师傅（没有带什么礼物），然后回家，师傅若有人雇去工作，就来叫徒弟跟着一道去工作，在工作中教他如何学习。开始跟着的1个月没有工钱（并不是雇主不给，而是师傅收了徒弟的工钱），只有饭吃。1个月之后，略知使用木匠工具时，从旁协助师傅工作，此时可拿师傅一半工资，但还须再分一半给师傅。学师的时间没有限定，师傅认为可以出师时，就叫他出师，不叫时他是不敢出去的。例如：孙知什跟师傅工作了12年，他的师傅是中甸有名的好木匠——孙龙，他为了他的信用，看到徒弟还不太行，就不让他出师。但也有一二年就出师的，孙知什说："那是汉人的木匠学徒才会这样马虎出师，我们蛮家的不会那样容易。"以我的见解，并不是汉族马虎，主要还是徒弟本身的聪明及是否用心学习，除此外还看师傅工作之有无，若师傅被人雇的时间多，徒弟的学习机会也多，才学到东西，若师傅一年没有做1个月的工，徒弟的学习机会少，自然学师的期限要加长。与学师时间长短有关的，木匠学徒还有一特点：当师傅有工作做时，学徒就跟师傅去工作，没有工作就回家耕种，不住在师傅家里。中甸木匠多半是藏族，且藏族木匠是向藏族木匠学师的，这是其他手工业没有的事，一般说来都是藏族学徒向汉族学师的。

至于银匠、皮匠的学徒制与木匠的学徒制情形虽有些分别，但大致相同，相同的是没有拜师俗，学习时间也没有严格规定。不过徒弟住在师傅家，师傅供给伙食。一般说来，虐待徒弟情形很少，因为银匠、皮匠喜招汉人徒弟胜过藏族徒弟。原因据皮匠张儒能说："言语互相懂，好教育。"但汉族徒弟情愿学做生意或耕种，愿作学徒的少。所以找到一个汉人徒弟，师父是很高兴的。中甸皮匠多半是丽江人，若学徒半途不愿学下去，回家的路费，师傅还要代他筹备，师傅虽然看重徒弟，但对他的剥削也有的，在学徒期间，只供伙食，不给工资。

（附注：上面工匠材料，根据工人代表和其伟、苗复生所了解得到的，关于手工业情况是本人亲做家庭访问，经各业工人告诉的。）

联络一小组

丽江区材料之十五
——丽·鹤·剑·兰4县几项调查
中央访问团第二分团
1951年2月出版

丽江区材料之十五

——丽·鹤·剑·兰4县几项调查

编者声明

这些材料是我们从1950年8月29日至1951年1月31日（其中大部时间是在行动中），先后在圭山、丽江、保山、大理、武定、楚雄等地区进行兄弟民族访问工作中，通过当地干部、民族代表及熟悉当地情况的人士所了解的一些情况。为应各有关机关之急需，仅将原材料加以整理，尽量避免主观分析与结论，在文字上仅要求念得通、看得懂。但由于是短期的访问与了解及仓促整理，情况难免不真实或不深入，观点难免错误，文字烦琐或不通顺。故仅能供各有关机关进行民族工作的参考或进一步考察的线索，并望于今后的调查研究，加以校正。

1951年2月　日

一、丽江县民族关系及执行政策情况

（一）解放前民族关系

（1）清咸丰年间，第五区傈僳族妇人阿姑妈，以迷信号召傈僳族、彝族、苗族等，反对压迫她们的“大汉族”。她说，敌人的刀枪不能刺入她们的身体，她的镰刀一挥，敌人的头即落地。参加这斗争的少数民族有1万多人，经过2年，被反动统治者利用残酷的屠杀而失败。

（2）民国八年，五区仙姑村人民，因受当地统治者木廷（绰号木老虎，那西族）之种种压迫，起来反抗。县府派彝民前往剿办，彝民打头战，官兵跟在后面，后来打平了，缴获毛羊1000只、牛90条，但全部被段县长及蒋大人、木二大人装入腰包，彝人死了1

个，连说处都没有。本来彝族和三仙姑的那西族和汉族同胞没有什么冤仇，因被统治者指使，彝族就与三仙姑的那西族和汉族隔阂起来。

（3）民国二十五年，那西族的地主当权，借口彝族抢人，把吉那村（黑白水）的彝族赶到四川去。彝族不服，佩带武器来报仇。那时统治者又派别地的彝族打了一天一夜，结果吉那村彝人趁夜走开，从此彝族与彝族之间也起了隔阂。

（4）民国二十七八年，四外人为反抗统治阶级的压迫，发生了一次4万人的大斗争。首领是安和里（四外人），参加群众以四外人为多。根据地在老君山，口号是“下坝分田”。后被保安团镇压下去。

（5）丽江县干海子一带，原为丛密的森林。丽江那西族地主招彝人来开垦。初不纳租，只负“保路”责任。后生荒成了熟地，就逼着收租。现租额最高已达到40%，而且仍负“保路”责任。民国三十八年在干海子地区，古宗人抢了永宁那西族商人的驮马财物，保路的彝族100多人去追击，追击了一天一夜，古宗人退去。伪军才随后走来叫彝人把守河边，将所获财物如数收去。从此古宗人就与彝人隔阂起来。

（6）民国二十七年，李美英（彝族）的侄女，21岁，在放牲口，被兰州的3个彝族人抢去。追寻不获，告在县里，说是隔属不管。李家只得到四川去告，过了4年才回家。侄女也没有要回。李家心甚不安。

（二）解放后的民族关系（按系七支队初期解放时）

（1）一般那西族轻视傈僳、彝、苗。他们称傈僳为“僳僳”，称苗族为“苗子”，称西番为“巴苴”（赤脚之意）。城内、乡下、山上那西族也互相轻视。

（2）石鼓区中心小学内，汉族学生与那西族学生常发生打架，汉族学生会辩，那西学生辩不过就动手打，因此双方感情不好。那西学生身上常装着石头以自卫。那西人当校长，汉族学生不高兴，老师说那西话，汉族学生不愿听。

（3）西番地主怕受减租减息影响，对他的佃农（傈僳人）管理很严。解放前有事要把傈僳佃农召集起来很困难，现在他们觉悟了，要求减租退押和土改。

（4）在汪学鼎进攻丽江时，丽江第四、五、六区受灾，人民损失很大，虽经救济及当地干部解释教育，然在饥寒交迫中，见对江（金沙江东岸）人穿自己的衣服、用自己的器具、耕自己的水牛，甚为不平。今年大雨和地震时，无处藏身，他们更是愤恨，总想杀几个古宗人或对江人才甘心。

（三）执行政策情况

（1）滇桂黔边区纵队第七支队成立时，除向地主征借枪支外，曾把中甸古宗人来丽江做生意的枪支没收了10多条。

（2）解放后（按系七支队解放初期），地主恶霸被清算斗争者150多人。玉龙乡、雪松村连富裕中农也被清算。

（3）法普洛村有傈僳族14户，有7户信耶稣教，教堂在桥头沟。牧师为德国人Demose，解放后逃走了，由傈僳族万保福继任。我干部对耶稣教徒曾进行反迷信宣传，使万保福逃到不知去向。去时说："这次去不回来啦！"这村不信教的有7家人，与信教的7家人彼此对立，随时斗争，开会时你来我不来，使那7家不敢公开信教。

（4）仁义村人民有95%是傈僳，其中1/3信教，因受我干部反迷信宣传的影响，连耶稣画像也不敢挂，星期日也不敢做礼拜。

（5）丽江县干部以那西族较多，占90%以上，其次是民家，其他族干部极少。在开县人代会时，没有照顾到其他少数民族，以致没有代表参加。

（6）解放后我干部强调阶级斗争，普遍发动清算，征借和没收枪支，反迷信，使藏族喇嘛地主发生恐惧，另一面特务在挑拨，致使个别地主发生叛变，如藏族汪学鼎之武装进攻丽江。兹将其经过附下：

1949年10月，藏族地主汪学鼎，一面受特务勾结，一面受当地清算斗争的影响，遂武装叛变，率藏民千余人围攻丽江县，所到之处，即烧杀抢掳，人民损失甚重。兹将受灾区人民损失列表于下：

地区	第四区石鼓乡	第五区	第六区宝山乡	总计	全县
原有人数	13512	40750	7542	61804	166885
受灾人数	608	10674	178	13040	13040
受灾者占原有%	4.4%	25.2%	23.3%	21.1%	7.8%
原有户数	2560	7852	1490	2904	30413
被烧户数	150	650	200	1000	1000
被烧户数占原有%	5.7%	8.27%	13.4%	8.4%	3.25%
财产总损失（人民币）	301991000	2682191200	437040000	3421222200	
备注	死2人	死3人，伤8人	死32人，伤16人，拉去百余人，到江边时放了一部回来，中甸解放后又放了一部分，现有8人未回，什物仅存者2/10	牛马损失2000余头	

（四）县政府对灾民的救济

（1）农贷：1950年7月发了一次杂粮，秋收后还。贷给第四区2万斤、第五区3万斤、第六区2.5万斤。10月21日贷出种子：第四区小麦2万斤，豌豆5000斤；第五区小麦1万斤，豌豆5000斤；第六区小麦2万斤，豌豆1万斤。明年夏秋后还。

（2）征收1949年公粮中，特别照顾灾民，如红岩乡，原应征70万斤，后仅征12万斤。

（3）受灾地区暂不收租。

当地干部在此次事变中所得的经验教训：由于我们在少数民族地区工作，强调了阶级斗争、征借没收枪支、破除迷信，演成如此惨剧，事后深知执行政策错误，才连续写信给汪学鼎及喇嘛寺，讲明形势与政策，劝他们派人来讲和，不想未成功。幸经我解放军×部及中央访问团到中甸后才将汪学鼎争取过来。

二、丽江宗教概况

（一）喇嘛及其派系

（1）红教：为释迦牟尼佛的释教正宗。从印度传入西藏。据佛历推算已有1400多年历史。其后由莲华祖师分传为旧红教，藏名尼马；再传至地鲁叭，他又传给纳鲁叭，又传至麻二叭。他云游印度，带回大批新的经典到西藏。因别于旧教，又另创新教，藏名撒拉马。传到现在已有47世，为里丙突偈（藏名），又名大宝法王。第十六世又另创一支，名萨迦。

红教	尼马——旧教之意，又称为红教
	戛举——一个传一个中间不断之意，又称为白教
	萨迦——又称为花教

（2）黄教：为大宝法王第四世弟子宗喀巴，别于红教，另创黄教，藏名格鲁叭。

（3）黑教：在释迦牟尼的释教未传入西藏时即原有的宗教，为多神教。教主为东巴喜饶，因此又称东巴教。现流行于那西民族中。专替人民消灾、祈福、治病。

（4）东巴教：如上所述。

（二）喇嘛教组织系统

（1）活佛：世人转世，为喇嘛教主教。有无上权威。

（2）二喇嘛：以修持好，曾经闭关静修过，由群众推选为二喇嘛。其职务领导说法、讲经，又称为堪布，地位仅次于活佛。

（3）聪巴：主管全寺清规、戒律。又称为执法管事。

（4）翁整：主持经典，带头念经。

（5）操丙：为跳神时的领队者。

（6）初丙：为管理念经时法事的陈设者。

（7）昌准：为管理收租及对外交际者，又称为当家管事。

（8）捏扒：为助理管事。

以上各职位，凡未到过西藏拉萨受戒者不能担任。又入藏受戒前或做小喇嘛后需酌量自己经济力量请客1次，如本人无力量，需由其师父设法借给应酬。

（三）喇嘛寺的联系

丽江区十三大寺喇嘛，在文峰寺设静坐坛，藏名堵苛，为闭关静修之意。3年半结业。每寺至少选送2人至3人来学习，其经费由十三大寺共同分担。每隔3年半结业一期，再继续选送学员来学习。如未经此地学习者，即不能充任寺中上列各职位，更不能升为二喇嘛。遇有盛大集会，可召集各大寺喇嘛。平时任何地方喇嘛可到喇嘛寺去挂单，寺内即供给食宿。

（四）小喇嘛的来源

在康藏一带地方，人民受佛教熏陶较深，以孩子做喇嘛为荣，故有一子以上者，即以一子送去做喇嘛。丽江区一带“汉化程度”较深，人民多不愿自动送子为喇嘛，须由已受过戒的喇嘛，为传授其衣钵，到他的亲友家去要徒弟，其亲友子弟得到父母同意后，须备一份水礼送去，才能收入寺中为徒。所以这带地方喇嘛不多，且大半是贫穷人家子弟。衣食用度由其师父负责，直至升为受过戒，已静修过几年，有资格再收徒弟为止。解放前在反动统治时代，一般为了逃兵役，故多送入寺中做喇嘛。解放后收租不容易，经费支绌，伙食不易维持，结果多参军或还俗生产，故人数已逐渐减少。

（五）本区内喇嘛人数

丽江五大寺中，以指云寺人数较多，约有喇嘛50人；普济寺原有33人，还俗10余人；其他如文峰寺等，总计约350人。

（六）喇嘛寺占有土地及公粮负担

据丽江县人民政府财务科调查统计，喇嘛寺占有土地面积约1万亩。1949年度税银

6000余元，征粮配额为6万斤。已上纳1/3，限期缴纳2万斤，可能完成2/3。去年因佃户多受灾，且租额轻，为产量的15%。佃民有永佃权。

（七）喇嘛寺对政府之请求

（1）依照政府颁布减租减息后，请求保证交租交息。

（2）寺中生活无着，请求在1950年应征公粮配额未颁布数字前，在应收范围内准予先收1/10，以维持目前生活。因此地尚有一部分小春，夏租及秋租2份。

（3）丽江县第二区所属指云寺附近有一草坪，约20架牛地面，原拟由该寺喇嘛自行开垦，因秋收无着，无法筹出经费。突被拉是坝白马村人杨勋、杨丙、杨兴3家，吉祥后村何道、何文远，鹅里柯自然村全村10余家，吉祥前村木长耀、何真吉两家，未经该寺同意即强行开垦，全部种为荞子、苞谷等。且自行修盖住房3间，分3家占住。请求政府准该寺喇嘛向新垦住民收一部分租。

（4）在指云寺北面乃结，有四五架牛地，经吉祥后村住民向寺产接洽开垦，议定一半归喇嘛自种，一半由垦民种，但因上述那块未解决，因此垦民也观望，未履行诺言，请求政府准他们分一半自种。

（5）对指云寺菜园附近，有松林一块，解放后被吉祥前村人砍倒成材松树千余株，拟放大垦作耕地，经政府制止已不再砍，但已砍倒的树木仍在，拟请政府准他们喇嘛抬回寺中自用，并请以后保护森林。

（6）指云寺石鼓区土官村，庙房菜园一块，未经寺方同意被村人自行辟为球场，拟将附近树林地区辟为学校，请求政府制止，仍归寺方所有。

（7）普济寺在圣露活佛手上种有梨园一块，在寺侧面辖区内，已有收获。解放后普济村人来说，以前活佛在时我们不敢说，现在解放了，要平分给我村人享受一半，否则全部没收。请求政府保障。

（8）又普济寺附近，寺产有一块地，我们要响应政府号召，增加生产，拟自己垦作梨园，曾把栅木各种预备好，但村人阻止，要由他们耕种，请政府制止，仍准许喇嘛自种。

（9）指云寺梨园附近，另有一块10多架牛地，我们喇嘛开垦，被村人阻止，但他们又把它种成梨园和苞谷，请政府准许我们收回自种。

（10）普济寺原有的地产内，同普济人共有一座水磨，历年都各收一半，解放后被村人全部强收，不分喇嘛。请政府保障照例分给一半。

三、丽江县妇女概况（新民村调查）

（一）解放前妇女在社会上及家庭中的地位

在经济生活中，男女都参加劳动，但男女的地位却不同，也是重男轻女。女子在幼时与男子一样地放牛、下田、背柴、割草，同时还协助家务，但仍得不到父母的欢心。一般做父母的认为生男孩长大后可要进一房好媳妇，终身为家庭服务，增加家庭的劳动力。对自己的女孩则当作牲畜一样看待，认为嫁出去反是劳动力的损失。唯一的希望就是把她养得肥胖而且贤惠，能在出嫁时多卖几个钱。在这种情形下，妇女过去在社会上和家庭中都得不到与男子平等的地位。

（二）婚姻问题

民家男女与那西族男女，由于民族间之隔阂，彼此不相往来。即使在同民族间的男女也不能随便接触或谈话。父母对男女关系约束甚严，所以常发生暗地私通事件。

丽江的婚姻制度，一般是买卖式的，由男女双方父母做主包办。男女没有任何权利提出自己的意见，只好嫁鸡随鸡，嫁狗随狗，一切都置于命运。认为对婚姻问题提出相反意见对父母是不孝。在这种情形下，男女对婚姻常不满意，但也没有勇气反抗，唯一对付的方法就是自杀。

由于婚姻常出问题，因而也增加了家庭纠纷。譬如夫妻争吵、婆媳冲突等。有两句俗语可证明家庭内的不和睦——“细面揉的功夫，婆娘打的功夫”“夫妻打架常事，隔壁老妈妈多事”。以下有两个实例，可看出对婚姻不满的情形：

3年前，新民村有民家妇女杨七娘，是姊妹中最小的一个，幼时即由父母做主许配与禾海子村李国标为妻。二人从未见过面，彼此互不了解。后来杨七娘与德原村张崇德（民家）相恋。在距杨七娘出嫁前20余天，她与张崇德约好带着自己的私房钱财和首饰，先在丽江街上大吃一顿，同时买了两块白布，二人一齐到丽江附近的东山里，在树林中上吊而死。事后双方家长得知，都认为自己孩子无耻，女家不但不为自己女儿悲痛，反而咒骂尸体，认为给全家丢丑，败坏家风，所以草草埋葬了事。但青年男女们则对此事深表同情，以为张崇德、杨七娘到阴间去享福了，不再像他们一样地受父母管束。

另一件在四五年前发生，那西族女子和凤芝，幼时由父母许配与同族一男子。但和凤芝又与本族木卫至发生恋爱，二人感情甚好，又无勇气向父母提出，某天和凤芝带了自己的钱财和首饰悄悄地跑到木卫至家里，两人同服鸦片自尽。木卫至父母发觉后，立刻将和凤芝尸体丢在门外，和凤芝父母认为自己女儿系被木家暗杀，告到县里，此事直到现在还没有合理解决。

（三）解放战争中的妇女

在丽江解放斗争时，有游击队的组织，妇女们当初参加慰劳支援救护等工作。首先发动一碗面运动，成效非常好，不但启发了部分没有参加工作的妇女，而且鼓励了武装同志。当保安团侵入丽江时，妇女中的积极分子自动要求参加部队工作，由于上级认为农村妇女脱离不了生产，故拒绝她们的要求。当时中甸古倧族有一位老太婆，特别护送她的3个女儿到丽江来要求参加部队工作。上级虽然再三地解释，仍坚决不肯回去，并自愿割马草，或代全队同志做饭，上级允许了。各地区的各族妇女也相继请求。后来增加的编在各排，生活完全和战士们打成一片。如三十四团到永胜与王永言（河口人）作战，其中一名女兵曾杀过4个敌人。后三十四团又至西康配合大军作战消灭贺国光，她们也参加战争。

（四）解放后的妇女

解放以后，由于妇女会的领导，妇女都已觉悟，自己起来办事，并做以下的各种改革：

（1）剪发运动：如新民村杨秀芝及和积善带头剪发，其他妇女也仿效而行，现在本村妇女已没有梳辫子的了。

（2）改良婚姻制度：这是有史以来在婚姻方面的大变动。首先是取消买卖式的婚姻，反对父母包办做主。取缔直系血亲间的婚姻，至于结婚仪式也加以改革。聘礼视男女双方家庭的经济情形而定，若男方较富，则办喜事之费用由男家担任2/3、女家担任1/3。如两家经济情形相差不多，则一切费用双方平均分担。请客不能超过5桌，菜肴不能超过8菜1汤。送份礼限定半开2角。那西族与民家族可以通婚，并鼓励集团结婚，去年集团结婚已实行过3次，一般村民对此新方式很满意，认为又省钱又省事。少数的父母感到女儿养大嫁出去得不到一点代价，有些不合算。但当他们想到自己儿子结婚时，也不必卖田卖地准备聘礼时，两相抵消，也就解除了认为白送女儿的懊丧。

过去结婚时必定大吃大喝3天，现在则改为1天（婚期）；过去坐轿，现在改为骑马。在此种婚姻制度的改革下，妇女们由沉默畏缩的个性一变为活泼愉快的心情了。她们已不再将自己的困难痛苦归诸命运，而是大胆地向妇女会报告，由妇女会开会商议解决。

（3）取得了受教育的机会。在解放前新民村妇女没有一个识字念书的，解放后感到不识字的痛苦，个个都想念书识字，所以开设了识字班，并鼓励年幼的女孩入本村人民小学。

李凯、陈宝珠

四、丽江县文化教育概况及人民的要求

（一）文化教育概况

1.学校教育

1950年8月成立人民中学。合并国师、省中等校，以省中校址为人民中学部，以国师为南口分部。

A.中学班级：

a.高中6班，初中12班，合计600余人。

b.教职员工合计60人。

B.小学班级：

a.高小40班，初小361班，合计15000余人。

（以上数字系按上学期统计，本学期大致相同）

b.小学教师合计674人。

C.幼稚园1校：

a.分甲乙两班，初小4班。

b.教职员合计14人。

2.教育经费

本县教育经费主要由每年地方田赋附加10%。其次由专员公署每月拨补25000斤大米充作经费，仅占支出数1/3，其余不敷2/3由各校所在地自行筹足。

本县共计125个行政村，包括700个自然村。若按行政村设学校，则学生就学不易，故多就原来校数缩减开支维持。

薪给：

A.中学教员薪给按照文教处颁布数为标准。唯本县财经困难，每月每人暂支给柴菜费45斤大米。

B.小学教职员薪给照专员公署颁布数。每人每月支给大米100斤，唯校数太多，平均每人仅给50斤米左右维持生活。

3.社会教育

A.民教馆：因经费支绌，仅附设于县府内。

B.民教班：农村各小学内普遍附设民教班，利用闲暇时间每日上午6时至8时、下午5时至7时，由小学教师兼任教员，学生以失学之妇女占多数。教材以政治教育配合文化教育，利用乡土教材，由县文教科编印发给。学生人数占小学人数1/3强。

（二）人民对政府的希望和要求

因为没有广泛深入地进行访问，广大群众的要求和希望无从知道，现在仅把参加丽江各族代表会的代表与干部的意见归纳如下：

（1）石鼓乡石门关村，原来是有渡口的，此渡口除渡客运货外，主要是将石门关的米运过去换苞谷，一斤米可换两斤苞谷，可以补粮食的不足。但此渡口在去年十月时，中甸人就不许开渡，所以他们希望恢复石门关的渡口。

（2）灾区代表希望政府能多方面照顾他们，尤其是耕牛问题，要求政府替他们解决，因为他们实在是买不起耕牛了。此外宝山乡的麻布麻线去年被抢，今年尚未成熟，灾民天寒无衣，请求政府救济。

（3）第四区石鼓乡，因山壁陡峭，缺少树木，希望政府向对江中甸人说好，让他们过江去砍一点木材盖房子。

（4）距丽江县较远的地区，盐和茶都很贵，一坨茶要换七八斤粮，所以希望设立贸易公司，是代表们一般的希望。

（5）第二区彝族代表余国海说："我们人口多，盘的都是山山角角的、坑坑洼洼的旱地，年年盘出来都不够吃。我们的地主家，有许多盘不完的田荒着，望政府替我们想一个办法。"

五、鹤庆县访问报告

（一）民族分布地区和人口

鹤庆全县10余万人口，包括7种兄弟民族，即民家、黑话、白夷子、傈僳、客家、回族、汉族。现将各民族的百分比与分布地区分叙如下：

（1）民家：占全县人口约5/10，其中有4/10集中于鹤庆中部大坝子里。其余散居于东南部靠金沙江的营江大坝子。

（2）黑话：占全县人口3%，共400余户3000余人，居住于鹤庆最寒苦的西山区（解放后之新岭区）。

（3）白夷子：占全县人口约2%，共300余户2000余人，居住于东部石宝山，最集中。

（4）傈僳：人数最少，仅八九家，共五六十人，居住于鹤庆东南马鞍山附近西炭街一带。

（5）客家：人数尚无统计。散居于鹤庆杂居区江营大坝子一带。自称川边人，操四川口音，据说先辈自四川移民鹤庆。

（6）回族：人数不多，居鹤庆城附近，多为做生意与手工业者。

（7）汉族：占全县人口30%。鹤庆境内最肥沃的中部大坝子，全为汉人居住。

（二）经济生活

鹤庆县除中部阔70里的大坝子与东南部阔10里的江营坝子生产较丰富的粮食外，东部石宝山与西部马鞍山均为寒苦之地。汉族与民家80%都居于肥沃之区。出产以稻米为主，杂粮次之。一般的生活均较舒适，而兄弟民族所居之地都在东西山区的瘦薄地带，除有极少数的雷响田可以种稻外，其余全是只能种杂粮的山地。山地可以分为高低两种，较低的地方比较湿润，种山芋、麦子等；但低地容易积水，遇到雨天，山水冲积，则将低处庄稼淹没。较高的山地，不但瘠薄，且又干燥，称为顶头黄，含大量沙粒，不易储藏水分，只能种苞谷与荞子，收成有限，全年的收成不够维持4个月。一部分为了生活常常转移流动，耕种火山地；一部分砍柴编竹篮，或到汉家卖工、抬轿、做苦工来维持生活。

白夷子、黑话族的村子中，没有一个地主富农，全是耕种汉人、民家之地（据黑话族代表杨辉庭谈，他们西山区所耕之地全属民家高云腾所有）。不论男女一律参加劳动，没有雇工，其耕种方法与内地差不多，牛、犁、锄都使用，也施肥。生产工具白夷子能自己制造，黑话族仅少数能自给，而多数要向汉族、民家购买。

老百姓上山砍柴放羊，要向地主交纳山租。地主常将他吃不完的谷子重利贷给人民。常有全家老小受不了压迫而搬至他乡的事情发生。

（三）文化教育

鹤庆县城有中学，各行政村有小学。在过去反动政府统治时代，入学的儿童全是民家、汉族中农以上的儿女。其他兄弟民族的儿童普遍都不能得到受教育的机会。主要的原因虽为经济的限制，但附带影响他们失去教育的理由有二：

（1）兄弟民族的儿童，在幼年时均不能说汉话，而至十六七岁能讲汉话时又不得不为家中的生活而做工。黑话、白夷子人能识汉字者不上10人，本族又无文字，不能自行教育。

（2）受汉人歧视，汉人见他们衣服褴褛，说他们不配念书，生来命苦，只配躲在山上吃苞谷，不堪教育。

解放后，一般兄弟民族的政治觉悟普遍提高，深感文化教育的重要，积极争取受教育的机会。在新岭区（解放后合并鹤庆县13区为6区，西山区合并为一区称新岭区）增设小学。在此区里，黑话族的儿童就读的人数已大量增加，在东区的白夷子，也为了要在文化上的提高，曾向人民政府提出派汉族老师至村中教书的要求。受学儿童的家长愿多出一点学费为教师的伙食费与报酬。

（四）民族关系

鹤庆县民家人、汉族占全县人口80%以上，其他的兄弟民族仅占20%不足。而民家又较汉族多1倍，有人多势众的趋势。汉族因文化水平较高，占有统治权，因双方斗争较为尖锐化，虽然没有引起民族间的屠杀事件，但彼此的纠纷摩擦在过去是不断地发生。如在民国二十五六年，民家与汉族曾为了争夺一个教育科长，起了剧烈的冲突。当时的县长为汉族，有偏袒汉人之心，但又受民家金钱的贿赂，结果以正副科长分配。然而双方不能合作，影响整个鹤庆教育。

其他各兄弟民族与汉族杂居的，则受汉人的压迫，与民家杂居的，则受民家的压迫。

白夷子先辈酷爱吃酒，但他们不会自制。甸南（鹤庆坝子以南称甸南）人（民家）常驮大量的酒到白夷子地区去卖。也不知道是哪一辈人欠下甸南人一笔酒债，甸南人以一张不知真假的字据为凭，向白夷子索酒钱，要利上加利，并告至县府。民家人有字据，再加上金钱的贿赂，当然是白夷子失败。白夷子倾家荡产，变卖了房屋土地，至今尚未把欠债偿清。

（五）宗教信仰

在鹤庆，兄弟民族对宗教的信仰是复杂的。汉人与民家族多数是信仰佛教。除回族外，傈傈族信鬼神，认为山上有山鬼，水里有水鬼，人生一切发生的不幸事件都是有鬼作祟，因此傈傈族对鬼之崇祀，无所不至。但自基督教传入后，部分的傈傈族也相信上帝。黑话族与白夷子虔诚地信仰跳神教（又称接老爷，因每年正月初五、三月十五，每村必备办酒菜，在村中的寺庙迎接显灵归来的老爷）。

白夷子忌“三”：人死三天后必抬。逢“三”狂饮狂舞。据说这个禁忌是因为白夷子族歌颂他们的祖宗是三兄弟的缘故。

鹤庆兄弟民族的婚姻制度是由父母做主，但仍保持有恋爱自由的作风。家庭组织都是小家庭制。父子不同居，一结婚即日分居，自耕自食。幼子继承父业，有抚养之义务。很少有三代同居一处的。

丧葬有火葬、土葬两种。

陈宝珠

六、剑川民族关系及要求

（一）彝族与民家

（1）彝族常受坝子里人（民家）的压迫、歧视及剥削。从前沙溪东山出过一件事：沙溪街乡的人民互相敌斗，乡下人要告街子上的人，想送点礼物给官，可是无物可送，恰好有一天下午黄朝山彝人在哨房放哨，见有9个人由小路走来，以为是不肖之徒，即上前挡住，原来这些人是沙溪西门去牛街赶街回来的，为了怕发生意外，放哨的人把他们留在哨房，并给他们煮饭吃。过了一夜，麻烦来了，坝子里的人叫放哨的彝人下山，并说彝人今天殴打他们，中间还有人出来证明。彝人鹿金黄把当晚的情形详述一番，对方仍不听，最后痛打了鹿金黄一顿，姓鹿的被打得死去活来，在这昏迷不醒的当儿，他听到对方的人们在说："把他们八九个一齐杀掉，由我们全村人抵偿。"他一听之下，胆战心惊，急忙由楼上逃出去，有人跟踪追来，他即躲在桥下水中，未被捉到。坝子里的人原想从彝人头上搞一些麝香，以作送礼之用，不料诡计失败。

彝族同胞心不服，上诉到县府，彝人送了县府几窝麝香，官司算是打胜了。县长罚了坝子里人大洋10元作为鹿金黄之医药费，但鹿金黄未收到半文。

（2）三甸箐毛阿古的叔父背着枪到山中去打猎，被附近村子的人捉住，在牢中关了3年，后来卖了牛羊，又借贷1000多元拿去送礼，才得释放。此事使毛家倾家荡产，至今心尚不甘。

（二）汉族与回族

（略）

（三）那西族与民家族

剑川的那西族原住丽江九河。因受不住当地汉人的压迫，于甲午年自动请求划入剑川石莱江管治，他们那时在九河受到三重压迫：一是九河官吏之压迫，二是木天王之剥削，三是地主之压迫。因此提出"随粮入界"的口号，要加入剑川，当时告了不少的状，九河的杨贵武、杨道才吊打干涉他们，但不屈服。最后加入了剑川。

那西人以为加入剑川可以比在九河少受压迫及剥削，然而不料加入剑川后仍受痛苦。凡事均受甸头、刘家两村的欺侮，连穿衣服也受限制。那西人穿长衫别人看了便说："这些石莱江人也要穿衫衫吗？以后见了把他们的下截剪去。"逢时到节，那西人得送礼。九月九日或本主会要送一只羊子去。在兵役、劳役、苛捐杂税上都把石莱江作为"菜园"。他们受不住压迫曾提出独立保甲，不归甸头管，但乡保长都是与甸头勾结起来，终是失望。

（四）各民族提出的要求

（1）回族：

A.要求帮助办理回文学校。

B.对回族子弟入汉文学校者予以优待。

C.桑岭村回汉合办的碾子，解放后被政府收去，影响回族文化教育经费，希望政府交回或补助经费。

D.耕种困难，要求贷款。

（2）彝族：因兰坪通甸×村被劫案，彝族数人有嫌疑，被政府扣押，请求释放，由代表鹿金贵负责教育改造他们。

（3）傈僳族：耕牛十分缺乏，要求政府贷款，下种时贷点种子。

王万春

七、兰坪县历史上的民族纠纷

（略）

丽江区材料之十六

——丽江县两个村的情况

中央访问团第二分团

1951年2月出版

丽江区材料之十六

——丽江县两个村的情况

编者声明

这些材料是我们从1950年8月29日至1951年1月31日（其中大部时间是在行动中），先后在圭山、丽江、保山、大理、武定、楚雄等地区进行兄弟民族访问工作中，通过当地干部、民族代表及熟悉当地情况的人士所了解的一些情况。为应各有关机关之急需，仅将原材料加以整理，尽量避免主观分析与结论，在文字上仅要求念得通、看得懂。但由于是短期的访问与了解及仓促整理，情况难免不真实或不深入，观点难免错误，文字烦琐或不通顺。故仅能供各有关机关进行民族工作的参考或进一步考察的线索，并望于今后的调查研究，加以校正。

1951年2月日

一、丽江县仁里行政村概况

（一）行政划分

仁里行政村在丽江县城东，距县城五六里，属第一区。该村包括7个自然村：新民村（村公所所在地，原名曾家墩）、开文上村、开文下村、杨家墩、石屏村、安乐村、开元村。

（二）户口

仁里行政村共330户1917人。新民村89户，共566人，男284人、女282人，最高年龄为92岁（男，杨发祥）。去年新民村生7人、死7人（男3人、女4人，其中男女各1人是两岁以下死的）；今年生4人、死6人。

（三）民族

本村系拿喜与民家合居，其分布情况如下表：

仁里行政村民族户数表

村名 民族	开文上村	开文下村	新民村	杨家墩	石屏村	安乐村	开元村	总计
民家	9	0	67	49	46	23	0	194
拿喜	48	41	22	0	0	0	25	136
合计	57	41	89	49	46	23	25	330

在各自然村中两族均混合一处，但皆三五家集中一处。如新民村有拿喜族22家，其中有12家住在一起，另10家也集中一处。据称，此种情形系因一家庭内下代结婚即行分居，多择较近之地盖房，因而形成一族聚居的形式。开文上村的9户民家，每3家集中一处，系由3家发展而成。

关于拿喜、民家两族的历史来源，村民不清楚。传说是：拿喜族是清雍正五年搬来，自何处移来则不详；民家系清乾隆七八年自鹤庆搬来，因鹤庆人口太多，生活不易，因而搬到丽江（一说民家系与拿喜同时来的）。

两族过去没有大冲突，只是10年前因拿喜住区有一水闸，由拿喜族人管理，不能随意放水，放水亦不照顾民家，民家因用水迫急，未经拿喜族同意曾自动放水，拿喜族认为干涉本族权利，因而发生冲突，但未动手打架。丽江县城内拿喜族人口较多，读书识字的也多，故民家对拿喜有些嫉妒，并认为自己不如拿喜，有时受拿喜族的小欺骗，但敢怒不敢言。

两族所处地理环境相同，衣食住亦无大差异，所以表现在生活方式及风俗习惯上亦无大分别。民家原有特性已不显著，有被拿喜族完全同化之趋势。现在民家在家庭中讲民家话，但在外面就讲拿喜话。本村住民一般都懂拿喜、民家、汉话3种语言，但年小幼童只懂本族语言。

解放后两族相处甚好，已无隔阂，村中办事负责人，两族人平等参加，办事时两族商量共筹善法，所以事事顺利，民族关系极好。

（四）行政组织

有行政村长1人（王福轮）、副村长1人（木遇春）、村支书1人（杨世忠），7个自然村，每村有村干事1人、分支委1人。村公所负责人由县委派，自然村干事则由民选。

本村各项行政工作及政府号召一切任务，均开会讨论解决，支委会每月逢十开会，群众大会则有事随时召集，有时开党政临时会议。

（五）其他组织

本村有农会、妇女会、拥政会、青年团、少先队等组织。分述如下：

1. 农会

行政村有总会，由村支书杨世忠兼任会长，每自然村均有分会，分会有分会长，下面再分小组。参加成分主要是贫雇农，中农也可以参加，参加资格以工作积极、思想前进为标准，全行政村有农会会员200余人（新民村有30人，男25人、女5人）。

农会的主要工作是：做减租工作、组织生产变工队、修水利、保护森林、植树、修路、运粮、协助军烈属生产、研究生产技术等。

2. 妇女会

丽江解放后即组织妇女会，初期只有45人，后增加到135人，主席是杨学芝（女，民家），最近杨学芝调往碧江工作，改由曾文良担任主席。主要工作是：剪发运动、宣传及改良风俗习惯、宣传取消买卖式婚姻、支援前线、运粮、慰劳战士、组织妇女识字班（利用早晚时间，学习民教书本）。

解放后丽江县城妇女参加工作的很多，给新民村妇女一个强有力的鼓舞，她们曾参加解放战争中的空室清野和送情报工作，其中表现最好的有杨学芝与和积善（拿喜），她们曾参加运粮，并捐赠自己的金戒指，在村干部的领导下，教育了广大的妇女群众。解放不久，杨学芝、和积善与王玉贞在上级号召剪发运动之下，起了带头作用，她们启发同辈姐妹们，并说服年老的人，讲解剪发的好处，现在新民村已没有妇女拖着辫子了。

关于教育方面，新民村的妇女会已竭力提倡。妇女在解放前，没有一个念书的，不念书的人并不是自己不愿读书，而是做父母的认为女子没有读书的必要。解放后，由于她们不识字，遇到许多困难，例如妇女会的名单都要村干部代写，她们已感到受教育的重要，积极增设妇女识字班，并说服家长们送年幼的妹妹们到人民小学读书。现在新民村小学已有许多女孩子读书。

3. 拥政会

以新民村来说，会员共86人，其中男39人、女47人，凡年在45岁以上者无论男女均可参加，拥政会主要任务是破除迷信和响应政府一切号召，讨论和支持。

4. 青年团

仁里行政村共有青年团员132人，其中男62人、女70人。新民村有团员54人。

A. 建团经过——1949年本村已有地下盟的组织，参加盟的资格，主要是思想前进、工作积极。当时因为是在地下斗争，所以非常慎重地发展盟员。当时盟员所受的教育很少。

现在盟员全数变成团员，没有经过转团手续，领导干部却也弄不清转团手续，在这一年中青年团只是实际工作，从来没有学习过，领导上也没有注意团员的学习。据第二区区委曾文龙说：他参加了很长时期的青年团，也做了一些工作，但究竟应学些什么一点也不知道。

B. 青年团的工作——在丽江区上级号召的各种运动和工作中，团员们都能迅速地完成任务，在配合政府的一切政策的宣传，团员们也都起了一定的作用，并得到了很好的成绩。1949年，保安团进攻丽江时，一部分青年团员用自己的原始武器很勇敢地抵抗敌人，保卫家乡，并将村里的粮食物资全部运到山里去，不让敌人得到一点东西。

团员曾举行过青年文艺会，在运粮中，团员响应号召，启发群众积极参加运粮，并编剧演出，内容是运粮支援解放西藏。青年团员参加运粮的有20多人，个个争着参加，例如有一个名寸锐香的团员，年仅17岁，是团员中年纪最小的一个，父母很爱他，不让他参加运粮，但他坚持意见终于完成了运粮任务。

本村民家与拿喜族，各有自己的语言，但青年团员们自动举行国语比赛（即汉话比赛），他们的目的是练习普通汉话，学会汉话到外面工作就不致发生困难。

团员们极力提倡节约，妇女们自动将羊皮去掉，不再背着，有的妇女取消了羊皮上的七星，因为七星自己不会制又须到外面去买，同时价值很贵。此外许多妇女团员们都不戴纱巾和戒指。

由于上级号召剪发运动，妇女团员都自动地先剪发。

团员们感到自己学习不够，所以发动把自己种菜卖来的钱订一份《滇西北日报》，大家传读。

C. 青年团的要求：

a. 请上级办青年团干部训练班，使团员学习自己的业务工作；

b. 团员们感到自己的政治文化水平太低，缺乏文件学习，请上级照顾；

c. 要求文娱活动；

d. 要求颁发青年团团徽；

e. 要求清理组织办理转团手续。

5. 少青先锋队

共有队员161人，其主要任务是：破除迷信、宣传及执行五反（酒、色、财、迷、烟）、卫生运动、通信工作（情报，召集开会），和保护家庭。

6. 变工队

以自然村为单位，凡18岁至45岁、能劳动的村民都可参加。开元村共有47个组员，有1个大组，内分4个小组，小组各有组长。在五六月及九月农忙时，互助小组工作，工作的内容是：互相协作栽秧、割麦、撬苞谷、点豆子，并帮助军属、烈士家属生产和运粮。

（六）经济生活

1. 概况[①]

本村距丽江甚近，自然环境如丽江其他农村，民族皆系拿喜族与民家（亦皆拿喜化），故本村的土地概况、耕作情况可做丽江区坝子的农村代表。约60%以上的土地，年可两收，25%的土地是一年一收，15%的土地两年收3次。收成次数多寡按土地的肥瘠情形而定，每年以苞谷为大宗，占全土地产品60%以上，其次为水稻、黄豆、稗子、洋豆。夏收以蚕豆、大麦为大宗，次为小麦、豌豆、鸡豆（做凉粉用）。

每年产品可供大部分人吃10个月，解放以后能吃10个多月，全年够吃的人占10%，少数人够吃10个月以下，不足的用下列方法补足：

A. 背石头——由本村附近狮子山背石头到丽江城里，每背七八十斤，可得脚力四五仙钱（半开），每天可背七八趟，一天可挣半开四五角。

B. 砍柴——每村都有公山（石屏村及安乐村无公山，只好去较远无主的山上砍柴），公山上的木松毛、树叶可以随意收取，做烧柴及肥料。距本行政村30里，有一座山名白山，可以随意砍柴，每到九月至次年二月农闲时期，大部村民都去白山砍柴，砍来后，部分留作自用，部分背到丽江去卖。每天可背一次，每背六七十斤，可卖半开四五角，大部分村民都以卖柴辅助生活。

C. 做木匠、泥匠等手工业，但为数不多（参看下节“手工业”）。

D. 养马——有几家村民养骡马（有川骡、山西骡），替人驮东西到剑川、鹤庆、永胜等地，每天可挣半开五六角，除去马料及人吃，可剩半开两角。

E. 雇工——部分村民给地主打短工、割谷子、浇水等工作。其酬劳是每天给粮食1升到2升（杂粮）。

F. 养猪——本村养猪的人家很多，较富裕的人家，过年宰杀一头做年肉；较穷苦人家，则养猪专为过年时出卖。

2. 土地

本行政村完全是坝子地，没有山地和荒地，全村土地面积没有正确统计，估计有3600余亩，以前国民党时候曾清丈过一次，但都是以多报少，由于舞弊而形成极不正确的数字。

本村有地主、富农、佃农、自耕农及贫农，地主有1家，占有土地70多亩，但地不在本村（地主都参加劳动）；另外有5个地主的地在本村，地主则居县城内，主要是习姓与赖姓。教育局及喇嘛寺（指云寺）均有地在本村。

① 本标题为编者所加。——编者

5个地主合起来的土地，占全村土地半数以上，次多的是教育局的，喇嘛寺的地占少数。交租的情形是地主的租等减租减息后再交，教育局的地租大部人都愿按时交清。因为地虽然是旧政府租给人民的，但现在地已属于人民政府，所以都愿交纳。至于喇嘛寺的地租，大部村民都采观望态度，不愿交纳。

全村有富农15家，最多的土地是35亩。

租地之租额，是每架牛最高租4石4斗大麦或小麦（每架以双牛计合地4亩），每双牛一天耕地抵人工8个到10个，合半开3元5角。租价最低是五六斗，普通是两石上下。

一般的租地没有租期，如无特殊情形，可以永远租种，但每年须按期交租，否则即有拨田之可能。拨田是将租地收回，以前所欠，不再追索，此地则另租他人。

在租地时有一简单手续，由地主与佃户立一字据，佃户签字画押，字据由地主保存。字据大意是：

今领到×××名下田××架，作××亩，坐落在××村，四至东××，西××，南××，北××，言定每年纳租××石（注明何种粮食），按×季节交粮（多半是夏苗），如有欠少升合颗粒，情愿由田主任意拨田，不敢异言反悔。

字据虽立，但拨田的情形很少，因一般都以土地为生命线，必设尽方法交纳地租，不使拨田事件发生。

在租地过程中，地主可随意加租。有时地主看到当年丰收，即向佃户提出加租，如佃户答应所加数目，即可继续耕种；若拒绝增租，地主即将土地收回，另租他人。一般情形，佃户均忍痛加租，不愿退回土地。

拨田情形，据称以前很多，年成不好，收获太少，常有交不上地租的事，有的能设法借贷卖物交租，有的无法可想，只有拨田。

夺田情形是如某人愿租某块土地，即可抬高原来租价，向地主要求，地主则问原租地者愿否出相等租价，如原租者答应，则可继续耕种，如无能力出相等租价，则由他人租种，但近来夺田的事已很少见。

教育局的地，因当初不知如何得到，同时又经过几次政权转移，故现在教育局已认不出哪块地属教育局，档案中亦无记载，现在只认租不认地。

租地都无押金，只有石屏村有一家有押金，因为普通佃户的宅院都是自己的地基，只是种地主的地。石屏村这一家连住房的地基也是地主的，所以有押金，数目是半开100元。

本村买卖土地情形很少，一般农民除了不得已（有红白事）卖出一二亩外，不常买卖土地。卖价最好的地，每架能卖到1000元半开，最坏的地，只卖七八十元。农民间互相买卖，价钱较高，卖给县城内的人，价钱较低，因为农民，尤其是佃户，积蓄几个钱，急于买地，地价稍高，也忍痛买进。土地与自己原有土地相连时，售主更借机多要价钱。城内的人狡猾，价钱不划算就不买，这村地价高就到别村去买，所以卖给城内的人常比卖给本村农民低些。

买卖土地也有固定手续，主要是立字据，请中人，卖方家属也画押，否则别人不敢买。以前家属不画押，田卖出的，家属常找买主啰唆，认为卖得不合法，不承认，因而发生纠纷。近来家属画押成为必然手续，请家属画押，卖主必须给以相当酬金，否则家属不画，田就卖不出去。

本村土地在民国二十五六年曾清丈过一次（国民党政府），1949年公粮即按清丈时所定税银为标准。因当时清丈时有舞弊情形，地主与清丈官员串通，所定税银数字极不正确。

本村最好的地是上下等，照1949年征粮办法，应出税银9角，一般都是中中及中下。中中等征税银6角，中下等征税银4角，本村没有上上地（应征税银1元5角）。一般农民反映，认为现在征粮合理，并且没有其他额外摊派，以前国民党时代，每税银1角交大米3升6合，如迟交则罚款；催粮要草鞋费、伙食费，买卖土地时收转移费，领执照时要疏通费，否则迟发执照。其他摊派名目繁多，村人已记不清。

3.农业

A.农具：主要农具有下列几种：

犁——用双牛拖拉，犁的前面有一横木，放在两牛的颈上，一人坐在横木上，使横木压住牛颈，不致脱落，另一人掌犁。

锄——长9寸，宽2寸，约2斤重。铁质，装木柄。

条锄——长8寸至9寸，宽2寸，约3斤重。铁质，挖地用。

木耙——用单牛拖拉，长8尺，宽3尺，有木齿8个至9个，齿长2寸至4寸，用时一人站在耙上，将齿压进土内。挖田后，用木耙平田。

铁耙——有两齿或3齿，齿长6寸至7寸，翻土用。

小耒耙——长1尺2寸，4齿至6齿，齿长4寸至5寸，打场用或拉松毛。

镰刀——长1尺，尖端宽5分，靠柄处宽1寸，割谷子及麦子用。

点豆具——约2尺之木棍，上有一二寸长的横棍，点豆时用棍插地，插出一个约2寸深的洞，然后将豆点入。

连盖——两节木棍连起，可以周转，打场用。

本行政村有铁匠，会制农具，也会修理，农民多从本村铁匠处购买，一部分去丽江城内去买。普通都是以旧农具，再加上些钱换新农具。

B.劳动力：

男女分工不明显，除了犁田挖地和砍柴等笨重工作女子不参加外，一般工作，男女都参加，而且女子常比男子多做。

耕田都利用兽力，本村都是双牛耕田，有时两条都是水牛或都是黄牛，也有时水牛、黄牛并用。本村半数以上家庭没有牛，许多家庭是两家或3家合养一条牛，在耕地时，几家合起来耕，如土地面积的大小相差太巨，则地多的以换工方式补偿地少的，无牛的也是以换工方式酬劳有牛的。有时某家太穷，或两家感情较好，则不需酬劳。在此种交换工作中，民家与拿喜两族，不分民族，彼此帮忙。

C.水利及施肥：

本村没有水利，一般农作物都不灌溉，只靠下雨。东山附近有两条河，但不能利用。

大部分作物均需施肥，肥料是烂树叶、松毛、牛马粪及人便。施肥次数：普通皆为两次，下种时1次、除草时1次，其次数按作物生长情形和土地肥瘠情形而定。

D.耕种情形：

本村土地，大部分是两收，秋收以苞谷为例，其耕种过程为：芒种（阴历四五月）下种，下种时施肥1次，二十四五天后除草1次，三四十天后再除草1次，同时施第二次肥；到90天至100天即可煮食，寒露（阴历八月）收割。从下种到收割，约120天至140天。苞谷地中，同时种黄豆，耕作程序与苞谷同，只是晚收10余日。

水稻较苞谷晚种10余日，继水稻则种稗子。

春粮以小麦为例，其耕种过程为：霜降下种，下种时施肥1次，并浇水，以后每月浇水1次或两次，腊月正月间再施肥1次，夏至割麦。

蚕豆较小麦早种10余日，大麦较小麦晚种15日，早收10余日。

以上是各种植物耕种的大体情形，据称各种作物可同时下种、同时收割，但因劳动力的限制，不能同时进行各种过程，只有迟早先后不同。

农民的工作以农历十二月来分，是正、二、三月较清闲，只是看秧苗、浇水，或到城里卖小工；四月间收麦、栽秧、点苞谷；六七月间打连盖、拔草、施肥；八九月间收苞谷、黄豆，种大小麦及蚕豆；十月以后是农闲，背柴、卖小工及其他副业。

4.手工业

本村的木匠、泥匠、铁匠很多，但都是副业，兹分述如下：

A.木匠：新民村有拿喜木匠七八人、民家木匠20余人；杨家墩有木匠4人（其他村人数不详）。木匠都是粗活，只是修理和零星用具的制造。如营造房屋，即须到丽江县城内找木匠，一般人都知道剑川木匠技术好，丽江木匠做活快。本村的木匠都是副业，只是在农闲时为本村做粗活，有时也到丽江做工，每天可挣工资半开三四角（供食）。

B.泥匠：新民村有泥匠7家，杨家墩有泥匠59人。泥匠有大小工之区别，大工是砌墙、上瓦和其他较细工作，挣钱较多，小工是和泥、挑砖等一切粗活，挣钱较少，大工每天可得半开3角到4角半，小工最多3角，均供食，工资较木匠为低。如到丽江城内卖工，每日可得半开5角，但不供伙食。

C.铁匠：新民村有铁匠两家，杨家墩有铁匠6人，都会打犁头、锄头、镰刀等，也会修理。

D.裁缝：各村都有裁缝，杨家墩有裁缝9人，是副业，每日可挣半开3角。

E.打草鞋：妇女在闲暇时都打草鞋。拿喜族妇女打草鞋自己穿用，民家妇女打草鞋出卖，每天可打4双，每双卖人民币300元。

此外，杨家墩有皮匠，能做精细皮活。有烟丝匠和铜匠各1人，都是副业，手工业主要是供本村需要，从业者都是农民，以农业劳动为主、手工业为辅，一般的技术都太差。无师徒关系，只是在家庭内学习，子承父业。

5.商业

本村没有商店，日用必需品多半是到县城内去买，各家人都到县城赶街。解放后本村成立了一个合作社，其组织方式不是按合作社原则，只是村中几家有钱的人捐钱做资本，营业方式与普通商店无异，利润不大，定价公道，故村人对此合作社甚满意。主要商品是油、盐巴、香烟等物。

新民村有豆腐房两家，但不经常做豆腐，看需要而定，是副业。

本村度量衡与丽江相同，量器有大升小升之别，大升可称米9斤半、苞谷4斤，小升减半。一斗有10大升、20小升。

（七）衣食住情形

1.衣

本村村民不会织布，全系去县城购买，男女老少都穿土布蓝衣，男的多穿短装，部分人穿蓝布长衫；女的穿蓝布衣，后背羊皮，用绣花布袋钉起（有的羊皮上钉七星），前面有一围腰（蓝布较多，一部分是麻布的）。以上之拿喜族服装，其形式和质料与县城的拿喜族相同。

2.食

食粮以大麦、小麦及苞谷为主。麦的食法是做粑粑，苞谷是做苞谷粑粑或苞谷饭，其他如洋芋、黄豆、豌豆、蚕豆也是主要食粮。大部分人不常吃米。

菜蔬方面是白菜、萝卜、辣椒、茄子、瓜类，菜蔬都是自己种（小部分人在菜蔬吃完时到城内去买）。黄豆收下来时，自己做豆花或豆腐，有的人带黄豆到城内换豆腐。

大部农家都能吃到盐巴，只有六七家（新民村）在粮食吃完时，卖工去换主要粮食，没有钱买盐巴，因此每年有三四个月吃不到盐巴。

本村除少数地主、富农能吃到肉外，一般村民常年吃不到肉和油。新民村有80多户，只有10余户可以杀年猪，这样每人每年平均吃到10斤肉。其余村民虽养猪，但多在过年时售出换取日用必需品及主要粮食，自己都吃不到肉，只是逢年过节因祭祀祖先，可吃到一点肉。有时在邻居亲友有红白事时，为人帮忙，也可以吃到一点。

水是由丽江流来，有井的人家不多，饮水卫生是一大问题。因许多人乱抛垃圾，沟的两旁有脏东西和肥料，沟里面也是乱草青苔甚多，而且上游的人乱丢污物和洗东西，下游的人便受影响，但村民认为“水流三尺清”。

3.住

不分民族界限，都住在大坝子里，有三五家聚居，有十数家集中，也有是单家独户的。各家的门户都不相对，横七竖八，没有完整的街道。房屋形式与县城大致相同，都是土墙瓦顶，房屋高大，都有窗户和后门。中农以上的农家门窗有雕刻花纹，猪厩马棚俱全。贫农的住宅则较简单，但也不十分矮，起码有1丈多高。拿喜与民家的住房没有分别。

（八）教育

共有3个学校，新民村有1个完全小学，校长1人、教员3人、学生110人，完小的经费由县里负担。高级班用汉语讲书，初级班除用汉语外，还需用拿喜或民家话翻译，故本村教员必须会3种语言。

另外一村有1个分校，有教员1人，经费由该村自己担负。此外还有1个幼稚班，学生20多人，详情不明。

学生大部分都是自愿来上学，劝来的很少，学生都喜欢念书，知道读书有益处。没有学费，也没有其他负担，只是自购书籍、纸张、文具。现在学校两族学生都有，处得相当好。

（九）宗教

民家人信道教的较多，一部分人信佛教，都不信东巴和喇嘛，有的人信巫术。拿喜族信喇嘛、东巴和佛教，没有信基督教的。信教的原因是因为害病（？）。

（十）卫生情况

（1）个人卫生：虽然衣服穿得清洁的非常少，但普遍看来，衣服都不十分脏。大人和小孩都常洗脸，但不漱口。不常沐浴，每年只沐浴1次，是风俗，不是为清洁（见后）。

（2）家庭卫生：相当讲究家庭卫生，每家都很清洁整齐。牲畜与人不混合居住，院中无垃圾，苍蝇很少。

（3）公共卫生：每户都有厕所，不随处便溺，路上没有人便，只有垃圾和牛马粪。吃水相当脏，一般只顾自己家里，而不顾公共卫生。

（4）妇婴卫生：孕妇从受孕到产前一段时间，一切操作及饮食均如常人，一直到临产时才停止工作。产后休息1个月或40多天，穷苦的人家不愿损失过多的劳动力，只休息

20天左右。生产后可吃鸡蛋、红糖、白酒，不吃鸡肉，吃猪肉。这些食品，穷苦人家也可以吃到，有的是自买，有的是亲友送的礼品。

满月以后，由山上采集几种野草（名称不详），合起来煮水洗澡，换上清洁衣服后才出房门，参加劳动。

生产方式有时站着生产，有时坐着生产，用力的时候，有人抱着让产妇用力；也有时在梁上拴上两股绳子，让产妇拉着用力，接生的人多半是产妇的母亲或邻居亲友，有时丈夫接生。本村没有接生婆。

婴儿生下后，脐带用麻线扎住，然后用剪刀或瓷瓦碴（也有用镰刀的）将脐带割断，脐带的长短是以鼻子为标准，把脐带拉到鼻子，有多长就留多长，然后剪断。因为瓷瓦碴或剪子、镰刀都不消毒，所以婴儿患脐风的很多。生产后二三日母乳未分泌以前，婴儿不吃东西，一直等到母乳分泌才哺乳。五六天以后用温水洗婴儿的身上，不天天洗澡。

产妇因难产或生病死亡者都有，但并不多，婴儿患脐风死的较多，无统计数字。

（5）疾病状况及治疗情形：普通如伤风、咳嗽、眼病、小孩腹泻、生蛔虫及大人消化系统病、腰疼等均有，其中以消化系统病及伤风最多。以上病的治法，除眼病没有办法外，其他普通病都会治。开文上村有个草药医生段文华，精通小儿科，对惊风病、黄疸病有特长，其他普通病也会治。有些小病村人也会治，如小儿腹泻就给吃点碱水，腹泻就会停止；生蛔虫给吃些“使君子”（烧后剥皮吃），蛔虫可以打出来。

本村得传染病的很多，疟疾一年四季都有人患，夏天有痢疾流行，但不厉害。小孩患痧疹的不少，每年都有。天花也是每年都有，今年邻村联享村出天花死了10余人，都是5岁到8岁的幼童，原因是每当种牛痘时，母亲怕孩子太小，不肯种，或因种牛痘时孩子吵闹影响大人劳动，所以不愿种，因此天花年年流行，死的不少。此外10多年前曾有霍乱流行，死的人很多，都是半天或一二日即死。

除此以外，每年到七八月牲畜有瘟病，猪瘟和鸡瘟，对此无法医治。

以上各病，对疟疾已知用新法医治，得病时就到县城买奎宁粉或奎宁丸。痢疾流行时，请草药医生，但吃的什么药医生不讲，无从知道。天花流行时虽知道是出天花，但不会医治，听其自然。

霍乱流行时，草药医生不会治，得病的人家用铜板在患者的臂上或胸前刮，使皮肤凸起，然后用线扎起，用针刺破，将血放出，如此治好的很多。

本行政村共有3个草药医生，一个是开文上村的段文华，专治内科和小儿科，技术还不错；一个是杨家墩的杨喜，专治痨伤，技术不好，吃药以后能使病人神经错乱，曾医死过人；一个是张正和，专治骨折，技术不坏。

在病治不好时，大部分人都请巫师送鬼或到庙里烧香拜佛。村人大都信巫术，巫师告诉他们得病的原因是某树或某石头作怪，必须送鬼，病才能好。

本村虽距县城很近，但没有去请西医的，只少数富裕村民在得病时到县城去买西药。一般人认为西医是贩子，而且很难请。西医给药太少，价钱又贵，一个大人吃一小点药，怕不会有效。同时西医讲究打针，针水太贵，动辄半开十数元，可把家当打光。中医讲人情，可以少要钱，而且药又多。

（十一）风俗习惯

（1）结婚仪式：新民村的结婚仪式，民家与拿喜族不同。

民家的婚姻由父母作主，媒人介绍，说妥后需交订洋，订洋最高为半开300元，低不少于80元，普通多为120元左右。数额的多少，以男家经济情况、女子贤惠能干的程度而定。富家与贫家不能结婚。在订婚与结婚之间，需择日受礼，当地人称受礼日或送酒日，男方以土布八九件、衣服两套、手镯1对、茶叶两盒、酒两瓶，送往女家，然后择吉日结婚（当地人称吃大喜）。结婚时男方必须备办两天酒席，女方备办3天招待亲友及村民，男家杀猪1头，送一半给女家，同时并送夏冬衣服两套，女方则赠新郎帽1顶、鞋1双。

拿喜族，在订婚时不需订洋，但受礼时规定必须备金戒指、金扣子、手镯、米两盘、糖16盒、酒两瓶、肉35斤至50斤。到结婚时再送4包礼。拿喜族嫁女儿较讲究，一家如有三四个女孩即能变穷，有时卖田卖地陪嫁女儿。结婚时骑马，在新娘进门时，不许有孕妇在场，否则全家不祥。

有一句俗话："民家有3个女儿可变富，拿喜有3个女儿可变穷。"在婚姻关系中，两族都有姑表开亲的习惯，所谓亲上做亲。此种风俗解放后才被禁止。

（2）在春节初一，男子早起祭天，妇女不准起床，吃饭洗脸都在床上。这天不准用斧子，水要用得少，不准扫地。初五以前可以随便玩乐，过初五开始工作。正月十五祭天。二月初八日民家祭猪神，二月初九日祭东山神，东山神传为民家始祖。三月十三日到正青山去祭玉皇大帝（丽江各族都去）。十月初十祭祖先上坟。

（3）洗澡会：在距县城60里处，有温泉，每年正月初二以后有洗澡会，凡年在30以下的青年男女都可以参加。另外在三古附近也有温泉，是硝水，在每年三月间也有洗澡会，男女都可以去洗（男女不同浴，男的白天洗，女的夜间洗）。传说此硝水可医风湿病和沙眼，部分人去洗为治病。

（4）其他：女孩子不准坐门口。女人生产后先到庙里烧香才准工作。小孩由长辈命名。生小马时需祭马神、宰羊猪，不能只是自己吃，需请客。拿喜家生小孩，岳家送礼多，民家岳家送礼少。

（十二）要求

（1）医药方面：要求政府能给西药，医生能下乡，减低药价，并能预防传染病。要求在本村设接生院，以免除生产时之痛苦和危险。

（2）教育方面：希望多增加会说拿喜话和民家话的教员，并解决教科书的缺乏问题。

（3）布匹：本村都不织布，到县城内去买太贵，希望能贱价购布，或在本村装织布机。

（4）猪瘟猖獗：要求政府设法医治或预防，本村因猪瘟而死猪的情形，每年皆有，损失太大，又无法避免。

（5）要求早日土地改革。

（6）要求解放西藏。

二、丽江县增明行政村概况

增明行政村距丽江县城70里，属第一区，位于金沙江边上，共有4个自然村，即增明村（村公所所在地）、美河村、吉安村、三古村。

本村皆系山地，无坝子，住家分散，各家距离至少一二里，最远两家距离150里，中间隔几座大山。本村因气候不佳，又加上缺乏水源（虽靠金沙江边，但不能利用），土地瘠薄，作物不易生长，故极贫穷，据丽江县委会称本村为丽江县的典型穷苦村庄。

（一）人口及民族

全村171户902人，共有4种民族，即拿喜（147户）、民家（7户）、苗族（11户）和汉族（6户）。

4种民族皆散居，只苗族有几家集中居住，深居高山，与他族距离稍远。据称因搬来太晚，故在高山开辟土地。

拿喜族传说由南京搬来，搬来年代不详，只知约有10代，最先搬到丽江西乡果，然后搬到本村。初来时见此山一片荒地可以开垦，又可打猎，因此落户。据称民家亦由南京搬来，部分搬到本村，部分搬到丽江及鹤庆，搬来年代较拿喜稍晚，搬来原因不详。苗族搬来只有10余年。汉人系四川搬来，年代不详。

汉人、民家已拿喜化，一切风俗习惯、生活方式，均与拿喜族相同。苗族因搬来较晚，同时住居又与其他族隔绝，故其风俗习惯、生活方式均保持原来状态。

拿喜、汉族从无冲突，关系极好，解放后村中发动各项工作，不分彼此，互相商量，互助合作。苗族因距离较远，与他族不常往来，但亦无冲突，解放后各项工作都参加。

（二）行政组织及解放战争中之革命工作

行政村长1人（和学礼）、副村长1人（和忠贤）、村支书及副支书各1人。各自然村均有村干事1人、村支书两人。

1949年8月，丽江解放后，保安团王永言部与土匪勾结，共约数千人，欲渡金沙江进攻丽江。本村由丽江上级领导，凡18岁以上45岁以下者均参加战争，其中一部分是强迫参加的，但绝大部分是自愿参加的。武器是火枪、石头及木棒。丽江县曾派游击队带机关枪配合作战，在江边曾用“木立石”（？）法阻止敌人渡江。

本年10月21日，保安团再度进攻丽江，本村曾组编游击队抵抗，打死保安团数人。

（三）其他组织

本村有党、青年团、妇女会、耆老会、少先队、农会等组织。

1.党的组织

党的组织系统，行政村设党大支部，以下各自然村有分支部及小组，人数不一。今年三月，解放大军进驻丽江后，党的组织才开始发展，大量吸收党员。群众申请入党时，只写上姓名、家庭成分，并不填写志愿书，介绍人亦很随便，只形式上通过后，即算候补党员。从四五月开始建党，至八月停止发展，四五个月的时间，共吸收党员61名，占全行政村人数1/15，其中有3名正式党员（有的候补期5个月）。

在组织生活方面：3天一次小组会，7天一次分支会，15天一次大支会议。党员无文件学习，开会时讨论如何发动群众参加运粮工作，农忙时如何互相帮助。由于领导上缺乏教育，党员只认识解放后日子安逸好过，好好地为人民服务，但关于为什么参加共产党却说不出所以然。

解放后曾响应丽江区号召之“四反”运动，收到良好效果，反宗教迷信一项虽犯政策上的错误，但群众中尚无不良反应（群众的革命性提高，故易于推进），由于党的组织未公开，党员对政策宣传不够，故在群众中的威信不够高，亦无好与坏的反应，只是平平。

今年分两期征纳党费，收取多少系按家庭成分而定，贫农500元，中农1000元，中农以上者5000元。

2.青年团

一女团员称：三古村有青年团员40余人，分成几个小组。发展团员时亦发生大量吸收团员之偏向，凡年龄在16岁到25岁者，都可普遍入团。组织生活3天一次小组会，5天一次分支部会，15天一次大支部会议，亦无学习文件，只讨论农忙时间如何协助收割。

3.妇女会

解放后始成立，会员共130余人。其组织生活与青年团同。解放后的妇女已深深体会到今天的政府确与国民党时代的反动政府不同，关心妇女的教育，成立识字班，故在政治地位上与家庭地位上提高了一步。解放前妇女过着牛马似的生活，被别人瞧不起，得不到自由，无论开会及一切有地位的事情，妇女都没有份儿，反之，劳动和工作妇女都占主要地位，享受方面则得不到同等待遇。丈夫游手好闲，终日吸大烟、赌博，若妻子在经济上不能给足够的补助，则足拳交加，任意欺凌打骂。有何问题，妇女参加意见时男子即厉声骂道："你们这些母货，懂得些哪样，走开！"解放后得到毛主席的领导，帮助妇女翻身，各方面有了好转，知道了如何努力生产，支援前线，解放西藏和台湾，如何与同志相亲相爱、互助。例如有的家庭非常贫穷，衣服破烂，有完整衣服的妇女同志即将其衣服撕下一块，给无衣服的遮羞，此种互助精神，使许多妇女都受到了感动，表现了组织给她们的教育。

（四）经济生活

1.产品以及自足情况

产品以苞谷为大宗，占全产品的70%，其次为苦荞及甜荞，再次为小麦及黄豆，并有少许稻子、豌豆和高粱。

每年产品如丰收，有十五六家全年够吃4个月，不足的用下列方法补足：

A.卖栗炭：自烧栗炭，每3天烧1次（到丽江去卖，往返要两天，烧炭要1天），每次只烧1背，约60斤，每背最高价钱为半开1元，最少5角，以市场的需要及栗炭的好坏而定。到城内卖炭的都是男人，烧炭和卖炭的时期是农闲时（九月到次年二月）。

B.卖胡桃油：本村胡桃树很多，胡桃均有主，普通习惯胡桃自落者，任何人均可捡拾，但不许在树上摘胡桃。成熟时，树主把胡桃收下，皮薄者挑到丽江去卖，皮厚者榨胡桃油。本村许多人家都会榨胡桃油，油榨成后，一部分自用，大部分出售。

C.卖柴：各自然村皆有松山，好树由村公所保管，不许随便砍伐，坏树可自由砍伐，背到城内去卖，每背六七十斤，能卖半开五六角，也有的卖引火用的"明子"。

D.卖山草：编席的山草，每5天可做100把，每把可换1斤粮食。

E.卖工：少数人到丽江城去卖工（农闲时），每天可得1升粮食或半开8角。

F.吃野树皮、草根：有几种树皮草根可供食用，如毛疙瘩、芭蕉根、胡桃花等。

本村依靠的外来物资主要是盐、茶叶及布匹。本村每家都吃茶，盐巴也都能吃到。普通背炭和柴进城即换回盐、茶及布匹。

2.土地

都是山地，斜度很大，荒地甚多。解放后由上级领导组织开荒小组进行开荒，成绩甚好，并有互助队之组织。

土地总面积不知详数，国民党时代曾清丈过一次。清丈以前以架计算（单牛），清丈以后始改为亩，每架合3亩半，有时以"块"计算，即某块地租钱若干。

本村只有两户地主，一户是行政村长（和学礼），住增明村；一户是田庄才，住三古村。其余的地主都不住本村，只是地在本村。

有富农15家，各家土地数目约在20亩到30亩左右。本村租佃情形如下表：

增明行政村租佃关系表

租佃关系 / 村庄	有租佃关系户数	自己有地兼租土地户数
增明村	27	11
三古村	31	9
美河村	23	4
吉安村	42	0
总计	123	24

租价以三古村最高，每架4石4斗，增明村最高者为每架3石5斗，最少的是1石五六斗，普通租价都是1石左右。租价的高低以土地的肥瘠程度而定。租价数目都是自前代传下，许多年都不改变。

一般租地，均无期限，可以随时退租。但退租情况极少，大部都是承先代耕种下去。租田时有简单手续，写一字据，再送给地主1瓶酒、1盒砂糖，就算立约。在字据上虽有“拨田”字样，但因土地瘠薄，从无拨田事件发生。本村土地均无押金。

地主除收取地租外，对佃户并无其他剥削。村长和学礼每年可收租金四五石，但本年只收进7斗，反而救济佃户8斗。

卖田情形甚少，以前曾有人因办红白喜事卖田，最近没有。地价最高为半开8元，最低半开1元。

有当田情形，当田多半是卖价的一半，有时与卖价相同。一般都无当期，有钱时可以随时赎回，无钱永属他人。有时当田后，地仍由原主耕种，地上出产平分，名“当田分苗”。

本村以前无主荒地甚多，但在国民党清丈时，许多村民怕地属他人，欲大量占有土地，乃将未开垦的土地，清丈在自己名下，准备将来开荒，地属自己。结果征收公粮时荒地照收，村民吃亏不小。

解放前，国民党收公粮，每架地出粮1石，此外又有耕地税，以田地的好坏而定征收数目。有一家有地16亩半，交耕地税5斗，其他如征粮时还需出草鞋费、伙食费等。

解放后，1949年征粮仍按国民党时代之税银计算，每一元税银交大米26斤。本村虽穷苦，但政府并未特别照顾，一般村民都以为比解放前轻得多，全村都如期交纳。

3. 农业

A. 农具：主要有下列几种：

犁——单牛耕种；木耙——长3尺、宽1尺半到2尺，用单牛拉；平田用耙，长1尺，六齿，木质；地耙——铁质，三齿，翻土用；条耙——长1尺、宽1寸至2寸；板锄——长5寸、宽5寸；镰刀及连枷棍。

农具大部分是由丽江买，本村也有铁匠，会做农具，但不经常制作，而以修理为主。

B.劳动力：

在劳动分工方面，重工作如犁田、砍柴，都是男人做，较轻工作男女不分工，女子较男子工作多。幼童牧畜。老年人同样参加劳动，如身体不好，则不参加。

本村两个地主也参加劳动，当年雇工不多，只有两人，工资每年半开13元，供给衣食。短工不很多，每天工资1升或2升大米，亦供给饮食。雇工不分民族，待遇相同。

兽力主要是牛。因山地斜度太大，不能使用双牛，只用单牛。本村最富的有耕牛10条，有两家或3家合养一条的。半数以上的农家没有牛，耕地时以换工方式借牛，借一天抵两工。

C.耕种情形：

本村土地大部分只能收获一季，小部分较好的可收获两季（九月种麦子，次年收割；四月再种苞谷，七月收割），种一季的大部都种苞谷。全村只有1亩地，可两年收3次（先种苞谷，次种苦荞，然后再种麦子）。

本村土地瘠薄，均需施肥。普通肥料为马粪、牛羊粪及人便。在播种时施肥1次，种上后1个月再施1次，施肥的次数多少，以人工的忙闲和土地肥瘠情形而定。

4.手工业

A.铁匠：本村有铁匠两家，一家是拿喜族，一家是民家族，会制农具，也会修理。两家手艺都是由丽江学来，都是副业，需要时才工作。

B.木匠：有3家木匠，都是拿喜族，只会做粗活，不会盖房，盖房都由丽江请木匠，是副业。

C.竹匠：有3家（1家民家、两家拿喜族），编竹箩及简单用具，是副业。

D.皮匠：有4家（都是拿喜族），只会做皮背心，是副业。

E.铸犁头：有2家，是拿喜族，是副业。

F.织麻布：会织麻的人不多，只是汉人及苗族会织，拿喜人都不会织，有时拿喜人种麻请苗民代织。

以上各种手工技术，都是各家由上代传来，无师徒关系。

5.衣食住情形

A.衣：本村之穷苦，由穿衣亦可看出，普通都是上身披一件旧羊皮，下面穿着短裤，裤上补丁斑斑，油腻有光，少许人穿着土布小褂，上面也是补丁。许多人只穿一条短裤。妇女们的衣服，破得露着乳房。只有村长（是地主）穿得较好。幼童只披羊皮，不穿裤子。听说有的人全家只有一套衣服，出门时轮流穿着。

B. 食：食粮以苞谷、苦荞为主。苞谷做苞谷饭（嫩时煮食或烧食）。苦荞、甜荞做粑粑吃，不常吃大米和麦子。三古村43家，只有两三家不吃野生食物。菜蔬主要是地瓜和红薯，其次则为白菜、洋芋、小瓜、四季豆、辣椒，每户都自种蔬菜。本村虽然都能多少吃到盐，但只是偶尔吃到，不能经常吃。食盐全村只有三四家过年杀猪时用，其余人家只在逢年过节或遇红白喜事时吃到一点肉。有时能吃到一点香油或胡桃油。

本村吃水颇成问题，普通都是死水，小虫很多（如写字公公、蛙），在二三月间水几乎干涸，水少更显肮脏，雨季水较多一些。

C. 住：全村只有几家瓦屋土墙的房子。大部分房屋盖得都很简单，普遍都是横叠起，上盖茅草，后房檐只离地三四尺，前房檐稍高，都是一层。屋子没有窗户，只有屋角上开一三角形的洞，房门很低，须弓身而入。屋门内有一个碎石砌的灶，有的人家根本没有灶，大都以三脚架或三块石代替。

屋子里没有床铺，只是中间有一个三脚架，睡觉时躺在火旁，并无被褥，最多有一草垫。汉人与民家住房较拿喜族稍为整齐清洁。

（五）教育

全行政村只有1个学校是完全小学，设在增明村，有教员1人、学生46人（男38人、女8人），学生年龄从6岁到15岁，各民族都有学生来读。年龄较小的一班，每天整日上课，只在农忙时放假。年龄较大的一班，早晚上课，中午下田工作。学生最远有距学校10里的。有一个学生距学校80里，所以住校。

上课时高年级学生先教汉字，然后用拿（喜）话解释。学生都感汉字难学，但知道汉字有用，所以愿意学汉字。现在没有课本，七八个人念一本书，有时由教员写在黑板上，学生用纸抄下，也有时教员用红笔写好，学生用墨笔照描。

学生读书情绪极高，读书之外，还唱歌跳舞，请假的很少。许多学生没钱买纸张文具，学生家长都肯卖工卖鸡为之添备。

学生读书无任何负担，只是自购笔墨纸张。教员薪金由丽江县府发给，每月100斤大米（实际发三成米、七成杂粮）。

此外本村有学生家长联谊会，专门管理学校一切行政。

每自然村都有民众班，为成年人设立，教员由识字较多的人担任，学生大多数是自愿来的，一小部分是劝来的。村民都愿意读书识字，并愿意念汉语。

（六）宗教

解放以前信东巴教的很多，解放后因上级宣传，许多人已不相信，但有些勉强。本行政村以前有两个东巴，解放后被迫将东巴用品交到村公所。苗族以前信东巴甚诚，现在开始对东巴怀疑（苗族东巴与拿喜东巴不同，无经典）。除东巴教外，没有信喇嘛教和其他教的。

（七）卫生状况

1.个人卫生

每个大人小孩都生虱子，往往在衣服外面就可以看到。由于受环境的限制，和生活的困难，无法顾及清洁，多数人都手脚肮脏，衣服油腻，不洗脸，不洗脚。

2.家庭卫生

屋子太小，不能关牲畜，牲畜关在另外房间，但家中垃圾甚多，灰尘斑斑。

3.公共卫生

各家都无厕所，大小便随便解，但也见不到地上有大小便，都被狗吃了。

4.妇婴卫生

孕妇由怀孕到分娩期间，一切操作及饮食均如常人，直到临产时才躺下休息数日至1个月。产后最多吃几个鸡蛋，有的将一个鸡蛋分作两次吃。产后腹痛多用胡椒煎酒吃用，食后腹痛即可减轻。据他们说这是打血之物，将腹内的污血打干净，肚子就不痛了。

接生是以土法接生，婴儿生下时，由丈夫和朋友将小孩接出，用布或羊皮包起，即算完事。生产方式有时坐着或站着生产，也有时在高处拴起两条绳子，产妇双手拉着用力。产后余物用罐子装起埋在土里，婴儿脐带是用剪刀或瓦碴割，其长短以小孩的鼻子为标准，比齐鼻子剪断后盘在肚子上，用破布包好，有三五天脱脐的，也有十几天才脱脐的。

婴儿生下后，一直到产妇乳汁分泌时才哺乳，有时向别人家要乳来吃，哺乳期有到三四岁的。

5.疾病及治疗状况

地方病以大脖子最多（土称脖花），每八九人中即有1人，年长者较多。普通病以疟疾最多，次为小孩的腹泻（因消化不良），幼儿生蛔虫的也很多。最近伤风咳嗽、心口痛、腰痛的病都很流行。此外，患沙眼的人占全村人口的1/8。传染病方面，每到五六月有痢疾流行，今年患痢疾死的有七八人。天花也年年有人患，今年本村流行较厉害，有一家7个人有3人出天花，但结果都好了。另外本村还有猪瘟，本年五六月间死了几头猪。

对以上这些病的治疗，打摆子认为有摆子鬼，生病后就到田里去躲，并吃一种叫黑辣子的东西，此药也可治好。有些人不吃药，听其自生自灭。对天花不加治疗，听其自然。患痢疾时吃番木叶。对眼病无法医治。

只有两个草药医生，一名和贵，一名田院福，均住增明村，平常病时都找此二人。他们治病是治死了与医生无关，治好了接受一点报酬。

村人对西医甚陌生，只认为西医是城里的中医。

（八）要求

A.水的问题：本村水极缺乏，仅本村附近之沙子村有一条水可以引用。过去本村有钱的人曾两次商议引用此水，结果均未成功，原因是该水流至山间即入洞下流，如引水外流，须经两个山崖（每个约100丈长），水不能通过此两山崖。故主要问题系此两山崖问题，希望政府能解决。本村能发动人工，只要政府拨粮食补助，如此水能引下，全村大部分人的吃水即可解决，又可灌溉田地。

B.猴子问题：本村附近山上猴子甚多，每当作物快熟时，猴子即成群下山，有时一次五六百只，到田中将作物吃光，故生活感到威胁，请政府设法消灭猴子。

C.开办学校：本村只有1个学校，村民想念书的很多，请政府多设学校，多派教员，并增加教育经费，供给学生书籍及笔墨纸张。

D.设织布机：本村不种麻，但如兴水利，田地能灌溉，可种棉花。同时丽江如能供给织布机几架，村民自学织布，穿的问题即可解决。

E.苞谷虫：苞谷虫甚多，大部分苞谷不能存到次年，均被苞谷虫吃掉，请政府设法给虫药消灭苞谷虫。

丽江区材料之十七
——德钦县情况
中央访问团第二分团
1951年2月出版

丽江区材料之十七
——德钦县情况

编者声明

这些材料是我们从1950年8月29日至1951年1月31日（其中大部时间是在行动中），先后在圭山、丽江、保山、大理、武定、楚雄等地区进行兄弟民族访问工作中，通过当地干部、民族代表及熟悉当地情况的人士所了解的一些情况。为应各有关机关之急需，仅将原材料加以整理，尽量避免主观分析与结论，在文字上仅要求念得通、看得懂。但由于是短期的访问与了解及仓促整理，情况难免不真实或不深入，观点难免错误，文字烦琐或不通顺。故仅能供各有关机关进行民族工作的参考或进一步考察的线索，并望于今后的调查研究，加以校正。

1951年2月　日

一、一般情况

（一）地理位置

德钦在滇西北之最北角、滇康藏之接壤地，当高黎贡山右侧、澜沧江上游。西与藏属曹阿戎相连，北接西康属的盐井县（现属西藏）。地位边隅，但位置重要，因其为云南进藏之要冲，又为进印度的捷径。后有大雪山，为藏人每年必远道来朝之地。

县境横跨澜沧江两边，尽山地，无坝子，地势很高，气候寒冷，阴历九月至次年二月都下雪，大雪山则终年积雪不化。

（二）沿革及区划

德钦古为越嶲郡地。元明两朝属丽江府，清朝时属维西厅。维西“厅官”每3年始来“巡边”一次。仅在阿墩子设一“税官”。清末设“阿墩子弹压委员”，民国初年改为“行政委员”。民国二十一年（1932）改为设治局。

1950年5月解放后，始改为县。下辖升平镇（即阿墩子，有街无城，在澜沧江右岸）和云岭、佛山、燕门3乡。

（三）人口

全县不足40个村子，每村二三家、五六家不等。一般是5家至10家一村，最多有30家。每家平均至少8口。

3乡1镇各200家“正户”（即自由农民）。全县共有800家“正户”，加上“副户”（家奴、佃户），共1000多户。人口约在8000人以上。

因有一夫多妻制、一妻多夫制共存，很少分家。又因家有2子即需选送聪明者1人入寺做喇嘛，故人口不增。有一家分为2、3、4家后仍算一“正户”者。又有西康藏雅被迫流亡出来，迁徙不定的一些人家。

（四）民族

以藏族最多，约占全县人口70%以上（有说共1000户至1500户）；摩西族约占20%（有说是700人）；傈僳族二三十家（在庸枝）。在街子上有回民36家、汉人二三十家，和藏族杂居，多为藏族所同化（通婚姻，共语言，风俗习惯亦趋一致）。

藏族与西康、西藏的是一族，语言、风俗、习惯、宗教信仰等完全一样，且在宗教上与西藏有密切联系。在政治上、经济上与西康盐井等地血肉相关，但与中甸藏族的语言不同。

二、经济情况

（一）概况

是以农业为主、牧畜业为辅。基本上是自足自给的。

土地分散，生产方式和生产技术则较原始、落后。除阿墩子街上居民因少土地而依小手工业和商业谋生外，其余全部从事农业。农产品自给略有不足，需从维西输入少部。

畜牧业占次要地位，农民大致每家都有牲畜，主要是牛、马二类。牛类有牦牛（挤乳、剪毛）、黄牛、犏牛（耕、驮），马类有马骡（专生子）、骑马（专骑）、骡（驮运）等种。羊不十分多，富农和商人畜养较多，贫农较少，用作耕田、运输外，挤乳做酥油，家庭小手工业依之剪毛、纺线、织布。畜类一般都养在家里，仅夏季水草茂盛时放牧在外，仅部分长年在外的商人才过着半游牧的生活。

商业不十分发达，因生活品只需茶、盐输入，其他生活资料一般可以自给。但因当地进藏出滇之孔道，为藏货（皮、毛等）输出、滇货（铜器、茶等）进藏之必经地；同时又因农业生产落后，畜多者往往出外谋生经营商业。过去因地方秩序不靖，无法繁荣，目下我军进驻，社会秩序异常安定，已逐步繁荣起来。

特产：药材有虫草、贝母、麝香、芹蕉、熊胆等，产量均极微。虫草年产不及两担。

矿产：鸡子石有石棉，未开采。硝石、硝水各地皆有，亦未开采。据说阿墩子从前开采过银矿，今之回民皆系从前来开矿落籍下来的。

（二）生产力

A.生产工具较原始，铁锄头很小，仅一直片。木把头弯，套上铁锄头即成。犁头非铁铸，系打成的，仅一小尖片，套在弯木上即成犁。

耕畜用牦牛，是黄牛与母牦牛交配生的，色黑或花，肥壮力大善跑，能破雪。耕地用公牦牛。母牛育儿，挤乳做酥油。黄牛少，无水牛。

B.生产技术：坝子水田、平地等用牛犁，山坡地用人挖，肥料不多用。有些地方种下就直等收割，不中耕除草。

C.男子耕地，女子中耕。播种收割男女都做。在街子上做小生意的、织毛线的都是女子。男子好闲少劳动。在外运输做生意的全是男子，故经济权力亦操在男子之手。

D.土地和产物：皆山地，因气候寒冷，山高地薄，一年只能种一季。主要产物是青稞，亦为主要食粮，另产少量玉麦、大麦等。年产只够半年吃，需维西、贡山输入，仅雁门乡茨中有小坝子水田30多架牛产稻谷，全属天主教堂所有。其佃农较之山地者尤苦，种了稻谷后自己颗粒不得。

（三）生产关系

A.土地分配：土地系分封于世袭的3个土司，每一土司除直接占有外，下面又分封给火头，再下面又平分给百姓。后来逐渐因战乱、吞并、买卖、分家、迁徙等变化，今百姓自己所有的很少。此外，二大寺亦占有多量土地，分散于（3乡）3个土司地之内。全县大部分土地属于土司和二大寺所有。每个土司占有的土地约100架牛，其中云岭乡禾千总占有的还多于此数。

此外，天主教在雁门乡买有大量肥沃土地。佛山乡的一部分土地属盐井县的干达寺所有。雁门乡5个小的喇嘛寺（红教）也占有少量土地。

火头占有的土地，一般都均相当于富农，仅有一部分火头已没落为普通农民，个别的反成了其他火头的佃户。

百姓一般都是无地或少地的农民，有足够土地者极少。“家奴”“庄户”占有土地更少。在街子上真正的地主仅有三四家（汉人只有李自芳1家，回民有海正英等一二家）。

雁门乡有大地主夹衣得，是红坡寺管辖下的。有奴隶、仆人共约200，每年上给红坡寺地租“春粮”10石青稞、“秋粮”10石玉麦。

B.剥削方式：

a.每一土司皆养有娃子、家奴。男女共10人以上，个别火头及地主也养有娃子（就是奴隶），是用钱买来或是作战时抢来的，也有霸占来的。土司把娃子当作牛马一样使用，终日劳动，不给温饱，“连尿罐都要娃子倒”，吃粗粮，用红盒装（土司吃用黄盒装），穿破衣，被任意打骂，毫无一点“人”的权利。

b.土司的一部分土地由其直接管理经营，派其佃户为之耕种，收获全归土司。每一土司皆有农奴至少20家，住于土司官庭之外，自盖矮屋（不得有楼），为土司耕种田地。吃自己饭，毫无报酬，并需经常轮流为土司家挑水、扫地、砍柴、放牛马、当夫、当兵……各种无偿的劳役。个别火头及地主也有类似以上情形。

农奴自有土地小块，在为土司耕种服役之暇耕种，自食，不再纳租金和钱粮。空闲时可卖工，所收不够吃，生活极苦，与奴隶差不多。

雁门乡外委吉福家有农奴30多家，共有田地约百架，在官庭附近的三四十架直接管理，全由农奴为其耕种，坐享其成。

c.土司的另一部分土地则出租与其所辖百姓耕种，火头和百姓中的地富也有少量土地出租（唯地主收租后要出杂派和钱粮）。喇嘛寺和天主教堂的土地全部出租与农民（街子上无土地，但街子居民都属德钦寺，每年须纳税）。

租佃方式大致都是：正副产物均须平分（连蔬菜、蔓菁以及荒地长的青草等都要平分），土司和大寺的地租须由农民亲自送交到仓内。

额外剥削很繁重，主要有各种无偿的劳动及土司婚丧时送礼等。

d.高利贷：土司、二大喇嘛寺、地主等均放高利贷。其中以二大寺放得最多、最广、利息最重，且利上加利。尤以德钦寺厉害，被其抄家、卖儿女、并土地，弄得倾家荡产者很多。

粮食、金钱、茶、盐、布等必需品都放，年息至少3分，多到1倍，最多二三倍。短期借贷或紧急需用时，三四个月即须对本利。

街上的汉商也都放高利贷，有些且为专业。如藏族好喝酒，酒商（多为汉人）常赊给他们吃，粮食熟时加倍还粮食。有些藏人因太贪喝酒，受汉商高利盘剥而倾家荡产，但因喇嘛寺禁阻，这种剥削还不普遍，一般的喝1碗酒，秋后还1筒粮，最多1升粮（4斤，2筒）。

（四）负担

土司对其辖境的群众有各种各样名目繁多的负担，大别可分4类：

A.“钱粮银子”：又名“地税”，即“田赋”。每年秋收之后，把总、外委（千总不收）在其统治区域内巡回征收，凡是百姓皆须缴纳。土司来时像巡猎一样，带领人马10名以上，伙食、草料亦须由百姓全部负担，且须殷勤款待。

钱粮银子的数额是：每家百姓（农奴不纳）每年5筒粮、3元钱、1只鸡和1瓶酒。

B.“放茶、盐价”：3土司各在其统治区内，每3年1次“放”给每家百姓1坨茶叶（蛮茶，下关制，圆坨上凸出一尖）和1筒盐巴（西康盐井的，黑色、圆筒形），价各值2筒粮，转向百姓收取茶价25筒粮、盐价4筒粮（青稞），就是用价值4筒粮的物品来榨取29筒粮。过去的例规是3年1次，但近10年来已增至2年1次，现在是1年1次，还须亲自送到土司家里。

这次，代表们来开会期间，吉福来开会，其子吉如松（雁门乡长）还在他的区域内驮着茶、盐到处去放（华府坪一带）。

遇土司家有婚丧事时，百姓须送礼，土司为节省手续和把礼物定额计，乃附于茶、盐价上，加倍收取，亦成例规。如系婚事且提前于年初放茶、盐价时即预收了。故土司的婚丧费实际由百姓负担，甚或有余。

C.苛捐杂派有：

a.猪税：实际是门户税，有猪无猪都要出。较好的人家每户一年有出到7元半的，最穷的至少出1元半（滇铸半开银币）。

b.民团费：供地方民团、自卫队或常备队的经费，每户每年出8元。

c.买枪费：土司经常（但不定期）派百姓买枪交其使用，有时土司自己买了后分派百姓出钱。发生战乱时枪费更多。如雁门乡石底一村，历次共买了7支（大多为七九步枪）交吉福外委使用。

d.夫马差役：土司外出、运输或官员来往时都时常派夫马，平均起来，每村每年约需派夫100个、马三五十匹。无夫时要雇人顶替（约顶3元1人），无马时须雇马顶替（6元1马），甚至土司做生意也有派百姓出马的（如桑把总）。发生战乱时派夫、马更多。如去年进攻解放区时，仅石底一村即派了500个夫去为吉如松背他自维西抢回去的东西。

e.供应站：就是土司的军需供应站。

每一土司辖下200“正户”，由100户服兵役，另100户出粮办供应站。平时规定每年每户出4斗青稞（每斗40斤）、4两酥油、6块钱。无事时不用兵，全为土司所得。有战事发生即由此供应，不够时任意加派。

f.战争费：过去德钦战乱频繁，每发生战争时，作战双方均不下本钱，全需人民负担，既要出兵，又要出夫、马、钱、粮、柴草等。向外请兵时，要出“请兵费”，退兵时

要出“退兵费”，真是“数不完，出不清”。（代表语）

如前年吉福与赵家战争时，仅升平镇与雁门乡就出了将近3万元的战费。升平镇卖豆腐的李升平的母亲都出了300元。

总之，在土司统治下，一般人民用年收获的1/2上了地租，再用1/4以上去完纳各种负担，最后剩余的不到年收获的1/4。还必须用1/5以上的时间去为土司当兵以及服各种劳役。

有两个代表同时说：“一年到头有一块肉不敢吃，怕土司来派。有半块钱不敢用，随时等着土司来派款。”

被土司重重剥削下的百姓，生活极端贫苦。一年不够半年吃，经常是吃杂粮面煮的稀饭，不能饱肚，最好的食物是酥油和糌粑，但没有常吃的，因而人人面黄肌瘦；穿的是麻布和羊皮，全部衣服在身上，睡时无垫盖，不能抵御风雪；住屋简陋，皆土棚，楼上住人，楼下关畜；病了无药医。

D.解放后的新负担：

a.公粮：解放后征收的1949年度公粮，全县总任务30万斤米，现已完成20万斤杂粮，折合10万斤米。3个乡各5万斤，升平镇2万斤，二大寺原分配各1.5万斤，后改为自愿，各出了5000斤；天主堂未分配着。

因在旧统治时未清丈，亦未收过赋粮，故此次征粮困难很大。曾经再三解释说明，并说“为支援西藏，只征这一次”，先通过政务委员会与各土司讨论后才布置下去。征收办法、具体分配等，均由我干部与土司共同商决，采用旧规“分等级摊派，合理负担”，土司、地主等均负担。负担面很广，负担额重的是中下层、火头、百姓。如升平镇仅46户有土地，即负担2万斤。雁门乡石底村15户负担1500斤（布置时以每户百斤计），阿皮火头自已出500斤，余“合理负担”。

b.战争勤务：

运粮：为支援西藏解放，在征粮之后曾由德钦动员骡马200匹到维西运了5万斤粮回德钦。普遍喊重叫苦。

修滇藏公路必经德钦，现因尚未修到此，故未动员民工，唯因现有的马路太窄，最近正发动民工修理，加为3尺宽，已完成。

（五）副业

A.畜牧业：畜养牦牛、黄牛、羊、马、骡等。春夏赶“上场”（上山去牧），秋末始归，冬季的山上，下雪无草，养在家里，尚需于秋后割草贮下喂。牲畜不繁盛。牛皮用做口袋、鞋子等，牛乳做酥油自食，羊皮做衣，羊毛做纺织的原料。均不足自给，无输出。

B.手工业：亦不发达，仅有纺手线用以织袜、毯、帽子、手套等，制法原始，出品粗糙，产量很少，只够自用，无销出。街上的妇女能编织，且织毛袜者较多。村里较少，都不赚钱。不会纺棉织布。

C.商业：过去抗战时，曾一度因滇缅公路不通，商人往印度走私必经此地，造成暂时的繁荣，旋即恢复原状。今亦不发达，唯因丽江进藏必经此地，有滇西的茶、烟，永胜的铜锅、铁锅、糖、瓷器、面等经此进藏，又因藏人每年都来此朝山，运出皮、毛、牛、马、酥油、衣等入滇，双方均以阿墩子为歇脚站或终点，在此交易货物运回。阿墩子人为牙纪，从中取利，收买藏人货物，常贱买贵卖，得利很大。贸易额以茶、铜的输出为大宗。

用骡、马去盐井运盐回，并运至维西换粮食归，为德钦之主要贸易，也是重要的副业，过去佛山乡做这生意的最多。全县约有200户，经常每天平均有10驮盐运回，每年八月维西的冬竹林会上，有盐千驮，其中多德钦商。

在盐井，1驮杂粮可换1驮盐，运到维西，1驮盐可换2驮米，或四五驮杂粮，除本钱和伙食外，可赚1驮米或二三驮杂粮。往返一转至少需16天。解放后据说盐税繁重，且收税办法不统一。因德钦粮食不足，故自维西运回者，主要是杂粮、茶、油、肉、布等。

三、政治情况

（一）土司制度

始由清朝分封，至今未变。土司在其区域内，在经济上、政治上，为最高的统治者。

民国以来，政府曾一再想“改土归流”，改设治局，有时且派军队驻守。各土司地亦屡次更名为区、乡，土司名区长、乡长，实际上毫无变化。设治局长名义上为土司之上级，实际除直接管辖升平镇（阿墩子街）收税外，其余仍为土司之统治范围，无权力干涉，甚至土司间互相砍杀亦无法制止。

现有土司3个：土千总领云岭乡，一向掌管全县之军事权力，为最大的土司；土把总名义上略小于千总，领佛山乡；额外外委，名义上又小于把总，领雁门乡。各统治有二三百家。

土司之下封有火头，相当于保甲长，听命土司之使唤，一般是不脱离生产的农民。三土司各有火头10多个，共46个。每火头管辖百姓数家至数十家。

土司拥有武装，每一土司约有长短枪百余支（有些藏在家里，有些发给民团），平时家中有家将、卫士，必要时集合民团勇成队。土司管理一切民刑诉讼，可任意拘捕、监禁、拷打以至枪杀人民。百姓一般不得保有武装（但地主、权绅、富农有些例外）。不得与土司通婚，对土司有出粮、纳税、服兵役等各种义务，无政治权利。见了土司须下马、脱帽、下跪迎接，合掌问安。妇女下跪须打散头发低头迎候。土司及其子弟均可任意打骂百姓，调戏奸淫妇女，不得反抗。至于土司中的娃子（奴隶）和轮流为土司耕田、服劳役的佃户，则可任其生杀予夺。

…………

（二）仇杀简史

（略）

（三）进攻解放区

（略）

（四）解放后的政权组织

解放后首先成立了县人民政府，委派县长接收。先曾邀请土司和喇嘛寺代表组织“接管委员会”，之后即依照各县之模样成立联合政府性质的县“政务委员会”，委员8人，包括三土司——禾德顺（一直未归，开会时由其火头代表）、桑树林和吉福；二大喇嘛寺代表——德钦寺管事松加哈朗（过去是西藏的“武打僧”，即“行者”，好斗、跋扈、贪财）和松坡寺活佛西坦根（卸任的老管事）；升平镇长蒋孟春（藏化汉人，住街上，中等家庭，有田，兼营商业，王文选之妹夫，过去长期当镇长、权绅，贪污卓著，全家不劳动，德钦人称之为“蒋委员长”）；县长杨润和；小学校长李升平。由县长任主委，凡重要工作如征粮、援藏等都先经政务委员会讨论，取得共同同意后才做，会上尽量采纳土司和喇嘛寺的意见，所以解放后的工作还算顺利。政委会组织成分上的缺点是：

A.没有傈僳族代表参加；

B.缺乏中层的代表（如正直的火头）参加（听说原来想请石底火头阿皮参加，但彼不愿意），几乎全由上层分子组成，还不能集思广益。

行政区划仍3乡1镇，乡镇长仍如旧。我们仅每乡派一干部去协助土司工作，一切都以土司为主。

（五）干部情况

初去接管时，仅由原边纵七支队三十三团里抽调了5个干部，自维西抽调1个（即李升平），共6个，后在当地青年中提用了两个，共8个，都是男的。各个情况是：

杨润：县长，剑川人，民家族。家庭原为小地主兼营商业（去年被保安团火烧，降为贫农），曾在国民党军队中当过准尉，1946年在昆明加入“民青”，归至维西专署当秘书，去年五月在维西发动武装，建立三十三团的第三营，当营长，刻苦，工作尚好。去年六月入党，九月转党。因了解些边疆情况，今年五月调离军队来接管德钦，主要工作为团结上层土司等人物。因干部太少，援藏等任务繁重，一切工作几乎都要亲自动手，县府秘书甚至日常事务都一手包办，吃苦精神很好，唯性情急躁做事主观，李升平说他“不相信少数民族干部，有大民族主义思想作风”。

随军进驻德钦者，有我大军四十二师一二五团政治主任武健、师部作战科长施某，帮助开展各项工作。武主任并掌握政策，杨县长有关大问题均请示后行之（现武、施二人皆进军去解放西康盐井县）。

萧荣：剑川人，民家族，高小文化程度，曾在云南军中干了7年，任排长，抗战胜利后回家做生意。1948年12月加入“民青”，进专署当副官，去年五月丽江解放后参加地方工作3个月，后调回剑川当“金龙游击大队长”。去年十二月改编，任三十三团三营九连指导员。调德钦后负责粮站和一些街上的组织、民运工作，征粮时下雁门乡。去年九月入党，十二月转正。该同志据说个性强，作风上有些问题。有人反映：下雁门乡征粮时曾与吉如松争女人而不和（？），致吉贪污公粮，他莫名其妙；在德钦街上组织妇女会，和青年寡妇杨芝兰也有些不正常的来往而被人说闲话，工作受些影响。曾托李升平为其拉拢王文选之女（？）（已许人），致使百姓议论纷纷。据说：此次率领代表来开会，还贪污代表的伙食费，和送毛主席的虫草（1斤只剩6两），引起代表的不满。与李升平不团结，在代表面前吵架，互相诋毁、谩骂，影响太坏，并骂李升平“祖宗把你提拔起来，你反不服我管了”。彼此造下成见。

李升平：家在德钦街，汉人。历代烧酒卖，老母兼营豆腐凉粉。有女娃子1，有地少许。李自幼跑在外当兵，1935年在教导团（曾到磨盘山截堵红军贺龙部），又编入贵州军，至四川当排长，追红军徐向前部至西康打箭炉。西安事变后回家，当小学教员，1940年又参加十一集团军。后回地方当特务大队长，被海正涛撤销。1946年当小学校长，与王文选共谋杀海不成，伪军来剿办，李逃亡印、缅。1947年转至昆明，被捕入狱，1948年正月释出，在下关开马车行，旋回维西。在维西有房有地有妻子。去年腊月参加维西县委会工作，入青年团，今年二月入党。因他是德钦人，故于今年三月抽调出来派回德钦与土司商谈和平解放，接管后颇以功臣自居，“想当副县长”，委以政务委员、小学校长，并担任翻译（会讲藏话），负责县内文教、民政方面的一些工作。工作尚积极。据说：个人英雄主义思想较强，自恃“了解地方情况”，“会讲藏话”，好争名誉、地位；不满意杨县长和萧荣，不团结人；政策水平低，常对土司乱讲话。

施应侯：剑川人，民家族，37岁。过去在维西法院当职员，去年五月参加三十三团三营当事务长。十二月入党，现负责税局。工作尚负责，唯政策水平低，工作经验差，凡事都去请示武主任。

陈坚持：维西麽些族，38岁。前在维西当医院院长，做西药生意，去年五月参军，当医务员，十二月入党，现在县政府搞文印、收发等工作，因字写得。为人寡言耐性，政策低。

陈美中：维西人，藏化的汉人。家庭中农，32岁。曾在维西当过副乡长、乡民卫队长等职。去年五月参军，七月入团。当排长、副连长。高小程度，了解藏族情况，打仗很行。据说：旧习气重，作风不大好。现在县府搞杂务、运粮等工作。

地方干部：何天福，住德、维交界，藏族。中农家庭，今年正月参军，二月入团，在县府当翻译，征粮时下云岭乡。高小水平，肯学习。杨铸，街上汉人，前在设治局当过秘书、旧军中当军需，解放后在青年学习班学习，今年七月进县府做文书，业务较熟。入过国民党（街上的大部青年、教员、学生以及吉福、李升平等都入过国民党，党员很多，但作用不大）。

最近地委已由中甸抽调1个县委曹世章去做德钦县委书记，杨县长为委员。但还不够组成县委会。

另从丽江县抽调16个村级干部（村长、支部书记等），均党员，麽些族，男子，一般的文化和政策水平，略有一些工作经验。

四、宗教情况

（一）喇嘛教

德钦居民多数是藏族，其宗教信仰、风俗习惯等全同于西藏，藏族人民全都信奉喇嘛教。喇嘛教是佛教的一种，分黄教（果掠）与红教两大派。红教又分5支：尼马（最古老的一支）、买领、萨夏、干居（丽江五大寺属之）和白波，其中以尼马和买领两支得人民信仰深。红教原为喇嘛教中的主派，至清朝中叶，皇帝加封黄教，于是渐压倒红教。清末的“教案”即黄教所发动的宗教战争。目前黄教在西藏当权，康、滇边藏民地区亦黄教得势（德钦二大寺及维西东竹林寺均是）。人民一般信奉红教，说“红教经典好，黄教不好，喇嘛不守教规”。黄教为要压倒红教，常杀害红教喇嘛及信徒，过去每隔数年即发生教乱。

喇嘛教在藏族人民中占着统治地位。黄教无论在政治上、经济上、宗教上都占优势。大喇嘛、活佛及管事都参与政治，土司打冤家大都由其出面调解，平时也可处理民情诉讼。喇嘛寺都占有大量土地出租，或直接占有一部分农奴，经常向百姓广泛放债，也做生意，用各种方法剥削和统治人民。

喇嘛寺在藏族人民中有无上神权威力，百姓无不崇拜。百姓有子必选送聪明者进寺当喇嘛，当喇嘛为最高的荣誉。富农之子当喇嘛者尤多（独子送，有子就送），可进藏朝活佛，回来就可逐步升级。寺里教藏文经典，进寺当喇嘛比汉人进学校还有地位，人民对喇嘛有牢不可破的信仰。

喇嘛教规多与佛教同，唯吃荤（不喝酒），可做生意，可穿俗服，不劳动生产。现今一般不严守教规。

德钦藏民多信红教，但红教不得势，仅在雁门乡有5小寺。黄教则占统治地位，有二大寺：

A.德钦寺：在阿墩子后山，有大小喇嘛共约300人，规模很大，寺产多，土地大都为清朝皇帝封赠的，分布在德钦、维西二县境，在维西的每年可收租100多石糙米，在德钦雁门乡14个村及云岭乡若干村中占有土地，有“佃户”，除交租外，还须当夫应役，阿墩子全为德钦寺产，居民每年需交房地租。放高利贷则十分厉害，百姓被其剥削而倾家荡产者不少。

B.红坡寺：约有喇嘛100人，土地及收入均大于德钦寺，在维西境内10个村有土地，年收租200石糙米，在德钦云岭乡等处12个村占有土地，且照土司一样每年或二三年向其百姓放一次“盐茶价”，且可派粮派夫马，审判民案。放高利贷亦广，利较德钦寺低。

（二）天主教

天主教在清末“教案”发生前即已传入，约有四五十年历史，但其势力和影响在德钦藏族人民中不大，仅在傈僳等族中有些影响。

在茨中有一教堂，教徒不上200人，有古、罗二神父。据说古神父“专搞调查研究”，“做情报工作厉害”，二次大战后归瑞士指挥，与昆明、打箭炉、大理等地天主教有联系。茨中坝水田一部属天主教堂。

在阿墩子街上有1所教堂，才修建起5年，有1家信徒，现天主教堂内只有1人看屋子。

刘　杰

保山区材料之一
——土司情况调查
中央访问团第二分团
1951年2月出版

保山区材料之一
——土司情况调查

编者声明

这些材料是我们从 1950 年 8 月 29 日至 1951 年 1 月 31 日（其中大部时间是在行动中），先后在圭山、丽江、保山、大理、武定、楚雄等地区进行兄弟民族访问工作中，通过当地干部、民族代表及熟悉当地情况的人士所了解的一些情况。为应各有关机关之急需，仅将原材料加以整理，尽量避免主观分析与结论，在文字上仅要求念得通、看得懂。但由于是短期的访问与了解及仓促整理，情况难免不真实或不深入，观点难免错误，文字烦琐或不通顺。故仅能供各有关机关进行民族工作的参考或进一步考察的线索，并望于今后的调查研究，加以校正。

1951年2月　日

这个材料是多方面凑起来的，调查时间和对象都有所不同，且调查时间很短，对于材料的真实性更没加研究，再加我们水平不高，在某些问题的看法和整理材料的方法上，定有很多缺点。

另外，我们为了保持材料的原始性以供更有研究资料，所以在某些问题说法和数目字上，前者和后者有不少矛盾的地方，亦没有加以有分析地将它统一起来，特此声明。

一、保山区目前土司问题及执行民族政策情况的调查报告

（一）土司问题

1. 概况

保山全区共有18土司地，从民国九年起，老窝、六库、猛照[1]等小土司区，名义上已

① 猛照，本文又作“卯照”。——编者

被国民党改为区乡公所，故至今一般通称11土司区。其中按其等级说，较大的为南甸、干崖、芒市、耿马、猛卯、遮放、陇川等宣抚司、安抚司及副宣抚司，其他则很小（详情见附调查表），他们都握有武装，多者拥有步枪二三千支、机炮二三十挺，常备兵在四五百以上，其武器的来源大体是：

（1）各司地为种鸦片之区，过去国民党反动派的许多官僚，经常带新式武器到边地和土司兑换烟土。

（2）国民党匪军自缅北退入云南，以及在腊戍、腾冲、松山的战役中，若干散匪兵把所携武器在各司地出售或兑换烟土，以作路费逃亡。

（3）当滇西日寇撤走之前，省府与守军均指使各土司以配合“战略”为名，分别组成“江防司令部”或“游击纵队”、“边防大队”等，并直接发给大批新式武器，扩大反动势力，因而土司亦乘机获得一部武器。凡握较大武装者，在政治经济上亦居统治地位（如芒市、南甸、干崖三司）。

各司每年收入不等，据在各该区工作的同志谈：仅“官租”一项，多者年收30万箩左右（如芒市），少者万箩左右（盏达今年收7000箩），一般的则收10万箩上下（南甸、干崖等）。除去司署所谓的“公用开支”外，土司可自肥很多。如南甸老土司个人仅半开就存300万元（见专区书面材料），芒市方克胜，干崖刀京版，朱、杨等同志估计，则有过之无不及。

司署的组织，因等级大小、属官名称、人数多少不一，所以各司情况略有不同。不过据说在民国三十五年后，其大体情况是：

（1）司官——权利与前相同。

（2）属官——除护印、护理的设置如前外，族官的职务已按照设治局组织更换（形式）名目为：

A.署内：

a.秘书主任（干崖称办公主任）都是请汉人（据说特务多），任此职统率民、建、财、教、兵役等科或股（芒市解放后改股，猛卯称股），每科（股）设科（股）长1人，科员或干事（猛卯叫干事）数人（均系族官担任）。

b.总管（芒市叫总务）管理署内日常杂务。

c.自卫队长，此职除用族官外多聘汉人旧军官担任（芒市则属治安股领导）。

B.署外：

多数仍设“畂头”、“老幸”[1]、“伙头”等，小部分改称乡、镇、保、甲长，但不管他们名义是怎样改，而群众则很少称他们官衔（科长等），一般通称他们为“老官”或“××爷”。

就目前各司署内人数来讲，多者不过三四十人（如芒市、南甸、干崖等），少者五六

① 老幸，本文又作“老倖”“老悻”。——编者

人至10余人（如登梗[1]、猛板、户撒等），其共同的（指11土司地）特点是：没有定时的办公制度（解放后个别已有改进），办公时间多在下午和夜里。半数以上的人员均吸大烟。仅南甸统计，39人中有烟灯者即16人，吸而不陈灯者则更普遍（何团长讲）。其次是吃饭的人多，办公的人少。在几个大司署中，每到吃饭时三四十人至五六十人不定，但到办公时，顶多亦不过10余人（笔者亲见于芒市），因此，每司人员的准确数目很难统计。

司署人员的待遇，据已得材料是："属官"（老称呼）、科长、股长（新称呼）一级的一般的月薪半开50元左右（芒市解放后一律20元）（莲山），亦有年薪600至千箩谷子（见南甸材料），芒市属官则都收1份官租；科员、干事（新称）月薪半开40元上下（莲山），南甸则年薪百箩至300箩谷子；至于"差役""收发"等下级人员，月薪最多20元。但不管哪级，他们都有一种共同的特殊权利，即享受所谓不纳负担的"优待"（据说，族官、属官等还有例外的收入）。

2. 各司及其内部的关系与在群众中的历史影响

各司之间的关系基本上应该说是密切的。他们世代均互为亲属，如干崖土司为盏达土司的妹夫，芒市土司方御龙为南甸老土司之外甥，遮放、潞江、腊撒等土司均为南甸老土司之女婿，干崖土司与方克胜为连襟，均为陇川老土司之女婿，耿马、猛卯两土司又均是干崖土司刀京版之女婿。因此，在历史上他们对外全是一致，为了巩固其土司制度，曾不断地想搞一统一的组织，如1941年在木邦土司的鼓动（自然还有特务活动）与刀恒松的领导下，想组织所谓的"边区摆彝设计委员会"，于1949年中以方克胜为首的在芒市又组织什么"行政改革委员会"，以对群众更好施行压迫和对外更有力量（见书面材料）。解放初期，在陇川等地亦曾召开会议企图阻止我军入境（杨县长谈），解放后，腊撒土司盖炳铨被人民打死，南甸、干崖各司均前往镇压。

但他们互相间亦存在着极深的矛盾，如龚绶与刀京版、方克胜3人因争夺领导权，互相歧视，龚绶因年纪大、资格老，论亲戚关系又居长辈，遂看不起刀、方二人，而刀、方又嫌龚"落后保守""不能办事"，因而在某些问题的处理和看法上颇不一致。有些会议其3人缺一则不能开好。解放后方克胜在陇川召集各司开会，策划阻止我军，但刀京版未出席即未能开好。其次龚绶与思洪升因蛮允划归盏达司的问题，也有意见。刀京版与方克胜、方克光因争为猛卯代办互相排挤，至今成见正深。多永安与方克光也有矛盾，如多对我工作团李同志讲："你们可照顾着点，别光听方克光的话，你们可晓得我们之间的关系。"龚绶因方克胜对方御龙（龚的外甥）控制太紧，也表不满。龚绶常说："方克胜定有谋害方御龙的心事。"不仅各司之间如此，即在每司的内部亦有若干矛盾，如芒市司方克胜与方克光之争位，南甸老土司不愿放弃实权，与其子龚统正之不和好，过去遮放土司多英培，亦曾暗杀其弟，干崖土司刀京版与其弟也存在极深仇恨（曾想刺杀其弟未成），陇川土司之二、三妻想杀害"印太"（第一个媳妇），结果全家打了个一塌糊涂。诸如此

[1] 登梗，本文又作"登埂"。——编者

类的事实，在各司中普遍存在。（以上材料见专署书面材料和访各县长。）

历史上他们虽对群众有着重重的压迫与剥削，但在目前广大群众尚未觉悟的情况下，对他们（土司）还是抱着依靠态度。由于历史的影响，土司在群众思想上已建立了很深的正统观念，如在芒市、猛卯一带的不少群众说：“汉官不长久，土司才是我们的真官。是一辈一辈传下来的。”（自然也有特务的活动）也有的说：“土司可不能去，去了土司谁还替我们说话呢？”解放后，盏达土司曾和我工作团干部下乡一趟，于是群众都说：“这可好了，大官到我们这点一走，今年定五谷丰收。”（李同志谈）泸水群众则说：“解放军是水，土司是石头，水一时就过去，冲不动石头。”就泸水来学习的傈僳民族学员也都反映土司好，他们说“我们那点土司好，要租要得轻，他对国家也有贡献”等。（也可能是土司的活动）显然地看出，我们虽有了几个月的工作，但基础仍是非常薄弱。（笔者）目前在一般土司区，不通过土司头人要召开一个会议都还十分困难，甚至有的地方（如瑞丽）不通过他们，群众则根本不来。（此种情况可能土司有计划对我封锁）当然也有一部分人，尤其汉人对土司反映很坏，如芒市一个“老畂”的母亲说：“没有办法，每年纳这些粮，不拿他们（指土司）就控。”遮放的汉人也要求独立，不服土司管，南甸也有的汉人埋怨我们不取消土司，如说：“你们（指解放军）来了土司还一样有，你们为什么将龚统政放跑了呢？”但据我们与各县来专署开会的同志研究，认为这种情况不过是反映了民族关系和个别积极分子的要求而已。这些人的数量是很少的，正如邓政委所说的“他们在历史上还不能起决定影响”。

3.解放后的一般情况及其目前态度

解放初期由于国民党反动宣传（说斗争土司，每土司要1000两黄金；先杀方克胜，后杀线光天等）的影响，土司普遍表示恐慌，想阻止我军入境，如杨县长去芒市与方克胜接头时，方便提出：“解放军最好驻到龙陵，先别来，这里群众都很害怕，粮食我们可以供给。”在我军到达各司之后，多数土司则已隐藏和逃亡缅甸，并有的采取对抗，如龚统政，在暗地支持土匪与我周旋扰乱，解放前亦曾烧了大厂村，并强迫农会会员自首（附自首书），方御龙、方克胜也带走机枪、步枪一二百支，企图待机复辟。但经我人民政府积极宣传和正确执行民族政策及大力争取他们之后，很短时间内，除方克胜、线光天、龚统政、刀威伯等少数顽固分子外，一般都与我见面，并表示接受领导，尤其在我党政军同志的教育及艰苦朴实作风的影响下，使他们也有了一些转变，个别的并表现积极（自然动机不纯），如方克光、思洪升、卫京太等，不仅响应政府的一般号召，且还有时参加我们的学习，思洪升派公粮时，也照顾穷富，方克光、卫京太则在司署内贴上“反对官僚主义”“为人民服务”等进步标语，盏达、芒市二司也规定办公制度（虽然是形式），方克光及卫京太及其司署的职员，也均戴上了五星红帽花，卫京太也脱下了毛呢衣服，并表示决心戒烟，他说：“我在1950年如戒不了烟就不算人。”除了龚绶等个别顽固分子外，一般的都取消了叫群众下跪的封建制度，方克光、思洪升等，并给群众送烟送水（自然是跟我学的）。在对群众剥削花样和分量上也有些改变，如干崖、猛卯等司，合并和减少了不

少税捐，盏达、泸水等司，对“门户捐”等，则根本不提。（李同志谈）

他们一般的虽有了以上的这些进步表现，但目前对国民党普遍地或多或少地还存在幻想，对我存在着怀疑顾虑，如方克光，据有人说“他还想搞一笔款，再逃缅甸”（他否认），他对朝鲜战事非常重视，刀京版、多英培等家属仍逃出不归，他们尤其特别关心的是土司制度的取消与否。如要求政府明文公布土司制度的存在。他们一般认为我们的政策是暂时的手段，如卫京太说：“我看土司制度今天是不合适了，不过要慢慢地来。”多英培也说：“他们（指政府）今天还没抓住群众，开个会离了我们都不成。”并对群众说：“解放军别看现在好，将来还是对立的。”封锁我们和群众的联系，如腊撒土司威胁群众说：“你们不准接近工作团干部说话，说了全家都灭。”在瑞丽有的“老毗”我们干部一接近他就说：“我们怕，不敢说，上有司官，下有群众，你们问他们好了。”也有的土司，想就着这时宽大，快弄一批钱，好准备将来，如赖思林说：“解放军来了是好，可不知好多久，现在宽大弄点钱，不好，还可以上缅甸，抓住土匪都不杀，我弄点钱还杀我吗？”个别的甚至对我消极对抗，或做合法斗争，如刀京版不参加办公，我们同志与他商讨问题时，他则说：“我年老了，你们多办点吧！我吸吸大烟好了。”部队同志到他家借找东西，他本不满意，但不言语，暗给专署写信。南甸老土司龚绶则暗地支持其子龚统政做坏事，而他又装好人，像大厂火烧后，他又拿出一点谷子，说什么“救济”，向我们和群众说：“小孩子不懂事胡闹，我拿谷子救济救济吧！”并将参加烧大厂的其中队长杀掉（据说是个汉人）。在解放前后曾派出陈玉考、陈玉光（汉人）去油松林一带组织土匪，据说后因分赃不平和有意破坏我们，即要求我军去剿，当时我军为照顾民族问题未去，其立即组织一二百人将二陈匪杀掉，于是就向群众宣传说：“解放军宽大土匪，你们如以后不服，我也一样杀你们。”我工作团杨森业同志之妹，被土匪劫去，而龚绶将土匪打掉，将杨同志之妹抢回，给其部下结婚，其目的，据何同志说：“在于一方面对群众表示他能剿匪，另一方面对我工作团干部进行打击。”（因杨同志系大厂人）

据他和其司署人员讲：他对我们的政策有三，即“隐着”（封锁我之意）、“拖着”（慢办之意）、“说着”（应付之意），总之是对抗的态度，一贯是阳奉阴违，抓机破坏，如动员土司去北京参加国庆典礼时，在会上他表示非常同意，并说：“大丈夫一言既出，驷马难追。”但会后又对思洪升说：“出去受罪去，不像你们年轻的人出风头，拾掇拾掇回家好了，要为将来打算。”又批评思洪升说：“你出风头，不是出卖土司了吗？”结果思也不去了（当然还有别的原因），同时尽量封锁我与群众之间的联系。

在征粮时威胁我们同志说：“这里治安不好，不能下乡征收，群众工作不能做。”但恰恰他们却可以到处去收自己的捐税。在给他儿子写信说：“解放军派粮叫我们去搞，你没有群众了，土司可就当不成了。”从这些事实中也证明了他对我之“三大政策”是正在实行中。

（二）执行民族政策情况和干部对民族问题的了解

1. 执行政策的情况

据各县汇报和与各县同志个别谈话中，他们对民族政策尤其对团结土司上是重视了，基本上是执行了民族政策，地专领导上特别强调不干涉土司制度，并在大会上宣布土司制度不予变更和不没收土司武装等，因而这在团结土司与我合作上起了根本作用。如在芒市土司会议上，当查师长公布了不干涉土司制度，各土司都纷纷表示“拥护共产党，跟着毛主席走”，而且以方克光为首的发动了宣誓，并写出了誓词。尤其我工作干部和人民解放军一般都能尊重少数民族的风俗习惯，如陇川摆彝过泼水节时要求我军准许他们夜里出来“偷东西吃”（风俗），我们就立即答复，使他们十分高兴，并邀我们去吃他们的东西。在盏达的工作同志与土司进佛庙时也同样随着给“佛爷”下跪，这在打破国民党所谓“共产党消灭宗教”的反宣传上起了很大的作用。驻各司部队均做到了给群众担水、打柴、挖地、种菜等联络感情工作，因而在群众中留下很好影响，莲山、芒市、陇川等地群众都要我军不走，他们说：“共产军到哪里哪里好。”陇川有的群众说：“这些‘皇军’比从前的‘皇军’（日本军）好多了。”每开土司山官会议时，均做到了热情招待，并送给他们一些物品（如镜子、盐巴、手表、皮鞋等），因此使他们和我们的关系逐渐密切，如有一个山官在腾冲开会回去后就召集群众开会，把我们送给他的镜子挂起来，很喜欢地说“咱们要服腾冲管了”，宣布“脱离土司”。陇川也有的山官和我们负责同志交朋友，要求政府发给“招牌”（即门牌之意），以表示与我政府已建立关系。当我负责同志通过他们住区时，不仅给烧水送烟，临走时还送出数里。我部队遗失了骡子，被他们（山头）拾得又送还我们，他们说：“咱们是朋友。”这充分反映了在我党民族政策的影响下新的民族关系已在出现。

其次在少数民族地区的负担，原则上已注意执行“多给少要”的政策，此次县长会议又决定在少数民族地区重点地进行救济。对于慎重缓进方针的执行也有了不少表现，如多英培之姨母向我控告“老畹”杀死英培之弟的案件（实际系英培叫“老畹”杀），我们就采取耐心说服，将此事交多英培来当作家务处理。芒市方克光之侄方照龙诈取群众370元（半开）钱的事件经与司署协商并尊重了他们的意见，采取教育批评的原则让司署出头处理，结果不仅司署满意，在群众中也起了很好的影响。

根据以上事实显然看出，在几个月的工作中该区已有了不少成绩，但在某些地区也出了一些偏差。在解放初期，我们曾以代表团的名义将土司控制起来，建立签名制度，凡一切问题之处理非经代表团签名不能有效，有的土司自觉不自觉地采取软禁监视（解放初期警惕是应该的），如陇川在解放后的几天中对土司是“四门上岗”，后经团部指示方撤销。在干崖发现土司藏枪也曾收缴土司枪支，因其不说实话，并打了土司的两个母亲，影响颇坏，虽经县与专区及各负责同志再三赔不是道歉，土司仍很表不满，至今仍未把收缴的6支手提、2挺重机、3挺轻机和几十支步枪等发还（据说已决定发还，现在可能发还了），土司对我反应十分不好，他说“共产党说话不算话”，“解放军说话不讲信用”。我部队在收其枪支时，并拿回他藏到山里的许多物品（当时以为是土匪存到山上的），在发觉后虽全部发还，（据朱嘉品谈）但其为了故意与我为难，始终说“数目不足”。在初期因不了解情况，分配公粮时虽说有照顾，但在某些地区，仍有些重（后有改正），又加以下层部分干部同志作风上的强迫命令，亦起了些坏的反应，如莲山有的山头人说：“解放军要粮没得办法。”瑞丽也有些群众向我们工作同志说：“你们催得紧了，我们就要往缅甸跑。”有的地区已跑了不少，仅陇川统计即逃亡59户。（李洪洞同志说）（当然有特务活动）龙陵也发现傈僳逃跑，镇康一个傈僳人因没有粮交，将喂的一只老熊送来顶粮（干部汇报时讲）。对少数民族内部社会情况欠考虑，即一般强调合理负担，所谓“多有多出，少有少出”，据说目的就在使土司头人多交一点，并有的动员土司头人带头，其实土司粮食完全是剥削人民的，因而相反地更加重了群众的负担，瑞丽一带群众说：“你们（指政府）要的不算多，加上‘官租’受不了。”泸水有的土司将其存粮交光，没得吃（据同志说确实），又重新向群众要，这充分说明结果与我们的动机相反。

此外也有同志对少数民族的习俗不够尊重，个别同志不脱鞋偷着到佛庙的大殿上去，据芒市学员谈，有不少同志借东西随便上楼也遭到群众不满，有的要往缅甸逃。在莲山的部队为修建工事乱砍树竹，也遭到群众的反对，甚至个别同志因看不惯土司的腐败作风，在其背后骂街。（何同志讲）由于以上种种倾向，使民族政策还不能很好贯彻，在某种程度上，也加深了群众尤其土司的怀疑与顾虑，而且也给帝国主义国特以造谣破坏的机会，如缅甸的英帝国主义对我国逃去的群众特别所谓“优待”，不仅给找地种，且给耕牛1头、50元卢比安家，并言称3年不着负担，这在破坏我国民族团结和巩固国防上是一个很严重的问题，因此应特别予以重视。

2. 干部对政策及民族问题的了解

我们从参加小组的学习及听各县的汇报反映，一般同志都认为民族问题是复杂的，亦都表示对民族政策是重视的。如多数同志说：“这4条（指民族政策）看起来简单，可解决大问题。”但亦都检讨对民族政策的研究和基本精神的领会还是不足的（这确是事实）。据各县长谈县级机关就没有很好讨论民族政策（自然有客观的困难），甚至有些认识上的偏向，如对土司过于强调其阶级本质（当然本质是要了解的），武断地将土司确定为“公敌”。有的同志说：“我们对土司的政策即是一打一拉，团结他不过是暂时的手段。”在讨论共同纲领五十一条“区域自治”时，有的同志认为“保山区各处都是杂居区（当然从全区着眼是杂居区），这里没有自治条件，土司提出自治是想分立的意思，实行区域自治只有像新疆、西藏等地”。这说明对于“按照民族聚居的人口多少和区域大小分别建立各种民族自治机关”的精神领会尚为不足（笔者），在对土司团结上为了要“站稳立场”（当然立场是要站稳的），在处理问题的方式上还不能很好与土司协商合作，如陇川土司处理一切问题时都向我们同志请示，干崖虽形式上与土司协商，或事后告知土司，但实际上土司已形成不管事（后有转变）。猛卯土司和职员则反映我工作团长（赵镁）

“官僚”（可能片面——笔者）。他们说：“赵团长办事总以他的意思为意思，不和别人商量。”据说有一次开会司署内写了两条“拥护共产党”“拥护毛主席”的标语，赵同志看见后就说：“你到这时不拥护共产党拥护谁呢？”结果使土司很不满意，因此司署的人们给赵团长起号叫“怪物”，只要见他来了，就说“怪物来了”，就都避开不理他。当赵镁同志工作调走时，土司及其职员都说“阿弥陀佛”“谢天谢地”“可好了”。南甸司署行政委员会工作团3个机关都独立办公。（何同志讲）

再如对《中央关于少数民族问题请示报告制度指示》①的讨论时，有的同志说：“报告来不及怎么办？”（自然是交通有困难）、“土司要围我们打不打呢？”也有的说“光叫我们报告，上级也不答复”等（这些自然都可能是实际问题），但对如何执行这个指示以及这个指示的积极意义何在则很少讨论。

…………

刘树生

1950年10月29日

附录

（一）芒遮陇瑞板等各司提议案

1. 案由：应如何改善山头民族生活、加强生产以免抢劫案

理由：查山头民族为边区民族主要成分之一，唯以知识水准及文化低落，且以疏懒成性，不事生产之故，致生活上发生最大危险，萌起抢人动作，相习成风，为行商之大患。

办法：除芒市司无山头民族外，其余各司均有山头人居住，应按各山头民族地方人口情况择一适中地点，由政府办一小型农场，选抽无业之山头人供给伙食，使在农场内工作，给以最廉工资，并于农场内附设初级小学及设识字夜班，俾使山头人有读书机会，增加知识，由农场经理人负责办理，一俟农场办有成效，便交给各该处山头人管理接办，稳定生活。其农场递年推广增加，以期深入与普及。

2. 案由：各司教育应如何建立案

理由：查边区少数民族之僰人，一因交通不便，文化落伍；一因家境贫寒，无力负笈远读，以致各司小学毕业学子不能升学与造诣，但举办地方事务实感财难之患。

办法：选择各司适中地点（暂拟畹町），由政府设立边师训练所一及职业学校一，由各司选派学生入所校肄业后分别办理各乡村教育与适当之职业，以适现代化环境，提高边区文化。

① 这份文件的全名为《中央指示对于少数民族问题必须遇事向上级报告和请示》，日期为1950年6月13日，见云南省委办公厅印《民族工作文件汇编》，1951年8月。——编者

3. 案由：架设各司电话及所辖境内各乡镇电话网案

理由：查电话一案为当今解放事业之急务，倘一旦发生意外事件立刻可以达到不致有误要公。

办法：由各司分配所辖各乡镇自办电杆与栽桩工作，至电线与电话机均由政府发给各乡镇，并配以技术人员完成之。

4. 案由：请充实各司卫生院药品或基金以资救济案

理由：查边区气候恶劣，疾病发生，夏秋之季为患尤烈，各司虽有卫生院之设置（遮放、猛板没有医院），但因经费不充，药品缺乏，无法推进工作，务赴乡村治疗，俾一般贫乏患病之人得以救治。

办法：拟请政府分别发给药品，抑或筹发卫生基金，各司除卫生院外应再增设循环诊所，普遍施行治疗。

5. 案由：兴修陇瑞公路，拟请以兵工力量协助俾期完成以利交通案

理由：查边区各司除芒、遮两司外，其他地区皆交通不便，致文化教育以及地方建设各项事业均感落后，不能平衡发展，各司毗连缅甸，有关国防问题尤为重要。

办法：待至本年秋收以后（农历十月或冬月），发动陇、瑞两司民力，兴修由陇川至瑞丽达畹町一段公路（民工伙食由司署供给），拟请以兵工力量协助完成之。唯桥梁、涵洞及所需木材、技师等恳由政府负责统筹办理。

6. 案由：土司制度既经保留，拟请政府颁发布告以安民心案

理由：此次会议承蒙上级训示，土司制度仍旧保留。足证政府对边区土司关怀爱护，可谓无微不至，各土司铭感政府德意于万一，但边区人民智识简单，或以未睹上级明文不安于怀腹，恐特务乘机造谣煽惑民心，影响至巨。

办法：拟请政府明令公布周知以安民心，而杜煽惑。

以上六项是否有当，应请大会公决。

提议人：芒市司代办方克光
遮放司官多英培
陇川司官多永安
猛卯司官卫京太
猛板司代办蒋家杰
公元1950年8月28日

（二）誓词

芒市司代办方克光、陇川司官多永安、遮放司官多英培、猛卯司官卫京太、猛板司代办蒋家杰等谨以至诚拥护中央人民政府，遵照毛主席训示，努力完成自治工作，协助解放部队肃清各司境内特务土匪，以服务群众为己任，尽忠职守，绝不蒙饰，倘如违反国家法令抑或

有阳奉阴违情事，愿受最严厉之处分。谨誓。

芒市司代办方克光
陇川司官多永安
遮放司官多英培
猛卯司官卫京太
猛板司代办蒋家杰

（三）为投具切结事

龙抱树寨杨世明、许春光、许春尉为一时不慎，被人鼓吹加入解放军农会，身充组长，又复召许连儒、许连生等为会员，现经众会员已自省改过，自行脱出会籍，永远改过，各谋正业，决不再滋生事端或再行秘密组织及会议，从此永远改过谋正，服从乡保村规，倘今后再有为解放军农会工作者，甘愿上至组长一律同受连坐之处分，并甘愿承认，任从地方人士捕拿，身受极刑，所有家产认从捉拿充公，家属人等亦愿同等处分，今后恐空口无凭，特立此切结为据是实。

1950年正月十九日

具切结人：龙抱树寨农会组长杨世明、许春光、许春尉

会员：许春湘、许春智、许春聪、许春夕、许春启、许春学、许春东、许春成、许升俊、许连儒、许连庆、许春尧、许春彦、许连荣、许连积、许连生、许春旺、许连学、杨世宏、许连聪、许春增、许连泰、尹自先、许连璋、杨世有、尹自芹、许连金、许连德、尹自培、许连江、尹自芳

（四）目前在土司区行使县人民政权的困难

我们为了研究这一问题，自去年十二月二十九日下午起，在潞西县人民政府邀请地方干部进行座谈，根据大家（出席工委会秘书、县委会干事及县府各正副科长）发言综合起来，主要矛盾大体表现在4个方面：

该县解放至今已10个月了，但全县的财经，我们掌握不了。

各司署的财经是统筹自给的，除公开的官租、烟租、门户之外，暗中的摊派仍继续进行。如芒市芒蚌老眖每街向每个地摊收铜钱200文，全街约共半开15元以上，一个月即共收百元。又借口“买一辆汽车供给解放军柴火”，通知工委会的买价是12000盾卢比，但司署向每户派半开1元，共派收约15000元，折合卢比3万元以上，从中获利不小；又如欢迎访问团，他们也有摊派（只听到风平乡的群众反映，司署欢迎大官要派招待款，具体材料尚未收集）。去年十月中，芒市司署单独召开“屠户座谈会”，会后以司署名义明文布告规定猪肉每砘（2斤半）人民币16000元，合半开2元，牛肉每砘8000元，合1元（照当时市价人民币与半开的比率是8000：1）。布告出后，使人民币引起波动，此不仅承认了半开的合法地位，作为推动人民币来说，这是一个打击，直接支持了银圆贩子的活动，同时两月来人民卖了粮

食都不免收存大量半开。

我们征收公粮，司署收官租，使群众感到“挑两个担子，咋个支得住”（法化乡老昽岳自新说）。我们征粮也不能贯彻合理负担政策，如在遮放司，各级头人负担很少，大部分都转嫁到农民头上，我们无法掌握细数上的分配，只能由司署“摊派”下去。一般农民对1950年的公粮负担存在着顾虑，如遮放司有个别的农民反映：“如果再像这样重，只有搬到缅甸去了。”又猛板杨家厂的傈僳族60多家因为负担过重准备集体逃亡国外。

另外在遮放三角岩，我们收屠宰税，他们就抓空子加重“官肉”，以致发生漏税现象，我猛戛税务所撤回后，在司署的指使下，该地的乡公所竟公然变为税收机关，破坏了税收法令。

无法建立区乡政权，因而政令不能下达。司署以下的区乡政权，都是国民党统治时期的保甲人员（方克光由缅甸回来曾更换了6个老昽，以他的旧属替任），一切仍沿袭旧例（显著的如山区汉人平河等村的保长等）。由于“尊重土司”，我们也不能不让这些暂时存在，因而亦不能彻底解决问题，对他们的坏行为，顶多只做侧面的消极“建议”，或做有限度的“批评”。

我们认为赌博是坏事，加以禁止，而且出过布告，在街子上也抓过汉人的赌，但遮放土司的五叔，仍然在他家里公开找人摆赌，赌注在5000卢比以上（赌棍中还有特务分子），使我们没有办法，因为他是群众所尊称的“五祖爷”，在属官中“说得起话，吃得开”。又芒市司在去年十月中“做大摆”，司署也暗中发给职员警卫每人半开二三十元，在属官方如龙、方子启家聚赌，对人民政府的布告禁令，多不重视。

关于栽种小麦增加生产，司署满口同意，但籽种运到后，又说“种子来迟了，时季不合”，不要，另用（摆）彝文下达老昽仍种大烟（工委会材料），并由老昽在会上提出一些“理由”要求永远栽种。

教育：司署所办的学校只是装潢门面。解放后一月，我们要整整学校，搞好教育工作，着手注意教员的改造，司署口头赞同，骨子里不满，如方化龙在背地与一属官说：“我们索性不管。”实行消极怠工，迟发教员薪金，有时我们直接与南练乡小学联系，方克光也表示不满，认为“不尊重司署的行政系统”（刘科长谈）。遮放司立小学设备极为简陋，校舍倒塌，司署不闻不问，不鼓励群众子女入学，反而排斥知识分子，借故“更改校名”，不让自己的和属官的子女入学，引起兄弟民族若干顾虑，以致到现在全校仅有汉族学生20多个，土司多英培告诉他儿子：“你不读书还是要当司官。”

至目前还没有适宜的教材，以配合团结政策，现有各小学大部已采用的新华教本中有“共产党，真正好，帮助穷人分土地”“消灭封建地主”等，也会引起他们的顾虑。

教育经费没有统一掌握，使工作和培养改造教员的计划受到一些影响。

群众工作不好做。群众接近我们有顾虑，甚至有杀身之祸，如遮放李承济案等。去年八月以来，县人民政府的威信比起司署是一天比一天高，许多群众要打“官司”，要请求办事情都来找人民政府，有的反映说：“司署办不起事，要花钱。”但我们为了尊重司署，群众的请愿与诉状以及土司间的纠纷大多和司署先会商后再给他们处理，因而有些人就不满。北练乡长（汉人）说：“汉人一律归县府管，成立直属区。”两次上了报告，要求脱离司署。司署成立了一个调解委员会，处理人民纠纷争讼，他们调解有时还用“佛经”，如崩竜下坝与摆彝争土地，就被用“佛经”驳回。

我们交给司署办理的工作，往往延至一个月才处理答复一件，甚至没有下落。如缅甸印侨奶牛遗失入境到猛戛，通知芒市司查明放回一案；又三角岩连续发现无名尸两具查复案；又遮放山头族勒木山官率众抢劫芒市南练乡，应追赃物案。所有这些问题，我们都无法及时处理。

马守先

1951年1月

土司概况调查表　（1950年10月制）

地区	芒市	猛卯	户撒	猛板	腊撒	潞江
等级	安抚司	同	长官司	土千总	长官司	安抚司
世传	21代	18代	18代	4代	23代	
司署人数	30余人	二三十人	武装31人，职员10余人			
组织形式	分民、财、建、文等股	股的组织土司称主任				解放后现改为区政府
人员待遇	据说解放后职员一律月薪20元，还有年谷					
统治面积	1000平方公里，平原4/5	2000平方公里，平原7/10	60平方公里，平原3/5	800平方公里，均为丘陵地	55平方公里，1/2平原	整个潞江区
官租收入	年收30万箩左右	10万箩上下，值今年的板4万				
全区人口	约6300户 约32000人	约5000户 约20000人	约1000户 约5000人	约500户 约1500人	约500户 约2000人	约1600户 约9000人
武装力量		步枪千余支，轻机枪10挺	步枪百余支			
土司姓名	方御龙土司 方克光代办	卫京太	赖思琳	蒋家杰	盖万新	线光天
年龄	土司24岁 代办50余岁	24岁	28岁	36岁		40岁
文化程度	国立边疆学校			腾冲初中		小土司系中学生
党派会门						

续表

地区	芒市	猛卯	户撒	猛板	腊撒	潞江
特点	土司没经验，至今未掌权	性较直，对汉人采取暗杀	无能	汉人，吹大烟，不愿下山开会	无能	小土司，无能力
家庭人口				20口		
是否逃亡	现已逃缅甸	未逃	最近已逃	想逃，估计留下可能做特务活动		已逃，现由其子线东升代职
目前表现	基本反动，但据说也有回来之意	靠近我们，比较进步，表示戒烟	反动	较靠近我们		东升现靠近我们
希望要求	希望将方克光搞起来	减轻负担，希望做官			要求恢复土司地位	
其他	现任代办方克光靠我们，较进步	该土司很好打鸟、好玩枪，青年，好教育		家有50余亩地，雇9个工		现小土司任区长，我一副区长，在两处办公
备考	原任方克胜代办现已逃，并带走枪200余支。国大代表，很反动，现被国特包围，方克光枪很少，有轻机1、小卡2，二十响1支、步枪21支	他认为土司将要去掉，他说土司今天不合了	该司属盈江设治局	属潞西县	该司1949年被群众（？）将老土司打死，现政权掌握在畹头手中。这里有一个解放委员会（？）	

土司概况调查表　（1950年10月制）

地区	南甸	干崖	盏达	遮放	陇川	耿马
等级	宣抚司	同	副宣抚司	同	宣抚司	同
世传	25代	同		22代	24代孙	16代
司署人数	约三四十人	30人以上	20人左右	25人	10余人	25人
组织形式	司官下有族官、属官、分房、分库	同	司署职员现已和各民族行政委员会合署办公		原始有属官、族官等，一般统称老官	
人员待遇	族官年薪600箩至1000箩谷子，一般人员100箩至300箩左右谷子	据此地工作同志讲，与南甸相似	据李怀宝同志谈，最多月薪50元半开（？）			

续表

地区	南甸	干崖	盏达	遮放	陇川	耿马
统治面积	1370平方公里，平原约3/10	1350平方公里，平原70%	2208平方公里，平原3/5	1700平方公里，平原2/5	2368平方公里，平原占60%	
官租收入	年收10万箩左右		年收万箩左右		10万箩左右	
全区人口	7000户 约40000人（？）	约共6000户 约30000人	约4000户 约20000人	约6000户 约25000人	约5000户 约22000人	约17000户 约54000人
武装力量	约步枪1000支、轻机枪10挺、重机枪2挺	步枪3000余支，轻机枪30余挺，六〇炮和八二炮8门，还有手提等	步枪500余支、轻机10挺、电话3具	步枪1000支左右，轻机枪2挺	步枪1500支，轻机枪与电话各1部	步枪4000支、轻机枪20余挺、小炮等
土司姓名	老土司龚绶 小土司龚统政	刀京版老土司 刀威伯小土司	思洪升	多英培	多永安	罕裕卿
年龄	大土司65岁 小土司26岁	大土司58岁 小土司32岁	57岁	42岁	48岁	45岁
文化程度	大土司小学 小土司政治大学	大土司高中 小土司高中以上	中学	很低	小学	高中
党派会门	小土司为青年党	小土司为国民党				国民党
特点	据说怕硬不怕软	心里做事，不好摸他思想。不怕硬	不喜欢人说他好，他认为说他好不是拥护他	没有主意，易被人包围	没有主意，易被人包围	
家庭人口	有大小土司3人、大小老婆与小姐4人、男孩子2个，共9口人	共11口人	他个人5个老婆等十几人（？）	老幼11人	有3个老婆，再加其弟和小孩，10余口（？）	
是否逃亡	小土司逃亡	同	没	家属逃亡，个人未逃	曾想逃亡，因部队去得快，未来得及	现已逃
目前表现	老土司阳奉阴违，小土司已当土匪	因为收过他一部分枪，故对我不满	靠近我们，在土司中表现进步	一般跟着方克光走	害怕我们，什么事都请示我们才做	反动，和我没有关系，我尚无工作
希望要求						
其他	小土司唯一嗜好女色，不拘伦常，为同族长幼所不满	小土司刀威伯是国大代表，很反动	据说该土司是私生子，和刀京版为亲兄弟（？）		土司大烟瘾很重，司务由其四弟永清代管	土司罕裕卿系国大代表

地区	南甸	干崖	盏达	遮放	陇川	耿马
备考		老土司是缅甸木邦土司之女婿，对缅甸情况颇熟，他说“他能争取缅甸土司”	该土司曾于清末被取消过，民国初年又恢复		该司之枪支，据该司报有90支，但估计他个人有300支，连民枪可动员3000支	其枪支，包括民枪在内，现其个人能拿出的亦不过800支左右

土司概况调查表　（1950年10月制）

地区	老窝	六库	鲁掌	猛照	登埂	孟定
等级	土千总	同	同	同	同	土知府
世传						
司署人数						
组织形式						
人员待遇						
统治面积						
官租收入						约年收8万斤
全区人口	约1300户 约6000人	800户 4500人	600户 1800人	300户 1400人	200户 700人	500户 2200人
武装力量						步枪80支、轻机6、重机2
土司姓名	段永太	段承经	茶光周	段赓华	段健华	罕万贤
年龄	25岁	35岁	25岁		30余岁	25岁
文化程度	中学	保山县立师范	小学	中学	同	小学
党派会门						
特点				年轻无能，无什么表现	老实	
家庭人口		8口人				现只有其八弟和妹2人
是否逃亡						1950年10月逃缅甸
目前表现	与匪特勾结	积极，较泸水其他土司均好	变天思想严重，不敢出头做事		尚好。刚做事，无经验	反动
希望要求						
其他	段承恭现任老窝镇长	土司现任泸水设治局副局长兼六库镇长	土司现任鲁掌镇长	现任猛照镇长	该镇长兼直属保的保长	
备考	该司从民国九年起已改为镇	同上	同上	同上	同上	属耿马设治局。枪支被共革盟抢去一部分

二、芒、遮、板、猛、陇土司目前活动情况

（一）芒市土司

芒市占潞西全县面积（3592平方公里）约2/5，平沃大坝，灌溉便利，估计年产稻米2500万市斤以上。

全司辖1镇、4练（乡）、10甿（乡），即双龙镇（芒市街子），东、南、西、北等4练，另法化、朗目、蛮黑、风平、帕底、轩岗、松兄、拱母、印金、猛旺等10甿，计大小124村寨。

政府1948年调查，芒市人口10888人。

芒市司地广人多，出产丰富，当滇缅公路，学校比邻司多，故风气较开通。

前代办方克胜是陇川土司的妹婿。小土司方御龙是干崖老土司的女婿，南甸龚绶的外甥。现代办方克光是遮放土司五祖爷的女婿。

方克胜与方克光同父不同母，从前他两人做小土司代办时，都很跋扈，平时“小土司用一个钱要向方克胜讨，很可怜”。（县府刘科长谈）

一般反映，芒市有3派，拥护方克光、方克胜的是互相对立的两派，拥护小土司的是一般老人。

方克光与方克胜互不相容。日寇陷芒市，方克胜逃走，方克光登台。到抗日胜利，方克胜做代办，方克光逃亡缅甸（中间曾派他的长子方化龙回来组织暗杀，因事前被发觉，反被方克胜杀掉一些同谋分子）。因“他兄弟俩合不来”，同情方克光的人从前遭方克胜杀害（司署方正江谈）。方克光回来，方克胜的亲信又被迫逃亡缅甸（杨县长谈），为他两兄弟争权夺利，一般人不敢说是非，“老百姓对哪个都是一样，哪边风大哪边倒”（方正江）。

许多老年人及部分官家人都盼小土司掌权，他们认为只有这样才能消除方克光、方克胜争权夺利的冲突。现在小土司被方克胜挟持到缅甸去了，我们到法帕寨了解到许多上年纪的老甿老幸都切盼小土司回来，法帕岳老幸说：“土司官不回来，我们芒市不好。”“土司官不回来，我们不方便。”并很感伤地解释：“今年因小土司不在，谷子比去年少收了一半。”要求我们“把小土司接回来，以后小土司有错，我们4练、8甿能负责”。

方克光比方克胜高明，他这次从缅甸回来钻准了空子。（杨县长）见我部队的种种表现，他对群众也比从前客气多了，如在席上敬酒，平时去见他，招待坐、递烟、递茶，这些过去都是不能想象的。群众对他的反映也比对方克胜好了些。但方克光并不放松对人民的剥削，如政府征收1949年的公粮仅230万斤大米，尚未收足（别无征收），但司署的官租、烟租算在一起即不下500万斤大米。此外还有种种摊派，如最近给解放军买车拖柴，实价12000卢比，他假借名义向群众派了3万多卢比。前次到北京开会及这次老甿们到保山欢迎访问团，都有摊派。政府1950年的公粮尚未征收，他又派了1950年的官租，每10箩折

征钢洋7元，比去年还重。群众说："我们老百姓苦啊，他们什么都要。"有的说："解放不解放还不是一样。"杨县长说："方克光知道将来要土改，他想利用今天的合法地位大搞一笔。"他也知道"今天政府不管他们内部的事"（李政委）。但尽管这样，方克光却有他一定的威信，我们所接触到的一些老眖老幸都说他很好，方克胜的手下人过去常在乡下乱敲磕，乱吊打人，强奸"小菩少"（即未婚妇女），方克胜本人架子大，对人不客气，"方克胜把人整狠了，老百姓有些恨他"（方正江、方惠龙谈）。法帕老幸很直率地讲，不愿方克胜回来。他们对方克光反映是："三代办用的人少，不下乡乱整。"我们召开什么会，只要方克光到了，老眖老幸就到得很踊跃，方克光不在场，他们就离得远远的，东一个、西一个（可能有捧场的意味）。他们对方克光确实有相当好感。（县府财政科同志谈）解放后，对我团结土司工作上，方克光也起了不少作用，如遮放、猛卯土司都是通过他的关系争取回来的，多英培对我们这样那样都说："等三代办回来看看。"方克光与缅甸木邦土司的私交也远比方克胜密切。（县府王科长及方化龙的谈话）

杨县长说：以他5个多月对方克光的了解，觉得他在政治上比方克胜开明，较方克胜"世故""圆滑"，善于顺风转舵，投机取巧。在缅甸也可能受"民盟"的影响，懂的事情多些，也看得出事。如到北京开会，别的土司犹豫不决，害怕恐惧，但他则即口答应，连他的女儿、侄儿都要带去，并企图将他的女儿嫁共产党员或在政治上有些条件的工作同志，他说："不一定嫁官家了。"在征收1949年的公粮中，他表现积极，司署办公到深夜，这是从来没有过的事。芒市已完成公粮任务95%左右，但他还表示要坚决完清尾数。这个人有相当的事业心，肯干，早年就把大烟戒了。

杨县长说："方克光知道得很清楚，不是共产党，他是不能做代办的，因此对共产党很感激。"

到北京出席国庆大典对他的影响很大，回来后召集全司老眖老幸作了报告，表示少数民族从来没有受到这样的热情招待和诚恳的尊重，他很兴奋地叙说所见到的北方和京沪各地建设上的成就，对未来表示有信心，他说："从前的皇帝是强迫服从，现在大家对毛主席完全是内心的拥护。"他并叫老眖老幸不要听信谣言，鼓励他们不怕帝国主义，加紧生产，将来要完成共产主义。

据我们了解的情况，这次到北京开会不仅对方克光本人有极重大的教育意义，对其他土司也有影响。

（二）遮放土司

占潞西全县地面约2/5，相当于芒市，但山地多。当滇缅公路，交通甚便，偏僻小路上来往商旅及走私者不少，情况复杂。

据政府1947年统计，全司人口占全县人口1/4弱（全县人口48478人，男23937人、女24541人），其中摆彝占3/8，崩竜、傈僳族共占1/8。全司分设青龙、浩然、西山、南山4个乡及遮放、畹町街镇各1。山头主要分布于西山乡，摆彝分布于浩然乡，街子上是汉人，其他各地各族杂居。

出产以坝子的稻米为最多，山区种苞谷、洋芋、荞麦，鸦片产量也不少。

土司多英培的父亲，人颇“开明”，民国初年曾召集所属老畂老幸推行“改土归流”，禁止抢劫，取消苛杂摊派，开始用汉人秘书（吕英），并结交为兄弟。多英培还拜吕英做干爹，老土司对吕英说：“你看我儿子长大，打也打得，骂也骂得。”

多英培，40岁，为龚绶第五女婿。怕老婆，据说她主动与属官多利周通奸，多英培不敢过问，因龚绶威望高、势力大，怕得罪了岳丈。

司署年收官租13万余箩，占总产量35%，每年门户摊派每户平均在20元半开以上。其余各村寨须轮流供饭，需钱用随时摊派，与各司情况相同。

我军到龙陵，多英培即逃。我军到遮放，多次写信请他回来，先派人了解情况之后，才只身回司署。解放前有自卫队200余人，重机枪1挺、轻机枪5挺、步枪200余支。这些武装人员均遣回各村寨，有事听候召集，平时了解情况，每街期集会1次（汇报）。据了解多有不少汽油、棉纱、大烟、现款，均安置在外面（实数不详）。

多英培过去受方克胜掌握，关系深、影响大，经争取回来不久，仍很恐惧，惶疑不安，芒市土司会议后，明白了政府“保留土司地位”，才比较安定下来。尤其几个具体事件的处理使他感动。

他婶母向我控告他杀害堂弟多庚培。我们说这是家务事，叫他们自己商量解决。

暗杀汉人李承济案。李承济参加过“共革盟”，据干部说：主要是李对“共革盟”不了解，青年人的热情和正义感被“共革盟”的欺骗宣布蒙蔽了。因此后来当他对共产党有些了解之后，在欢迎解放大军的种种工作上表现得很积极。这时多英培对解放军既恐惧又仇恨，即通过大佛爷将李诱入佛寺，乘黑夜绑出惨杀。后来李妻向我告发，地方领导为了团结他，也把这事交司署处理，结果他出了一笔款交死人家属了事。

对我征收公粮，他感到负担重，愁眉苦脸（其实是不想交），后经领导上当面核减了8万多斤尾数。

这几件事都是多英培所恐惧和焦灼的，经上述的处理使他感到政府对他的宽大、优待，情绪便更安定和开展一些。

但对我们仍不是全心靠近，他曾通过他散在乡下的自卫队向群众说：“你们不要怕解放军，只要美国一出兵，国民党一反攻，我们就叫山头人来包围他们这个营（按：遮放有我军营部）。他们一个都跑不脱！”他不喜欢我们工作队下乡，征粮时说：“你们要多少粮我负责给你收就是了，何必下去这村跑到那村，宣传一些怪麻烦的。”他怕我们接近群众。这次派代表去保山欢迎访问团，尽量以他的亲信老畂老幸作代表，并事先开几次布置会，还推这样困难、那样困难，迟迟不肯上路。平时对群众监视，各村都有暗探，群众不敢与我工作同志接近，如东山的贫苦汉人，很想听我工作同志开会宣传，但只敢晚上悄悄与我工作同志接近，控诉土司对他们的压迫，但不敢告诉我们姓名和住址，怕土司知道。

企图继续掌握山头以巩固他的地位，他向我总公开表示“与山头没有关系”，说山头

“服管不服调”“山头人不知道宽待他们”，实际上他能掌握部分山头。据说解放前夕，如“共革盟”闹得更凶些，解放军迟到几天他就要调山头来杀街子上的汉人了。调动山头是他的属官多利文主持，这人现住西山乡和山头一起，我工作同志几次请他把多叫回来，他口头答应，但现在仍未回来。据了解多利文和一个日本军官住在一起，日本军官是滇西撤退时留下的，已与山头结婚生了孩子，已会说流利的山头话，现每天教山头青年打拳，并学习机枪射击，解放前常背一支卡宾赶街，解放后就未露过面。

多英培未回司署前，据说住在西山，当时山头不断出来抢劫。他回来后，抢案就少了。他对西山的山头是“另眼看待”的，如征公粮东山任务重，而西山任务轻，东山汉人说：“西山是他们自己人。”“土司有偏心。”（李政委说山头不抢人，主要是我政治争取，多的影响是其次的。）

对教育采取漠视、摧残态度，即使在反动统治时期，遮放的教育情况都被公认为最恶劣，对知识分子不给工作，还加重其家庭负担。解放后的遮放小学（司立），没有摆彝学生，没有经费，多不理睬。向他儿子说：“你不读书，还是要当司官。”他的儿子不去，属官的子女也不去，老百姓的子女便不敢去。司署属官多利周（现在芒市司署工作）说：我们遮放的教育“要看司官放不放弃愚民政策”。

解放后，潞西县府将各司改区，由土司任区长。多一向对公家事拖延，得过且过。

解放后，多是在好转，如最近还向我部队报告来联络他的匪特曾郁炎，他虽做了长时间考虑，总是靠近我具体的表现。据说，多这人的特点是呆板、顽固、吝啬、短视、多疑，常表现动摇不定，情绪不高，工委说这人大问题也许不会有，但很麻烦。这次我们与多晤谈，觉得方克光从北京回来对他会有大的影响，问到许多问题都要“等三代办回来看看”。他仍在顾虑变天，担心土司未来的前途。

（三）猛板土司

面积约当潞西全县1/5，森林多。与缅甸邻近，自怒江边59号界桩至64号桩。沿边山道错杂偏僻，走私商人很多。

政府1947年调查，各族人口共500余户2454人，占潞西全县人口1/10弱（但实际上山头寨子没有调查）。解放后，猛板司只报315户1746人，据政府1947年调查有500余户，其中有百余户傈僳，20多户崩竜，汉人、山头各半，除山头住国界边，其余各族杂居。

猛板司是中英划界失去捧线、果敢等大片土地后又保存下来的一小块。全境仅一个乡16里（村寨）。土司是汉人，已传4代。现任土司蒋家杰，32岁，烟瘾很重。父母还在，有3子1女，长子进龙陵中学。有两个兄弟，二弟原在南京金陵大学读书，解放后去东北工作，蒋向人夸耀：“我二弟有眼光，现在还是在中央做事了。”听说他二弟常写信来骂他，对他的土司生活很不同意。另一个弟弟在家闲居。缅甸果敢土司是蒋家杰的妻兄，两人联合走私和做大烟生意。

猛板司署没有芒市等司的阔气，我干部谈：“蒋家杰家里还自己种田地，生活享受，只当内地一个较大的地主。”

司署有四合头瓦房1座，雇用人5个。后面有1排马房，养马30多匹、骡子20多匹、奶牛30多条；雇放马工人3人。另在山上养黄牛120余条。

平时有武装二三十人，有事扩充至50人。由各村寨轮流服役，3个月轮一次。这些人家中同样负担门户，平时在司署无事，便替土司挖烟地。据一班长谈：“司署共有重机枪1挺、轻机枪8挺、步枪65支，大拉八〇响各两支，火枪多分散各村寨。”（实数不详）

解放后，蒋对我征收公粮不满，曾几次要求核减，蒋说从前国民党也没在猛板征过公粮，猛板不产稻米。对县府去的公文，常积压不理。最近李弥匪派曾郁炎到猛板活动，蒋虽避不见面，但不向政府报告，工委对他很不满意，蒋对我要滑头，不得罪匪特，一脚两头搭。

蒋对各族人民的剥削是重的，猛板不产稻米，但收“官烟”与“门户”，数字甚大，据他自己说：“每年每家所收不下二三十元。”（实数当然不止于此）蒋对境内群众有一套笼络办法，群众可以随便与他接近，不像别的土司那样有架子，逢年过节给各族头人散酒散肉。山头对他最有好感，有事即来护卫司署。

据杨侃县长谈，蒋的生活习惯完全与汉人一样。在各土司中是孤立的，地小人少，贫困偏僻，实力弱，别的土司（摆夷土司）看不起他，有事不把他计算在内。但蒋在当地各族人中，有他一定的威信，群众对他相当遵从，据说前几年蒋被当地汉人逼去缅甸，适逢那年猛板的洋芋收成坏，山头族以为不该赶土司，特地到缅甸把他接了回来，并保证保护他。

（四）猛卯土司

猛卯在各司的最南端，大坝子，不亚于芒市，土质较芒市还肥沃。年产稻米极丰，缅北紧邻山区的食米都靠它供应。

土司卫京太，24岁，干崖老土司的外甥，南甸老土司第六女婿。祖母（现还健康）是方克光的妹子。卫京太的父母死得早，由他祖母养大，有能力，还一度做土司代办。卫京太很听他祖母的话。

据了解，卫与设治局的仇恨很深。设治局划全猛卯为若干乡、镇、保甲，委派亲信汉人掌握，司署想派款、派粮，不得设治局准许便不行，有一时期甚至砍几根竹子，不得保甲长同意都办不到。设治局不准他称猛卯土司官，只准称猛卯乡长。不准汉人给他办事出主意。1945年，设治局将司署汉人秘书黄宗贤等两人活埋，并将一卫姓属官惨杀，设治局还几次想捕杀他，用枪抵他母亲，他妹子被踢重伤已成了暗疾。卫京太向我们叙述当时受迫害的情形，伤心痛哭。

大概日寇投降后，卫京太的实力大有增长，与设治局冲突愈烈，互相组织暗杀，一直到解放前夕。（工作团）

我军到猛卯时，卫逃走，不久争取回来。他对人说：“我比不上方克胜，他有钱，我出去就要饿饭。”但他与别的土司一样有顾虑，怕解放军不长久，怕国民党打回来。不久前传说方克胜到了八莫，他还悄悄到木姐去探消息，可能与方有联系。（工委李政委）也同样顾虑我与群众接近，解放不久，猛卯工作团团长到弄岛一汉人家去，后来这家汉人即被暗杀。平时各村放有暗探，我们同志到哪家，一离开就有人问："说些哪样话？"（工作队）

但他有一般青年人的热情、直率与正义感，这是与别的土司不同的。（潞西杨县长）他看到陇川土司上马要人扶，过沟要人背……就骂："他妈的，别个也是人，人家为哪样该背你。"（工委何秘书）因此也较容易接受新环境的影响。如他和他的两个儿子帽上都嵌上大大的一颗红五星（布料），司署办公室贴了许多摆夷文写的"毛主席万岁！""拥护中央人民政府"一类的标语，他已学会不少革命歌曲，如《咱们工人有力量》《跟着共产党走》等。不喜欢别人提"丑事"，一个与他很接近的汉人开他的玩笑，问是否还下乡"吃花酒"，他立刻大发脾气，因他已知道这种行为不合时了。（工作团）喜欢上级（或在他眼里很有身份的人）表扬他、重视他，如解放不久芒市开土司会议时，查师长送他手表、皮鞋，并和他坐一部小汽车回畹町，他回去四处讲："政府瞧得起我，称赞我。""我卫京太从前在土司中间是最吃不开的，现在又是最吃得开的。"因为受了表扬，很高兴，征粮时亲自下乡到处催交；在送学员到保山民族干部训练班学习上，也比邻近土司积极。另方面因工作团赵团长的"独断专行"，办事没认真和他商量，情绪上就大受挫折，他感到赵团长不把他放在眼里，因而严重地与赵"貌合神离"，闹不团结（赵因此被调回）。

现猛卯工作团团长杨侃同志说："卫京太不像别的土司那样世故狡猾，比较直率，只要看清对象，适当地团结他、教育他，工作还是好做。"

卢　军

1950年12月

（五）陇川土司

土司多永安，40岁，吸大烟，不喜多讲话，母亲58岁，其本人3个老婆、3个儿子、4个女儿、9个弟兄（已死5个）；四弟多永清，六弟多永×（在缅甸），九弟多永宁；4个姐妹，一个嫁芒市代办方克胜，两个嫁南甸土司龚统政（第一次讨的是麻子，因结婚3年未生子，再娶其妹），一个嫁干崖土司刀威伯。

他的印太是南甸老土司龚绶的长女，遮放土司多英培、猛卯土司卫京太与其连襟，其母又为龚绶之大姐。有步枪400多支、轻机枪34挺（？）、重机枪13挺（？）、八二炮2门（？）、高射机枪1挺（？）。据说，能号召一两千人，他对山头人常施小恩小惠，以收买人心，但远居之山头人，对他则"服管不服调"。在山头人中有号召力的是山官石拉三，此人现已任保山区民族事务委员会副主任。

抗战期间，他和他的印太曾被日寇抢捕，后乘机逃脱，其印太被带到缅甸后才得脱险逃出。

他的四弟多永清，年35岁，为猛卯老土司之婿，有两个老婆、3个女儿、1个儿子。在旧政府统治时，参加过青年团，任过设治局副局长。滇西沦陷时，任过游击支队长。解放后，任陇川各民族行政委员会委员，土司对他很倚重。该司秘书汉人沈荣阶，大理人，据说相当有能力，土司因对汉文不熟（只能看，不能写），故很靠他，现兼任各民族行政委员会秘书。司署组织不分科，多是属官。每日所需菜蔬，都是由人民供应，每月由3个老官（属官）值班办事，属官分掌几个寨子，代土司征收官租。据当地工作干部谈：土司除收官租外，每年还雇人耕种田地，这份私租占他收入的50%，除官租、私租外，还有收烟租（坝子内不种大烟），每年收万两左右。此外还有赌租、门户等。

我军未进入陇川前，芒市代办方克胜曾来陇川召开各土司会议，后因土司未到齐，没开好。方克胜强奸了当地卫生院院长太太后即逃入缅甸，这时，多永安将家中财物大部搬开，准备逃亡，不料五月六日我军即开抵陇川，土司故未来得及走，便改变主意，欢迎我军，因我军不了解情况，对土司监视很严，因而他很恐惧，继续将家中贵重东西搬出。

直到八月间，芒市土司会议以后，因听到查师长在会议上公开宣布了“土司制度不变，土司收入不管”，并决定除潞西县外，土司地区有重点成立各民族行政委员会等有关政策的报告以后，才稍安定，才感到比较满意，对我们政策才开始了解。在回去的路上，他对我工作干部说：“不管怎样，我们都是一家人。”其情绪虽已逐渐安定，但他工作表现并不好，如1949年公粮，他本人负担15万斤，结果一粒未出，陇川公粮实际只征起30多万斤（米）。

对我工作团态度很冷淡，帮忙很少，所以我们工作不好开展。工作团内有摆夷族干部刀保和，为土司之小舅子，土司送他到保山少数民族干部训练班毕业后回家。据反映，这是多土司顾虑国民党以后回来，怕刀保和吃亏。

在访问团到保山后，专区召开各民族代表会议时，各土司全去，只有该土司未参加，他说他有病，实际他也真在十二月七八日打了一次摆子，开会前早就好了。据说：主要怕麻烦。八月间他到芒市开过一次会，他上下马要四五个人招呼。过瑞丽江时，略微有点风，他就不敢上船。

李　乔
1951年1月

三、保山区土司历史情况

（一）土司的沿革

1. 陇川

陇川宣抚司在元至正十三年，立麓川路于陇把南部。明洪武十五年三月，设平缅宣慰使司，不久又改路为府；十七年八月，废府升司为平缅军民宣慰司，甲午年[①]改为麓川平缅军民宣慰司。正统十一年，麓川有思氏因领地被木邦所侵，百姓稀少，无从缴纳差发银2500两，又怕被攻击，因而联络缅甸司暴动，平定后革去麓川平缅军民宣慰司，称平麓城，也称猛卯城。至万历十二年始设陇川宣抚司，顺治隶腾越。民国初年，设陇弹压；四年设行政委员；二十一年改为设治局。1950年3月解放后，设各民族行政委员会。

2. 瑞丽

（1）猛卯安抚司原为木邦地，后改为麓川，为旧时平麓城，明万历新年分陇川同知居猛卯，因置蛮莫宣抚司。万历三十年设酋长，三十二年设猛卯安抚司。顺治以后仍旧。民国初年设遮卯弹压，八年设猛卯行政委员，将腊撒长官司并入其内，二十一年改称瑞丽设治局。1950年3月解放后设各民族行政委员会。

（2）腊撒长官司，原属莪昌夷地，明洪武年间才设长官司。至雍正二年裁废，乾隆三十年又恢复。民国八年以后与猛卯划为一行政区域，合设一行政委员，当地人民称委员为“汉官”。因气候关系，冬住猛卯，夏住腊撒，以避“瘴毒”。

3. 莲山

盏连副宣抚司原为南甸司辖地，后曾并入干崖。至明正统十四年，设盏达长官，万历中给以副宣抚司印，后被缅甸占据，平麓川后收复。顺治中复置，嘉庆二十四年隶腾越。民初仍属腾冲，九年设弹压委员，十二年设行政委员，二十一年改属设治局。1950年4月解放后设各民族行政委员会。

4. 盈江

a. 干崖宣抚司：元初为镇西路，中统初年内附，至元十二年立镇西军民总管府，管领三甸。明洪武十五年改为镇西府，属麓川平缅司；永乐元年拆置长官司；正统九年升为宣抚司，直隶布政司。顺治初改隶腾越。民国元年设弹压委员，八年设行政委员，二十一年改属盈江设治局。1950年4月解放后属盈江各民族行政委员会。

b. 户撒长官司：原属莪昌夷地。明洪武年间才设长官司，至雍正二年裁废，乾隆三十年又恢复。民初属腾冲，八年并入干崖成一行政区域，合设一行政委员，二十一年属盈江设治局。情形与腊撒同。

5. 梁河

南甸宣抚司，旧为曩宋，元至正二十六年设南甸路军民总管府，管理三甸。明洪武

① 甲午年，应为“同年”。——编者

十五年，改南甸府。永乐十一年，改南甸州，隶布政司。宣德三年南甸为麓川侵夺，请设巡抚司镇压收复。正统二年土知州龚贡罕再呈报，又有麓川的思任发，夺取他所辖的罗卜思庄等278村，请命令思任发退还，接着有沐晟的麓川之役，才于正统八年升州为宣抚司，直隶布政司。万历十一年，再升为宣慰司（因丰备贡物“有功”）。清初仍改为宣抚司，顺治中属腾越。民国初属腾冲。九年设县丞，继设分治员，后改为八撮县佐仍属腾冲，不久又改为行政委员。二十一年改设梁河设治局，土司保留。二十七年土司龚绶有杀害清丈人员焚毁设治局阴谋，被省府革职，但土司未正式宣布，暗以其子承袭为掩饰。1950年4月解放后，设分立各民族行政委员会。

6. 泸水

a. 登梗土千总：永历二年六库千总征服片马，各族得地300余里，遂分封其弟为登梗土千总。

b. 猛照土千总：永历三年因怒江上游有傈僳、怒子两族的暴动，经平定后仍常常下山“抢掠”，六库千总又分封其弟为猛照土千总。

c. 鲁掌土千总：明末设土巡目。乾隆八年，有怒子族领袖怒根扒率众攻击登梗、猛照等地，经统治阶级利用土巡目杀平之，遂被保升为土千总。

d. 六库土千总：明神宗万历年间由云龙土知州段姓族内分封，自段嘉龙开始亦因有“军功”而立。

e. 老窝土千总：情形与六库相同。

以上5个千总，原来分属于永昌、云龙，民国二年合设泸水行政委员，二十一年改为设治局。1950年5月解放后，设各民族行政委员会。

7. 龙陵

潞江安抚司：元置柔远路，明设柔远府，洪武十五年三月废除，改属麓川平缅司。永乐元年正月新置潞江长官司，直隶都司；十六年六月升安抚司。宣德元年六月隶布政司。正统三年六月属金齿军民司。嘉靖元年十月属永昌府。民初改属龙陵县，土司保留。1950年4月解放后仍旧。

8. 潞西

a. 芒市安抚司：古为怒谋，是大枯赕、小枯赕地，至元十三年立茫施路军民总管府，领二甸。洪武十五年置茫施府，正统八年设长官司，隶金齿街，明末升为安抚司。清初属龙陵抚彝府，顺治初改隶腾越。民国设弹压委员，四年并遮放、猛板合设一行政委员会，二十一年改属潞西设治局，三十八年废局改县。1950年解放后成立潞西县人民政府，土司无更变。

b. 遮放副宣抚司：原为陇川的副职，清初设置。其所以有固定的土司，是因明万历十二年陇川土司以多恭为副宣抚使，分管遮放，清以后仍旧。民国元年曾合并设一弹压，四年又改与芒市、猛板成一行政单位，二十一年属潞西设治局。余如前。

c.猛板土千总：原为木邦土司地，随之沦入缅。清纪二十五年[①]，滇缅重划南段未定界后归还，光绪末遂设置土千总。民国四年与芒市、遮放二司合设一行政委员，今属潞西县。

9.耿马

耿马宣抚司：万历十三年择孟定地置，给以宣抚司印信，后属金齿街。至清顺治乙亥[②]屈服于清帝，康熙二十五年入贡另发号纸，原职保存，后改属顺宁府，为八司之一。民初设行政委员，十年设分治员，二十九年设局。1950年10月解放后设各民族行政委员会。

10.双江

猛猛长官司：为明永乐间设置，初设土巡检1人，辖四排山、上改心等地。清嘉庆间划上改心归缅宁，光绪间上改心属镇边，唯四排山仍归缅宁。民初上改心、四排山各设县佐，仍归缅宁镇边节制，十六年合并猛猛四排山、上改心、下改心等地设置双江县。1950年11月解放后设县人民政府。

（二）土司的世系

1.陇川宣抚司

先祖思可法于元至正年间就派子满散入贡，当时思不暇过问边事。可法死，其子昭并自立为麓川宣抚司。昭并传子召遍，被其叔昭省杀之自立。逾年，昭省亦为盗所杀，其弟思互法代办亦为部下杀害，遂由思伦发代为宣抚。明洪武五年，伦发降明，升平缅宣慰使职，又改为麓川平缅宣慰使；十一年伦发反，为沐英讨平。永乐元年，伦发之子行发继任；十一年请以其弟任发袭职。正统二年任发反，王骥3次讨平，擒任发及其子机发杀之；十一年以恭项为宣抚，不久又以多歪孟代替。歪孟死，传歪闷、法、享、淦、多。淦有子鲤、鲸等3人，鲸杀鲤袭职而被法办，另立鲤子参诏。参诏传子士宁，因土幕岳凤父子叛投缅甸，士宁亦被岳凤父子用毒酒谋杀，后由刘健、邓子龙讨平，由士宁子多忠袭职。忠传思顺、安民，安民因边地武官向他索贿，不堪压迫，愤而降缅，不久被族人谋杀，另推其弟安靖宣抚，而安靖又为孙可望杀害。清初安静子绍宁，因降顺有功，保留宣抚传治国、世臣、盖善，朝珍“有功”，朝珍死，无子，以“有功”之弟有爵承袭，传至现任土司多永安已24代。

2.猛卯安抚司

明万历初年，分陇川副使多恭去遮放，分同知多俺去猛卯，是为猛卯司的先辈。多俺因率领他的所部去袭击遮放，败走而投降木邦，未回猛卯，当时猛密的头目叫思化，明时即封他为蛮莫宣抚司。思化死，其子思正继任，思正被缅甸杀害。其弟思忠袭职，改姓卫，叫卫忠。因他擒获了反叛后的多安民“有功”，才封给安抚的职位，后又为缅甸所杀，由所属舍目卫珑继任，珑死传瑾、瑄、珌、志、珥、初，初无子，由其弟卫矜袭职，传至现任土司卫京太共18代。

① 清纪二十五年，当为“光绪二十五年”。——编者
② 顺治乙亥，疑为“顺治己亥”之误。——编者

3. 腊撒长官司

先辈姓况，四川人，正统初年，随王骥南征麓川有功，升任把总，叫他常驻腊撒。身死子继、伦先后袭职，又传久、中、宣、盖猛。到盖猛时就改姓盖，叫盖猛，猛死传明、元、光、胜、伦、猛哄、裕、世禄、可升，到可升遂去职。乾隆三十年复设腊撒长官司，由盖邦荣任土职，邦荣死，下传至炳铨已22代。1949年9月，炳铨因人民暴动被打死，由子万兴袭职。

4. 盏达副宣抚司

原为干崖副职，全区域也是属干崖的一个岗。明正统十四年，干崖宣抚司刀帕便的次子刀思效，以助征麓川“有功”，升长官司，住盏达，思效传思猛、思镇、思国、思廷。后有岳凤之叛，思廷被害，其兄思权袭职，再传思丙、思韬。思韬在职期间才得到副宣抚司的印信。清朝初年，思韬因降顺功，仍给他副宣抚司的世职。思韬死，传思元、琳、思弼、思儒，至清末曾废除，传至思洪升，仍袭原职。

5. 干崖宣抚司

始祖郗忠国，本江宁人，明永乐元年，设干崖长官司，封忠国任职，改名曩欢。永乐五年，曩欢子曩恋去进贡，明朝给他刀姓，恋死后传子刀帕便。正统九年因随征麓川“有功”，才升为宣抚司。帕便传帕率、帕轰、帕开、帕落，经过了4世到帕落时，其叔帕愈欺他幼小，将印信、职位抢占，后朝廷责备，至弘治四年才收回。帕落死，传帕元、帕举。帕举之弟帕文，妻罕氏是木邦土司罕拔的妹子，罕拔已降缅甸，来诱帕文同降，帕文不从，罕拔领缅兵攻帕文。帕文不支遂逃往永昌，罕拔就把干崖土司印信交给其妹占据10年。后陇川土幕岳凤乱起，又将干崖印信抢去，竟告失落，干崖部属无主，自相替代管理。经过30多年，后来由帕瑄继帕举宣抚，传至定边镇国。明朝末年时，孙可望窜入昆明，使都督王复臣派沿边各司向他朝贡，干崖迟到一点就被王派兵攻打，同时盏达副宣抚刀思韬趁乱想夺取干崖司职，乃将定边镇国父子一并送到昆明，使遇害。镇国之子建勋在清初因降顺“有功”，仍给他宣抚世职，自此传秉忠、捷泰、鸿业、世侯，到世侯袭职，已是乾隆四十四年，传至今任刀保图及其子刀承钺已25代。

6. 户撒长官司

始祖名赖罗义，四川重庆人，随王骥征麓川有功，令守户撒，遂世为户撒土司。罗义传子玉，自玉起经过12传，到赖文明失了职位。清乾隆三十五年复设户撒长官司，由赖爱袭职，爱死，子帮杰袭，传至今任赖思琳，已18代。

7. 南甸宣抚司

远祖龚贡猛，江南上元人。明朝初年因为招抚曩猛有功而升任腾冲千户，给他改姓刀，并升贡猛之弟贡罕任南甸土知州。贡罕随征麓川有功，正统九年，升为宣抚司。贡罕死，顺传落硬、落盖、落宾、落过、落襟、落成、落正、落泰、落临。万历初年，落临因平岳凤有功升为宣慰司。落临又下传大才、落掌、落启、落保，经11世，落保因病让其兄呈祥袭职。呈祥在职最久，清康熙元年，另给他宣抚司印。呈祥传启元、恩赐、铭升、三锡，到三锡凡20世，清末传至定国，改用原姓。定国死，传子龚绶，民国二十七年因案革职，暗以其子统政袭职，共传25代。

8.泸水

A.老窝土千总：姓段，四川人，明初宗时受封。现任土司段承泰年25岁。

B.六库土千总：姓段，四川人，清乾隆受云龙土知州分封。现任段承经年35岁。

C.鲁掌土千总：姓茶，南京人，清乾隆间平怒根扒“有功”，由土巡目升任土千总，故有的记载茶氏原为彝族土著。现任茶光团年29岁。

D.登梗土千总：姓段，四川人，明初受封。现任土司段承志32岁。

E.卯照土千总：姓段，四川人，明永历间受封。现任土司段庚华年幼，由其母段李氏护印。

9.潞江安抚司

先祖曩必发，开封人。明洪武年间随王骥南征有功，受封世守潞江，赐姓线，司署设新城。现任土司线光天年40余岁，解放后出走缅甸，由其子东升代理司务，传今已22代。

10.芒市安抚司

江西人，明正统间，先人云定正，因随征缅甸“有功”，给予芒市长官司职；八年，其子放华去叛寇思招发来降，王骥仍给以长官司。到万历初年传至放福与岳凤联姻，岳凤叛投缅甸，领导缅人来抢坡地，事情发觉，被法办。由舍目放伟代管司务，伟死传珀、廷臣。廷臣入贡，明朝才给他安抚司世职。廷臣死，传国璋、管众、弥高、天球、仁、作藩、愈彰、愈著，传至现任土司御龙已22代。御龙无能，由其叔方克光代办。

11.遮放副宣抚司

先辈为多怀们，因由陇川从征猛卯有功，给他副宣抚司职。居住遮放以为陇川的副职。怀们传功，功传思谭，至多尔忠。清初因降顺治，仍给副宣抚世职，自多尔忠起传至清末凡13世。现任土司多英培年40岁，为第二十三代孙。

12.猛板土千总

姓蒋，腾冲人。光绪二十五年滇缅勘界后划回之地，光绪末设置。现任土司为蒋家杰，年34岁，为第四代孙。

13.耿马宣抚司

姓罕，万历十三年择猛定地置。原正统初年，麓川叛，猛定知府刀禄孟出走，木邦土司罕葛从征“有功”，王骥叫他守猛定。嘉靖间，木邦罕烈据地夺印，土舍罕庆守之，名为耿马。传至六世罕闷坎才给宣抚司印，下传闷金、闷丢（颁号纸）、抒忠、世藩、国楷、朝庆、君相。君相死，幼子未及岁故，由其弟罕恩沛袭职，至恩沛已道光十五年。现任土司罕裕卿年45岁，解放后出走，为第十七代。

14.猛定土知府

姓罕，原为麓川彝族。明洪武十五年，因平麓川之乱，设府领安抚司的衔。至万历十二年二次攻取陇川平猛定，以罕葛之后为知府；十五年颁猛定府印，后传至罕金，与木邦构难，已8世。现任土司罕万贤，50多岁，为第二十二代。

（三）司署的组织

（1）民国二十年以前的司署组织，因政府的“改土归流”行不通，故各司名实俱在，如：

A.司官：

a.正印土司：为政治、经济、军事、教育、宗教上的掌权者，所属人民称他为“正印大人”。

b.代办土司：正印土司病故无子，或是应袭土司年幼无能办事，就其族中选一土司关系密切之人，代理司务，权威与土司同。

B.属官：

a.护印：为土司的胞弟，协助处理司务，随时接受各族官的咨询。

b.护理：为代办的叔伯或堂兄弟，专促署外族官，权限如“亲王”。

C.族官：

a.署内：土司或代办分封其亲信或有办事能力的族人，专在署内执掌军火、仓库、夫马、教牍以及粮食收支等，为“中央大员”。

b.署外：分设若干差官，每官专管一寨的行政，就其中设爵位3等，一为“猛”，二为“准”，三为“印”，无论等第大小，以下均设：

①畹头：为一寨的行政长官，为土司的代表，承族官的命令办事。

②畹尾：为畹头的副职，协助其办事。

③老倖：为一寨的分掌头目，专催收课税等。

④管爷：为司署派去山区的属官，以监督并指挥管事。

⑤管事：设于山区，所管民户与畹头相同，可以不为族官。

⑥小催：为山区每一村之头目，职权较老倖次一等。

（2）由民国二十一年到三十四年，因设治局成立，省府加大殖办、督办权力，用行政命令限制司署原有行政系统，负担加重，各族官的养活不再由司署统筹办理，改为分收地租，故司署组织略有简化，所设各人员的职责亦较前具体，如：

A.司官：与前一阶段相同，仍不能为设治局长管理的对象。

B.属官：除护印、护理的设置如前外，属官可分为以下两部分：

a.署内：

①老官：（芒市司称总理）由司署内外的族官按期轮流，移住署内一定地址，成立行政司法上的承办与咨询机关，案件重大的由土司亲自审判。

②管员：共设一般是12人（？），专办全司一切征收事项。

③老总：管理监狱，下设堂官1人，执掌犯人出进手续。

b.署外：

①畹头：相当于旧政府时的乡长，所辖1至三五个自然村（在南甸当分三山八撮，山设抚彝，撮设乡约，由群众选举，逐年更换）。

②老倖：相当于旧政府的保长，只管1村（在潞西，尚沿明清制度设三班六房，辖区分为18喧，每喧设喧管1人；山区分为18山，每山设山官1人，承土司之命办事）。

C.伙头：相当于甲长，受畹头、老倖指挥，以下设小催1人。

（3）民国三十五年到解放前的司署组织，因一般设治局长委任各属官为区乡保甲长，国民党匪军又在驻定后委土司及其属官为游击司令、自卫大队长等，署内人员竟被反动派强派特务加入工作（如芒市），各部门职务名目数量则与旧政府情形近似，如：

A.署内：

a.秘书主任（干崖称办公主任）：统率民政、财政、建设、教育、兵征等5科，每科设科长1人，科员无定数（均为族官），主任多向内地请汉人或由军人担任（芒市设股）。

b.总管：执掌署内一切钱粮出纳收发等杂务。

c.自卫队：由当地散迁军人担任，征募数十或数百人，武器由司官统筹。

B.署外：一律仍设畹头、老倖、伙头、小催，小部分已改称乡镇保甲长（如泸水）。

（四）统治与剥削情况

1.土司和贵族

A.宗亲世臣——贵族都是土司的宗支，多居署内，也有住在署外的，在署内任“太爷”“宣爷”“护印”“护理”等，在署外如“新爷”“管爷”等。凡是曾效力并有功于土司的人，其子孙均可以世袭先职，成为土司的另一种显要亲信人物，如芒市司署管仓龚清国（现任粮秣股长）及前任库房杨祖兆（现任调解委员），路圈荒地在5方里以上，实际耕种不及1/10（？）。

B.婚亲礼俗——土司与贵族间皆互为婚姻（略），有拘伦常的，也有不拘伦常的，如南甸土司龚统政的第四妾便是他族内叔祖父的女孩。正印土司的正妻必娶邻封正印土司或告替土司的女孩，如南甸土司的6个女孩，均为邻封各司的正妻。土司有时可以择娶民女以为妾，但百姓不能妄娶贵族。而民女被土司娶后所生长子，虽然正妻无子，仍不得承袭。百姓见土司须行跪拜礼，解放后有变。民间处女一经土司奸淫过，就终身不敢嫁人，如芒市弄相村至今有自扮寡妇年约40岁的妇女2人，据当地工作同志谈是曾被土司方克胜诱奸过。即已婚民妇经土司污辱也不敢怒言。

C.利害关系——贵族不仅可以免去差役派款，并能享受优待，如分收田地租、养膳费，以及接受土司授给的各种特权。如芒市司所属蛮蚌蛮来的老畹，可以自行收“官肉”，并代土司讲话。

2.土司和宗教

土司的愚民政策是以宗教为号召的政治与宗教互相呼应。土司出身多经缅寺教育，僧人称为“佛爷”，寺内的设施营为，土司无不努力从事其间。宗教重迷信，讲服从，所以在政治的表现上也以专制的服从色彩最为显著。其中最具体的“戛摆”“浴佛”，一般告替的土司夫妇均欣然参加，以作示范。对知识分子则加以排斥与陷害，凡所属人民中有子弟在外求学的则收回其家庭的耕地，或加重其派款与地租，或借故将其全家用武力驱逐出境，南甸、耿马常有此情况发生。（专署材料）过去政府教育厅所设省立小学，多为司官、属官或汉族子弟就读，即有百姓子弟也是五六家户合雇去读的。

3.土司的租税

租税名目繁多，各司不同，以南甸的为例，约分为下列几种：

A.税收：

a.岗税——凡过境驮货牲畜及挑担小贩均在被征之例，货每驮收半开2元，牛马每条（匹）四五元半开。

b.官肉——每个屠户均需折缴官肉，折为银币猪羊2元、牛4元。

c.驮捐——又名落地捐，即到市场上照每驮5角或1元。

d.打街捐——在市场上就每一货摊酌量征收实物。

e.赌捐——各街设赌场，由商人承包，税银视街子大小而定，平均每月可以收入半开500元至800元（略）。

f.保路费——在入境重要路口设保路队，过商货物每驮收1元，牲畜收一二元。

B.租佃情况：

a.土司有如下的几种田：私田最初属于土司，后来分给属官，通过买卖和分散的关系，已不仅属土司后裔，一般地富均有取得的机会。

练田是以往置“卡练”拨给练丁作戍守的待遇，由子孙享有，但需沿守旧制，遇“征召”即有服役的义务。

屯田为以往屯兵垦殖的田（清代陈用宾所倡）。

勋田为沐英、吴三桂的勋庄，其后人已次第转售分散，在土司用兵时亦可全部征用。

b.收租形式：定租制，由佃户邀中证人立约议定租额，遇旱之时，租额不变（即使减收也很微），但遇丰收必议加租（据说此种情形占大多数），否则退佃，因此佃权毫无保障。

定租额——分配最低为主四佃六，最高为主六佃四，一般多为主佃各半，虽然不缴押金，但须请保。

其他——练田有永佃权，除每年酌缴官租之外（15%），倘有余租或自行垦殖所得的部分可以转售或转租（俗叫倒水口）；屯田与勋田佃户直接和“勋爷”发生关系，大多为定租制，丰歉并不加减，普通主四佃六，不收押金，只需请保。

4.土司收入

A.官租：

a.谷租——每年照每箩籽种的总产量征收20%至30%；也有因土质的好坏而不同，相差很大，如干崖、芒市一箩种子可收40箩至120箩新谷。

b.烟租——根据土质好坏、面积大小，每户照总产量征收20%至25%。

c.地租——每户收银3钱（折合半开5角）。

B.断款（属于杂派）：

a.固定的——①团款——作为扩充武装之用，每年派1次。

②乡镇经费——如汉官的笔墨，半年征收1次。

b.临时的——如土司的婚丧、做寿、生子、交际等，均按需要随时摊派。

C.门户（如劳役地租）：土司建屋、修舍或挑水、扫地、出差，随时派用，毫无限制。

D.其他：土司经常派人到所属街市上商店中去赊货，由店主记账，每年结算1次，付款或不付款听凭高兴。据潞西工作同志谈：遮放有一广东杂货店，每年被司署赊货价值在300卢比以上；芒市一糕饼店，每年至少被赊去点心40斤以上。除此，抢劫也算是土司特殊收入之一，他的“亲兵”或“保路队”随时可以在各属官指挥之下抢劫过往行商，甚至内地派去的工作人员。有时在抢劫后有的就把赃物携到街上公开出售。

每年各畹头等族外亲信官员向“正印太太”贡年节礼，有许多是从缅甸购买金银饰物或衣料、鸡鸭、水果无数，一年的收入亦合半开千元以上。

专署材料

五、土司和设治局的矛盾

各司人民除照上述为土司有各项负担之外，还要向设治局负担征实、征购、征借、征兵（折征骡马，折为现金）、征夫、征工以及柴火、马草等。但是这些负担都必得通过土司，由畹头、老怿代为征收，因此有的土司为了避免“繁科劳民”，遂将设治局的各项课税并入土司例征的租税项内。因此设治局长常以行政建设费用为借口向土司索款，而土司属官则因此有的在各族人民中大加“诽谤”，以致引起告状、冲突械斗。比如民国三十四年的瑞丽事件就是设治局长杨文寰（大理人）派其走狗队长黄仁借口土司反对政府，以搜查司署为名，掠去司署大小枪支20余支，将司署职员黄忠贤、杜景心（均广东人）拉去活埋，将属官卫国华及司署职员王能（四川人）拉去枪毙，勒索人民每户出卢比一二百元不等，老属官卫国宾被用绳子扎着两个大拇指，前后被吊过8次之多。又局长苏治田，在猛卯借铲烟为名，到山区勒索山头人，任意屠杀、强奸（猛卯土司卫京太控诉），因而各族人民对设治局长恨之入骨。有的土司，如盈江、梁河率性与局长议定，每月由土司设法补助设治局费1800元至2000元（即以赌捐及其他则不须设治局过问）。据说陇川有一设治局长常年住缅甸，仅每月向土司领1次款。

至于对专署、省府应解各捐税款，则多数是拖延不理。土司因统治已久，实际握有较设治局很大的号召力量，设治局则只好在财政上与土司讲价还价。

以上专署资料

附录：芒市司署收支概况调查

司署的收支正确数字，土司与其属官当然不愿意坦白出来。据多数工作同志说：“目前司署的收入就是他们的总管（方庆春）和库房（方正清）也没有确切的记载。”因为每年的折征数不一，如方克胜时代有一年是每箩官租折收半开1元，所以只有长时期地和老眖搞好关系后，再慢慢地了解，目前材料仅能参考。

一、收入

主要的包括以下几项：

1. 官租

每年的征收数为24万箩至25万箩（每箩稻谷重25市斤）。1950年的规定，每10箩折交半开7元，以25万箩计，共收半开17.5万元，以当地目前人民币与半开比率（8000:1）计算，合人民币14亿元。（部队与工作队下乡为群众收割，闲谈反映出司署每年收官租25万箩以上，要求将其10万箩作为公粮。法帕老眖岳自新说：司署每年收官租24万箩还多一点。司署粮秣股长龚清国——小土司方御龙的亲信人物，与我们粮库主任说：三代办四代办各收私租在10万箩以上，归司署所收的官租，仅只24万多箩。方化龙在我招待司署职员座谈会上所说只收13万箩。4种说法中以前两种较为可靠。）

据说，官租是收总产量的25%至30%，各村寨的负担额是照过去的税银，而税银额又是以各户所有谷堆大小数目作为计算标准，又结合所种谷种箩数为统计单位。贫雇农（不种田）的征收额为8箩（征收公粮即由司署照官租负担分别摊派下去）。

2. 官烟

又称烟捐，征收总产量的25%，全年共收入7.5万两至8万两，每两折收半开1元至1元5角，合8万元至10万元，人民币8亿元至10亿元（据风平乡老倖谈：全乡20多个自然村，每年至少要种400多箩谷种水田的大烟，一箩地收50两，司署共收去5000多两。工作队在拉应了解，全乡负担6000多两）。

3. 门户

分经常的与临时的两种，经常的一年征收1次，每户约征半开4元至8元（卖工度日的贫雇农以4元为起征额）。临时的则数量不等，据风平的农民反映，前年剿“共革盟”派款以人口计算，一家五口的出半开50元。芒市司人口，据县府的统计30000多人（全县48000多人），约有6000户，但工作干部在征粮中初步调查，拉应村按旧户口册仅200多户，实际有400多户，可见旧户口不确，现在即以6000户计算，平均每户6元，总收半开3.6万元。临时的门户摊派，每户至少10元，总收入6万元以上，合计每年门户收入半开在9万元至10万元。（县人民政府王孝容、梁超谈）

以上3项的征收，统由老眖按户分派，但官租有许多村寨拨给族官征收，遇族官或司署临时需要则可预征实物或折款。去年12月初土司代办方克光从北京参加国庆大典回来，将1950年的官租折实由每10箩原折半开8元减为7元。官烟除征干帕底及山区大部征收实物外，其他均作折价，大烟1两折1箩谷的价，山区愿出钱不出货（价比坝区高），坝区又愿交烟不给钱。门户派款随收随缴，由小催逐户通知负担数，先交老幸，老幸交老眖汇集送至司署。若征实物，则由各户担至司署或族官家中。凡属折征，老眖往往照原数加收20%以上。（县委会材料）

二、支出

主要项目如下：

1.教育

解放后芒市司立小学每月由司署发给经常费半开40元，法帕分校每月发给5元。司署内教育股每月办公费20元，学校教员每人每月发伙食费20元、职员10元（教职员共24人），教育一项每年用稻谷1500箩至2000箩（去年一年内的支出数）。

2.薪谷

在司署行政系统以内的，年薪一律以稻谷计算。据现有资料，秘书每年450箩，顾问400箩，各股长350箩，办事员200箩，自卫队120箩，勤杂40箩至50箩，属官在司署内兼职者一律250箩。司署外的学校教员一律400箩至500箩，职员200箩，老眖每年200箩至800箩（以亲疏爱憎决定多寡），老幸150箩至300箩，小催60箩至100箩。司署内外职员勤杂约有150人，平均每人年支320箩，总共支出稻谷45000箩至48000箩。

3.伙食

司署内职员伙食由库房统办，各秘书、股长、职员除每月发津贴费20元至30元外，在司署内吃饭的约40人至50人，每日固定发油、盐、香料费半开2元，柴、小菜由各乡负担，一街送1次，从前每天吃猪肉10砣（共25斤，解放前向屠户征收官肉，解放后停止，改为每天4砣），全年约支出稻谷4000箩至5000箩，加上津贴共7000箩至8000箩。

4.宗教

司署支持宗教的活动，每年做摆1次，大吃大喝10天以上，约需稻谷6万箩至8万箩，其次过年赌博、泼水、堆沙塔等约需4万箩以上。

5.其他

包括各项招待支出，去年解放至年底约支出3万箩至5万箩（日寇撤退后，代办方克光向孙匪立人献大烟4万两。县长方克胜每年送专员和昆明方面的大烟亦合10万箩谷左右）。

根据以上的收支情况，芒市司署的收入无减少（群众反映与解放前一样），而支出仅官租一项即有盈余，至少可余半开14万元以上，照当地现行人民币比率计算，合人民币15亿元以上。

（方克光由北京回来说，要求上面准他办一个企业公司，可见他有钱，更有赚钱的企图。）

马守先

1950年1月

保山区材料之二
——保山区民族关系问题及帝国主义活动情况初步调查
中央访问团第二分团
1951年2月出版

保山区材料之二
——保山区民族关系问题及帝国主义活动情况初步调查

编者声明

这些材料是我们从1950年8月29日至1951年1月31日（其中大部时间是在行动中），先后在圭山、丽江、保山、大理、武定、楚雄等地区进行兄弟民族访问工作中，通过当地干部、民族代表及熟悉当地情况的人士所了解的一些情况。为应各有关机关之急需，仅将原材料加以整理，尽量避免主观分析与结论，在文字上仅要求念得通、看得懂。但由于是短期的访问与了解及仓促整理，情况难免不真实或不深入，观点难免错误，文字烦琐或不通顺。故仅能供各有关机关进行民族工作的参考或进一步考察的线索，并望于今后的调查研究，加以校正。

1951年2月　日

此材料主要根据泸水、芒市、陇川、猛卯等土司区域的工作干部谈话资料整理而成。有些地区并未完全包括进去，当时了解到的也比较零碎片面，因而作为全区性的民族关系及帝国主义活动情况调查是非常不足的。只是一些素材的汇集，仅作为研究问题的参考。

一、土司与统治阶级冲突在民族关系上引起的反应

（一）土司对摆彝族实施愚民政策以对抗国民党的侵入

国民党统治阶级企图通过设治局的种种活动夺取土司政权，造成土司与设治局之间的尖锐冲突。如设治局曾借推广学校教育（及他种方式）宣传“改土归流”及土司“罪大

恶极”，以鼓励群众起来反对土司，为此土司即设法阻止摆彝青年进“汉学”。据1946年盈江设治局报告：“土司迫害好学青年，凡在外求学回籍的学生，被借故驱逐出境，或在求学期间，停止其家庭耕地……”类似情形，各司都有。遮放土司多英培不给读了书的青年工作，并加重其家庭租税负担，连自己的儿子也不愿送去上学：“你不读书还是要当司官。”芒市司立中心小学想认真教好学生的教员，被方克胜“指着鼻子痛骂”和警告。土司等上层（包括奘房里的佛爷）并散布空气，说“汉书上讲飞机炸弹，小娃娃越读越坏，彝文越读人越好”“读了书当兵”等，使群众顾虑，致教厅在各司所办的二十几所省立小学几乎招不到摆彝学生（自然还有别的原因）。

对设治局实行“封锁政策”。一面公开排挤，使设治局的一切政令、行政措施都被搁置在土司衙门，使其不易或不能得以实施。同时因各设治局（还有国民党的驻军）对群众欺压太甚，如猛卯司邦宁山官的母亲和妹子被轮奸，摆彝姑娘被奸污，在街子上以枪杀山头人逞能；芒市方面被奸污的“小菩少”更多，为勒索不遂，几乎吊打过全司的老幸和伙头；各司普遍种大烟，设治局先说禁种，收了贿又让种，待收烟时忽然又说上面命令铲烟，结果是要更多的钱；买东西照例不给够钱，动辄打人骂人。设治局的这种贪污腐化、强横霸道，各族人民既害怕又痛恨（又常与土司利益冲突）。土司抓住此点，打出“民族旗帜”，有意识地在人民当中造成“土司保护本族人民生命财产”的观念（一般借重老佛爷宣传），制造民族“界限”，或以迫害手段（如各司放暗探）阻止群众与“汉官”接触。因此在设治局与群众的恶劣关系中间，更加上一条深深的民族鸿沟。

因土司与设治局冲突和土司的煽动组织，南甸、莲山、猛卯、芒市都曾发生不同形式、不同规模的民族性仇杀。

就我们了解，群众根据他们“传统的历史印象”和“亲身经历”，他们是相信了“土司保护本族人民生命财产”这一说法的，只要是“正印土司”的话，他们都拥护。解放初期，我芒市工作队报告：“无论我们如何宣传，只要土司说声‘不可信’，我们说的话就没有作用。”同时摆彝反映：“去了土司谁替我们说话？”泸水方面的傈僳也说：“解放军是水，土司是石头，水一流就去了，石头不动。”这些话可以代表一般群众对土司等上层分子的态度与认识。这就是历史上民族统治者之间的矛盾，其体现了民族性及在民族关系上延续至今的影响。

（二）对汉人的压迫

土司一面打起“民族旗帜”与设治局对抗，同时又对所辖境内的汉民进行压迫（实际上起着转移视线、迷糊本族群众阶级觉悟和直接镇压汉人反抗的作用）。

解放前，南甸土司龚绶遇汉人中有比较能干的人出现，常加杀害。解放后故意加重汉人的公粮负担。因此，该地年轻的汉人教员对我“宽大”土司的政策，非常不满。他们原以为，共产党一到南甸，就要“整”掉土司，在欢迎解放军时还特别出刊一本专为控诉土司如何压迫他们的《梁河血泪》，措辞沉痛而且激烈。一般汉人也不满意政府，因龚统政

（现任土司）烧了汉人聚居的大厂，政府“为什么把龚统政放了”，解放后还让他们受压迫。解放前，南甸、莲山、猛卯、遮放、芒市各司都发生杀害汉人的事，南甸、猛卯、芒市等地的土司都组织了暗杀队。解放后芒市北练乡的汉人几次上报告要求“独立”，要人民政府管他们，不愿再受土司压迫。

我工作队到遮放，山上的汉人农民晚上悄悄跑来诉苦，但不敢说出他们的姓名和住址，怕工作队到他们家，土司知道了不利。陇川山上的汉人农民也反映受土司的压迫，派门户、派夫、派烟捐，都比山头和摆彝重。

猛卯一个汉人想同一个姑娘结婚，姑娘被土司（卫景泰）先奸污了，这汉人向我控告后卫景泰对司署的人说：“告诉他，别胡说八道，再乱说我可有办法治他！”卫为防止汉人控告他从前的罪恶，曾秘密将两个汉人杀死，事后则说杀的摆彝。

二、各族人民相互之间的隔膜

主要是汉族与各族之间的隔膜。一般说来保山区的多数汉人上层和其他地区同样，在政治上、经济上、文化上占着“优越”地位，散布统治阶级反动政策的影响，到处是大汉族主义的民族歧视与民族压迫，因而大大损害了汉族人民与各族人民之间的感情。

…………

三、帝国主义对我民族关系的影响

解放前，因为民族关系不好（从大的方面讲主要是反动统治者所造成的汉族与各兄弟民族的相互隔阂和对立），帝国主义在多种情况下（如土司与设治局的利害冲突，设治局及国民党匪军对少数民族的压迫等）便得以趁机利用，进行挑拨离间和侵略活动。

（一）帝国主义与土司的关系

如前面所说，土司基本上受着国民党大民族主义民族政策的压迫和被抢去统治权的威胁，为了对抗国民党与保持他们本身的利益，于是便向帝国主义寻找靠山了。较近的情况是1942年日军攻陷印度支那半岛，各土司即以龚绶、刀京版为首与日军联系拟作内应。日军到了边境，莲山土司思鸿升与现任干崖土司刀威伯等都前往欢迎。以后又由龚绶出头组织各司伪维持会，帮助日军巩固后方与供应军粮和夫役，据说芒市的方克胜还供应“花姑娘”。南甸和干崖还以武装暗中协助日军袭击国民党军，响应日军牵线的“大泰族主义运动”，企图组织统一的傀儡政府。

到国民党军“滇西反攻”，各司出现了“抗日活动”，因眼看日军就要垮台，需要赶快和国民党拉一把。抗日战争后，国民党在各司的力量比前增强，与土司的利害冲突也随之增加。

1945年，各土司便以刀京版为首转向勾结重回缅甸的英帝国主义，在干崖秘密策划组织“边疆委员院”，以刀和龚绶担任正副主任委员，拟以建设边疆的名义向国民党要求“民族自决”和“自治”，图谋分裂“独立”。

近数年来全国革命形势发展，各土司遂与国民党暂时妥协，一同投入英美帝国主义的怀抱。解放前国民党第五军、第八军派有大批特务插入各司署，以秘书名义掩护工作。1949年由缅北木邦土司主持各土司会议，协商对我“攻守同盟”。我军将到滇西，国民党特务（徐密等）唆使方克胜曾向陈赓将军发电要求划各司为“特区”，实行“自治”。并向我派去谈判的特派员一再提出“百姓惊慌”，“愿负责供给军粮”为借口，要求我军暂住龙陵，阴谋布置抵抗。方逃跑前在陇川召开“土司会议”，共商“一致不与共产党合作，等待反攻”。逃去缅甸后，木姐去的英国人劝方“不要回芒市（方前后表现动摇不定），以免上共产党的当”，并说愿帮助他。不久方就到仰光与英美帝国主义掩护下的国民党残匪会合，以电台经常与台湾联系。

我们在芒市、陇川了解到，摆彝群众送子女读书和靠近人民政府都有顾虑，从缅甸来的谣言很多，同时因方克胜曾说：“读共产党的书和参加工作，就是共产党了，将来反攻回来要杀头。”

（二）帝国主义诱骗各族人民脱离祖国

帝国主义主要的活动方式是利用各族人民的穷困和单纯，施行小恩小惠，骗取他们的好感，进一步通过教会麻醉、煽动和组织，使其忘掉祖国和脱离祖国。

各族中以生活最苦又最靠近边界的傈僳和山头族所受影响为最深，其次是摆彝。

邻近片马一带的居民绝大多数都是少数民族，其中以傈僳的百分比为最高，如泸水设治局傈僳占全人口80%左右。信奉基督教的又占傈僳全人口的80%左右，教徒们对教会（实质上是帝国主义）的“感激”和“崇敬”是惊人的。教会负责人杨志英（自称美国人，据了解是英国人），在当地传教近20年，对地方情况变迁、各族风俗习惯、相互关系非常熟悉，并能说很流利的傈僳话和汉话。在傈僳中威信很高，傈僳称“汉官”为“大人”，尊称他是“大大人”。杨志英说一句，傈僳便信一句，都以为“大大人”对他们挺好。每年的圣诞节据说有时故意改换地址，但只要有杨的通知，远在数百里外的男女教徒也翻山越岭诚心诚意地跋涉前去。这是过去设治局的命令也办不到的。傈僳本来很穷苦，但这天尽一切努力穿戴得最漂亮，带最好的饮食去贺“主”，大约有一礼拜之久，成百上千的教徒和杨志英一起度过他们自认为一年中最愉快的“佳日”。

通过教会活动，未定界里及泸水一带的教徒建立了相当紧密的联系。泸水以西广大的未定界区成为傈僳人心目中的“乐土”，那边“没有压迫”，“负担很轻”（一年纳一二个卢比）……当他们感到受不了“汉官”或土司的压迫，“汉商”剥削得他们不能生活时，便领起家眷、背上简单家具，一夜之间翻过高黎贡山去了。泸水登埂土司原有傈僳2000余户，现仅存100多户。

教徒反映说："教会给傈僳医病，教傈僳读书……中国对傈僳没好处。"据说，因此"对中国不感兴趣"。但最怕教会不要他们，据说严重违犯教规的人则开除教籍，情节轻的跪在耶稣像前，当着牧师长老忏悔；有时需向全体教徒"坦白错误"，以至痛哭流涕，请求宽恕。去年一个教徒加入"共革盟"，回来就伏在杨志英脚下，一面痛哭，一面请求不要开除，表示此后再也不敢了。

设治局曾向傈僳宣传："传教士是帝国主义派来侵略中国的。"教徒分辩说："洋牧师没存这个心，他们来救我们，代耶稣降福。"

据说一个叫木尔士的传教士，是杨志英的助手，每年他们都从外面运几驮物资进去，其中有医药和送教徒的礼物，并印发大量傈僳文《圣经》，为傈僳灌留音唱片。教傈僳改变房屋建筑，讲究清洁卫生。杨志英就通过这些来攫取傈僳族的心。

杨曾向泸水设治局杨科长（旧人员）说："未定界地方你们中国人说是中国的，英国人又说是英国的，我侧边人说，最好发动一次投票，采取民主，看人民归哪一国。"杨的寝室里挂有英王乔治和丘吉尔的像，并以这些相片送给教徒。据说杨也送东西给土司，和土司也搞得很好。

解放后，杨在称戛办了青年训练班，受训的人回去宣传"共产主义不良""不读共产党的书""美国飞机要炸保山""国民党要从缅甸反攻了"等。保山民主干训班的傈僳学员说，他父亲听见这些话很怕，不准他出来，他也怕，把一本"这边"的书，用竹筒装着埋在土里；但他很喜欢这书，因为上边讲的不准人啃人，和教会里讲得一样。又说很多年青人都想跟他一起出来，但因害怕不敢来。

莲山、陇川、猛卯一带的山头族也普遍信了基督教。许多山头聚居的地方办有教会学校，成绩"好"的学生教会保送去缅甸升学。这些学生毕业后由教会介绍或指派工作。英帝的"南坎医院"中许多女护士是山头女学生，有的去做教师或传道员，但大多是介绍或指派到军队里去。

一般山头青年甚至"乐于"当"英国兵"，莲山官也去（如猛卯的敦戛、火麻山官），他们说："中国穷了，当兵的不好，当英国兵又吃得好又穿得好。"据说当"国防军"每月有80卢比至100卢比的薪饷，发呢军装和皮鞋，排连长以上有汽车代步，服役6年后退役可以终身领优待金。我们在猛卯看到的退役的敦戛山官和山头教员——西装革履，骑自行车，腰挂"新武器"，这些对一般过度穷困的山头族是很大的诱惑。猛卯一山官说："那边（缅甸山头）也是一个人，这边（中国山头）也是一个人，走（差）得很远。"

沿边的山头很多去缅甸做工、做生意、当兵、读书，有的干脆搬入缅甸。我们问到好几个山头，都说到过八莫、密支那，远的到仰光；对缅甸情形很熟悉，对中国的事知道很少，甚至于不知道。

遮放滚洞山官说过："汉官"不把他们当人，他"不喜欢遮放土司"。他不信教，但"中国的东西比洋人还卖得贵"。以上这些都说明，山头族的"面向"缅甸，就是过去反动政府和土司对他们的压迫和帝国主义的诱骗造成的。

沿边的摆彝同样因为受了反动政府和土司的压迫，纷纷迁入缅甸。英帝给迁去的人家发耕牛和种子，配给土地，发安家费，帮助盖房子，而且两三年内不收税，使搬去的人得以安居乐业。因受此影响历年搬入缅甸的户口为数惊人。据我工作同志说，仅“瑞丽设治局”一处已搬走了2000余户，约占全人口1/2。解放后因谣言影响（有说与我征公粮有关），陇川又搬走50余户（事后搬回10余户）。

据说英帝在密支那设有移民局，专办引诱我居民搬出的事。现各司因居民迁走太多，大量土地都废弃，如我们所见，芒市、猛卯、陇川一带许多田埂尚存的良田，已是一片荒草。英缅北部原来地广人稀，则得到了大量开发的人力。

各司人民用的布匹、盐巴，小至火柴、针线，都是英缅商品。沿着边境完全使用缅币——卢比。陇川、猛卯一带过剩的大米（摆彝人民购买力的主要来源）除了缅甸没有销路，具有相当规模。设备完善的英帝“南坎医院”紧挨我国边界，对我兄弟民族治病，特予“免费优待”，使他们很“感激”。因而当地兄弟民族一般都感觉“缅甸是少不得的”，祖国观念则一般模糊。

帝国主义通过物质诱惑与教会活动的这些侵略行为与影响，今天是直接危害到我加强民族团结与巩固国防的工作。

四、解放后民族关系的变化

由于我地方各级干部都力求正确地执行政策，尤其我各地驻军模范行动的结果，各少数民族得到了从来未有的尊重和在不同形式下的一些实际利益，因而使得兄弟民族从上到下有了新的认识，出现了新的民族关系。

如芒市土司会议（解放不久）即宣布保持土司制度和不没收武装，并热情招待和耐心照顾他们，使土司上层由对我恐惧动摇得到安心进而稳定下来，一致表示拥护人民政府。因而除南甸等个别土司外，一般都能积极去完成分派的任务，如征收1949年公粮，莲山、猛卯、芒市各司都亲自出马。在分配公粮数量上曾一再核减，照顾了他们的“实际困难”，凡涉及他们内部的事都诚恳征求他们的意见处理或交他们自己处理，使他们更进一步地相信了人民政府政策的真实性。猛卯土司卫景泰说：“毛主席是我们少数民族的慈母。”芒市蛮幸的大佛爷对访问团同志伸出大拇指说：“毛主席——左礼昏礼（民心所向的最好的官）。”芒市老属官杨祖兆说：“毛主席的心好，他在得远远的说的话大家都听，毛主席说的话就和我们佛经上规定的合得起。佛经上说，这些年天下要出圣人啦！”

搞好了上层关系，直接影响到群众进一步地靠近我们，普遍的情况是如此：通过上层的解释介绍，第一次的在一定程度上减轻了群众的顾虑，才敢与我接触。甚至影响到别的少数民族，如猛卯山头来开会，先悄悄地派人去土司处探消息：“会不会整我们？”要等土司说“不怕，不同从前了”，才放心来。

解放军的良好行动起了很重大的作用。帮助群众挑水、砍柴、挖土、收割，“不拿群众一针一线”，“打失旧的赔新的”，“不见对老百姓发个脾气”，尊重他们风俗习惯——如进奘房脱鞋，这种军队他们从来也没见过。芒市属官龚庆国说：“从前中国军队来没好事，这阵各村各寨——老百姓不说解放军好的不有。”芒市驻军开庆功大会，附近的摆彝妇用篾箩背米粑粑来，硬塞在每个同志手里。法帕寨的群众不肯让驻军迁走（据说驻军在，司署不敢乱摊派），有的姑娘主动帮驻军烧饭。风平的摆彝小姑娘亲热地喊解放军“哥哥”；驻军回到芒市街子，又特地来请去吃饭。

解放军在当地的威信很高，群众将解放军与地方工作同志辨不清，一体称作解放军。芒市县人民政府请法帕的岳老眖吃饭，岳老眖感动地说：“日本人来了我们也饿饭（指日本人抢他们），国民党来了我们也饿饭，解放军来了我们吃解放军的，解放军又不乱杀、不乱砍，好！好！”

与山头的关系也搞得好，滚洞山官说：“解放军是好人。”解放军到了山头寨，借东西他们就肯，男女老小一个圈把解放军围在中间，言语不通，只是笑嘻嘻地看着。陇川我部队打失了牲口，山头人找着送了来（对山头来说不简单），部队要谢他，坚决推辞说：“我们是朋友了。”猛卯的山头说：“从前我们山头当匪抢人，现在是好人。”

猛卯的山官与访问团开了座谈会，要求政府发他们一面国旗，他们说：“拿我们中国的国旗插在边边上去，缅甸那边有缅甸国旗。”在晚会上一个山头教员用山头话唱道：“解放了的猛卯，太阳从早照到晚，猛卯像开遍了五颜六色的鲜花一样美丽。”（译意）

保山民族干训班茶山族的学员说：“片马那边的山官，听说这边好了，要求解放军去解放他们。”摆彝学员方正江说：“中国的政治办好了，搬出去的摆彝要搬回来，他们和这边有亲戚，这样说过的。”

各土司地区的工作正在开展，各民族行政委会、保山民委会，都成立不久，民族关系的变化只是一个开端。

卢　军

1950年12月

保山区材料之三

——保山区几项材料汇集

中央访问团第二分团

1951年2月出版

保山区材料之三
——保山区几项材料汇集

编者声明

这些材料是我们从1950年8月29日至1951年1月31日（其中大部时间是在行动中），先后在圭山、丽江、保山、大理、武定、楚雄等地区进行兄弟民族访问工作中，通过当地干部、民族代表及熟悉当地情况的人士所了解的一些情况。为应各有关机关之急需，仅将原材料加以整理，尽量避免主观分析与结论，在文字上仅要求念得通、看得懂。但由于是短期的访问与了解及仓促整理，情况难免不真实或不深入，观点难免错误，文字烦琐或不通顺。故仅能供各有关机关进行民族工作的参考或进一步考察的线索，并望于今后的调查研究，加以校正。

1951年2月　日

一、保山区几项调查汇集

（一）耕地及产量

保山县：817859亩，平均每亩产130斤，每年产量约106321670市斤。

昌宁县：307890亩，水田占92500亩，每年产量约23712000市斤（稻）。

腾冲县：521000亩。

镇康县：295224亩，平原占12%，每年产稻1200多万市斤，产玉麦1200多万市斤。

龙陵县：188652亩，水田占1/3，山地占2/3，每年产940万市斤，玉麦折米4793000市斤。

双江县：162996亩，年产量约2118948市斤稻。

潞西县：118854亩，年产量约43000000市斤稻。

梁河设治局：73496亩，年产量7000000市斤稻。

莲山设治局：62946亩，年产量约10000000市斤稻。

泸水设治局：51294亩，年产量约6668220市斤稻。

瑞丽设治局：48804亩，年产量约10000000市斤稻。

盈江设治局：48134亩，年产量约10000000市斤稻。

耿马设治局：48704亩，年产量约6331520市斤稻。

陇川设治局：26889亩，年产量约20000000市斤稻。

全区耕地面积总计约2657037亩，总产稻谷约263142358市斤。

稻谷产量占全部农产的90%左右，其他苞谷、麦、豆等约占10%。此外尚产茶、烟草、桐油、棉花、咖啡等。昌宁、潞江每年产糖约1500000市斤，副产有麻、棉、布、竹器等。此外畜产中有马、牛、羊，数目不详。

物产中还有腾冲之明光金矿，保山之水银，陇川、腾冲之煤、铁，班洪及陇川拉线之银矿，据说蕴藏很丰。

（二）人口

本区人口总计100万左右，汉人约占60%，其他民族约占40%。各县、局人口数如下：

腾冲：220000人，泰族约10%，其余不详。

保山：300000人，汉族占94%，彝族、回族、民家各占1%，泰族占2%，傈傈占1.5%，本人占1‰，乡坛占2‰。

昌宁：100000人，汉族占85%强，泰族占9%，土傈占5%，苗族有三四十户。

镇康：54370人。

潞西：58500人。

龙陵：73640人，汉族占80%，泰族占10%，崩竜、傈傈各占3%，阿昌占1%，山头有几十家。

梁河设治局：45000人，汉族占45%，泰族占30%，山头占8%，阿昌5%，傈傈3%，崩竜、卡拉各2%。

盈江设治局：35000人（干崖30000人，泰族占60%，山头占20%，汉族占15%，崩竜、傈傈、阿昌共占5%。户撒5000人，山头占55%，汉族占30%，泰族占15%）。

莲山设治局：20000人，泰族占50%，汉族占30%，山头、崩竜共占20%。

陇川设治局：25000人，山头占67%，泰族占25%，汉族占8%，崩竜、傈傈共占2%。

瑞丽设治局：22000人（猛卯20000人，泰族占70%，山头、崩竜占29%，汉族、阿昌占1%。腊撒2000人，山头占25%，汉族占20%，阿昌、崩竜共占45%，泰族占5%）。

泸水设治局：20700人，傈傈占85%，汉族、民家各占5%，彝族占3%，浪速[1]、茶山占2%（老窝6000人、六库4500人、鲁掌1800人、卯照1400人、登埂700人）。

---

① 浪速，本文又作“浪粟”。——编者

耿马设治局：54000人，泰族约占60%，卡瓦约40%。

双江人口不详。

（三）民族及其分布

除汉族外，有泰族、山头、傈僳、卡瓦、崩竜、回族、阿昌、彝族、民家、苗族、乡坛、土傈、浪速、茶山、蒲满、本人、卡枯、咪哩、兔莪[①]等19种。其人口统计即分布如下：

（1）总人口：据不完全统计，全区共有一百零四五万人。

（2）各少数民族人口：

A.泰族：10万人至12万人。

B.山头；3万人至4万人。

C.傈僳：2万人至3万人。

D.卡瓦：

E.崩竜：1万多人。

F.回族：6000人至8000人。

G.阿昌：5000人至6000人。

H.彝族：4330多人。

I.民家：3800人。

J.苗族：930多人。

K.乡坛：600人至700人。

L.摆榔[②]：160多人。

M.浪速：30多人。

N.茶山：30多人。

O.兔莪：300多人。

其余蒲满、本人、卡枯、咪哩等族无统计数字。

（四）各族分布情况

1.泰族

（1）分布概况：一般多居河谷平地，即所谓的“瘴气”地带，沿陇川江、大盈江及潞江流域，自保山以下的两岸。其中以南甸、干崖、盏达、芒市、陇川、猛卯、潞江、遮放、户撒、耿马、双江、孟定等地比较集中，保山、镇康、昌宁、腊撒、腾冲、龙陵等地为杂居区。

① 兔莪，本文又作“菟莪”。——编者

② 与本文所述19种民族称谓相对照，“摆榔”应即“土傈”。——编者

（2）分布区域：

A.潞西县有24200多人，聚居于芒市坝（19200多人）、遮放坝（约5000人）。

B.腾冲县约22000人，聚居于鹤麟乡，河西、明朗、清水、龙江等次之，新华、蒲川两乡又次之，其他各乡亦有杂居。

C.盈江设治局有16200多人，分布于干崖者15000多人，分布于户撒1200多人。

D.瑞丽设治局有14100人，分布于猛卯约14000人、腊撒100多人。

E.梁河设治局有10000多人，聚居于遮岛、罗布坝、小猛龙一带。

F.龙陵县有10000多人，聚居于潞江坝（潞江土司辖境），猛糯坝亦有少数。

G.莲山设治局有10000多人，集中于盏达坝子区域。

H.保山县有769人，分布于第十区上江乡和第六区的关南乡之猛波罗一带。

I.陇川设治局有5500余人，多住陇川坝子。

J.镇康之猛定坝约7000户20000多人。

K.双江及耿马设治局两县局人数及分布不详。

2.山头

（1）分布概况：分布于滇缅未定界者有四五万人。本区山头民族约有三四万人，大半居住在高山峻岭，他们自称“整颇”，大多散布于陇川江、大盈江、槟榔江等河流之两岸的山头上。

（2）分布地区：以陇川、干崖、户撒、遮放、勐板、勐卯、腊撒各司境所占比例最大，次为南甸、盏达两司，腾冲、龙陵两县均有散布：

A.陇川设治局；有14300多人，分布于陇川四周山上。

B.盈江设治局：有11700多人，其中干崖9000人、户撒2700多人。

C.潞西县：遮放山头、崩竜共有13000多人，勐板有500余人。

D.瑞丽设治局：有6300人，勐卯5800多人、腊撒500多人。

E.梁河设治局：有4000人左右，多住深山荒野，如王子村、盏西乡、小陇川、小勐龙。

F.莲山设治局；有700余户，分布于靠近缅甸之沿边地带。

G.腾冲县：分布于鹤麟、古永、明龙、中和等乡。

H.龙陵有几十户，分布于龙岗乡一带。

3.傈僳族

（1）分布概况：傈僳分布于潞江、澜沧江上游；分布于本区者以泸水最集中，其次是腾冲，龙陵、芒市、南甸、保山、陇川、镇康各地均有杂居。

（2）分布地区：

A.泸水设治局：有12040多人，其中分布于六库1800人、登埂600人、鲁掌1440多人、卯照2500人、老窝5700人。

B.腾冲：5000人至6000人，分布于鹤麟、中和、古永、瑞清、明竜、凤端、龙江一带。

C.龙陵：有2200多人，分布于象达、早达、猛昌。

D.潞西：芒市有傈僳、崩竜，共1600人。

E.南甸：有640人。

F.保山：有439人，分布于第十区的练地一带，沿澜沧江以西之山地居住的有五六十户，该地称为土傈。此外分布在新寨、旧地基、乌木笼、红崖、慢山等地。

G.陇川：崩竜、傈僳共有440人。

H.镇康：人数不详。

4.卡瓦

（1）分布概况：本区分布于耿马、孟定以南的滇缅未定界一带，其中又有生熟卡瓦之分，熟卡接近内地，生卡深居在公明山（亦名赖莫山）一带大山中。腾冲、南甸（？）一带也有。

（2）分布地区：

A.腾冲有300户以上，分布于明朗、清水、河西、鹤麟、中和一带（？）。

B.耿马、镇康一带不详。

5.崩竜

（1）分布概况：大多与其他各民族杂居。

（2）分布区域：以盏达、南甸为最多，芒市、腾冲、遮放等地次之，其余如龙陵、陇川、腊撒等地亦有少数。

A.盏达：山头、崩竜共约4000人。

B.南甸：有2000人。

C.芒市：崩竜、傈僳共1600人。

D.腾冲：有二三百人，住河西、古永、鹤麟一带。

E.遮放：有1250人。

F.龙陵：有五六百人，潞江土司区山地有450人，新华乡亦有少数。

G.陇川：崩竜、傈僳共有400余人。

H.腊撒：崩竜、阿昌共有900多人。

6.回族

（1）分布概况：本区回族大多与汉族杂居。

（2）分布地区：昌宁、腾冲、保山、镇康、耿马有杂居。

A.保山：有200多户1200多人。

B.昌宁：有200多户。

C.镇康、耿马、腾冲等地人数不详。

7.阿昌

（1）分布概况：与其他民族杂居。

（2）分布地区：仅散居在盈江、腾冲、潞西、梁河一带。

A.盈江：有3000人，多住户撒山腰。

B.腾冲：有700多人，分布于清水、河西、新华、蒲川、鹤麟等乡。

C.潞西：人数不详。

8.彝族

分布地区：分布于保山、泸水等地。

A.保山：有3250多人，分布于第九区的安乐寨、慢山、龙舞、阿石寨、旧寨、阿衣寨、乌木笼，第十区的汶上镇三、五、六保，仁爱乡四、五、六保。

B.泸水：有1080人。六库660人，鲁掌480人。

9.民家

分布地区：保山、泸水两地区有少数。

A.保山：有400户约2000人，分布于沿滇缅公路西山脚一带，在阿石寨、旧寨、阿衣寨、龙舞寨、安乐寨，与苗族杂居。

B.泸水：分布于六库境内，有1800多人。

10.苗族

分布地区：保山、昌宁、镇康。

A.保山县：有930多人，分布于第十区阿石寨，汶上镇第二、五、六保，仁爱乡第四、五、六保，练地一带均有杂居，此外澜连乡所属大地大浪坝、边寨、松坡头等地亦有杂居。

B.昌宁县：有三四十户。

11.乡坛族

分布于保山、龙陵两县。

A.保山县：有600多人，分布于第六区关东乡之摆榔村一带。

B.龙陵县：有20多户，分布于安达乡、窝蒙寨。

12.摆榔

分布于保山县第六区摆榔村。

13.浪速

原分布于泸水登埂，有30多户。因受不了国民党压迫，逃亡到罗孔、拖角等地，现在只有1户在登埂之浪速寨，大部分分布于罗孔、拖角一带（在未定界区内），有五六千户。

14.茶山

原分布于泸水登埂，有20多户。现只有1户住登埂之南寨河，大部分分布于片马、古浪、渔东、王克河等地，约五六千户。

15.蒲满

分布于保山、镇康等地。

A.保山：二三百人，分布于第六区山寨，大小蒿芝坝一带，及南关乡、里诺山一带。

B.镇康：人数不详。

16. 本人

分布于镇康、保山等地。

A. 保山：有二三百人，分布在第六区。

B. 镇康：北区、中区与汉族杂居。

17. 卡枯

分布于腾冲境内鹤麟、古永、瑞滇、明竜，与滇缅交界处和山头人杂居。

18. 咪哩

分布于镇康、勐卯等地。

19. 兔莪

兰坪县有七八百户，本区泸水属鲁掌之巡里寨有30户左右，200多人。

［附注：民族一项资料之整理，参照专署资料室的土司鸟瞰附表、兄弟民族简志、少数民族资料（各县报告）及县长座谈会纪录、县长会议及个别访问。数字多出于估计，只可作参考之用。］

二、保山区之摆彝、山头、傈僳、卡瓦、阿昌等5种民族的文化、宗教及习俗

（一）文化教育

1. 摆彝民族的文化教育

语言文字：有自己的语言文字。接近汉人地区者，多能讲汉话，有些也懂汉文。接近缅甸者多能操缅语。摆彝文自左而右，横行书写，间杂缅文字母，共19个拼音字母。每一字母可运用符号分为若干类，再加“平、上、去、入”，一字可变为50余音。文字即由此数百字拼演而成。

人民中很少使用文字，仅僧人用以记录经典。

教育：在各土司区域均设中心小学、国民小学等，人数不多。近年来也有送入内地大、中、小学念书的，甚至有留学国外的，但这只限于土司贵族的子弟，一般人民很少有受教育的机会。接近缅甸的镇康、潞西等地，则把子弟送入佛寺学经典。

经济贫困是教育不发达的原因之一。有时一般人民即便有力供给子女上学，而统治阶级（土司）为了便于统治也不让他们深造。在猛仰[①]等地，如哪家有子弟读书，就故意加重其负担，或借故迫害，使人民视读书为畏途。

卫生：摆夷民族由于医药缺乏（虽然各司署所在地除猛板外均设有卫生院，但只是个虚名，医药、人员均缺乏），一般老百姓病了只有请老佛爷念经。死亡率很高，盈江设治局的小辛街，几年前有1500户人，由于鼠疫蔓延，现仅剩四五十户了。

① 猛仰，疑为“猛卯”之误。——编者

2. 山头民族的语言文字

山头民族有自己的语言。旧时无文字，遇事则以木刻为记，由所刻的深度来表示他们对某一事态的印象程度，谁和他们有仇恨就由这木刻一代代地传下去，直到报复或和解为止。

在20年前，有美国传教士汉生夫妇用拉丁文造出一种文字，语法甚简单。现在在北段未定界一带，除教会使用外，简单的叙事、论说、书信、公文、布告等，皆用此项文字。

3. 傈僳民族的文化教育

傈僳族有自己的语言，因分布太广，多与所居地方其他族的语言混杂。20年前有英国教士仿蒲满文之方法创造傈僳文，为传教使用，现出版有傈僳文的《新约全书》《福音问答》《福音精华》《赞美诗289首》《卫生常识》等。傈僳语言的留声片45部。《旧约全书》在翻印中。

腾冲、保山、龙陵、泸水一带的傈僳族，有些天主教徒文化程度已比较高。一般人仍保持着原始的记事方式，契约之类均用木刻记载，木刻多为“5寸长、2寸宽”一对木牌，边上锉齿痕，立约双方各执其一。

在国民党时期，曾提倡“开化边民”，在泸水等地设立省立小学校，以强迫命令方式抽调学生。傈僳同胞视送子弟入学与当兵同为畏途，故凡被派读书的人家，皆不惜重金雇人顶替。

4. 卡瓦民族的语言文字

卡瓦族有自己的语言，无文字。据说近年来有英国传教士以罗马字母为其制造文字。

5. 阿昌民族的文化教育

阿昌族有自己的语言，无文字。杂居于汉人地区的，一般都能讲汉话。在梁河、腾冲一带也有部分人学习汉文。农村中很少学校，多进私塾读书。全族五六千人中，受过高中教育的，据说仅有一个梁河的赵安然。

（二）宗教信仰

1. 摆彝族

摆彝族大多信奉佛教（信天主教的仅南甸遮岛有数家）。他们称佛寺为“奘”，当地的汉人称“奘房”，通称缅寺。供奉的佛像都是从缅甸请来。佛寺的建筑皆仿效缅寺。寺内建有高数丈葫芦形的缅式大金佛塔，称为“拱拇”。最高的僧人汉话称“佛爷”，摆彝语称作“崩挤”；普通僧人通称和尚，摆彝话称“解闭”；掌教的称“长老”，均须去缅甸学习佛经，故多精通印、缅语文。摆彝文为寺内必修科目。临近司署的缅寺长老，多兼土司顾问，为土司出主意做宣传。如最近芒市一带的和尚就宣传：“没有土司谷子都不会出。”

摆彝许多乡村，皆有像缅甸一样的“佛寺即学校”的风俗，青年以进寺学佛经为荣（时间约3年）。

摆彝人的财富，很大一部消耗在供奉和尚与做佛事上。和尚一日三餐，菜饭都由土司和人民轮流供给。

2. 山头族

山头族信鬼（灵魂）。鬼是宇宙无上的主宰，万物皆有鬼。认为灾祸、疾病、歉年都是鬼在作祟，因此一举一动都取决于“占卦”。每年所获，大多耗费在祭鬼上，所用牛、猪、羊、鸡，由巫师决定，主人不敢多言。杀牲时用刀砍、矛戳、斧劈或令牲畜自杀，均遵“占卦”所定。

除信鬼外，最崇拜孔明，常说“孔明是我们的阿公阿祖，帮我们制礼立法”，故称孔明为“五布底”（意为“礼教”）。祭祀时先请孔明，次请王骥（尚书），然后祭诸神。在山头民族的区域，随处有孔明的墓碑。

近20多年来，耶稣教的传教士说：“耶稣是孔明的转世，信耶稣就是信孔明。”

3. 傈僳族

傈僳族亦崇信鬼，生病视为鬼在作祟，遇事卜卦问神。

在教会地区，鬼神观念已逐渐转到对上帝崇敬，教徒风习上也有变更。

泸水耶稣教内地会影响较大，教徒有9000多人，以傈僳族为最多（泸水傈僳族占全县人口85%，而傈僳族中80%以上都信耶稣教）。传教士杨志远，自称是美国人，但住室内则挂丘吉尔及英皇照片，并将照片送给傈僳教徒。他是中国内地会西南区的主要负责人。用傈僳文翻译过很多教会书籍、卫生常识，还用傈僳语言灌了些留声片（最受少数民族欢迎）。他们说：“从来没有人看得起傈僳，只有杨牧师放我们傈僳话的唱片。”

杨志远在傈僳教徒中，威望极高，教徒称他为“大大人”。国民党设治局召集傈僳开会不来，而杨志远通知过圣诞节时，几十里、几百里都扶老携幼地赶来过节。他们在圣诞节日几千人唱圣歌，唱得非常整齐。虽然生活很苦，但在圣诞节日都尽量地盛装打扮，进最好的餐食。平时教徒违反教规，就要被开除教籍，否则就要到杨牧师那里去向上帝忏悔，求牧师饶恕。去年有一个教徒参加了“共革盟”被开除教籍，回来后伏在杨牧师的脚上痛哭，哀求保留教籍。

教会规定教徒必须与教友结婚，而且定要经过牧师的同意。与非教友恋爱便被开除教籍。教徒的婚姻往往是经过牧师介绍甚至主持。有些青年男女往往为婚姻而参加教会。

杨志远在表面上不谈政治，提起中英关系，伪作纯宗教职业者，避而不谈。某次提起片马问题来，他说：“中国说中国的，英国说英国的，我站在第三者的立场来讲，最好由江心坡老百姓投票决定。”今年（1950年）1月，杨志远由昆明回到称戛，召集傈僳青年“麻帕”（较高级的教徒）讲教4个礼拜，结束后分往各地加紧“传教”。在福贡、贡山、碧江、泸水散布谣言说：“美苏必战，共产主义不良。”在碧江、碧鬼区则宣传：“信教的人，不读共产党的书籍，不参加建设人民小学的行动。”在泸水的教徒表示说：“没有中国政府可以，没有教会不可以。”也有的说：“过去国民党讲阶级，压迫老百姓。共产党不讲阶级，自己劳动解决生活，和我们教堂一样。”设治局以往对傈僳人说：

“教会是来搞鬼的，想侵占我们的国土，你们不要信它。”教徒们却说：“没有的事，杨牧师是来帮助我们的，耶稣给我们降福。”

康定内地会指挥的木耳土的幼子木约比，随杨志远后由香港至康定到贡山，带了很多物资，集训各地“麻帕”，杨志远亦由称戛派专人参加受训。在福贡传教、现跑到未定界的马道民则公开宣传：“共产主义不好，美国原子弹要来炸怒江的共产党，教徒们赶快避开。”

他们的活动方式，大半是通过一些小恩小惠，如针线以及医药等。教徒有病，牧师们就送些药品，骗傈僳人说：“这是上帝赐给你们的。”另外是通过学校培养“教会的骨干”。教会有聪明些的学生就供读中学，甚而带到美国去学习。泸水傈僳人卢乔被杨志远带到美国去住了一二年，现已经归国，已培养成忠实的教徒。

杨志远不只对傈僳民族进行“传教”，同时向泸水的土司拉关系，土司家有婚事，他便送对联、祝贺，关系搞得很好。

4. 卡瓦族

卡瓦族宗教信仰很复杂，除原始的拜物教外，更崇敬孔明，称为“阿公阿祖”。传说与山头族大抵相同：“举凡礼教制度皆以为孔明定立。”卡瓦小儿头上喜饰山中野生“稗子果”。稗子之谐音为“百子”，传说亦为孔明遗教，饰之吉祥。

熟卡瓦（亦称神卡瓦）多信缅佛。边境卡瓦常赴缅甸经商，故颇受缅甸影响，今卡瓦区寺院所祭祀的佛像，多是缅甸请来。

班洪王地内，耶稣教已逐渐传布。传有一外国牧师，最初冒险入卡瓦区域，遭到卡瓦族袭击，几被生擒。脱逃后经数年学习卡瓦语言，复入卡瓦区，卡瓦族见其能操自己的语言，极为惊奇，未予伤害。该牧师乘机传布“教义”，久之，卡瓦族被说服，相率入教。自此耶稣教即在卡瓦区域开始蔓延了。今天在卡瓦王境内已建有“辉煌”的外国教堂。

5. 阿昌族

阿昌族人口甚少，且多与汉人杂居，故宗教信仰大多与汉人相同。

（三）风俗习惯

1. 摆彝族

（1）住屋：摆彝族的住屋是有阶级性的，一般人民住的大多为竹篱茅舍，只有土司贵族才能住瓦房。屋子虽然是竹垣围绕着的茅舍，但都清洁舒适，秀丽可观，牛、猪、鸡厩概与人间离。在墙上往往贴有牛粪饼，干后充作燃料。

（2）饮食：摆彝族一般喜吃酸味的东西，故有“酸摆彝”之称。男女均喜吃槟榔，但年青的“小菩少”（未婚的女子）则不吃。吃饭时多用篾矮桌（也有用桌的），出外时以竹编的饭盒装饭食，以手抓食，不用碗筷。接近缅境的水摆彝，在家吃饭亦不用碗筷。

（3）服饰：摆彝最喜清洁，男子着青或白色短衣长裤。水摆彝男子四肢和上体喜刺蓝色花纹，出入常背丝织的“同帕”（布袋）。妇女头裹青布，形像圆柱（8寸高），顶中空。未婚女子将发辫绕在头上（不包头），喜穿白色、翠色的短衣，黑色、青红色、绿色的花纹长裙（俗称筒裙）。小姑娘六七岁时不着裙，穿裤子，系以青布围腰。女子平时赤足，过年时穿鞋。“朗”（小姐）例外。

（4）婚姻：摆彝族的婚姻，阶级性很严。富家的孩子随便娶民间的姑娘，但贵族姑娘绝不嫁民间（平民的姑娘更不能做土司的“印太”）。贵族的少爷们常娶几个姨太，很少一夫一妻的，一般平民多为一夫一妻制。

每逢年节，青年未婚男女于“丢包”“唱歌”的游戏中互相求爱。当双方中意后，一般的征求双方家长同意便可请媒说合，双方约定日期举行结婚。民间所用的财礼数量，因男家的富有程度而不同，但最多不过酒肉各9砣（每砣40两）、布3个、半开三四十元。官家就多了，财礼有达数千元至万元的，即使家境没落的官家也须在百元以上（也有娶民家女子的，出钱少，个别或有抢婚的）。摆彝族以金钱的多寡来决定婚姻，除抢婚外都必须出钱。所以有句俗话：“养三女致富，生两子受穷。”

A.抢婚：双方同意后，请媒说合时，女家父母提出种种要挟，使男家无法承担，于是男女约定一个时间地点（常在园边或水井旁），由男家约几个伴，披着毡子仅露着眼去接。迎接时被女家父母见了，男人就拖起女子的手奔跑，一面放着爆竹。这时女方父母若承认既成事实（事先已知自己女孩爱上谁了），便立即向背道去追，一路叫着女孩的名字，追到村外才回家。到次日男家请媒带了酒肉财礼去说合，请一二桌客人吃吃酒席就了事。若女家父母坚决不同意，而女孩已被抢走，那么就会恨得痛哭，亲朋来慰问时便说：“我的女儿死了，她心不好，昨天埋了，没这个人了。”男家请媒送财礼来也不接受，甚至恶言驱走，以后即使两家碰面也不理会。直等女子生了小孩，与丈夫带很多财礼回去赔礼才勉强和好（这样做的很少）。在芒市还有因多角恋爱造成惨剧的：先爱上一个男的，另一个男的因富有说婚成了，结婚时前者去抢亲，双方便发生殴打。

在猛卯，女孩不将结婚日期告诉父母，自与男子约好时间地点，到时就走往男家，不用抢亲方式，临走放一个半开在甑内（晚饭前）。所以当爆竹响，各家有大姑娘的父母便往甑子里看，若有半开就证明自己的女儿接走。水摆彝抢婚后不请客也行，但要买筒牛奶送女家。旱摆彝则不行，当时请不起，以后须补请，否则不能认亲。两男同爱一女，与谁结婚由女子最后决定。

B.赘婚：在年老无子的情况下，女家为了传代，便替长女招个女婿进家。在男女相爱后女家便请媒携3砣糖说合，3天后男家不来答复，便是同意了。结婚之日男家不请客，女家也请得少（下午请一二桌），不须送财礼酒肉，下午男家亲长将新郎送到女家，拜过天地祖先和亲族后，吃饱饭便入洞房。次日下午男家才请客，新郎先回去，下午女家亲长领新娘（两个“小菩少”牵着，头上顶一块红毡或红布，穿上新花皮鞋）到男家后照样拜天地祖先认亲，男家放爆竹迎接，晚饭后新娘不再顶红毡与新郎一齐走回去，婚礼便完毕。

在芒市，官家男孩也有为民家招赘的（多属通奸后逼迫）。结婚之日，男家在晚上出星时（平时谈情之时）将新郎直送入女家洞房内，不拜天地祖先父母，不当众饮酒，在次日一齐到男家才饮酒，而新娘到男家的一切礼节如常。官家子弟到民家入赘，双方父母基本上是不喜欢的。有一个民家老太婆向教员傅淑明讲："唉，我的姑娘不听话，招着官家人，名目上做我的儿子，来几年还没喊我一声，白天吃了饭就回去了，晚上才来睡。"

C.离婚：摆彝族的男女，订婚和离婚都不须经过一定的手续，完全由双方自己决定。男女婚后如因意见不合，发生争吵，女的会自动收拾衣物回娘家，非男家两次去接不回来。若互相发生殴打则较严重些，男家去接3次还不回家和好，则双方默认离婚。到女的改嫁时，男家须向女的新夫索回聘礼（几十元不等）。但男的另娶，女的不得干涉。有的女子在怀孕后与夫离婚，孩子生下来独自抚养，不易再嫁，终身即为娘家的主要劳动力，生活上被娘家轻视，精神十分痛苦。

（5）丧葬：寨子里某家死了人，全寨的人每家各送1筒米（约2斤）和二三百文小铜钱，自动替死者家做些零杂事务（如扎纸人纸马、烧火、煮饭、招待等）。孝子则抬一盘香果进奘房向佛爷磕头，请至家中念经。当佛爷来时，年在十二三岁的"召善"敲着马锣走前面，佛爷抱佛经跟后，路中的年纪较老的信徒碰到就立即蹲在路边，低头将双手合于胸前，等佛爷走过才起立。佛爷念过经就将棺材（多为竹编成）抬出去埋葬。装殓送葬花费不多，只占全安葬费的1/3，其他2/3买些黄绸缎贡给佛爷做披身，并作扎布塔、立布标等用费。人死后一二日即入葬，极少停尸在家中的。自送葬之日起，须请佛爷念经14夜或21夜，每晚须备丰盛饮食。

拖佛爷：当某寨的"召基"（佛爷）死讯传到各寨，各村的老百姓都扎些纸人、纸马、纸虎、纸灯等来祭，一时门前若市，送的米、菜堆积很多，杀的猪、牛不少，寺内到处是赌博场（赌博的大部分是属官子弟、司署职员、摆彝、汉人商旅为主）。未婚男女穿着新衣，谈笑自若地在院内敲象脚鼓，早去晚回，直到寺内的肉米吃完。送丧之日，天一亮就把棺材捆在木架上，架有两根结实的横底柱，前后引4根很长的篾索，鸣炮3声，大家就向坟山的路拖，往往拖出3丈又拉回1丈，一天拖不到，放在中途，第二天继续，所有参加的男女老幼，以触着篾索为幸运，人人兴高采烈，似逢喜事。等拖到坟坑前时，木架下堆满了柴，架顶遮一个花伞（人工画龙、虎等），当火光一红，四周男子就争抢花伞上的碎布（据云抢到有好运，不怕鬼），烧后放入土瓶内葬下，墓为塔形。全部费用一寨负担不了则抽赌捐补充，土司也资助一部分。

（6）节日：

A.过年：摆夷族过年时间与内地不同，习惯上只休息一二日就照常做活了。除城内汉人、官家之外，很少有大吃大喝的现象。元旦日早饭后，一家大小穿上新衣，年老的上奘房去拜佛，已婚男子去奘房赌博（赌博行为非家里死人，不能在家赌，女子不赌，未婚男子不赌，即赌也在晚上，怕被女子看见坏了名誉），佛爷抽收部分赌捐。未婚男女在过年时举行"丢包"（在村外广场上每个少女绣的一个红花长形布包，向其他男子丢去丢来，接不着一次就输身上用物一件，借以互相求爱）。年幼的小孩则仍出去放牛。

B.烧白柴：在立春时举行，多为年老人参加，烧前3天，各家送些亲砍的不太干的柴块，堆在奘房门前，烧时由佛爷念经，男女两行跪在佛爷后面，非至柴烧尽不回去，表示为佛取暖，祈祷五谷滋长、人畜吉祥。

C.泼水节：摆彝称"入洼摆"，有清明后7天，互相清洗"不洁"的意思，先到奘房以小木槽把菩萨泼湿，然后泼佛爷、泼家人，再泼家门口过往的人，忌泼头部，泼时彼此嬉笑，非相互泼到周身透湿不止。连续举行3天，为奘房内最热闹的节日。

D.赶摆：也称"做摆"，小的以村为单位，大的几村合做。私人做的通常在八月中出洼以后举行，公众办的也有在正月举行的。土司署每3年做1次，十分扩大，花费数万，至期齐集寺内诵经，男子击鼓鸣锣，女的盛装跟随，献花、供果、焚香烛、鸣鞭拜佛，每每唱戏及种种化装表演配合，赌场很多。未婚男女多趁此机会互相求爱。

E.堆沙塔：摆彝话称"哥嘆咆"，凡村寨上产生了流行病，家家户户老幼多病时，几家人就联合起来筹款举行，每年做三四次。它的意思是"祈求吉利""祈求来世幸福"。每次请佛爷连续念经3个晚上，全村老头老婆跪在佛爷后面。沙塔堆500、1000不等，塔内放二三文小铜钱，塔四周点油灯，空中挂一纸虎，经念完塔任小孩踏坏。

（7）禁忌：

A.进奘房（佛寺）必须在门口将鞋脱下，才能进去。

B.看见老佛爷必须跪拜。

C.不能在菜地上大小便，认为不卫生。

D.陌生男子与已婚妇女不要多谈话。未婚女子可以谈。

E.摆彝民族村内有庙，旁有神树，经过树下不要骑马、打枪。

F.家长的床铺（多在火坑旁）任何人不能往上坐，家长有一"圣水瓶"，放床边，任何人不能乱动。

2.山头族

（1）房屋：山头族的房屋，大多以竹木为梁、以茅草覆顶，篱围墙，高约丈余，也有高至两丈的，分上下两层，下住牲畜上住人。俗称"猪嘴房"，两端有门，分"生门"和"鬼门"，进屋沿木梯上下，鬼门禁忌出入。

（2）服饰：男子短衣大裤，头包大包头，赤足，腰系长刀，斜背花布包。女子身着短衣，下着裙，腰围箍环，脚系漆圈吊筒（木藤制，涂红漆），项挂珊瑚串珠，琥珀耳环。幼女齐眉短发，结婚后始蓄发缠头。

官家比较豪华，在江心坡一带，男子平日穿蟒袍，项挂珊瑚；女的穿花缎锦衣、细花短裙、花护腿。本区山官平日仍朴素，与平民无异，宴会时始穿蟒袍。一般只有一套衣服，很少洗换。

（3）饮食：男女均喜吃酸臭的东西，嗜酒、爱嚼槟榔，男子吸"垛把烟"。做饭用铁锅，或以竹筒煮饭，熟后用芭蕉叶包裹，按人分食，不用碗筷，不食隔宿粮，当日做当日吃。

（4）婚姻：山头民族多为一夫一妻制，间有多妻者。父死后除生母外，皆转嫁于长子，子先死则媳转嫁于父，否即被认为有意破坏亲戚关系。

山头族婚姻自由，先同居后结婚，有些多角恋爱的女子，同谁结婚，往往要待其所养子女的面貌与谁相像而做最后决定，故有“携子认父”与“先养子后结婚”之说，叫“认亲”。

认亲后，双方邀集亲朋，谈判聘礼。礼品多用砗磲、珠子、琥珀耳筒、黄牛、酒……倘男女双方无力，可作欠账，俟富裕后筹还，甚至有二三代尚未还清的，则子孙成长之后，应入舅家宴房，否则应将祖先欠账缴清，不然就反亲戚为仇人，甚至刀兵相见。

结婚时，宰牛置酒，大宴宾客，男女亲友，绕新郎新娘笑谑歌舞，达旦不停。

结婚后，两三年丈夫经济较富裕时，女的即私回母家，佯做不归，此时母家邀集亲朋送回，说“已代觅获”，这时陌生人亦可加入“认亲”，男家除了一律款待外，尚须按亲疏关系，酬谢送礼，不能遗漏一人，否则坐守不去。这样妇女被赞为能“作家”（能干）。

（5）丧葬：人死后贫者用木槽，富者用薄棺，成殓后择坟地，以熟鸡蛋两枚，在旷地抛掷，两蛋在哪里相遇就埋在哪里。出丧时宰牛、猪祭于门前，亲戚朋友均来吊唁，多土葬，孕妇及在孕中死者用火葬。墓用茅草扎成，高二三丈，周围挖深壕（据说这是孔明遗教，必须如此子孙才繁衍）。

（6）禁忌：生人进村寨，须向空打一枪，以示通知主人，若主人也打一枪（表示欢迎之意），则可进寨。寨内有一叠木栅，为全村的“鬼门”，栅旁有座空屋，木柱上用红土绘人头，或挂牛头，此即鬼屋。生人至此应即下马，否则犯忌。

客人入屋须重步行走，太轻则误认为贼。挂刀口应向外，否则认为“刺客”。屋壁悬有吊笆（竹篮），供奉其阿祖灵魂，不可放置东西，否则轻罚鸡，重罚牛祭。

楼中的火塘旁有一茶筒，甚薄，稍不小心极易触破，如误破，虽至亲密友，亦须赔偿以牛，因制造时也用牛祭。

在山头族家里居住，不论大小便、吐痰、洗脸水皆需问明方向，若随意溺泼，最易犯禁忌。

3. 傈僳族

（1）房屋：住房多以木竹构成，也有依山崖就土穴住的，人畜同住一屋，夏秋多疾病。

（2）饮食：主要食物为苞谷、荞子、小米、山禽、野菜，一般都喜食发臭的食物。男女均喜喝酒、嚼槟榔。

（3）服饰：男子上衣长短不一，肥裤，小帽或青布缠头，与汉装略同。女则包头巾，麻布上衣（衣为田字花纹）或青棉布，衣缘遍饰贝壳，长不及膝，着裙，铜、银手镯，项挂红项圈。男女皆赤足或穿草鞋。

（4）婚姻：傈僳族大都为一夫一妻制，但夫死妻嫁，妻死夫娶，很少鳏、寡。

他们的婚姻仪式，可分3种类型：

A.接近汉人区域的，多受汉人影响，婚姻为父母包办（如龙陵一带）。其他仪式也多仿汉人。但新娘嫁妆由媒人背至男家。

B.信耶稣教的男女，恋爱后须经牧师同意。教友须与教友结婚。不须彩礼，只做几套衣服。

C.普遍的还是自由恋爱，先得女的同意，再请媒说亲，订婚礼品大多是首饰、衣服等。结婚多采“抢婚”形式，事先两家共同约好时间地点。这种“抢婚”仅是一种仪式。另一种是因聘礼太重，男方无力拿出，但男女十分笃爱，这种情况下，男家即乘女外出时，邀集二三十人，各持刀、枪、弩等武器抢劫而去。有的是女的已许人，后来又不满意，许多是另外有一爱人，这种情形，往往两个男家各带五六十人持武器一同去抢，不管谁抢去，事后经常要经官判决。

他们的习惯是结婚次日即与父母分居，父母随意分一点土地，自谋生活。财产继承权属于最小的儿子，幼子有供养父母的义务。在腾冲古永区，有种习俗，即自己的幼女要留嫁给长孙。

（5）丧葬：人死后用棺木装殓，请“香通”诵经后抬往山中，不用土石为墓，仅就葬埋处建木架为房。葬后数日，杀猪宰牛，邀集亲族致祭，号哭一场，痛饮而归。葬后把死者衣服悬于墓上，由儿孙以弓弩环射，称“射煞”，以后便无祭祀。

（6）节日及尚俗：

春节：傈僳民族每年春季在村里搭一绿树棚，高约丈许，燃香烛，全村男女老幼便集拢围绿棚歌舞，乐器有箫、弦子、葫芦笙。

澡塘会：春节，男女老少均赴温泉沐浴，饮酒唱歌，盘桓数日，乐器多为口琴、竹箫、三弦、葫芦笙。

傈僳族凡遇同族婚丧，皆自动携米上门，饭菜均由客人自备。

在腾冲古永一带，小孩降生后即用冷水沐浴。

4.卡瓦族

（1）住屋：熟卡瓦住茅草房，生卡瓦住类似草棚样的简陋矮房，房两头开两门，前为“人门”，后为“鬼门”。

（2）服饰：熟卡瓦男人穿衣裤，女着裙。野卡瓦不着衣裤，以兽皮遮下体。

（3）饮食：卡瓦喜吃狗肉，尤嗜腐臭的牲畜肉和生霉的谷子。野卡瓦食物不洗，迷信洗濯则不吉利。

（4）婚姻：卡瓦族为一夫一妻制，婚姻自由，同居后才举行结婚仪式，彩礼为槟榔、烟、茶等。不合则自由离婚。

（5）丧葬：人死不用棺木，但以竹物舁而入土。

（6）入境注意事项：外地生人入卡瓦地，必须有向导，并须先行通知酋长，待酋长许可始可进寨，否则途中可能遭到杀害。如得酋长允许，款待极为周到。有到班洪地方做生意的，因不习惯他们的食物，班洪王常以所储火腿和山味给客人享用。

（7）禁忌：

A.不要在屋里的墙壁钉的牛角上挂东西。

B.不要在家里用戥子秤东西。

C.不要当面数钱。

D.不要带绿色的东西进屋里。

E.不要跨火塘。

F.不要吃鱼，如要吃，必须得到头人的许可。

5.阿昌族

（1）住屋：多系茅屋，很少瓦房，样式与汉人住宅一样。

（2）服饰：男的服装和一般汉人的便装相同，女子婚前喜包“叠边”包头。幼小的女孩穿裤着裙，年至十八九岁时则改穿筒裙（与摆彝族相同）。结婚后包高1尺左右的高包头，式样与摆彝族相同。饰物有银镯、银扣、银链、银三须，有些围藤制腰箍或脚箍。男女皆赤脚。男子肢体喜刺文身。

（3）饮食：一般均喜吃酸性的东西，男女均喜嚼槟榔，男子好喝酒。

（4）婚姻：系一夫一妻制，大多经过恋爱，征得父母的同意。如甲村青年男子到乙村时，乙村女子则相邀数人和对方互唱情歌，赠槟榔嚼，乙村女子到甲村亦受同样款待，别后，互唱山歌相送很远。

结婚时多行“抢婚”，但大多事先说好，婚礼则为酒、肉、茶、盐、米、鹅、鸭、鸡、草烟、芦子、散嘴等，此为“水礼”（订婚时的小礼）。聘礼须卢比数十元。

（5）丧葬：人死多土葬，仪式和汉人略同。

叶永镇

三、泸水境内之民家、浪粟、茶山、蒐莪、乡坛、彝、崩竜等7种民族的文化、宗教与习俗

（一）民家族

1.文化教育

民家有自己的语言，据说从前也有文字，但现已失传，在泸水，一般都能说流利的汉语，只是50岁以上的老人不会讲，所读的书都是汉文。

在解放前，六库镇（民家聚居区）有4个保有国民学校，学生每校20多人，教师每校1人，经费每年由土司供给苞谷2担，不足的数目全由学生分担，每年每个学生分担1箩至3箩谷子（以家庭好坏而定）。教材缺乏，所教的都是旧书。由于人民生活太苦，无力交

纳学费，学生日渐减少，1949年“共革盟”叛乱，学校已停办。解放后仅将第一、三两保的学校恢复，学生总共只三四十人。刻正准备在六库镇办一完小，但由于经费、书籍、用具、教员问题未解决，故未开办，尚待政府帮助。民家族的小学生，过去最多说有六七十人，初中毕业的在泸水县只有设治局的马科长1人。

卫生：在解放前泸水有医院。在乡村有些中医背药箱到各村卖草药，但吃草药的人很少，一般病了就“打卦”“送鬼”。在解放前，泸水医院院长杜兴才、戴洪伟，拿着药不给泸水老百姓医病，反到保山、云龙等地去赚钱，戴在1949年参加“共革盟”匪叛乱，结果被“共革盟”杀了。老百姓的800多元半开的医药费捐款，就和这个骗子一齐完结了。

由于生活太苦，药太贵，买不起，有时有钱也买不到药，急盼政府在该地区设医院，为老百姓医病。

2. 宗教信仰

在泸水的民家族，宗教信仰大体和本村汉人相差不多。他们一般信儒、释、道教，年老的人，初一、十五都到老君庙里去敬香。

3. 风俗习惯

（1）婚姻：民家的婚姻多一夫一妻制，由于彩礼太重，穷苦的男子大多到女家上门（入赘）。如家里只一独子，没有女儿也无钱讨媳妇，这个男子就得去上门，同时照顾两家的生活。缺乏劳动力的人家，十三四岁的女儿常招20多岁的汉子做女婿。彩礼一般都很重，要“针线钱”60元至120元半开，猪肉60或100市斤，1箩至2箩米，黄烟半斤或1斤，茶、盐各8斤，首饰、衣服几套，围腰几件，鞋、袜各数双。入赘需要的东西较简单，只需男女双方各办一点必要礼物，上门后男子改姓女家姓氏，财产承继权属女子。如有女儿数人则平分。据余正留同志说，这种婚姻，夫妻关系常易破裂。故泸水民家族的寡妇很多。

（2）服饰：女穿长裤、长衣，戴围腰裙子，结婚的包包头，未婚的结发辫。近来也有剪发的，但很少。男子与汉人同，穿麻布、青布（由外地买）。

（3）主食：吃苞谷、荞子、高粱。

（4）住屋：大多是竹篱茅舍，构造简单。

（5）丧葬：土葬，大体与汉人同。如穷人死了，村中人饭后便来帮忙埋葬。

（6）节日：有年节、火把节、端午节、七月半……与汉人同。

（二）浪粟族

浪粟族的风俗习惯大体与傈僳差不多。浪粟在泸水现仅1家，其他的都受不住国民党的压迫，搬往片马、拖角、六空去了。（浪粟学员谈）

服饰及一般的生活都与傈僳相同，而且互相通婚，他们说“浪粟与傈僳在得拢，与汉人、茶山在不拢”。一般结婚，必须讨舅父家的姑娘，舅家无女亦须征得舅父同意才行。

宗教信奉从前也和汉人一样“供家堂”“八卦”“信鬼神”，自耶稣教侵入后，大部都信奉耶稣教。

（三）茶山族

茶山族从前在泸水有30家左右，现在大半搬到片马去了（在片马、王克河、古浪溪未定界，人数五六千户）。风俗习惯和山头族差不多，迷信鬼神，自耶稣教侵入该地后，全部都信耶稣教。

浪粟与茶山都各有自己的语言，茶山大多读山头文，浪粟读傈僳文。从片马往密支那走，每个较大的村子就有1所小学，小村子两三村合有1所，在小学不收学费，并且还发衣服、用具。家庭只供食。教师都是本民族到缅甸读过书的人回来担任，所教都是教会的教义之类。英国牧师把一些青年男女带到密支那去。女的大都是学织布、缝衣、做鞋子等，费用全由教会供给。这一带近年来培养了许多知识分子及教徒。由于过去国民党的残酷压榨，在这些少数民族中的印象是“英国人来帮助我们”“上帝是救我们的”，连泸水一带的少数民族也说“片马是英国的地方”。

（四）蒐[①]莪族

菀莪族自己讲：“先前是从俄国搬来的。”保山区仅泸水有少数几家，据说在碧江有个菀莪镇，全村都是菀莪族，800多户，他们有自己的语言、文字。

服饰：男子头上多戴毛帽或打套头，着汉式对襟衣服。女子戴绣花包头，穿大襟长袍。

婚姻：男家请媒人说合，如对方同意，媒人须走女家4次才说定亲事。第一次叫“套话”，二次叫“直说”，三次叫“吃小酒”（订婚），四次“要八字”（即讨女方的出生年月日）。

彩礼半开80元、肉80斤、酒80壶（80斤）、米4斗（50斤）、盐4斤、女衣1套、土青布3件、茶叶4两，还有女子日用的一些东西。接新妇与汉人相似，坐轿、吹唢呐、敲锣、打枪放炮。

因为彩礼重，所以有很多人结不起婚。祝英才说：“在我们村里，有几个40多岁了还讨不起媳妇。”

（以上材料系少数民族干训班学员讲述）

（五）乡坛族

乡坛族有自己的语言，没有文字，读汉文书。但小孩子多不懂汉语，故教授时必须以乡坛话解释。

信佛教，供奉木刻人形的祖先神位。

---

① 蒐，疑为“菀”之误。——编者

婚姻：男女自由恋爱，经双方父母同意，一夫一妻制，与汉人旧式婚姻的礼俗略同。

丧葬：土葬。

打歌：青年男女最喜欢的娱乐歌舞。每逢过年、过节时，院中摆设猪头、三牲，青年男女团团围着跳，每跳至通宵方歇。歌舞时以多乐器伴奏，十分动听。

（材料系根据专署资料室少数民族卷宗内摘录）

（六）彝族

有自己的语言，但甚复杂，相距10里20里就有差异，常夹杂民家话或汉话，在保山县的多夹摆彝话，在泸水则夹傈僳话。保山彝族无文字。

宗教信仰：彝族多信鬼神，凡人病了，就要“敬神”“看香”“送鬼”“许愿”“卜卦”，有专以此为生的人，叫“香通”“铎喜”，这些人多抽大烟。请神送鬼时常需牛、羊、猪、鸡等物。但也有请中医吃草药的，但当地药材很缺。

彝族有一种祭鬼神的节日，叫“刀山会”，这是很庄重的祭祀日子，每年农历正月二十八举行。首先要“跳狮子”（表示朝贺之意），最后“香通”念法“上刀山”（香通赤脚攀登吊于高达数丈之木架上的以刀扎成的绳梯）。

服饰：男子着汉人的对襟式衣服，无领，老年人多着青布包头。冬季每人披一羊皮，衣服料多麻布与青土布。女子穿长及膝的大襟衫、长裤，无论老幼都有一围腰，绣有各色粗糙花纹。从13岁起就戴银制的耳环。鞋似船形，前尖后宽，结婚妇女前额留有缨须，未婚的则不留缨须（北方叫“齐眉穗”）。

饮食：彝族生活很苦，大多都是吃苞谷、荞子、豆类，荒月则吃野菜、芭蕉根。

住屋：茅草房，式样与汉人同，楼上住人，下为牛栏。每家都有一火塘，凡吸烟、闲谈、喝茶、休息都在这里。

婚姻：彝族婚姻为一夫一妻制，有的自由恋爱，也有由父母包办的。

在保山的彝族，婚姻全由男女自主。他们寻找对象的方式大半是通过唱情歌，互相倾诉自己的心事，故无论在田野、山上都会听到他们的歌声。双方熟了并同意结婚后再通过父母的允许。如果女儿大了还找不着对象，会遭父母的埋怨，别人也会讥笑：“你连鞋面布也找不着一双。”

在泸水一带，则全由父母包办，而且必须娶姑母家的女儿，姑母无女才能找别家人。请媒时要半件布（约丈余）。如女家同意就把布留下，不同意就杀鸡给媒人吃，作为罢论。订婚时（称小酒），男家要4件布，盐、茶各4斤，酒80斤，肉80斤，半开30元，粑粑50斤，豆腐50斤，缺一不可。到结婚时这些礼物还要照加1倍。订婚后便不能反悔，更不能退婚。

丧葬：人死后多用棺木土葬。但他们最怕葬母亲，母亲死了，舅父家要抬猪、羊，男家要费许多“孝白”和准备酒席招待，否则舅父家就要见怪，往往有些人家为葬母亲弄得无衣无食，故一般常说："葬父容易葬母难。"

（七）崩竜族

饮食：男女均喜吃槟榔，牙齿均染成黑色。喜吃发臭的食物。

服饰：男子着汉式短衣裤，妇女上着黑色对襟短衫，下着花裙，用草编成的细条系在腰上，每个人都有几十条，甚至百条，而且随时增添，凡在走路或闲着无事的时候，均两手不停地编着。

叶永镇

1950年11月于保山

保山区材料之四
——泸水经济情况与人民负担
中央访问团第二分团
1951年2月出版

保山区材料之四
——泸水经济情况与人民负担

编者声明

这些材料是我们从1950年8月29日至1951年1月31日（其中大部时间是在行动中），先后在圭山、丽江、保山、大理、武定、楚雄等地区进行兄弟民族访问工作中，通过当地干部、民族代表及熟悉当地情况的人士所了解的一些情况。为应各有关机关之急需，仅将原材料加以整理，尽量避免主观分析与结论，在文字上仅要求念得通、看得懂。但由于是短期的访问与了解及仓促整理，情况难免不真实或不深入，观点难免错误，文字烦琐或不通顺。故仅能供各有关机关进行民族工作的参考或进一步考察的线索，并望于今后的调查研究，加以校正。

1951年2月　日

一、社会经济

（一）农业生产与土地关系

这里耕地70%是山地，出产苞谷，一般少数民族都不会施肥料（我们在这里种菜，有一次到外面去拾粪，竟遭人笑，据说在他们耕地上解大便会使他们不高兴的）。由于生产技能如此之低，土地种了两三年，自然的肥料已吸取干净，就得另行开荒。土地生产不能固定，然而土地仍是私有的。例如某一架山是私有的，假如要迁移到别的土地上生产，必须得到土地主人许可，并给予一定的报酬。在这里的少数民族（大多是傈僳）中间有一种传统习惯：长子结婚，第二天就和父母亲分居，所承受的财产随父母的便，给予多少就多少。除向父母得到一部分土地以外，就得自己去开垦。从此父母与长子各不相关，由最小的儿子继承财产扶养父母。大部分土地都无水源，所以只有听其自然，时常发生旱灾。

（二）手工业

经济大部是自给自足，江边一带出产一部分棉麻，便有一些家庭纺织业产生。因生产的棉麻很少，大部分只供自家应用，仅能有一部分拿来交换或出售。纺织工具亦极其简单，生产效率很慢，好几天才织一卷布。

（三）商业及贸易

鲁掌（设治局所在地）逢“八”大街，六库逢“四”大街，卯照逢“十”大街，老窝逢“一”大街，做点小买卖，或到腾冲一带赶猪。在少数民族中间，还保持着较原始的交换方式，1根针换1只鸡，1箩粮换1卷布等。货币在少数民族中间很少应用。

这里的商业经济落后，除因交通不便以外，更主要的是人民购买力薄弱。譬如食盐在日常生活中很需要，但是这里大多数人都吃不起；另方面经济较富裕些的人家，大多是自家到啦井或兔莪、石门或漕涧去背一背就够吃一年，因此食盐销售量并不大。

（四）副业及副产

饲养家畜很普遍，猪每年有很多赶往腾冲出卖，但像今年（去年九月至今年三月）腾冲的猪价低，卖不上价，对这里的家庭收入很有影响。此外则牛、马、羊、鸡很少买卖。一般楼上住人，楼下养牲畜，气候冷热都没有多大影响（指高山或江边），这里没有好的马种，从外面选种来配，牧畜业倒是可以发展的。

茶、漆、贝母、黄连均有出产（数不多），可以人工种植，如把这些山货收购价格提高，对这里人民生活有很大的帮助。

大兴地（老窝）多多鲁后面有一座贝母山，年约出产六七百斤。为此山老窝土司与六库土司曾发生争夺，至今尚未完全解决。

家庭经济生活概况：家庭收入，主要还是依靠土地，副业收入很少，饲养家畜不多。因本钱限制，只有养猪“划得着”。一般生活水准很低，吃苞谷饭或喝点稀饭，大多吃不起盐。睡觉有一床麻布垫就是好的（汉人则较好一点）。我们根据一个村（是较富裕的一个村）的调查后，可看到泸水一般经济情况：

村名	鲁掌上寨	
户数	55户	
主要的劳动及职业	收租	7户
	租种	35户
	自耕及半租	12户
	铁匠	1户

人口	15岁以上者	202人
	15岁以下者	58人
	总计	260人
耕牛	91头	
生活情况	上等8	
	中等6	
	下等41	

附注：
（1）本调查表系通过本村青年积极分子调查所得。
（2）生活情况之等级划分是根据这里的生活水准，每年收入与人口比例：一人30箩以上者为上等（据他们说40箩以上者为最富裕者只有3家），每人在15箩以上者为中等，15箩以下者为下等。
（3）副业收入不计算在内，但不占主要地位。
（4）划分未必精确，仅供参考。

二、负担情况

（一）对土司的负担

泸水分属于六库、卯照、老窝、鲁掌、登埂5个土司。人民的负担也因所处地区不同，而有轻重之别。六库土司承封时，“管地管民”（其他的土司只管民不管地），全司800多家，都是他的百姓，所有土地都是他的，租额平均30%左右，此外每户每年收门户钱1箩至10箩（每箩60市斤）。苛捐杂派很少。1949年收门户300多石，土司段承经觉得解放了，不应该收了，已退还百姓，一般说人民对他的印象比较好。

卯照土司，因现任司官段赓华刚从昆明退学回来，年轻比较单纯，还没有剥削的经验，同时老百姓也在后面放话“收重了就要搬到未定界去”，所以负担并不很重，据说与六库差不多。六库百姓全都给土司上地租，卯照只能收自家私有的一部分田地上的地租。一般只能收门户钱或山租。

登埂土司只百多户，人民的负担有三，即（甲）山钱：头等3箩，二等2箩，三等1箩至1箩半，寡妇5斜；（乙）门户钱：头等2箩，二等1箩半，三等1箩；（丙）有事派夫役，每年派两次。门户钱已经没有收3年了，现任土司段建华自小即参加劳动，家庭情况只等于当地的下中农。因人口多，生活相当狼狈，有时还得借债度日。

鲁掌土司茶光周，除在自家土地上收地租外，还有门户钱、山租及其他摊派，名目繁多。又经常强迫百姓和他做不等价生意，比如门户钱，叫百姓交烟，折的价钱很低，百姓必须再补些钱到市上买烟给他。据估计他今年（1950年）收了大烟3000两，又买布回去，以超市价的价格强迫百姓购买。1949年“共革盟”到泸水，抢了些东西，“共革盟”退后，又向百姓收贺礼。老百姓负担很重。

老窝（大兴地）土司段承恭剥削最为厉害，门户钱半年收1次，头等户每次收二十四五元，一年合50元；二等户每次收十四五元，一年约30元；三等户每次收八九元，一年合20元上下。此外还随时找机会勒索罚款，比如1949年三爬已和对面碧江县老百姓拉了一条溜索，即罚款30多元半开。全泸水以该区的负担最重，所以老百姓都要求划归碧江管，有的已迫不及待自动搬到碧江或未定界去了。

（二）解放前对旧政府的负担

对旧政府的负担名目繁多，有田赋、屠宰税、县级经费、保卫队粮，以及委员下乡费。以登埂段月华家为例，田赋收得最重的一次为41元半开，合20箩5斛米（每箩60市斤，差不多比芒市的箩大1倍），最少的一次出了21元，合4箩米。每宰一个猪交3斤肉（合1元5角），县级经费每年出20元至25元。保卫队粮每年5箩（谷子），其他的摊派每年共合50元左右。登埂祝英才家耕地税每年缴3箩以上。县级经费最重的一年合12箩，最轻的一年为6箩，保卫队粮每年4箩半，其他摊派在13箩半以上。

（三）解放后（1949年度）对人民政府的负担

对人民政府的负担只有公粮一项。1949年全年征收20万斤，除20%是收大米外，其余收半开。各镇分摊额如下：

老窝25%，六库25%，鲁掌15%，卯照15%，登埂10%。（注）

这里还有一个特殊情况，就是保长、副保长、甲长及每保有10余户保丁甲丁等（均为保长的亲戚），总起来占人口的1/4或1/3，不负担公粮，而且大多是比较富裕的。我们从下面这个保的调查材料中，可以更具体地了解人民对政府的实际负担情况。

（注：登埂是直属保，人民只有100多户，约占全区1/4，系傈僳、彝族、浪速杂居地带，又是“烟瘴区”，人民很苦，负担虽只有10%，但比较起来还是过分重的。）

（四）[①]鲁掌第一保公粮负担

鲁掌第一保包括下寨、石凯、三叉河、小河几个自然村，全保85户334人。除小河、三叉河两村9户系租种司户土地之外，其余76户中又有40户不负担，其中包括保甲长保甲丁7户、赤贫14户、鳏寡13户、在土司家做工的5户和土司之二弟1户。所以实际上85户中只有36户来负担（不到1/2），其中：特等1户，负担10箩；甲等7户，负担19箩；丙等6户，共负担10.2箩；丁等17户（内有两家共同负担的4户，实只13户），负担6.5箩。

① 序号“（四）”为编者所加。——编者

收入、负担数和负担的百分比列表如下：

等级	收入估计（每户）（箩）	负担（每户）（箩）	负担占最低收入的百分比
特等	600—800	10	1.7%
甲等	300	2.8	0.9%
乙等	100	2.8	2.8%
丙等	50	1.7	3.4%
丁等	15	0.5	3.3%

其他插户负担31箩。

从上表中可看出，对人民政府的负担无论贫富都没有超过4%，然而由富到贫的百分比却是1.7%、0.9%、2.8%、3.4%、3.3%，除开中等比特等轻之外，一般都是越穷越重。茶光周、段承恭两位在征收办法上还从中取利，借收公粮的名义进行残酷的剥削，比如米折成钱，钱又折成大烟，折来折去，人民实际负担的数字就漫无止境地增高了。所以虽然政府给人民的负担很轻，但人民肩头上所抬的担子却是很重。

泸水工委会

三、泸水家庭调查

1.段月华

19岁，民家族，住登埂。父母均43岁，弟兄3人，段月华居长，二弟13岁、三弟12岁。

与登埂段建华土司同宗（现已在十服以外），所以称为属官。家有田谷种1箩半（号称两箩），可收得谷100箩；另外有山地苞谷种1箩，收得30箩。地在得很高，收成都不好，家中能劳动的只有他父亲1人，每年要请工约50个工，需付出工资苞谷约8箩。另种大烟，去年种的今年约收得100两。去年的粮食收成不好，今年在农历四月至八月就是靠卖大烟买粮食吃。每月需盐约3斤，布每年需5件。吃的油是到山上拾核桃来自榨的。一年收来的粮食除交田赋以及买必用品外，可以够吃，养有猪3头、鸡5只。

在过去田赋交得很多，最多的一年交了半开41元（因为米价也贱，折合25箩5斛），最少的一年交了21元（折合米只4箩）。县级经费每年20元至25元。保卫队粮每年合5箩。在今年所负担的公粮（1949年公粮），只负担了1箩8斛米（登埂所负担的粮食人民分担2/3，土司、属官负担1/3），其他的负担就没有。

2.祝英才

排行三，24岁，浪速族，未读过书，住登埂浪速寨。父52岁，母48岁，弟兄3人，老大祝玉清被国民党拉去当兵多年未回，老二叫祝老二，26岁，妹18岁。

租得段建华土司田，需谷种3箩半，可以收得120箩至160箩，另外还租有地1块，需苞谷种1箩，可以收得苞谷10箩。家中能劳动的只有老二、老三以及祝英才的妹妹，一年要请工约40人，需付工资苞谷六七箩。养猪两头、鸡10多只，每年用鸡、鸡蛋，以及山上找得的香菌换盐来吃，勉强够吃，所差的也不多。衣服自己种得有棉，收成好可以有10多斤，多自纺自织，够4人穿；收成不好可以有四五斤，够2人穿，每年还要买布2件至4件。吃的菜自己种，吃的油到山上拾核桃自己榨了吃，一年所收的粮食有时够吃，有时则缺一二月。

租段土司谷种1箩，交租10箩，他共交租35箩。此外过去耕地税苞谷最少交3箩以上。县级经费最重的一年是12箩（合12元），最轻的一年是6箩（合6元），保卫队粮每年4箩半。解放后租段土司的田租照交，1949年的公粮交了2箩半。过去的保公所因为祝英才办事能力强，服从性好，所以就把他叫到保公所工作1年又10个月。代保公所工作不得钱，也不得穿，只是得吃的，在被派去催粮、催款时，准许向欠粮款的人要点草鞋钱，以及草烟钱。解放后他回到了家中，安心生产。

3. 都衣生

37岁，彝族，未受过教育，住泸水鲁掌镇，共5口人，妻35岁，子6岁，长女3岁，次女2月。

种六七斛（每斛8碗）苞谷种的地，可收得苞谷20箩（每箩10斛）（米每箩重60市斤，苞谷较轻）。种大烟可收到20两（每两价前卖半开5元，现卖1元）。家养母猪1只、鸡2只，有锄2把。夫妻二人闲时帮工，帮工一天除得吃外，另得苞谷半斛。每月需盐半斤（每斤1元），一年需布2件（约合10元），每年所收苞谷能吃六七个月（每月需2箩），不够吃的几个月靠帮工或吃野菜来弥补。布2件的钱是靠卖工卖大烟所赚来。

一年交茶土司（茶光周）地租苞谷3箩、柴4排（排即柴堆体积，5尺宽、5尺高、柴长2尺）、油菜一大背（有一人长），此外代背东西来回于腾冲之间，每年一二次，每次需时半月到一月，供食无钱。过年时代土司劈柴，有时代土司筑墙等工作。

（注：土司在他的人民中划去若干户不交粮，但须做劳役，为奴隶之一种，都衣生这次到了保山开会，本来是代茶光周背行李来的，民族代表会把他留下做代表开会。）

4. 李荣光

19岁，彝族，现在鲁掌小学五年级读书，住鲁掌镇。父62岁，母49岁，弟兄两人，李荣光居长，弟弟6岁。姐1人，招来赘婿1人，生子2人，长6岁，次3岁。

租得段议长（名不知）田1份，需谷种2箩，可以收得70箩。另种地1块，需苞谷种六七斛，可以收得15箩至20箩。家养猪3只、鸡10只。家中能工作的只有3人，每年粮食不够一两个月。每月需盐3斤，布每年需6件（每件8元），自己榨油。

租段议长的田要交租25箩。过去一年要出款好几次，共约合30元。解放后，今年（1949年）的公粮只出了米2箩半（头等户出10箩，只茶光周土司1家；二等户出3箩七八。他被划为第三等），其他的负担今年就没有了。

5.刻福多

32岁，傈僳族，未读过书，住卯照勒墨寨罗塔汗图。共4口人，父75岁，母66岁，妹17岁。

租得罗村长（名不详）地1块，种苞谷需种三四㪷，收得苞谷30箩，交租12箩，余18箩。种大烟，收得13两。家养母猪1头、鸡2只，锄2把。父母年老已不能工作，过去因负担太重，负担不起，所以到土司家中做帮工，可以不交租钱。解放后，今年6月设治局成立（按：泸水设治局名称不变），段庆华土司做镇长，他做了“勤务员”，一月有半开16元，还得了蓝布衣服1套。在无工作时，回到家中种地，或者帮工，一年收得的苞谷，够吃七八个月。不够吃的几月，靠帮工来过活，帮一日工除得吃外，另得苞谷1㪷，盐每月需1斤，布每年需2件，都是靠卖大烟或帮工所得购买。

过去每年负担门户摊派苞谷2箩，山钱一年十七八元。但他到段庆华土司家当帮工后，山钱已不用负担，门户仍照出（在过去山钱以及门户摊派一年有好几次，每次有的人家曾派到20元，一年最少也有百余元）。

6.李金山

17岁，民家族，略识字，住六库大密口。共6口人，父67岁，母56岁，弟兄4人，李金山居长，老二14岁、老三12岁、老四7岁。

租段承经土司地1块，只能种苞谷，需种子三四㪷，可收得20箩，交租8箩，交粮2箩，自己只得10箩，够吃两三个月。另外母子二人帮工，除得吃中餐一餐外，3个工共得苞谷2㪷，连母子两人帮工凑补缺粮几个月。锄头有2把，养鸡2只，平时吃苞谷稀饭，没有吃时，吃野菜充饥。平时菜也没有，猪肉要在帮工人家管饭时才得吃。没油吃，有时帮工一天可得腊油六七两，但不常有。盐很少吃，帮工有钱时一月吃盐1斤多，无钱时吃四五两，甚或不吃。吃一点辣子。衣服每年每人需布1件，全家需布4件，也由帮工所得购买。最小二子的衣服是他母亲所栽的大麻自纺自织，李金山的衣服现在也破烂了。

租段承经土司地，过去一年要交租8箩，交粮2箩，另外一些摊派，一年共半开三四元，本年只交租8箩，摊派没有，粮也没有收，还不知道要交多少。

杨树谷
1950年12月

附录

一、泸水文教情形

泸水的学校在反动政府时有一个省立小学，设在鲁掌。曾因“共革盟”匪乱而停办。解放后，六月设治局成立，接收了省立小学，校长老师共3人，学生最多时有四五十个，最少时有10多个。过去因学费负担重，而很少读书，又加上统治势力阻碍，如老窝称：屡次要办小学都被土司阻止，受教育的只有土司子弟。甚至过去曾有本地知识分子被土司暗害的情形。这里小学的孔校长专门跑土司衙门，教土司的子弟，别的孩子挨打挨骂，没有学到什么。

六库解放前有4个保国民学校，学生每校20多人，教师每校1人，经费由土司每年供给苞谷2石，其余不敷数由学生分担。每年每个学生分担1箩至3箩谷子，看家庭的好坏而定。教材很缺乏，所教的都是些旧书，学生很少。“共革盟”匪乱，学校就停办了，现在仅有第一、三保的学校恢复，学生共只三四十人。现在准备在六库办一个完全小学，但由于经费、书籍、用具、教员等一连串的问题，感到非常困难。六库民家族的小学生过去最多的时候有60人到70人，现在更少了，初中毕业的在泸水全县只有设治局的马科长1人。

解放后另在称戛又办了1个小学，学生有三四十人，卯照镇也办了1个，学生二三十人。读的书都用汉文书，在该地翻印，由学生自购。现准备对贫苦学生不收钱发给书。教员除鲁掌省立小学留下的外，六库、卯照各有两人，都由镇公所的干部兼任，老窝有教员及校长共3人。

六库、鲁掌二地，能读能写汉文的人很多，老窝因有基督教造的傈僳文字，能读能写的人也很多。

二、关于土司及奴隶制的一点材料

1. 反动统治与土司

旧政府时期，由于政治上的反动，办事人员的腐化，除在少数民族百姓头上掠夺与压迫外，更谈不上建设。在反动的政治统治上，国民党政府和土司统治是统一的，譬如土司就是镇长（至少也是土司的代理人），司署即镇公所（由于这里是汉人土司，权力不如腾龙边区一带的土司之大），国民党政府便借土司的权力来进行其反动统治。但在经济剥削上他们中间是有利害冲突的，过去国民党政府曾打算到这里清丈土地，但被土司拒绝（事实上这里的土地不固定，不易清丈，而土司因为清丈了对自己不利，所以阻止），反动政府仍旧根据原有的年赋银摊派粮款税捐。基于这种矛盾，更造成对人民双重的残酷剥削。

2. 人民的负担

据我们了解，这里土地不算集中，最多的像六库土司一年收1000石租（还多半是保山上江乡的），其他土司没有多少田产，甚至有些土司（如登埂）比老百姓（指较富裕的）还不如。自然土司对老百姓的剥削不全部凭着土地，项目很多：山租（注一）、山钱（注二）、门户、镇公所办公费、伙食费、田赋、壮丁费（注三）、壮丁伙食费，还加上劳役剥削（注四）、人民见土司要送“见官礼”（注五）等。

[（注一）山租：土司所辖区的人民，每年要向该区土司纳山租，分一、二、三、四、五等级，即“住土司地盘上”要向土司纳地税。

（注二）山钱：人民砍柴、喝水，都给土司出钱，数不固定。

（注三）壮丁费：人民要向镇公所、设治局出钱雇壮丁。

（注四）劳役剥削：如土司家的用人、园丁、马夫等，都是镇子里派差的。

（注五）见官礼：人民见土司要送1只鸡或1筒蜂蜜。有诉讼案件，被告一定得先出“案费”两元。]

3. 解放后土司的态度

这里的土司一方面由于历史上在政治上的权力并不太大，财产不算多，且武装实力很弱（如老窝土司有二三十条枪），因此在今天的情况下对我们的政策某些部分是表示接受；另一方面还是一种表面应付，但某些土司还比较容易改造。

4. 今天人民的要求

由于长期的残酷剥削，人民生活痛苦到极点。人民对土司虽然仇恨，但过去一般人的观念中“土司是永世不变的”。不敢采取反抗行为，只有消极地逃避，曾严重地发生迁移现象（如登埂土司境的老百姓之迁往百多里外的片马，因为那里负担较轻）。现在一般人民有废除对土司一切负担的要求，如老窝镇的人民曾商议刺杀该区土司，这说明今天土司在少数民族中并非全是不可侵犯的“偶像”。

5. 奴隶制度的残余

在老窝区域内的少数民族中间尚存在着奴隶制度的残余，较多的有娃子（即奴隶）百十名或七八十名，至少则两三名、七八名。据我们所知老窝江西第九保有个八十老翁阿享扒（阿享为其子，“扒”为傈僳话之“爸”），从前当联保主任，在九保一带有号召力，人还开明，曾借枪给我们（解放时的碧江武装），父子俩有娃子80余名。其他有娃子七八名者很普遍。这些娃子有些则近似封建社会初期的农奴（有部分的生产自由），有些则纯粹是奴隶，听任主人支配。

泸水工委会

保山区材料之五

——梁河情况调查报告

中央访问团第二分团

1951年2月出版

保山区材料之五

——梁河情况调查报告

编者声明

这些材料是我们从1950年8月29日至1951年1月31日（其中大部时间是在行动中），先后在圭山、丽江、保山、大理、武定、楚雄等地区进行兄弟民族访问工作中，通过当地干部、民族代表及熟悉当地情况的人士所了解的一些情况。为应各有关机关之急需，仅将原材料加以整理，尽量避免主观分析与结论，在文字上仅要求念得通、看得懂。但由于是短期的访问与了解及仓促整理，情况难免不真实或不深入，观点难免错误，文字烦琐或不通顺。故仅能供各有关机关进行民族工作的参考或进一步考察的线索，并望于今后的调查研究，加以校正。

1951年2月　日

一、一般概况

梁河旧名南甸，即南甸土司封领地，设治局成立后始改梁河，今一般人仍称南甸。位于大盈江上方腾冲之西南，为各土司中面积最大者，今犹纵长240里，横阔140里，全区面积约1370平方公里，其中平原约占3/10。过去设治局时划分为9个乡镇，共6542户32039人。据当地同志估计，实际绝不止此，约当在1万户5万人口以上。解放后划分为19个乡镇。

民族有汉、摆夷、山头（又分大山头和小山头两种）、卡拉、阿昌、傈僳、崩龙等族。其中汉族最多，约占60%，多聚居于市、集大村庄，分布在复兴镇、河东乡、新民乡；摆夷次之，约占25%，聚居于平原坝子中，分布在盈庆乡、东山乡、小陇川等地；其他山头、卡拉、傈僳、阿昌、崩龙较少（尤以崩龙族最少，仅有几家，据说从前有数庄，后搬到中缅交界处去了），共约占15%，多居住在山坡或山顶上。兹将行政区划和民族分布附表如下：

旧乡镇	新乡镇	户数	民族分布	附注
大厂镇（复兴镇）	大厂镇	319		过去设治局所在地
大厂镇（复兴镇）	友义乡	360	汉族最多，聚居区	
大厂镇（复兴镇）	永安乡	368	另有少数阿昌族，仅占3%	
大厂镇（复兴镇）	合群乡	204		
河东乡	河东乡	468	汉族约占60%至70%	
同上	上下瑞泉乡	368	阿昌族占20%	
同上	平山乡	144	摆夷、卡拉人共约占10%	
同上	大宝乡	426		
四维乡（新民乡）	东山乡	200	汉族、摆夷族各占40%	
同上	群英乡	270	山头、傈僳族各占20%	
同上	宝塘乡	426		
同上	新民乡	479		
同上	盈庆乡	240		
遮岛镇	遮岛镇	444	汉族占半，摆、阿、卡、山4族占半	司署所在地
小陇川	小陇川	888	摆夷占90%，汉、阿昌共占10%	
孔孟乡	孔孟乡	348		
江东乡	江东乡	307		尚未解放
石婆坡乡	石婆坡乡	380		
盏西乡	盏西乡	210		
	小猛龙保	110		直属保

另有住梁河区域内，近遮岛的九保、马猛、官章、弄璋等4村，清时均属南甸土司领地，土司署即在今之九保（昔之南甸）街上。后九保出了国民党要人李根源，李挟政府将土司赶至遮岛，将其地划归腾冲县，才编为九保，将4村居民凡汉人皆归腾，凡摆夷仍归南甸土司。

二、经济情况

（一）土地和物产

南甸因地势较低于腾冲，接近亚热气候，坝子中温泉颇多。有自腾冲流出之大盈江过此，沿江有一狭长坝子，另有萝卜坝、大厂坝、江东坝等坝子。水田很肥，不施肥均可有收成，产稻谷，但坝子小，产量不多，仍不够吃。另江中产鱼。

大部地区系山地，山地瘦薄，产杂粮和鸦片。杂粮出产少，亦不够吃，靠卖鸦片买粮补给。估计全区年产鸦片约在50万两以上。此外，畜牧业也不盛，仅有山头能用羊毛织毛布，傈僳族能种麻织粗麻布。

全区年产粮食估计只够吃8个月，不足需由干崖、陇川等地运来，盐、油、布等必需品，大部需自腾冲运来（国货），少部仰给于英缅。

（二）生产关系

该地土地多集中在土司及其亲属属官与乡、镇长手中，而农民均为佃户。地租的形式有定额、不定额，一般均是对分之上。此外，土司除向全区人民收“官租”外，尚有多种额外剥削。地租再加上繁重的各种负担，严重束缚着生产力；农民一般不愿努力生产，甚至秋收后不翻土，春耕时不施肥。摆夷族的男子很少参加劳动生产。

（三）负担

过去土司及国民党设治局时代，人民有3方面的负担：

A.土司主要收3种粮税，人称为“龚绶三大款”：

a.“司租”是以地租形式收取的，均定租制，约收产量之60%。其中大部为土司自己直接占有的土地，另一部原系屯田被其霸占的，年约可收3万箩至4万箩稻谷。另有各种额外剥削，如土司有婚、丧、嫁、生子、造坟时须服无偿劳役、送礼（甚至须送牛、马）。

b.“烟租”，即种鸦片者每年向土司交税，据说年可收10万两。

c.“门户捐”，每年每户都收，数额不等，分级，年共可收半开2万元。此外，尚有土司官殿的经常勤务，如砍柴、烧饭、抬滑竿、当“亲兵”（即卫士）等，皆各有1村负责，轮流值班当差。

B.土司衙门（即司署）在皇帝时代年收800两白银，民国以来改收三大类粮税，并分全区为800赗负担单位。前二类即以“赗”为负担单位，固定每年每乡、镇、保、甲负担若干“赗”，每“赗”年收谷和烟各若干则有增减：

a.“官租”年可收稻谷35000箩。每“赗”并附加“地税”10元（半开）。

b.“烟租”年可收鸦片25000两。

c.苛捐杂税计有：

①“岗税”——在交通要口设有“岗”，货物、骡马过时均须纳税，每马2角（半

开），每驮货5角，另加“岗守钱”3角5分。

②保路费——自古以来即未肃清过土匪，交通要隘设有保路队，客商过路时每人或每匹马收2角。

③落地捐——在街、集市时收的一种摊贩税，无定额。

④屠宰税等。

⑤另由学校派人在街、集市日收粮食货物交易税。

C.设治局则收各种行政费、自卫队衣服、伙食费、禁烟税、会议招待费等，名目很多，无定时定额，税收全部归设治局开支及局长贪污，不往上解。最重的税则是政府令设治局收取的“鸦片税”（如统运烟等名目），每年数万以至10万两（？）。

解放后，除土司的租税不变外，取消了设治局的捐税，司署的粮款及苛捐杂税名义上亦已取消，统归行政委员会来收，但土司仍派人公开继续收“岗税”，暗地收落地捐、屠宰税（每头猪有高达10元者）（？），所得归土司。

现时行政委员会除征收公粮外，只收两种税：屠宰税，每头猪收4元；骡马牌照税，每年每匹骡马收6元。每月共可收半开千元（每元折合人民币7000元），用作行政委员会及各乡镇公所的开支。

（四）人民的生活情况

一般来说，佃农年须以产量之60%缴地租，自耕农年须以产量之25%以上缴纳负担（包括官租谷、鸦片税，据当地同志估计全区年产鸦片50万两，即须交土司10万两、司署2.5万两，即去1/4；若加上设治局的5万至10万两，就共去1/3到1/2），因此，群众衣食不足，生产不发达，生活很苦。

从民族区别来看，汉族多住坝子市集，务农或做小生意，一般生活尚可维持；摆夷族全住坝子种稻田，都有米吃，生活亦不太困难；卡拉族次之，比较穷苦落后，山头、傈僳族全住山顶上，生活最苦。

三、政治情况

（一）土司历史情况

南甸土司，始自明朝洪武年，南京人。龚落梗随沐英南征“有功”，封为“南甸宣抚使司”，世袭相传，已25代。为滇西最大的土司，明清时旧壤很广，密支那、昔董等都是，后划英缅，后蛮允又划归莲山，九保划归腾冲，今之领土仍广。

土司的统治系统是：司官之下族官，再下属官。土司衙门司署中机构也大，设有秘书，分房分库管理钱粮。南甸司署共有大小职员39人，大都吸鸦片，共有烟灯16盏。土司对其百姓有生杀予夺的权威，百姓对土司有上粮、当兵及纳税等一切义务，人民称土司为“老祖爷”“小祖爷”，称土司之妻为“祖太”“印太”，见了土司即须下跪。

土司之统治主要以摆夷族为基础，土司自认为摆夷族，其部属大多为摆夷族亲族心腹，压迫群众，特别是压迫汉族及其他少数民族异常残酷。各族中，仅山头族不出粮（只出烟租）。土司常使用汉、摆夷族杀山头族，曾数次大烧山头房子，大批杀戮山头族中“不服管”的百姓。又常利用山头族下山来抢杀汉族，或挑拨各族相互砍杀。故各民族人民特别是汉族人民对土司恨之入骨，解放后汉人纷纷向我军控诉其历史罪恶。

老土司龚绶，现年65岁，小学程度，未见过大世面。据说：统治人民手段恶毒、暴虐，对我一向阳奉阴违，奸猾至极。其弟龚樾清，中学程度，早年曾当过省政府参谋，又当过耿马、澜沧等地多任设治局长、县长。后回家。为人能讲会写，见过世面，在旧官场中很老练、狡诈，不易对付。

龚绶有2子：小土司龚统政，是为长子，年30余，中学程度，曾拜李根源为继父，抗日时混进广西大学读了几天，又混入南京“中央政治大学”，国民党员；最好色，民家妇女被其奸淫者上50，且不分伦常，奸淫同族妇女、尼姑，无恶不作，人民恨之入骨，连其家族中亦不满其行为。次子龚宜政。解放后兄弟二人同去组织土匪。龚绶有6女，嫁与遮放、潞江、户撒等土司，各女婿开土司联席会曾赠匾尊龚为“十司领袖”，自恃“地广权大”“德高望重”，看不起其他土司。户撒土司受其支配，最近杀死户撒人民代表，跑来躲在龚的土司庄园（在萝卜坝），我团到时，又跑回去参加了土匪。

土司拥有武装，有步枪千余支、轻机枪10挺、重机枪2挺，编为13个大队，过去有千余人。一向由小土司龚统政率领，常纵起部属在外抢劫，解放后以此为本钱去公开组织土匪，从前的大队长有：鲁国贤（汉）、鲁国樑、杨绍芬（汉，已死）、钱友生、李家吉、雷发忠（山头）。

民国二十三年，蒋政府成立“梁河设治局”，设治局不设在遮岛，而设在大厂（汉人聚居的小市集），建立乡镇保甲制度，多用汉人，并曾用汉人组织自卫队，政治上扶植汉人势力，想利用汉人去削弱土司的权势，但自始至终都处于劣势，反加深了汉、夷间的隔阂，使汉人更受土司之压迫。设治局大多为贪官污吏，无不横征暴敛，在土司面前卑躬屈膝，以达笼络之目的，手段异常拙劣。

而土司因蒋政府要“改土归流”，乃提出“兴夷灭汉，收复失地”（指土司前被划出地）等口号，加紧扶植摆夷族，不断扩充武装，不时威胁设治局长，杀自卫队，杀汉官和汉人，与设治局对立起来。同时，土司加强对汉族群众的压榨。民国二十七年，龚绶兴兵围攻大厂，纵火焚烧设治局，赶走局长，省府民政厅长丁兆冠亲来拘捕龚绶至昆，后贿万元始得归，复于民国三十年日军进攻滇西时，龚又乘机二次焚毁设治局，赶走局长，投靠日帝，当了“维持会长”。据说：日帝投降后，又曾以龚为首召开数次土司会议，密谋勾结英帝国“独立”，直至1949年腾冲等地相继解放，大厂附近有青年组织青年团、农会等团体，图谋解放，龚父子愈加恐慌，乃扩大武装，于1950年3月1日夜围攻大厂，纵火焚烧设治局及全街数十所房屋，大肆抢掠附近10余个汉人村庄，杀死教师、青年、学生等10余人，损失很重，许多青年被迫逃亡腾冲。之后，龚统政又派兵去攻腾冲，被边纵七支队三十六团击溃，知不敌，乃一面派人去腾“迎接”我军，一面父子全家逃躲在外，指使部属鲁国贤等参加土匪。

五月我大军进驻，龚全家跑了，不久老龚先回来，不久小龚又回来，不久，老龚又命小龚跑了。此后，到公围组织土匪——“滇西反共救国军”，第一路指挥李祖科，副指挥鲁国贤；第二路指挥龚统政，副指挥龚宜政、龚安周（司署属官），以盏西乡为根据地，进而发展到河西、萝卜坝等地，四处派兵，要粮、收税，群众十分痛苦。土匪主要成分为摆夷族，汉人有一部，其他民族很少参加，约有3000人，据传说：准备扩充为18个大队。专与我作对，常枪杀我工作团同志的家属及少数民族代表，龚绶及其家属则大部时间住萝卜坝，半公开地支持土匪。

有河东乡地主杨永汉（汉人），当过设治局大队长，解放后与龚统政勾结，杀了复兴镇长与我二干部，我大军围歼灭之。

（二）解放后情况

A.我军进驻后，派了代表团（后改为工作团），由工作团与土司协商，成立梁河各民族行政委员会（为成立人民政府的过渡时期的组织），取消设治局，委员会主任龚绶，副主任何友贤（工作团副团长）、龚樾清（龚绶六弟），委员6人：龚月泉（龚绶八堂弟）、杨世麟（江东抚夷官，未解放，附匪）、杨大楷（汉，绅士，现勾结匪被捕）、陈正德（汉，士绅，前梁河参议会副议长）、尚自贵（山头族的山官）、赵启国（阿昌族），尚有傈僳、崩龙、卡拉3族无代表参加。开会时委员很少到齐，有的说“无薪水”，仅工作人员开。

委员会内设秘书董平山（腾人，前设治局秘书），兼经建科长，法治科长董汝亮（腾人，司署秘书，老土司心腹），民政科长赵德进（腾，汉人），文教科长姜岱（设治局职员，剑川人，靠拢我），财粮科长陈正德兼，另有卫生院和公安队则属工作团领导。委员会内大部工作人员为司署和设治局旧人，与土司有历史的关系，对我怀疑、骑墙，工作拖沓，除财粮外，都少做或不做工作。

委员会下辖19个乡镇，乡镇长皆照旧，多为土司心腹，我工作团至今还一个都抓不住。保甲制度仍未变动。

全区开过1次人代会，因征粮未完成，龚绶反在会上说是“为了人民”，想以我作恶，他做好人。

B.土匪：梁河解放后的主要问题是局面打不开，除遮岛、河东、大厂等坝子可掌握外，大部山区多被土匪控制，政令无法下达，工作打不下去。土匪仗着小土司之名到处横行抢劫，派兵派粮款，十分猖狂，老土司则表面上不动声色，冷眼旁观，暗中却支持土匪。我军兵力单薄，又须照顾政策，只能维持坝子，无力上山搜剿。（干部谈）

至今年一月，我军方得进剿盏西股匪，据说，匪部已四散逃窜。龚统政仅带10余人突围，残部到处受打击，气势顿挫弱。现残匪已难在腹心区立足，向边缘区集聚，局势比较澄清些。访问团到该区后，亦曾劝告龚绥寄信催促龚统政归来，在这种强大力量的军事进剿和各方政治争取的情况下，龚统政已派了龚安周为代表持书与我接头，信中词语谦和，有悔过之意，并提出“如能保证司署原有权力地位，则自当俯首听命，负荆请罪！”等语，我向其代表说明大势和政策后，并修书两封鼓励其早日回来。该代表亦表示决为此而努力，后况如何尚不明。

C.土司：龚绥以前对我的态度完全是应付、敷衍，（工作团讲）怀疑我政策是否保存土司，害怕社会改革，想原封不动地维持土司制度，害怕我对他有所不利，连开会都不敢来。如此次到保山开会，事前毫无来意，且想拉住其他土司亦不参加，后经多方动员（工作团曾发动司署人员上书请愿），上级一再催促，又见其他土司皆已成行，怕自己被孤立掉，不得已才勉强动身。据说：临走前还痛哭流涕，准备棺材，料定“凶多吉少”，经过各地的热烈欢迎招待、访问团报告政策慰勉，才开始表示相信我政策，解除了一些疑虑，回去后才安定了些。如过去一向不敢正面提意见，现也敢提了。到目前，可说土司基本上已稳定下来了。

但终因阶级利益关系，对我政策也还有些疑虑，对我布置工作仍抵抗，不断与我做或明或暗的斗争，表现在：

a.对我政策不敢轻信。如龚樾清回至腾冲后曾当我方许多干部说：“从前是完全不了解政策，到保山后是了解了，不过真实如何还等将来再看！”主要怕我的政策是短期的，是手段。

b.还想排斥工作团。如龚樾清从保山回去一路都说：“两个机构不必共存，有行政委员会就不必要工作团。”“行政委员会不必要两个副主任，要工作团长就不要我，要我就不要工作团长。”上级新派赵鼎承去做工作团长，赵与龚从前根本不认识，但他说：“赵团长我从前认识他，他干得太左了，将来出问题我不负责！”访问团到南甸后，龚又指使人来控告和友贤（从前工作团长），被我批驳后，反过来认罪，仅在半月中就钻了这许多空子。

c.曲解区域自治，企图“独立”。据说：龚绥还想召开各土司会议，以排斥我党我军的直接领导。

d.对土匪过去是“明不管，暗支持”的态度，现在眼见土匪支离破碎，站不住脚，军事进剿很急，因而“兔死狐悲，物伤其类”，转过来同情土匪，去发动乡镇长向我上书要保释杨大凯。又提出意见“土匪只要回来就不必管了，军事不宜太急，望再阐明宽大政策”等，意思望我军“无边的宽大”（但从目前局势看，土司不敢再支持土匪了）。

e.对征收1950年公粮，老龚曾数次抵抗，在保山曾对郑刚政委抵抗，被批评了一顿，回去后又对我叫重，说：“完成不了，老百姓太苦了！”没有布置下去，仍想拖延了事。

D.人民要求：

a.汉族人数占多，一般说，汉族觉悟的群众，特别是青年学生都痛恨土司的封建统治，要求取消土司制度，反对“摆夷来管汉人”，见到我争取土司，十分不满，但由于土司统治根深蒂固，群众无组织力量，不敢明白表露出来。

b.汉族中较有觉悟的下层农民群众（觉悟的中贫农）则因受内地社会改革运动之影响，积极要求反霸和减租退押，若干靠近腾冲之汉人聚居村落已自发地组织了农会想减租（主要是减腾冲汉人地主的租），但组织不健全，领导成分不纯，部分且为流氓地富所把持。此外，阿昌族代表曾向我团要求在“1950年就减租”（主要是减汉人地主的），一般说来，汉、阿昌、卡拉等族的觉悟农民皆有此要求。

土司对农民组织农会十分害怕，坚决反对，主张把农会取消，不准群众自发组织。我们说群众自发的组织不能取消，只要不搞斗争就“不犯法”，可搞生产，又将来梁河农民如经上级批准派人领导可减腾冲汉人地主的租。但老龚绶仍极顽固无理地借机在会上以命令式口吻宣布：“不准胡行乱为！”不加区别地说：“不准组织农会！”足见其狰狞面目。

c.各族人民目前最迫切的要求还是肃清土匪，保障生命财产之安全，但见土司态度不明，仍不敢直接要求，也无力组织起来保家自卫。

四、教育情况

全区有完全小学两处，一在遮岛，有教员6人，学生百余名，汉人、摆彝都有，经费有学田的租谷及税收，现用新课本；另一校在河东乡，有教员8人，学生百余名，其中汉人占多数，经费有少部学田租谷，另由学生负担一部。

各乡镇从前共有不完全小学81个，现有71个，各校学生都很少，有的学校无学生，学生均汉人、摆夷，大都买不起课本。校长多为土司的亲信、心腹充当，有目不识丁而当校长者。全区共有学田租谷3000多箩（每年），亦多被权绅所把持操纵。

刘　杰

1951年1月

保山区材料之六

——盈江概况

中央访问团第二分团

1951年2月出版

保山区材料之六

——盈江概况

编者声明

这些材料是我们从1950年8月29日至1951年1月31日（其中大部时间是在行动中），先后在圭山、丽江、保山、大理、武定、楚雄等地区进行兄弟民族访问工作中，通过当地干部、民族代表及熟悉当地情况的人士所了解的一些情况。为应各有关机关之急需，仅将原材料加以整理，尽量避免主观分析与结论，在文字上仅要求念得通、看得懂。但由于是短期的访问与了解及仓促整理，情况难免不真实或不深入，观点难免错误，文字烦琐或不通顺。故仅能供各有关机关进行民族工作的参考或进一步考察的线索，并望于今后的调查研究，加以校正。

1951年2月　日

一、一般情况

（1）盈江在滇西梁河之西、莲山之东，在腾冲西160华里，东南以山岭与陇川相接，西南以古力卡界缅甸，地势东西南三面环山，中间由大盈江河谷构成一狭长坝子，北段全部属盈江，南段蛮掌街以下则河西属莲山，河东属盈江。盈江平原长180华里左右，东西岸宽处由15华里至20华里不等，平均约10里，南北两头狭窄处才五六里，坝子占全区面积3/4，余1/4为山区。坝子一部被大盈江水冲垮，尤以盈江新旧城中间的10余里平地，全冲成一片沙河。全区可耕地（山区及冲毁的坝子）占3/10。山区为红土，沙质瘦瘠，坝子为冲积土，富有机物，很肥，略施草粪，一箩种可收六七十箩，多可至120箩。当地人讲："只种一季，全区谷子产量年约120万箩，全区消耗年需110万箩，可余10万箩，输梁河、腾冲。"主要农产除米外，为豌豆、落花生、马铃薯、草烟、蚕豆、玉蜀黍、大豆、甘薯。盈江气候为热带性质，热时平均93华氏度，最冷也只到50华氏度。无霜雪，雨量充足，生长甘蔗、木棉等热带经济作物及菠萝、牛肚果、杧果、香蕉等果类。菜蔬种类繁多，供应不缺，盈江将来可成为繁殖热带经济作物的良好地区之一。该地广利农场，据说试种木棉、咖啡、咖里、黄麻、美烟等均已成功。大盈江由槟榔江以下，水量相当大，可通航百余里，曾试行过小汽船，下游有虎跳石及河落（泰语）大瀑布，水力很大。传说盈江中段小辛街数处有煤矿，煤质很好。

（2）盈江人口约8000户，据当地干部估计约4万人，过去土司上报或谓4000户25000人，或称6000户30000人。实较此数大，例如旧城原来只报100户，经我们了解则有300余户。

民族计有6种，主要为泰族，约占全人口60%；其次为山头，约占18%，汉族约占12%（另一估计汉族占17%至20%）；再次为阿昌，约占8%，傈僳约占2%，崩龙族只后山凸别一寨，仅占1%（以上数字之估计均为当地干部谈）。汉人聚居各街子，如旧城有56家、新城有9家、蛮掌及小辛街各20家、中平街10余家，其他弄璋、遮冒各街子，均有汉族。盈江东西山、南山后山的山寨，汉人单独成村，或与山头杂居一村，南山各寨尤多汉人、山头杂居情形。傈僳散布于东西山各地，比较不集中，人口亦少。阿昌则聚居于户腊撒地区，为该地主要民族。另在盈江坝尾古力卡村附近，先勒、先岛两寨有“古泰族”几十户，语言与一般泰族有别，体格特征为身长腿短，不与二寨以外人结婚，兄妹通婚盛行。又户腊撒所住汉族，因与阿昌混血，亦“阿昌化”，但通汉语。

泰族占据坝子，土广且肥，食米充足，虽竹壁草屋，但衣服整洁，生活较宽裕。坝子的汉人，主要为经营商贩或为小地主，不大劳动，吃烟聚赌的也多，但生活一般较好。户腊撒阿昌制刀业颇盛，生活不亚于泰族。山头、傈僳、崩龙住山上，土少且瘦，山头、傈僳主要靠种洋烟、砍柴来换米吃，生活尤苦。

（3）盈江各民族的关系看来目前已无大问题。泰族因人口多，地位较高，汉人占少数，在政治上似乎低，故无长期严重的民族矛盾与残杀情形。但汉人思想上看不起泰族，不愿意娶摆夷女子，更不肯以女嫁摆夷，大民族优越感还相当存在。这次访问团工作组下去，每批评到大汉族主义时，一般汉人反映：“光抬他们，以后汉人糟了。”过去设治局汉官与土司间有矛盾，土司曾打起“兴夷灭汉”口号杀了一部汉人，随后解放军到来已经基本上解决。

摆夷对山头有成见，都一致说山头野蛮，过去邦瓦山头下坝小抢，潞西、盏西、贡拉山头也到盈江抢过，他们就认山头都是土匪，背刀下山便是行抢，汉人同摆夷有纠纷，摆夷利用山头打汉人，事后就忘了山头。（？）解放后邦瓦村的山头已不再下坝抢劫了，到保山开会的山头只两位，在小组表示保证不再抢。访问团到盈江开会，邦瓦村派的代表30余也同样向朱团长“担保欢喜解放和政府的照顾他们”，教徒也吃酒说：“我们本来不吃，因为太高兴了。”又说：“过去‘中央’和日本人，我们不来开会，解放军来，我们开会就来，没吃的也来。”河东傈僳首领基多邦“担保河东的傈僳不再抢”。

二、政治情况

（一）土司情况

盈江在元代开辟，明初正统间设干崖宣抚使司，司官始祖系南京汉人郗思忠，随沐英南征有功，受封此土，后赐姓刀（现土司刀京版仍间用郗姓图章），已传25代、500余年。全司辖地东西约80华里、南北约200华里，面积约1350平方公里，平原占7/10，是滇西土司中版图较大的一个。

现在老土司刀保图，号京版，58岁，高中程度，汉文不坏，写一手好字，会英文，喜玩枪、玩机器、照相、养洋狗，沉默老练，不动声色，表面厚道。其父为国民党元老，喜人称道“家世有爱国传统”。本人为缅甸木邦土司之婿，故与缅甸很密切，自夸能拉拢缅甸土司。子刀承钺（号威伯），32岁，曾肄业国民党办的政治大学，青年党员，国大代表。解放后逃往缅甸。刀有两弟，一为“二疯疯”，为酒色之徒，餐餐拉妇女陪酒，到处奸淫，现逃缅甸；三弟刀三怪已死，有野心，曾拥武力与刀争权。1932年间，刀兼猛卯土司即由刀三怪代理干崖司。刀系庶母，母80余，为人精明，能左右刀之行动，刀亦事母至孝，刀全家妻妾母子儿媳共14口。

民国以来，盈江土司权渐被剥夺，民国十三年以后，腾冲道尹压迫京版，他同三弟刀三怪武装反抗。建筑宏敞的衙门也被国民党焚毁大部，刀亦杀些汉人。云南政府派的干崖行政委员和设治局长，刀始终对抗。行委或局长住旧城，租民房两间办公，政令不出街头。1942年国民党第五、六两军部队千人，过干崖，大部就歼，武器被虏获。1938年至1939年，设治局长李竹溪，逼交烟20万两，山头、汉人也都反对，刀即令三怪杀死李竹溪，后来只交了3万两了事。莲山设治局长方亩中，据说亦系由刀杀掉。1944年12月，国民党“滇西挺进队”中将司令王铠，携带百人到干崖要款要枪，被刀围杀。后罚款了结。刀有特务组织，专暗杀国民党官吏及异己分子。

1945年日兵侵入滇西，刀欲借机独立，先与英人勾结，召集十司组织“边政委员院”，刀自任院长，总揽军政大权，下分十大处，由各土司任处长。刀并出巡十司，面授机宜。十司会议时，有英上校出席（？），刀亦常出入缅甸与英联系，英人派情报组驻刀府，有收发报机及缅情报员5人。刀并嫁次女与腊戌英籍警察长，以资结纳。至日人入干崖，刀则派其子威伯与亲信刀良生过江欢迎，并参加日人召集的畹町会议。日人又去刀府举行会议，筹组“摆夷王国”，以刀威伯为王子。威伯结婚，日人特送1万卢比为贺。

刀武装在滇西各司中最为强大，据当地干部估计约步枪3000支，轻机枪六七十挺，重机枪数十挺，自动武器40余支，各式手枪1000支，各种炮10余门（？），据说民间武器尚不在内。

（二）解放后情况

（1）1950年5月间，我军进抵梁河，邀刀京版来梁河，然后派一个营同入盈，其子刀威伯逃走，我留下代表团（现改为工作团）组织各民族行政委员会，以刀为主任委员、我工作团团长朱嘉品为第一副主任、刀保图之子威伯为第二副主任，以各族重要人士为委员，即以原司署人员（泰族）为委员会内之各族干部，与工作团合署办公。工作团团长朱嘉品对刀京版及刀母与司署人员多方进行团结工作，初刀以年老装聋，遇事敷衍，说“大家商量商量再说”，或“以后再说吧”，或简直“我没有意见”。据当地干部所得情报知其与匪有联系，匪任以“云南反共军第五支队司令”，匪必有信给他，但他从不像思鸿升那样拿给工作团看，刀侄子承辉、承智则公开联络匪特。

（2）我部队初到，接人报告山村发现武器，有步枪、机枪、小炮，我派人去搜取，打了一老妇。后知武器是刀的，老妇即其母亲，即急速道歉，派营指导员放着鞭炮去刀家赔不是，后亦将武器还他，但共同封存仓库，刀初极不满，待还了他，他才渐渐“忘了”这件事。当时武器原有小炮，及我军去取，已一部不在，想被刀移走。及还了他，他曾诬赖缺少了，后来我们调查知道刀企图运走武器通敌，我虽贸然没收，发生不愉快，但无意中破坏了他一件阴谋，与刀一打击。不过这以后，刀心中总存着戒备，后在干部会及欢迎访问团前召开各民族代表大会时，一二二团政治部张崎主任亲往主持，刀对我政策才有了初步认识。（工作团讲）

（3）此次访问团到保山，专署召各司来保山开会，我动员刀京版，希望他的来可以影响龚绶也来，思鸿升在龚绶面前影响小。刀初不愿去，其母亦请愿说“他身体不好，不能去”，工作团就动员其亲戚及行委会的司署人员劝驾，刀才勉强成行。过南甸，龚绶骂他，劝他都别去，最后又留他一天，都不答应，路上还催促龚绶快走，带思鸿升赶路，龚绶不愿多走，他用言语顶撞他。一路行军，刀同思鸿升及腊撒土司住一起，多听刀意见，龚破坏无效，一路行军表现不坏。到了保山，见了访问团团长及四十一师师长、政委，看到上面恳切接待，上下言语一致，情绪又安定许多。回来一路风寒，受了感冒，亦没有怨色。

（4）据工作团讲：盈江上层由于工作团朱团长的努力，司署人员已能服从朱的领导，与工作团打成一片，司署人员犯了错误，朱团长批评，亦能接受。刀在各方表现比龚绶进步，在保山开会分配公粮，盈江负担90万斤，与之梁河的78万斤比较算多（梁河坝子多，收入亦多，国民党设治局时梁河负担烟40万两，盈江2.5万两），龚则再三叫苦，刀听朱团长话担当下来。群众负担，如烟捐之类，刀亦自动减轻或取消，他虽不到办公室办公，很重大的事，朱先同他商议，刀亦不反对，好些事朱可放手做。

但各乡镇的事，仍需刀下的条子，才容易生效。讨论重要问题，刀不大表示意见。最近我军进剿盏西鲁国贤、李祖科匪部，土匪过江窜入盈江东岸，及李兆等散布中平乡、中合乡一带，与莲山摆夷族政治土匪金开文及山头木瑙山官一伙，聚集二三百人，各大村镇流居及新旧城流居的腾冲地恶亦数百人，经常造谣。我驻军有限，均需地方武装及军民配合，刀对剿匪却无积极表示，袖手旁观，刀子威伯仍潜居缅甸木邦土司家，我劝其回来，彼则称“缅方不肯放他”。工作团建议派人去分段接出，他亦不同意，观望骑墙心理仍存在。

（5）据工作团讲：他们目前正注意多教育其司署有力分子如刀良生、刀宝亭等，提高其左右周围，可巩固与提高刀的进步，尤以刀良生有些能力，为刀信赖，刀许多事需他代替筹划，刀及工作团长在保山开会，即全交良生留守负责。他也很尽责任，从不出差，朱拟提升他为一副主任委员，使之有职有权，更可上面对刀的团结，下面对司署人员的鼓励，有些作用。

访问团腾冲工作组到盈江后，刀在欢迎会及代表会，各方面表现的情绪很好，宴会上全家妇女都到外厅参加，也是过去没有的，我们表扬刀的开明，和同工作团的团结，送给他礼物，几次同他谈话、散步、照相，对他左右刀良生等也屡加鼓励。回时过盈江，刀并过江来欢迎，情绪上显得安定愉快多了。

（6）盈江工作可以说有了良好基础，但要进一步展开工作，还需加强干部。过去一切全靠朱团长一个人，最近为解决这个问题，已从腾冲中学招来一部分青年和学生，热情很高，正在加强学习。司署人员及乡镇长，及小学教师，计划着手训练，予以提高，除泰族、汉族外，余如阿昌、山头，都在注意提拔其本族干部。过去因我们的干部少，也还没有派，和派不下去，所以政策法令也还下不去乡、上不了山。

（7）盈江南部河东一带，自解放后，因我下层尚无组织与人员，常为匪特公开活动地区，最近李弥派的×××（？）也进来，他们四处抢劫，散布谣言，盈江公安队队长（泰族）赌博输了逃出，路上被匪杀死。我收税员2人遭匪杀害。各村被抢，民众抱怨政府：“解放了，不管我们死活了！”工作团计划将盈江划分两个行政区，南区僻远，专派有力干部下去，直接掌握。访问团曾协同动员刀京版，就原有地方武力以防匪自卫为号召（据工作团谈：让刀出头参加领导，若刀态度明朗，匪众气焰也会低些）（？），区乡村组织自卫队或联防队配合部队进行清匪工作，以发动组织群众，再结合征粮、搞生产、贸易、防鼠疫、疟疾等卫生工作，加强群众与政府联系，密切群众与政府联系。

（三）群众要求

（1）大盈江的水势，出葫芦口以西，到了横水沟，两山土松易坍，每至雨季，江水携带沙石，洪流泛滥，坝子的良田变成沙漠。横水沟以下，30余里，横广15里，坝子全被刷走，水无定路，一片沙漠。盈江下流的坝子，也逐渐遭过同样命运。盈江人民都为此叫苦，一致要求政府设法解决。希望上级酌拨一部分经费，目前先择要筑堤，使河水暂时不再破坏两岸田地，并应做长期计划。

（2）盈江在1946年，因鼠疫死了二三千人，去年又死了百多人，据说日人曾在曩宋官村（腾冲西郊）养鼠，散布疫菌，因而传播到盈江。疟疾在盈江也很流行，望政府举办卫生事业。

（3）莲山人民所用盐、布，多来自缅甸，币制则半开与卢比通行，人民币只在街子上小的交易可用，因为大批生意要去缅甸，急需卢比。我腾冲贸易公司为解决此问题，已派人在盈江新城干崖设一支店，仅两间小屋，营业范围很小，还需扩大营业。

（4）摆夷和山头过去汉人办的学校很少，今则要求政府多办学校，盈江、梁河、莲山3个地区，小学校百余所，并无一所中学，学生又无力去腾冲升学。盈江地位适中，且比较有房屋可用，要求设一中学。

三、户腊撒情况

（1）腊撒过去隶属瑞丽，户撒则久属干崖，今户腊撒均属盈江。两地区位于盈江东南角，地势周围环山，户腊撒相连狭长谷地，构成天然地区，谷地海拔1800公尺，气候凉爽似昆明。户撒宽15华里、长30里，坝子占3/5；腊撒在户撒西南，地区较户撒更小，长约20里、宽约10华里，山地与坝子各半。

（2）户撒居民约1500户，约六七千人，以阿昌族最多，占全部人口的55%左右，汉人约占30%，摆夷约占15%。腊撒居民约800户，三四千人，汉人占半数，阿昌较汉人稍少，泰族约占5%，另一少数为崩龙族（数字均系据工作团估计）。

（3）户腊撒原为二长官司辖地，规模只当普通县的一个“区”，所谓长官不过如“区长”一样。明时沐英南征滇西，以其气候良好，划为其庄园，年老北归，始封其二庄头，即收租人（或请厨师及一马夫），世守此土，故成立比南甸、干崖各司较迟。现户撒土司赖思林，为南甸司官，龚绶之婿。祖先赖罗义，重庆汉人，明正统间受封，已传18代。

解放前腊撒群众杀死腊撒盖土司之父与两弟，赖思林借口镇压，派兵抢掠。当时腊撒居民传说：“90%的人都逃亡缅甸及山林。”我军抵盈江莲山，召赖前来，龚绶阻止，群众则派代表控诉他的罪行，要求取消土司。我派干部前往组织各民族行政委员会，以赖为主任，我干部为其副主任。赖与委员杨照星有隙，加以杀害，地方陷于混乱，龚绶劝其逃至梁河萝卜坝龚家的司庄躲藏。访问团到达梁河后，又返回户撒，敲打五六人，罚款数百元，登记黑名单百余人，数十人逃入山林，最后并准备逃亡缅甸，三四十人逃盈江，由我暂时供给食宿。行委会公安队员亦有逃亡在外的，不敢回去，赖知我政策宽大，说：“再杀几个人，也还得争取我。”最近土匪聚集盈江东岸，有人看见他在河东茶馆喝茶，其行动尚不明。访问团到盈江，曾写信劝告他，过去曾扯掉工作团送去给他的信，我们写去的信，效果如何还不清楚，访问团经过梁河，曾叫龚绶写信教导他。赖思林残暴好战，据说有长短枪300支、重机枪2挺、轻机枪8挺。

（4）腊撒土司盖万新，祖先况盖勐，因随军征木邦死，子孙去况改姓盖，已传22代。盖万新年二十五六，昏愚无知，只好抽洋烟，其父与两弟刮削百姓。群众趁盖万新外出，参加土司会议协商抵抗解放军时，杀其三弟于途中，其父愤怒，扣押保甲人员及积极分子，逼令交出凶手，交不出即加杀害，一面派队伍骚扰百姓。群众纠合劫狱，杀掉盖父及其二弟，取消盖的土司，没收其枪支和租谷，自组政权，但领导成分不纯，内有国民党军官，参加操纵。我派人下去进行调解，组织各民族行政委员会，土司仍得任委员，土司即被群众取消，亦不恢复，但由当地收入拨一部供给土司家属生活。盖到保山开会，还请代表们保他再当土司，代表不肯。自开会后，头脑比较清醒些，据说烟抽得也轻了。

盈江政府因户腊撒地区狭小，长不过三五十里，人口七八千人，两区行政委员会所在地相距10余里，拟将两地合并成一个行政委员会。两土司均任委员，而由当地有名望的担任主任委员，户撒土司制可照旧，腊撒的则不予恢复。

（5）户腊撒土地为人民所有，不似其他土司为“农奴性质”，因多有田产，故居住安定，房屋不似泰族全为竹壁草顶，多系砖瓦木石构成，比较坚固。占主要民族的阿昌族，已受“汉化”。据传说：200余年前，干崖司和陇川土司打仗，驱阿昌男子作战中，阿昌死很多。后阿昌妇向干崖索夫，干崖司招腾冲汉人男子作配，至今血统混杂，言语汉、阿并行。汉妇亦穿阿昌装，不缠足，短衣短裙，头缠包布，耳戴大耳环。

户腊撒人制刀业铁器正盛。户撒专打农具，如犁、锄、斧头、柴刀、铁锅等，腊撒则专打背刀、腰刀之类，行销滇西及缅甸北部数百里外，称“户撒刀”。某历史传说：“可能因沐英驻此，首因军队需要，制刀工匠聚居此间，世代传袭，形成专业。”过去系自行炼钢，近则买英国钢料，炼钢术渐忘，反落木邦刀之后。今后我贸易公司，可设法供给其钢铁原料，而帮助其推销产品，并帮助其改良式样和技术。

李志纯

1951年2月4日

保山区材料之七
——潞西县几个情况
中央访问团第二分团
1951年2月出版

保山区材料之七
——潞西县几个情况

编者声明

这些材料是我们从1950年8月29日至1951年1月31日（其中大部时间是在行动中），先后在圭山、丽江、保山、大理、武定、楚雄等地区进行兄弟民族访问工作中，通过当地干部、民族代表及熟悉当地情况的人士所了解的一些情况。为应各有关机关之急需，仅将原材料加以整理，尽量避免主观分析与结论，在文字上仅要求念得通、看得懂。但由于是短期的访问与了解及仓促整理，情况难免不真实或不深入，观点难免错误，文字烦琐或不通顺。故仅能供各有关机关进行民族工作的参考或进一步考察的线索，并望于今后的调查研究，加以校正。

1951年2月　日

一、文教卫生情况

（一）文教

1. 一般概况

这个地方的文教与地方政治制度有着直接关系，在1931年以前读书求学是统治阶级的特权，断断续续在司署里办着私塾，学生限于司官子弟。1932年开始办两级小学（实际仅初小一级），渐渐有属官及汉族子弟入学，但各兄弟民族的子女则始终不敢及不愿入学。一般群众对于进学校读书的看法是“汉文学不得啊，将来会要拉去当兵”，所以各族子女，进学校的几等于拉去当“壮丁”。土司为了敷衍应付他的上层——国民党政府，在司署境内实行强迫教育，在各寨分派。据我干部与当地教员谈：“凡被派读书的由全寨每年供给稻谷80箩至120箩，还有每月的零用钱、衣服、雨伞等，读通学的就由寨中人轮流负责送学生上学、煮饭、担水、担柴，如果被派者的家中比较富裕，则经常请他人代替，宁肯再出一部分钱，也不愿子弟入学。”方克胜为了讨国民党的好，把芒市等3司所办的中心小学校改名为“中正小学”，并且硬把许多寨的小学改名为分校，一时曾办了二十几个，有的一校只不过六七个学生，兄弟民族子女不过一二人，其他多为汉族子弟被招雇入学的，这在解放前几乎成了普遍现象。

2.学校

根据我人民政府现有资料（档案），解放前（1948年统计）芒市司“中正小学”有分校24个，有男生1117人、女生487人。解放后仅有两校继续开办，各寨自办而不属“中正小学”分校的16校中已停12校。遮放司合计有25个小学，学生亦有800多人，解放后继续办的仅3校。猛板司续办着6校中的2校。据芒市司1948年初调查，全司所辖村寨大小124个，共有小学校40多所；遮放司辖60多村寨，有小学20多个；猛板司辖16村寨，有小学6个；全潞西也不过60多校。解放后除省立小学（设遮放三角岩）、畹町小学、各司司立小学之外，其他各村寨继续办学校数，我人民政府尚未确切统计。

3.学生

全县以芒市司立小学为最多，解放前有160多人，解放后减为90多人，本学期已又增至112人（汉族64人、摆彝48人中属官子弟28人），遮放司立小学学生亦由100多人减为20多人，其他即河头村有85人，其他各校均由学生四五人到四五十人不等。省教厅原办省立小学也只有77人（本学期又减为30人），任何一校都是兄弟民族的子女最少，甚至一个都没有（如遮放司立小学），省小内少数民族学生仅占汉族学生的1/4，这原因可分为以下几点：

a.土司不但经常说读了书“会拉去当兵”，而且对读过两年书的各族子弟不仅不给职务，反而加以监视或加重派款。

b.各族子女年在10岁以上就成为家庭的主要劳动力，“七八岁的小孩可以放牛割草”，一年内若代别人家放上七八条牛，还可以收入30多箩稻谷，所以要子女读书这回事，自然视为一项负担。

c.在群众心目中，“只有土司是世世代代的官，自己一辈子是老百姓”，读了书无用，尤其读过书的孩子“回家后活路也不会做了”，还有些坏习气。

d.由于国民党大汉族主义的毒害，所有教员都是汉人，不但不教少数民族语言，不培养各族师资，在校中还不准说兄弟民族语言，使学生视汉文为畏途。特别引起群众反感的是体罚，因为学生念课文腔调不正，一个十二三岁的女学生手心被打肿很高，并罚跪二三小时之久。

e.年年教同样的一本教材，用的是填鸭教学法，又重于形式，每期逼学生缝咔叽布制服。去年的“双十节”，土司下令庆祝，为取得土司欢心，准备节目表演，停课达月余之久。

4. 教员

据文教科干部谈，解放前全县教员80多人，其中9/10是汉人，并有一半以上是国民党部队留落下来的军官，所以成分复杂，政治面目多不清，如省立小学校长朱孝典便是抽鸦片、赌钱、做特务活动的人（已捕）。又蛮黑一教员孔庆嘉（现已到昆明升学），曾在四五个寨内诱奸了摆彝少女50个以上（他自己还随时引为夸耀）。芒市司立小学教导主任李铁与初小二年级的一个摆彝女生恋爱结婚，年龄相差15岁以上。一般教员都是相当腐化的。

芒市司背阴山小学教员，每天睡到中午，若不高兴上课就领着学生走逛村寨，沿途唱些黄色歌曲，甚至有教反动歌曲的。据农民反映："娃娃送去读书都给他们搞坏了，等于跳火坑。"每年八月二十七日学生还需带着1只鸡或带1个半开到学校中给教员挂着的孔子神像叩头，然后将鸡与钱献给教员。各校教员7/10是吸大烟，在街期公开"摆赌"（如省立小学教员陈华），每到夜晚就四出调戏妇女，通宵不归，群众极端愤恨。

芒市等3司司立小学教员每月向司署领伙食（芒市司每月半开20元），年薪为300箩至400箩稻谷，或300卢比至400卢比、200元至300元半开。但各寨有不同的，如香果林全村有5个学生，设1个教员，其伙食在5生家中轮吃，一个月内5家各出半开1枚供零用，至年底公出稻谷300箩。

5. 教材

据当地几个教员反映：解放前芒市司立小学几乎以2/3的时间教唱歌跳舞，以供土司欣赏。教员若多讲解课文，就被土司派人当面斥责，各个小学的教材至今仍用旧的教科书。如背阴山小学还在用"四书五经"、民国元年的"修正课本"、"新时代教科书"（民国十五年）、"复兴教科书"（民国二十五年）国定本，再加上我文教科才刚发去的新教本共计五六类，均由一人教授。也有的学校教英文（如猛戛）或《圣经》（如杨家厂）。目前因交通关系，无论山区平坝，各寨中所办小学几乎普遍仍教国定本，即解放后决定续办的省立小学的教材也还没有彻底更换。

猛板司属的杨家厂、木成坡二寨以牧师为教员，礼拜天教二三小时（最近一年开始学中文）。其他4乡几乎家家有黑板1块，由父母执教，五六十岁大爹大妈能识字，能教流利的傈傈文并不为奇。（县府干部）

6. 经费

潞西在1948年改为县，无固定的教育经费。我人民政府成立后，上级指示"学校要接管"，但因在这地无工作基础，区乡政权未建立，学校接管过来也无法掌握（土司也不愿意），地方经费还没做到统收统支，所以学校只好暂时仍由地方办理，除土司所在的小学由司署支持外，还继续办的几个小学都是群众自行筹款。解放前山坝各寨小学经费多由乡公所抽收牲屠税，任意摊派，解放后因税收统一，几乎半数以上的小学都停办（目前山区仍办私塾，汉族多的寨子如猛戛，因村内多数人向外贸易"走私"，可以分摊经费，他们认为"孩子们多少要读书，会几句英文，学上两年的中文，才会做生意"）。据当地几个教员共同的反映："若能设一个完全公费的学校，不难吸收大量的摆彝学生。"一个崩竜族青年也向我文教干部说："只要供给衣食书本，一定来读。"过去方克胜统治之下，曾借公费之名招到两个山官子弟来读书，但来后突然又不供给，使山头族认为"土司说假话"，表示十分不满。

7. 人民政府成立后的文教工作概况

县府曾于五月十二日办教师讲习班，使部分教员在思想上有了一点转变，在小组讨论会上，承认自己在生活、学习与思想上的错误，做了些检讨，后来在征粮工作中起了部分的作用。

摆彝人民的文化水平在本族内并不算低，据教科半年工作的估计，识字的占50%至80%（崩竜族识摆彝文的少一点），傈僳人民识本族文字的约占70%至85%，所以群众对教育上的意见也不少。据教科同志谈，他们正计划扩大兄弟民族学生，改造和清理教员成分并已有收效，如芒市司教导主任李铁被特务李应宏邀约于七月中组织暴动（李匪于被捕后逃脱），经报告逮捕。又教员袁家江曾与方克胜喝鸡血酒拜为"把兄弟"，代方隐藏的公物也已找到一部分药品。教员中还有一部分故意在"十月十日"庆祝"国庆"（发觉后已被纠正）。我教科发出的通知，还不能完全有效，各校亦从不联系，如猛板木成坡小学教员余有文（傈僳族，国民党宪兵学校毕业）身为基督教士，从未到过县府，又遮放西山乡的"来吕小学"（传闻有一日本残敌在其中教拳术、打枪），这些学校我们都还没有工作。现已有的成绩仅是开始，工作基础仍很弱。

（注：以上部分数字系笔者根据情况估计，与事实可能有出入。）

马守先

附录

（一）芒市教育情况简述

（1）1949年11月以前的情况（即解放以前）——由于种族和地域上的不同，现分山区和坝区两方面叙述：

A. 坝区——远在1932年就有了"正式学校"的创设，甚至连风平、那木等寨都有夜班，但后来遭受沦陷以致又停顿了几年。直到日军投降后，国民党又强迫"征集"学生，每一个寨子负责出学生若干名，寨子中须供给学生伙食费每月米1箩半、菜金二三元，或每年可领到七八十箩谷子，人民于淫威强迫之下，不得不为学校付出款项和子弟，以致在最高潮的期间，学生曾达到下列表之数目：

校址	教师	族别	学生人数	女生所占比例	汉人百分比	教师	族别
法化	邓醒夫	汉	87	20%	0%	周印新	汉
风平	满桂森	汉	60	40%	同	曩文新	泰
那木	陈仁寿	汉	80	25%	同	张祖海	汉
仙蚌	邓显业	汉	56	0%	同	郗保昌	泰
景坎	郑忠		39	15%	同	方克培	泰
蛮赛	袁家江		90	15%	同	项国斌	泰
蛮黑	曾治国		60	20%	同	冯才隆	汉
芒市本校	李铁、傅淑明、项力、杨富文	汉	170	20%	30%	方一龙 邓益箴 何慧贞 任寿廷	泰 汉
总计		汉17人	642	20.4%	58%		泰5人

以上这些数目虽然大，但由于是强迫而来，故学生求学情绪不高，多数是读了四五年不能成用，反而养成游手好闲的品质，以致人民对学校反感甚大。

B.山区——全系汉族。由于经营生意，读书出于自动，经费是乡公所自备。在以前有牲屠税可以任意摊派，经费尚可维持，但除了几个还像样以外，多不成体统。教育由于人民的思想及历史所传封建余毒，是以能算命、看日子、教古文、做公事的才受欢迎，无一定校址，无一定学生，哪里得便就在哪里教。

其分布情形如下：

猛戛、猛旺、河头村，以上3校教师在4人以上，学生100人左右。

坝竹、三叉河、佚马地、大香树、葫芦口、象塘、龙塘、猛尾、厥叶平、朗碧河、芹菜塘、�竹园、河心厂、林果树、象滚塘、小果厂，以上16地每处教师1人，学生五六人至30人左右。

（2）1949年12月以后（解放以后）：

A.坝区——从12月起一直到5月，因为旧政权逃走，一切学校都停办了。直到新政权建立以后，立即开办了师资讲习班，训练旧教师，并马上布置开学（在这个期间，就有人民来要求停办学校，但因为教育是当前首要工作，仍然决定续办），制止强迫方式及雇人代读，取消学生伙食费及教师伙食费用向人民摊派，改由司署发给，以求减轻人民负担，并改变分校形式为夜班、晨班、识字班等，但只本校小有成效（这是由于城区人民较为觉悟之故），一般乡区均宣告失败。

现将目前坝区学校列后：

校址	教师	教师	学生人数	女生占百分比	汉人占百分比
司立本校	李铁 项力 彭行之 何慧贞	袁家江 邓显业 周印新 傅淑明	118人	30%	60%
法化	邓醒夫		10余人	0	0

根据上表我们可以发现一个问题，就是泰族学生锐减，这是值得注意和急需扑灭的现象。我们准备扩大宣传和发动学生找学生入学的运动来充实泰族学生的比例。

B.山区——除经费较感困难而外，情况与解放前相同，只有几个较为正式的已改用新教材，私塾性的也加了一些新知识的课程，但他们那种独立的不理任何领导的态度依然存在。其分布与解放前相同，不另列表（但有少数地区已停办）。

（3）对以后的教育意见：

A.坝区——在普及方面利用泰文，不要把汉文硬给他们加上，在提高方面设立专门学校，供食宿、衣服给学生，教育6年至10年，以能充当干部为准，来源可由各乡保送，加强造就泰族师资。

B.山区——由于地域限制和户口分散，只能办理小规模学校，故最好能供给公费，以免因缺经费而停办。

遮放司各校教职员姓名及学生人数表

校名	职别	姓名	籍贯	略历	班次	学生人数	备考
中正小学	校长	多英培		旧制中学毕业	5	共103人，女25、男78	校长由司官兼
	教员	黄原	广西	中学毕业			年薪谷400箩
	教员	蒲超里	四川	中学毕业			同
	教员	方少春	湖南	中学毕业			同
	教员	龚仁政	云南南甸	中学毕业			同
浩然乡中心小学	校长	谷祖汉	遮放	高中毕业	6	共121人，女31、男90	任本司署秘书
	教员	杨元昌	潞西猛戛	中学毕业			现改为省立小学校
	教员	徐景如	湖南	中学毕业			年薪卢比400盾

续表

校名	职别	姓名	籍贯	略历	班次	学生人数	备考
	教员	凌中明	广东	中学毕业			同
八家寨国民学校	校长	刘盛锦	遮放	中学毕业	3	共42人，女11、男31	
	教员	詹灿一					年薪卢比350盾
蚂蝗沟国民学校	校长	杨德芳	遮放	小学肄业	3	共34人，男32、女2	
	教员	施崇德	同	旧制高级小学毕业			年薪350盾
大新寨国民学校	校长	杨思忠	同	旧制小学毕业	2	共30人，男25、女5	保长兼任
	教员	周志平	贵州	中学毕业			年薪350盾
户掌国民学校	校长	熊向林		小学肄业	3	共54人，男41、女13	本年因老师未来，现尚未开课
	教员	马荣昌	云南昌宁	中学毕业			
雍角国民学校	校长	杨选早		小学肄业	2	共20人，男18、女2	保长兼任
	教员	赵绳武		中学肄业			年薪350盾
拱会国民学校	校长	排诺线			2	共26人，男24、女2	由山官兼任
	教员	谭兆三	贵州	中学肄业			年薪350盾
西山×保中心小学校	校长	黄尚经	遮放西山	中学肄业	2	共30人，男28、女2[①]	
	教员	陶佛佑	云南鹤庆		5	共71人，男60人、女11人	
	教员	罗家龚	广西				年薪400盾
老寨分校	教员	谭嘉翔	四川	县立高小毕业	2	共30人，男28、女2	年薪350盾
蛮蚌分校	教员	杜竹波	河北	北平市立初中毕业			
陆仰分校	教员	何秉荣	腾冲	腾冲中学肄业	3	共35人，男31、女4	年薪350盾
河寨分校	教员	段维纲	潞西	河心厂小学毕业	2	共28人，男25、女3	年薪350盾
拱猛分校	教员	张问津	广西	广西省一中毕业	2	共25人，男21、女4	同

① 自此行起至其后5行的6列、7列的文字位置疑有误。原文如此。——编者

续表

校名	职别	姓名	籍贯	略历	班次	学生人数	备考
邦木分校	教员	杨广禄	腾冲	初中毕业	3	共30人，女5、男25	
新董寨分校	教员	王文兴	辽北	高小毕业	2	共29人，男26、女3	年薪350盾

（潞西县人民政府资料）

（二）卫生

1. 一般情况

摆彝族人民因笃信佛教，生病后只想出钱请佛爷念经，很少有人愿到卫生院诊病，能到卫生院打针服药的多为汉族商旅及司署属官。据潞西卫生院负责人谈："3年内从未医治过一个崩竜或傈傈、山头。"截至目前，有些汉族杂居的村落，对中医生（草药）还有相当的信仰，如生肌接骨之类，偶然间会医好，附近各土司有病都到芒市来接去医治。解放后我工作队下乡时曾对群众赠过药，因为治好了病，所以群众反映"病了只有吃药"。连老佛爷也受些影响，如一个老佛爷对我们同志说："你们能不能给我打针？"摆彝族中流行着一种"放大痧"的治病习惯，即将静脉管割破，每次放出大量的血，每年均有放的，有放死的。解放前医药卫生工作在这地区是谈不上的。

过去医药机构是专为少数人而设。以芒市言，政府派来的一个姓娄的疟虫研究站负责人，现任司署顾问；政府的滇缅路医务队负责人仁寿亭，现任司署双龙镇副镇长，他们都是给土司与属官随时诊治。解放前的卫生院也是如此，对病患科别、数量也从未统计过。本年芒市曾发现肺鼠疫，遮放山区以往发现腺鼠疫，遮放、猛板两司所在地没有任何医药机构的设置，认识上更为落后些。

2. 症状估计

据卫生院谈，芒市每年看病的70%患疟疾，其中有1/3为恶性。患恶性的无一定时间，连续发热，短则4天，长则1周不止，温度由38℃至41℃。患慢性的有时间性，每日发1次，或间日、间二三日发1次。恶性疟疾中以哑热症为厉害（本地人称哑瘴），发高热至4小时即毙命。

今年患烧热病的包括伤寒、回归热、猩红热等症（与慢性疟疾症状颇相似，容易误诊），在解放前不久还发生将疟疾视为烧热症，照回归热注射九一四，又将烧热症视为疟疾，在发高热中注射大量奎宁。还有一种"黑水症"，今年还发生，病人小便如酱油状。

此外有痢疾、腹膜炎、肋膜炎。

3. 医疗设备

卫生院地区狭小而污秽，只能容纳10个病人。虽有显微镜1架，自己不能制片。解放前院内接收到的一批药材大部已被方克胜带走，藏在乡下的找出一部分。全院仅1个医师，医药极为缺乏，所以设备上亟待扩充（目前已发生干部生病无药治现象）。

4. 公共卫生

摆彝族习惯上讲究吃白米，少吃肉食与油类（极少吃动物油），每餐必有酸菜，经常爱吃冷饭、冷菜。自己种的菜蔬不施肥，忌用人粪，菜质很坏。饮水虽然每村都凿井，但四周很脏。摆彝族比较上霍乱、肠胃炎、大脖子等很少，平时自己家内很清洁，喜欢洗澡洗衣，但各家的大小便溺多排泄在流水沟内（有部分和官家则找空地挖埋）。各村寨多水沟纵横，不免甲村水沟流到乙村，有病容易传染。又各村经常将死的家畜抛在村外，夏天影响公共卫生不小。

据干部谈，山头、崩竜大脖子较多，不好清洁，有两三年不洗澡的。

5. 现存问题

目前亟待解决的是干部与药材的补充问题，其次需设巡回小组到遮放、猛板工作，另建盖宽大的卫生院。目前各地方工作同志到院治病，因设备太差，影响很大。

马守先

二、金融贸易概况

1. 一般概况

该县芒（市）、遮（放）、猛（板）3司与缅甸的经济贸易都很密切，芒、遮两司产米及杂粮极富，每年均大批入缅，粮食出卖换回布匹、棉纱、食盐及其他日用品，并有不少青年男女每当农闲期间就到缅北水摆彝地区出卖劳动力而赶回水牛。猛板司出之羊毛、毯子、土布均运销缅甸。由于许多生活必需品来自缅甸和土产的外销，因此大量卢比侵入本县市面流通已多年，目前遮放司除畹町流通少量人民币外，全境市场皆为卢比所占领，芒市司只城子街上可以使用人民币，主要的流通货币是半开，其次是卢比（现已禁用），也还有很落后的通洞铜钱，猛板流通货币除半开外即以银毫。

2. 人民币的推行

由于本县与内地交易关系不畅，与缅甸交易关系密切所致，卢比与本地人民的生活发生了密切的关系，据说卢比的比值20多年来没有发生过大的波动，因此他们对卢比很信任，对人民币则由于反动统治时期伪国币的贬值及金圆券变为废纸的教训，再加上特务造谣，投机商人操纵和欺骗，尤其摆彝等少数民族不识票面而以500当5000抵给他们，常使他们吃亏等原因，使他们不大愿意接受人民币。

在10月初工务段为供给工人食米，竟将每月所领经费3000多万元人民币兑换半开买米，因而引起群众对人民币怀疑加深，纷纷拒用，使半开每元兑人民币从5500元涨到8000元。11月初贸易组根据上级指示，开始定价收买破铁、红铜及马头锌，想借以推动人民币下乡（因乡下农民掌握有此物资）和改进群众购买力，但这时到处谣言纷纷说“人民币已发出5万元一张的了”，“解放军要大量买米”，更加司署硬性规定并布告半开每元兑人民币8000元之情况下，市面半开竟涨到1万元，使人民币在市面上遭到很大打击。

为转变这一局面，在芒市、畹町两地之贸易组曾限以人民币做交易，抛售大批物资，以稳定币值。税局税收及粮库折征亦限缴人民币（猛板、遮放两司因无人民币流通，后改为猛板折征半开，遮放折征卢比），县府亦布告有伪币者限期到人民银行兑换，并令公安机关调查缉拿向内地贩运大烟以收购伪币操纵币值的投机商人。

在各种措施配合进行下，因此贬值情况方暂稳，但部分商人尤其群众仍不愿将人民币多时保存，都想快快脱手，故到贸易组买东西者颇多，在市场上又表现了一种虚假购买力。因此人民币未下乡前就已回笼，而流通范围仅芒市及畹町街上之汉人与小部分摆彝商人使用。

3. 贸易

贸易组卖有纸烟、布匹、肥皂、盐巴等，仅因烟价比市面低，所以好卖，而布匹、盐巴不如由缅甸走私进来物美价廉，就仍不能掌握市场，因此推销不动。目前已准备收购食米60万斤，为本区农产品找出路。在畹町贸易组准备抛售一部物资收进卢比，再以卢比收购进口的棉花、汽油，以逐渐将卢比排出。

另外在禁止棉布、盐巴等外货入境，而我们又不能及时供应，且价与料差的情况下而投机商人又乘机走私者甚多，在11月初公安局曾查获一商人大烟15包，现在对这一问题还未得适当解决，而禁止入口者走私入口的仍多。

谭　森

三、宗教活动情况

（1）一般概况：这里佛教分为“左抵”“多列”“摆庄”“允”等4派，以前两派的教规较为严格。在访问时据老佛爷谈：“信徒除见杀不吃、忌油忌臭之外，不抽烟、喝酒，不调戏妇女，不说假话，不偷人抢人。”又据一个属官反映：“‘左抵’‘多列’两派的信徒还禁养猪、鸡、鸭等，仅养耕牛与骡马。寺内大和尚不易还俗，不结婚，不夜游，凡善男信女老幼要进佛寺时，到大门口就须脱去鞋袜，走到佛台前女性一律止步，非老太婆不得上台跪拜。”其他两派则比较自由，所以信仰的很普遍，同时寺内和尚都不忌饮食，年纪稍大的多吸鸦片、喝酒，和一般教徒无大分别。至于基督教很少，10年前曾有传教士创造语言等活动，目前县境内已无外籍教士，其他实际活动尚未了解。

（2）“佛爷”是官家与百姓对和尚的一个共通尊称，其中约分为5等，最高的称为“法基”，是已经退休、年纪最老、威望最高、不与外界来往的，终日盘坐念经。第二等称为“召基”，一寺一个，相当于内地佛庙上的住持法师，掌握整个寺内外的活动。第三等称为“召门”，是入寺10年以上、年在20岁以上的青年，可以代教徒念经。第四等称为“召善”，是入寺不久的小孩，专学摆彝文与经典教规。第五等称为“布奘”，负责寺内清洁以及烧水事务等。各级间平时在生活习惯与礼节上都划分很严。

佛寺邻近司署，并且其中的“召基”又为土司所信任的为全司属各村寨宗教上的领导中心，各寨的大小佛爷可由他全部召集调遣。所以亲近土司的大佛爷有相当大的权势，他一面为土司宣传，一面积累许多财物。如芒市的大佛爷，据一个摆彝干部谈，他常借资本给属官，常将信徒所贡佛的绸缎等物送土司，随时以土司的意旨为意旨。又遮放司的大佛爷常在信徒们“入洼”拜佛念经时宣传说：“司官才是世世代代的官，汉官在不长。”据工作干部反映：他们经常发卖贡物，积钱不少。据市面上的摆彝商人反映：他个人的财富不下黄金1000余两（？）。解放后遮放弄西寨大佛爷受土司指使杀害汉人李承济。

土司署内刻有“司命千年常奏善”“土地万载降吉祥”一类的对联。一般年老族官，男女青年都是进了奘房就向佛爷下跪叩头，烧香贡果。奘房内的设置布施都由土司支持，如芒市司属芒涧靖达院与芒蚌新佛寺都是土司出头集资建缅塔数座，每费千余金（土司方正德光绪二十五年序文），且有过以佛经判案的事。

（3）大小佛爷的饮食，每天都是用一个竹牌子轮流送到各家，哪家收到后就由哪家供应一天。在每天上午10时、午后5时敲鼓以后，就把煮好的饭菜送进奘房，当佛爷吃饭时，送饭的人每见跪在佛前等候，至饭后才收拾碗具回家。每年之内群众为送丧过节念经做好事而贡入奘房内的珍贵礼物很多，有不少半开、鸦片，水果糖食也是大量的。邻近遮放司署的大佛爷每餐必饮酒，烟瘾很大。据说，10年前遮放司奘房曾发生几次佛爷将金银之物赠给他所心爱的民间少女，在恋爱以后又将财物席卷逃走。芒市蛮黑乡一个佛爷与民妇通奸被群众驱逐出境，芒市的“召基”又另派一个佛爷去继任，但群众已不如往日地尊敬。

芒市曾发现：有外来佛爷，因经济困难坐在市面上敲铓公开“化缘”，赶集的“善男信女”自动大量施舍铜钱。有些佛爷还以他的“法术”制造一些“保证未婚男子恋爱成功”（名“阿梭”）和“避鬼避刀枪”的东西卖钱，据说前者青年男子买的甚多。

（4）一般教徒对佛教信仰相当深，据说日本人撤走后内地有汉人来传孔孟教、白莲教、一贯道等，但是都失败了。

每年六月至八月为教徒进出洼的时间，年老的摆彝男女都这个时期进奘房烧香贡果、念经，早去晚回，田地中的活路，交给自己的子女去干。“出洼”后3天，如果是自己积了钱的就可以私人做“摆”，花钱多的到二三千元半开都有。自己做了一次“摆”，在宗教地位上就升为“坦”，做两次的就升为“帕戛”，做了3次的升为“帕戛勒”，4次的升为“帕戛勒相”，是为最高级，最得村人的尊重。为这有人舍不得吃舍不得穿，有的做一两次“摆”后家里连耕牛粮食都卖光了。

马守先

四、县人民政府财经民政情况

（这材料是根据潞西县人民政府财政、民政二科负责同志座谈中得来，时间短促，不够全面与深入，财政收支则是根据李县长之报告。）

（一）财政收支

A. 1949年公粮征收，最后核减数为2249861斤（原任务5500000斤之40%）。

3司之分配为：芒市司1620000斤、遮放司564861斤、猛板司65000斤。最后完成数为1772065斤。

3司完成数及百分比：芒市司1391111斤（86%），遮放司346971斤（61.5%），猛板司33983斤（52%）。

B. 1949年公粮之支出：

a. 遮放司部分：贸易公司大米29314斤，一二一团拨189405斤，潞西人民政府8216斤，潞西省小3140斤，粮柴票11530斤，支出加工亏耗6550斤，仓储折耗1036斤。

b. 芒市部分：贸易公司大米154000斤，一二一团拨984615斤，人民政府60847斤，县粮库20000斤，粮票兑出18551斤。

C. 公粮结存数为750878斤。

D. 税收部分（包括工商业税、货物税及其他杂项收入）：六月120485251元，七月129473363元，八月122927322元，九月206113119元，十月245416941元，十一月251829108元，合计（半年）1076245044元。

税收部分完成解入金库，统一转交中央。

E. 地方开支部分：地方开支原规定可拨公粮10%，但县府必须向专署开预算，经批准后才能动用，现八月份支出已报销，其他月支出尚未报销。

到八月底止支出：行政经常费32100000元、经常粮20000斤，地方财政（卫生院、民政、教育事业等）5000000元，又大米17000斤。

到十一月份为止，经常费共领1亿6400余万元、经常粮7万市斤，都由专署拨，凭支付书向金库、粮库领（八月份以后尚未报销，故支出数字不详）。

（二）行政上的人事设置情况

A. 县人民政府：

区分	应设	现设	尚缺	附注
县长	1	1	0	
秘书室	16	9	7	

续表

区分	应设	现设	尚缺	附注
民政科	5	2	3	尚缺项内包括科长
财政科	9	6	3	
建设科	4	2	2	尚缺项内包括科长
教育科	6	2	4	尚缺项内包括科长
工商科	4	1	3	尚缺项内包括正副科长各一
法院	6	0	6	
合计	51	23	28	

B. 公安局：

区分	应设	现设	尚缺	附注
局长	1	1	0	
秘书室	6	4	2	
治安股	3	3	0	
调查股	4	3	1	
执行股	2	1	1	
看守所	1	1	0	
公安队	35	31	4	
合计	52	44	8	

C. 县委会：

区分	应设	现设	尚缺	附注
县书	1	1	0	
秘书室	7	2	5	
组织部	2	0	2	
宣传科	2	0	2	
工作队	7	7	0	
合计	19	10	9	

附：

芒市司署：

区分	现设人数	附注
代办	1	
顾问	1	
秘书室	8	
民政股	3	
财政股	3	
调委会	4	
建设股	4	
教育股	2	
治安股	3	
总务股	6	
财政股	4	
合计	司署总人数39	

五、芒市法化乡法帕村负担情况

（一）全村情况

法帕村位于芒市西南8公里处（芒市坝南缘），全村共135户704口。富农22户、中农40户、贫农34户，雇农和其他职业（约五六户）共39户。全村除五六户汉商（多龙陵人，冬来夏去，主要是煮酒放债）和一两个入赘的汉人外，都是泰族。

全村以种庄稼为主，做生意的不多，副业以养猪、牛、鸡、鸭者比较普遍。多用水牛耕田，黄牛驮东西，猪、鸡、鸭有自食的，有卖的，但数目不多。种稻者占绝对多数，其他作物很少种，有小片菜园。一般不种小春，土地大部闲着，只有一部种大烟或豆，所以在那里只要你知道谁家有几箩谷子，就大致可猜出他家的贫富了，这是计算当地收入时应注意的。

全村耕地若以税银12两8钱计算，每钱税银种5箩谷种，则128钱应有640箩种子的面积（园子不在内，下同）。又据老乡们说，每钱田收官租58箩，全村12400箩，官租应该有税银214钱（约数），下种1070箩。又据当地小学教员邓醒夫（邓常帮岳老幸办公事，岳不在时他代理）说，1949年征公粮的办法是每箩种子收4箩谷子，全村公粮任务数3736箩（上边规定的数字），则应有934箩种子面积。据潞西工作团的调查材料（录后），全村耕地可下种700多箩（没说明根据）。上述4个数字最高为1070、最低为640，中间有934和700多的两个数，究竟哪个可靠？恐怕12两8钱是过时的数字了。“700多箩”数字还无根据，剩下934和1070可能比较可靠。

芒市最好的稻田每箩种子可收120箩，最坏可收40箩。法帕村每箩种最好可收90箩，最坏收50箩，一般是60箩至70箩。若以最低面积900箩种和最低产量50箩计算，全村最低产稻谷45000箩，以最高产量计算每年产稻781000箩。若拿全村704口平分全村最低产量，每人每年得60箩左右，若以最高产量计算，每人约100箩，即使不拿官租，不上公粮，也不算富裕。

（二）解放前（1949年）后的负担情况

全村出官租12400箩谷子（四五年前为10927箩）、官烟（种烟的出）900两，此外每家出房租8箩、地基租2元（半开），合两箩左右，官家的婚丧费还不在内。设治局的摊派如下（岳老幸谈）：

A.户口税每户每次1元，每年两次（均为半开银币，下同）。

B.门牌捐每户每次半元，一年两次。

C.填户口表每户每次1元，一年两次。

D.设治局用费全村每年负担200元。

E.修路费每户2元。

F.学校经费每户每年10元。

G.烟、酒、屠宰税每年全村100元。

H.医院（芒市卫生院）每年全村26元。

I.专员来一次全村负担60元，一年要来两次。

J.训练班费（每村抽5人去受训）全村供伙食每月7箩半（每人1箩半）、菜金25元（每人5元）、薪金750箩（每人150箩）。

K.全保发图章1个，出图章费10元。

L.买马费全村负担21元。

M.派马派夫全村给马主和夫役工资每年250元。

据当地小学教员邓醒夫说，1949年杂派，他一笔一笔记下来，共合37元半（其他老师老乡谈的差不多），而且是不分贫富，一律平均负担的。解放后对官家的负担除官烟减为800两以外，其他一概不变。虽然官租还没有交，但据岳老幸说，恐怕不会变，因为官家已经透露消息，仍照方克胜时代收。据说“方克光到北京开会前派了一大笔款”，此次了解所得是预卖官租，每甲必须买100箩，折合半开60元，买不起的话可转给别家。

对人民政府的负担全村出公粮3736箩（上边规定数），但实际只收了3563箩，每家出过80两小菜、2元（半开）柴钱（土司署说代解放军买汽车拖柴，实际他们多派了）。据说1950年可能还要减轻，不过以1949年出的数字来说，比起对土司署的负担也轻得多了。

不把烟款和临时负担计算在内，单以对土司的官租、房租等这些经常负担来和旧政府的杂派与人民政府的公粮对比，即可看出人民的痛苦在哪里。

全村解放前后一般负担情况比较表（1）

项目		正产额（解放前后相同）		解放前的负担		解放后的负担	
		最低	最高	对土司（官租加房租与地基租）	对设治局（1949年杂派）	对土司（官租加房租与地基租）	对人民政府（公粮）
谷子（箩）		45000	81000	13750（12400加1350）	4342	13750（3400加1350）	5636
负担占最低正产额的百分比				30%	10%	30%	13%
总数	谷子（箩）			18072		19386	
负担	占最低正产额的百分比			40%		43%	

注：对设治局的杂派，每家以31.5元计算，约值31.5箩谷子，其实价比31.5箩谷子还多，对土司负担房地租2元，也以2箩谷子计算。上表一切数字均以谷子箩（23市斤）为单位。

由于国民党时的杂派和对土司的房地租平均摊派，所以解放前后全村负担的总数虽然差别不大，但各阶层负担的轻重却有变化，比较表如下：

较富的6个家庭负担情况表（2）

项目	正产额（解放前后相同）		解放前的负担			解放后的负担		
	最低	最高	对土司		对设治局（1949年摊派）	对土司		对人民政府（公粮）
			官租	房租、地基租		官租	房租、地基租	
第一家	2000	3600	455.3	10	31.5	455.3	10	265.0
第二家	1500	1500	365.0	10	31.5	365.0	10	133.0
第三家	1000	2000	290.0	10	31.5	290.0	10	135.0
第四家	1000	1800	246.5	10	31.5	246.5	10	109.0
第五家	1000	1800	246.5	10	31.5	246.5	10	89.0

续表

项目	正产额（解放前后相同）		解放前的负担			解放后的负担		
	最低	最高	对土司		对设治局（1949年摊派）	对土司		对人民政府（公粮）
			官租	房租、地基租		官租	房租、地基租	
第六家	1000	1800	261.0	10	31.5	261.0	10	30.0
负担占最低额百分比			26%		2%	26%		2%
总数 谷子（箩）			2113.3			2776.3		
负担 占最低正产额百分比			28%			37%		

7个雇农家庭的负担情况表（3）[①]

项目	正产额（解放前后相同）		解放前的负担			解放后的负担		
	最低	最高	对土司		对设治局（1949年摊派）	对土司		对人民政府（公粮）
			官租	房租、地基租		官租	房租、地基租	
第一家（金寿永）	750	1350	160.0	10	31.5	160.0	10	58.0
第二家	750	1350	174.0	10	31.5	174.0	10	52.0
第三家	400	720	87.0	10	31.5	87.0	10	46.0
第四家	150	270	29.4	10	31.5	29.4	10	27.0
第五家	300	540	116.0	10	31.5	26.0	10	28.0
第六家	250	450	58.0	10	31.5	58.0	10	24.0
第七家（应建德）	200	360	116.0	10	31.5	26.0	10	36.0
负担占最低额百分比			29%		8%	29%		10%
总数 谷子（箩）			1034.9			1085.4		

① 此表表题为编者所加。——编者

续表

<table>
<tr><th colspan="2" rowspan="3">项目</th><th colspan="2">正产额（解放前后相同）</th><th colspan="3">解放前的负担</th><th colspan="3">解放后的负担</th></tr>
<tr><th rowspan="2">最低</th><th rowspan="2">最高</th><th colspan="2">对土司</th><th rowspan="2">对设治局（1949年摊派）</th><th colspan="2">对土司</th><th rowspan="2">对人民政府（公粮）</th></tr>
<tr><th>官租</th><th>房租、地基租</th><th>官租</th><th>房租、地基租</th></tr>
<tr><td>负担</td><td>占最低正产额百分比</td><td colspan="2"></td><td colspan="3">37%</td><td colspan="3">39%</td></tr>
</table>

两个雇农家庭的负担情况表（4）

<table>
<tr><th colspan="2" rowspan="3">项目</th><th colspan="2">正产额（解放前后相同）</th><th colspan="3">解放前的负担</th><th colspan="3">解放后的负担</th></tr>
<tr><th rowspan="2">最低</th><th rowspan="2">最高</th><th colspan="2">对土司</th><th rowspan="2">对设治局（1949年摊派）</th><th colspan="2">对土司</th><th rowspan="2">对人民政府（公粮）</th></tr>
<tr><th>官租</th><th>房租、地基租</th><th>官租</th><th>房租、地基租</th></tr>
<tr><td colspan="2">第一家（线）</td><td>120</td><td>170</td><td></td><td>10</td><td>31.5</td><td></td><td>10</td><td>0（8）</td></tr>
<tr><td colspan="2">第二家（吕）</td><td>60</td><td></td><td></td><td>10</td><td>31.5</td><td></td><td>10</td><td>0（8）</td></tr>
<tr><td colspan="2">负担占最低额百分比</td><td colspan="2"></td><td colspan="2">11%</td><td>35%</td><td colspan="2"></td><td>0（9%）</td></tr>
<tr><td>总数</td><td>谷子（箩）</td><td colspan="2"></td><td colspan="3">83</td><td colspan="3">20（36）</td></tr>
<tr><td>负担</td><td>占最低正产额百分比</td><td colspan="2"></td><td colspan="3">46%</td><td colspan="3">11%（21%）</td></tr>
</table>

注：此两家雇农的收入全是工资，由于工作时间的长短与健康条件的变化，所以收入是不正常的，不能与前面几个相提并论。已交的8箩公粮说要退尚未执行，所以计算时有两个数字，退的话对人民政府的负担为零，则解放后负担总数占最低正产额12%，负担全是对土司；不退则对人民政府负担9%，合计起来解放后的负担为21%。

说明：1. 解放后公粮负担据岳自新说，原为5949箩，后免上2202箩，实征3736箩，但实征数字（每家都有数字）则为5636箩（小数以下不计），所以我们计算全村负担既不照5940箩，也不照3736箩，而按5636箩。如果依照岳说的数字，全村负担则占总产量的38%，比解放前轻2%，但究竟退否尚不知。

2. 上列表（2）（3）（4）几个表是根据岳自新收粮册子的数字制出的，其中经雷、金、应、吕、线5家调查对比，数字相差甚微，基本上是正确的。

3. 表内收入一项除上述5家是经过访问之外，其他都是根据土司的公粮估计的，可能有出入，我们已发觉表（3）第五家和第七家的收入数字不合，但尚可作研究参考。

联络第四小组

附录一

法帕寨调查

1. 阶级划分

A. 上等户与赤贫户很少，中下等户占全寨的 70%，形成两头小、中间大的经济“式样”。

B. 上等户大抵劳动力多，自己能直接参加劳动，有足够的牲畜使用，每年仅受轻微剥削（如农忙时的雇工），间或亦有少数户缺乏劳动力而将土地出卖一部分的。

C. 贫富悬殊不大，无论中下赤贫户都一致地受剥削于土司。

2. 耕地面积

A. 面积大小不一，不像内地汉族地区有明确的亩积作为单位，唯一只有以谷种的箩数计算，全寨种 700 余箩种子。

B. 一箩种可能平均收 40 箩到 45 箩谷，约占地面 100 方丈至 120 方丈（因土质肥沃，稻秧间距离较宽），一箩谷约重 25 市斤。

C. 依土质肥瘠程度，田分特、上、中、下 4 等，每箩种收 60、45、40 至 30 箩不等，4 种田有 4 种不同的收获量。

3. 官粮征收

A. 标准——根据过去反动统治时的“母子”（即税银）依当时耕地的质与量核定，用白银的分、钱、两为计算单位，再将每分每钱“母子”折合一定的稻谷为比率。

B. 比率——各村寨不等，用“母子”计算，因袭相传，即使目前的天候水利使田质有所变化，仍照旧有比率征收官粮，因此有“田害粮不害”之说。

C. 形式——官粮用征实形式，但也有折征货币的，缴纳办法均由地主（土司）决定，普通较远村寨多折征。

4. 耕地总收量

A. 全村每年产量稻谷万箩以上，官粮负担的“母子”为 13 两 3 钱 6 分，以每分折合 58 箩的比率计，每年应负担官粮 12388 箩谷，占全村总收量的 36% 以上。

B. 在小春（水稻收后之杂粮、大烟）当中除大烟外已统计在内，大烟为 12000 两，全年负担量中须扣除老眖、老幸、伙头、小催等的津贴（主要是补偿过往官吏的伙食费用），出差费、草鞋钱、笔墨费及献给土司妻室的贡物（每年均有，为数约 350 箩稻谷），所以这一项开支共为 1730 箩稻谷，大抵每年净缴土司谷 10058 箩（1950 年全数缴齐）。

5. 租佃关系

A. 普通对耕地产量是主佃平分，即主佃对正产物（包括大春、小春二季）的年收量各分一半，而且是“见箩分箩”，也有少数土质肥沃，采取主六佃四的租率。

B. 有的是双方议定一固定租额，无论天灾地歉都得照原定额缴租，不能减少。此种为数较少。

C. 官租由田主负担。佃户所就熟地四周开荒的水田，自己有买卖权（属典押性，任意招租拨佃），土地的所有权则属司官，故破落属官亦有将田售给人民的。收买的可任意出租，收了租再上纳官租。

6. 税收负担

A. 大烟税——大烟的总收量中每砣（40两）约征税4两，即征收10%，1950年尚未开征（1949年的方克胜带走）。

B. 临时摊派——凭官家的特殊需要，为数不多，如去年内的剿匪费（打"共革盟"）及贿赂政府专员等的摊派，每年平均半开10元。

C. 门户款——过去政府保甲机构未撤销时，不分贫富，每户每年派稻谷2箩，以作一切开支。

D. 劳役——如土司家有喜丧大事，每寨均派民夫出工数日，供用使唤。各村寨的佛寺中大小和尚由各民寨轮流供应美好的饮食（用一木牌为通知，木牌交到哪家，就由哪家煮饭送去）。司官修建衙门或奘房亦同样派工。佛爷死较之丧父花费千倍以上。

7. 借贷关系

法帕寨的借贷关系一般多在寨内发生，如借现款半开100元，平均月息为2元至3元，有的临时为应付摊派借款，则有加至七八元以上。若借半开行谷息则一年约付60箩（折约半开50元），等于年利50%。在我人民政府成立后，推行农村贷款的规定，芒市司署有统一的办法。

A. 芒市

a. 借稻谷为期半年者收息10%，如有整年借大批谷子作生产用途者规定年息为15%，其他杂粮依此类推减低。借人民币每百万年息为18万，月息14000元。半开年息2分，月息1分5厘。卢比每百盾年息2分，月息1分5厘。

b. 借贷立约，借粮者须照原借品归还，若有折还其价值须照起借时之市价为折合标准，原借何种，归还何种，若因货币变更改还他种，则以起借时两种货币的市面互换价值折合。

c. 今后人民币上涨，若借款人仍按原借数目来归还，必难负担，这种情况本息应根据所上涨的程度与初借时的比例由双方洽商同意折合。

B. 猛板

a. 借粮食为期半年（青黄不接之季），息不得超过30%，但至秋收必须本息一律还清，不能还清者，必先付息，然后再贷半年，利率不变。所贷苞谷、洋芋、荞子等均同。

b. 借钱以人民币为计算标准，人民币未通行以前暂以半开、卢比作抵，借一年息不得超过10%，期满照本息还清，不能还本先还息，债权人绝不能拒收息款至次年以复利索回。

8. 法帕典型户调查概况

A. 上等户——岳必祥：在分家以前，全家大小16口人，参加劳动的有13口，种田面积共30余箩谷种，每年收一千二三百箩，负担税银"母子"约7钱，交官租约400箩。

每年以5箩谷种的水田种大烟，可收入烟浆100余两，上大烟税10两。但因家长担任老昽，每年尚有一部分津贴收入，恰可抵官租负担额。

有茅屋7幢，水牛4头、黄牛5头，猪、鸡、鸭畜甚多，生活小康，接近富农。

B. 中等户——金大爹：全家大小 7 口人，3 人为主要劳动，种田 5 箩谷，每年收新谷 200 箩以上，缴官租 70 箩，剩余足够全年食用。

家有屋 1 幢，养水牛、黄牛各 2 头，猪大小 8 头，生活接近中农。

C. 下等户——老奶某，年 70 余岁，只有一侄女与其住一起。有半间茅屋，牛、猪、鸡、鸭全无，自己丧失劳动力，靠侄女卖工度日，生活恶劣，无何负担。

潞西县人民政府调查材料

附录二

法帕寨家庭调查

1. 雷老幸（相当于村长）

办公事，每年得薪米 100 箩。50 多岁，富农。7 口人，老婆年纪与他差不多，大儿子 30 多岁，已婚并生了孩子，种庄稼；二子 20 多岁，在某保“挂账”（书记）。

种有 20 箩的稻田，每年收 1000 箩左右。种大烟两箩种面积，年收 40 两，价值 100 箩谷子，不算牲畜一年最低收入 1200 箩。解放前每年给土司官租 246 箩，房地租 10 箩，官烟 12 两约合 30 箩，给设治局杂派（1949 年）31.5 元，共计负担稻谷 317 箩左右，占其最低产量 25% 左右，下余 883 箩。解放后收入照常，对土司的负担不变，对人民政府上公粮 89.5 箩，总负担 375 箩，占其收入 30% 左右。剩余 825 箩，每年每人吃 30 箩，连衣服杂用在内每年约需 100 箩，7 口人共需 700 箩。所以无论解放前后生活都宽裕。

2. 岳自新家

父、母、大老婆及其两个孩子住一处，岳和小老婆及其 4 个孩子住一处（小老婆是蛮黑寨寡妇，自有财产，独立生活，去年岳去“上门”。3 个孩子是前夫生的，1 个是和岳婚后生的），两个家共 11 口人。下面调查的是他父母的家。

有草顶白粉墙院落 1 座，人住 6 间，厨房 1 间，上有楼房的牛马厩 3 间。有水牛 3 头、驮牛 3 头（专供运输用）、大猪 3 头、大鸡 6 只、小鸡 18 只、鸽子 6 只。有两架织布机，自织自穿。

父亲是法化乡老吭（相当于乡长），有 8 箩种田的薪水（不另纳官租）。自有 20 箩种的田，每年最低收入 1400 箩谷，另种大烟（数量不详）。全家不参加劳动，雇 3 个长工，除供吃外，每人每年两套衣服，另 130 箩工钱。去年上官租 300 箩、公粮 120 箩。岳自新是农民代表，到昆明开过省农代会，他说自己“起带头作用，自己交了（公粮）老百姓才会交”。

解放前，对政府没负担（？），因当公事，除上官租外对土司亦别无负担。解放后多付出 120 箩公粮。1949 年官租、公粮、雇工的工钱，共付出 810 箩，如加上大烟收入一项，估计剩余仍在 800 箩以上。岳家在法帕寨是第一等富裕人家，就本寨生活水准看来，他家穿吃都是第一等的。

3. 金寿永

30多岁，种庄稼，8口人，即其妻、儿（十三四岁）、父母（均60多岁），父亲当老幸（年薪100箩）。还有一个20多岁的妹妹，招赘生了1个女孩，名金芝，已上学，妹夫因妹妹不爱，前年被赶走，全家除金芝外均下田劳动。

种10箩种子的稻田，年收入500箩（最低）；糯米田两箩，年收入100箩；烟田两箩，收40两，合谷100箩左右。收黄豆3箩。养水牛（耕田）3头、黄牛（运输）3头、大猪两头、小猪八九头、鸡十四五只。计正产收入每年合800箩。每年交官租160箩、房地租10箩、烟10两（合30箩上下）。解放前政府杂派35.5元，合35箩半谷。解放前共负担230箩左右，占产量最低收入28%左右。解放后上公粮58箩，合计出258箩，约占正产最低收入31%。解放前余粮570箩，解放后余542箩，加上其他副产，刚够维持生活。

4. 金见四

43岁，父、母约六七十岁，1弟，1寡嫂，侄女（5岁），哥30多岁，共7口人。另一兄自幼出去当和尚，现做了大佛爷，因此少负担奘房费用。全家有5个劳动力。父亲在乡公所工作，不参加家庭劳动，其职务、薪支不详。

有水牛2、黄牛3、大猪2、小猪9、大小鸡15。水旱碓各1，织布机1架（自穿自织）。

有6箩种的田，另有两箩种糯米田，年收400箩以上。种3斛黄豆，收3箩。年收大烟40两，合100箩，正产最低收入500箩以上。种田不雇工，农忙与人换工，只供饭，不另出钱。平时舂米卖。

解放前对政府负担与别家相同（见前）。1949年上官租120箩、公粮8箩，土司署房租10箩，共负担138箩。正产剩余362箩左右。解放后司署仍常有摊派，如两月前出5个锭（合两个半半开。他家不知什么名义，恐是方克光去北京的派费），10多天前又派两个锭，司署说给解放军买汽车拖柴，又修奘房派5个锭、5升米。因父亲在乡公所做事，少负担杂派，如柴钱、菜钱。保长说："代表去保山欢迎访问团的花费，回来再派。"

金家是中等户，勉强能维持生活。

5. 应建德

18岁，是家里主要劳动力，共3口人，祖母70岁、母亲43岁。父亲和哥哥去年死去。祖母只能缝针线，母亲帮着种田，并负责缝一家穿。

种4箩田，年收200箩，收烟三四十两（去年种自己的田，今年种别人的田），折谷100箩，收黄豆3箩做菜吃。有水牛1头、大鸡3只、三四十斤的猪3头，有几棵果子树，种两小块菜地。每年正产收入约300箩。

解放前出官租116箩，房地租10箩，官烟10多两估计约合30箩，政府杂派合31箩半，共负担约187箩，占出产收入62%。解放后交公粮36箩，共负担192箩，约占出产收入64%。解放前剩下113箩，解放后余108箩，不够消费，卖小猪小鸡添补。安葬父亲借半开300元，还没还。

每月供佛爷一次饭，每年四月祖母和母亲到佛寺"进洼"，要送5件袈裟、2个棉花芯枕头及一些甘蔗、水果。有时小佛爷来叫声“妈”，得给半元钱。

6. 线小安

女，18岁，祖母70多岁，两弟两妹，共6口人。大妹十二三岁，帮人领小孩，年得50箩谷；小弟及小妹给人看牛，得穿、吃，没工钱，不满10岁的小弟当了和尚。

没田，没牲口。农忙时小安去帮工，从大早做到天黑，吃自己的，可得1箩米；早饭后去，吃自己1顿、主人两顿，得1箩谷。全年可得谷120箩左右。小安给人家纺棉织布，每次可得布的1/6。帮人养8头小猪、1头母猪、5个鸭，养大或子息各得一半。

因没田不负担官租（有说交官租8箩）。解放前，土司署房地租合10箩左右，政府杂派合31箩半，共负担41箩半。解放后对司署负担不变，另上8箩公粮（1949年，据说要退还），共负担18箩。但司署有摊派，如初解放时派给解放军1砣菜（40两，实际上解放军给过菜钱，司署扣住不给他们），两月前派5个锴（不知名义），10多天前派2个锴（司署说给解放军买汽车拖柴），最近修奘房派5个锴、5升米。接着要派欢迎访问团的用费。

小安几天不帮工，一家得饿饭。她已18岁，照当地习惯，应穿上筒裙（表示成年），但仍穿裤，因筒裙多费布，做不起。“小菩少”最普通的饰物也没有，因此，过年“丢包”、三四月泼水节和最热闹的赶摆场合，因怕人羞穷，都不敢去。

7. 韩小德

女，18岁，姐25岁（据说因不漂亮，未能出嫁），共两人。母亲已死多年，父亲被日寇拉走，10余年无消息。

有草房1间，一半睡，一半烧饭。因缺人手和本钱，不能种田。牲口、鸡、鸭，一样没有。生活靠帮工。最近领公粮舂米，舂200箩谷约可得十七八斤（被一个负责的旧人员从中揩油）。负担情形与线小安家差不多，1949年负担公粮8箩，保长还说：“你们姊妹老实苦，只出8箩。”两月前司署派5个锴，10多天前派2个锴，修奘房派5个锴、5升米。每月给奘房送饭1次，不预备好菜，和尚还不愿。

线小安与韩小德两家是雇农成分，解放后，她们的经济负担没有减轻，因此她们说：“解放不解放，还不是一样。”

联络第三、第四小组

1950年12月

六、芒市的摆彝妇女

除官家以外，满七八岁的女孩子便开始劳动——挑水或领小孩。年纪越长，生活的担子也越重，直到老、死，难有轻松的时候。在家挑水、领小孩、砍柴、烧饭、喂猪、喂鸡鸭、看水碓（利用水力舂米），都是她们。男人绝少管，或根本不管。除了不犁田外，锄土、播种、栽插、施肥、收割，和男人无分别。甚至挑米粮赶街做小本买卖以补贴生活的，也普遍是妇女。“女人比男人苦，男人悠闲得多。”但做“小菩少”（闺女），晚饭后的时间自己还可以支配，如串串门户（很少）或与“小菩毛”（未婚青年）周旋，一变“碧朗”（已婚妇女）就一点不“自由”了。

妇女在劳动生产和维持家庭经济生活上，占着重要地位，但她们并不被尊重，反受歧视甚至受极大的蹂躏和侮辱。

卖米线或做生意来的钱，须交丈夫（家长）管，想存“私房”只有悄悄地“揩油”。据说，她们都有一个放“揩油”钱的小布袋，行走不离身，不轻易让人看见。钱放多了又悄悄埋在地下，到急用时才取出。男孩子看不起母亲，必须父亲说的才准数。重男轻女是普遍的，只生女孩的媳妇，受一家人的气。一个仅生两女的老太婆痛苦地说：“我们命歹，不有儿子，光生‘菩英’（女婴）人家说的不算，女的是给别个养的。”

丈夫骂妻子，一般只有忍受，如果还嘴，便是准备离婚了。

解放前，各土司均流行“吃花酒”的恶行，陪吃花酒的“小菩少”多被奸污。与土司发生关系之后，本人不能再嫁，别人也不敢求婚，要随时等候土司的“召幸”，好一点的或怀了孕的可望收为小老婆，不好便终生“守活寡”。过去有人说“小菩少”以陪土司“吃花酒”为荣，事实并非如此，漂亮一点的“小菩少”常闻风躲起来，或逃到远处。芒市曾因此发生好几次“小菩少”被迫与爱人逃去缅甸的事。做父母的也是敢怒而不敢言，他们说：“哪个没有儿女，成什么话！”解放后，方克光的大儿子还下乡吃过一次花酒，我部队通知方克光后，方将他儿子骂了一顿。解放后各处已不敢公开“吃花酒”，但暗中还偶然发生，如遮放土司多英培。被官家（土司和属官）收为丫鬟的“小菩少”，据说要当一辈子的牛马，不准离开，不许结婚。

婚姻对象的寻觅，是“小菩少”们精神上相当大的负担。一般并不愿嫁官家，因嫁官家固定是做小老婆（官家姑娘即使结婚在后，也例居正室，划分极严），而且受气受冷淡，挨打挨骂，完全同丫鬟一样地工作，听从丈夫和大老婆的使唤。不准同桌吃饭。连生的孩子也低一等，大老婆的孩子年龄纵然小得多，也得称哥哥姐姐。“小菩少”们最怕年纪大了不能结婚，据说“戛摆”（拜佛盛会之一）时老佛爷在上面念经，跪在前排的“小菩少”便频频回顾找寻对象。因为这里妇女较多，找寻对象似乎又多一重困难，这使他们常轻易地与“小菩毛”发生关系，而后又被“小菩毛”丢掉。因此有的生了小孩还没丈夫，被迫换上妇人装束，带着孩子守寡。据说，面相不漂亮的，“小菩毛”便多不“问津”。芒市已有好几个“小菩少”因此而结婚不成。年纪大了守在娘家，是大家的“受气包”，精神上痛苦万状。

芒市因在公路线上，和外面接触频繁，“小菩少”多愿嫁汉人。按照她们本族的习惯，年长一点，都嚼槟榔，把牙齿染成黑色，据说因“汉人不喜欢”，至今她们也留上满口白齿。接近我女同志的“小菩少”说，想嫁汉人的原因，第一是她们生活苦，“汉人钱多”，“嫁了汉人享福”，用她们的话说是：“乾里来婆谢细吗黎都猛”（嫁汉人丈夫可走遍天下好地方）。第二是“和菩毛好了他们乱丢，汉人不乱丢”（这是她们在某种方面的错觉）。因而过去遭到了国民党匪军的诱骗，被糟蹋的不少。“她们很单纯，最容易上当”，“你送上几次她喜欢的东西，很容易动感情，她们有拿送东西表示爱情的习惯”。芒市一个叫孔庆嘉的小学教员（国民党小军官，现已到昆明），据他自己说，诱奸了50多个“小菩少”。我女同志了解，被骗的“小菩少”，现在还有人在想念和期待他。据说，“小菩少”对熟识的印象好的汉人，有时主动而直率地问：“我嫁你，你该喜欢我？”

官家小姐按成规不与百姓通婚，因无适当人户可嫁，年纪大了仍留娘家的，芒市已有五六个，有的因而与人通奸，将生的小孩悄悄弄死。如方克光的×小姐，就是其中一个。“小菩少”因性关系较乱，有的得了性病，不知道而且没有药医，她们又害羞不对人讲，结果听其为害。但她们感到痛苦，和我们女同志熟识了，有的在背地问：“你该晓得咋个医，吃哪样药？”

除官家外，“老百姓的闺女”几乎“没有一个读书的”。在男孩子不进学校的原因之外，还有一条——她们的父母说：“‘小菩少’读书有哪样用，还不是嫁给人家，教得好教不好都是别个的人。”因而无形中被取消了受教育的可能性（仅能算是可能性？）。

因为成天辛苦（“小菩少”照顾水碓到深夜才能睡觉，第二天天才开亮又要起来），精神上又受折磨，没有受教育的机会，生活里看不出什么希望来，因而妇女们多把“幸福的理想”寄托在渺茫的“佛国”和“来世”，因而比男人更虔诚地相信佛教——她们积一个钱不容易，花在衣食等上面很舍不得，唯有敬佛便毫不吝惜。有些老太婆平日舂米背到老远去卖，火热天去卖工，如此积几个钱，再千辛万苦地到缅甸瓦城一带“朝佛”。因而妇女们最不喜欢谁说她们信佛不好。

解放后，因各种新的影响，具体的是，“小菩少”接触到我女同志，有了些转变。我女同志帮她们收割、缝衣服、做鞋、打毛线，做的都正是“肯节”：收割正感人力缺乏，做针线是她们的短处，因而，她们喜欢得很。初见我女同志，叫“连步云”（女兵），叫“召”（官），不大敢接近，通过帮她们工作，觉得原来和她们一样，也能劳苦，便逐步建立了感情。由仿汉话称“同志”到亲热地称“你”“我”。我女同志离开法帕寨，“小菩少”送上两三里，有的不忍分别地哭了。

她们还是第一次看到女人能“当兵”，并且“离家离得远远的”，和男人一样“当公事”，这在她们思想上是一个震动和一个新希望的努力方向的激发。她们对我女同志由惊奇到羡慕，思想上开始有了变化，对我女同志说：“你们多好，到处能克（去）！”要求教她们唱歌、跳舞（学得很快），说汉话、写汉字，有个别最苦的、觉悟较快的“小菩少”开始对司署的剥削感到不满，积极想多接近我女同志，要求学习和以后能参加工作。

在上层分子的姑娘中间，也引起了较为显著的变化。肄业芒市司小的“属官小姐”反映“不以嫁官家为荣，要嫁同志”。一般表示，切望出去学习和工作，如方秋琴与方爱琴等。方鹤琴（方克光女）从北京回来，所受影响尤大，为了欢迎访问团，积极组织属官家的小姐们排演《妇女自由歌》（潞西县委会怕刺激上层，将歌词“土地改革闹翻身”一句加以修改，和她商量了，还担心她会不满意），排演时，她用粉笔在芒市司小的布告栏上写着：“你知道今天的社会是什么社会吗？你明白吗？要砸开封建的老铁门！”

卢　军

1950年12月